“十四五”职业教育国家规划教材

“十三五”卫生高等职业教育校院合作“双元”规划教材

供护理、助产及相关专业用

护理学基础

主　编

杨潇二　唐布敏

副主编

黄　丽　林晓莉　林　慧　汪美华

编　委（按姓名汉语拼音排序）

陈其仙（大理大学第一附属医院）
陈　琦（江西中医药高等专科学校）
淳　玲（四川护理职业学院）
董云青（山东医学高等专科学校）
韩巧梅（江西中医药高等专科学校）
何文娟（甘肃卫生职业学院）
黄　芳（宜春职业技术学院）
黄　丽（乐山职业技术学院）
黄南杏（宜春职业技术学院）
林　慧（江西医学高等专科学校）
林晓莉（山东中医药高等专科学校）
刘良燚（遵义医药高等专科学校）
马雪琴（大理护理职业学院）
唐布敏（遵义医药高等专科学校）
汪美华（漳州卫生职业学院）
王　卉（重庆三峡医药高等专科学校）
王维维（唐山职业技术学院）
吴丽妹（惠州卫生职业技术学院）
杨　娟（乐山职业技术学院）
杨潇二（大理护理职业学院）

北京大学医学出版社

HULIXUE JICHU

图书在版编目（CIP）数据

护理学基础 / 杨潇二，唐布敏主编 . —北京：北京大学医学出版社，2019.10（2023.12 重印）

ISBN 978-7-5659-2109-4

Ⅰ. ①护… Ⅱ. ①杨… ②唐… Ⅲ. ①护理学－高等职业教育－教材 Ⅳ. ① R47

中国版本图书馆 CIP 数据核字（2019）第 253235 号

护理学基础

主　　编：杨潇二　唐布敏

出版发行：北京大学医学出版社

地　　址：（100191）北京市海淀区学院路 38 号　北京大学医学部院内

电　　话：发行部 010-82802230；图书邮购 010-82802495

网　　址：http://www.pumpress.com.cn

E-mail：booksale@bjmu.edu.cn

印　　刷：北京溢漾印刷有限公司

经　　销：新华书店

责任编辑：韩忠刚　崔玲和　**责任校对：**靳新强　**责任印制：**李　啸

开　　本：850 mm × 1168 mm　1/16　**印张：**32.75　**字数：**950 千字

版　　次：2019 年 10 月第 1 版　2023 年 12 月第 3 次印刷

书　　号：ISBN 978-7-5659-2109-4

定　　价：75.00 元

出版说明

《国务院办公厅关于深化医教协同进一步推进医学教育改革与发展的意见》要求加快构建标准化、规范化医学人才培养体系，全面提升人才培养质量。明确指出要调整优化护理职业教育结构，大力发展高职护理教育。《国家职业教育改革实施方案》指出要促进产教融合育人，建设一大批校企“双元”合作开发的国家规划教材。新时期的护理职业教育面临前所未有的发展机遇和挑战。

高质量的教材是实施教育改革、提升人才培养质量的重要支撑。为深入贯彻《国家职业教育改革实施方案》，服务于新时期高职护理人才培养改革发展需求，北京大学医学出版社在教育部、国家卫生健康委员会相关机构和职业教育教学指导委员会的指导下，经过前期广泛调研、系统规划，启动了这套“双元”数字融合高职护理教材建设。指导思想是：坚持“三基、五性”，符合最新的国家高职护理类专业教学标准，结合高职教学诊改和专业评估精神，突出职业教育特色和专业特色，与护士执业资格考试大纲要求、岗位需求对接。体现以人为本、以患者为中心的整体护理理念，强化技能训练，既满足多数院校教学实际，又适度引领教学。实践产教融合、校院合作，打造深度数字融合的精品教材。

教材的主要特点如下：

1. 全国专家荟萃

遴选全国近 40 所院校具有丰富教学经验的骨干教师参与建设，力求使教材的内容和深浅度具有全国普适性。

2. 产教融合共建

吸纳附属医院或教学医院的临床护理双师型教师参与教材编写、审稿，学校教师与行业专家“双元”共建，保证教材内容符合行业发展、符合多数医院护理实际和人才培养需求。

3. 双重专家审定

聘请知名护理专家审定教材内容，保证教材的科学性、先进性；聘请知名职教专家审定教材的职教特色和规范。

4. 教材体系完备

针对各地院校课程设置的差异，部分教材实行“双轨制”。如既有《正常人体结构》，又有《人体解剖学》《组织学与胚胎学》；既有《护理学基础》，又有《护理学导论》《基础护理学》，便于各地院校灵活选用。

5. 职教特色鲜明

结合护士执业资格考试大纲，教材内容“必需、够用，图文并茂”。以职业技能和岗位胜任力培养为根本，以学生为中心，贴近高职学生认知，采用布鲁姆学习目标，加入“案例/情景”“知识链接”“小结”“实训”“自测题”等模块，提炼“思维导图”。

6. 纸质数字融合

将纸质教材与二维码技术相结合，融PPT、图片、微课、动画、护理技能视频、模拟考试、护考考点解析音频等于一体，实现了以纸质教材为核心、配套数字教学资源的融媒体教材建设。

7. 课程思政融入

全面贯彻党的教育方针，落实立德树人根本任务，将课程思政全面融入教材。坚持中国化时代化马克思主义人民至上的立场，运用系统观念，守正创新，传承精华，守护人民生命健康安全，建设中国特色高质量医药卫生类职业教育教材体系。

本套教材的组织、编写得到了多方面大力支持。很多院校教学管理部门提出了很好的建议，职教专家对编写过程精心指导、把关，行业医院的临床护理专家热心审稿，为锤炼精品教材、服务教学改革、提高人才培养质量而无私奉献。在此一并致以衷心的感谢！

本套教材出版后，出版社及时收集使用教材院校师生的质量反馈，响应《关于推动现代职业教育高质量发展的意见》，按职业教育“岗课赛证”融通教材建设理念及时更新教材内容；对照《高等学校课程思政建设指导纲要》《职业教育教材管理办法》等精神要求，自查自纠，在修订时深入贯彻党的二十大精神，更新数字教学资源；力争打造培根铸魂、启智增慧，适应新时代要求的精品卫生职业教育教材。

希望广大师生多提宝贵意见，反馈使用信息，以臻完善教材内容，为新时期我国高职护理教育发展和人才培养做出贡献！

"十三五"卫生高等职业教育
校院合作"双元"规划教材审定委员会

序

湛蓝天空映衬昆明湖碧波粼粼，湖畔长廊蜿蜒诉说历史蹉跎，万寿山风清气爽，昂首托起那富贵琉璃的智慧海、吉祥云。护理融有科学、技术、人文及艺术特质，其基本任务是帮助人维持健康、恢复健康和提升健康水平。护士被誉为佑护健康与生命的天使。在承载这崇高使命的教育殿堂，老师和学生们敬畏生命、善良真诚、严谨求实、德厚技精。

再览善存之竖版护理教材——《**护病新编**》(1919 年，车以轮等译，中国博医会发行)，回想我国护理教育发展历程，尤其 20 世纪 80 年代以来，在护理和教育两个领域的研究与实践交汇融合中，护理教育经历了“医疗各科知识 + 护理、各科医学及护理、临床分科护理学或生命周期分阶段护理”等三个阶段。1985 年首开英护班，1991 年在卫生部相关部门支持下，成立全国英护教育协作会，从研究涉外护理入手，进行护理教育改革；1989 年始推广目标教学，建立知识、技能、态度的分类目标，使用行为动词表述，引导相应教学方法的改革；1994 年开始推进系统化整体护理；1997 年卫生部颁布护理专业教学计划和教学大纲，建构临床分科护理学课程体系，新开设精神科护理、护士礼仪等六门课程。2000 年行业部委院校统一划转教育部管理，为中高职护理教育注入了现代职业教育的新鲜“血液”。教育部组织行业专家制定了专业目录，将护理专业确定为 83 个重点建设专业之一，并于 2003 年列入教育部技能型紧缺人才培养培训工程的 4 个专业之一，在国内首次采用了生命周期模式，开始推进行动导向教学；2018 年高职护理专业教学标准（征求意见稿）再次采纳了生命周期模式。客观地看，在一个历史阶段，因为教育理念和教学资源等差异，院校可能选择不相同的课程模式。

当前，全国正在落实《**“健康中国 2030”规划纲要**》和《**国家职业教育改革实施方案**》，在人民群众对美好生活的向往和护理、职业教育极大发展的背景下，护理教育教学及教材的改革创新迫在眉睫。北京大学医学部是百余年前中国政府依靠自己的力量开办的第一所专门传授现代医学的国立学校，历经沧桑，文化厚重，对中国医学事业发展有着卓越贡献。北京大学医学出版社积极应对新时期、新任务和新要求，组织全国富有教学与实践经验的资深教师和临床专家，共同编写了本套高职护理专业教材，为院校教改与创新提供了重要保障。

教材支撑教学，辅助教学，引导学习。教学过程中，教师需要根据自己的教学设计对教材进行二次开发。现代职业教育不是学科化课程简版，不应盲目追求技术操作，不停留在零散碎片的基本知识或基本技能的“名义能力”层面，而是从工作领域典型工作任务引导学习领域课程搭建，以工作过程为导向，将知识和操作融于工作过程，通过产教融合和理实一体，系统地从工作过程出发，延伸到工作情境、劳动组织结构、经济、使用价值、质量保证、社会与文化、环境保护、可持续发展及创新等方面，培养学生从整体角度运用相对最佳的方法技术完成工作任务。这些职业教育需达成的基本能力维度与护理有着相近的承载空间，现代职教理念和方法对引导我国护理教育深化与拓展具有较大的意义。

本套教材主编、编者和出版社老师们对课程体系科学建构，教学内容合理组织，字里行间精心雕琢，信息技术恰当完善。本套教材可与情境教学、项目教学、PBL、模块教学、任务驱动教学等配合使用。新技术的运用丰富了教学内容，拓展了学生视野，强化了教学重点，化解了教学难点，提示了护考要点，将增强学生专业信心，提高学生学习兴趣。

教材与教学改革相互支撑，相辅相成，它们被人类社会进步不断涌现的新需求、新观念、新理论、新方法、新技术引导与推动，永远不会停步。它是朝阳，充满希望；是常青树，带给耕耘者硕果累累。

前言

为贯彻执行卫生职业教育“以立德树人为根本，以服务发展为宗旨，以促进就业为导向”的指导思想，本教材的编写突出卫生职业教育的特点，坚持以标准为引领，以“全面发展”为基础，注重产教融合、校企合作，充分体现“实用为本，够用为度”的特点，注重教材的思想性、科学性、先进性、启发性、适用性和可操作性，确保教材科学、规范。

本教材适用于高等卫生职业教育护理、助产等专业。全书共二十二章，主要内容包括绪论、护士素质与护患角色、护理相关理论、护理程序、护理安全、疼痛与舒适、医院与住院环境、入院和出院的护理、患者卧位的护理、休息与活动、医院内感染的预防与控制、清洁护理、生命体征的评估与护理、饮食护理、排泄护理、药物疗法、静脉输液与输血、冷疗法与热疗法、标本采集、危重患者的护理及抢救技术、临终护理和护理相关文件记录。

本教材的编写以教学大纲为准绳，结合护士执业资格考试大纲，融入临床最新理论与实践技能元素，保证教材的新颖性、创新性。教材中充分体现职业教育培养特色，注重学用相长，遵循职业教育、技术技能人才成长和学生身心发展规律，促进全面发展，强化学生职业素养养成和专业技术积累，着力培养学生的创新精神和实践能力，增强学生的职业适应能力和可持续发展能力。

本教材的编写体例与临床岗位接轨，以临床工作模式护理程序为标准，以临床典型案例导入，通过评估案例，提出护理诊断，制订护理计划，然后实施和评价。根据高职学生的特点，结合临床及护考实际，知识面适度，强调必要的、基础的知识。突出能力本位，加大实训和技能的培养课时，在夯实理论基础知识的同时，培养、提高学生的动手能力。根据护士执业资格考试的变革，教材正文中插入考点，通过微信二维码给出答案，并增加技能操作视频，提高学生对护士执业资格考试的关注与重视程度，实现线下与线上混合式教育，将护考学习贯穿于日常学习中。通过知识链接，链入国内外护理新知识、新概念、新技能，激发与满足学生对深层次知识的探索欲望。利用课堂互动，唤起学生的问题意识，培养、提高学生的评判性思维和循证实践能力。

在本教材编写的过程中，北京大学医学出版社、各参编院校领导给予鼎力支持，谨在此表示衷心的感谢！

由于编者的水平及能力有限，对于书中存在的疏漏和错误之处，敬请使用本教材的师生及广大读者批评、雅正。

杨潇二

二维码资源索引

资源名称	资源类型	页码
考点解析	音频	93
考点解析	音频	96
铺备用床法	视频	99
铺暂空床法	视频	102
铺麻醉床法	视频	105
为卧床患者更换床单法	视频	107
考点解析	音频	107
思政之光		113
考点解析	音频	117
轮椅运送法	视频	121
平车运送法	视频	123
考点解析	音频	125
思政之光		130
课堂互动解析	音频	136
考点解析	音频	138
翻身侧卧技术	视频	139
考点解析	音频	141
轴线翻身技术	视频	141
移向床头技术	视频	142
思政之光		146
考点解析	音频	155
思政之光		160
考点解析	音频	164
铺无菌盘 / 准备无菌区域	视频	179
考点解析	音频	180
戴无菌手套法	视频	181
考点解析	音频	183
洗手法	视频	187
口罩的使用	视频	188
穿、脱隔离衣	视频	191
考点解析	音频	195
思政之光		200

目 录

第一章

绪　　论

思维导图

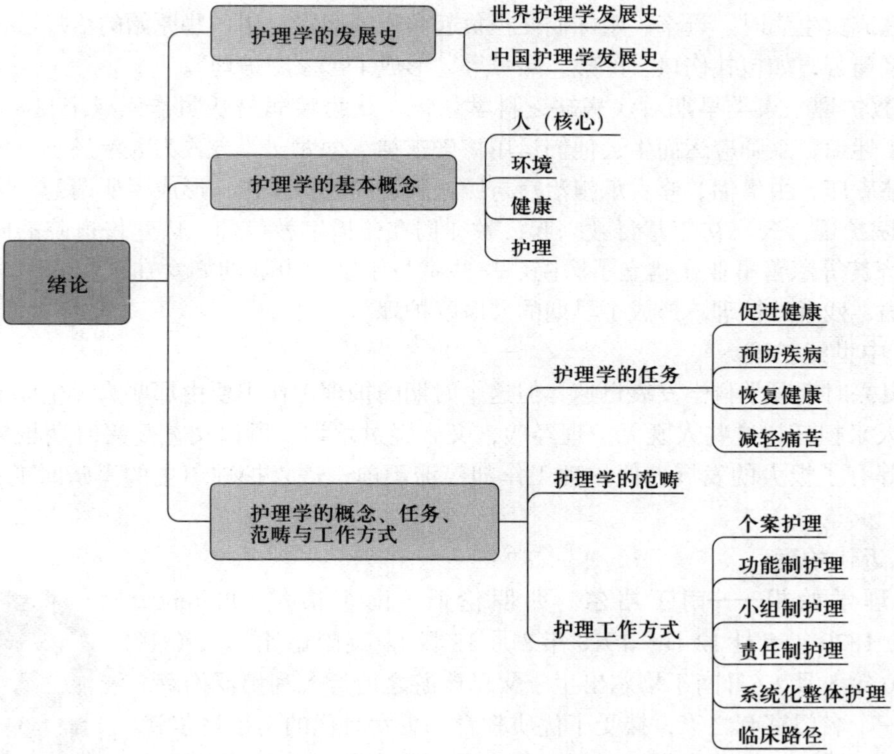

学习目标

1. 解释护理学、护理、环境、健康、疾病、亚健康。
2. 知道护理学的发展史。
3. 描述护理学 4 个基本概念。
4. 熟记护士工作的主要任务。
5. 养成良好的职业素养，具有以人为本的服务理念、严肃认真的工作态度。

在人类漫长而复杂的繁衍、发展过程中，护理学在预防保健、疾病防治、促进健康的活动中发挥了积极的作用。随着时代的不断进步、科学的飞速发展，人们对生命健康的需求不断增加，护理学的研究内容、范畴和任务也在不断地深入和发展。

第一节　护理学的发展史

一、世界护理学发展史

（一）古代护理

护理学的形成和发展与人类文明的进步和科学的发展息息相关。护理学的起源可追溯到原始社会，经过漫长的岁月，直到 19 世纪中叶才形成护理专业，并逐渐发展成为一门独立的学科。

1. 自我护理　人类为了生存，在同自然界斗争的过程中经常会有外伤发生，最初人们使用抚摸、按压等动作来解除不适和痛苦，形成了早期的“自我护理”。

2. 家庭护理　人类为了抵御恶劣的生存环境，逐渐按血缘关系聚居，形成了母系氏族社会。当家庭成员生病时，母亲、姐妹们便担负起照顾的职责，用一些原始的治疗及护理方法为伤病者减轻痛苦，如包扎伤口、冷敷、热敷等，形成了“家庭护理”。

3. 宗教护理　人类早期对疾病缺乏科学认识，认为疾病是妖魔作祟或来自神灵的惩罚，于是产生了迷信，巫师应运而生，他们运用祷告求神、念咒文等方式为人治病。有的人将患病的信徒送往寺庙，由僧侣、修女承担治疗与照顾患者的医护工作，形成了所谓的“宗教护理”。

4. 医院护理　公元初年基督教兴起，教徒们在传播宗教信仰、广建修道院的同时，开展了医疗、济贫等慈善事业，建立了医院。一些献身于宗教事业的妇女在工作闲暇时间参与对老、弱、病、残者的护理，形成了早期的“医院护理”。

（二）中世纪护理

文艺复兴时期医学科学发展迅速，但这个时期的护理工作主要由那些为谋生而又找不到其他工作的人来担任，这些人既无护理经验，又未经过培训，所以文艺复兴时期虽然文学、艺术、医学等有了极大的发展，但护理工作却停滞不前，进入护理历史的黑暗时期，长达 200 多年。

（三）近代护理

1. 护理学始祖——南丁格尔　弗罗伦斯·南丁格尔（Florence Nightingale 1820 年 5 月 12 日—1910 年 8 月 13 日），英国德比郡人（图 1-1）。1820 年 5 月 12 日南丁格尔出生于父母旅游之地意大利佛罗伦萨。她出生于一个名门富有之家，接受了优质教育。少女时代的南丁格尔就富有同情心和爱心，她从小便照看附近的患者、伤残者，因此对护理工作产生了极大的兴趣。

图 1-1　南丁格尔

（1）从事护理：中世纪人们不能接受女性从事医疗工作，鄙视从事护理工作的人。南丁格尔的父母和亲朋均反对她做护士，但她不顾世俗的偏见和父母的反对，毅然投身于护理工作。1850 年南丁格尔前往德国凯塞威尔斯城女执事训练所接受了 3 个月的护理训练。她考察了多个国家的护理工作，先后担任了伦敦患病妇女护理会监督、妇女医院院长等职。1853 年 8 月 12 日，在慈善委员会的资助下，南丁格尔在伦敦哈雷街一号成立看护所，正式开始护理职业生涯。

（2）战争护理：1854—1856 年爆发了克里米亚战争。记者报道了英国伤病员由于得不到有效的救护而伤亡惨重，病死率竟然高达 50%，英国朝野和社会极为震惊。南丁格尔闻讯后立即给陆军大臣写信，自愿带领护理人员前往战地医院救护伤病员。获准后，南丁格尔被政府任命为英军驻土耳其总医院妇女护士团团长。护士团由 38 名护士组成，她们于 1854 年 10 月 21 日离开伦敦奔赴克里米亚前线斯库塔里医院。她们排除重重困难，积极创造条件开展救护工作。①改善环境：清理垃圾，改善与维持医院环境清洁，减少细菌滋生。②清洁消毒：及时清洗纱布、绷带，进行煮沸消毒，降低感染率。③饮食护理：改善饮食，加强伤员营养，增强抵抗力。④心理护理：帮助伤员书写和阅读家信，以满足他们的思乡之情。建立战地阅览室，丰富伤员的业余生活，减轻伤员的心理压力。

知识链接

南丁格尔誓言

余谨以至诚，
于上帝及会众面前宣誓：
终身纯洁，忠贞职守。
勿为有损之事，
勿取服或故用有害之药。
尽力提高护理之标准，
慎守患者家务及秘密。
竭诚协助医生之诊治，
务谋病者之福利。
谨誓！

南丁格尔经常在深夜手提油灯巡视病房，观察病情，抚慰伤员。她无私的奉献精神赢得了医护人员的信任和士兵们的敬重，士兵们亲切地称颂她为“提灯女神”“克里米亚天使”。

通过南丁格尔和她的同事们夜以继日的辛勤工作，半年后，英军士兵的病死率下降到 2.2%。南丁格尔与同事们卓有成效的工作业绩轰动了整个英国，英国朝野为之震撼。自此，人们改变了对护士的看法，护理工作得到社会大众的认可与重视。

（3）表彰功绩：1867 年，在伦敦滑铁卢广场，英国政府铸造了南丁格尔提灯铜像，把她的大半身像印在英国 10 英镑纸币的背面。1907 年，英国政府为表彰南丁格尔的卓越贡献，爱德华七世亲自为其颁发最高国民荣誉功绩勋章，她是英国获得此项殊荣的第一位女性。

2. 南丁格尔对护理学的贡献

（1）首创科学的护理专业：南丁格尔为护理向科学化方向发展奠定了基础，确立了护理作为一门科学职业的宗旨。她认为护理既是一门艺术，又是科学，有其组织性和科学性。她确定了护理学的概念、护士的任务，提出公共卫生的护理思想，丰富了护理学的内容。

（2）首创科学的护理教育：通过克里米亚战争的实践，南丁格尔深刻感悟到从事护理工作的人必须是经过专门培训的专职护理人员。1860 年 6 月南丁格尔在英国伦敦圣托马斯医院创办了世界上第一所正规的护士学校，采用了新的教育体制及方法来培养护士，注重培养护士的职业素质。

（3）著书立说：南丁格尔不断总结，共撰写了 100 多篇论文，其中《医院札记》《护理札记》阐述了她对改革医院管理及建筑方面的构思、意见和建议，叙述了环境、个人卫生、饮食等对患者的影响。后人将她的护理理论称为“环境学说”。

➢ **考点：** 护理学的创始人是
A. 奥瑞姆　　B. 约翰逊　　C. 南丁格尔
D. 芬威克　　E. 麦克奇尼

音频：
考点解析

（4）创立护理制度：南丁格尔提出要采用系统化的管理方式进行管理，要求护理人员必须受过专门的培训，要求每个医院必须设立护理部。

3. 国际护理组织的产生　为促进各国护士的交流，国际护士会于1899年7月1日正式成立，当时称“万国护士会”，1900年正式定名“国际护士理事会（International Council of Nurses，ICN）”。芬威克当选第一任会长。

为纪念护理学的奠基人，1912年国际护士会决定将南丁格尔的诞辰日5月12日作为国际护士节。同年，国际红十字会在华盛顿举行的第九届代表大会上正式确定设立南丁格尔奖章，作为表彰各国优秀护士的最高荣誉奖，从1912年开始，每两年颁发一次。

（四）现代护理

从护理学的实践和理论研究来看，现代护理学的发展经历了3个阶段，即以疾病为中心、以患者为中心、以人的健康为中心的发展阶段。

1. 以疾病为中心发展阶段　随着自然科学的不断发展，生物医学模式的形成，揭示了健康与疾病的关系，疾病是由于细菌或外伤等袭击人体后所引起的机体组织结构改变和功能异常，从而形成了“以疾病为中心”的医学指导思想。

此阶段护理特点。①专业性质：护理已成为专门的职业。②医护关系：护理从属于医疗，护士是医生的助手。③护理方式：单纯执行医嘱和完成各项护理技术操作。④护理对象：局限于人的生理局部，忽略了人的整体性。⑤护理内容：单纯的疾病护理。⑥护理场所：医院。⑦理论体系：尚未形成独立的护理理论体系，主要依托于医学。⑧护理教育：护理教育模式、课程设置类同于医学教育，护理知识在课程中贯穿较少。

2. 以患者为中心发展阶段　随着系统论等诸多理论和学说的相继提出和确立，人们重新认识了疾病和健康的关系。1948年，世界卫生组织（WHO）提出了新的健康定义：“健康不仅仅是没有躯体疾病，还要有完整的生理、心理状态和良好的社会适应能力”。1955年，美国护理学者莉迪亚·海尔（L.Hall）首次提出“责任制护理”，使护理有了科学的工作方法。1977年，美国医学家恩格尔（G.L.Engel）提出“生物—心理—社会医学模式”。这一新的医学模式引起了健康科学领域认识观的根本性变革，护理也发生了根本性的变革，从“以疾病为中心”开始转向“以患者为中心”的模式。

此阶段护理特点。①专业性质：强调护理是一门专业。②医护关系：护士与医生是合作伙伴。③护理方式：按照护理程序的工作方法对患者实施整体护理，满足患者的健康需要。④护理内容：单纯对患者实施疾病和生活护理，忽略了社会、文化等因素对机体的影响。⑤护理对象：患者个体。⑥护理场所：医院。⑦理论体系：逐步形成独立的护理理论知识体系，但不够完善。⑧护理教育：脱离了医学教育的教育模式与课程设置，建立了以患者为中心的教育和临床实践模式。

3. 以人的健康为中心发展阶段　随着疾病谱由细菌性疾病向与人的行为、生活方式相关的疾病（如心脑血管疾病、恶性肿瘤、糖尿病、精神病等）转变，人们的健康观念也发生了转变，人们主动寻求良好的健康行为，推动护理工作向“以人的健康为中心”发展。

此阶段护理特点。①专业性质：护理学成为现代科学体系中一门独立的、综合自然科学与社会科学，为人类健康服务的应用科学。②医护关系：医护既是合作伙伴，护士又具有独立性。随着护士角色多元化，护士不仅是医生的合作伙伴，还有独立诊断和处理人类健康问题的能力。③护理方式：按照护理程序的工作方法，对患者实施系统化整体护理，强调满足患者身、心、社会等多层次和多方位的需要，以促进患者恢复健康。④护理内容：从疾病和生活护理扩展到人的生命全过程的护理。⑤护理对象：由个体扩展到群体，包括患者、亚健康人群和健康人群。⑥护理场所：从医院扩展到家庭和社区。⑦理论体系：形成独立的护理理论体系，具有雄厚的护理理论基础，有良好的科研体系，并有专业自主性。⑧护理教育：形成了完善的教育体制。完善中等护理专业教育，重视继续教育，发展护理高等教育。

二、中国护理学发展史

（一）中国传统医学与护理

中国传统医学的特点是医、药、护不分，传统医学中的“三分治，七分养”，“养”就是护理。护理寓于医学之中。春秋时代名医扁鹊提出的“切脉、望色、听声、写形、言病之存在”就是护理观察病情的具体方法；秦汉时期出版的《黄帝内经》记载了许多护理原则，如“病热少愈，食肉则复，多食则遗，此其禁也”阐述了高热患者的饮食护理；唐代杰出医药学家孙思邈所著的《备急千金药方》一书提出了“凡衣服、巾、栉、枕、镜不宜同用之”的预防、隔离知识，还首创了葱管导尿法；宋代名医陈自明著《妇人十全良方》对孕妇产前、产后护理提供了许多宝贵资料；明代巨著《本草纲目》的作者李时珍给患者看病时，还为患者煎药、送药、喂药。

（二）近代护理学的形成

1. 护理专业队伍的形成 我国近代护理学的形成和发展主要受西方护理学的影响。随着西医传入，1888 年，美籍约翰逊女士（E. Johnson）在福州医院开办了我国第一所护士学校，为中国培养了最早的护理人员，并逐渐形成了我国的护理专业队伍。

2. 护理工作的发展 1909 年，中国护理界的群众性学术团体“中华护士会”在江西牯岭正式成立，1936 年改为中华护士学会，1964 年改为中华护理学会。学会的主要任务是制订护理教学计划，编译及修订教材，办理全国护士学校的注册，组织全国护士统一毕业会考和颁发执照，编辑、出版护理书籍等。1920 年，《护士季报》创刊，这是我国第一份护理专业报刊。1922 年，中华护士会加入国际护士会，成为国际护士会第十一个会员单位。

（三）中国现代护理学的发展

1. 护理实践 护理实践包括基础护理和专科护理两个方面。基础护理内容从满足患者的治疗需要发展到满足患者的生理、心理需要。专科护理内容从协助医生诊治疾病发展到主动收集患者的有关资料，找出健康问题，解决健康问题。重症监护、器官移植、介入治疗等专科护理已发展成熟。护理工作的范围扩展到家庭和社区。

2. 护理教育 1950 年，国家卫生部召开了第一届全国卫生工作会议，将护理教育列为中专教育之一，纳入正规教育体系，制订全国统一教学计划，编写统一教材。1980 年 2 月，国家卫生部颁发关于《中等卫生学校三年制医生、护士、药剂专业学生基本技能训练项目（草案）》，推动了护理教育事业的发展。1983 年，天津医学院率先在国内开设了五年制护理本科专业，毕业授予学士学位。1984 年 1 月，卫生部和教育部联合召开了全国高等护理专业教育座谈会，明确了高等护理教育的地位和作用。1985 年，全国 11 所医学院校设立了护理本科专业。1992 年，北京、上海等地开始了护理硕士研究生的教育，由此完善了中专、大专、本科、硕士、博士等多个教育层次，形成了完整的护理教育体系。1997 年，中华护理学会在无锡召开继续护理教育座谈会，制定了继续护理教育的法规，使继续护理教育走向制度化、规范化、标准化。

3. 护理科研 随着护理教育的发展，护理人员的科研能力、学术水平不断提高。护理科学研究在选题的先进性、方法的科学性、结果的准确性、讨论的逻辑性等方面均有较大进展。

各种护理期刊相继创刊，护理论著、护理教材相继出版，标志着护理学已成为一门独立的学科。1993 年，中华护理学会设立了护理科技进步奖，每两年评选一次。护理学科的发展迈入了健康发展的轨道。

4. 护理管理

（1）建立晋升考核制度：1979 年，国务院批准卫生部颁发的《卫生技术人员职称及晋升条例》，明确规定了护士的技术职称为“主任护师”“副主任护师”“主管护师”“护师”和“护士”。根据这一条例，各省、市、自治区制订了护士晋升考核的具体内容和方法，护士的社会地位和待遇不断提高。

（2）建立护士执业注册制度：1993 年，国家卫生部颁发了第一个关于护士执业和注册的部长令与《中华人民共和国护士管理办法》。1995 年 6 月，全国举行首届护士执业考试，考试合格者获得护士执业证书，方可申请注册。2008 年，国务院颁布《中华人民共和国护士条例》、卫生部颁发《护士执业注册管理办法》并于 2008 年 5 月 12 日起施行，护士执业管理正式走上法制轨道。

第二节　护理学的概念、任务、范畴与工作方式

一、护理学的概念

护理学是一门生命科学中以自然科学和社会科学为理论基础，研究有关人类预防保健、疾病治疗、恢复和促进健康的护理理论，知识，技能及其发展规律的综合性的应用科学。护理学包含了自然科学、社会及人文科学知识。

护理学是医疗科学中的一门独立学科，它与医学、药学、营养学等共同组成了整个医学领域。在卫生保健事业中，护理学与临床医学、预防医学起着同等重要的作用。

二、护理学的任务

（一）促进健康

促进健康的目标是帮助服务对象维持最佳的健康水平或健康状态。护理活动包括发挥人的主动性，让服务对象自己对自己的健康负责、建立健康的生活方式、合理平衡膳食、适当运动和休息与睡眠以及定期检查身体等。

（二）预防疾病

预防疾病的目标是通过预防措施帮助护理对象达到最佳的健康状态。护理活动包括开展妇幼保健的健康教育、增强服务对象机体的免疫力、帮助服务对象预防各种传染病、向服务对象提供疾病自我监测的技术、建立临床和社区的保健设施等。

（三）恢复健康

恢复健康是帮助服务对象在患病后或出现了有影响健康的问题后，改善其健康水平和状况。护理活动包括为服务对象直接提供护理，例如执行医嘱为服务对象进行药物治疗、生活护理，进行生命体征测量等，也包括与其他医技人员一起对服务对象进行康复活动，帮助服务对象改善健康状况，并力争达到最佳境界。

（四）减轻痛苦

减轻痛苦是运用所学的护理知识和技能在工作中帮助处于疾病状态的服务对象解除身心痛苦，从而使他们战胜疾病。护理活动包括帮助服务对象尽可能舒适地带病生活，提供必要的支持，以帮助他们应对功能减退或丧失，直到安静地面对死亡，使其有尊严地走完人生旅程。

三、护理学的范畴

（一）护理学的理论范畴

护理理论主要包括护理的基本概念、护理模式和护理学发展中引用的其他学科的理论，如社会学、伦理学、心理学、管理学等。这些理论用科学的方法解释护理现象，从科学的角度说明护理工作的性质，表明护理知识的范围和体系，确立以理论为基础的护理理念和价值观，为护理专业的发展指明了方向。

（二）护理学的实践范畴

1. 临床护理 临床护理包括基础护理和专科护理，基础护理是专科护理的基础。

（1）基础护理：基础护理以护理学的基本理论、基本知识和基本技能为基础，结合患者生理、心理特点和治疗康复的需求，满足患者的基本需要，如基本护理技能操作、生活护理、饮食与营养护理、病情观察等。

（2）专科护理：以护理学及相关学科理论为基础，结合临床专科特点及诊疗要求，对患者进行身心整体护理。专科护理分内科、外科、妇产科、儿科、精神科护理以及中医护理等。根据各专科的特点，实施不同的技术操作，如从事呼吸系统疾病护理时，要熟练掌握呼吸机的使用等技能。

2. 社区护理 社区护理的服务对象是一定范围内的家庭和社区人群，护士为其提供促进健康、预防疾病、早期诊断、早期治疗、减少残障等服务，提高社区人群的健康水平，包括疾病预防、妇幼保健、家庭护理、健康教育、健康咨询和预防接种等工作。

3. 护理教育 护理教育分为基本护理教育、毕业后护理教育和继续护理教育 3 大类。基本护理教育包括专科教育、本科教育和研究生教育；毕业后护理教育包括提升学历教育、规范化培训；继续护理教育是对从事护理工作的在职人员提供以学习新理论、新知识、新技术、新方法为目的的终身教育。

4. 护理管理 护理管理是应用现代管理学的理论和方法对护理工作进行科学的计划、组织、指导、实施与控制。护理管理是以患者为中心，以护理质量为核心，为患者提供优质护理服务的工作过程，分为护理行政管理和护理业务管理两部分。护理管理的研究范畴包括医疗管理体制的建立、专业政策和法规的制定、各种组织结构的设置、人力资源的管理、资金的管理、工作质量的控制和保证等。

5. 护理科研 护理科研对护理学知识体系的发展有深远的影响，是用科学的方法探索未知，回答和解决护理领域的问题，直接或间接地指导护理实践的过程，从而推动护理学科的发展。护理科研包括护理理论、护理新技术和新方法的科学研究等。

四、护理工作方式

护理工作方式是护理人员在护理工作过程中的人员组织形式和工作任务的分配方式。临床护理工作方式主要有个案护理、功能制护理、小组制护理、责任制护理、系统化整体护理和临床路径等。

（一）个案护理

个案护理（case care）即专人负责，由一名护士护理一名患者，全程对患者进行个体化整体护理的方式。个案护理主要适用于危重患者或一些特殊患者以及临床教学需要。优点：护士可以与患者直接交流，全面了解患者的需要，护士的责任感增强。缺点：需要的护理人员数量多，费用相对大。

（二）功能制护理

功能制护理（functional nursing）以完成医嘱和执行各项护理常规的基础护理内容为主要工作

内容，护士们被分为“治疗护士”“主班护士”等，对患者进行流水作业。优点：工作任务分配明确，组织严明，节省人力，可有效达到各项既定工作目标。缺点：为患者提供的各种护理活动相互分离，忽略了患者心理和社会方面的需求及满足的程度。护士们难以发挥主动性和创造性。

（三）小组制护理

小组制护理（group nursing）是将护士进行分组，由不同级别的护理人员组成小组，组长负责制订护理计划和措施，安排成员对患者进行整体护理，完成工作任务。优点：充分发挥各级护士的功能，培养和发挥护士的团队合作精神，为患者提供综合性护理服务。缺点：护士个人责任感相对较弱。

（四）责任制护理

责任制护理（primary nursing）以患者为中心，每位患者由一名责任护士负责，对患者实行 8 小时在岗，24 小时负责制，责任护士有计划、有目的地进行整体护理，使患者从入院到出院的全过程完全由责任护士负责全面计划并组织实施。责任护士以护理程序为基本工作方法，对所负责的患者及其家庭进行生理、心理和社会等全面评估，与护理对象共同制订护理计划。当责任护士不在班时，由其他护士完成对患者的治疗与护理，以实现对患者的连续性护理。责任护士还要对护理活动的结果进行评价，并为患者提供出院指导。优点：责任明确，自主性增强，能全面了解患者情况，为患者提供整体、连续、个性化护理。缺点：护士工作的心理压力和风险明显增加。

（五）系统化整体护理

系统化整体护理（systematic hoslistic nursing）是以护理对象为中心，根据护理对象的需求和特点，为护理对象提供生理、心理、社会等全面的帮助和护理，为护理对象解决现存的或潜在的健康问题，达到恢复健康、增进健康的护理实践活动。优点：护士的个人主动性、潜能、积极性得到发挥。患者得到优质服务，体现了护士的自身价值。缺点：需要的护士数量多，对护士自身的素质要求全面、综合。

（六）临床路径

临床路径（clinical pathway）是由医生、护士以及医技人员组成的一组成员，针对某一疾病建立一套标准化治疗模式与治疗程序，是一个临床治疗的综合模式，以循证医学证据和指南为指导来促进治疗组织和疾病管理的方法。最终起到规范医疗行为，减少变异，降低成本，提高质量的作用。

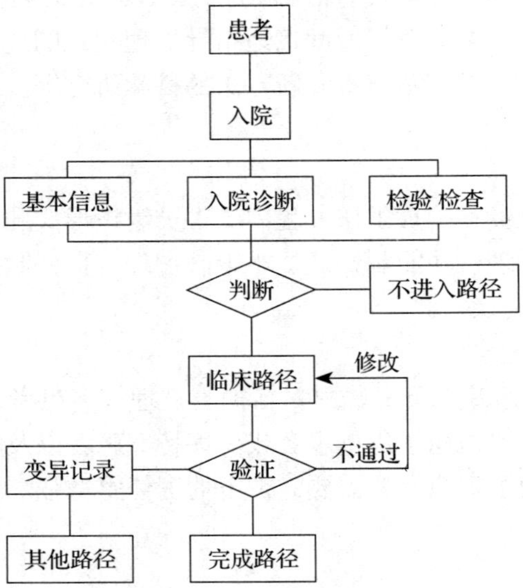

➢ **考点：**某科室，本周护士小张负责全病区患者的生活护理，护士小李负责所有患者的治疗护理，护士小王负责所有患者的药物发放，该科室主要采用的工作方式是（ ）

A. 个案护理　B. 功能制护理　C. 整体护理
D. 责任制护理　E. 小组制护理

音频：
考点解析

第三节 护理学的基本概念

一、护理学的4个基本概念

护理学是生命科学领域中一门独立的学科，具有自己独特的理论体系。人、环境、健康和护理这4个基本概念构成了现代护理理论的基本框架。护理工作的内容、实践范畴、研究领域、护士的角色功能以及专业行为均围绕这4个基本概念展开。

（一）人与健康的概念

1. 人的概念 不同领域对人（people）的认识和诠释不尽相同，各有侧重点。自然科学认为人是依自然规律产生，具有五官百骸，区别于其他动物的自然人；哲学认为人是一切社会关系的总和；社会学认为人是具有自然和社会双重属性的完整意义上的社会人。

2. 人的特点

（1）整体性：人是由生理、心理、社会等综合因素组成的整体的人，各因素之间相互联系、相互依赖、相互作用。任何一个组成部分的不适或失调都会影响到其他部分，甚至整体。

（2）双重属性：人具有自然属性和社会属性。人的自然属性指人在自然环境中产生并生存，是一个生物有机体，和其他生物一样受生物规律的控制。人的社会属性表现在人是一个有思想、善思维、有情感、生活在社会中的人。因此，人具有双重属性。

（3）多层次需要性：人除有基本的生理、安全需要外，还有情感、认知、社会与精神等多层次的需要。只有这些需要得到满足，人的身心才能处于生长、成长与发展的最佳状态。

（4）开放性与动态性：人不是孤立存在的。人不仅与周围环境之间不断地进行着物质、能量和信息的交换，同时人体内部各个系统之间也不断地进行着物质、能量和信息的交换。人的基本目标是保持机体内环境的平衡，以适应外环境的不断变化，促进内、外环境平衡，从而维持机体健康。

（5）成长性与发展性：人的一生（从出生到死亡）具有成长性与发展性。人的成长有一定的规律性、阶段性与顺序性。发展有不均衡性、差异性。不同的阶段有不同的成长与发展特点。

（6）主动性与适应性：人具有思想性、主动性与适应性。人对自身身心功能状态有意识和监控能力，对自己的活动具有自主选择与调节的能力，能主动地调适内环境，改造外环境，促进机体适应，创造一个安全、舒适的环境，从而维持健康。

（二）环境

1. 环境的概念 广义的环境（environment）是指围绕着人类的空间以及其中可以直接或间接影响人类生活和发展的各种因素的总和。狭义的环境是指人类机体的内环境（生理环境和心理环境）和外环境（自然环境和社会环境）。内环境和外环境之间不断地进行物质、信息和能量的交换，保持内、外环境动态平衡，从而维持健康水平。

2. 环境对健康的影响

（1）环境对健康的促进：良好的环境能维持与促进人类的健康，预防与减少疾病的发生。①自然环境：清新的空气、充足的氧气、安全的饮用水、充足与平衡的食物等，可以满足人们最基本的生理需要，增强人们的免疫力，预防与减少疾病的发生。②社会环境：良好的经济条件、人际关系、文化教育可以提高人们的健康信念，改变危害健康的行为，养成良好的健康促进行为。

（2）环境对人的健康的影响：环境作为压力源对人类健康产生重要的影响。良好的环境能够帮助患者康复，促进人的健康。不良的环境则给人的健康造成危害。人类所患的疾病中不少是由环境中的致病因素引起的，因此，护士应掌握环境与健康有关的知识，为患者创造良好的生活、休养环境。

（三）健康

1. 健康的概念

（1）健康（health）的概念：不同的历史条件下，人们对健康的认识不同。1948 年世界卫生组织（WHO）对健康的定义是：健康不仅是没有躯体疾病，还要有完整的生理、心理状态和社会适应能力。1990 年世界卫生组织对健康的概念做了补充和完善，即健康包括“躯体健康、心理健康、社会适应良好和道德健康”。

（2）亚健康（subhealth）的概念：世界卫生组织将机体无器质性病变，但是有一些功能改变，界于健康与疾病之间的状态称为“第三状态”，我国将其称为“亚健康状态”。处于亚健康状态的人机体虽然没有器质性病变，但身体或器官中已经有危害因素的存在。

（3）疾病（disease）的概念：疾病是机体在一定的内、外因素作用下出现的一定部位的功能、代谢或形态结构的改变，表现为损伤与抗损伤的过程，是机体内部以及机体与环境之间平衡的破坏或正常状态的偏离。

2. 健康与疾病的关系

（1）可互相转化：健康与疾病是生命过程中的一对矛盾统一体，这对矛盾随时在变化，在一定条件下可互相转化。

（2）无明显界限：健康与疾病是动态的，不是“非此即彼”的关系，二者之间可有一个过渡阶段，即“亚健康”状态。

（3）二者可并存：现在认为，健康与疾病可同时存在于一个个体身上，即一个人可能在生理、心理、社会的某方面处于低水平的健康甚至是疾病状态，但在其他方面却是健康的。如肢体残障的人身残志坚，可将其他方面进行调整，扬长避短，充分发挥潜能，达到个体健康的最佳状态，同样可为人类和社会做出贡献。

（四）护理

1. 护理的概念 1980 年美国护士学会（ANA）对护理（nursing）的定义是：护理是诊断和处理人类对现存的或潜在的健康问题的反应。

2. 护理的内涵

（1）照顾：照顾是护理永恒的主题。照顾患者或服务护理对象是护理永远的核心。

（2）帮助：护患之间的帮助性关系是护士用以与护理对象互动，以减轻病痛、促进及恢复健康的手段，这种帮助性关系是双向的。首先，护士和护理对象是一种帮助与被帮助、服务者与被服务者之间的关系，这就要求护士以自己特有的专业知识、技能与技巧提供帮助与服务，满足护理对象特定的需要，与其建立起良好的帮助性关系。同时，护士在帮助护理对象的过程中也不断拓展、提高自身的专业知识，积累工作经验，护士整体素质得以提升。

（3）人道：护士是人道主义忠实的执行者。在护理工作中提倡人道，充分体现以人为本的服务理念，要求护士视每一位护理对象为具有个性特征的个体、有各种需要的人，从而尊重个体，注重人性。同时，要求护士对待护理对象一视同仁，救死扶伤，为人类的健康服务。

二、4个基本概念的相互关系

人、环境、健康、护理是护理的基本概念，这4个概念之间相互联系、相互作用，缺一不可。人是护理的服务对象，人的健康是护理的中心。人与环境之间进行着持续不断的相互作用，以达到促进、维护或恢复健康的目标。如果环境的变化超出了人的代偿能力，人的健康就会向不良的方向发展。护理的任务是创造良好的环境并帮助护理对象适应环境，从而达到最佳健康状态。

自测题

A1型题

1. 我国第一所护士学校建立的时间和地点为
   A. 1887年，上海　　B. 1921年，北京　　C. 1912年，江西
   D. 1888年，福州　　E. 1835年，广东
2. 中华护士会成立于
   A. 1835年，广东　　B. 1888年，福州　　C. 1909年，江西
   D. 1921年，北京　　E. 1922年，上海
3.《中华人民共和国护士管理办法》规定开始实施护士执业考试和注册制是在
   A. 1979年　　B. 1984年　　C. 1985年
   D. 1992年　　E. 1995年
4. 自1964年起，中国护理界的群体性学术团体改名为
   A. 中华护理学会　　B. 中华护士学会　　C. 中华护士会
   D. 中国护士学会　　E. 中国护士会
5. 1948年，WHO对健康的定义不包括
   A. 躯体没有疾病　　B. 有完整的生理状态
   C. 有完整的心理状态　　D. 有一定的劳动力
   E. 有社会适应能力
6. “生物—心理—社会医学模式”的提出者是
   A. 罗伊　　B. 恩格尔　　C. 奥瑞姆
   D. 马斯洛　　E. 莉迪亚
7. 中医理论“三分治、七分养”中的七分养实质上是
   A. 护士　　B. 护理　　C. 护理患者
   D. 护理教育　　E. 护理改革
8. 护理4个基本概念的核心是
   A. 人　　B. 环境　　C. 健康
   D. 护理　　E. 疾病
9. 护理的对象是
   A. 患病的人　　B. 健康的人　　C. 所有的人
   D. 有残疾的人　　E. 有心理障碍的人

10. 以疾病为中心的护理特点是
   A. 医护双方是合作的伙伴
   B. 重视整体、忽视局部
   C. 重视高等护理教育
   D. 护理从属于医疗
   E. 实施整体护理
11. 以患者为中心的护理特点是
   A. 贯彻责任制护理工作方法
   B. 护士是医生的助手
   C. 护理教育类同高等医学教育
   D. 护理方法是执行医嘱的常规护理
   E. 系统化地贯彻护理程序
12. 以人的健康为中心的护理特点是
   A. 护理教育开始摆脱类同高等医学教育
   B. 忽视人的整体性
   C. 开始强调护理是一门专业
   D. 护理工作必须按常规护理进行
   E. 护理对象是所有人

（淳　玲）

第二章 护士素质与护患角色

思政之光

思维导图

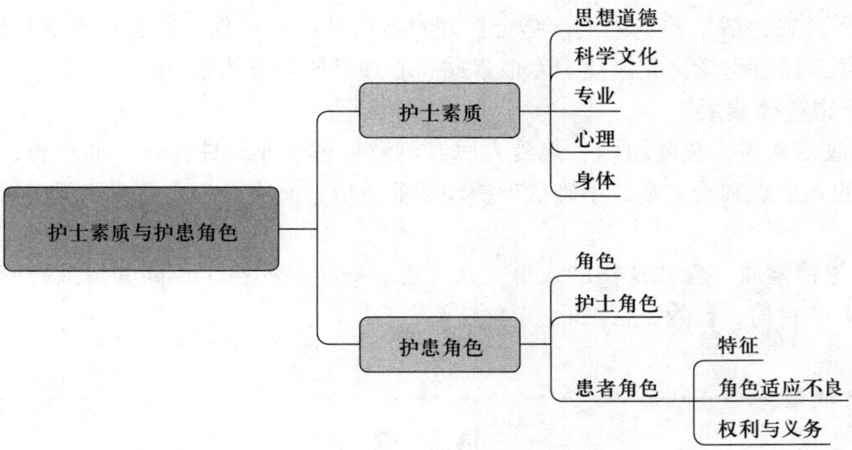

学习目标

1. 解释素质、护士角色、护士角色功能、患者角色。
2. 知道角色的特征。
3. 描述护士、患者角色。
4. 熟记护士的素质。
5. 养成良好的职业素养和慎独修养，具有以人为本的服务理念，严肃、认真的工作态度。

护理工作是护士（nurse）与患者（patient）为了达到医疗护理的共同目标而发生的互动过程，患者与护士之间需要建立良好的护患关系。护患双方不同的文化背景、人格特征和社会地位等因素，不仅会影响护士与患者之间的关系和护理工作的顺利开展，而且会影响患者疾病的康复。因此，护士必须认识和了解护士与患者角色及其功能，建立和发展良好、和谐的护患关系，适应各种护士角色，发挥角色功能，满足社会的期待，为护理对象提供个性化的优质服务。

第一节 护士素质

一、素质的概念

素质（quality）是心理学的一个专门术语，指人的一种较稳定的心理特征。素质包括先天素质与后天素质。先天素质是自然性的一面，指人与生俱来的某些特点和原有基础，即机体天生的结构形态、感知器官、神经系统，特别是大脑结构和功能上的一系列特点。后天素质是社会性的一面，也是主要的，指通过不断培养、教育、自我修养、自我磨炼而获得的一系列知识技能、行为习惯、文化涵养、品质特点的综合。由此可见，素质不仅是人的一种心理特征，也是人与生俱来的自然特点与后天获得的一系列稳定的社会特点的有机结合，是人所特有的一种实力。素质的形成是一个长期反复的过程，是自我基础、环境与教育多方面作用的结果。

二、护士应具备的素质

护士素质是在一般素质基础上，结合护理专业特性，对护理工作者提出的特殊素质要求，包括思想道德素质、科学文化素质、专业素质、心理素质和身体素质。

（一）思想道德素质

1. 思想政治素质 热爱祖国、热爱人民、热爱护理事业。具有崇高的理想、高尚的思想情操、正确的人生观和价值观，正确认识护理职业价值，具有全心全意为人类健康服务的奉献精神。

2. 职业道德素质 救死扶伤的人道主义理念，诚实的品格、较高的慎独修养和崇高的护理道德，自尊、自信、自爱、自强。

知识链接

慎　独

慎独（restraining in privacy）是伦理学中的一个概念，是道德修养的较高境界。慎独是指人在独处时仍能坚持自己的道德信念，自觉地遵循道德准则。

由于护理工作的特殊性，要求护士在无人注意、无人监督的独处情况下，自己的行为也要谨慎，要强化自律意识，恪守工作规范。慎独应成为护士必备的一种美德。

（二）科学文化素质

护士应具有一定的文化修养和自然科学、社会科学、人文科学等多学科知识，为深入理解医学、护理学理论打下坚实的基础。随着护理学不断发展，护理理论体系不断完善，工作内容不断拓展，需要护士具有丰富的科学文化知识。

（三）专业素质

1. 专业知识 护士要掌握坚实的基础医学、临床医学、护理专业理论知识，构建科学的护理知识体系，预见和处理护理对象现存的和潜在的健康问题。

2. 专业能力

（1）规范、娴熟的操作技能：护士应具有规范、娴熟的护理操作技能，为患者提供安全的护理服务，减轻患者痛苦，有效提高工作效率，提高患者满意度。

（2）敏锐的观察能力：在临床实践中，患者的病情复杂多变，细微的变化往往提示疾病的发生、发展，有时预示着严重的并发症，护士应细心观察患者病情的动态变化，准确、全面地收集患者的资料，及时发现患者现存和潜在的健康问题。

（3）较强的分析问题和解决问题的能力：护士面对护理对象的各种健康问题，应运用护理程序的工作方法，认真分析和判定问题的优先顺序，当机立断，科学地决策，采取适当的护理措施加以解决。

（4）机智、灵活的应变能力：护理对象性格特征千差万别，病情发展变化快，因此护士同样的态度、语言和工作方法不一定适用于所有的患者。在护理工作中，护士要根据患者的具体情况，灵活、机智地应对，为患者提供个性化的护理，最大限度地满足患者需要。

（5）评判性思维能力：评判性思维是一种理性思维，是反思和推理的过程。护士的工作环境复杂多变，要面对患者许多不断变化的护理问题，应通过比较提出质疑，弄清事实，分析问题等再认识的过程，从中选择解决问题的最佳方法。

（6）终身学习和科研创新能力：为适应现代医学模式的转变，护士要不断地关注护理学科新的发展变化，在工作中不断地积累经验，养成终身学习的良好习惯，不断钻研进取，提高自身科研及创新能力，及时补充自己知识体系中的欠缺与不足，为提高工作效率和增强护理效果，形成一定的专业知识储备。

（7）较强的沟通与交流能力：护理服务对象是人，人的心理状态多种多样，护士应该掌握与人沟通和交流的技巧，善于抓住患者的主要心理特征。根据患者的具体情况，灵活运用恰当的沟通技巧为患者提供有效的心理支持，让护理对象更多地参与护理活动。

（四）心理素质

护士应具有健康的心理、良好的精神面貌，性格乐观、开朗，情绪稳定，真诚、热情、宽容、豁达，在工作中团结协作、相互尊重、具有良好的人际关系，在工作中始终保持一种平和的心态，以良好的心境影响患者。

（五）身体素质

护士应具有健康的体魄、充沛的精力、整洁大方的仪表和端庄稳重的行为举止，具有良好的耐受力、敏捷的反应力和始终如一的工作热情，才能为患者提供优质护理服务。

➢ **考点：** 下列属于护士专业素质内容的是

A. 诚实的品格　　B. 较高的慎独修养　　C. 敏锐的观察力

D. 救死扶伤、忠于职守　　E. 自尊、自信、自爱、自强

音频：
考点解析

第二节　护患角色

护士作为人类健康的守护者，被社会赋予了多元化角色，需履行多重角色功能，在医疗、护理及健康教育等活动中发挥着重要的作用。

一、角色的概念

角色（role）原为电影、戏剧中的术语，其含义为处于一定社会地位的个体或群体，在实现与这种地位相联系的权利与义务中所表现出的符合社会期望的行为和态度的总模式。换言之，角色是一个人在某种特定的场合下的义务、权利和行为准则。

二、角色特征

1. 角色具有多重性　角色的多重性是指当多种角色集于某个体一身时，该个体所处的位

置，也称复式角色或角色集。每个社会成员都有多重角色，但主要承担的是职业和家庭中的角色。

2. 角色之间相互依存 任何角色在社会中都不是孤立存在的，而是与其他角色相互依存。要形成某一角色，必须有互补角色作为这个角色的补充。某一角色的实现必须通过角色间的互动关系才能得以完成。如完成教师角色，必须有另一种学生角色存在，两者相互依存，发生互动关系。

3. 角色期待 社会对每一个角色均有“角色期待”。角色期待是指一个人在社会系统中的行为态度要符合角色要求，其周围的人也总是要按照社会角色的一般模式对他的态度、行为方式寄予期望。如护士要有良好的护理道德，学生要具有良好的学习品质。个体根据自身对角色期待的认识完成角色行为。若个体行为符合角色期待，则社会或群体能和谐、圆满地共同生活。反之，则导致角色冲突。

三、角色转变

角色转变（role transition）是指个体承担并发展一种新角色的过程。每个人的一生都会获得多种角色，当个体承担并发展一种新角色时，就会存在一个角色转变问题。例如护理学生刚刚毕业从事临床护理工作时，就面临角色转变，需要通过系统学习培训，素质及能力有所提高，才能适应新角色。角色转变是一种正向成长。在这个过程中，个体必须通过不断思考、学习与实践，才能逐步了解社会对新角色的期待，从而改变自己的情感、态度、行为，以适应新角色的要求，完成角色转变。

四、护士角色及功能

（一）护士角色

护士角色（nurse role）指护士应具有的与职业相适应的社会行为模式。护士角色的形成源于社会对护士职业的期望和要求。护士作为一种社会角色，有着防治疾病、护理患者的职责，必须具有相应的道德品质、专业能力。自南丁格尔首创护理专业以来，护理学从深度和广度上得到了长足的发展，护士的形象也发生了根本性的变化，由疾病照顾者转变为健康护理者。当代护士被社会赋予了多元化的角色，在护理实践中发挥着多重角色功能。

（二）护士角色功能

1. 照顾者 护士的独特功能是在人们不能自行满足其基本需要时，提供各种护理照顾。护士要运用护理程序的方法对护理对象实施满足健康需要的护理活动，如呼吸维持、营养供给、排泄护理等，护士运用专业知识满足患者生理、心理、社会、文化、精神等需求，以促进健康。

2. 计划者 护士运用护理专业知识和技能，收集护理对象的生理、心理、社会等相关资料，评估护理对象的健康状况，找到健康问题，为患者制订全面、切实可行的护理计划，按照计划有序地实施护理。

3. 健康教育者 护士可以在医院、家庭、社区针对护理对象的健康行为意识完成其教育者的职能，向其传授生活保健、疾病预防和康复知识，以改善人们的健康状态和健康行为，从而提高护理对象的健康水平。如护士对患糖尿病、高血压、心脑血管疾病的患者进行饮食、日常生活和用药等方面的指导。

4. 健康协调者 患者所需要的医疗护理服务来自于诊断、治疗、护理、保健等多个医疗专业，它们之间的工作应该整体协调统一，才有利于患者康复。在对患者服务的过程中，护士需联系并协调这些健康保健系统人员，工作互相配合，顺利进行，以保证护理对象获得最适宜的整体性医护照顾。

5. 护理管理者　在临床护理工作中，护士必须有计划地对日常工作中的人、财、物、信息、时间、空间等进行组织和管理。合理利用这些资源，提高工作效率，使护理对象得到优质服务。

6. 健康咨询者　护士运用专业知识，解答护理对象有关健康问题的咨询，提供相关的信息，给予情绪支持及健康指导，有利于护理对象认识自身健康问题并参与自我保健和康复活动或适应患者角色配合治疗，从而提高生命质量。

7. 护理研究者　护理事业的发展和护理水平的提高与护士科研能力密不可分。护士要通过研究来验证护理理论知识和技能方法，推广循证护理，提高护理质量。通过研究，扩展学科知识，发展新技术，为减轻患者痛苦和提高工作效率做贡献，用研究理念促进学科发展。

8. 患者代言人和保护者　护士是患者权益的维护者，有责任解释并维护患者的权益不受侵犯和损害。护士如发现不道德、不合法的事情时，应捍卫患者的利益。对一些难以表达自己意见的患者，护士有义务反映患者的要求，并与有关人员联系和沟通，为患者解决困难，尽量满足患者需求。当今社会，人们对护士的角色期待越来越多。为满足角色期待，护士必须加强角色学习，努力塑造并完善自己，适应护理工作需求。护士角色学习是个人根据社会赋予的角色期待，明确角色行为，并通过系统学习和护理实践完成角色功能的全过程。

➢ **考点：**某患者，女性，62岁，胆囊切除术后。患者病情好转，出院时护士为其进行饮食、用药等指导，此时护士的角色功能是

A. 健康咨询者　　B. 提供照顾者　　C. 护理管理者

D. 健康教育者　　E. 护理计划者

音频：
考点解析

五、患者角色

（一）概念

患者角色（patient role）是社会对患者所期望的行为模式。当一个人患病后就获得了患者角色，可以享受应有的权利，履行应尽的义务。原有的社会角色部分或全部被患者角色所替代。

（二）特征

美国著名社会学家帕森斯（Parsons）将患者角色特征概括为4个方面。

1. 可酌情免除正常的社会角色所承担的职责　即患者可从正常时承担的社会角色中解脱出来。如不能期望患者做平常所做的工作或履行他们做父母或子女的职责。免除的程度取决于疾病的性质和严重程度。医生的临床诊断是患者角色合法的证明。

2. 对陷入疾病状态没有责任，有权利获得帮助　患病不以患者意志为转移，患者对生病状态无能为力，因而可免除因疾病所造成问题的责任。患者需要受到照顾，也有权利获得医护帮助。

3. 有责任恢复健康　社会和家庭要求每位患者都要主动恢复健康并承担应尽的责任。疾病常给患者带来痛苦、不适甚至死亡，因此在医疗和护理活动中，患者不能凭自己意愿行事，必须配合医护人员，争取早日恢复健康。

4. 配合医护人员治疗疾病的协作性　患者应主动寻求专门技术上的帮助，通常是医护人员的帮助，并应在恢复健康的过程中与医护人员合作，共同战胜疾病。在疾病治疗和护理过程中，患者必须与医护人员合作，严格遵守治疗和护理原则，积极协助治疗，如遵医嘱按时服药、休息、治疗、适当运动等。

（三）患者角色适应不良

1. 角色行为缺如 角色行为缺如指患者没有进入角色，不愿意承认自己是患者，不能很好地配合医疗和护理。这是一种心理防御的表现，常发生于由健康角色转向患者角色及疾病突然加重或恶化时。患者角色缺如不利于治疗和护理。

2. 角色行为冲突 角色行为冲突指患者在适应患者角色的过程中，与其原来的角色发生心理冲突而引起行为矛盾，往往是患者其他社会角色需要过强所致。角色行为冲突表现为焦虑、茫然、愤怒或悲伤，这是一种视疾病为挫折的心理表现。如生病的学生因担心疾病影响学习，表现出焦虑、烦躁情绪，造成学生角色与患者角色冲突。

3. 角色行为强化 角色行为强化是患者对自己所患疾病产生过度心理反应的行为特征，表现为安于患者角色，不想出院，对康复后将要承担的社会角色缺乏信心，产生退缩和依赖心理，过分寻求帮助。角色行为强化常发生于由患者角色转向社会角色时，这对康复期的患者恢复常态社会角色十分不利。

4. 角色行为消退 角色行为消退指一个人已适应患者角色，但由于某些原因又重新承担起本应免除的社会角色的责任，放弃患者角色。如一位患子宫肌瘤的母亲，住院准备择期手术，但由于孩子发热无人照顾，毅然出院照顾孩子，此时患者母亲角色占据主要地位，患者角色消退。

5. 角色行为异常 角色行为异常指患者受病痛折磨感到悲观失望，加之不良环境而导致患者出现固执、易怒、攻击、厌世、自杀等异常行为。

（四）权利和义务

患者角色有其特定的权利与义务。患者应明确自己的权利与义务，更好地参与医护活动。护士应尊重患者的权利，才能提高护理工作质量。

1. 患者的权利

（1）免除一定社会责任和义务的权利：患者有权根据疾病性质、病情严重程度要求免除或部分免除正常的社会角色所应承担的责任。

（2）享受平等医疗、护理、保健的权利：恢复健康是每位患者的权利和义务，无论患者的地位、职业、经济状况等有多大差别，他们享受医疗、护理、保健的权利是平等的。护士应尊重患者的权利，一视同仁，给予平等的服务。

（3）知情同意的权利：患者有权了解有关自己所患疾病的所有信息，包括疾病的诊断、检查、治疗、护理、预后、医疗费用等，并且在知情的基础上有权做出接受或拒绝的决定。因此，医护人员应尽可能向患者提供有关信息，在给患者实施治疗及护理前，给予充分的说明，包括方法、目的、注意事项、危险性等，取得患者认可后，才能进行治疗及护理活动。

（4）隐私保密、人格受到尊重的权利：生理缺陷、传染病、性病、家族性遗传病等患者的资料属个人隐私，在医疗及护理过程中应得到保护。患者的尊严、文化、宗教背景应受到尊重，尤其是对有严重缺陷、残疾者以及性病、获得性免疫缺陷综合征（艾滋病）患者，更应注意对其人格权利的保护，不得歧视、遗弃、侮辱等。

（5）自主选择权：患者有权利根据自己意愿选择为其诊疗的医院、医护人员、治疗方案、护理措施等。在就医过程中，无论医生、护士，还是父母、儿女，都应尊重患者本人意愿。

（6）监督与维护自己医护权益实现的权利：患者在享有平等医疗权利的同时，也享有监督与维护这种权利实现与否的权利，患者有权监督医院对其实施的医疗、护理工作等。在患者的医疗权利受到侵犯或出现医源性损伤行为时，患者有权向有关部门投诉，以获得相应的赔偿。

2. 患者的义务 患者在享受上述权利时，也应承担应尽的义务。

（1）及时寻求医护帮助的义务。

（2）如实陈述病情、准确提供健康资料的义务。

（3）积极配合医护活动的义务。
（4）按时、足额支付医疗费用的义务。
（5）遵守医院各项规章制度的义务。
（6）尊重医疗保健人员的义务。

自测题

一、A1 型题

1. 护士的素质包括
A. 职业道德和技术素质　B. 知识技能和行为规范
C. 思想品德和专业素质　D. 行为规范和文化素养
E. 职业道德和行为规范

2. 护士应具备的职业能力不包括
A. 规范的操作技能　B. 敏锐的观察能力
C. 灵活的应变能力　D. 经济策划的能力
E. 改革创新的能力

二、A2 型题

3. 某患者，男性，68 岁，因左下肢骨折住院 3 周，护士与患者及其家属共同研究和讨论患者出院后功能锻炼问题，此时护士最主要的角色是
A. 照顾着　B. 教育者　C. 咨询者
D. 计划者　E. 代言人

4. 某患者，女性，50 岁，因肢体瘫痪生活自理困难，为使其舒适，护士将她的污单更换为清洁被单。此时护士的角色是
A. 照顾者　B. 教育者　C. 咨询者
D. 计划者　E. 代言人

三、A3/A4 型题

（5～6 题共用题干）
某患者，女性，教师，22：00 因车祸致头部外伤急诊入院。

5. 医生对患者进行体格检查后，确定患者病情平稳便去休息，值班护士担心患者，加强巡视，30 分钟后，发现患者烦躁不安，一侧瞳孔散大，请医生检查，诊断为脑出血，行急诊手术，患者转危为安。请分析，该值班护士具有哪项突出的专业能力
A. 规范的操作能力　B. 解决问题的能力　C. 细致的观察能力
D. 较强的科研能力　E. 机智的应变能力

6. 凌晨 1：00，患者术后回病房，麻醉未清醒，患者多组输液，护士一丝不苟地查对用药并严格无菌操作，确保患者用药安全，此行为表示该护士具有哪项职业道德素质
A. 较强的实践能力　B. 情绪稳定　C. 充沛的精力
D. 较高的慎独修养　E. 高尚的思想情操

（马雪琴）

思政之光

第三章 护理相关理论

思维导图

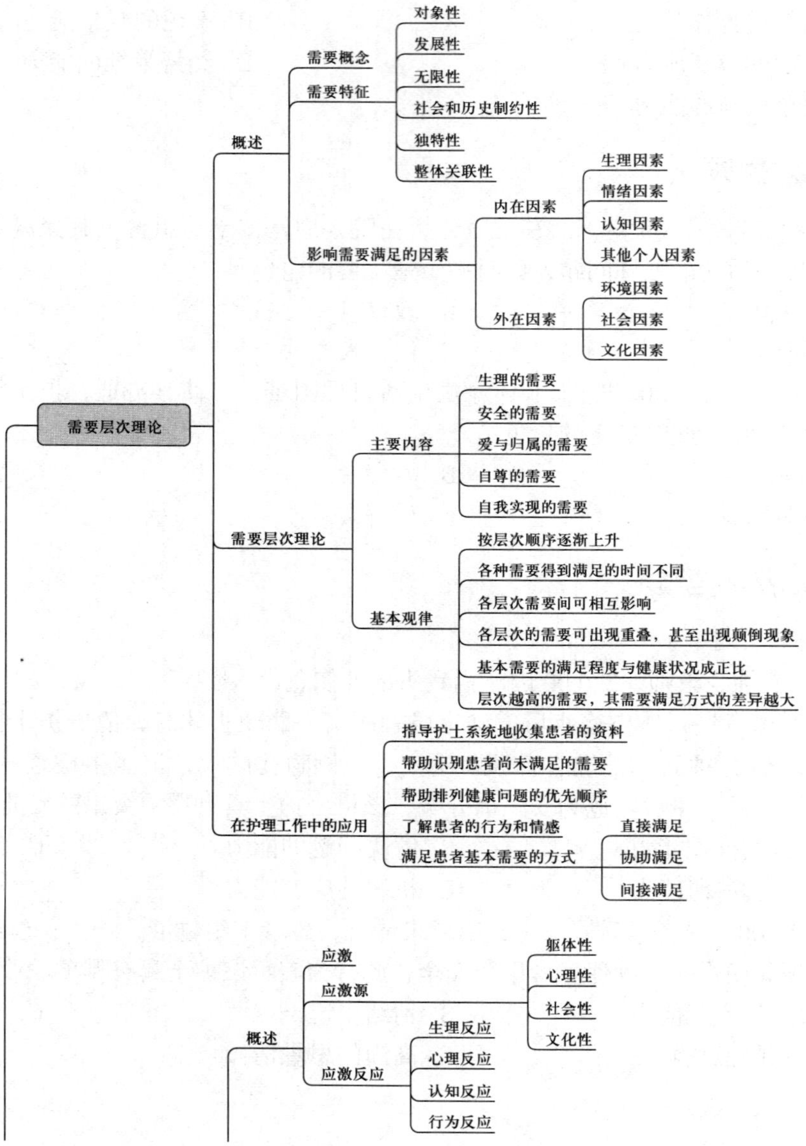

- 护理相关理论
  - 应激与适应理论
    - 应激的应对
      - 正确评价应激源
      - 去除应激源
      - 增强个体的抗压能力
      - 运用心理防卫机制
        - 退化
        - 合理化
        - 否认
        - 转移
        - 升华
        - 反向行为
        - 潜抑
      - 应用各种应激管理技巧
      - 寻求支持系统的帮助
    - 适应应激
      - 适应的概念
      - 适应的层次
        - 生理适应
          - 代偿性适应
          - 感觉的适应
        - 心理适应
        - 社会文化适应
        - 技术适应
    - 在护理工作中的应用
      - 常见的应激源
        - 陌生的环境
        - 疾病的威胁
        - 信息的缺少
        - 自尊的丧失
        - 与外界隔离
      - 帮助患者应对应激的策略
        - 营造轻松的休息环境
        - 协助适应患者角色
        - 提供有关疾病的信息
        - 协助保持良好的自我形象
        - 协助患者建立良好的人际关系
  - 自理理论
    - 奥瑞姆自理理论的内容
      - 自我护理理论结构
        - 自理
        - 自理能力
        - 治疗性自理需要
        - 自理总需要
          - 一般的自理需要
          - 成长发展的自理需要
          - 健康不佳时的自理需要
      - 自理缺陷理论结构
      - 护理系统理论结构
        - 全补偿护理系统
        - 部分补偿护理系统
        - 支持-教育护理系统
    - 在护理工作中的应用
      - 评估患者的自理能力和自理需要
      - 设计恰当的护理系统
      - 实施护理计划和评价
  - 评判性思维与循证护理
    - 评判性思维
      - 概述
        - 概念
        - 特点
          - 主动性
          - 独立性
          - 反思性
          - 全面审查性
          - 评判性
      - 构成
        - 智力因素
        - 认知技能因素
        - 情感态度因素
      - 层次
        - 基础层次
        - 复杂层次
        - 尽职层次
      - 在护理工作中的应用
        - 在临床护理实践中的应用
        - 在护理教学中的应用
        - 在护理管理中的应用
        - 在护理研究中的应用
    - 循证护理
      - 概念
      - 基本要素
        - 当前的最佳临床证据
        - 患者的需求和实际条件
        - 护士的专业技能和经验
      - 实践程序
        - 原则
        - 实践程序
          - 提出问题
          - 列出证据
          - 分析与评价证据
          - 应用最佳证据指导护理实践
          - 评价效果
      - 对护理工作的促进

学习目标

1. 解释需要、应激、应激源、适应、自理缺陷、评判性思维、循证护理。
2. 描述需要层次理论、应激与适应理论及自理理论在护理中的应用；适应应激；评判性思维；循证护理。
3. 熟记需要层次理论、应激的应对措施。
4. 运用评判性思维思考常见的护理问题；按照循证护理的实践程序处理常见的护理问题。

护理相关理论是在护理实践中产生并经过护理实践验证的理论认识体系，是对护理现象和活动的本质与规律的正确反应，如需要层次理论、应激与适应理论及自理理论等。这些理论用科学的方法解释护理现象，并与护理专业知识相互渗透，从而丰富和完善了护理专业。

第一节　需要层次理论

人是护理服务的对象，人具有维持生存和健康最基本的需求，如饮食、休息、睡眠等。如果人的需求未得到满足，将会出现机体失衡而导致疾病。通过人类基本需要层次理论，预测并满足护理服务对象的需要，维持和促进服务对象的健康。

一、概述

（一）需要的概念

需要（need）又称需求，是个体或群体对其生存、发展条件所表现出来的依赖状态，是人脑对生理需求和社会需求的反应，是人的心理活动与行为的基本动力。人的基本需要是指所有人得以生存的共同需要，包括生理、心理、社会等几个方面。

（二）需要的特征

1. 对象性　人的任何需要都会指向一定的对象，这个对象可以是物质的，如食物、水分等，也可以是精神的，如关爱、审美等。无论是物质的需要，还是精神的需要，都必须有一定的外部条件才能获得满足。

2. 发展性　需要是个体生存发展的必要条件。个体在经历不同发展阶段的过程中，都有不同的优势需要，如婴儿期主要是生理需要，少年期有受尊重的需要。

3. 无限性　需要并不会因为暂时的满足而终止。当一个需要被满足后，个体又会产生新的需要。

4. 社会和历史制约性　人在一生中有各种各样的需要，但并不是每一种需要都能得到满足。需要的产生和满足是受个体所处的环境条件和社会发展水平制约的，同时也受到所处经济、文化等条件的制约。

5. 独特性　人的需要有相同的方面，也有不同的方面。这种需要的独特性取决于个体的遗传、环境等因素。因此，护理人员要仔细观察服务对象的特殊需要，有针对性、及时、合理地给予满足。

6. 整体关联性　人的各种需要是一个相互联系、相互作用、相互影响的整体，一种需要的满足会影响另一种需要的存在和发展，各种需要既互为条件，又互为补充。如安全的需要要以生理需要为基础，而安全需要的满足又可作为生理需要满足的补充。

（三）影响需要满足的因素

需要的满足受个体自身内在因素及其所处的外部环境的影响和限制。个体的内在因素包括生理和心理等方面，外部环境包括物理环境和社会及文化环境。

1. 内在因素

（1）生理因素：包括疲劳、疼痛、疾病、生理缺陷等。如肺部疾病会影响机体对氧气需要的满足，生理缺陷容易产生自卑等情绪反应。

（2）情绪因素：情绪状态与个体躯体功能密切相关，焦虑、恐惧等情绪会导致食欲缺乏、失眠，从而影响个体各种需要的满足。

（3）认知因素：认知水平影响个体对信息的接受、理解和应用，进而影响个体对自身需要的认识和满足，如婴幼儿、认知障碍的患者影响对自身需要的满足。

（4）其他个人因素：人的信仰、价值观、个性特点、生活习惯等会影响个体基本需要的满足程度及方式，如长期素食者可能影响营养需要的满足。

2. 外在因素

（1）环境因素：环境中的某些物理、化学、生物因素会影响人的基本需要，如噪声影响休息、陌生的环境降低安全感。

（2）社会因素：经济、社会事件、物质的供应状态等影响各种需要的满足。人际关系紧张、与亲人分离等会导致个体缺乏爱与归属感。

（3）文化因素：社会的道德、文化、习俗等会影响个体的认识和满足方式，如农村与城市的人在满足需要的方式上有所差异。

二、需要层次理论的主要内容和基本规律

（一）主要内容

知识链接

亚伯拉罕·哈罗德·马斯洛简介

亚伯拉罕·哈罗德·马斯洛（Abraham Harold Maslow，1908—1970）生于纽约市布鲁克林区，美国社会心理学家、人格理论家和比较心理学家，人本主义心理学的主要发起者和理论家，心理学第三势力的领导人。马斯洛于1934年获得心理学博士学位，1937年任纽约布鲁克林学院副教授，1951年被聘为布兰戴斯大学心理学教授兼系主任，1969年离任，成为加利福尼亚劳格林慈善基金会第一任常驻评议员。第二次世界大战后，马斯洛转到布兰代斯大学任心理学教授兼系主任，开始对健康人格和自我实现者的心理特征进行研究。

马斯洛认为，人的基本需要有高低之分，他将人的基本需要按其重要性和发生的先后次序，由低到高分为5个层次，并用“金字塔”形状加以描述（图3-1），从而形成了人的基本需要层次理论。

1. 生理的需要　生理的需要（physiological needs）是人类与生俱来的最基本的维持人的生命与生存的需要，包括食物、空气、睡眠、排泄、休息、避免疼痛等。

2. 安全的需要　安全的需要（security needs）指安全感、避免危险、生活稳定、有保障，包括生理安全和心理安全两部分。生理安全是个体需要处于生理上的安全状态，需要受到保护，避免身体上的伤害；心理安全是指个体需

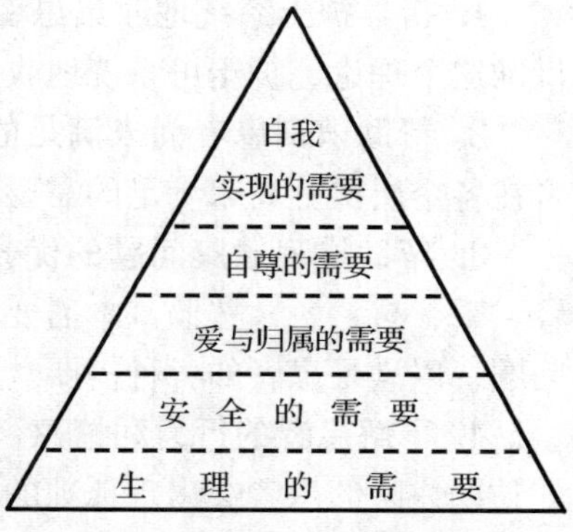

图3-1　马斯洛人类基本需要层次理论示意图

要有一种心理上的安全感，希望得到别人的信任，避免恐惧、焦虑等不良情绪。

3. 爱与归属的需要 爱与归属的需要（love and belongingness needs）是指个体需要去爱别人，去接纳别人，同时也需要被别人爱，被集体接纳，从而建立良好的人际关系，产生所属团体的归属感。

4. 自尊的需要 自尊的需要（self-esteem needs）是个体对自己的尊严和价值的追求。自尊有双重含义，一层含义是拥有自尊心，有自我依赖，接纳自己，视自己是一个有价值的人。另一层含义是被他人尊敬，得到他人的认同和重视。尊重的需要得到满足，使人产生自信，人感到有价值、有能力。尊重需要得不到满足，人便会产生自卑、无能等感觉。

5. 自我实现的需要 自我实现的需要（self-actualization needs）是指一个人有充分发挥自己才能与潜力的要求，是力求实现自己理想和抱负的需要，并借此得到满足感。它是最高层次的需要。

（二）基本规律

1. 按层次顺序逐渐上升 通常一个层次的需要被满足或基本满足后，更高层次的需要才会出现，并逐渐明显，如“饱暖思淫欲”。

2. 各种需要得到满足的时间不同 维持生存所必需的低层次需要必须立即和持续地予以满足，如氧气必须立即满足；而爱与归属、尊重、自我实现的需要可暂缓满足，但这些需要始终存在，不可忽视。

3. 各层次需要间可相互影响 有些高层次需要并非生存所必须，但它的满足可提高生活质量。如爱与归属的需要没有得到满足，就会引起焦虑、抑郁等，进而产生食欲缺乏、失眠等问题，间接地影响生理需要的满足。

4. 各层次的需要可出现重叠，甚至出现颠倒现象 一般情况下，较高层次的需要是随着较低层次需要的不断满足和基本满足后，它才会逐渐出现并发展。因此，同一时期个体内可存在多种基本需要，但不同的人在不同条件下各种需要会出现层次超越、层次颠倒现象，如革命烈士牺牲小我，完成大我。

5. 人类基本需要的满足程度与健康状况成正比 当一个人的需要大部分得到满足时，个体将处于一种平衡的健康状态。反之，当一个人的基本需要得不到满足时，个体就可能陷入焦虑、紧张等负性情绪中，影响健康。

6. 层次越高的需要，其需要满足方式的差异越大 低层次需要满足的方式基本相同，但随着需要层次的不断提高，其满足的方式就会有差异，如人们对空气、食物的满足方式基本相同，而对自我实现的满足却因人的性格、教育水平和社会文化背景等不同而差异较大。

三、需要层次理论在护理中的应用

1. 指导护士系统地收集患者的资料 需要层次理论可作为护士评估患者资料的理论框架，借助这个理论，护士可系统地收集和整理资料，避免资料的遗漏。

2. 帮助识别患者尚未满足的需要 人的基本需要层次理论有助于帮助护士评估并识别患者在各个层次上尚未满足的需要，采取有效的护理措施解决患者存在的问题。

3. 帮助排列健康问题的优先顺序 护士依据马斯洛基本需要层次理论，识别健康问题的轻、重、缓、急，按照基本需要层次理论的内容及其层次间的关系，确定需要优先解决的健康问题，以满足患者的各种需要。

4. 了解患者的行为和情感 基本需要层次理论有助于护士领悟和理解患者的行为和情感。如长期住院的患者会出现孤独的情绪，此时应满足患者爱与归属的需要。

5. 满足患者基本需要的方式

（1）直接满足：对于完全不能满足自理需要的患者，如昏迷、严重智力障碍、婴幼儿等，护士应及时采取有效的护理措施为患者提供全面的帮助，满足其各方面的需要。

（2）协助满足：对于一些尚有或部分恢复满足自理需要的患者，护士应根据患者的具体情况，协助患者完成部分自理活动，鼓励患者完成自己力所能及的活动，提高患者的自理能力，促进其早日康复。

（3）间接满足：对于基本能够满足自理需要，但缺乏专业知识和技术的患者，护士可通过健康教育、康复咨询、专业技术指导等途径帮助他们掌握自我护理知识，增强自我护理能力，间接地满足其需要。

➢ **考点**：某患者因车祸致胸部严重外伤入院，按照人的基本需要层次理论，护士应该首先满足患者的

A. 生理的需要　B. 心理的需要　C. 安全的需要

D. 爱与归属的需要　E. 尊重的需要

音频：考点解析

第二节　应激与适应理论

应激是每个人在一生中都会有的体验。随着现代社会生活节奏的加快，人们对生活中的应激感受越来越明显。某些心身疾病（如溃疡病、原发性高血压等）与应激密切相关。因此，护士应运用应激和适应理论，观察和预测患者的心理及生理反应，采取各种护理措施避免和减轻应激对护理对象的影响，提高护理对象的身心适应能力，促进身心康复。

一、概述

（一）应激

应激（stress）又称紧张。应激是个体对作用于自身的内、外环境刺激做出认知评价后引起的一系列非特异性的生理及心理紧张性反应状态的过程。应激具有双重作用，既可对个体产生积极作用，也会产生消极作用。

（二）应激源

应激源（stressor）是指任何能使个体产生应激反应的内、外环境的刺激。应激源按其性质可分为以下 4 类。

1. 躯体性应激源　指对个体直接产生刺激作用的各种刺激物，包括生理因素、病理因素、理化因素、生物因素等，如月经期、疾病、手术等。

2. 心理性应激源　主要指来自大脑中的能产生刺激作用的各种紧张信息，如焦虑、恐惧、挫折等。

3. 社会性应激源　指因各种社会现象及人际关系而产生应激的刺激，如人际关系紧张、失业等。

4. 文化性应激源　指因文化环境的改变而产生的刺激。如个体从一个熟悉的文化环境到另一个陌生的文化环境中常出现的紧张、焦虑等不适应反应。

（三）应激反应

应激反应（stress response）是机体面对应激源时所产生的一系列身心表现。应激反应主要表现在以下几个方面。

1. 生理反应　如心率加快、血压升高、呼吸加快、肌肉张力增加、免疫力降低等。

2. 心理反应　主要包括心理冲突、情绪反应等。①心理冲突：是指两种或两种以上不同

方向的动机、情绪、态度、目标及反应同时存在，个体难以抉择，表现为不安、痛苦的心理状态。②情绪反应：是指人在喜、怒、哀、恐时所表现出的反应，如焦虑、忧郁、否认、发怒、怀疑、依赖、自卑、孤独、恐惧、注意力不集中等。

3. 认知反应　负面的认知反应主要表现为悲观、失去自信、忧虑、多疑、注意力分散、记忆力下降等。

4. 行为反应　负面的行为反应主要表现为逃避与回避、敌对与攻击、退化与依赖、固执与僵化、物质滥用等。

人们面对应激时常会出现多种应激反应，应激状态下出现的应激反应常有以下规律：①多种应激源可以引起同一种应激反应。②一种应激源可以引起多种应激反应。③不同的人对同样的应激源反应有差异，但几乎所有人在面对极端应激源（如地震、火灾等灾难性事件）时，反应都是相同的。

二、应激的应对

个体应对应激反应取决于个体对应激的感知、应对能力和条件。通常情况下，应对应激能力较强的人对多种应激源并不感知，甚至认为是适当的。反之，应对应激能力较弱的人当经受应激时，易产生焦虑，甚至导致身心疾病。应对的重点在于预防应激的产生和减轻应激对健康的影响。常见的应激应对措施有以下几种。

1. 正确评价应激源　不同的人有不同的价值观、人生观，面对相同的应激会有不同的反应。因此，人们认清应激事件的性质，正确分析事件的来龙去脉，是找出解决问题的关键因素。

2. 去除应激源　避免机体与应激源接触或去除已接触的应激源，如远离过冷、过热的物体，避免吃易致过敏的食物等。躯体性的应激源易去除，但心理及社会性的应激源较难去除。因此，人们应采取积极有效的措施来应对应激源。

3. 增强个体的抗压能力　一方面，人们可通过合理的营养、运动、休息等增强机体的抵抗力；另一方面，人们可通过总结过去应对应激的经验和技巧，采用积极的应对方式，减少应激对机体造成的不良影响。

4. 运用心理防卫机制　心理防卫机制是一种针对应激事件提供心理保护的无意识行为，其功能类似生理上的免疫系统。机体常用的心理防卫机制有以下几种。

（1）退化：指个体的行为回到以前的发展阶段，而不适合目前的发展阶段，如一个成年人遇到某种事情，坐在地上大哭大闹。

（2）合理化：指从多个理由中选出合乎自己需要的理由加以强调，以维持自尊和避免内疚，如“吃不到葡萄说葡萄酸”。

（3）否认：指拒绝承认那些会对自身造成威胁的事实，是个体面对突如其来事件的常见反应，如当个体听到自己身患癌症时，拒绝承认自己患有癌症。

（4）转移：是将对某一对象的情感或行为转移到另一个较能接受的代替对象身上。

（5）升华：是将自己被压抑的原始冲动或欲望用符合社会要求的建设性方式表达出来。

（6）反向行为：是对于一些不敢正视的动机或行为加以否认，采取与自己意愿完全相反的态度及行为。

（7）潜抑：是将不被意识所接受的感情、思想及冲动，不自觉地抑制到潜意识中去。

5. 应用各种应激管理技巧　应激管理技巧能帮助患者改善由应激带来的情绪上的不快或症状，如用听音乐、深呼吸、讲笑话、肌肉放松训练等方式缓解应激。

6. 寻求支持系统的帮助　当应激强度过大时，通过以上方法不能有效缓解应激，也可寻求家人、朋友及专业人员等的帮助，增强个人的应对能力，促进身心健康。

三、适应应激

（一）适应的概念

适应（adaptation）是指应激源作用于机体后，机体为保持内环境的平衡而做出改变的过程。适应是所有生物体的特征，是应对的最终目的。

（二）适应的层次

人类作为一种社会生物体，适应较其他生物体更为复杂，包括生理、心理、社会文化及技术4个层面的适应。

1. 生理适应　生理适应是指机体通过调整生理功能来适应外界环境的变化对机体需求的增加，包括代偿性适应和感觉的适应。

（1）代偿性适应：外界对人体的需求增加或改变时，人体就会做出代偿性的变化。如进行跑步锻炼时，初期人会感到心搏加快、呼吸急促、肌肉酸痛等不适，但坚持一段时间后，这些感觉就会逐渐消失。

（2）感觉的适应：指人体对某种固定情况的连续刺激而引起的感觉强度的减弱。如持续闻某一种气味，感觉强度会逐渐降低，人们很快就习惯了这种气味而适应。另外，适应有时可表现为感觉灵敏度的降低，如“入芝兰之室，久而不闻其香”正是适应的表现。

2. 心理适应　心理适应是指人们感到心理有应激时，调整自己的态度去认识应激源，摆脱或消除应激，以恢复心理上的平衡。如人们丧失亲人后从悲痛中解脱出来，面对生活等都是良好的心理适应。

3. 社会文化适应　社会文化适应是指人们调整个人的行为，使之与各种不同的群体或其他文化相协调，包括与所处的家庭、专业集体、社会集团等的信念和习俗及规范相适应。“入乡随俗”就是一种社会文化适应。

4. 技术适应　技术适应是指人们运用科学技术，改变周围环境，控制自然环境中的应激源。

四、应激与适应理论在护理工作中的应用

（一）常见的应激源

1. 陌生的环境　患者对医院环境的陌生，饮食不习惯，对负责自己的医生和护士不熟悉，对住院的作息制度不适应等。

2. 疾病的威胁　患者感受到严重疾病造成的威胁，担心可能罹患了难治或不治之症，即将手术，有可能致残等。

3. 信息的缺少　患者对所患疾病的诊断、治疗及即将采取的护理措施不清楚，对医护人员所说的医学术语不能理解，自己提出的问题不能得到医护人员耐心的解答等。

4. 自尊的丧失　患者因疾病丧失自理能力而依赖他人的照顾，不能独立完成进食、如厕、穿衣等日常活动，不能按自己的意志行事等。

5. 与外界隔离　患者与所熟悉的家庭环境、工作环境隔离，不能与家人和朋友谈心，与病友、护士之间无共同语言，缺乏沟通，感到自己不被医护人员重视等。

（二）帮助患者应对应激的策略

1. 营造轻松的休息环境　护士应为患者营造一个整洁、安全、安静、舒适的病室环境。热情、主动地接待患者，介绍自己、主治医生、同室病友及医院的环境和规章制度，消除患者因恐惧、不安和孤独带来的心理应激。

2. 协助适应患者角色　护士对患者要表示接纳、尊重、关心和爱护，使其尽快适应患者角色。

（1）心理疏导：鼓励患者通过各种方式宣泄内心的感受及痛苦，如用语言、书信、活动等

形式宣泄心理应激。

（2）鼓励参与：对住院患者，护士应激发其兴趣，使其克服依赖心理，让患者参与治疗和护理计划，促进早日康复。

（3）培养自立：对恢复期患者，要避免患者角色强化，激励患者对生活树立信心，早日重返社会。

3. 提供有关疾病的信息 护士应将有关疾病的诊断、治疗、护理及预后等方面的信息及时并恰当地告知患者，减少患者的焦虑及恐惧情绪，并增加患者的自我控制及安全感。

4. 协助保持良好的自我形象 患者因疾病的影响，自理能力下降，有的患者不能正常进行洗漱、进食等，活动受到一定的限制，常使患者感到失去自我而产生自卑心理。护士应尊重、关心、照顾患者，协助其生活护理，保持患者整洁的外表，改善自我形象，使其获得自尊和自信。

5. 协助患者建立良好的人际关系 护士应鼓励患者与医护人员、同室病友交往，融洽相处。动员社会支持系统（如同事、亲人等）的关心和帮助，使患者感到周围人对他的关爱和重视，从而达到心理平衡。

第三节　奥瑞姆的自理理论

自理理论是由美国著名护理理论家罗西娅·奥瑞姆（Dorothea E. Orem）于 1971 年提出的，论述了人的自我护理需求、自理缺陷与护理的关系，提出护理的目标就是最大限度地维持及促进护理对象的自理。

一、奥瑞姆自理理论的内容

奥瑞姆自理理论由 3 个部分组成，即自我护理理论结构、自理缺陷理论结构和护理系统理论结构。

（一）自我护理理论结构

奥瑞姆在自我护理理论结构中主要阐述了什么是自我护理，人有哪些自理需求。自我护理理论结构主要包括自理、自理能力、治疗性自理需要和自理总需要 4 个基本概念。

1. 自理 自理（self-care）即自我护理，是个体为了维持生命、健康和功能完好而采取的一系列自发性调节行为和自我照顾活动。一般正常成年人都能自理，婴幼儿及健康受到影响的个体除外，如患者、残疾人需要不同程度的帮助。

2. 自理能力 自理能力（self-care agency）是个体所具有的从事自我照顾的能力，是一个身心发展趋于成熟或已成熟的人所具有的一种综合能力。自理能力与年龄、发展情况、生活经历、社会文化、健康状况以及可得到的条件相关。人们通过学习可不断地提高和发展自理能力，但同一个体在不同时期、不同情况下，其自理能力可能不同。

3. 治疗性自理需要 治疗性自理需要（therapeutic self-care demand）是患者在治疗期内采取有效方式，进行一系列相关治疗及护理行为活动，以满足自理需要。

4. 自理总需要 自理总需要（self-care requisites）指个体为了满足自理需要而采取的所有活动，包括一般的自理需要、成长发展的自理需要和健康不佳时的自理需要。

（1）一般的自理需要：指与生命过程和维持人的结构功能的整体性有联系的需要，所有人在生命周期的各个发展阶段都需要的一些直接提供自我照顾的活动。如摄取足够的氧气、水和食物，维持活动和休息的平衡，独处和与人共处的平衡等。

（2）成长发展的自理需要：指在生命发展过程中各阶段特定的自理需要以及在某种特殊情况下出现的新的需要。如婴幼儿期的预防接种、良好饮食和排泄习惯的需要，失学、失业、失去亲人等生活事件发生时产生的自理需要。

（3）健康不佳时的自理需要：指在疾病、损伤和特殊病理变化等情况下或在诊疗过程中产生的自理需要，如腿部骨折需要持拐杖行走等。

（二）自理缺陷理论结构

自理缺陷理论是奥瑞姆自理理论的核心部分，主要阐述了人什么时候需要护理。奥瑞姆认为，在某一特定的时间内，个体有特定的自理能力及自理需要，当个体的这种自理需要大于自理能力时，就会出现自理缺陷。这时，个体为了恢复平衡，就需要借助外界力量（即护士）的帮助（图 3-2）。

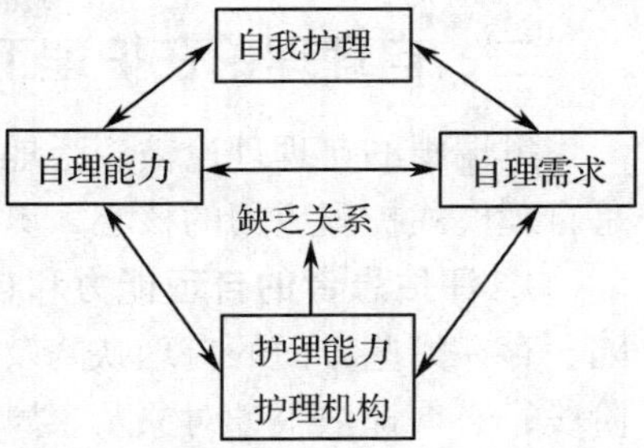

图 3-2　奥瑞姆自理缺陷理论结构示意图

（三）护理系统理论结构

奥瑞姆在护理系统理论结构中指出，护理活动依据自理需要和自理能力缺陷程度而定，为了有助于确立护理职责范围及护士和护理对象的角色与行为，根据护理对象的自理需求和自理能力的不同，设计了 3 种补偿系统：全补偿护理系统、部分补偿护理系统和支持 – 教育护理系统（图 3-3）。

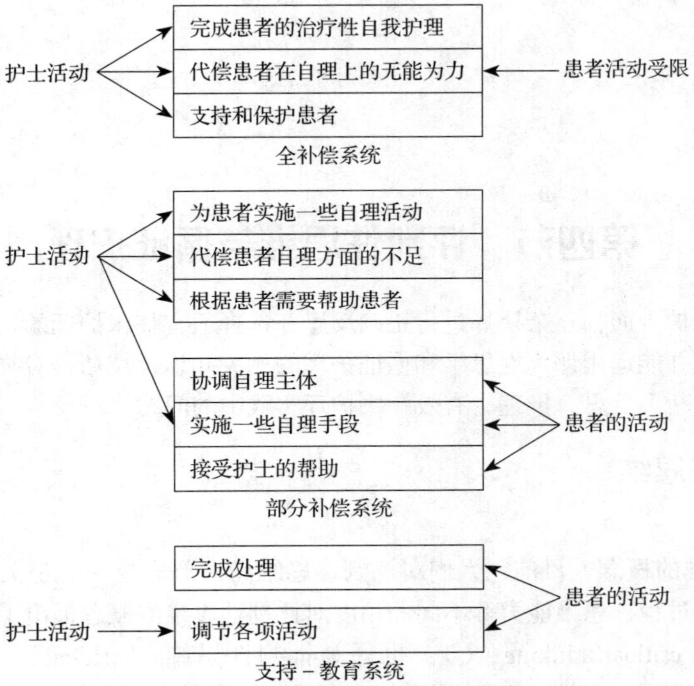

图 3-3　奥瑞姆护理系统理论结构示意图

1. 全补偿护理系统　全补偿护理系统（wholly compensatory nursing system）是护理对象完全没有能力自理，需要护士进行全面帮助，适用于昏迷、智能低下及高位截瘫等护理对象。

2. 部分补偿护理系统　部分补偿护理系统（partly compensatory nursing system）根据个体自理能力的不同，护士给予适当的帮助，以满足需要。如近期手术后的护理对象在如厕及走路等方面需要协助。

3. 支持 – 教育护理系统　支持 – 教育护理系统（supportive-educative nursing system）指患者有能力执行或学习一些必需的自理方法，但须在护士的帮助、支持、指导下才能完成，以此提高自理能力。如糖尿病患者通过学习，掌握检查尿糖的方法等。

奥瑞姆认为护理系统是一个动态的行为系统，护理系统的选择主要依据患者的自理需要和自理能力。同一患者在不同阶段自理能力不同，选择的护理系统亦不同。

二、自理理论在护理工作中的应用

奥瑞姆的自理理论被广泛地应用于整体护理实践中，指导护理人员按照护理程序实施护理是自理模式护理应用的核心，奥瑞姆认为护理程序分为 3 个步骤。

1. 评估患者的自理能力和自理需要 护理人员通过收集资料，判断患者是否存在自理缺陷、存在哪些方面的自理缺陷及引起自理缺陷的原因，然后确定患者需要哪些护理帮助。在此阶段，必须评估服务对象及家属的自理能力，以使他们参与护理活动，尽快达到自理。

2. 设计恰当的护理系统 根据患者的自理需要和自理能力，选择一个适宜的护理系统，并结合患者治疗性自理需求制订详细的护理计划，以达到恢复和促进健康、增进自理能力的目的。

3. 实施护理计划和评价 实施护理计划，在执行过程中，护士要观察患者的反应，评价护理效果，根据患者自理需求和自理能力的变化及时调整护理系统，修改护理方案。

音频：
考点解析

➢ **考点：** 某患者，因下肢骨折入院，护士对其进行评估后，采用部分补偿护理系统为其提供护理。部分补偿护理系统是由谁提出的

A. 纽曼　　B. 奥瑞姆　　C. 罗伊
D. 莉迪亚　　E. 南丁格尔

第四节　评判性思维与循证护理

评判性思维是护士面临复杂抉择进行正确反思并选择适宜临床护理的重要思维方法。一名合格的护士应学习并能运用评判性思维和循证护理的相关知识及技巧，对临床各种问题进行有目的和有意义的判断、反思、推理，有效解决护理实践中的问题。

一、评判性思维

（一）概述

1. 评判性思维的概念 目前，人们对评判性思维尚未形成统一的定义。专家和学者从认知过程、思维判断过程、思维能力等不同的角度对评判性思维的概念提出了不同的观点。

评判性思维（critical thinking，CT）也译为批判性思维。“critical”一词来自于希腊词“kritikos”，意思是“提出疑问，进行分析性判断，弄清本质”。

1964 年，沃森（Watson）和格拉泽（Glaser）认为，评判性思维是态度、知识和技能的综合体，它包括质疑的态度，有效地进行推断、抽象、概括所应具备的知识以及应用这些知识的能力。这一定义被大多数护理研究者用来作为指导工具。

片冈（Kataoka）等学者认为，护理学科中的评判性思维是对护理问题解决方法的反思和推理过程，其中包括护理者的态度、技能、专业知识、经验及标准 5 个方面内容。

阿达马斯（Adamas）认为，评判性思维是收集资料，创造性地提出护理诊断和干预措施，使护理计划个体化、精确化的逻辑思维过程。

1987 年，美国哲学学会（APA）认为，评判性思维是一种有目的的、自我调控的判断过程，这种判断是建立在对特定情景运用一定的标准，采用循证的和科学的方法进行分析、评价、推理、解释和说明的基础之上的。这是各专业第一次对评判性思维提出的一个较为统一的定义。

综上所述，评判性思维是指个体在复杂情景中，能灵活运用已有的知识和经验，对问题及解决方法进行选择，在反思的基础上进行分析、推理，并做出合理判断和正确取舍的逻辑思维方式。从护理的角度看，评判性思维是护士面对复杂的护理问题时所进行的有目的和有意义的自我调控性判断、反思、推理、决策的过程。

2. 评判性思维的特点

（1）主动性：主动运用知识和经验对外界的信息和刺激、他人的观点进行积极的和有建设性的思考，积极参与到相应的活动中去，做出分析和判断，而不是被动地等待，更不是消极地接受刺激。

（2）独立性：评判性思维的过程也是一个求异思维的过程。当存在不同意见时，一般不会被动地接受他人的信念，要求个体必须独立思考，有自己独立的见解。

（3）反思性：评判性思维不像理性加工活动，它以创新为宗旨，是对思维的再思维。通过不断反思，进一步提出问题，而产生新的认识、观点。在反思的过程中，要注意反思自己或他人的思维过程是否合理，客观判断相关证据，坚持正确方案，纠正错误选择。

（4）全面审查性：在运用评判性思维思考和解决问题的过程中，应广泛收集资料，进行全方位、多视角的认真审视，包括对其他评判主体的评判，分析并寻求问题发生的原因和证据，理性思考后得出正确、合理的结论。

（5）评判性：评判性思维不仅是发表个人的看法，还须有充分的理由和根据进行评判。

（二）评判性思维的构成

评判性思维的构成主要包括智力因素、认知技能因素和情感态度因素 3 个方面。

1. 智力因素 智力因素是指在评判性思维过程中所涉及的专业知识和经验，是评判性思维的基础。护士必须具备扎实的医学及护理学专业知识、广博的跨学科知识和人文社会科学知识，并具备一定的临床实践经验，才能在解决患者问题时有效地运用评判性思维，做出准确的临床判断和决策。

2. 认知技能因素 认知技能因素是评判性思维的核心，能够帮助个体在评判性思维过程中综合运用知识和经验，做出符合情境的判断。

3. 情感态度因素 情感态度因素是评判性思维的动力，指在评判性思维过程中个体应具备的人格特征，具有进行评判性思维的心理准备状态、意愿和倾向。评判性思维要求护士应具有以下情感态度特征。

（1）独立思考与自信：评判性思维要求个体能够独立思考，相信自己的推理技巧，把自己看作一个良好的思维者，并不断努力提高自己的评判性思维能力，努力做出自己的判断和决定，而不是依赖别人。

（2）好奇心：对事物的变化充满好奇，并渴望获得相关的信息。好奇可以激发护士对患者的情况进一步询问和调查，以获得护理决策所需要的信息。

（3）质疑与反思：敢于并善于对已有的思想观点提出质疑，不断鼓励自己对已形成的判断、推论进行深刻反思，尤其是对那些可能导致严重后果的思想观点。

（4）诚实公正：指运用评判性思维质疑和验证他人知识、观点时，也要用同样严格的检验标准来质疑和验证自己的知识、观点，客观、正确地评估自身观点与他人观点的不一致性，而不是依据主观判断、个人或群体的偏见做出判断。

（5）思想开明与兼容并存：充分认识到个人的知识是有限的，知识是不断更新变化的，没有人能够知道一切；要善于寻求新信息，并对所做的结论不断进行再思考，而不是急于做出判断；容许他人有不同意见，甚至相反意见；善于从他人意见中汲取新知识，发现自己的思维有缺陷时愿意承认。

（6）持之以恒：愿意付出很多的精力来思考和研究，坚持不懈地努力寻求解决问题的方法。

（7）沟通与认同：认识到相互交换思想对理解事实和发现最佳解决办法是必要的。能有意识地进行换位思考，认同他人的价值观与利益需要，能够站在他人的角度考虑问题。

（8）成熟与审慎：意识到可有多种方法解决具体问题，不断评估决策的可能结果，努力探寻更好的解决问题的方法，审慎地做出决策、暂缓决策或修改决策。

（三）评判性思维在护理工作中的应用

1. 评判性思维在临床护理实践中的应用 在临床护理实践中，应用评判性思维可以帮助护士进行有效的临床护理决策，为护理对象提供高质量的护理服务。护士的工作环境、护理对象的健康状况等都处于不断变化的过程，只有在工作中贯穿评判性思维，才能在复杂的情况下对护理对象变化的各种情况加以分析、推论，识别各种现存的和潜在的健康问题，做出恰当决策。

2. 评判性思维在护理教学中的应用 在护理教学过程中应用评判性思维，对护理教师、学生、教学内容、教学手段等方面均提出了要求。教师应发挥自身的主导作用，创造有利于评判性思维培养的教学环境。充分发挥学生在教学过程中的主体地位，激励学生积极参与、思考、提问，使学生明确自己的学习需要，实现知识与能力的转化，采用各种教学方法，将评判性思维的训练融入教学内容之中，促进学生将所学的专科知识应用到专业实践。

3. 评判性思维在护理管理中的应用 评判性思维是护理管理者进行计划、组织、领导、控制的重要保证。护理管理者需要根据护理工作的特点，对复杂的人员、财务、物资、时间、信息等进行有效分析和判断，做出恰当的决策，提高护理管理的效率，从而保障护理质量。

4. 评判性思维在护理研究中的应用 护理研究的目的是改进护理工作，改变经验性护理，其研究内容必须紧密联系护理工作。选择课题、制订方案、实施实验、获取数据、分析结果等一系列工作都需要以评判性思维为指导进行决策，这样的研究成果才能解决实践问题。

二、循证护理

临床护理决策及护理服务实践标准逐步从经验指导转向经验、科学证据与患者意愿相结合，护士应积极寻求现时的证据来更新知识结构，增强解决问题的能力，为患者提供高效、优质的护理。

（一）循证护理的概念

循证护理（evidence-based nursing，EBN）又称实证护理，是指护理人员在计划其护理活动的过程中，慎重、准确、明智地将科研结论与临床经验和患者愿望结合起来，获取最佳证据，作为临床护理决策依据的过程。

（二）循证护理的基本要素

1. 当前的最佳临床证据 不是所有的研究结论都可以成为循证护理的证据，循证护理需要的是经过严格界定和筛选获得的最新、最佳证据。必须应用临床流行病学的基本理论和临床研究的方法学以及有关研究质量评价的标准，严格评价证据的科学性、有效性、可行性和经济性。只有经过认真分析和评价获得的最新、最真实可靠而且有重要临床应用价值的研究证据才是循证护理的最佳证据。

2. 患者的需求和实际条件 患者有寻求护理帮助的愿望，但是由于每位患者的病情、生物学特征、生活背景和价值观各不相同，每位患者的需求程度和表达方式存在较大的差异。护士在进行护理决策时必须考虑患者自身的需求，任何先进的诊治手段都必须得到患者的接受和配合才能取得最好的效果。同时，护理决策还必须考虑一些客观条件，如患者的经济情况、是否拥有医疗保险、医院的诊疗条件等。

3. 护士的专业技能和经验　在临床实践中，护理人员应准确掌握患者的相关资料，敏感地察觉到临床问题，并充分利用自己的临床知识和经验，熟练运用临床技能，有效地解决患者的问题。因此，护理人员还需要不断更新和丰富自己的知识和技能，将其与临床经验密切结合。

护理人员在进行循证护理实践时，必须将上述3个基本要素有机地结合起来，使用当前的最新、最佳证据，结合患者自身的需求和实际客观条件，运用个人的专业技能和经验，做出最佳临床决策，为患者提供最佳的护理服务。

（三）循证护理的实践程序

1. 实践循证护理的原则　循证护理的操作原则是根据可靠信息决定护理活动，实践循证护理应遵循的原则包括：

（1）根据有关护理信息提出相应问题。

（2）根据最优资料和临床资料，搜索最佳证据。

（3）评价各种证据的科学性和可靠性。

（4）结合临床技能和患者的具体特点，将证据应用于临床实践。

（5）评价实践后的效果和效率并进行改进。

2. 循证护理的实践程序　循证护理程序由以下5个基本步骤组成。

（1）确定临床护理实践中的问题（即提出问题）：确定临床护理实践中存在的问题是循证护理实践的第一步。护士应首先明确需要解决的问题，然后寻找明确的证据，从而使循证目标清晰、明了，循证过程简捷，以获得满意的结果。

（2）检索有关文献（列出证据）。循证护理研究证据的获取途径有：①质控的数据和被普遍承认的有效模型。②明确的试验终点。③随机对照试验研究的数据。④评价护理措施对整个人群的康复与预防的研究。⑤通过严格的Meta分析（又称荟萃分析）、决策分析等对证据原文献进行系统评价。

（3）分析与评价研究证据：护士应用评判性思维的方法对查找到的证据进行分析，运用流行病学和循证医学评价文献的原则严格评价研究证据。

1）系统评价法（systematic review，SR）：目前常用的评价方法是系统评价法，是全面收集所有相关临床研究并逐个进行严格评价和分析，必要时进行定量合成的统计学处理，得出综合结论的过程。系统评价法可分为两类：第一类是描述性合成。第二类是定量合成。定量合成所采用的方法为Meta分析。

2）其他评价法：对证据原文献进行评价的方法还有决策分析、成本－效益分析等方法。评价文献的目的是在查找到的证据中，通过评价，对证据的真实性、可靠性及临床实用性等做出具体评价，从中筛选出最佳的研究证据，得出确定结论。

可信赖的证据必须具备3个条件：①证据有广泛意义并通过公共途径可以获得，这样的证据可以得到更多的评价及利用。②证据是可以被理解的。③证据必须是准确无误的，其理论依据被同行所广泛认可。

（4）应用最佳证据指导护理实践：结合临床医学专业知识，与患者的具体情况相联系，将经过严格、系统、全面评价得出的真实可靠的最佳证据应用于护理实践，做出准确的临床护理决策，从而改进临床护理工作，提高护理人员的实践水平和研究能力。

（5）实践反馈，对应用的效果进行评价：通过实践活动，评价应用证据后的效果，并将评价结果反馈到护理过程。通过循证护理实践，达到提高临床护理质量和临床护士学术水平的目的。

知识链接

临床护理实证分类

1992 年，美国卫生政策与研究机构（AHCRP）将临床护理实证（证据）按照质量和可靠程度分为 4 类。①Ⅰ类实证：是指通过系统文献回顾或研究趋势分析获得的多项随机控制实验性科研结果，这类科研设计严密，有流行病学资料，是等级最高的证据。②Ⅱ类实证：是指通过至少一项随机控制的实验性科研获得的证据，这类科研设计严密。③Ⅲ类实证：是指通过类实验性科研获得的证据，科研设计较严密，在不同场合，科研得以重复。④Ⅳ类实证：是指通过定性研究或描述性研究获得的证据，或通过护理专家的临床经验、专家组的报告获得的证据，是等级最低的证据。

（四）循证护理对护理工作的促进

1. 循证护理促进护理学科的发展 循证护理理念的出现打破了传统的思维和工作模式，为护理学的发展指明了方法论，使临床护理发展科学化。循证护理以科学的方式促使经验向理论升华，从而促进了护理学科的发展。

2. 为临床护理思维提供了评判性评估的方法 循证护理为临床护理思维提供了评判性评估的方法，培养正确的逻辑思维，更好地为临床实践服务，更好地为人类的健康服务。

3. 促进护理科研成果在临床中的应用 循证护理的过程中，护理人员在临床实践中查找期刊资料和网络资源的同时，也运用了相关问题的先进理念和科研成果，这些科研成果又在临床实践中得到验证、推广及修正，并再次用于指导临床护理实践，促进了护理科研成果在临床中的应用。

4. 促进护理人员知识更新及科研水平的提高 循证护理是科学指导护理实践的方法。在循证护理实践时，护理人员要打破基于习惯轻视研究的传统，要求护理人员应具备扎实的医学知识、专业技能和临床护理知识，不断提高和丰富自己的专业水平，完善自身知识结构，才能准确把握。

5. 循证护理是整体护理的延伸和完善 整体护理的核心理念是以患者为中心，从患者的实际情况出发。循证护理应用当前获得的研究依据，并根据护理人员的个人技能和临床经验，考虑患者的实际情况、价值观和愿望，三者结合，制订出完整的护理方案。更好地体现以患者为中心的护理思想。

6. 改进护理工作效率，提高护理服务质量 推行循证护理能提高临床护理工作质量和卫生资源配置的有效性。将证据应用于临床护理实践可以避免一些不必要的工作步骤，一些低效率的操作也能被经过实践证明更有效的操作取代，同时还可以减少不必要的试验性治疗。因此，花费在低效率操作和试验性干预上的时间和费用就可大大缩减，使护理实践工作在效率和效益两方面受益，提高了护理服务质量。

7. 促进护患关系的改善 循证护理改变了以往医护人员主动而患者只能被动接受治疗、护理的传统观念，要求护理人员有义务和责任将收集和获取的信息、证据告知患者及家属，使其了解当前有效的诊疗方法、副作用及费用等，护患双方相互交流互动，使患者及家属根据自己的意愿和支付能力酌情选择，增强了患者自我意识和能力，获得患者及家属的信任，达到最佳护理效果。

8. 为可能面临的法律问题提供保护 循证护理是通过分析大量的临床资料来制订护理决策，指导临床实施各项治疗、护理措施，这一过程有着严格的事实依据。在法律日臻完善和患者维权意识日益增强的今天，将循证护理运用于临床，为护理人员维护患者利益和护士的合法权益提供保护。

自测题

一、A1型题

1. 不符合马斯洛的人类基本需要层次理论的内容是
   A. 人类的基本需要包括从低到高的5个层次
   B. 低层次的需要相对满足后就将向高一层次的需要发展
   C. 愈到高层的需要，得到满足的百分比愈少
   D. 5个层次满足的顺序是完全固定不变的
   E. 人类基本需要被满足的程度与健康程度成正比
2. 按照人类基本需要层次理论原则排列护理计划的优先顺序，正确的是
   A. 水及电解质平衡、感官刺激、发挥自我潜能、受到赞扬、友情
   B. 氧和循环、活动和锻炼、免受伤害、良好的护患关系、有尊严
   C. 尊重、活动和锻炼、营养、感官刺激、友谊、与家人关系和睦
   D. 活动和锻炼、增加生活乐趣、营养、有尊严、友情、被他人认可
   E. 氧和循环、免受伤害、正常的体温、营养、娱乐、友谊、受尊重
3. 个体对所承受应激而产生的一系列非特异性反应称为
   A. 应激反应　B. 应激适应　C. 应激应对
   D. 心理防御机制　E. 心理应对机制
4. 关于应激的描述，正确的是
   A. 应激对健康是有害的　B. 应激对健康是有利的
   C. 应激对健康可以有害也可以有利　D. 人们对应激的承受力相同
   E. 人们对应激的反应相同
5. 奥瑞姆自理理论的核心是
   A. 自理　B. 自理力量　C. 自理理论
   D. 自理缺陷理论　E. 护理系统理论
6. 根据奥瑞姆的自理理论，下列哪类患者可以采用支持－教育护理系统
   A. 昏迷　B. 腹部手术后3天　C. 门诊慢性高血压
   D. 高位截瘫　E. 精神分裂症
7. 不符合奥瑞姆自理理论的叙述是
   A. 自理是有目的、有意义的行为
   B. 人常通过本能达到自我照顾
   C. 自理能力是个体执行自理活动的能力
   D. 在不同时期，人的自理能力是不同的
   E. 在不同发展时期，人有不同的自理需求
8. 组成评判性思维的基础因素是
   A. 智力因素　B. 认知技能因素　C. 情感态度因素
   D. 心理因素　E. 知识因素
9. 组成评判性思维的核心因素是
   A. 智力因素　B. 认知技能因素　C. 情感态度因素
   D. 心理因素　E. 知识因素

10. 评判性思维的智力因素包括
A. 负责的态度 B. 推论、说明的能力 C. 自我调控能力
D. 独立思考能力 E. 专业知识和经验
11. 评判性思维的最高层次是
A. 基础层次 B. 复杂层次 C. 尽职层次
D. 权威层次 E. 调节层次
12. 循证护理的基本要素是
A. 系统评价 B. Meta 分析 C. 临床流行病学
D. 查找证据的护理 E. 最佳证据、患者的需求和临床经验
13. 循证护理临床实践要求遵循的基本步骤，首先是
A. 针对具体患者提出临床问题
B. 全面收集有关研究证据
C. 严格评价研究证据
D. 将研究结果用于指导具体患者的护理
E. 以上均不是

二、A2 型题

14. 某患者，女性，34 岁。因乳腺癌接受乳腺癌根治术，手术很成功。但术后患者常有自卑感，不愿见人。根据人类基本需要层次理论，护士应特别注意满足患者
A. 自我实现的需要 B. 爱与归属的需要 C. 生理的需要
D. 尊重的需要 E. 安全的需要
15. 某肺炎患儿，3 岁，入院前可以自行排便及排尿。但住院后常出现尿床、尿及便不能自理的问题。此患儿的心理防卫机制属于
A. 否认 B. 补偿 C. 压抑
D. 退化 E. 转移
16. 某患者，女性，26 岁，大学毕业初次到美国留学，由于语言、风俗习惯、信仰、社会价值观等方面的改变而对其产生的心理刺激，属于以下哪种应激源
A. 躯体性 B. 心理性 C. 社会性
D. 文化性 E. 技术性
17. “急性失血比慢性失血更易引起休克”，这种临床特点体现了
A. 适应是有一定限度的 B. 适应能力有个体差异
C. 适应与时间密切相关 D. 适应本身可有应激性
E. 适应可过度或不当
18. 某昏迷患者，尿失禁及大便失禁，护士判断该患者有发生压疮的危险，这种思维属于
A. 分析 B. 说明 C. 自我调控
D. 推论 E. 解释
19. 护生在刚进入临床实习时，总是严格遵守护理常规对患者实施护理，而忽视每个患者的具体情病情。这时护生的评判性思维的层次属于
A. 基础层次 B. 复杂层次 C. 尽职层次
D. 变通层次 E. 灵活层次

三、A3/A4 型题

（20～21 题共用题干）

某患者，男性，52 岁，技术工人，因晋级事情受到挫折，心理压力过重，一时想不开，2 小时前突感胸骨后疼痛、胸闷、憋气、出冷汗入院。体格检查：患者神志清醒并合作，心率 108 次 / 分，律齐，心电图显示有急性心肌缺血。

20. 患者目前的需要是

A. 生理的需要　　B. 安全的需要
C. 爱与归属的需要　　D. 尊重的需要
E. 自我实现的需要

21. 在患者住院期间，亲朋好友不断前来探视，床边摆满了亲朋好友送来的鲜花，使患者哪种需要得到了满足

A. 生理的需要　　B. 安全的需要
C. 爱与归属的需要　　D. 尊重的需要
E. 自我实现的需要

（22～23 题共用题干）

某患者，女性，46 岁。健康普查时发现左侧乳房有小肿块，无痛，肿块质硬，不易推动。复诊后确诊为“乳腺癌”，住院接受手术治疗。患者非常沮丧，烦躁不安，常常哭泣，家属不能长时间陪伴。

22. 护士实施护理操作前，因未清晰地向患者解释而导致患者紧张的应激源属于

A. 疾病严重程度　　B. 住院环境陌生
C. 缺乏相关信息　　D. 失去部分自由
E. 与家人分离

23. 护士协助患者适应的策略中，不妥的是

A. 详细讲解乳腺癌知识　　B. 针对实际情况解决问题
C. 及时提供相关信息　　D. 提供适宜的休养环境
E. 调动社会支持系统

（24～26 题共用题干）

某患者，男性，40 岁。患者从事酒店管理工作，有冠状动脉粥样硬化性心脏病（冠心病）、心绞痛病史 1 年，因突发急性前壁心肌梗死入院。

24. 该患者的需要属于

A. 人在生命周期的各个发展阶段都会出现的需要
B. 一般性的自理需要
C. 在生命发展过程中各阶段特定的自理需要
D. 发展性的自理需要
E. 健康不佳时的自理需要

25. 在该患者发病的 24 小时之内，应采取

A. 帮助系统　　B. 全补偿护理系统
C. 部分补偿护理系统　　D. 支持 – 教育护理系统
E. 辅助系统

26. 护理该患者时，应当首先
    A. 确定其自护能力和自护需要
    B. 设计恰当的护理系统
    C. 制订护理计划
    D. 实施护理措施
    E. 观察和评价患者的反应

（唐布敏）

第四章 护理程序

思政之光

思维导图

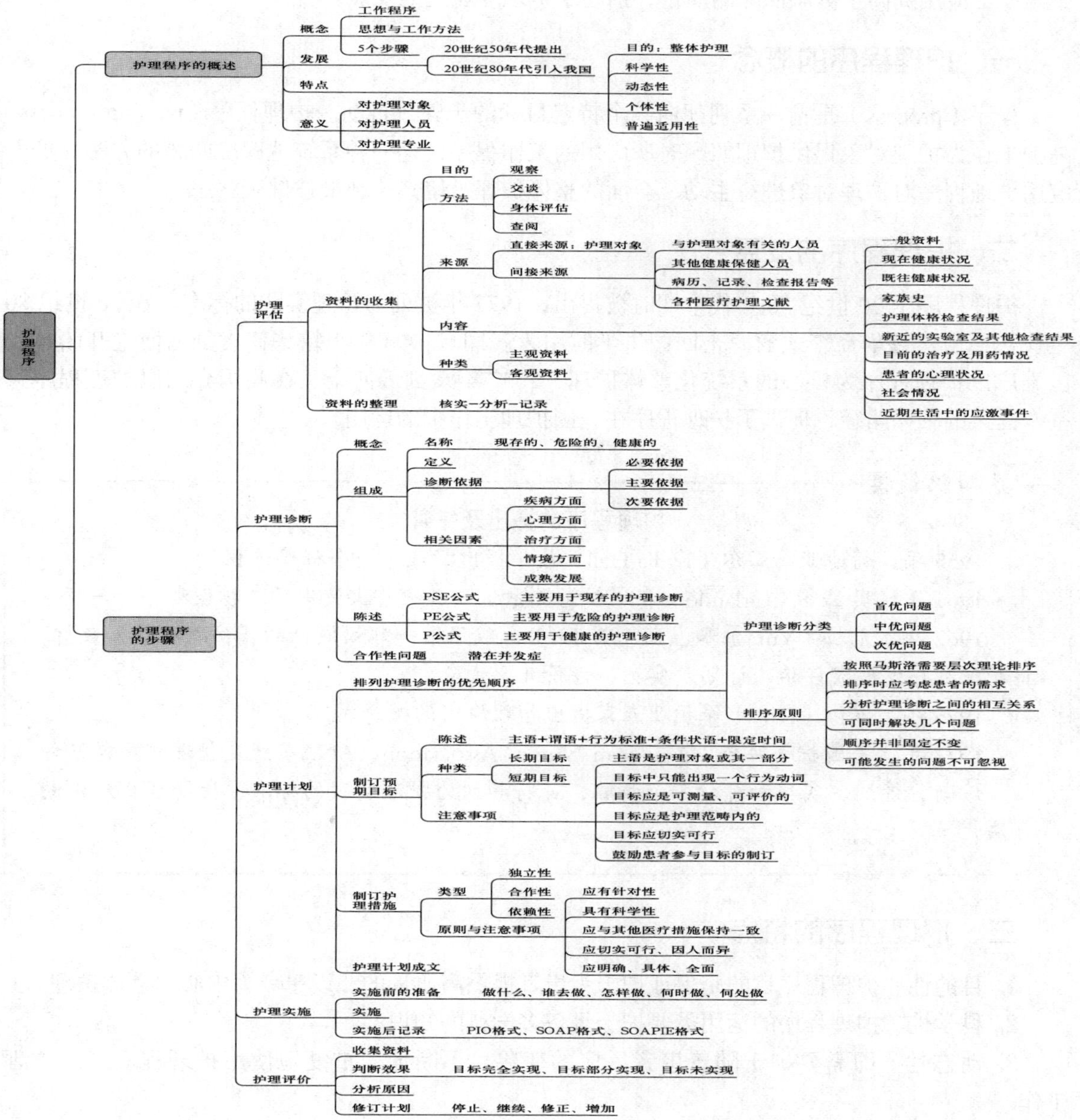

学习目标

1. 解释护理程序、护理诊断、护理计划及合作性问题。
2. 知道护理程序的特点及意义。
3. 熟记护理评估、护理诊断。
4. 描述护理计划、护理实施、护理评价。
5. 正确书写护理诊断和护理目标。
6. 养成良好的职业素养，具有以人为本的服务理念，严肃认真、一丝不苟的工作态度。

第一节　护理程序的概述

护理程序是一种系统而科学地指导、实施护理活动的思想方法及工作方法。护理程序的产生与广泛应用提高了健康照顾的质量，推动了护理专业化的发展。

一、护理程序的概念

程序（process）是指一系列朝向某个特定目标的步骤或行动。护理程序（nursing process）是护士在为护理对象提供护理照顾时所应用的工作程序，是一种系统地解决问题的方法。护士应用护理程序对护理对象进行主动、全面的整体护理，使其达到最佳健康状态。

二、护理程序的发展

护理程序于 20 世纪 50 年代中期时被提出，1977 年被列为护理实践的标准。在 20 世纪 80 年代初期由美籍华裔李式鸾博士回国讲学时引入我国。1994 年美籍华裔袁剑云博士开始在我国推广以护理程序为核心的系统化整体护理，2002 年袁剑云博士又在我国介绍以护理程序为基本框架的临床路径，促进了护理程序在我国护理工作中的运用。

知识链接

护理程序的提出及完善

1955 年，莉迪亚 · 海尔（Lydia Hall）最早提出护理是一个程序过程。

1961 年，奥兰多（Orlando）在《护患关系》一书中首次使用了“护理程序”一词。

1967 年，尤拉（Yura）和渥斯（Walsh）出版了第一部权威性的《护理程序》教材，将护理程序发展成评估、计划、实施、评价 4 个步骤。

1975 年，罗伊（Roy）等护理专家提出护理诊断的概念。

1977 年，美国护士协会（American Nurses' Association，ANA）规定护理程序包括评估、诊断、计划、实施和评价 5 个步骤，并将其列为护理实践的标准，使护理程序走向合法化。

三、护理程序的特点

1. 目的性　护理程序目的是保证护士为患者提供高质量的、以患者为中心的整体护理。

2. 科学性　护理程序的运用需要护士具备多学科的知识。

3. 动态性　即需要护士随着患者反应的变化，不断地、重复地使用护理程序组织护理工作。

4. 个体性 护理程序的5个步骤虽然是固定不变的，但每个步骤的执行及其结果却因患者的不同或同一患者所处的情况不同而变化。护士可以科学地发挥自己的创造性，针对患者的具体需要提供个体化的护理。

5. 普遍适用性 无论护理对象是个人、家庭还是社区，护理工作的场所是医院、诊所还是养老院，护士都可以运用护理程序提供护理服务。

四、护理程序的意义

（一）对护理对象的意义

护理对象是护理程序的核心，是直接受益者。护理程序的目的即为护理对象提供系统、全面、全程、个体化、高质量的健康照顾。护理程序的应用过程，需要护患达成以护理对象的健康为中心的共识，通过密切配合，促使护理对象的健康恢复、维持、促进的同时，促进良好护患关系的建立。

（二）对护理人员的意义

护理程序系统性、综合性、动态性决策过程，强化了护理的专业特点，强调了护士与医生的合作伙伴关系。护理程序需要护士应用相关理论、知识、技能，对护理对象现存的和潜在的健康问题进行独立判断，采取个体化的护理方案，实施最佳的整体护理。因此，护理程序的运用促进了护理教育发展，提高了护理质量和护士的自我效能感。

（三）对护理专业的意义

护理程序是护理专业化的重要标志之一，它规范了护理的工作方法，促进了护理专业的发展。护理程序为护理管理者提供了科学解决问题的方法，对护理质量评价标准的设定提供了科学依据。护理程序对护理教育的改革具有重要的指导意义，促进教学模式发生根本性转变。护理程序推进了护理研究的发展。

第二节 护理程序的步骤

护理程序由评估、诊断、计划、实施和评价5个步骤组成，见图4-1。

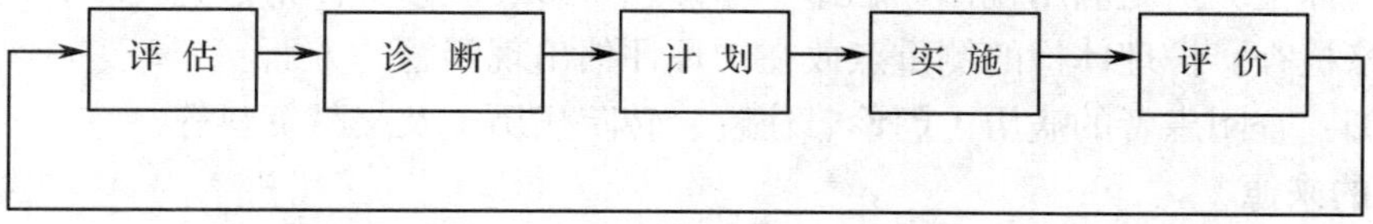

图4-1 护理程序5个步骤的相互关系

护理程序的主要工作内容，见表4-1。

表4-1 护理程序的步骤及主要工作内容

步骤	主要工作内容
1. 评估	收集、整理、分析、记录患者资料
2. 诊断	确定护理问题（护理诊断名称、相关因素等）
3. 计划	护理诊断排列顺序、确定护理目标、制订护理措施、护理计划成文
4. 实施	实施前的准备、实施步骤、护理记录
5. 评价	收集资料、患者结果状态与目标比较、分析预期目标未实现的原因、修订护理计划

一、护理评估

评估（assessment）是指有组织、系统地收集资料。护理评估（nursing assessment）是护理程序的第一步，是护士系统、全面地收集护理对象的资料并加以分析的过程。资料收集的完整和正确与否直接影响护理诊断、制订护理计划是否准确，因而护理评估是非常重要的一步，它贯穿于护理工作的始终。

（一）资料的收集

护士通过观察、与护理对象交谈和护理体检及查阅资料等方法，有目的、有计划、系统地收集资料。

1. 收集资料的目的

（1）为正确做出护理诊断提供依据。

（2）为制订合理的护理计划提供依据。

（3）为评价护理效果提供依据。

（4）为护理科研积累资料。

（5）培养和提高护士的判断能力。

2. 收集资料的方法

（1）观察：护士通过视觉、触觉、听觉、嗅觉等感觉器官及辅助工具获取患者及患者所处环境的信息，并对信息价值进行判断。常用的观察方法有 4 种。①视觉观察：是护士通过眼睛观察病情、了解患者一般情况的检查方法，如观察患者的精神状态、营养发育状况、面容与表情、皮肤黏膜、呼吸节律和频率、四肢活动能力等。②触觉观察：是护士通过手的感觉来判断患者某些器官或组织的物理特征的检查方法，如脉搏的跳动、皮肤的温度和湿度、脏器的形状和大小、肿块的位置及表面性质等。③听觉观察：护士通过耳朵辨别患者的各种声音，如患者语调改变、呼吸的声音、咳嗽声音等，护士还可借助听诊器听到患者的心音、呼吸音及肠鸣音等。④嗅觉观察：护士通过嗅觉辨别发自患者体表、呼吸道、胃肠道或呕吐物、排泄物等的异常气味，以判断疾病的性质和变化。

（2）交谈：护士与患者及患者家属的交谈是一种有目的的活动，目的在于通过交谈获得患者有关的资料和信息。护士在交谈时，应注意护理对象的反馈，以确认交谈内容准确无误。

（3）护理体检：护士应用视诊、触诊、叩诊、听诊、嗅诊等体格检查技术，对护理对象进行全面的体格检查。护理体检的侧重点放在护理评估出现问题的方面。

（4）查阅：查阅患者的病历（门诊、住院、转院病历）及文献资料等。

3. 资料的来源

（1）直接来源：患者是资料的主要来源。直接来源的资料是通过患者的主诉、对患者的观察及体检等所获得的资料。

（2）间接来源：①与患者有关的人员，如亲属、同事、朋友等。②其他健康保健人员，如医生、营养师等。③目前或既往的健康记录或病历，如儿童预防接种记录、健康体检记录或病历记录。④医疗、护理的相关文献记录，如各种检查报告及相关文献。

4. 资料的内容

（1）一般资料：包括姓名、性别、年龄、民族、职业、婚姻状况、受教育程度、家庭地址及联系人等。

（2）现在健康状况：包括此次发病情况、目前主要的不适及饮食、营养、排泄、睡眠、自理、活动等方面的改变。

（3）既往健康状况：包括既往患病史、创伤史、住院史、手术史、过敏史、烟酒嗜好，女性患者还应了解月经史和生育史。

（4）家族史：有无与患者类似的疾病史及家庭遗传病史。

（5）护理体格检查结果。

（6）实验室及其他检查结果。

（7）目前的治疗及用药情况。

（8）患者的心理状况：包括对疾病的认识和态度，康复的信心，患病后精神、行为及情绪的变化，患者的人格类型，应对能力等。

（9）社会情况：包括职业及工作情况、目前享受的医疗保健待遇、经济状况、家庭成员对患者的态度和对疾病的了解、社会支持系统状况等。

（10）近期生活中的应激事件：如是否有离婚、丧偶、失业等。

5. 资料的种类 按照来源，资料分为主观资料和客观资料。

（1）主观资料：即患者的主诉，是患者对其所经历、所感觉、所思考、所担心内容的诉说。如“最近我感觉疲乏无力”“我头疼得像要裂开了一样”等。

（2）客观资料：通过视、触、叩、听、嗅等方法或借助医疗仪器检查而获得的有关患者症状和体征的资料，如“血压”“面色苍白”“心脏杂音”“糖化血红蛋白”“阴道出血”等。

➤ **考点：** 属于主观方面的健康资料是

A. 血压 122/80 mmHg　　B. 头昏脑涨

C. 骶尾部皮肤破损 1 cm×2 cm　　D. 膝关节红、肿、压痛

E. 肌张力三级

音频：考点解析

（二）资料的整理

整理资料是对收集到的资料进行核实、分析、记录的过程。

1. 资料的核实 为保证所收集的资料真实、准确，需要重新核对、确认。如某产妇自诉“乳汁分泌不足”，护士观察发现乳汁分泌充分，但乳头内陷，孩子因吸吮困难而哭泣，借助吸乳器哺乳后孩子再没啼哭，说明该产妇乳汁分泌充沛。

2. 资料的分析 对收集的资料进行加工、筛选、分析，找寻健康问题，做出护理诊断。

3. 资料的记录 记录资料的表格可根据各医院甚至同一医院中各病区的特点由护士自行设计。但无论格式如何，在记录中均应注意以下问题：

（1）所记录的资料要反映事实，应客观地记录护理对象的诉说和临床所见，不要带有自己的主观判断和结论。如对疼痛的记录，写“患者疼痛严重”就不如“患者述‘我从没像这样痛过’”好，因为“严重”对不同的人具有不同的含义，主观资料以患者的原话记录更为科学。

（2）避免使用模糊不清的、无法衡量的词，如“食量中等”“睡眠不足”等，对于“中等”“不足”这些词，不同的人有不同的理解，因此应改成具体描述，如“每日主食 6 两，早、中、晚各 2 两”“每日睡眠 4 小时，白天感觉疲乏无力”。

（3）资料描述应清晰、简洁，客观资料应正确使用医学术语，避免出现错别字现象。

二、护理诊断

护理诊断是护士对评估结果进行分析和判断的过程。护理诊断为护理计划的制订提供了依据，为护理活动的实施和评价奠定了基础。

（一）护理诊断的概念

护理诊断（nursing diagnosis）是关于个人、家庭、社区对现存的或潜在的健康问题或生命过程反应的一种临床判断，是护士为达到预期结果选择护理措施的基础，这些预期结果应能通过护理职能达到。

医疗诊断是用于确定一种具体疾病或病理状态的医疗术语。明确护理诊断和医疗诊断的区别对护理人员非常重要，因为这关系到如何区分护理和临床医学这两个专业，关系到如何界定各自的工作范畴和应负的法律责任，见表 4-2。

表 4-2　护理诊断和医疗诊断的区别

项目	护理诊断	医疗诊断
研究对象	对个人、家庭、社区现存的或潜在的健康问题 / 生命过程反应的一种临床判断	对个体病理生理变化的一种临床判断
描述内容	个体对健康问题的反应，随患者的反应而变化	一种疾病，其名称在病程中保持不变
职责范围	护理职责范围内进行	医疗职责范围内进行
决策者	护理人员	医疗人员
举例	急性疼痛：胸痛，与心肌缺血及缺氧有关	冠状动脉粥样硬化性心脏病（冠心病）

（二）护理诊断的组成

北美护理诊断协会（North American Nursing Diagnosis Association，NANDA）的每个护理诊断由名称、定义、诊断依据、相关因素 4 个部分组成。

1. 名称　名称是对护理对象健康状态或疾病反应的概括性描述。从名称判断上可将护理诊断分为现存的、危险的及健康的 3 种类型。

（1）现存的护理诊断：指对个人、家庭或社区现存的健康状况或生命过程反应的描述，如“体温过高”“腹泻”“焦虑”“气体交换受损”。

（2）危险的护理诊断：是对一些易感个人、家庭或社区的健康状况或生命过程可能出现的反应的描述。这类护理诊断一般存在危险因素，目前虽然没有发生问题，但如果不采取护理措施，非常可能出现问题，甚至必然会出现问题。因此，这一类护理诊断要求护士具有预见性，当患者有导致易感性增加的危险因素存在时，要能够预测到可能会出现哪些问题。如长期卧床患者，存在“有皮肤完整性受损的危险”；白血病患者化疗后白细胞降至很低，存在“有感染的危险”。

（3）健康的护理诊断：指个人、家庭或社区具有加强健康以达到更高水平潜能的描述。如“潜在的精神健康增强”“潜在的婴儿行为调节增强”“执行治疗方案有效”等。

以上 3 类护理诊断中，现存的和危险的护理诊断最为常用。健康的护理诊断 1994 年才被 NANDA 认可，国内外护理界对这类护理诊断的应用仍在探索中。

2. 定义　定义是对护理诊断名称的一种清晰、正确的表达，并以此与其他诊断相鉴别。每一个护理诊断都有自己特征性的定义，即使有些护理诊断从名称上看很相似，但仍可从各自的定义中发现彼此的差别。如“便秘”是指个体处于一种正常排便习惯发生改变的状态，其特征为排便次数减少和（或）排出干硬便。“感知性便秘”是指个体自我诊断为便秘，并通过滥用缓泻剂、灌肠和栓剂以保证每日排便。“结肠性便秘”是指个体因食物残渣通过停滞，以致其排泄物以干硬便为特征。

3. 诊断依据　诊断依据是做出护理诊断的临床判断标准。诊断依据常是患者所具有的症状、体征以及有关病史，也可以是危险因素。护士在做出某个护理诊断时，一定要参照诊断依据。诊断依据分为必要依据、主要依据和次要依据。

（1）必要依据：即形成护理诊断时必须存在的症状、体征及有关病史，是护理诊断成立的必要条件。

（2）主要依据：即做出护理诊断时通常需要存在的依据。

（3）次要依据：即对做出护理诊断有支持作用，但不一定每次做出该诊断时都存在的依据。

4. 相关因素 相关因素指促成护理诊断成立和维持的原因或情景。现存的和健康的护理诊断有相关因素。而危险的护理诊断，相关因素即危险因素，即那些使患者对这种危险的易感性增加的因素，如生理、心理、遗传、化学因素及不健康的环境因素等。

相关因素可以来自于以下几个方面。

（1）疾病方面：如“体温过高”的相关因素可能是肺部感染。

（2）心理方面：如“活动无耐力”可能是病后患者处于较严重的抑郁状态而导致。

（3）治疗方面：如“有跌倒的危险”可能是由于服用抗高血压药盐酸哌唑嗪易引发体位性低血压。

（4）情境方面：涉及环境、有关人员、生活经历、生活习惯、角色等方面的因素。如“营养失调：高于机体需要量”的相关因素可能是不良的饮食习惯，如晚餐进食过多、饱餐后静坐或饮食结构不合理、脂类摄入过多等。

（5）成熟发展：是指与年龄相关的各方面，包括认知、生理、心理、社会、情感的发展情况，比单纯年龄因素所包含的内容更广。如老年人发生便秘常与活动减少、肠蠕动减慢有关。

护理诊断的相关因素往往不只来自于一个方面，可以涉及多个方面。如睡眠型态紊乱可以因术后切口疼痛、焦虑、连续 24 小时输液、住院后环境改变或环境嘈杂引起。若为儿童，还可因为独自睡觉怕黑引起。总之，一个护理诊断可以有多个相关因素，确定相关因素可以为护理措施的制订提供依据。

（三）护理诊断的陈述

护理诊断的陈述包括三要素，即问题（problem，P）、相关因素（etiology，E）、症状与体征（signs and symptoms，S）。

1. 常见的 3 种陈述方式

（1）三部分陈述：即 PSE 公式，多用于现存的护理诊断。

例如，气体交换受损（P）：发绀、呼吸困难（S），与阻塞性肺气肿有关（E）。

又如，焦虑（P）：自诉感到担心、不能放松、注意力不集中、食欲下降（S），与即将接受子宫切除术有关（E）。

在护士对护理诊断使用较为熟练时，可以省略其中的 S，即症状与体征部分。

（2）两部分陈述：即 PE 公式，只有护理问题和相关因素，无症状和体征，多用于危险的护理诊断。

例如，有皮肤完整性受损的危险（P）：与长期卧床有关（E）。

又如，有体液不足的危险（P）：与使用利尿药后尿量过多有关（E）。

（3）一部分陈述：即 P 公式，适用于健康的护理诊断。

例如，母乳喂养有效（P）。

2. 护理诊断陈述时的注意事项

（1）统一使用 NANDA 认可的护理诊断名称，而不要随意创造护理诊断，以避免因名称不统一而带来混乱。

（2）相关因素应使用“与……有关”的陈述方式。

（3）每个护理诊断都应明确相关因素。相关因素应是导致此护理诊断出现的最直接原因，而护理措施的制订是针对相关因素进行的。例如“清理呼吸道无效：与体弱、咳嗽无力有关”就比“清理呼吸道无效：与肺气肿伴感染有关”更直接、更具针对性。

另外，同一护理诊断可因相关因素的不同而具有不同的护理措施，例如“清理呼吸道无效：与术后切口疼痛有关”和“清理呼吸道无效：与痰液黏稠有关”，这两个护理诊断虽然均是“清理呼吸道无效”的问题，但前者的护理措施是帮助患者在保护切口、不加重疼痛的前提下将痰咳出，后者则是使痰液稀释而易于咳出。由此可见，只有相关因素正确，才能选择有效的护理措施。

（4）护理诊断“知识缺乏”的陈述公式，应采用“知识缺乏：缺乏……方面的知识”。例如“知识缺乏：缺乏骨折后功能锻炼的知识”。

（5）陈述护理诊断时，应避免将临床表现与相关因素相混淆。例如“疼痛：胸痛，与心绞痛有关”应改成“疼痛：胸痛，与心肌缺血及缺氧有关”。再如“睡眠型态紊乱：与醒后不易入睡有关”，醒后不易入睡是睡眠型态紊乱的临床表现之一，而非相关因素，所以该陈述是错误的，应改为“睡眠型态紊乱：与环境改变有关”。

（6）有时相关因素从已有的资料分析中无法确定，则可以写成“与未知因素有关”，护士需进一步收集资料，以明确相关因素。

➢ **考点：** 某患者，女性，46 岁。因“转移性右下腹痛 8 小时”，以“急性阑尾炎”收入院，体格检查：精神委靡，蜷曲体位，T 39.5 ℃，右下腹压痛、反跳痛明显。对该患者护理诊断的描述，正确的是

A. 急性阑尾炎

B. 高热：T 39.5 ℃，与阑尾炎有关

C. 腹痛：炎症引起

D. 体温过高：T 39.5 ℃，与阑尾炎有关

E. 委靡：由于高热、疼痛所致

音频：
考点解析

（四）合作性问题——潜在并发症

在临床护理工作中常遇到这样的情况，护士所面临的患者问题无法被目前 NANDA 的护理诊断所涵盖，而这些问题确实需要护理提供干预或措施，基于试图解决这一问题的想法，1983 年琳达·华尔·卡本尼托（Lynda Juall Carpenito）提出了合作性问题这个概念。她认为，需要护士提供护理的问题可分为两大类，一类是经护士的护理措施就可以解决的，属于护理诊断；另一类是要与其他健康保健人员（尤其是医生）共同合作解决的，护士主要提供监测护理，属于合作性问题。

合作性问题是需要护士进行监测，以及时发现其发生和情况变化的一些潜在并发症（potential complication，PC），是需要护士运用医嘱和护理措施共同处理，以减少其发生的问题。需要注意的是，并非所有的并发症都属于合作性问题。有些并发症可以通过护理措施得以预防或处理，属于护理诊断，如长期卧床致皮肤受压时，“有皮肤完整性受损的危险”。因医嘱要求或因无法避免的肌肉骨骼不能活动而导致的“有失用综合征的危险”均属护理诊断。只有那些护士不能预防和独立处理的并发症才是合作性问题，如手术后患者切口出血是需要密切关注的问题。术后切口出血主要与术中切口结扎缝合不良有关，护理措施无法预防其发生，对这个合作性问题应陈述为“潜在并发症：出血”，护士的主要职责是严密观察切口是否有出血发生。再如，急性广泛前壁心肌梗死的患者，在发病后 24 小时内最易出现较为严重的心律失常，如频发室性期前收缩、室性心动过速甚至心室纤颤，即“潜在并发症：心律失常”，护理无法预防，只能通过连续心电监测以便及时发现心律失常的发生。

合作性问题有固定的陈述方式，即“潜在并发症 /PC：×× ××”。例如，潜在并发症：肺栓塞；潜在并发症：电解质紊乱；潜在并发症：胎儿窘迫。

一旦确定了合作性问题，就需要护士密切监测病情发展，及时发现并发症的发生，及早通知医生并配合处理。在书写合作性问题时，护士应注意不要漏掉“潜在并发症 /PC”，以与医疗诊断相区别（表 4-3）。

表 4-3 护理诊断与合作性问题的区别

项目	护理诊断	合作性问题
描述内容	对个人、家庭、社区的健康问题/生命过程反应的一种临床判断	个体脏器的病理生理改变所致的潜在并发症
护理措施	减轻或消除病痛，促进健康	预防、监测并发症的发生，观察病情变化，医护共同干预
决策者	护理人员	医护双方
预期目标	需要提出预期目标	不需要，不是护理职责范围内独立解决的
举例	急性疼痛：与心肌缺血及缺氧有关	潜在并发症：窒息

三、护理计划

制订护理计划（nursing planning）是护理程序的第三步，需要围绕提出的护理诊断进行。护理计划作为一种框架，是护理行动的指南，在其指导下才能保证护理工作的有序进行。制订护理计划包括 4 个步骤：排列护理诊断的优先顺序、制订预期目标、制订护理措施、护理计划成文。

（一）排列护理诊断的优先顺序

当患者出现多个护理诊断或问题（包括合作性问题）时，为便于护理对象健康问题及时、有效解决，在计划阶段，应根据轻、重、缓、急排列出问题解决的先后顺序，保证护理工作有序进行。排序时，要考虑到护理诊断的紧迫性和重要性，要把对患者生命和健康威胁最大的问题放在首位，其他的依次排列。

1. 护理问题的分类 一般在优先顺序上将护理诊断分为以下 3 类。

（1）首优问题：指会威胁患者生命、需要立即行动去解决的问题，如昏迷患者的“清理呼吸道无效”、小儿因各种原因导致的“体温过高”、脱水患者“体液不足”等问题。

（2）中优问题：指虽不直接威胁生命，但也能导致患者身体不健康或情绪变化的问题。如“有皮肤完整性受损的危险”“活动无耐力”“便秘”，使用呼吸机的患者的“语言沟通障碍”等问题。

（3）次优问题：指个人在应对发展和生活变化时所遇到的问题，与此次发病关系不大。这类问题并非不重要，只是在安排护理工作时可以稍后考虑。如处于某些疾病急性期的患者可能伴有“营养失调：高于机体需要量”，通常护士会将其列为次优问题，等患者病情稳定后再进行处理。

首优、中优、次优问题是相对的，在护理过程中可以发生改变，需要随时观察护理效果及病情变化。当威胁生命的问题得以解决后，新的问题或原来的中优、次优问题可以成为“首优问题”。

2. 排列优先顺序的原则及注意事项

（1）按照马斯洛需要层次理论排序：这是最常用的方法。在需要的 5 个层次中，生理需要处于最底层，却是最重要的。因此，对生理功能的平衡状态威胁最大，或影响了生理需要满足的问题常作为首优问题，如与空气有关的“低效性呼吸型态”“气体交换受损”；与食物有关的“营养失调：低于机体需要量”；与水有关的“体液不足”“体液过多”；与温度有关的“体温过高”；与排泄有关的“尿失禁”“尿潴留”；与休息有关的“睡眠型态紊乱”；与避免疼痛的需求有关的“疼痛”等。当这些问题得到一定程度的解决后，护士可以把工作重点转移到满足更高层次需要的问题上去。

（2）排序时应考虑患者的需求：患者对自己的需求，特别是较高层次的需求是否得到满足是最具发言权的，因此在与治疗、护理方案不冲突的情况下，尽可能优先解决患者认为重要的问题。

（3）排列优先顺序时，应分析护理诊断之间的相互关系：如一位术前患者有两个护理诊断，“焦虑：与即将接受手术有关”和“知识缺乏：缺乏预防术后并发症的知识”。也许护士认为患者术前练习床上排尿、有效咳嗽等十分重要，因为这关系到术后预防尿潴留、坠积性肺炎等并发症的问题，故把知识缺乏放于首位。但实际上，患者处于焦虑状态时，注意力往往难以集中，也没有耐心倾听，护士针对知识缺乏进行健康教育的效果往往差强人意。所以，当两个诊断间存在这种关系时，应先采取措施将焦虑情绪降低到一定程度，再实施针对知识缺乏的措施，则较为可行。

（4）护理诊断的排序并不意味着只有前一个护理诊断完全解决后，才能开始解决下一个护理诊断：在临床工作中，护士可以同时解决几个问题，但其护理重点及主要精力还应放在首优问题上。

（5）护理诊断的先后顺序并不是固定不变的，会随着疾病的进展、病情及患者反应的变化而发生改变：例如，急性心肌梗死患者会出现“活动无耐力”。在心肌梗死急性期，这个问题与“疼痛”“心排血量减少”“恐惧”“潜在并发症：心室纤颤”等严重威胁患者生命的问题相比，只能列入中优问题。但随着病情的好转，患者度过急性期后，如何恢复活动耐力、早日活动以减少并发症就成为护理的重点，这时“活动无耐力”就由中优问题变成首优问题了。

（6）很有可能发生的问题，包括危险的护理诊断和潜在并发症的判断，虽然目前没有发生，但并不意味着不重要。有时，它们被列为首优问题而需立即严密监测或采取措施。例如接受化疗的白血病患者，白细胞被破坏至极低水平，出现“有感染的危险”；再如，术后患者有“潜在并发症：出血”，尽管这些问题尚未出现，却是需要护士优先考虑和防范的。

（二）制订预期目标

目标是护理计划很重要的一部分，是护理评价的标准，每个护理诊断都要有相应的目标。护理目标又称预期目标，指护理对象接受护理后期望能达到的健康状态，包含功能、认知、行为及情感（或感觉）等方面。例如：①功能改变方面，活动无耐力：与长期卧床有关。目标：1 周后患者自行行走 200 m 而不出现心悸、气短、头晕等表现。②认知改变方面，知识缺乏：缺乏预防胰腺炎复发的知识。目标：出院前患者能复述引起胰腺炎再发的两个因素。③行为改变方面，体液过多：与心功能不全致体循环淤血有关。目标：1 周内患者能自觉摄入低盐饮食。④情感（或感觉）改变方面，焦虑：与心绞痛反复多次发作有关。目标：3 日内患者主诉不安、担心的感觉减轻。每一个护理诊断可同时有包括功能、认知、行为或情感方面的多个目标。

1. 目标的陈述方式 常包括以下 5 个部分。

（1）主语：是指护理对象或护理对象的一部分，如患者、患者的体温等。在目标陈述中，护理对象作为主语可以被省略。

（2）谓语：是行为动词，指主语将要完成且能被观察到的行为。

（3）行为标准：是指主语完成行为所要达到的程度，包括时间、距离、速度、次数等。

（4）条件状语：是指主语在完成某行为所处的条件状况，不一定在每个目标中都出现。

（5）限定时间：指主语应在何时达到目标中陈述的结果，即进行评价的时间。

［例 1］4 日后　患者　借助双拐能　行走　100 m
限定时间　主语　条件状语　谓语　行为标准

［例 2］住院期间　患者的皮肤　保持　完整、无压疮
限定时间　主语　谓语　行为标准

2. 目标的种类 根据时间长短，目标可分为长期目标和短期目标。

（1）短期目标：指在较短时间内（几小时或几日，一般为 1 周之内）可达到的目标。如

"1 周内新生儿体重增加 50 g"。

（2）长期目标：指需要较长时间（一般为 1 周或以上）才能实现的目标。长期目标往往需要一系列短期目标才能实现，如"出院前患者能口述服用降压药的注意事项"。

长期目标和短期目标在时间上没有明确界限，有些诊断只有短期目标或者长期目标，但有些诊断则同时具有长期目标和短期目标。

3. 制订目标时的注意事项

（1）目标的主语一定是护理对象或护理对象的一部分，而不能是护士。

（2）目标中只能出现一个行为动词。

（3）目标应是可测量、可评价的。行为标准应尽量具体，避免使用含糊、不明确的词句，如减少、增强、了解、适量等。

（4）目标应是护理范畴内的，可以通过护理措施达到。

（5）目标应切实可行，要在患者能力可及的范围内，考虑其身体及心理状况、智力水平、既往经历及经济条件。

（6）鼓励患者参与目标的制订，这样可以提升护理对象对健康管理的认知，促使其成为自我健康的第一责任人。

（三）制订护理措施

护理措施（nursing intervention）又称护理干预，是护士帮助护理对象实现预定目标所需采取的具体方法。护理措施的制订是护理人员依据自身的专业知识和实践经验，围绕护理对象的护理诊断，运用评判性思维做出的综合决策过程。

1. 护理措施的类型

（1）独立性护理措施（independence care measures）：指不依赖医嘱，护士能够独立提出和采取的措施。如患者长期卧床导致"皮肤完整性受损"，护士定期为患者翻身、按摩皮肤等都是独立的护理措施。独立的护理措施包括：

1）帮助患者完成日常生活活动，如协助进食、洗漱、如厕、活动等。

2）治疗性的护理措施，如皮肤护理、雾化吸入、吸痰、引流系统的护理等。

3）危险问题的预防，如保护患者安全的措施、预防感染的措施等。

4）对患者病情和心理社会反应进行监测和观察。

5）为患者和家属提供健康教育和咨询，如主观资料、客观资料、评估分析、处理计划。

6）为患者提供心理支持。

7）制订出院计划。

（2）合作性护理措施（cooperative care measures）：指护士与其他健康保健人员相互合作采取的行动，如患者出现"营养失调：高于机体需要量"的问题时，护士为帮助患者恢复理想的体重而咨询营养师或运动医学专家，并将他们的意见融入护理计划中。

（3）依赖性护理措施（dependency care measures）：指护士遵照医嘱执行的护理活动。如记录 24 小时液体出入量、遵医嘱给药等。

2. 制订护理措施的原则与注意事项

（1）护理措施应有针对性：护理措施应针对护理目标制订，否则即使护理措施没有错误，也无法实现目标。

（2）护理措施必须具有科学性：护士应以循证护理为基础，运用最新的科学证据，结合个人技能和临床经验，充分考虑护理对象的需要，选择并制订适宜的护理措施。

（3）护理措施应与其他医疗措施保持一致：制订措施时，应参阅医嘱和相关记录。意见不同时，应与其他医护人员协商，达成共识。

（4）护理措施应切实可行、因人而异：制订措施时需考虑以下 3 个方面。①针对护理对象的具体情况。②护理人员的构成情况，如是否有足够的人员，护理人员的知识水平、技术水平是否能胜任并实施所制订的措施等。③医院的设施、设备。

（5）护理措施应明确、具体、全面：护理措施要明确执行时间、具体内容、方法，便于措施的执行和检查。

（四）护理计划成文

护理计划成文是将护理诊断、目标、措施等按一定格式书写出来。不仅为护理程序的下一步实施提供指导，也利于护士之间及护士与其他医务人员之间的沟通与交流。不同医院书写护理计划的格式不尽相同，一般包括护理诊断、预期目标、护理措施及效果评价等内容。

四、护理实施

护理实施是将护理计划付诸实践的过程。所有的护理诊断都需要通过实施各种护理措施得以解决。实施过程包括实施前准备、实施和实施后记录 3 个部分。在某些特殊情况下，如遇到急诊患者或病情突然变化的患者，护士只能先在头脑中迅速形成一个初步护理计划，立即采取紧急救护措施，事后补上完整的护理计划。

（一）实施前的准备

这一阶段要求护士思考与实施以下几个有关的问题。

1. 做什么 包括回顾已制订好的护理计划，以保证其内容与护理对象目前情况相符合，是合适的、安全的。然后将实施的护理措施进行组织。每一次接触护理对象，护士要执行多个措施，而这些措施可能对应着不同的护理诊断，因此在实施前应将它们集中组织起来。如到患者床旁准备按顺序做以下工作：评估昨晚睡眠情况、查看受压部位皮肤情况、行静脉穿刺滴注抗生素、记录患者尿量。

2. 谁去做 确定护理措施是由护工做还是护士或辅助护士做。如果是由护士做，由哪一层次或级别的护士做，是一个护士做还是多个护士合作。

3. 怎样做 即实施时使用什么技术或技巧，如需用到基础护理操作或仪器操作，则应将操作步骤回顾一下。如需用到沟通技巧，则应考虑在沟通中可能会出现哪些问题，如何应对。

4. 何时做 选择执行护理措施的时机，如有关饮食的健康教育可安排在家属探视时进行。

5. 何处做 确定实施护理措施的场所，对涉及患者隐私的操作，更应该注意环境的选择。

（二）实施

实施是护士运用操作技术、沟通技巧、观察能力、合作能力和应变能力去执行护理措施的过程。这个过程不仅使护理诊断得以解决，也培养了护士的能力，增加了工作经验，并有利于建立良好的护患关系。执行护理措施的同时，护士要对患者的病情及患者对疾病的反应进行评估，并对护理照顾的效果进行评价，因此，实施过程也是评估和评价的过程。

（三）实施后记录

1. 记录的意义

（1）记录患者接受护理照顾期间的全部经过。

（2）有利于其他医护人员了解该患者的情况。

（3）可作为护理质量评价的一项内容。

（4）可为以后的护理工作提供资料和经验。

（5）记录是护士辛勤工作的最好证明。

2. 记录方法 护理人员应及时、准确地记录护理对象的健康问题及病情变化，描述要求客观、简明扼要、重点突出，使用专业术语，不得漏记及涂改。护理记录可采取文字描述或填表、在相应项目上划“√”的方式。护理记录的方式有多种，目前比较常用的是 PIO 格式（问题、措施、结果），SOAP 格式（主观资料、客观资料、评估分析、处理计划），SOAPIE

格式（主观资料、客观资料、评估、计划、实施、评价）等格式，见表 4-4。

表 4-4 护理记录单

床号： 姓名： 年龄： 性别： 科别： 住院号：

日期	时间	护理记录（PIO）	签名
2018-12-13	9：00	P. 气体交换受损：与肺气肿引起的有效通气面积减少和肺部感染有关	
		I. 1. 持续低流量双侧鼻导管给氧，2 L/min	
		2. 严密监测生命体征及 SpO_2 变化，及时采集血气分析，立即送检	王平 陈月
2018-12-18	17：00	3. 遵医嘱予以头孢曲松钠 4 g ivdrip 2 次 / 日，准确、及时用药，观察药物效果与副作用	
		O. 患者胸闷、憋气、呼吸困难消失，感到舒适	

五、护理评价

护理评价是将实施后护理对象的健康状态与预期目标进行比较，按评价标准对护士执行护理程序的效果、护理质量做出评定的过程。护理评价是护理程序的第 5 步，但它实际上贯穿整个护理程序的各个步骤。并且评价并不意味着护理程序的结束，相反，通过评价会发现新问题、做出新诊断和计划，或对以往方案进行修改，使护理程序循环往复地进行下去。评价通常包括收集资料、判断效果、分析原因、修订计划 4 个步骤。

（一）收集资料

收集有关护理对象目前健康状态的资料，资料的具体内容和收集方法同本节一、护理评估收集资料。

（二）判断效果

在目标陈述中所规定的评价时间到达后，将护理对象目前的健康状况与预期目标中的状况进行比较，以判断预期目标的达成程度。目标实现的程度有 3 种。

1. 目标完全实现

2. 目标部分实现

3. 目标未实现

例如，预定目标为“1 周后患者能自行注射胰岛素”。1 周后的评价结果为：

患者规范操作，完成了自体注射胰岛素——目标完全实现。

患者除定位不准确外，其余操作规范——目标部分实现。

患者不能规范操作——目标未实现。

（三）分析原因

通常目标未实现的原因有以下几个方面。

1. 收集的资料是否真实、正确、全面。

2. 护理诊断是否正确。导致出现这类问题的原因常包括：①资料收集有误。②没有严格按照诊断依据提出护理诊断。③相关因素不正确。④混淆了危险的护理诊断和合作性问题。

3. 制订的目标是否正确，是否具有针对性、切实可行。如目标超出护士或患者的能力和条件，使目标无法实现。

4. 护理措施是否恰当，执行是否有效。

5. 患者的病情是否发生了变化。

6. 患者及家属是否配合。

（四）修订计划

护理计划不是一成不变的，需根据护理对象情况的变化而变化。

1. 停止 对已实现的护理目标，停止原有的相应措施。

2. 继续 目标、措施正确，护理问题有一定程度改善，但未彻底解决，继续执行计划。

3. 修正 部分实现和未实现的护理诊断，要分析、寻找原因，修正不恰当的诊断、目标、措施。

4. 增加 在评价过程中出现了新的健康问题，应将护理诊断、预期目标和护理措施添加到护理计划中。

护理程序是一个系统性解决问题的过程，是护士为护理对象提供护理照顾时使用的方法，这种方法可保证护士有条理、高质量地满足护理对象的需求。

课堂互动

患者，女性，78岁。咳嗽无力、痰液黏稠，医嘱予氧气雾化吸入法。雾化吸入过程中，患者血氧饱和度骤降至90%，口唇、面色发绀，大汗淋漓。护士予立即停吸，迅速给予吸痰处理，吸出黄色黏稠痰液约30 ml，患者发绀消退。症状缓解后，护士再予翻身拍背，又咳出黏稠痰液约40 ml。

请根据护理程序的5个步骤，分析该案例。

自测题

一、A1型题

1. 陈述护理诊断的PSE公式中，S代表
   A. 患者的现病史　　B. 患者的既往史
   C. 患者的症状与体征　　D. 患者的健康问题
   E. 患者健康问题发生的原因
2. 下列护理诊断的陈述中，错误的是
   A. 自理缺陷：与手术创伤和切口疼痛有关
   B. 皮肤完整性受损：与长期卧床有关
   C. 胸痛：与胸闷、憋气有关
   D. 睡眠型态紊乱：与睡眠环境改变有关
   E. 便秘：与生活方式改变有关
3. 有关护理诊断的排序，说法正确的是
   A. 对于某个患者来说，护理诊断的先后顺序应是固定不变的
   B. 现存的护理诊断一定排在有危险的护理诊断之前
   C. 一个患者的首优护理诊断只有一个
   D. 可参照马斯洛需要层次理论排列护理诊断顺序
   E. 严格执行护理计划，不能因为患者的主观意愿而轻易改变
4. 某患者存在以下护理问题，你认为应该首先解决的是
   A. 语言沟通障碍
   B. 清理呼吸道无效

C. 营养失调：低于机体需要量
D. 皮肤完整性受损
E. 知识缺乏

5. 下列属于相关因素的是
A. 皮肤完整性受损
B. 心悸、气短
C. 母乳喂养无效
D. 便秘
E. 与长期卧床有关

6. 下列护理目标中，描述正确的是
A. 帮助患者更换卧位
B. 教会患者有效的呼吸方法
C. 遵医嘱按时给药
D. 在护士搀扶下每日下床行走 30 分钟
E. 每日用轮椅推患者外出活动半小时

二、A2 型题

7. 某患者，男性，25 岁。因高热、咳嗽入院，诊断为“大叶性肺炎”。以下是护理评估收集到的患者资料，其中属于主观资料的是
A. 体温 39.5 ℃
B. 咳白色痰
C. 急性病容
D. 咽喉疼痛
E. 听诊肺有啰音

8. 某患者，女性，55 岁。平素身体状况良好，刚从某事业单位退休。因不能适应退休后的生活，心情烦躁，希望能为社区服务，做些力所能及的工作。社区护士为其确立的护理诊断是“寻求健康行为”，这属于
A. 现存的护理诊断
B. 危险的护理诊断
C. 健康的护理诊断
D. 可能的护理诊断
E. 医护合作问题

9. 某患者，男性，53 岁。因严重脑外伤入院治疗。护士判断有患者以下健康问题，其中应优先解决的是
A. 皮肤完整性受损
B. 尿失禁
C. 气体交换受损
D. 营养失调：低于机体需要量
E. 语言沟通障碍

三、A3 型题

（10～11 题共用题干）

某患者，女性，61 岁。因 2 型糖尿病入院治疗，现症状缓解即将出院。患者来自农村，不识字，出院前护士需教会患者自行注射胰岛素的方法。

10. 对该患者最合适的护理诊断是
A. 有血糖潜在升高的可能
B. 有感染的可能
C. 知识缺乏
D. 不合作
E. 无能为力

11. 为该患者制订护理目标，正确的陈述是
A. 每餐前 30 分钟注射胰岛素 1 次
B. 在护士指导下 7 日内学会自体注射胰岛素
C. 教会患者自行注射胰岛素的方法

D. 维持血糖在正常水平

E. 每个月到医院复查 1 次

四、A4 型题

（12～15 题共用题干）

某患者，男性，18 岁。2 小时前患者游园时突然张口喘息、大汗淋漓而急诊入院。体格检查：T 36.5 ℃，R 32 次 / 分，BP 110/70mmHg，神志清醒，仅能说单字，表情紧张，端坐位，口唇发绀，双肺叩诊过清音，双肺野闻及广泛哮鸣音，呼气明显延长，有奇脉。患者自幼常于春季发生阵发性呼吸困难，其母患有支气管哮喘。

12. 医生确诊该患者为支气管哮喘，则该患者入院时的首优问题是

A. 低效性呼吸型态　B. 气体交换受损　C. 自主呼吸受损

D. 有体液不足的危险　E. 恐惧

13. 6 小时后患者能平卧，呼吸困难缓解，针对首优问题评价后的处理方案是

A. 停止　B. 继续　C. 修正

D. 取消　E. 保留部分增加新诊断

14. 下列属于独立性护理措施的是

A. 记录液体出入量　B. 沐舒坦雾化吸入

C. 与营养师合作制订营养饮食方案　D. 抽血做血气分析

E. 指导有效咳嗽

15. 在 PIO 记录表格中，下列属于 I 的是

A. 支气管平滑肌解痉　B. PaO_2 升高，$PaCO_2$ 降低

C. 执行治疗方案有效　D. 使用 β 受体激动剂雾化吸入

E. 患者呼吸困难缓解

（董云青）

第五章 护理安全

思政之光

思维导图

- 护理安全
  - 护理安全的防范
    - 概念
    - 意义
    - 原则
  - 患者安全
    - 影响患者安全的因素
      - 患者因素
      - 护理人员因素
      - 诊疗方面的因素
      - 其他因素
    - 常见患者不安全因素的防范
      - 物理性损伤及防范
        - 机械性
        - 温度性
        - 压力性
        - 放射性
      - 化学性损伤及防范
      - 生物性损伤及防范
      - 心理性损伤及防范
    - 常用保护具
      - 保护具定义
      - 应用范围
      - 使用原则
      - 保护具种类及应用
        - 床档及应用
        - 约束带及应用
        - 支被架及应用
        - 辅助器及应用
  - 护士职业安全防护
    - 基本概念
      - 护理职业暴露
      - 护理职业防护
      - 普及性预防
      - 标准预防
    - 护理职业防护的意义
      - 提高护士职业生命质量
      - 规避职业风险
      - 营造和谐的工作氛围
    - 护理职业暴露的危险因素
      - 生理性因素
      - 化学性因素
      - 物理性因素
      - 心理及社会因素
    - 常见护理职业暴露的防护措施
      - 血源性病原体职业暴露及防护
      - 锐器伤的职业防护
      - 化疗药物操作及防护
      - 汞泄漏及防护
      - 负重运动损伤及防护
      - 压力性损伤及防护

学习目标

1. 解释护理安全、患者安全、保护具、护理职业暴露、护理职业防护、标准预防及护理职业风险、压力性职业损伤。
2. 知道护理安全防范的意义、影响患者和护士安全的因素。
3. 描述护理安全的原则、患者安全。
4. 熟记常见护理职业损伤的防护。
5. 养成良好的职业素养，具有严肃认真、一丝不苟的工作态度和爱伤观念。

安全是人类的基本需要，患者的安全与护士的职业安全共同构成护理安全。护理安全管理是提高护理质量的首要保证。因此，护士在确保患者安全的同时，应做好职业防护，保障自身职业安全。

第一节　护理安全的防范

一、概念

1. 安全　广义的安全（safety）就是平安、快乐地生活与工作，涉及我们整个生存的环境。狭义的安全就是没有危险，不受威胁，不出事故，也包括其他任何被认为是不想要的事件所造成的身体、社会、心理、财务、政治、职业、教育或其他各种损害后果。

2. 护理安全　护理安全（safety of care）是指在实施医疗护理的全过程中，患者不发生法律和法定的规章制度允许范围以外的心理及机体结构或功能上的损害、障碍、缺陷或死亡，包括无护理并发症、差错、事故或纠纷。广义上的护理安全还应包括护士的职业安全，指护士在执业过程中不发生允许范围与限度以外不良因素的影响和损害，主要涉及护理工作场所中的各类安全问题，包括护理主体的安全和护理对象的安全，即护士职业安全与患者安全。

二、意义

患者安全和护士安全之间相互影响、相互作用。护理失误可以威胁患者安全，在某些条件下会引发针对护士的心理暴力或身体暴力，从而损害护士的身心健康和降低工作的激情。相反，护理人员编制短缺造成护理工作负荷增大，导致护士身心疲惫、工作力不从心等，工作中容易发生护理失误而进一步危及患者安全。护理安全的意义体现在以下方面。

1. 衡量医院护理管理水平　护理安全可以反映院内护理规章制度是否健全、护理技术措施是否落实到位、发现问题后是否及时得到控制、护理安全措施是否有保障等综合管理水平。

2. 展示护士的综合素质　护理安全能体现法律意识、治疗技术规范、职业道德、工作态度、技术水平和沟通能力等。

3. 提高医院的整体效益　护理安全因素引发的差错或事故不仅给患者造成损害，同时还会使医院形象和声誉受到影响，增加医院运行成本，从而影响医院的社会效益和经济效益。加强医院护理安全管理，避免护理差错或事故的发生，既可以保障患者安全，又可有效地提高医院的整体效益。

4. 营造和谐的医疗环境　护理不安全因素引发的后果会造成医疗纠纷，引发医护患之间的矛盾，甚至导致法律诉讼，使医护患关系紧张。因此，应监督护理安全措施实施，减少护理差错、事故的发生，保障护理安全制度的落实，既能够有效减少差错、事故的发生率，为患者提供安全的护理服务，赢得患者的认同和信赖，同时可以营造和谐的医疗环境。

由此可见，护理安全与患者安全之间的关系密切、相互作用。加强护理安全管理、保证患者安全目标的实施，对保证医疗护理质量、贯彻“以人为本、以患者为中心”的服务理念及增进护患沟通、构建和谐社会具有不可忽视的现实意义。

三、护理安全防范的原则

提供有效的护理服务、保证患者安全是护士的基本职责，但安全目标的实现需要患者和医疗团队全体成员的共同努力，也需要患者及家属主动参与。为保证患者安全及护理安全，诊疗及护理活动中应遵循以下原则。

1. 提高护理安全意识

（1）提高护理人员整体素质：增强护理人员的法制观念，提升护士的专业理论知识与技能，不断学习，注意总结，培养护士敏锐的观察能力与判断能力，提高护士的沟通能力，做到因人施护，护理到位，即提高护士整体素质，有效避免不安全事件的发生。

（2）增强患者自我防护意识：将潜在的临床风险及时告知患者及其家属，满足患者的知情权，提高患者的安全防范意识，让患者及家属主动参与护理安全的防范活动。

2. 建立健全护理安全管理制度及监控体系，严格执行各项制度

（1）建立健全护理安全管理制度：建立健全各项护理安全管理制度，如建立物品督查制度可有效避免因护理物品的质量、性能不符合要求或是购入假冒伪劣商品，对患者、操作人员及社会构成潜在危险。建立安全事件上报制度，如发生不安全事件，应及时记录，主动向卫生行政监管机构报告。组织分析与讨论不良事件并从中吸取经验教训。

（2）建立并完善监控体系：建立完善监控体系，促进感染控制项目的严谨性、全面性和彻底性。保证护理安全措施的有效落实。

（3）严格执行各项制度：严格执行各项制度，遵守操作程序，规范操作，避免差错、事故的发生。

3. 提高护理文件的质量 护理文件的书写必须客观、真实、及时、准确、完整，以保证护理文件书写的质量，用法律维护护理安全。

4. 增强团队协作精神 鼓励和培养护士间的团队协作精神，倡导在繁忙的工作中相互提醒，相互监督，弥补工作中的缺陷和漏洞，防范护理差错、事故的发生。

5. 合理配置人力资源 合理配置人力资源，如根据不同的时间段、工作量动态安排人力资源，医疗高峰时实行弹性排班，对当日发生的突发事件和危重患者抢救，实行动态排班，多种方法解决护士的超负荷工作问题。

第二节 患者安全

一、概念

患者安全（patient safety）是指在患者接受诊疗的过程中，不发生医疗法律法规允许范围之外的对患者心理和机体构成损害、障碍、缺陷或死亡，无医务人员在执业允许范围之外的不良执业行为的损害和影响。

二、影响患者安全的因素

（一）患者因素

1. 感觉功能 人们依赖感觉功能来了解周围的环境。任何一种感觉障碍均会妨碍个体辨别周围环境中存在的或潜在的危险因素而使其易受到伤害。如白内障患者因视物不清，易发生撞伤、跌倒等意外。

2. 年龄 年龄会影响个体对周围环境的感知和理解能力，因而也影响个体采取相应的自我保护行为。如新生儿与婴幼儿均需依赖他人的保护；儿童正处于生长期，好奇心强，喜欢探索新事物，容易发生意外事件；老年人各种器官功能逐渐衰退，也容易受到伤害。

3. 健康状况 健康状况不佳，人容易发生意外和受到伤害。如疾病可致个体身体虚弱、行动受限而发生跌伤，严重时影响人的意识，使之失去自我保护能力而更易受伤。免疫功能低下者易发生感染。

（二）护理人员因素

1. 护理专业知识和临床技能水平 在对患者的病情进行观察时，护士的评判性思维是否准确、能否及早发现异常病情变化、是否及时报告与处理等直接影响患者的安全与预后。

2. 承担工作任务的数量及难易度 护理人员配置能否满足工作及岗位需求，包括人员配置数量及配置人员是否具备岗位胜任能力两个方面。若护士专业素质未达到护理岗位的能力要求，就有可能因行为不当或过失，造成患者身心受到伤害。

3. 对患者关心程度及责任心 良好的职业素质及高度的责任心有利于患者康复及治疗。相反，若护士工作责任心差，不认真落实查对制度及操作规程，在诊疗及护理规程中容易发生差错及事故，给患者造成伤害或不良影响。

4. 护患沟通因素 如语言不通，在病情评估、治疗及护理环节中会出现沟通不良、查对失误等差错隐患。

5. 医院环境因素

（1）病区环境：噪声大、吸烟、空气不流通等可能导致肺源性心脏病（肺心病）、冠状动脉粥样硬化性心脏病（冠心病）等患者病情变化，影响治疗及康复。若卫生间、开水房等地面湿滑等，可能导致患者跌倒，造成意外伤害。

（2）病区清洁与消毒：若病房内物体表面、仪器、家具等清洁及消毒工作不到位或病床单元终末消毒质量不达标等，可能导致患者发生院内感染。

（3）病床间距狭窄：若病房空间过小，床与床的间距狭窄，对特殊感染或传染病者进行诊疗及护理操作中可能导致相邻患者发生交叉感染。同时在患者突然病情变化需要抢救时因场地过小，影响急救仪器的搬运或放置，也会使医护人员急救技术操作不能顺利施展，从而耽误抢救时间，影响抢救成功率。

（三）诊疗方面的因素

针对患者病情而采取的一系列检查与治疗是帮助患者康复的医疗手段。但一些特殊的诊疗手段（如各种侵入性的诊断检查与治疗、外科手术等）可能造成皮肤的损伤及潜在感染。

（四）其他因素

1. 医院的仪器设备 医院各种仪器和设备的故障、数据误差、直接损害等也是影响患者安全的因素。如应急事件管理不良，停电时间过久可能会导致除颤仪、呼吸机等不能正常使用而影响对患者的抢救。

2. 信息失误或缺失 纸质病历、医嘱在医嘱转抄时因手工书写字迹不清、标识不当或关键信息遗漏等，导致执行治疗及护理等环节容易发生错误。电子病历、医嘱若因突然停电或网络瘫痪，导致电子病历、电子医嘱及患者信息消失，需等待计算机系统功能恢复后诊疗及护理工作方能正常进行，将影响护理工作及治疗。

3. 物品管理 护理用品、设备、仪器等未固定位置放置或存储杂乱，紧急情况下护士费力、费时地寻找所需物品而花费时间，影响治疗及抢救工作的顺利进行。

三、患者安全

（一）患者安全目标

中国医院协会提出患者安全目标包括：

1. 严格执行查对制度，正确识别患者身份。
2. 强化手术安全核查，防止手术患者、手术部位及术式错误。
3. 加强医务人员沟通，完善医疗环节交接制度，正确、及时传递关键信息。
4. 减少医院内感染的风险。
5. 提高用药安全。
6. 强化临床“危急值”报告制度。
7. 防范与减少患者跌倒、坠床等意外伤害。
8. 加强全员急救培训，保障安全救治。
9. 鼓励主动报告医疗安全（不良）事件，构建患者安全文化。
10. 建立医务人员劳动强度评估制度，关注工作负荷对患者安全的影响。

（二）患者安全管理的工作任务

1. 构建“政府主导、社会协同、公众参与”的患者安全工作格局 充分发挥政府主导作用，落实医疗机构主体责任，鼓励各界力量积极参与患者安全工作。

2. 健全患者安全相关管理制度体系 完善医疗机构患者安全管理相关工作制度，实现医疗机构患者安全管理系统化、科学化、规范化、精细化，落实患者安全目标。

3. 提升医疗机构患者安全管理水平 建立健全医疗机构患者安全管理组织架构，将患者安全管理融入医院管理各个环节，突出重点、系统推进，实现持续改进。

4. 营造积极的医疗机构患者安全文化 充分发挥文化建设在患者安全工作中的引领作用，营造主动报告、有效沟通、从错误中学习的非惩罚性患者安全文化。

5. 减少医疗机构患者安全主要不良事件 优先改善患者身份识别、药物使用、围术期管理等重点领域的患者安全管理工作，最大限度减少不良事件发生。

知识链接

保护患者安全的措施

1. 完善患者安全组织管理与制度体系。
2. 广泛开展患者安全教育培训。
3. 加强医疗机构内患者安全组织管理
4. 全面落实患者安全各项规章制度。
5. 以多部门合作推动医院管理系统不断改进。
6. 加强重点领域、重点部门、重点环节的患者安全管理。
7. 着力推进患者用药安全。
8. 营造积极的医院安全文化。
9. 鼓励患者参与患者安全活动。
10. 开展患者安全相关科学研究和国际交流合作。

（三）医院内常见患者不安全因素的防范

患者因疾病会变得虚弱，故发生意外伤害的可能性便会增多，如坠床、跌倒、压疮等。护理人员应向患者提供安全、无危险、无伤害的医疗环境，满足个体的安全需要。对于护士而言，其独特的工作环境及服务对象决定了护理人员经常暴露于各种各样的危险中，因此，护士应具备对职业危害的认识、防范意识和处理的基本能力。

1. 物理性损伤及防范 物理性损伤包括机械性、温度性、压力性及放射性损伤等。

（1）机械性损伤：常见跌伤、撞伤等损伤。跌倒和坠床是医院最常见的机械性损伤。防范措施如下。

1）昏迷、意识不清、躁动不安的患者及婴幼儿易发生坠床等意外，应根据患者情况使用床档或其他保护具加以保护。

2）年老体弱、行动不便的患者行动时应给予搀扶或其他协助。常用物品应放于患者容易获取处，以防取、放物品时失去平衡而跌倒。

3）病区地面要采用防滑地板，并注意保持整洁、干燥；室内物品应放置稳固，移开暂时不需要的器械，减少障碍物；通道和楼梯等出入口处应避免堆放杂物，防止磕碰、撞伤及跌伤。

4）病区走廊、浴室及卫生间应设置扶手，供患者步态不稳时扶持。浴室和卫生间应设置呼叫铃，以便患者在需要时寻求援助，必要时使用防滑垫或安放塑料靠背椅。

5）应用各种导管、器械进行操作时，应遵守操作规程，动作轻柔，防止损伤患者皮肤及黏膜。妥善固定导管，注意保持引流通畅。

6）对有精神障碍者，应注意将剪刀等器械妥善放置，避免患者接触而发生危险。

（2）温度性损伤：常见有热水袋、热水瓶所致的烫伤；冰袋、制冷袋等所致的冻伤；各种电器（如烤灯、高频电刀等）所致的灼伤；易燃及易爆品（如氧气、乙醚及其他液化气体）所致的各种烧伤等。防范措施如下。

1）严格遵守操作规程，注意听取患者的主诉及观察局部皮肤的变化，做好交接班，如患者有不适应，及时处理。

2）强化易燃及易爆品的管理，加强防火教育，制订防火措施。护士应熟练掌握各类灭火器的使用方法。

3）定期检查和维修电路及各种电器设备，对患者自带的电器设备（如收音机、电剃须刀等），使用前应进行安全检查，并进行安全用电知识教育。

（3）压力性损伤：常见因高压氧舱治疗不当所致的气压伤、因长期受压和使用石膏和夹板固定过紧形成的局部压疮等。压疮的防范措施详见第十二章第三节。

（4）放射性损伤：主要由放射性诊断或治疗过程中处理不当所致，常见有放射性皮炎、皮肤溃疡坏死，严重者可致患者死亡。防范措施如下。

1）正确使用防护设备，在使用X线或其他放射性物质进行诊断或治疗时，尽量减少患者不必要的身体暴露，保证照射区域标记的准确性，正确掌握放射性治疗的剂量和时间。

2）保持接受放射部位皮肤的清洁、干燥，防止皮肤破损，应避免一切物理性刺激，如用力擦拭、搔抓、摩擦及紫外线照射等，避免化学性刺激，如外用刺激性药物、肥皂擦洗等。同时，照射部位皮肤不涂化妆品、不贴胶布等。

3）进行放射性治疗或检查前取下金属制品（如义齿、耳环、项链等），避免增加放射线的吸收。

2. 化学性损伤及防范 化学性损伤通常是由于药物使用不当，药物配伍不当，甚至用错药物引起。其防范措施如下。

（1）护士应熟悉各种药物应用知识，严格执行药物管理制度和给药原则。给药时，严格执行“三查八对”制度，注意药物之间的配伍禁忌，及时观察患者用药后的反应。

（2）做好健康教育，向患者及家属讲解安全用药的有关知识。

3. 生物性损伤及防范 生物性损伤包括微生物和昆虫对人体的伤害。病原微生物侵入人体后会诱发各种疾病，直接威胁患者的安全。防范措施如下。

（1）严格执行消毒隔离制度，严格遵守无菌技术操作原则。

（2）加强和完善各项护理措施。

（3）积极采取各种措施消灭昆虫。

4. 心理性损伤及防范 心理性损伤由各种原因所致患者情绪不稳、精神受到打击而引起。如患者对疾病的认识和态度、患者与周围人群的情感交流、医务人员对患者的行为和态度等均可影响患者的心理，甚至会导致患者心理损伤的发生。防范措施如下。

（1）做好心理护理：注意护士自身的行为举止，避免传递不良信息而造成患者对疾病治疗和康复等方面的误解而引起情绪波动。

（2）建立良好的护患关系：以高质量的护理行为取得患者的信任，提高其治疗信心，并帮助患者与周围人群建立和睦的人际关系。

（3）健康教育：对患者进行有关疾病知识的健康教育，并引导患者采取积极、乐观的态度对待疾病。

（四）常用保护具

保护具

保护具（protective device）是指在特殊情况下用来限制患者身体或身体某部位的活动，以达到维护患者安全与治疗效果的各种器具。

（1）适用范围

1）坠床高危患者：如躁动不安的患者、全身麻醉未清醒患者、意识不清患者及老年人等。

2）儿科患者：尤其是6岁以下的患儿，认知及自我保护能力欠缺，容易发生坠床、烫伤、跌倒、撞伤等意外或不配合治疗的行为。

3）皮肤瘙痒患者：如全身或局部瘙痒难忍的患者。

4）某些术后患者：如失明患者、白内障摘除术后患者。

5）精神疾病患者：如狂躁症患者或有自我伤害倾向的患者。

6）长期卧床患者：昏迷患者，危重患者，极度消瘦、虚弱及易发生压疮者。

（2）使用原则

1）知情同意：使用保护具前，应向患者及家属说明使用保护具的原因、目的及使用方法。

2）短期使用：只可短期使用约束器具，使用时必须保持患者肢体关节处于功能位，并保证患者的舒适与安全。

3）随时评价：在使用过程中，应观察约束部位皮肤有无破损、血液循环有无障碍、患者的心理状况等。

（3）保护具的种类及运用

案例分析

某患者，女性，40岁，精神分裂症躁狂发作，住院期间不接受治疗，有攻击性倾向。

护理评估

1. 评估与解释

（1）评估患者：①核对患者身份，如床号、住院号、姓名、性别、年龄和诊断。②全身情况，病情、年龄、意识状态、生命体征及肢体活动程度，有无皮肤破损及血液循环障碍等情况。③患者及家属对保护具使用目的及方法的了解、接受和合作程度。

（2）解释：向患者及家属解释使用保护具的目的及意义，避免其产生紧张、焦虑和恐惧心理。

2. 评估环境 环境整洁、舒适、光线明亮，必要时移开床旁桌椅。

护理诊断

1. 自理能力下降 与精神分裂症躁狂发作有关。

2. 有受伤的危险 与精神分裂症躁狂发作有关。

护理计划

1. 目的 防止小儿、高热、谵妄、昏迷、躁动及危重患者因虚弱及意识不清或其他原因而发生坠床、撞伤、抓伤等意外，确保患者安全，确保治疗、护理工作顺利进行。

2. 准备

（1）护士准备：衣帽整洁，戴口罩。

（2）患者准备：患者及其家属已了解使用保护具的目的和意义，愿意配合。酌情签署知情同意书。

（3）用物准备：根据需要准备床档、约束带、棉垫及支被架。

护理实施

视频：
床档的使用

1. 床档 床档（bedside rail restraint）主要用于预防患者坠床。

（1）多功能床档（图 5-1）：平时插于床尾，使用时插入两侧床沿。必要时可将床档取下，垫于患者背部，以进行胸外心脏按压术。

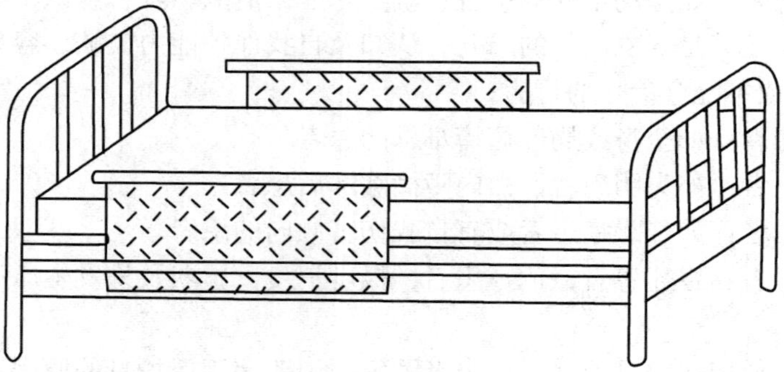

图 5-1 多功能床档

（2）半自动床档（图 5-2）：平时插于两侧床沿，可按需升降。

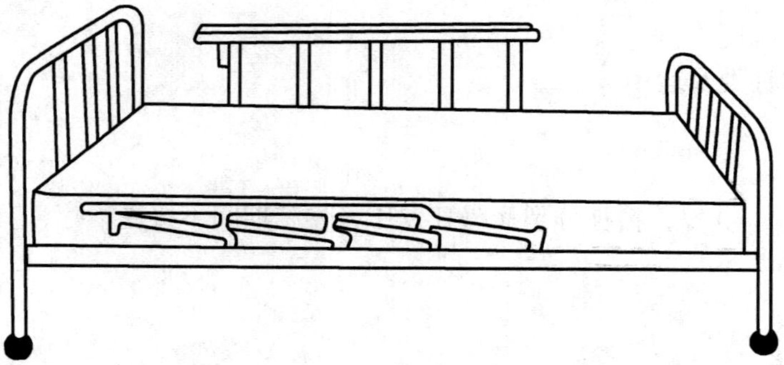

图 5-2 半自动床档

（3）木杆床档（图 5-3）：使用时将床档稳妥固定于两侧床边。床档中间为活动门，操作时将门打开，平时关闭。

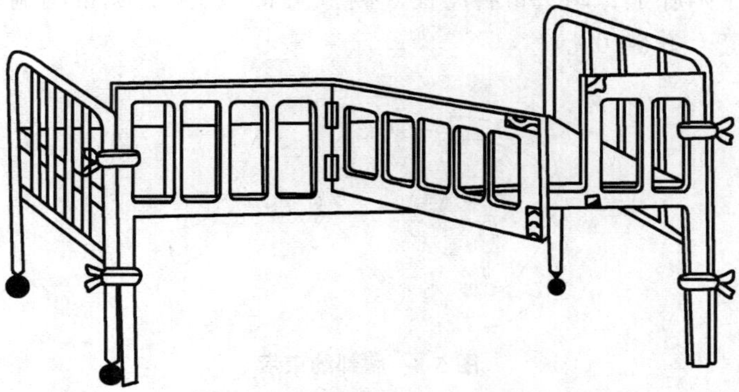

图 5-3　木杆床档

2. 约束带　约束带（restraint）用于保护躁动患者，限制其身体或肢体活动，防止患者自伤或坠床。

（1）宽绷带：常用于固定手腕及踝部。使用时，先用棉垫包裹手腕部或踝部，再用宽绷带打成双套结（图 5-4），套在棉垫外，稍拉紧，确保肢体不脱出（图 5-5），松紧以能插入一指、不影响血液循环为宜，然后将绷带系于床沿。

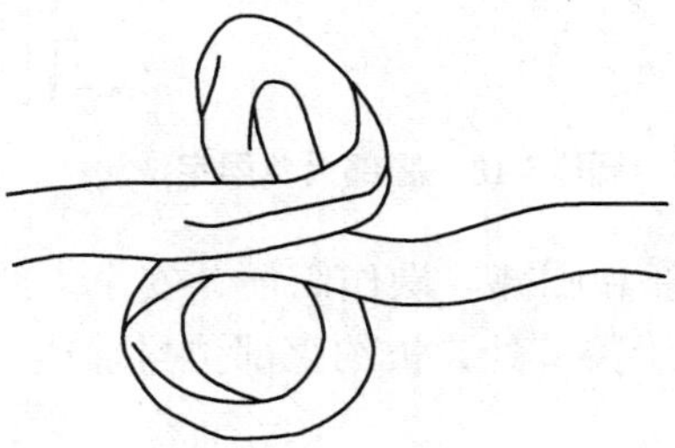

图 5-4　双套结

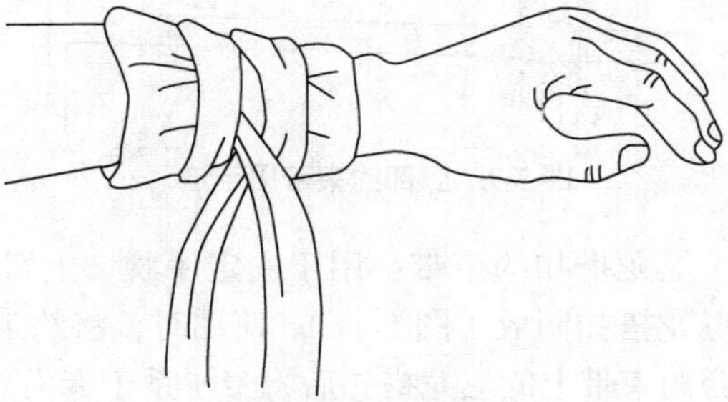

图 5-5　宽绷带约束法

音频：
床档、约束带

（2）肩部约束带：用于固定肩部，限制患者坐起。肩部约束带用宽布制成，宽 8 cm，长 120 cm，一端制成袖筒（图 5-6）。使用时，将袖筒套于患者两侧肩部，腋窝衬棉垫。两袖筒上的细带在胸前打结固定，将两条较宽的长带系于床头（图 5-7）。

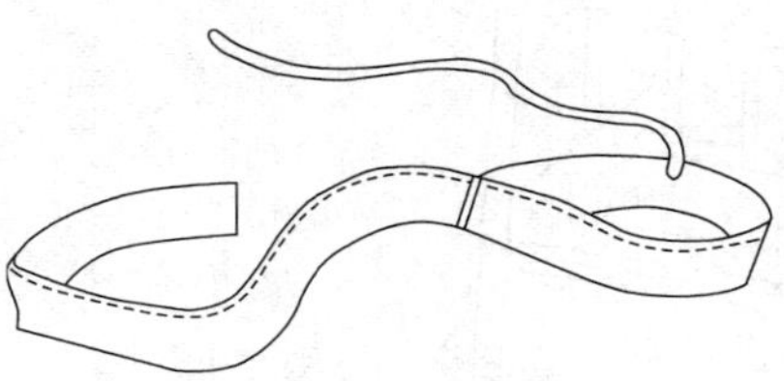

图 5-6　肩部约束带

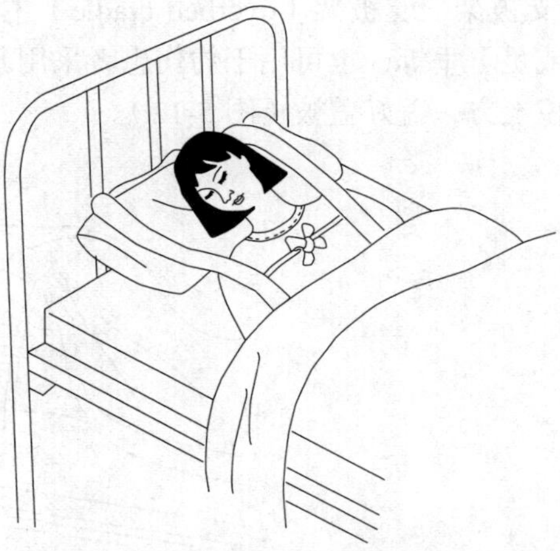

图 5-7　肩部约束带固定法

（3）膝部约束带：用于固定膝部，限制患者下肢活动。膝部约束带用宽布制成，宽 10 cm，长 250 cm，宽带中部相距 15 cm 分别缝两条双头带（图 5-8）。使用时，两膝之间衬棉垫，将约束带横放于两膝上，两头带各缚住一侧膝关节，然后将宽带两端系于床沿（图 5-9），亦可用大单进行固定（图 5-10）。

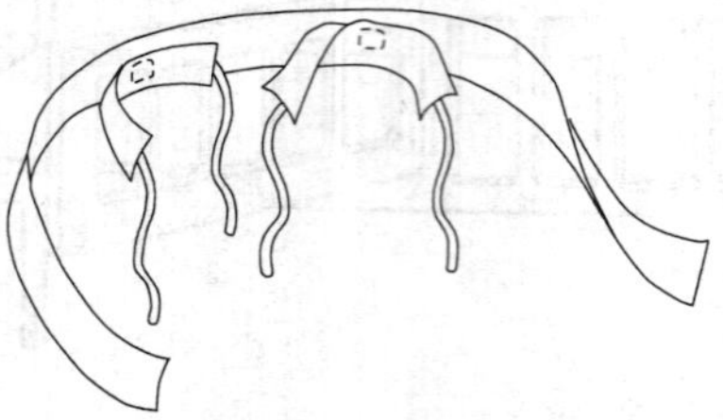

图 5-8　膝部约束带

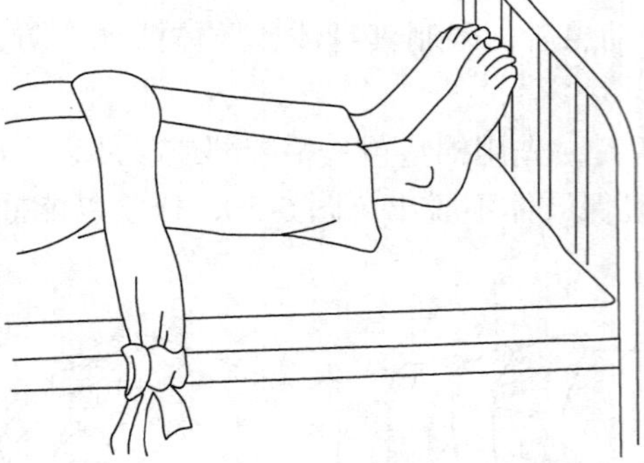

图 5-9　膝部约束带固定法

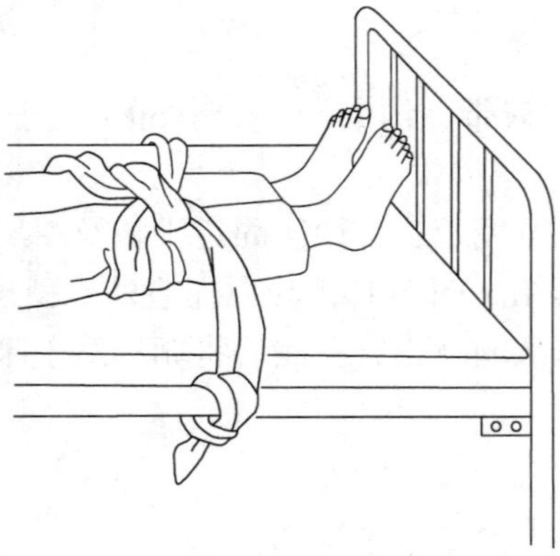

图 5-10　膝部大单固定法

视频：
约束带的使用

（4）尼龙搭扣约束带：用于固定手腕、上臂、踝部和膝部。操作简便、安全。约束带由棉布和尼龙搭扣制成（图 5-11）。使用时，将约束带置于关节处，被约束部位衬棉垫，松紧适宜，对合约束带上的尼龙搭扣后将带子系于床沿。

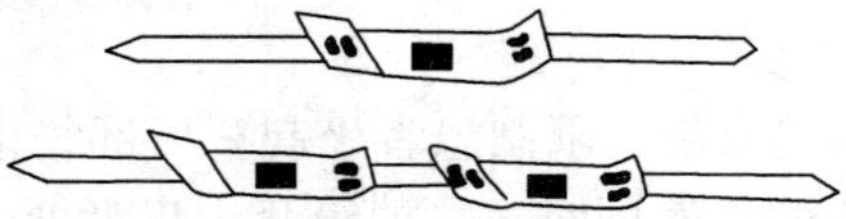

图 5-11　尼龙搭扣约束带

3. 支被架　支被架（overbed cradle）主要用于肢体瘫痪患者，防止盖被压迫肢体而造成不舒适或足下垂等，也可用于灼伤患者采用暴露疗法需保暖时。使用时，将支被架罩于防止受压的部位上方，盖好盖被（图 5-12）。

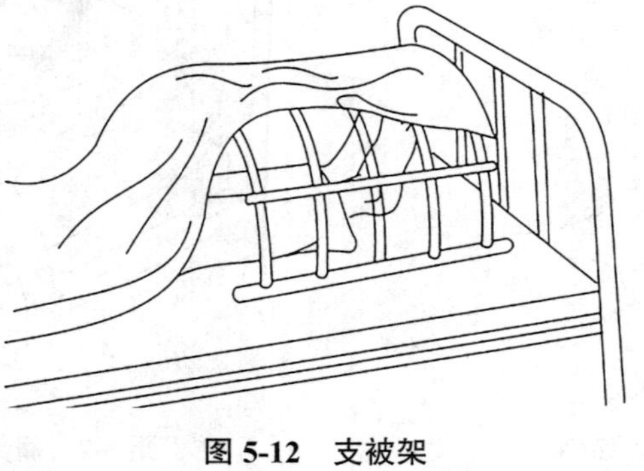

图 5-12　支被架

注意事项

1. 严格掌握保护具应用的使用指征，使用前应向患者及家属说明保护具使用的目的，维护患者的自尊。可用可不用时，尽可能不用。

2. 保护具只能短期使用。用时须注意患者的卧位，保持肢体及关节处于功能位，并协助患者定时更换体位。

3. 使用时，约束带下须垫衬垫，固定松紧要适宜，以能伸入 1 或 2 指为宜，并定时松解，每 2 小时松解 1 次。注意观察受约束部位的末梢循环情况（皮温、颜色），每 15 ~ 30 分钟观察 1 次，如发现异常，及时放松约束带。必要时进行局部按摩，促进血液循环。

4. 记录使用保护具的原因、部位、开始时间、每次观察的结果、相应的护理措施及解除约束的时间，并做好交接班。

护理评价

1. 操作正确、规范，患者安全、舒适，未发生并发症。各项检查、治疗和护理措施顺利进行。

2. 充分体现人文关怀，护患沟通有效，患者及家属了解保护具使用的目的，能够接受并积极配合。

➢ **考点：**使用约束带约束四肢，应多长时间放松约束带一次

A. 1 小时　　B. 2 小时　　C. 3 小时

D. 4 小时　　E. 6 小时

音频：
考点解析

辅助器

辅助器是为患者提供保持身体平衡与身体支持物的器材，是维护患者安全护理的措施之一。

使用目的

辅助身体残障或因疾病、高龄而行动不便者进行活动，以保障患者的安全。

常用辅助器

1. 腋杖　腋杖（crutch）是提供给短期或长期残障者离床时使用的一种支持性辅助用具（图 5-13）。

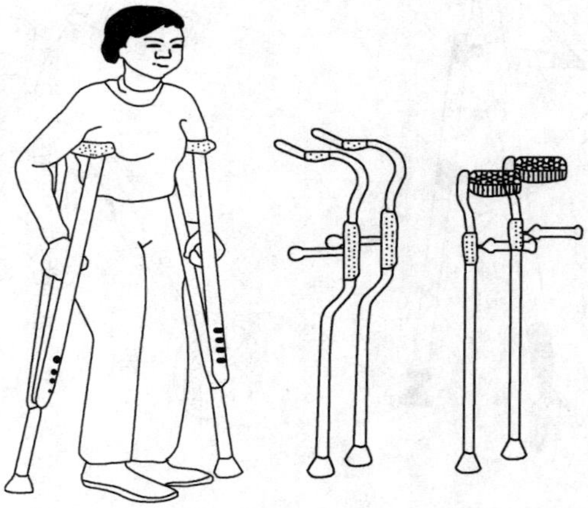

图 5-13　腋杖

患者使用腋杖走路的方法有 4 种。①两点式：走路顺序为同时出右拐和左脚，然后出左拐和右脚。②三点式：两腋杖和患肢同时伸出，再伸出健肢。③四点式：为最安全的步法。先出右腋杖，而后左脚跟上，接着出左腋杖，右脚再跟上，始终为三点着地。④跳跃法：常为永久性残疾者使用。其方法为先将两侧腋杖向前，再将身体跳跃至两腋杖中间处。

2. 手杖　手杖（cane）是一种手握式辅助用具，常用于不能完全负重的残障者或老年人。手杖应由健侧手臂用力握住。手杖长度的选择需符合以下原则：①肘部在负重时能稍微弯曲。②手柄适于抓握，弯曲部与髋部同高，手握手柄时感觉舒适。

手杖可为木或金属制成，手杖的底端可为单脚或四脚型。四脚型的手杖比单脚型的手杖支持力和支撑面积要大得多，因而也较稳定，常用于步态极为不稳的患者或地面较不平时（图 5-14）。

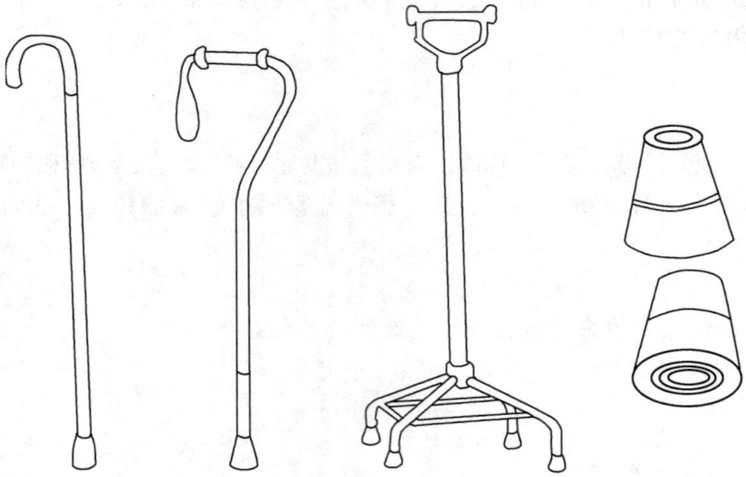

图 5-14　手杖

3. 助行器　助行器（walking aid）是一种四边形或三角形的金属框架，将患者保护其中，支撑体重，便于站立行走。助行器适用于上肢健康，下肢功能较差的患者。

（1）步行式助行器：适用于下肢功能轻度损害的患者。无轮脚，自身轻，可调高度，稳定性好。使用时，双手提起两侧扶手，同时向前将其放于地面，然后双腿迈步跟上（图 5-15）。

（2）轮式助行器：适用于上、下肢功能均较差的患者。有轮脚，易于推行移动。使用时不用将助行器提起、放下，行走步态自然，且用力下压自动刹车（图 5-16）。

视频：
拐杖使用技术

视频：
助行器使用技术

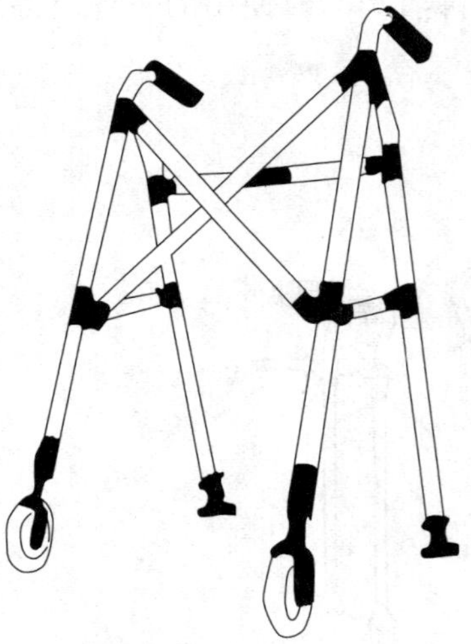

图 5-15　步行式助行器

图 5-16　轮式助行器

注意事项

1. 使用者意识清楚，身体状态良好、稳定。

2. 选择适合自身的辅助器。不合适的辅助器与错误的使用姿势可导致腋下受压，造成神经损伤、腋下和手掌挫伤及跌倒，还会引起背部肌肉劳损和酸痛。

3. 使用者的手臂、肩部或背部应无伤痛，活动不受限制，以免影响手臂的支撑力。

4. 使用辅助器时，患者的鞋要合脚、防滑，衣服要宽松、合身。

5. 调整腋杖和手杖后，将全部螺钉拧紧，橡皮底垫紧贴腋杖与手杖底端，并应经常检查并确定橡皮底垫的凹槽能否产生足够的吸力和摩擦力。

6. 选择较大的练习场地，避免拥挤和注意力分散。同时应保持地面干燥，无可移动的障碍物。必要时备一把椅子，供患者疲劳时休息。

第三节 护士职业安全防护

护理工作环境是治疗与护理患者的场所。在为患者提供各项检查、治疗和护理的过程中，护士可能会受到各种各样的职业性有害因素的伤害。因此，护士应具备对各种职业性有害因素的认识、处理及防范的基本知识和能力，以减少职业伤害，保护自身安全，维护自身健康。

一、概述

（一）基本概念

1. 护理职业暴露 护理职业暴露（nursing occupational exposure）是指护理人员在特定的环境中，在为服务对象提供护理服务的过程中，经常暴露于生物、化学、物理及社会心理因素等危险性环境中，从而有可能损害自身健康或面临危及生命的危险。

2. 护理职业防护 护理职业防护（occupational protection in nursing）是指在护理工作中采取多种有效措施，保护护理人员免受职业损伤因素的侵袭，或将其所受伤害降到最低程度的策略。

3. 普及性预防 普及性预防（universal prevention）是指针对经血液传播疾病所制订的对医护人员的防护措施，是假定所有人的血液都有潜在的传染性，处理血液、体液时要采取防护措施，如戴手套、防护眼镜、防护面罩等。

4. 标准预防 标准预防（standard prevention）是针对医院所有患者和医务人员采取的一组预防感染的措施。根据预期可能的暴露，选用手套、隔离衣、口罩、防护眼镜或防护面罩以及安全注射，注意手卫生、穿戴合适的防护用品、处理患者环境中污染的物品与医疗器械。标准预防基于患者的血液、体液、分泌物（不包括汗液）、非完整皮肤和黏膜，均可能含有感染性因子的原则，在接触上述物质、黏膜与非完整皮肤时，必须采取相应的隔离措施。其基本特点：①强调双向预防，防止疾病从患者传至医护人员，防止疾病从医护人员传至患者。②防止血源性或非血源性疾病的传播。③根据疾病的主要传播途径采取隔离措施。

（二）护理职业防护的意义

1. 提高护士职业生命质量 通过加强护士的职业安全教育，增加护士自我防护知识，提高护士自我防护意识，可有效减少职业损伤的发生。管理者应加强规范化管理，积极改善工作条件，合理配置人员，从而规避职业风险，保障职业安全，维护护士健康，提高适应能力。

2. 规避职业风险 通过职业防护知识的学习及职业防护技能的规范化培训，可以提高护士对职业性损伤的防范意识，自觉履行职业规范要求，有效控制职业性有害因素，科学、有效地规避护理职业风险。

3. 营造和谐的工作氛围 良好、安全的护理执业环境可以增加护士的职业安全感。同时，和谐的工作氛围可以缓解护士的心理压力，增加护士对工作的满意度和认同感，焕发工作热情，提高护士职业适应能力。

二、护理职业暴露的危险因素

1. 生物性因素 生物性因素主要是指医务人员在从事诊断、治疗、护理及检验等工作过程中意外沾染、吸入或食入的病原微生物或含有病原微生物的污染物。细菌和病毒是护理工作环境中最常见的生物性因素。常见的致病菌有金黄色葡萄球菌、肺炎球菌、大肠杆菌，经呼吸道、消化道、皮肤等途径感染护士。常见的病毒有肝炎病毒、柯萨奇病毒、艾滋病病毒等，多经呼吸道和血液传播。

2. 化学性因素 化学性因素是指医务人员在从事规范的诊断、治疗、护理及检验等工作过程中通过多种途径接触到的化学物质。

（1）化疗药物：在化疗药物配制及操作过程中会出现药物的逸出，形成含有毒性微粒的气溶胶或气雾，通过皮肤、呼吸道、消化道被动吸收，可引起白细胞减少，影响血小板和红细胞，孕前和孕期接触化疗药物易延缓胚胎及胎儿的生长发育，增加自然流产、先天畸形的危险性，还可导致男性生殖能力下降，致癌等毒性反应。

（2）消毒剂及灭菌剂：在护理工作中，护士容易接触的消毒剂及灭菌剂主要有甲醛、戊二醛、环氧乙烷、臭氧、过氧乙酸、含氯消毒剂、碘和乳酸等。护理人员长期、反复接触这些消毒剂及灭菌剂，容易损伤组织器官，引起皮肤过敏、灼伤、鼻炎、咽炎等，还可导致人体正常菌群失调以及使微生物产生抗药性和细菌变异。

（3）医用气体：常用的医用气体主要有氧气、压缩空气、氮气、一氧化氮、二氧化碳等。气体在储存、运送或使用过程中，如操作不当，易引起爆炸事故。另外，手术室护士暴露于麻醉废气的环境中，可产生身心健康损害，短时吸入可引起头痛、注意力不集中等，长期吸入可产生心理行为改变、慢性遗传学影响。

（4）汞：汞是医院常见而又极易被忽视的有毒因素，如护理操作常用的汞式血压计、汞式体温计及水温计等。如果对汞漏出处理不当，可对人体产生神经毒性和肾毒性。

3. 物理性因素 常见的物理性因素有锐器伤、放射性损伤、温度性损伤、负重运动损伤及噪声等。

（1）锐器伤（sharp injury）：是指锋利的医疗器械给医务人员造成的一种职业性损伤，是医院内护理人员常见的职业性损伤之一。污染锐器的伤害是导致血源性传播疾病的重要途径，最常见、最危险的病原体是乙肝病毒（HBV）、丙肝病毒（HCV）、艾滋病病毒（HIV）和梅毒螺旋体（TP）。

（2）放射性损伤（radiological damage）：在护理工作中，护士常接触到紫外线、激光等放射性物质，如防护不当，可导致皮肤和眼睛受损、免疫功能障碍等损伤。

（3）温度性损伤（temperature damage）：常见的温度性损伤有热水袋、热水瓶等所致的烫伤；乙醇等易燃及易爆物品引起的烧伤；使用频谱仪、红外线烤灯等引起的灼伤。

（4）负重运动损伤（weight bearing sports injury）：护理人员因工作特点，经常需要移动或举高一些重物，容易诱发颈、肩、腰、背部职业性肌肉骨骼疾患，其中最常见的是职业性腰背痛。另外，手术室护士长期站立还易引发下肢水肿、静脉曲张等。

（5）噪声（noise）：医疗仪器的报警声、铃声等噪声可导致血管收缩、血压升高、心率加快，甚至诱发心律失常。同时，噪声还会给医护人员造成心理压力，并使操作者精神涣散、注意力不集中等。

4. 心理社会因素 护理人员工作量大，工作环境差，患者要求高，工资及福利待遇偏低，人际关系复杂，这些都会导致护理人员产生心理压力，对生理和心理健康造成不同程度的影响。主要表现为头痛、乏力、心悸、焦虑、沮丧、厌倦、饮食过度或厌食、吸烟及饮酒等。

三、常见护理职业暴露的防护措施

1. 血源性病原体职业暴露 血源性病原体（blood born pathogen）是指存在于血液和某些体液中能引起人体疾病的病原微生物，例如HBV、HCV和HIV等。血液中含血源性病原体浓度最高，其他依次为伤口分泌物、精液、阴道分泌物、羊水等。必须通过采取综合性防护措施，减少护士感染HBV、HCV或HIV等的机会。

（1）血源性病原体职业暴露的原因

1）接触血液与体液的操作：①护理人员在进行接触血液、体液的操作时未戴手套。②护理人员手部皮肤发生破损，在可能接触患者的血液或体液时，未戴双层手套或发生意外，如患者的血液、分泌物溅入护士的眼睛、鼻腔或口腔。③护理人员在为患者实施心肺复苏时，徒手清理口腔内的分泌物及血液、口对口人工呼吸。

2）与针刺伤有关的操作：导致护士职业暴露的主要原因是被污染的针头刺伤或其他锐器伤。针刺伤最容易发生在针头使用后的丢弃环节。

（2）防护措施

1）洗手：护士在接触患者之前或之后，特别是接触血液、排泄物、分泌物及污染物品之前或之后，无论是否戴手套，都要洗手。

2）做好个人防护：避免直接接触血液或体液。护士在进行护理操作时，必须常规实施职业防护，防止皮肤及黏膜与患者的血液、体液接触。常用的防护措施包括戴手套、口罩、防护眼镜及穿隔离衣等，详见第十一章医院内感染的预防与控制。

3）安全注射：安全注射（safe injection）是指注射时不伤及患者和护士，并且保障注射所产生的废物不对社会造成危害。因此，要提供安全注射所需要的条件，并严格按照操作规程处理针头、手术刀及安瓿等锐器。

4）医疗废物的处理：详见第十一章医院内感染的预防与控制。

2. 锐器伤的职业防护

（1）锐器伤的预防

1）做好个人防护：实施静脉穿刺、采集血标本、处理伤口时应戴好手套。若发生针刺伤时，手套可阻止针扎入的深度，也可减少进入皮肤内的血量，从而降低感染的危险。

2）给不配合的患者使用锐器时，应有助手协助，防止造成意外伤害。

3）提高护理器材的安全性能，如使用真空采血器、无针头静脉通路装置等可降低针刺伤的危险。

4）规范进行各项护理操作，避免危险动作：如不可用手直接传递锐器；不可将已用过的针头从针栓上分离后直接用手回套针帽；使用后的锐器应直接放入耐穿刺、防渗漏的锐器盒内；锐器盒不应装得过满。

5）建立锐器损伤报告管理制度：护理人员一旦发生损伤，应立即向有关部门报告，评估损伤情况，使暴露人员得到恰当的治疗及跟踪观察。

（2）锐器伤的紧急处理

1）立即用肥皂液和流动水清洗污染的皮肤，用生理盐水冲洗黏膜。用0.5%碘伏、2%碘酊、75%乙醇消毒伤口。

2）用健侧手从近心端向远心端轻轻挤压伤口，尽可能排出伤口部位的血液，再用流动水和肥皂液冲洗，避免在伤口局部来回挤压，防止因虹吸现象将污染血液回吸到血管，增加感染机会。

3）再次消毒伤口并包扎。

4）及时上报：应在伤后24小时内上报医院感染管理部门并填写锐器伤登记表，医院有关部门评估锐器伤感染的风险，采取相应的预防措施。

音频：
考点解析

➢ **考点：** 护士职业损伤最常见的是

A. 锐器伤　　B. 化学性损伤　　C. 物理性损伤

D. 生物性损伤　　E. 负重伤

5）血清学检测与处理：设法取得患者血液/体液，立即对其进行艾滋病（HIV）、乙肝（HBV）、丙肝（HCV）和梅毒（TP）的检测。

①患者HIV阳性、暴露者HIV抗体阴性：暴露者立即服用逆转录酶抑制剂、蛋白酶抑制剂等药物；并于暴露后当日、第4周、第8周、第12周、第6个月时检查HIV抗体，并进行医学观察1年。

②患者乙肝表面抗原（HBsAg）阳性

若暴露者HBsAg阳性、表面抗体（抗-HBs）阳性，暂时不需进一步处置。

若暴露者HBsAg阴性、抗-HBs阴性且未注射疫苗者：24小时内注射HBIG并注射全套疫苗；于暴露后第3个月、第6个月、第12个月追踪监测。

若暴露者HBsAg阴性且已完成疫苗注射者但未产生抗体者：24小时内注射HBIG并补种疫苗；于暴露后第3个月、第6个月、第12个月追踪监测。

若暴露者HBsAg阴性、抗-HBs阴性正在接受疫苗注射者：24小时内注射HBIG并继续完成注射疫苗；于暴露后第3个月、第6个月、第12个月追踪监测。

③患者HCV阳性

若暴露者HCV阳性，则继续追踪肝功能状况，发现异常及时治疗。

若暴露者HCV阴性，则暴露后第3个月、第6个月、第9个月、第12个月定期追踪肝功能、HCV情况，发现异常及时治疗。

④患者为TP阳性且处于活动期：暴露者立即预防注射长效青霉素，并于暴露后当日、第1个月、第3个月、第6个月持续追踪监测。

发生职业暴露后应急预案及处置流程，如图5-17。

3. 化疗药物损伤的职业防护

（1）化疗药物损伤的原因

1）药物准备和使用时可能发生的药物接触：如从药瓶中拔出针头时导致药物飞溅；打开安瓿时，药物粉末、药液、玻璃碎片向外飞溅；连接管、输液器、输液袋、输液瓶、药瓶的渗漏和破裂导致药物泄漏；拔针时造成部分药物喷出等。

2）注射操作时可能发生的药物接触：如针头脱落，药液渗出；安瓿使用中破裂，药物溢出；护士在注射时意外损伤自己等。

3）废弃物丢弃时可能发生的药物接触：①清除溅出或溢出药物时的接触。②处理化疗患者体液或排泄物时的接触。③处置吸收或沾染了接受化疗药物治疗患者的体液的被服及其他织物时的接触。④丢弃被化疗药物污染的材料时的接触等。

（2）防护措施：化疗药物防护应遵循2个基本原则：减少直接接触化疗药物，减少化疗药物直接污染环境。

1）制订严格的防护规定，提供安全的防护用品和设备：设置化疗药物配置中心或配药间。配备一次性口罩、帽子、隔离衣、防护衣裤、防护眼镜、聚氯乙烯手套、一次性治疗巾等防护用品。必须由专门训练的护理人员进行化疗药物的配制，定期对配制人员进行体检，并定期更

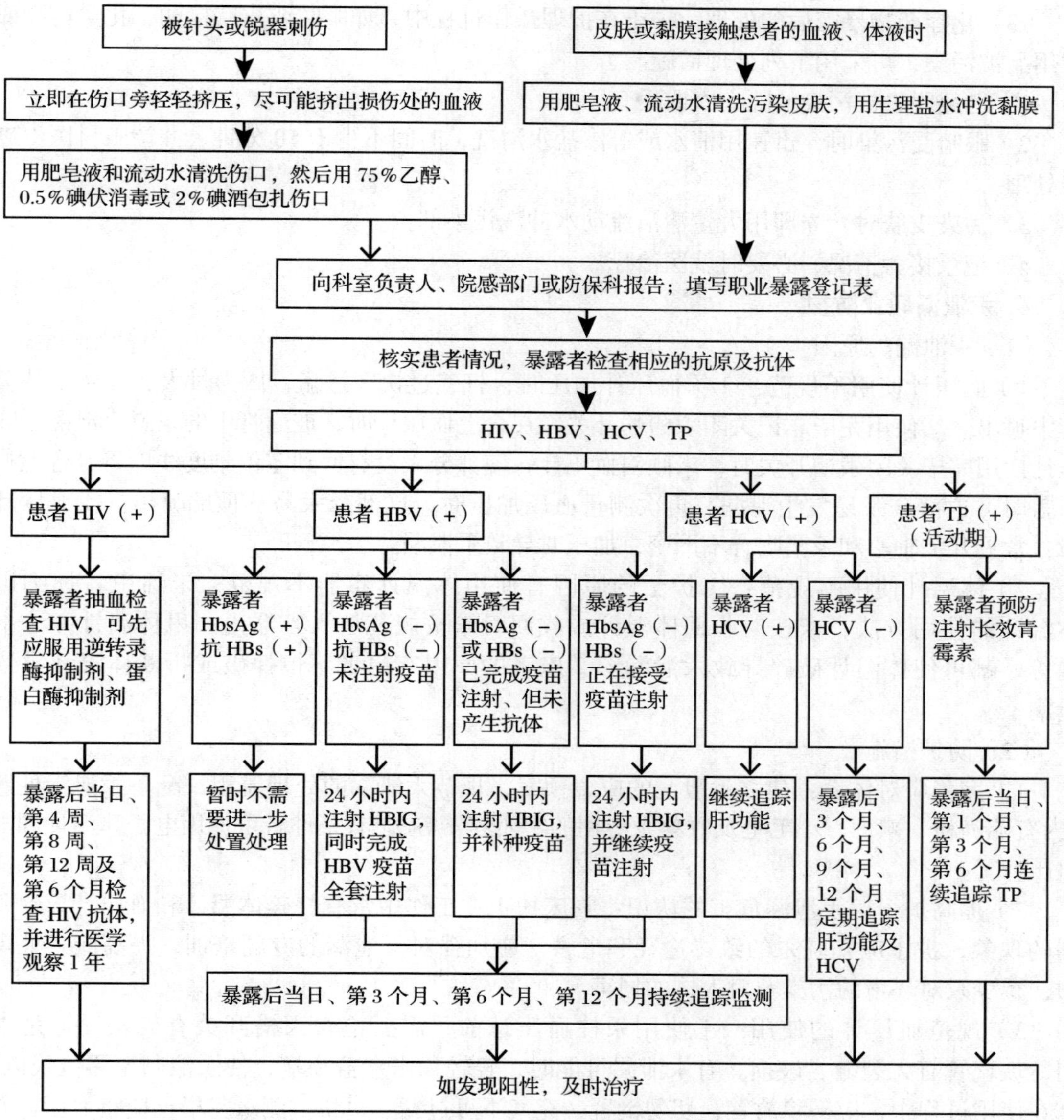

图 5-17 护士职业暴露应急预案、应急处理、报告流程

换人员。如出现化疗药物的毒性反应症状及体征，应立即调离。避免孕期、哺乳期护理人员接触化疗药物。

2）严格遵守化疗药物安全操作规程：护理人员配药前洗手、穿隔离衣裤、戴双层防护口罩、戴双层手套。操作台面覆盖一次性防护垫，减少药物污染。配药前准备好所需用物，减少人员走动。在打开安瓿前轻弹颈部和顶部，使药物落下，掰安瓿时用无菌的纱布包绕安瓿颈，防止割破手套。开粉剂安瓿时，注意避免气雾产生，溶解药物应将溶媒沿安瓿壁慢慢地加入，避免药物粉末的散出。静脉滴注时，应采用密闭式输液法，需在茂菲滴管处加药时，须用无菌棉球围在滴管处，速度勿过快，防止溢出。

3）正确处理废弃物：配制化疗药物的一次性注射器、安瓿及空瓶弃于带盖防漏的专用垃圾桶内，由专人做毁形、焚烧处理。

4）接触化疗药物污染的分泌物时做好防护：处理患者的尿液、粪便、呕吐物等分泌物时，应戴手套、口罩，必要时使用一次性围裙。化验相关标本时，在瓶上做标记，以便化验之后及时处理。

（3）化疗药物暴露后的处理：护士在护理操作过程中，如眼睛或皮肤接触了化学药物或防护用品被污染，可采用下列处理措施。

1）迅速脱去被污染的隔离衣或手套。

2）眼睛受污染时，迅速用清水或等渗盐水清洗，时间不少于10分钟，并请眼科医生进一步处理。

3）污染皮肤时，立即用大量清洁流动水冲洗污染部位。

4）记录接触情况，必要时就医治疗。

4. 汞泄漏职业防护

（1）汞泄漏的原因

1）血压计使用不规范：①给血压计加压时，打气过快、过猛，压力过大，导致汞从玻璃管中喷出。②使用完毕忘记关闭汞槽的开关，在合上血压计时，玻璃管中的汞就会泄漏。③血压计使用完毕关闭汞槽开关时，未倾斜血压计，使部分汞没有回到零位刻度线以下，合上血压计盖时，这部分汞易发生泄漏。再次测量血压加压时，这部分汞易从顶端喷出。④血压计故障：常见开关轴心和汞槽吻合不严密，加压时导致汞泄漏。

2）体温计使用不规范：①护士的原因有使用体温计容器不规范；未给患者详细讲解体温计的使用方法；未按时收回体温计或收回时未按规范放入容器内；甩体温计方法不正确等，都可使体温计破碎导致汞泄漏。②患者的原因有患者不慎摔破或折断体温计导致汞泄漏。

（2）防护措施

1）完善应对体系：建立汞泄漏的应急预案，规范汞泄漏的处理流程，配备汞泄漏处置包（内有硫磺粉、碘剂、小毛笔及收集汞专用的密闭容器等）。有条件者可使用电子体温计和电子血压计。

2）提高护士对汞泄漏危害的认识：临床护士在工作中常有打碎体温计和血压计导致汞泄漏的现象，护士应知晓汞的致毒途径和危害。应加强对汞泄漏的专题培训，提高应急处理能力，减少汞对环境的污染及对人体的损害。

3）规范血压计的使用：①使用汞柱血压计前，需要检查汞槽开关有无松动，是否关闭，玻璃管有无裂缝、破损。有汞泄漏可能时，轻轻拍击盒盖顶端，使汞液归至零位线以下。②在使用过程中，应平稳放置，切勿倒置，充气不可过猛、过快。测量完毕，应将血压计右倾45°，使汞全部进入汞槽后再关闭开关。③血压计要定期检查，每半年检测一次，有故障及时送修。

4）规范体温计的使用：①盛放体温计的容器应放在固定的位置，容器应表面光滑无缝，垫多层塑料膜，不应该垫纱布，以便观察和清理泄漏的汞。②使用体温计前应检查有无裂缝、破损，禁止将体温计放在热水中清洗或放入沸水中煮，以免引起爆炸。③使用体温计的过程中要防止损坏，甩体温计时勿碰触硬物，测量体温时应详细告知患者使用体温计的注意事项和汞泄漏的危害，用毕及时收回。④测口腔温度和直肠温度时不要用汞式体温计。⑤婴幼儿和神志不清的患者禁止测量口腔温度。⑥测体温时及时收回体温计。

（3）汞泄漏的应急处理

1）人员管理：一旦发生汞泄漏，室内人员应转移到室外。如果有皮肤接触，立即用清水冲洗。打开门窗通风，关闭室内所有热源。

2）收集汞滴：穿戴防护用品，如戴防护口罩、乳胶手套、防护围裙或防护服、鞋套。用一次性注射器抽吸泄漏的汞滴，也可用纸卷成筒回收汞滴，放入盛有少量水的容器内，密封好并注明“废弃汞”字样，送交医院专职管理部门处理。

3）处理散落的汞滴：对散落在地缝内的汞滴，取适量硫磺粉覆盖，保留3小时，硫和汞能生成不易溶于水的硫化汞。或者用20%三氯化铁5～6 g加水10 ml，使其呈饱和状态，然后用毛笔蘸其溶液在汞残留处涂刷，生成汞化铁的合金，消除汞的危害。

4）处理汞污染的房间：关闭门窗，用碘1 g/m^{3}加乙醇点燃熏蒸或用碘0.1 g/m^{3}撒在地面8～12小时，使挥发的碘与空气中的汞生成不易挥发的碘化汞，可以降低空气中汞蒸气的浓度。结束后开窗通风。

5. 负重运动损伤的职业防护

（1）负重运动损伤的原因：护士在进行搬运患者、为患者翻身或移动重物等日常护理活动中，因用力不当、负荷过重等原因，导致护士肌肉、骨骼、关节损伤。其中较为常见的损伤是腰椎间盘突出症、腰肌劳损、颈椎病、下肢静脉曲张等。

（2）防护措施

1）配备必要的机械设备：如推车、翻身床等，减轻护理工作量。

2）正确运用人体力学原理指导工作：搬运重物时，两脚分开扩大支撑面，物品能拉不要推，能推不要提。尽量全身转动，避免用躯干转动等。

3）加强锻炼，提高身体素质：锻炼可提高机体免疫力，增强肌肉的柔韧性，增加关节活动度，促进下肢血液循环，防止发生负重运动损伤，如健美操、太极拳、游泳、慢跑等。

4）养成良好的生活习惯：提倡卧硬板床休息，并注意床垫的厚度要适宜；从事家务劳动时，注意避免长时间弯腰活动或尽量减少弯腰次数；减少持重物的时间及重量；科学、合理饮食等。

知识链接

下肢静脉曲张的预防

避免长时间保持同一姿势，经常变换体位、姿势或进行适当轻微活动，以促进下肢血液循环。站立时，可双下肢轮换支撑身体重量，并可适当做踮脚活动，促进小腿肌肉收缩，减少静脉血液淤积。工作间歇应尽量抬高下肢，并进行下肢按摩，促进静脉血液回流。穿弹力袜或捆绑弹力绷带可促进下肢血液回流，减轻或消除肢体沉重感和疲劳感。

6. 压力性职业损伤的防护

（1）概念

1）护士职业压力（professional pressure for nurses）：是指护士在从事护理活动及与其生存状况相关的事件或环境等因素引起的一种精神状态及相应的行为表现。

2）压力性职业损伤（stress occupational injury）：是指个体处于持续的工作压力环境之中所导致的身体、情绪与心理状态衰竭的综合反应。常见的压力性职业损伤有工作疲溃感、抑郁症等。

（2）压力性职业损伤的原因：工作压力过大、负荷过重、时间过长，工作环境缺乏安全感；学习机会较少，职称晋升较难；社会对护士的价值认同不足、护士自我期望值过高；缺乏必要的心理应对能力。

（3）防护措施

1）采用人性化的管理：赋予护理人员一定的自主决策权，尊重其需要。改善工作条件，创造个性化工作环境。主动关爱与沟通，帮助护理人员及时宣泄负性情绪。实施职业规划，建立职业发展目标，增加对职业的认同感，体现护理的职业价值。

2）增加护理人力资源配备：增加病区的护理人员配备，避免超负荷工作，延长夜班值班的周期，降低工作的繁重程度和工作压力。

3）加强社会支持：通过正面的宣传教育，使全社会都能认识到护理工作的艰辛，使他们理解护士、尊重护士，为护理人员营造轻松、和谐的工作环境。与患者有效沟通，减少由于误解造成的冲突。建立有效的合作团队，改善内部人际关系，增加相互支持。

4）组织心理健康相关知识的培训：医院定期组织护理人员参加心理健康相关知识的培训，讲解护理心理压力的来源、表现、不良影响及应对方式等。设立心理咨询室，建立心理支持系统，提供心理支持，早期发现和治疗心理问题。

5）学会自我调节和管理：学习心理知识，合理运用缓解心理压力的技巧和方法，如参加体育锻炼、户外活动，运用放松技巧等。加强健康行为，减少压力对心理和身体健康的冲击。充实自身的专业知识和技能，培养个人自信，学会自我肯定。调整心态，以乐观、积极的心态面对工作和生活。

自测题

一、A1型题

1. 为防止患者坠床，最有效的措施是
   A. 约束肩部　B. 加用床档　C. 约束膝部
   D. 约束踝部　E. 约束腕部
2. 宽绷带常用于固定
   A. 双肩　B. 手腕　C. 头部
   D. 膝部　E. 腹部
3. 关于使用约束带，正确的是
   A. 符合使用指征即可使用
   B. 使用前不一定取得患者的同意
   C. 对躁动患者，约束带可拉紧，以防脱落
   D. 保护性制动时间可随意延长
   E. 约束带下垫的衬垫松紧要适度
4. 不可使用约束带的患者是
   A. 发热、谵妄者　B. 神经官能症患者　C. 麻醉后未清醒者
   D. 精神病患者　E. 烦躁不安的患者
5. 下列无使用保护具指征的患者是
   A. 分娩后产妇　B. 昏迷　C. 高热
   D. 躁动　E. 谵妄
6. 跌倒和坠床属于下列哪种损伤
   A. 机械性损伤　B. 温度性损伤　C. 压力性损伤
   D. 放射性损伤　E. 生物性损伤
7. 由于药物使用不当所引起的损伤属于
   A. 机械性损伤　B. 化学性损伤　C. 压力性损伤
   D. 放射性损伤　E. 生物性损伤
8. 以下对化学性损伤的防范措施，不妥的是
   A. 熟悉各种药物应用知识
   B. 严格执行药物管理制度和药疗原则

C. 进行药疗时，严格执行“三查八对”
D. 注意药物的配伍禁忌，及时观察患者用药后的反应
E. 为避免患者擅自用药，严禁向患者及家属讲解用药的有关知识

9. 使用保护具的注意事项中，不妥的是
A. 使用保护具时，应保持肢体及各关节处于功能位
B. 协助患者经常更换体位，保证患者安全、舒适
C. 使用约束带时，其下须垫衬垫，固定松紧适宜
D. 若患者无主诉不适或者无特殊情况，无须放松约束带
E. 记录使用保护具的原因、时间、观察结果、相应的护理措施及解除约束的时间

10. 关于放射性损伤的防范措施，不妥的是
A. 防止接受放射部位皮肤破损
B. 禁忌用力擦拭、搔抓、摩擦、暴晒、紫外线照射等
C. 为保持接受放射部位皮肤的清洁，应经常使用肥皂液擦洗
D. 正确掌握照射剂量和时间
E. 尽量减少患者不必要的身体暴露，保持照射区域的标记

11. 使用约束带时，应重点观察
A. 神志是否清楚　B. 体位是否舒适　C. 衬垫是否合适
D. 约束带是否牢固　E. 局部皮肤颜色与温度

12. 为限制患者手腕和踝部的活动，可用宽绷带打成
A. 外科结　B. 死结　C. 滑结
D. 单套结　E. 双套结

13. 护士配制化疗药物时应戴
A. 无菌手套　B. 一次性 PVC 手套
C. 一次性橡胶手套　D. 乳胶手套内套一副 PVC 手套
E. 双层乳胶手套

14. 护士应该采取标准预防措施的是
A. 接触患者的血液　B. 接触患者的体液
C. 接触患者的分泌物　D. 接触患者污染的物品
E. 以上都是

15. 对于汞泄漏的应急处理，不正确的是
A. 有皮肤接触，立即用清水洗
B. 收集汞滴
C. 对散落在地缝内的汞滴，取适量硫磺粉覆盖，保留 1 小时
D. 汞污染的房间关闭门窗，用碘 1 g/m^3 加乙醇点燃熏蒸
E. 打开门窗通风，关闭室内所有热源

16. 有关血源性病原体职业暴露的防护措施，正确的是
A. 洗手
B. 戴手套、口罩、防护眼镜及穿隔离衣等
C. 安全注射
D. 正确处理医疗废物
E. 以上都是

二、A2型题

17. 某患者，因患破伤风被安置在隔离室，患者表现为牙关紧闭，四肢抽搐，角弓反张，下列采取的安全措施不妥的是
    A. 用床档，防坠床
    B. 取下义齿，防窒息
    C. 枕横立于床头，四肢用约束带以防撞伤
    D. 用纱布包裹压舌板垫于上下臼齿之间防咬伤
    E. 室内保持光线充足、安静，以利护理
18. 某患儿，左上肢烫伤，二度烫伤面积达10%，入院后经评估需使用保护具，下列哪项措施不正确
    A. 使用前需取得患者及家属的理解和同意
    B. 属于保护性制动措施，只能短期使用
    C. 将患者右上肢外展固定于身体右侧
    D. 约束带下应置衬垫，且松紧适宜
    E. 应经常观察约束部位的皮肤颜色和温度
19. 患者患有躁狂型精神病，拟给予保护具，正确的是
    A. 对精神病患者，不必向其家人解释使用保护具的必要性
    B. 将患者上肢伸直，系好尼龙搭扣约束带
    C. 使用约束带，每4小时松解1次
    D. 使用床档防止坠床
    E. 记录保护具使用时间
20. 某护士，女性，26岁，在外科工作。某日在为一名HIV阳性患者拔针时不慎被带血的针头刺伤示指。应首先采取的措施是
    A. 用流动水和肥皂液反复冲洗
    B. 用75%乙醇或0.5%碘仿消毒伤口
    C. 从近心端向远心端尽可能挤压出受伤部位的血液
    D. 向医院内感染管理科报告
    E. 检测抗体
21. 护士在为HBsAg阳性患者拔针时，患者突然躁动，护士被针扎伤，护士的HBsAg阴性且未注射过乙肝疫苗，护士除了按规范处理伤口外，还应注射
    A. 乙肝免疫球蛋白　　B. 乙肝疫苗
    C. 乙肝免疫球蛋白和乙肝疫苗　　D. 无须注射疫苗
    E. 注射胎盘球蛋白

三、A3/A4型题

（22～24题共用题干）

患者，女性，68岁。以呼吸困难、口唇发绀、烦躁不安而急诊入院，入院诊断为风湿性心脏病合并心力衰竭。

22. 为了缓解症状，患者应采用的体位是
    A. 去枕仰卧位，头偏向一侧
    B. 抬高床头15°～20°
    C. 抬高床头20°，抬高下肢30°

D. 抬高床头 70°～80°，膝下支架抬起 15°～20°
E. 抬高床头 60°～70°，右侧卧位

23. 次日患者出现烦躁不安，为防止患者受伤，护士应为其采取的保护措施是
A. 使用绷带
B. 使用双套结固定肢体防止自伤
C. 使用双侧床档防止坠床
D. 使用双膝固定防止坠床
E. 使用肩部约束带防止碰伤

24. 患者使用约束带时，护士应重点观察
A. 呼吸情况　　B. 血压情况　　C. 约束时间
D. 末梢血液循环情况　　E. 切口渗血情况

（25～26 题共用题干）
某护士在肿瘤科病房工作，某日为患者配制化疗药物。

25. 为了防止药物外溅，其预防措施**不正确**的是
A. 抽取瓶装药物时，所抽药液以超 3/4 注射器为宜
B. 稀释瓶装药物时，应插入双针头
C. 将溶媒沿瓶壁缓慢注入瓶底
D. 抽取药液时，用针腔较大的针头
E. 待药粉被溶媒浸透后再晃动药瓶

26. 因药瓶内压力过大，药物溅到该护士眼睛内，该护士应立即
A. 用肥皂液冲洗眼睛　　B. 用高渗盐水冲洗眼睛
C. 用低渗盐水冲洗眼睛　　D. 用弱酸溶液冲洗眼睛
E. 用清水冲洗眼睛

（陈其仙）

思政之光

第六章 疼痛与舒适

思维导图

- 疼痛与舒适
  - 舒适与不舒适的概念
    - 舒适
      - 轻松、自在、健康
      - 自我感觉
    - 不舒适
      - 身心不健全、周围环境不良
      - 自我感觉
  - 不舒适的原因
    - 身体因素
      - 疾病
      - 个人卫生不良
      - 姿势或体位不当
      - 活动受限
    - 心理-社会因素
      - 焦虑与恐惧
      - 环境改变
      - 角色改变
      - 人际关系改变
    - 环境因素
      - 物理环境
      - 社会环境
  - 不舒适的护理措施
    - 去除诱因
    - 细致观察
    - 采取相应措施
    - 心理护理
  - 疼痛概念
    - 痛觉
    - 痛反应
  - 疼痛机制
    - 刺激作用于机体释放致痛物质
    - 致痛物质作用于痛觉感受器产生痛觉冲动
    - 传导至丘脑
    - 投射到大脑皮质
  - 疼痛分类
    - 按病程分
      - 急性痛
      - 慢性痛
    - 按程度分
      - 微痛
      - 轻痛
      - 甚痛
      - 剧痛
    - 按性质分
      - 钝痛
      - 锐痛
      - 其他
    - 按起始部位与传导途径分
      - 皮肤痛
      - 躯体痛
      - 内脏痛
      - 牵涉痛
      - 神经痛
    - 按部位分
      - 头痛
      - 胸痛
      - 腹痛
      - 肌肉痛
      - 关节痛
    - 按系统分
      - 心血管系统疼痛
      - 呼吸系统疼痛
      - 消化系统疼痛
      - 神经系统疼痛
      - 心理性疼痛
  - 疼痛影响因素
    - 年龄
    - 文化背景
    - 社会支持
    - 医源性因素
    - 个人经历
    - 注意力
    - 情绪
    - 心理素质
  - 疼痛护理
    - 评估
      - 原因
        - 温度刺激
        - 化学刺激
        - 物理损伤
        - 病理改变
        - 心理因素
      - 内容
        - 一般情况
          - 年龄、性别
          - 既往病史、用药史等
        - 疼痛史
          - 部位、时间、性质
          - 发作方式、伴随症状等
        - 社会心理
      - 方法
        - WHO疼痛分级
        - 视觉模拟评分法
        - 数字分级评分法
        - 语言分级评分法
        - 面部表情疼痛量表法
        - Prince-Henry评分法
    - 措施
      - 解除刺激源
      - 药物止痛
        - 癌症疼痛的三阶梯疗法
        - 患者自控镇痛泵
      - 物理止痛
      - 中医疗法
      - 心理护理
      - 健康教育

学习目标

1. 解释舒适、不舒适、疼痛。
2. 知道不舒适的原因、疼痛的评估。
3. 描述疼痛护理评估。
4. 熟记不舒适患者及疼痛患者的护理措施。
5. 养成良好的职业素养，具有以人为本的护理服务理念，具备严肃认真、一丝不苟、关爱患者的工作态度。

舒适是人类的基本需要，疾病、活动、个人卫生、心理和环境等因素都可能使舒适受到影响。个体在健康状态下可以通过自身调节来满足其对舒适的需要，但在疾病状态下，机体受到多种因素的影响而处于不舒适状态，而疼痛是最常见的一种不舒适。因此，护士在护理过程中应及时发现患者不舒适的因素，根据具体情况采取相应的护理措施，满足患者对舒适的需要。

第一节　舒　适

一、概念

（一）舒适

舒适（comfortable）是一种自我感觉，是个体身心处于轻松、自在、满意、没有焦虑、没有疼痛的健康和安宁的状态。由于文化背景、生活经历和身体状况等方面的差异，不同的个体对舒适产生的理解和体验各不相同。一般来说，舒适包括生理舒适、心理舒适、社会舒适和环境舒适 4 个方面。

1. 生理舒适　指个体身体上的舒适。

2. 心理舒适　指信仰、信念、自尊、生命价值等精神需求的满足。

3. 社会舒适　指个体、家庭和社会的相互关系和谐所带来的舒适感觉。

4. 环境舒适　指围绕个体的外界事物（如适宜的温度、湿度、声音、光线等）符合机体需要，使其产生舒适的感觉。

（二）不舒适

不舒适（discomfort）是指个体生理、心理需要不能全部满足或周围环境有不良刺激、身心负荷过重的一种自我感觉。不舒适通常表现为烦躁不安、紧张、精神不振、消极失望、失眠多梦、身体疼痛等。

当身体出现疾病、心理压力过大、周围环境不适宜时，舒适程度逐渐下降，直到被不舒适所取代。所以舒适与不舒适之间没有严格的界限，个体每时每刻处在舒适和不舒适之间的某点上，并动态地变化着。舒适与不舒适是一种主观感受，受多种因素的影响，所以护士应仔细观察，消除患者不舒适的因素，促进患者舒适。

二、不舒适的护理

案例分析

某患者，男性，40 岁。因车祸到某医院骨科治疗，右下肢骨折，行动不便。

护理评估

不舒适的原因包括以下几个方面。

1. 身体因素

（1）疾病：疾病带来机体疼痛、头晕、腹胀、发热、恶心、呕吐等不舒适。

（2）个人卫生不良：长期卧床、身体虚弱、昏迷等患者，自理能力下降，若不能得到良好的护理，常因分泌物、代谢物、排泄物等理化因素的刺激，导致对皮肤的刺激而出现不舒适。

（3）姿势或体位不当：患者身体局部长期受压或因疾病造成的被迫体位等，都可使肌肉和关节产生疲劳、麻木、疼痛等不舒适。

（4）活动受限：由于治疗的需要，患者的随意活动受到限制，如使用石膏、夹板等限制患者活动时可造成不舒适。

2. 心理－社会因素

（1）焦虑与恐惧：患者担心疾病造成经济负担过重，或难以忍受疾病所带来的痛苦，对疾病能否治愈感到不安，对疾病及死亡产生焦虑与恐惧。

（2）环境的改变：新入院的患者，由于对医院环境不熟悉，生活起居的改变，对病友的陌生等，感觉医疗环境不方便或不适应。

（3）角色的改变：患者担心家庭、孩子或工作而不能安心养病，在适应患者的角色过程中，常出现角色行为冲突或角色行为缺如，造成患者不能积极配合治疗，影响疾病的康复。

（4）人际关系的改变：患者不被关心，如被医护人员冷落，被亲人忽视，或不被尊重，在医疗护理操作中身体隐私部位暴露，自尊心受到伤害。

3. 环境因素

（1）物理环境：住院环境，如病室的温度、湿度、颜色、声音、光线、气味、床单位等不适宜，都可能使患者感到不舒适。

（2）社会环境：新入院的患者由于对医院环境陌生，缺乏安全感而产生焦虑及紧张的情绪。

知识链接

科尔卡巴舒适状况量表简介

科尔卡巴（Kolcaba）的舒适状况量表（general comfort questionnaire，GCQ）包括生理、心理、精神、社会文化和环境4个维度，共28项。该量表采用1～4 Likert Scale评分法，1表示非常不同意，4表示非常同意。反项题1表示非常同意，4表示非常不同意。分数越高，说明越舒适。

护理诊断

1. 自理能力下降 与右下肢骨折致活动受限有关。

2. 舒适度减弱 与右下肢骨折致活动受限有关。

护理措施

不舒适会影响患者的健康。护士应通过认真、细致的观察，并仔细听取患者的主诉和家属提供的信息，采取有效措施，消除或减轻患者的不舒适，满足其对舒适的需求。

1. 预防在先，去除诱因 护士应熟悉导致不舒适的因素，从生理、心理、社会多方面对患者进行整体评估，做到预防在先，积极促进患者的舒适。如保持住院环境的整洁，建立良好的就医环境，协助患者维持适当的姿势和卧位，保持患者个人清洁卫生，让患者感到舒适。

2. 细致观察，发现原因，采取措施　不舒适属于自我感觉，客观估计比较困难，需要护士细心观察，通过患者的面部表情、手势、体态、活动或移动能力、饮食、睡眠、皮肤颜色、有无出汗等，估计导致患者不舒适的原因和不舒适的程度。对患者的不舒适，要根据产生的不同原因采取有针对性的措施，如对尿潴留的患者，可采取适当的方法诱导排尿，必要时行导尿术，以解除膀胱高度膨胀引起的不适。对危重症患者，应加强生活护理，使患者感到舒适。

3. 加强沟通，心理支持　护士与患者要建立良好的护患关系，有效沟通，鼓励患者表达内心的感受，宣泄内心的不快，予以正确、适当的心理疏导，帮助患者建立战胜疾病的自信。护士要具有良好的工作态度，不断听取患者对治疗、护理的意见，并鼓励患者积极、主动地参与护理活动，尽快康复。

护理评价

1. 患者保持良好情绪，配合治疗及护理，身体状况恢复健康。
2. 充分体现以人为本的服务理念，护患沟通有效，患者感到舒适。

第二节　疼　　痛

疼痛是常见的临床问题之一。疼痛的发生提示个体的健康受到威胁。疼痛与疾病的发生、发展与转归有密切的联系，是临床上诊断疾病和鉴别疾病的重要指征之一，同时也是治疗与护理的评价标准之一，因此，护士必须掌握有关疼痛的知识，能够对疼痛患者进行护理，减轻患者的疼痛，促进其舒适。

一、概念

疼痛（pain）是一种令人不快的感觉和情绪上的感受，伴随着现有的或潜在的组织损伤。它含有双重含义，包括痛觉和痛反应。痛觉是个体的主观知觉体验，而痛反应是机体对疼痛刺激所产生的一系列生理、病理变化和心理变化。疼痛是机体对有害刺激的一种保护性防御反应，具有保护和防御功能。

二、机制

人体的多数组织都有痛觉感受器，由于痛觉感受器在身体各部位的分布密度不同，对疼痛刺激的反应以及敏感度也不同。痛觉感受器在角膜、牙髓的分布最为密集，皮肤次之，肌层和内脏最为稀疏。疼痛发生的机制非常复杂，迄今为止尚无一种学说能全面解释疼痛发生的机制。有关研究认为，痛觉感受器是游离的神经末梢，当各种伤害性刺激作用于机体并达到一定程度时，可引起受损部位的组织释放某些致痛物质，如组胺、缓激肽、5-羟色胺、乙酰胆碱、H^+、K^+、前列腺素等，这些物质作用于痛觉感受器，产生痛觉冲动，并迅速沿传入神经传导至脊髓，再通过脊髓丘脑束和脊髓网状束上行，传至丘脑，投射到大脑皮质的一定部位而引起疼痛。

知识链接

疼痛学说的观点

1. 特异学说　特异学说的主要观点是每种感觉都有自己特有的感受器，痛觉感受器是一种游离的神经末梢，其发放的冲动经痛纤维和痛通路投射到脑的痛中枢，引起疼痛。

2. 型式学说　型式学说的主要观点在于产生疼痛的神经冲动具有特殊的型式，任何刺激只要达到足够强度就可产生疼痛。该学说提出刺激的强度和中枢的组合是引起疼痛的两个决定性因素。

3. 闸门控制学说　闸门控制学说的主要观点认为脊髓背角内存在一种类似闸门的神经机制，能减弱和增强从外周传向中枢神经的冲动，减弱和增强的程度由粗纤维和细纤维的相对活动以及脑的下行性影响所决定。该学说认为疼痛的产生取决于刺激所兴奋的传入纤维种类和中枢的功能结构特征。

三、分类

（一）根据疼痛病程分类

1. 急性痛　突然发生，有明确的开始时间，持续时间较短，以数分钟、数小时或数日居多，一般可以控制。

2. 慢性痛　疼痛持续 3 个月以上，具有持续性、顽固性和反复性的特点，较难控制。

（二）根据疼痛程度分类

1. 微痛　常与其他感觉（如麻、酸等）症状复合出现。

2. 轻痛　疼痛局限且轻微。

3. 甚痛　疼痛较显著，合并心搏加快、血压升高等痛反应。

4. 剧痛　疼痛难忍，痛反应剧烈，可伴有自主神经紊乱或被迫体位。

（三）根据疼痛性质分类

1. 钝痛　酸痛、胀痛等。

2. 锐痛　刺痛、切割痛、灼痛、绞痛、撕裂样痛等。

3. 其他　跳痛、压榨性痛等。

（四）根据疼痛起始部位及传导途径分类

疼痛分为皮肤痛、躯体痛、内脏痛、牵涉痛、神经痛等。

（五）根据疼痛部位分类

疼痛分为头痛、胸痛、腹痛、肌肉痛、关节痛等。

（六）根据疼痛系统分类

疼痛分为心血管系统疼痛、呼吸系统疼痛、消化系统疼痛、神经系统疼痛和心理性疼痛等。

四、影响因素

人体所能感受到的疼痛有很大的个体差异。同样性质、同样强度的刺激可引起不同个体的不同疼痛反应，与以下因素有关。

1. 年龄　个体对疼痛的敏感程度随年龄变化而不同。婴幼儿对疼痛敏感程度低于成年人。随着年龄增长，对疼痛的敏感性也随之增加，老年人对疼痛的敏感性又逐步下降。对于老年人和婴幼儿，护士应关注他们对疼痛的反应。

2. 文化背景　不同的社会文化背景使人对疼痛的感受和表达有所不同。患者所处的社会和环境文化背景影响其对疼痛的认知，也影响其对疼痛的反应。

3. 社会支持 良好的社会支持可以减少患者的焦虑和恐惧，从而减轻疼痛。

4. 医源性因素 在治疗或护理操作过程中，都有可能使患者产生疼痛。所以护士在执行护理操作时要动作轻柔、熟练，掌握正确的评估疼痛的方法，减少对患者造成疼痛。

5. 个人的经历 曾反复经受疼痛折磨的人会对疼痛产生恐惧心理，对疼痛的敏感性会增强。他人的疼痛经历也对人有一定作用。

6. 注意力 个体对疼痛的注意程度会影响对疼痛的感觉。当注意力高度集中于其他事时，痛觉可以减轻甚至消失。松弛疗法、看电视、听音乐等就是通过转移患者对疼痛的注意力，达到减轻疼痛的效果。

7. 情绪 情绪可以改变患者对疼痛的反应。积极的情绪可以减轻疼痛，消极的情绪可使疼痛加剧，如恐惧、焦虑、沮丧、失望等常使疼痛加剧，而愉快和有信心可减轻患者的疼痛。

8. 个人心理素质 个人的心理素质、性格可影响对疼痛的感受和表达。

五、疼痛的护理

案例分析

某患者，女性，70 岁。诊断为“肺癌晚期”入院。住院后患者诉胸痛难忍，咳嗽频繁并有气喘，患者自入院以来沉默寡言，难以交流。

护理评估

1. 疼痛的原因

（1）温度刺激：过高或过低的温度作用于体表，均会引起组织损伤。受伤的组织释放组胺等化学物质，刺激神经末梢导致疼痛。如高温可引起灼伤，低温会致冻伤。

（2）化学刺激：化学物质（如强酸、强碱）可直接刺激神经末梢导致疼痛。化学灼伤还可使受损组织细胞释放化学物质，再次作用于痛觉感受器，使疼痛加剧。

（3）物理损伤：如刀切割、针刺、碰撞、身体组织受牵拉、肌肉受压、挛缩等均可使局部组织受损，刺激神经末梢而引起疼痛。大部分物理损伤引起的缺血、淤血等都促使组织释放化学物质，而使疼痛加剧，疼痛时间延长。

（4）病理改变：疾病造成的体内某些管腔堵塞，组织缺血、缺氧，空腔脏器过度扩张，平滑肌痉挛或过度收缩，局部炎性浸润等均可引起疼痛。

（5）心理因素：心理状态不佳，如情绪紧张或低落、愤怒、悲痛、恐惧等都能引起局部血管收缩或扩张而导致疼痛。神经性疼痛常因心理因素引起。此外，疲劳、睡眠不足、用脑过度等可导致功能性头痛。

2. 疼痛评估的内容 疼痛是患者的一种主观感受，因此对疼痛强度的评估并没有客观的医疗仪器可供选择，主要还是依靠患者的主观描述。护士对疼痛患者的评估内容如下。

（1）一般情况：年龄、性别、职业、教育背景、家庭情况、既往病史、用药史等。

（2）疼痛史：疼痛的部位、时间、性质、发作的方式、伴随症状、疼痛时患者的表达方式、疼痛对患者的影响、与疼痛有关的因素等。

（3）社会支持及心理方面：家属和他人的支持及患者的心理状况。

3. 疼痛程度的评估方法

（1）按 WHO 的疼痛分级标准进行评估，将疼痛分为 4 级。

0 级（无疼痛）：无痛。

1 级（轻度疼痛）：平卧时无疼痛，翻身及咳嗽时有轻度疼痛，但可以忍受，睡眠不受影响。

2 级（中度疼痛）：静卧时疼痛，翻身及咳嗽时疼痛加剧，不能忍受，睡眠受干扰，要求用镇痛药。

3 级（重度疼痛）：静卧时疼痛剧烈，不能忍受，睡眠严重受干扰，需要用镇痛药。

（2）视觉模拟评分法（visual analogue scales，VAS）：该法比较方便，患者有很大的选择自由。具体做法是：在纸上划一条长 10 cm 的横线，横线的一端为 0，表示无痛；另一端为 10，表示剧痛；中间部分表示不同程度的疼痛。让患者根据自我感觉在横线上画记号，表示疼痛的程度。轻度疼痛平均值为 2.57 ± 1.04；中度疼痛平均值为 5.18 ± 1.41；重度疼痛平均值为 8.41 ± 1.35（图 6-1）。

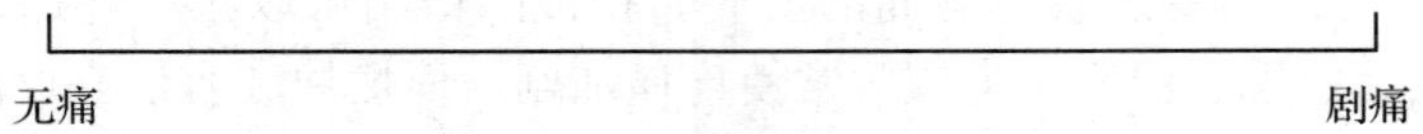

图 6-1　视觉模拟评分法

（3）数字分级评分法（numerical rating scale，NRS）：患者用数字表示疼痛程度，用 0 ~ 10 代表不同程度的疼痛：0 为无痛，10 为剧痛，数字越大，疼痛越严重。让患者自己圈出一个最能代表自身疼痛程度的数字。此法适合疼痛治疗效果前后对比（图 6-2）。

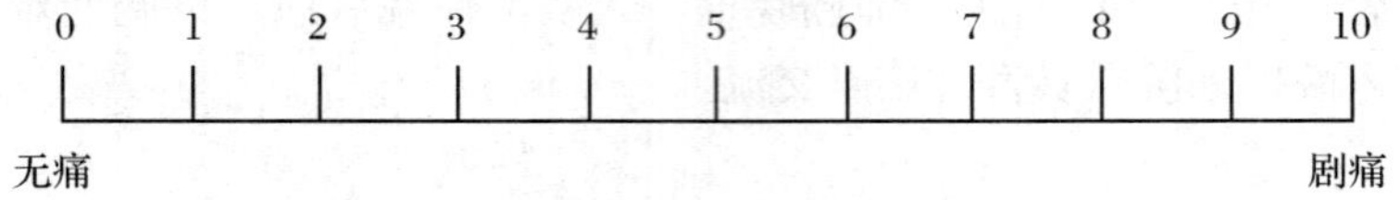

图 6-2　数字分级评分法

（4）语言分级评分法（verbal rating scale）：把一条线段等分成 5 段，每个点均有相应的描述疼痛的文字，即用“没有疼痛、轻度疼痛、中度疼痛、重度疼痛、非常严重的疼痛、无法忍受的疼痛”来评估疼痛的程度。患者选择合适的文字来表达疼痛程度（图 6-3）。

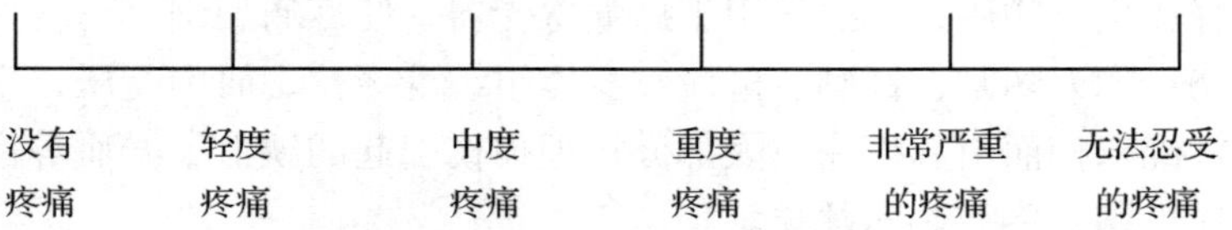

图 6-3　语言分级评分法

（5）面部表情疼痛量表法（face pain scale，FPS）：FPS 较为方便，使用从快乐到悲伤及哭泣的 6 个不同表现的面容，简单易懂，适用面相对较广，特别适用于急性疼痛者、老年人、小儿、文化程度较低者、表达能力丧失者及认知功能障碍者（图 6-4）。

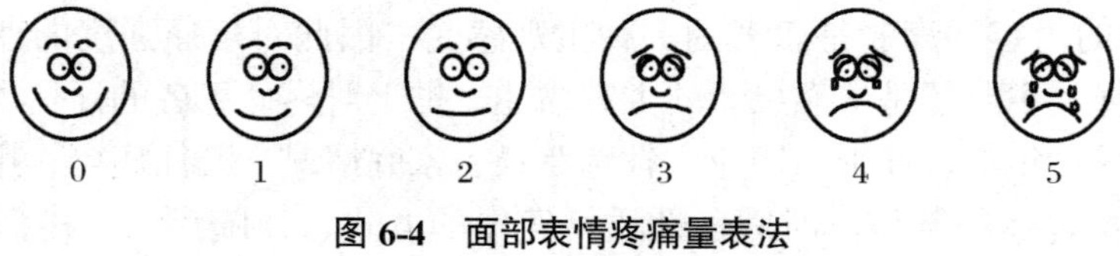

图 6-4　面部表情疼痛量表法

（6）Prince-Henry 评分法（Prince-Henry score）：主要适用于胸腹部大手术后或气管切开插管不能说话的患者，需要在术前训练患者用手势来表达疼痛的程度。此方法分为 5 个等级，分别赋予 0 ~ 4 分的分值，以评估疼痛程度，其评分方法为：

0 分：咳嗽时无疼痛。

1 分：咳嗽时有疼痛发生。

2 分：安静时无疼痛，但呼吸时有疼痛发生。

3 分：静息状态时即有疼痛，但较轻微，可忍受。

4 分：静息状态时即有剧烈疼痛，难以忍受。

护理诊断

1. 疼痛　与肺癌晚期致病情严重有关。

2. 低效性呼吸型态　与肺癌晚期有关。

3. 抑郁　与病情加重有关。

护理措施

护士要以整体护理观评估疼痛患者，采用交谈、观察、测量等方法进行全面评估，为患者提供更好的护理措施，减轻其疼痛。

1. 解除疼痛刺激源　如外伤引起的疼痛等，应根据情况采取止血、包扎、固定等措施。胸腹部手术后因为咳嗽、深呼吸引起切口疼痛，护士应协助患者按压切口后，再鼓励患者咳痰和深呼吸。避免刺激性因素，保持环境安静、舒适。

2. 药物止痛

（1）癌症疼痛的药物治疗：目前临床上多采用 WHO 推荐的三阶梯镇痛疗法，目的是逐渐升级，合理应用镇痛药，达到缓解疼痛的效果。三阶梯镇痛疗法的内容如下。①第一阶梯：使用非阿片类镇痛药物，主要适用于轻度疼痛的患者。常用的非阿片类镇痛药物有阿司匹林、对乙酰氨基酚、布洛芬等，酌情加用辅助药。主要给药途径是口服。②第二阶梯：用弱阿片类镇痛药物，主要适用于中度疼痛的患者。常用的弱阿片类物有可待因、右旋丙氧酚、曲马朵等，加非阿片类镇痛药物，酌情加用辅助药。在给药途径中，除了可待因可以口服或肌内注射外，其他均为口服。③第三阶梯：用强阿片类镇痛药物，主要用于重度和剧烈癌痛的患者。常用强阿片类药物有吗啡、美沙酮、氧吗啡等，加非阿片类镇痛药物，酌情加用辅助药。在给药途径中，吗啡和美沙酮均可以口服或肌内注射，氧吗啡采用口服给药。在患者使用药物镇痛时，护士应密切观察有无用药不良反应，并及时协助处理。

（2）患者自控镇痛：患者自控镇痛（patient-controlled analgesia，PCA）是患者根据其疼痛状况按压由计算机控制的微量泵的启动键，自行给予由医生预先设定剂量的止痛药物。符合按需镇痛的原则，满足患者镇痛的需要，减轻患者的痛苦。

3. 物理止痛　应用冷疗法与热疗法可以减轻局部疼痛，如采用热水袋、热水浴、局部冷敷等方法。

4. 中医疗法　如通过针灸、按摩等方法，活血化瘀，疏通经络，有较好的止痛效果。

5. 心理护理

（1）尊重并接受患者对疼痛的反应，建立良好的护患关系，耐心倾听患者的感受，并争取家属的支持和配合。

（2）解释疼痛的原因，指导减轻疼痛的措施，有助于减轻患者焦虑、恐惧、紧张等消极心理，从而缓解疼痛压力。

（3）通过参加有兴趣的活动，如看电视、听音乐、与家人交谈、深呼吸、放松按摩等方法分散患者的注意力，以减轻疼痛。

（4）尽可能满足患者对舒适的需要，如帮助变换体位，减少压迫；做好各项清洁卫生护理；保持室内环境舒适等。

6. 健康教育

（1）鼓励患者主动向医护人员描述疼痛的程度。

（2）指导患者按时、按要求正确服药。

（3）指导患者及家属正确评价接受治疗与护理措施后的效果。

护理评价

1. 患者焦虑及紧张情绪减轻，疼痛减轻，身体状况得到改善，自我感觉舒适。
2. 充分体现以人为本的护理服务理念，护患沟通有效，患者能积极配合治疗与护理。

音频：
考点解析

➢ **考点：** 为急性胰腺炎患者镇痛时，不能使用的药品是（　　）

A. 山莨菪碱　　B. 吗啡　　C. 阿托品
D. 哌替啶　　E. 溴丙胺太林（普鲁本辛）

自测题

一、A1型题

1. 以下对疼痛的描述，不妥的是
   A. 疼痛是一种主观体验
   B. 疼痛有双重含义，痛觉和痛反应
   C. 疼痛是一种身体保护机制
   D. 疼痛是一种可以引起机体不适的疾病
   E. 疼痛难以用客观的指标来衡量
2. 以下痛觉感受器分布最为密集的是
   A. 皮肤　　B. 肌层　　C. 肌腱　　D. 角膜　　E. 内脏
3. 属于非阿片类镇痛药的是
   A. 吗啡　　B. 布洛芬　　C. 盐酸羟考酮
   D. 哌替啶　　E. 芬太尼
4. 不舒适中最严重的形式是
   A. 发热　　B. 恶心　　C. 疲劳　　D. 呕吐　　E. 疼痛

二、A2型题

5. 某患者，男性，19岁，大学一年级学生。因准备期末考试，连续4天挑灯夜战后，该患者出现剧烈的头痛，以下不属于疼痛原因的是
   A. 身体组织受牵拉　　B. 情绪紧张
   C. 疲劳　　D. 睡眠不足
   E. 用脑过度
6. 某患儿，5岁，因左下肢骨癌住院。为准确地评估其患肢的疼痛程度，护士最好选用的评估工具是
   A. 面部表情疼痛量表法　　B. 语言分级评分法
   C. 数字分级评分法　　D. 视觉模拟评分法
   E. 以上都不可

三、A3/A4型题

（7～8题共用题干）

7. 某患者，女性，50岁。肝癌末期疼痛，护士给该患者镇痛治疗，需要对其疼痛治疗前后效果进行对比，其疼痛的原因是
   A. 物理刺激　　B. 心理因素　　C. 温度刺激
   D. 病理改变　　E. 化学刺激
8. 最适宜的评估方法是
   A. 面部表情疼痛量表法　　B. 语言分级评分法　　C. 数字分级评分法
   D. 视觉模拟评分法　　E. 以上都不可

（王维维）

第七章 医院与住院环境

思政之光

思维导图

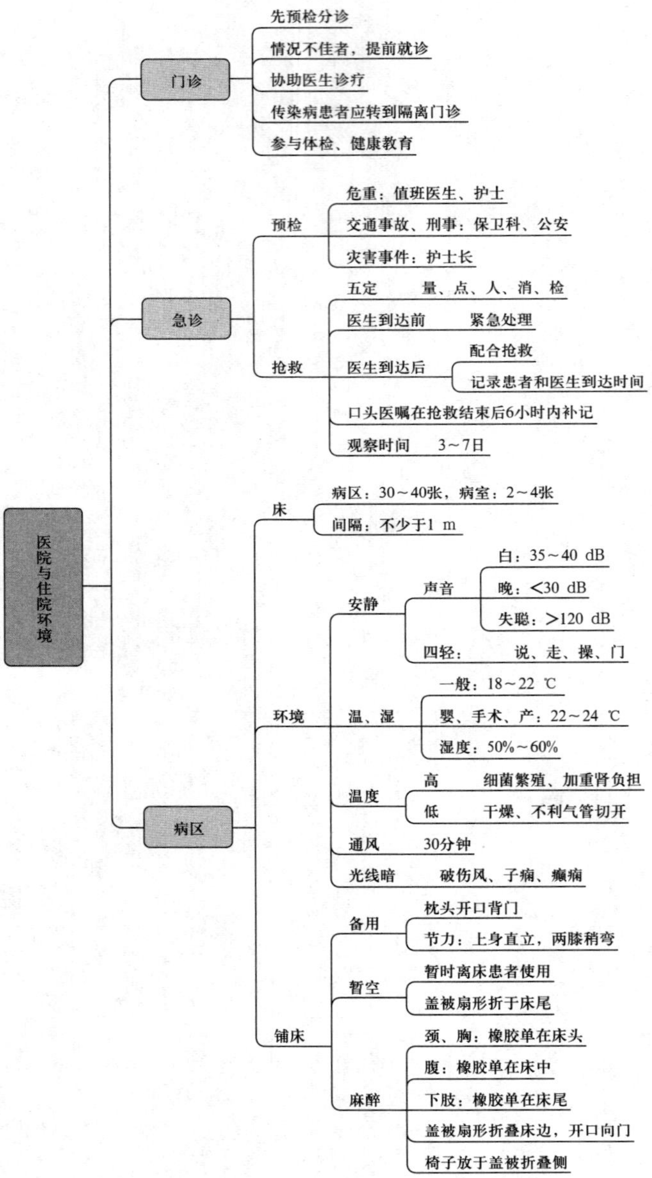

学习目标

1. 解释医院、人体力学。
2. 知道医院的设置与布局、医院的种类。
3. 描述医院的性质、任务；医院的环境；人体力学的运用原则。
4. 熟记门诊的护理工作。
5. 正确实施铺床法及卧有患者床整理与更换床单法。
6. 养成良好的职业素养，具有以人为本的护理服务理念、严谨求实的工作态度，确保安全。

医院是以向人提供医疗护理服务为主要目的的医疗机构。护理服务对象不仅包括患病的人，也包括健康的人。服务内容涉及人生命周期各个阶段的生理、心理、社会、精神、文化等多个层面。环境与人类的健康密切相关，良好的医疗环境对治疗和康复起到积极的促进作用。护理人员应充分利用环境中的有利因素，消除和改善环境中的不利因素，为服务对象营造一个安全、舒适、整洁、安静的治疗环境，满足患者的需要，促进患者康复。

第一节 医 院

一、概念

医院（hospital）是指配有一定数量的病床设施、医务人员和必要的医疗设备，医务人员运用医学理论与技术对广大民众或社会特定人群进行治病、防病的场所，并为其提供诊治和护理服务的医疗卫生机构。

二、性质与任务

（一）性质

根据卫生部1982年颁布实施的《全国医院工作条例》，医院的基本性质是“医院是治病、防病，保障人民健康的社会主义卫生事业单位，必须贯彻国家的卫生工作方针、政策，遵守政府法令，为社会主义现代化建设服务”。

（二）任务

《全国医院工作条例》明确了医院的任务：“以医疗工作为中心，在提高医疗质量的基础上，保证教学和科研任务的完成，并不断提高教学质量和科研水平。同时做好扩大预防、指导基层和计划生育的技术工作”。

1. 医疗工作是医院的主要任务 医院的医疗工作以诊治和护理两大工作为主体，与医技部门密切配合，为患者提供优质的医疗与护理服务。医疗工作分为门诊医疗、急诊医疗、住院医疗和康复医疗。

2. 教育教学 医学教育的一个显著特点是必须经过学校教育和临床实践两个阶段。同时在职人员也需要不断接受继续教育，更新知识和加强临床技能训练，才能适应医学科技发展的需要，不断提高其服务理念与技术水平。

3. 科学研究 医院也承担着科学研究任务，许多临床问题是科学研究的主要课题。通过开展科研工作，一方面可解决临床上的疑难问题，推动医学事业的发展；另一方面也可将科研成果充实到教学中，促进医疗教学的发展。

4. 预防保健和社区卫生服务 医院在完成上述各项职能的同时，各级医院要发挥预防保健功能，开展社区医疗和家庭卫生服务；指导基层做好计划生育、妇幼保健工作；进行健康咨询、健康教育、疾病普查等工作。提高社区居民的自我保健意识和生活质量，提高全民健康素质。

三、种类

1. 根据医院的任务、服务范围、服务对象、技术力量等不同划分条件，可将医院分为不同类型，见表 7-1。

表 7-1 医院的分类

划分方法	医院类型
按收治范围	综合性医院、专科医院、康复医院、职业病医院
按特定任务和服务对象	部队医院、企业医院、医学院校附属医院
按医院所在地	城市医院、农村医院
按所有制	全民所有制医院、集体所有制医院、个体所有制医院、中外合资医院
按卫生部分级管理制度	一级医院、二级医院、三级医院

2. 根据医院的功能、任务、设施条件、技术建设、医疗服务质量和科学管理的综合水平，将其分为三级（一、二、三级）、十等（每级设甲、乙、丙三等，三级医院增设特等），实行医院标准化管理和目标管理。各级医院的功能和任务，见表 7-2。

表 7-2 医院分级

级别	功能	任务
一级医院	直接向具有一定人口（≤ 10 万）的社区提供医疗、预防、保健和康复服务的基层医疗卫生机构，如乡镇卫生院、城市街道医院	直接对群众提供一级预防，对多发病、常见病进行管理，对疑难重症进行正确转诊，同时协助上级医院做好住院前后的服务
二级医院	向多个社区（其半径人口一般在 10 万以上）提供综合医疗卫生服务和承担一定教学、科研任务的地区性医院，如一般市、县医院	提供医疗护理、预防保健和健康服务，参与指导对高危人群的监测，接受一级医院转诊，指导一级医院的业务，进行一定程度的教学和科研
三级医院	向全国及跨地区、省、市提供更高层次的医疗卫生服务，是全面医疗、护理、教学与科研相结合的医疗预防技术中心，如国家、省、市直属的市级医院及医学院附属医院	提供全面连续的医疗护理、预防保健、康复服务和高水平的专科医疗服务，解决危重及疑难病症，接受二级医院转诊，对下级医院进行指导和培训，并承担教学、科研任务

➤ **考点：** 1. 医院按分级管理分类可分为

A. 综合医院和专科医院

B. 三级十等

C. 三级九等

D. 全民、集体、个体和中外合资医院等

E. 营利性和非营利性医疗机构

音频：
考点解析

四、组织机构

不同级别的医院在机构的设置规模上有所不同。医院的组织机构分为医院的行政管理组织机构和医院的业务组织机构两大类。院内的组织系统依据其职能可分为党群组织系统、行政管理组织系统、临床业务组织系统、护理组织系统和医技组织系统。在大型医院的组织系统中，为进一步做好协调和联系各部门的工作，也可增设某些管理系统，如专家委员会、院务会等以专家为主的智囊团组织，为医院管理者的决策提供参考意见或协调各职能部门的工作。

五、医院业务科室的设置和护理工作

（一）门诊部

门诊部是医院的服务窗口，是集诊查、治疗、处置、日常医疗与保健、科研教学、心理咨询、卫生宣传教育、计划免疫及行政管理于一体的功能部门。门诊部具有来往人员多、流动性大、病种复杂、就诊时间短等特点。医务人员的技术水平和服务质量直接影响患者就医质量和医院的社会形象，医务人员应坚持“以患者为中心”，提供优质服务，使患者得到满意的治疗及护理，优化门诊流程，增加便民措施，做到布局合理、设施安全、标志醒目，并保持环境整洁、安静。

1. 门诊部的设置和布局 门诊部设有挂号室、收费室、候诊室、分科诊室、药房、治疗室、换药室、检验科、放射科等其他辅助检查室。其中，诊室内配置有诊察床及遮隔设施、诊断桌、洗手设施，诊断桌上备有检查检验申请单、处方及各种检查用具。治疗室内配备有氧气、吸引装置、急救药品等急救设备。

门诊部的环境应体现以人为本、患者至上的理念，做到安静、整洁、明亮、绿化、美化和布局合理，各种标志和路牌应醒目，就医程序简便、快捷。门诊大厅应设立导诊处，配置多媒体查询屏及电子显示屏，使就诊者能及时获得医疗服务信息。各科候诊室应宽敞、舒适，布局及装饰突出专科特色，备有常见病预防和康复等宣传读物，使患者感到舒适、亲切，增加患者对医院的信任感。

2. 门诊部的护理工作

（1）预检分诊：预检分诊工作需由实践经验丰富的护士担任，在简明扼要地询问病史、观察病情和护理体检的基础上对患者进行评估，做出初步判断，给予合理的分诊挂号指导。对疑似传染病或传染病患者实行严格的隔离措施，防止传染病传播及扩散。

（2）安排候诊与就诊：患者挂号后，分别到各科门诊候诊室依次等候就诊。护士维持好诊疗秩序，做好相应护理工作。①做好开诊前的准备，整理候诊厅和各诊疗室环境，保持适宜的温度及湿度，备齐诊疗用物并保证其性能良好。②开诊后，按挂号先后顺序安排就诊，整理初诊和复诊病历，收集及整理各种辅助检查报告单。③给予患者就诊前的指导和必要的准备工作，如测量并记录生命体征、血糖，指导患者妇科检查前排空膀胱等。④密切观察候诊患者的病情变化，遇有病情加重的患者，如高热、呼吸困难、剧烈疼痛等，应立即安排就诊或送急诊科处理，必要时配合医生进行抢救。对病情较重或年老体弱的患者，可适当调整就诊顺序。⑤指导就诊患者正确留取标本，耐心解答患者及家属提出的有关问题。⑥做好就诊后各诊室和候诊大厅的用物整理及终末消毒工作。

（3）健康教育：利用候诊时间开展形式多样的健康教育，护士应根据就诊专科性质，采用宣传手册、挂图、广播、视频等形式对该专科常见病和多发病的预防、治疗及康复等方面进行形式多样的健康教育。

（4）实施治疗：执行需在门诊进行的治疗，如各种注射、换药、导尿、灌肠、穿刺、引流等，应严格遵守查对制度和操作规程，确保治疗安全、有效。

（5）消毒和隔离：门诊是患者的集散地，病种多而复杂，人群流动性大，极易发生交叉感染。对传染病或疑似传染病者，应及时分诊到隔离门诊就诊，并按规定做好疫情报告工作。

（6）预防保健：经过专门培训的护士可参与各类保健门诊的咨询和诊疗工作，开展健康体检、预防接种、疾病普查、健康教育等工作。

（二）急诊科

急诊科是抢救急、危、重症患者的重要场所，是抢救生命的第一线。急诊科护理的技术管理应最优化、标准化、程序化、制度化；组织管理应保证抢救工作及时、准确、有效。急诊科护士应具备各种急救知识和经验，抢救技术熟练，动作敏捷，素质良好。

1. 急诊科的设置与布局 急诊科设有护士站、预检处、诊疗室、抢救室、监护室、观察室、清创室、治疗室、处置室等，并配有挂号室、药房、辅助检查室、收费室、急诊超声室、急诊 CT 室等，形成一个相对独立的单元，以保证患者尽快得到抢救。

急诊科的环境应宽敞、明亮、整洁、安静和便利，配有专用电话、急救车、平车和轮椅等运送工具；设有专用通道通往手术室及住院部各临床科室；各种标志清晰、突出，路标指向清楚，夜间照明明亮，以保证患者尽快得到救治。

2. 急诊科的护理工作

（1）预检分诊：①预检护士通过“一问、二看、三检查、四分诊”的顺序，快速、准确地做出判断，立即通知相关专科医生进行诊治。②需要立即展开抢救的急、危、重症患者，应立即送往抢救室进行抢救。③遇患有或疑似患传染病的患者来院就诊，护士应将其安排到隔离室就诊。④遇有意外灾害事故，应立即通知医院相关部门组织抢救。⑤遇有法律纠纷案件、交通事故等，应迅速报案，保留有效证据，并请家属或陪送者留下，以协助相关部门了解情况。

（2）抢救工作

1）物品准备：包括一般物品、无菌物品、抢救设备和急救药品以及通讯设备。一切急救药品和物品应做到“五定”，即定品种数量、定点放置、定人保管、定期消毒及灭菌、定期检查维修。抢救物品的完好率达到100%。所有护士应熟练掌握急救物品和设备的性能和使用方法，并能排除一般故障。抢救室内物品不得外借，值班护士应班班交接，急救器械和药品应配有简明扼要的使用说明卡。急救常用设备及物品，见表 7-3。

表 7-3 急救常用设备及物品

种类	名称
诊疗物品	血压计、听诊器、开口器、压舌板、舌钳、手电筒、止血带、输液架、吸氧管、吸痰管、胃管等
无菌物品	各种穿刺包、急救包、各种无菌手术包、各种无菌敷料包、各种型号的注射器、输液器、输血器、气管插管包、导尿包、无菌手套等
急救器械	抢救车、简易呼吸器、氧疗设备、吸引设备、多功能生命体征监测仪、电除颤器、心脏起搏器、呼吸机、超声波诊断仪、洗胃机、心电图机、血气分析仪、血液净化仪、体外起搏器、输液泵、注射泵、肠内营养输注泵及各种急救用具等
急救药品	中枢神经兴奋药、强心药、利尿药、镇痛镇静药、血管扩张药、抗心律失常药、拟肾上腺素药、抗胆碱药、止血药等，此外还有解毒药以及纠正水、电解质代谢紊乱及调节酸碱平衡药等
通讯设备	传呼系统、电话、对讲机等

2）抢救配合：①严格按急诊服务流程与规范实施抢救。在医生到达前，护士应根据病情给予紧急处理，如保持呼吸道通畅、吸氧、止血、配血、体位固定、建立静脉输液通道、进行基本生命支持等。医生到达后，立即向医生汇报处理情况，正确执行医嘱，密切观察患者病情变化，及时判断抢救效果。②做好抢救记录。抢救记录的内容包括患者病情变化情况、抢救时间及措施、参加抢救的医务人员姓名等，并且一定要明确患者、医生到达时间，抢救措施落实时间。一般情况下，医生不得下达口头医嘱。但因抢救急危患者需要下达口头医嘱时，护士应当复诵一遍，双方确认无误后执行。抢救结束后，医生应即刻据实补记医嘱。③认真执行查对制度。各种急救药品需经两人核对无误后方可弃去。输液空瓶、输血空袋等应集中放置，以便进行统计和查对。

（3）病情观察：急诊科均设有观察室，供需在急诊科治疗和留院观察的患者使用。急诊观察时间一般为 3～7 日。

1）入室登记，建立病历，填写各项记录并书写留院观察报告。

2）主动巡视和观察患者病情变化，及时处理医嘱，做好基础护理工作，预防并发症。

3）做好急诊室的护患沟通工作，给予患者心理护理，并耐心向家属解释，取得家属的理解和信任。

4）维护观察室环境整洁和安静，确保医疗护理工作顺利进行，保障患者的休息。

➤ **考点：**护士在候诊室巡视时，发现一男性患者精神不振，右上腹肝区隐痛，伴恶心、呕吐。门诊查血清谷氨酸氨基转移酶升高。护士应立即采取的措施是

A. 详细询问病史　　B. 告知门诊医生提前接诊
C. 进行心理护理　　D. 转入隔离门诊诊治
E. 测量患者生命体征

音频：
考点解析

（三）病区

病区是住院患者接受诊疗、护理及康复休养的场所。病区的设置、布局和管理直接影响到医院各项任务的完成和服务质量的高低。因此，护士应为患者创设一个安全、舒适的物理环境及和谐的社会环境，保证医院各项任务顺利完成，促使患者早日康复。

1. 病区的设置和布局　每个病区设有病室、抢救室、治疗室、换药室、医生值班室、护士站、会议室、配膳室、仓库、盥洗间、浴室、厕所、处置室、医护休息室及示教室等。有条件的病区还可设置患者康复室、娱乐室及会客室等。根据医院条件，每个病区设 30～40 张床位，每间病室设 1～3 张床位，两床之间距离不少于 1 m，床与床之间设隔帘，有利于护理及保护患者的隐私。

2. 病区的护理工作　病区护理工作的核心是以患者为中心，运用护理程序对患者实施整体护理，为患者提供优质服务，满足其生理、心理和社会的需要，促使患者早日康复。病区护理工作有以下主要护理内容。

（1）评估患者健康状况，合理制订护理计划，全面落实护理措施，及时评价护理效果，并适时补充及修改护理计划。

（2）执行医嘱，协助医生完成各项诊疗及抢救和护理工作，杜绝各种差错及事故的发生。

（3）经常巡视病房，进行病情观察，了解患者病情变化及治疗效果。如发现异常情况，及时处理并报告。

（4）做好患者的生活护理，满足患者舒适、清洁、安全方面的需要。

（5）了解患者心理需求及变化，及时进行心理护理。

（6）做好病区消毒和隔离工作，预防医院内感染的发生。

（7）做好患者的入院介绍、在院健康教育和出院指导。组织患者学习、宣传卫生知识和住院规则。经常征求患者意见，做好说服和解释工作并采取改进措施。

（8）协助患者办理入院、出院、转科及转院手续。

（9）及时、准确、清晰、客观地书写各种护理文件，并按要求保管。

（10）认真做好病区环境管理工作，避免和消除一切不利于患者康复的环境因素。

（11）参加护理教学和科研工作，不断提高临床护理的质量和水平。

第二节 住院环境

医院是防病、治病的场所，医院的物理环境和社会环境因素均直接影响患者的身心舒适和治疗效果。患者患病后希望得到最佳的医疗护理服务，希望在安全、舒适的环境中接受诊疗和休养。因此，护士要为患者创设一个适宜的住院环境，保证医院各项任务顺利完成。

一、环境管理

良好、舒适的环境是医务人员应为患者提供医疗服务的场所，可分为物理环境和社会环境两大类。

（一）物理环境

1. 温度 适宜的温度使患者感觉舒适，有利于患者治疗、休息及护理工作的进行。室温过高会使神经系统受到抑制，干扰消化和呼吸功能，不利于体热散发，使人烦躁，影响体力恢复。室温过低则使患者畏缩，缺乏动力，肌肉紧张而产生不安情绪，在诊疗及护理时容易受凉。因此，病室内适宜的温度是 18～22 ℃，产房、新生儿室、手术室、老年病室内适宜的温度是 22～24 ℃。

病室内应有室温计，以便随时评估和调节室内温度。护士可以根据天气变化情况，采取不同的护理措施，夏季采用空调或电风扇调节室温，冬季采用暖气或其他取暖设备保持合适的室温。实施护理措施时，应尽可能避免不必要的暴露，防止患者受凉。

2. 湿度 湿度为空气中含水分的程度。病室湿度一般指相对湿度（relative humidity），即在一定温度条件下，单位体积的空气中所含水蒸气的量与其达到饱和时含量的百分比。湿度会影响皮肤蒸发散热的速度，从而造成人体对环境舒适感的差异。病室相对湿度以 50%～60% 为宜，湿度过高或过低都会给患者带来不适感。湿度过高，蒸发作用减弱，抑制汗液排出，患者感到潮湿、气闷，尿液排出量增加，对患心脏病、肾病的患者尤为不利；湿度过低，室内空气干燥，人体蒸发大量水分，出现口干舌燥、咽痛烦渴等不适，对气管切开或呼吸系统疾病的患者不利。

当室内的湿度过低时，可以使用加湿器，冬天可以在暖气或火炉上安放水槽、水壶等蒸发水汽；当湿度过高时，可以适当打开门窗使空气流通或使用空气调节器、除湿器等。同时注意对皮肤的护理，当患者皮肤潮湿出汗较多时，应及时给予清洁并更换病员服；当患者皮肤干燥时，可以涂抹乳液增加湿度，以患者舒适为宜。

3. 通风 通风可以使室内空气流通，保持空气新鲜，并调节室内的温度及湿度，降低室内空气中二氧化碳及微生物的密度，减少呼吸道疾病的传播。因此，病室应每日定时开窗 30 分钟左右，以通风换气。通风时注意保护及遮挡患者，避免对流风直吹患者，病室内禁止吸烟并及时清除污物及不良气味。

4. 安静 安静的环境能减轻患者的焦虑，利于休息和康复，并能保证医疗、护理工作的顺利进行。WHO 规定的噪声标准为：白天病区噪声应控制在 35 ~ 40 dB。当噪声在 50 ~ 60 dB 时，对人体会产生干扰。若长期暴露在 90 dB 以上的环境中，人便会出现头痛、头晕、耳鸣、失眠等症状。保持病区安静的具体措施有以下几点。

（1）医护人员要做到“四轻”：即说话轻、走路轻、操作轻、开关门窗轻。①说话轻：说话声音适中，护士应评估自己的声量并保持适当的音量，但不可以耳语。②走路轻：走路时脚步要轻巧，穿软底鞋，防止走路时发出不悦耳的声音。③操作轻：操作时动作要轻，收拾物品时避免物品相互碰撞。推车的轮轴应定期检查并滴注润滑油，以减少过度摩擦而发出的声音。④开关门窗轻：开关门窗时，随时注意轻开轻关，门窗交合链应定期滴注润滑油，以避免不必要的噪声。

（2）呼叫系统及电话铃声：应将铃声设置为悦耳的音乐，并将音量调到合适的范围。病室内所有人员的手机应设为震动。

（3）桌、椅脚上要钉橡胶垫，移动时应轻拿轻放。

（4）向患者及家属宣传保持病室安静的重要性，以取得他们的配合，共同创造一个安静的休养环境。

5. 光线 病室采光有自然和人工光源两种。适量的阳光照射能使照射部位温度升高、血管扩张、血流增快，改善皮肤的营养状况，使人食欲增加，舒适愉快。另外，紫外线有强大的杀菌作用，并可促进机体内部生成维生素 D，达到维持健康的目的。因此，病室内应经常开门窗，让阳光直接射入，或酌情搀扶或借助轮椅协助患者到户外接受阳光照射，使患者身心舒适，但应避免阳光直射患者的面部。同时，护士应注意根据患者对阳光的不同需求采取措施，如午睡时间宜用窗帘遮挡阳光；对破伤风、先兆子痫、系统性红斑狼疮等畏光的患者，要采取避光措施。病区人工光源的设计及亮度要根据不同区域进行调节，楼道、药柜、抢救室、治疗室、监护室内的灯光要明亮，普通病室除一般吊灯外，还应有地灯装置，患者睡眠时用地灯，地灯的光线柔和，既不打扰患者睡眠，又可保证夜间巡视工作的进行。

6. 装饰 病室的布置以简洁、美观为主。医院可以根据各病室的不同需求来设计和配备不同颜色，促进患者身心舒适，同时还可以产生特殊的治疗效果。如儿科病室选用暖色系及卡通图片装饰，减少儿童的恐惧感；手术室选用绿色或蓝色装饰有安抚、镇静的功能，使患者安静；绿色环境让人有清凉的感觉，适于发热的患者；黄色有兴奋、刺激作用，对抑郁症患者常可产生疗效。病室走廊适当摆放一些绿色植物、花卉等，可美化环境。但呼吸系统疾病的病区禁止摆放鲜花，目的是避免过敏而诱发或加重病情，如哮喘、过敏性鼻炎等。

（二）社会环境

病区是社会的一个特殊组成部分，也是就诊患者集中的场所。对患者来说，病区里的陌生人际关系和规章制度会使其感到不适而产生不良的心理反应。护士应帮助患者尽快转变角色，适应病区环境，更好地配合治疗与护理。

1. 人际关系 良好的人际关系可以满足患者心理与社会的需要，利于身心健康。护士在工作中要注意协调护患、病友等关系。

（1）护患关系：是在护理工作中护理人员与患者之间产生和发展的一种工作性、专业性和帮助性的人际关系。良好的护患关系可增加患者的遵医行为，充分发挥护理措施的效果。护士要做好以下几个方面。①语言：护士应正确运用语言，与患者进行有效沟通，取得患者的信任，促进良好护患关系的建立，从而获取患者完整、真实的心理状况。②行为举止：医护人员的行为及其技术操作常受到患者的密切关注，因此医护人员的仪表和神态应沉着、庄重而不失热情、关切。熟练的护理技术操作会消除患者的疑虑，带给患者心理上的安慰，操作时力求做到轻、快、稳、准。③情绪：护士积极的情绪可使患者乐观、开朗；护士消极的情绪会使患者变得悲观、焦虑。因此，护士要学会控制自己的情绪，时刻以积极的情绪去感染患者，为患者提供一个安全、舒适、优美、愉悦的心理环境。④工作态度：认真、负责的工作态度可使患者获得安全感和信赖感。所以，护士用自己积极的工作态度来取得患者的信任是很重要的。

（2）病友关系：病友们在共同的住院生活中自然地形成了一个新的社会环境，他们在交往中相互照顾、帮助，并交流疾病的治疗、护理常识和生活习惯等，护士是患者群体中的调节者，护士应帮助患者营造一个愉快、乐观的群体氛围。对新入院的患者，护士应向同室病友介绍，鼓励病友之间的沟通和交往；同时，护士要善于发现病友之间的不和谐因素，及时给予疏导、解释，使病友之间能相互理解，增进病友之间的友谊，引导患者共同遵守医院的各项规章制度，积极配合治疗和护理，促进疾病的康复。

2. 医院规则 医院规则主要指医院的各种规章制度，如入院须知、探视和陪伴制度等。合理的规章制度既能保证医疗护理工作的正常进行，又能预防和控制医院内感染的发生，为患者创造一个良好的休养环境。医院规则对患者在一定程度上是一种约束，会对患者产生一定的不良影响。因此，护士应根据患者的情况和需求，给予帮助和指导。

（1）耐心解释，取得理解：护士应向患者及家属解释每一项医院规则的内容和执行各项医院规则的必要性，以取得患者及家属的理解和配合。

（2）允许患者对周围环境有一定的自主权：在不违反医院规章制度的前提下，尽可能让患者对个人环境拥有自主权，并对其居住空间表示尊重，如进门时先敲门取得其同意。帮助患者整理床单位或生活物品时，应先取得患者的同意等。

（3）尊重探视人员：应尊重前来探视患者的家属和朋友。但如果探视时间不适当，影响医疗护理工作，则要适当地劝阻和限制，并给予解释，以取得理解。

（4）尊重患者的隐私权：为患者做治疗及护理工作时，首先应该取得患者的同意，并适当遮挡患者。护士有义务为患者的诊断、检查结果、治疗与记录等信息保密。

（5）鼓励患者自我照顾：有的患者因生活能力下降或被限制了活动，生活需依赖他人照顾，当家属的陪护受到限制时，患者往往存在较重的思想负担。在病情允许的情况下，护士应创造条件并鼓励患者参与自我照顾，恢复其自信心与自护能力，利于其康复。

3. 帮助不同情况的患者适应环境 因患者在年龄、文化素养、疾病种类等多个方面的不同，患者适应医院环境的能力也存在很大的差异。护士需要根据患者的具体情况，提供有针对性的个体化护理措施，协助患者尽快适应医院环境，使其积极配合诊疗及护理活动，早日康复。

➤ **考点：** 某患者因肺炎被收入院，目前显示病室的湿度为30%，此种环境下患者可能出现以下哪种情况

A. 寒冷不适

B. 闷热难受，肾负担加重

C. 疲惫、焦躁、头痛、耳鸣

D. 失眠、血压升高

E. 口干舌燥、咽痛、烦渴

音频：
考点解析

二、床单位及设置

床单位（patient's unit）是指住院期间医疗机构提供给患者使用的家具和设备，它是患者住院期间休息、睡眠、治疗与护理等活动最基本的生活单位。床单位的固定设备有病床床上用品、床旁桌、床旁椅及床上桌，床头墙壁上配有照明灯、呼叫装置、供氧和负压吸引管道、多功能插座等（图 7-1）。

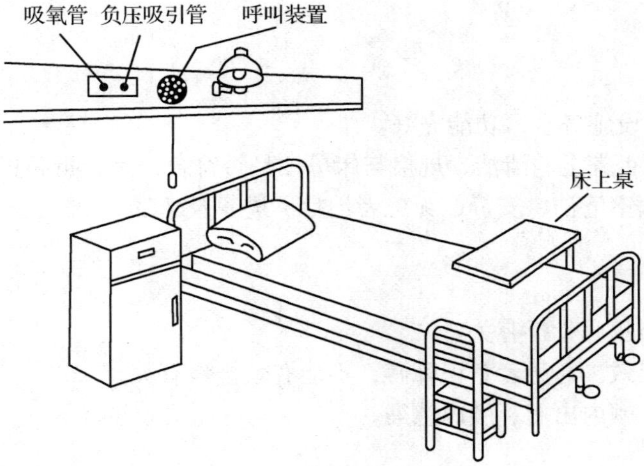

图 7-1 床单位

（一）病床

病床是患者休息及睡眠的用具，必须实用、耐用、舒适、安全。普通病床一般为长 2 m，宽 0.9 m，高 0.6 m，床头、床尾可以抬高的手摇式床，以方便患者更换卧位。床的升降功能有手工调节和电动调节两种，床的两侧有床档。临床也可选用多功能病床，根据患者的需要，可以改变床的高低或活动床档，变换患者的体态与姿势。床脚有脚轮，便于病床移动。

（二）床上用品

1. 床垫的长和宽与床的规格相同，垫芯可用棕丝、木棉、棉花或海绵等，包布应选择牢固、防滑的布料，床垫应坚硬，以免承受重力较多的部位发生凹陷。
2. 床褥的长和宽与床垫相同，褥芯用棉花做，包布用棉布做。
3. 枕芯长 0.6 m，宽 0.4 m，内装木棉、中空棉、羽绒等，用棉布做枕面。
4. 棉胎长 2.1 m，宽 1.6 m，可用棉花胎、中空棉胎、羽绒等。
5. 大单长 2.5 m，宽 1.8 m，用棉布制作。
6. 被套长 2.3 m，宽 1.7 m，用棉布制作，开口缝上布带或拉链。
7. 枕套长 0.7 m，宽 0.45 m，用棉布制作。
8. 中单长 1.7 m，宽 0.85 m，以棉布制作为宜，亦可使用一次性成品。
9. 橡胶中单长 0.85 m，宽 0.65 m，两端加白布 0.4 m。

（三）其他设施

床旁桌、床旁椅、床上桌，床头墙壁上配有照明灯、呼叫装置、供氧和负压吸引管道、多功能插座，天花板上有轨道、输液吊架，床之间有隔帘等。

▶ 案例分析

某患者，男性，52 岁。因交通事故导致颅底骨折，急诊入院。查体：意识不清，T 36.8 ℃，P 80 次 / 分，R 12 次 / 分，BP 90/60 mmHg。

三、铺床法

病区的床单位要保持清洁，床上用物需定期更换。铺床法的基本要求是平、整、紧，达到舒适、安全、实用的目的。常用的铺床法有铺备用床法、铺暂空床法和铺麻醉床法，铺床时应运用人体力学原理，遵守节力原则。

（一）备用床（closed bed）

护理评估

1. 评估用物

（1）床单位是否设施齐全，功能完好。

（2）床上用品是否齐全、清洁，规格与床单位是否符合，是否折叠正确、摆放合理。

2. 评估环境 病室清洁、安静，无患者治疗、进餐及睡眠。

护理诊断

1. 意识障碍 与颅底骨折有关。

2. 清理呼吸道无效 与患者意识障碍，不能有效排痰有关。

3. 潜在并发症 颅内出血、颅内感染。

护理计划

1. 目的 保持病室整洁，准备接收新患者（图 7-2）。

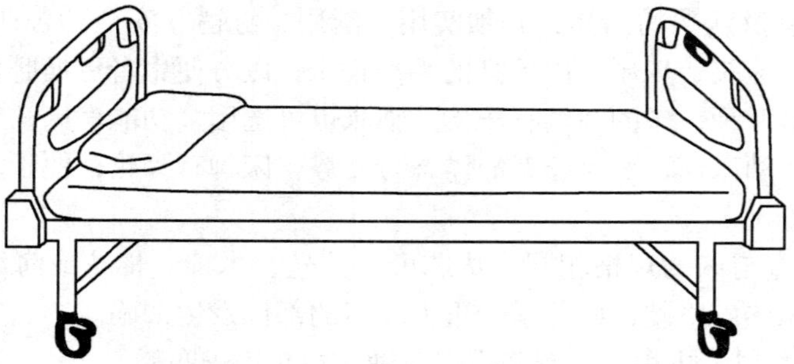

图 7-2 备用床

2. 准备

（1）护士准备：着装整洁，洗手，戴口罩。

（2）用物准备：床、床垫、床褥、大单、被套、棉胎或毛毯、枕套、枕芯。

护理实施

铺备用床实施，见表 7-4。

表 7-4 铺备用床实施

护理实施	流程简释	要点说明
备物至床	◆按使用顺序备好用物，推车置床尾，距离适宜	用物整齐，排放合理
移桌置椅	◆移开床旁桌距床头 20 cm，平移床旁椅至床尾一侧	便于操作
整理床垫	◆整理床垫，清扫床垫，调整床的高度并固定	湿式清扫平整
铺正床褥	◆床褥齐床头放在床垫上，从床头铺向床尾	端正铺于床垫上

续表

护理实施	流程简释	要点说明
铺大单法	◆将大单的纵、横中线与床的纵、横中线对齐，放在床褥上，同时向床头和床尾打开大单，再将近侧（右侧）大单拉开向下，远侧大单向对侧散开	铺大单顺序：先床头，后床尾；先近侧，后对侧
折单角法	◆铺床头角 【斜角法】 ◇一手托起床垫上角，用靠近床头的手伸过中线将大单头端折于床垫下（图 7-3A） ◇一手扶住床角，另一手在距床头大约 30 cm 处，将大单边缘提起，使其与床边垂直，是一等边三角形（图 7-3B），以床沿为界将三角形分为两半（图 7-3C） ◇上半三角形暂时覆盖于床上，将下半三角形平整地塞于床垫下（图 7-3D） ◇然后把上半三角形翻下（图 7-3E），平整地塞于床垫下（图 7-3F） 【直角法】 1～3 步与斜角法相同。 ◇将上半三角底边直角部分拉出，拉出的边缘与地面垂直，将拉出来的部分塞于床垫下（图 7-3G） ◆铺床尾：至床尾，对齐中线拉紧大单，同上法铺下角 ◆铺床中部：至床的中部，将大单拉紧、拉展，双手掌心向上将大单平整地塞于床垫下 ◆走至对侧，同法铺大单	身体靠近床沿，两腿左右或前后分开，减少走动，省时、节力，动作协调、连贯，姿势优美，床角整齐、紧实、无皱、美观
铺叠盖被	【“S”式】 ◆将被套头端齐床头，纵中线与床纵中线对齐，分别向对侧、近侧、床尾展开 ◆至床尾，将被套开口上层的 1/3 打开（图 7-4A），将棉胎放在被套开口处，底边与床尾对齐 ◆拉棉胎上缘至被头封口处（图 7-4B） ◆先打开棉胎一角，与同侧被套角套好，一手握紧已套好的被角，另一手把同侧的棉胎在被套内展开，与被套的边缘对齐（约棉胎长度的 1/2），同法套对侧 ◆打开棉胎的剩余部分，与被套两边缘对齐 ◆至床尾，逐层整理被套和棉胎，系带 ◆将被头与床头平齐（或被头距床头 10 cm），棉被两侧向内折叠与床沿平齐，折成被筒，被尾折于床垫下 【卷筒式】 ◆被套正面向内折叠，平铺于床上，开口端朝向床尾 ◆将棉胎平铺于被套上，头端对齐被套封口 ◆将棉胎和被套的上层一同自床尾卷至床头 ◆将棉胎上缘与被套封口对齐，再从床头向床尾展开棉胎，使其与被套紧贴平展 ◆折被筒，与“S”式相同	被头不空虚，盖被内外平整，被筒与床沿平齐 4 个角充实、平整，病室物品统一放置，环境整齐、美观

视频：铺备用床法

续表

护理实施	流程简释	要点说明
套枕平放	◆套枕套，平放于床头，开口背门	
桌椅回位	◆移回床旁桌、椅	
整理、洗手	◆整理用物，洗手，脱口罩	

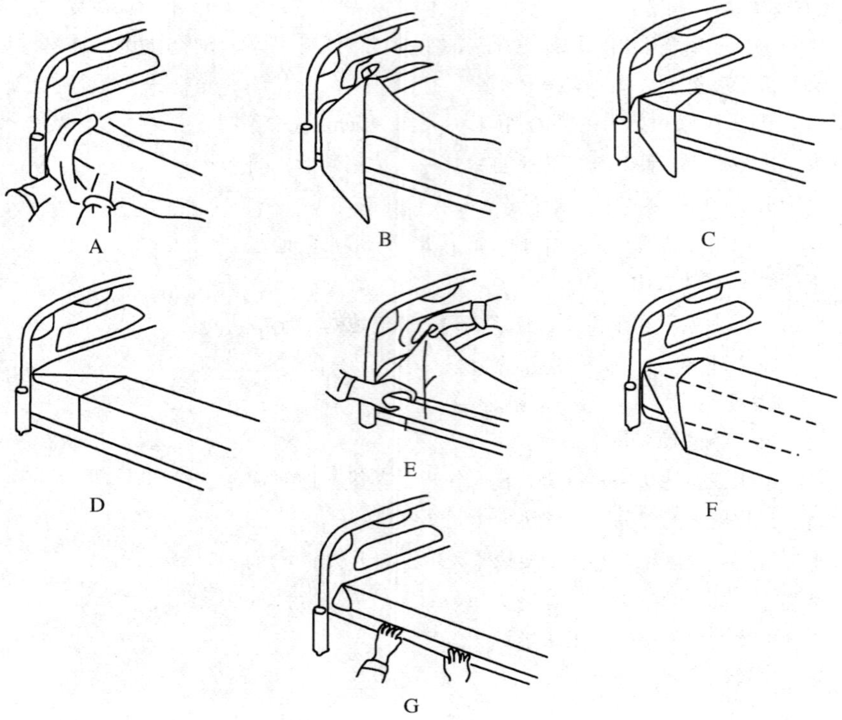

图 7-3　铺床头角

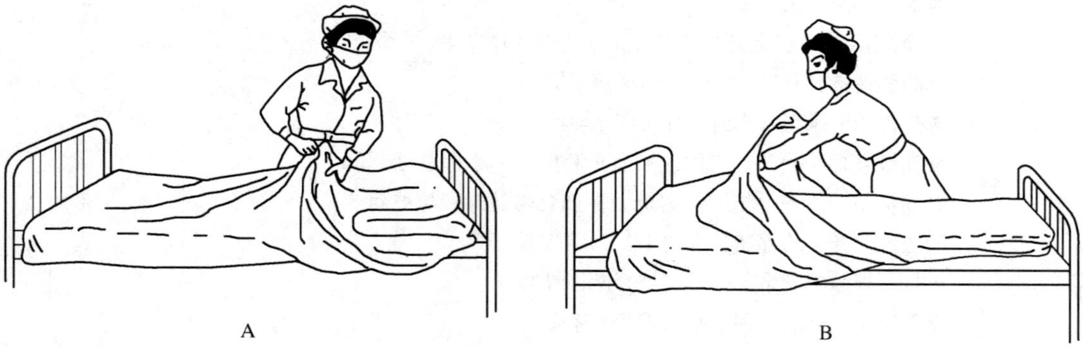

图 7-4　“S”式

▶ 注意事项

1. 患者进餐或接受治疗时暂停铺床。

2. 操作中动作轻稳，避免尘埃飞扬。

3. 操作中应用节力原理。操作前用物折叠方法和摆放顺序正确，放置稳妥，减少护士走动次数。身体靠近床边，上身直立，两腿前后分开，稍屈膝，以扩大支撑面，增加稳定性。避免无效动作。

护理评价

1. 操作规范，符合节力原则。
2. 病室及床单位整洁、美观，符合铺床原则。
3. 充分体现以人为本的护理服务理念，未影响患者治疗和护理等活动。

（二）暂空床（unoccupied）（被套式）（图 7-5）

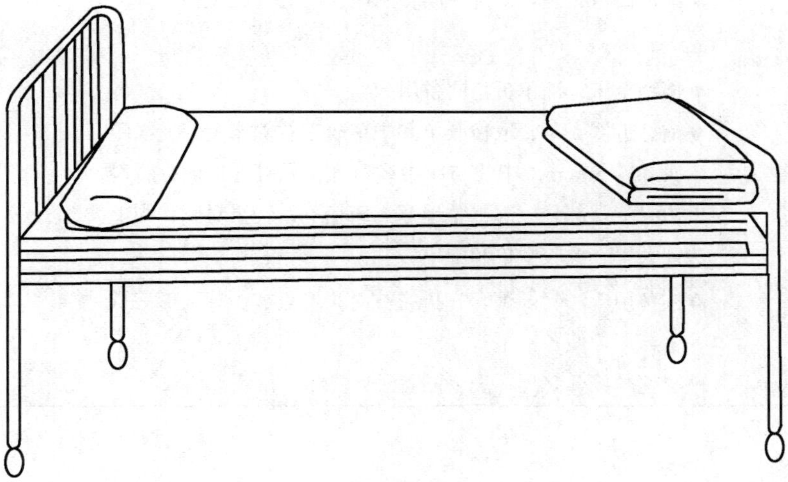

图 7-5　暂空床

护理评估

同铺备用床。

护理诊断

同铺备用床。

护理计划

1. 目的　保持病室整洁，供新入院或暂离床活动的患者使用。

2. 准备

（1）护士准备：同铺备用床。
（2）用物准备：同铺备用床，另准备橡胶单、中单。

护理实施

铺暂空床实施，见表 7-5。

表 7-5　铺暂空床实施

实施流程	流程简释	要点说明
▲改备用床为暂空床		
备物、核对	◆备齐用物，携至患者床旁	以利于患者活动、方便、舒适为目的
移桌置椅	◆同备用床	
折叠盖被	◆将盖被头端扇形三折于床尾，使各层平齐	

续表

实施流程	流程简释	要点说明
酌情铺单	◆取橡胶单和中单放于右侧床上，上缘距床头 45 ~ 50 cm，中线与床中线对齐，先打开近侧，将两单边缘下垂部分一起平整地塞入床垫下 ◆转至对侧，同法铺好两单 ◆桌椅回位，整理，洗手同备用床	
▲铺暂空床法		
铺塞两单	◆携物至床，铺单折角同备用床 ◆铺好近侧大单，取橡胶单和中单放于右侧床上，上缘距床头 45 ~ 50 cm，中线与床中线对齐，先打开近侧；将两单边缘下垂部分一起平整地塞入床垫下，转至对侧，同上法铺大单、橡胶中单和中单	
铺叠盖被	◆按备用床法套好被套，折成被筒。将盖被头端扇形三折叠于床尾，使各层平齐 ◆套枕平放，整理、洗手同备用床	

视频：
铺暂空床法

注意事项

同备用床。

护理评价

同备用床。

（三）麻醉床（anesthetic bed）（图 7-6）

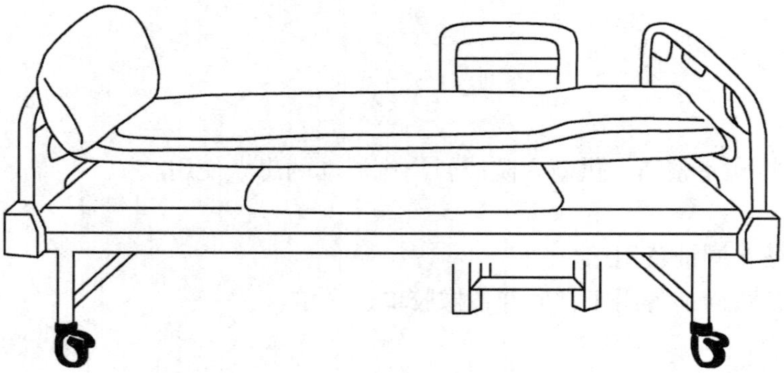

图 7-6　麻醉床

护理评估

1. **评估患者**　病情、手术方式、麻醉方式及手术部位。
2. **评估用物**　病床及床单位设施、性能是否完好。
3. **评估环境**　同备用床。

护理诊断

同铺备用床。

护理计划

1. 目的

（1）便于接收和护理麻醉手术后的患者。

（2）保护床上用物不被血渍或呕吐物等污染。

（3）使患者舒适、安全，预防并发症。

2. 准备

（1）护士准备：同备用床。

（2）用物准备

1）床上用物：同备用床（被套式），另加橡胶中单和中单（或一次性中单）各 2 条。

2）麻醉护理盘：治疗巾内置开口器、舌钳、压舌板、牙垫、治疗碗、镊子、吸氧管、吸痰导管、纱布数块；治疗巾外置血压计、听诊器、弯盘、棉签、胶布、手电筒、护理记录单和笔。

3）其他：输液架，根据需要另备吸痰和给氧装置、胃肠减压器、负压吸引器、引流袋、延长管、输液泵、微量泵等。

护理实施

铺麻醉床实施，见表 7-6。

表 7-6 铺麻醉床实施

护理实施	流程简释	要点说明
检查调整	◆检查床单位的设施，调整病床的高度，固定病床	保证安全
拆除原物	◆撤除原有大单、被套、枕套，污面向内，放污衣袋内	环境清洁，预防感染
洗手备物	◆备清洁用物，排放合理	用物齐全，放置整齐
携物至床	◆按使用顺序备好用物，推至床尾	方便操作，推车姿势优美
移桌置椅	◆同备用床	
清扫棉褥	◆从床头扫向床尾	湿式清扫，防尘土飞扬
铺设各单	◆同铺备用床法，铺好近侧大单 ◆铺橡胶单和中单：同暂空床，铺好病床中部近侧橡胶中单及中单，根据手术部位将另一橡胶中单及中单对好中线，铺于床头或床尾。铺床头时，上端齐床头，下端压在床中部橡胶中单及中单上，将边缘下垂部分一并塞入床垫下；铺床尾时，下端齐床尾，上端压在床中部橡胶中单及中单上，将边缘下垂部分一并塞入床垫下；转至对侧，分层铺好对侧大单、橡胶中单和中单 ◆转至对侧，同法逐层整理并铺好各单	第二块橡胶单和中单根据病情或手术部位决定铺的位置。头、颈、胸部手术铺于床头；腰、臀部手术铺于中部；下肢手术铺于床尾
铺叠盖被	◆套盖被法与备用床相同，按铺暂空床法折叠被筒，被头与床头齐，被尾向内折叠与床尾齐（或先在床尾将被尾向上折叠，再按上法折被筒） ◆将被筒扇形三折叠于一侧床边，开口朝向门	天冷时加毛毯 便于将患者移至床上
套枕横立	◆套枕套，整理枕芯，将枕头横立于床头，开口背门	以防患者躁动，头部撞击床头部，造成损伤
移桌置椅	◆将床旁桌放回原位，床旁椅放于盖被折叠同侧 ◆将麻醉护理盘放在床旁桌上，便于使用	环境整洁、宽敞，便于搬运患者
整理、洗手	◆洗手，脱口罩	

注意事项

1. 与铺备用床注意事项相同。
2. 铺麻醉床时，应更换洁净的被单，保证术后患者舒适，避免感染发生。
3. 中单要遮盖橡胶中单，避免橡胶中单与皮肤接触而引起患者不适。
4. 备齐术后护理用物，使患者得到及时救治。

护理评价

1. 操作规范，符合节力原则。
2. 根据患者病情准备用物，满足手术后患者治疗及护理用。
3. 充分体现以人为本的护理服务理念，关爱患者。

四、卧床患者床整理及更换法

（一）卧床患者床整理法

护理评估

1. 评估患者 患者意识状态、心理反应、合作程度、引流装置、肢体活动情况。
2. 评估用物 床单位的清洁程度，用物齐全，摆放合理。
3. 评估环境 病室温度适宜，无患者进餐、治疗和睡眠。

护理诊断

同铺备用床。

护理计划

1. 目的
（1）使床铺清洁、整齐，病室美观。
（2）使患者感觉舒适，预防并发症。
（3）促进护患之间的沟通与交流，建立良好的护患关系。
2. 准备
（1）护士准备：着装整洁，洗手，戴口罩。
（2）用物准备：①床刷、湿床刷套（消毒）。②必要时备床上用物和患者衣服。

护理实施

卧有患者床整理实施，见表 7-7。

表 7-7 卧有患者床整理实施

护理实施	流 程 简 释	要点说明
备物指导	◆备齐用物，携至患者床旁，指导患者配合的方法	取得合作
物至床旁	◆按使用顺序备好用物，推车置床尾，距离适宜	
移桌置椅	◆同备用床，酌情关闭门窗	
调整体位	◆先松开被尾，协助患者翻身侧卧于对侧床，背向护士。有意识障碍者加床档	根据病情调整体位

续表

护理实施	流 程 简 释	要点说明
清扫床单	◆松开近侧各层床单，先扫净中单、橡胶单上的渣屑，然后分别搭在患者身上，再清扫大单和枕下	从床头向床尾
整理床单	◆按铺床法逐层铺好大单、橡胶单和中单	床单平整、紧贴，患者舒适、安全
整理对侧	◆协助患者翻身侧卧于整理好的一侧，同法整理对侧	
整理盖被	◆帮助患者取平卧位，松开两侧盖被，先整理被头，再将被套的内面及外面拉平。按患者的需要折叠盖被，使患者舒适	被头不空虚，盖被内、外平整及紧贴
整理枕头	◆取出枕头，拍松后给患者枕上	询问患者有无体位的特殊需要
调整体位	◆按患者的需要调节体位，取半卧位时要先摇床头，再摇床尾	
移回桌椅	◆移回床旁桌、椅	病室物品摆放统一，清洁、整齐
整理、洗手	◆洗手，脱口罩	

视频：
铺麻醉床法

注意事项

1. 整理床铺前，要了解患者病情，取得合作。
2. 床铺要湿式清扫，由上至下，为了防止交叉感染，每名患者使用一个刷套。

护理评价

1. 操作规范，符合节力原则。
2. 根据患者病情准备用物，满足手术后患者治疗及护理用。
3. 充分体现以人为本的护理服务理念，关爱患者。

（二）卧床患者更换床单法

护理评估

1. 评估患者　病情和意识状况，引流装置，活动能力，配合程度。

2. 评估环境　病室整洁、宽敞、明亮；病室内无人做治疗、进餐；根据季节调节室温，酌情关闭门窗，必要时遮挡患者。

护理诊断

同铺备用床。

护理计划

1. 目的

（1）使病床整洁，患者舒适。
（2）观察病情，预防压疮及其他并发症。
（3）保持病室清洁、整齐和美观。
（4）促进护患沟通与交流，满足患者的心理需求。

2. 准备

（1）护士准备：服装整洁，洗手，戴口罩。
（2）用物准备：治疗车上备清洁大单、中单、被套、枕套，必要时备患者衣服，床刷及床刷套，污衣袋。

（3）患者准备：了解更换床单的目的及配合方法。

护理实施

卧床患者更换床单法（change an occupied bed）实施，见表 7-8。

表 7-8 卧床患者更换床单实施

护理实施	流程简释	要点说明
▲侧卧位换单法	适用于能翻身侧卧的患者	
备物、核对	◆请无关人员离开病室，按使用顺序备好用物，推车置床尾，距离适宜。指导患者配合的方法	用物整齐，排放合理 取得合作
准备环境	◆调节室温，需要时拉隔帘遮挡患者，妥善处置导管	尊重患者，防导管脱落
移桌置椅	◆同备用床	便于操作，节省体力
放平床铺	◆放平膝下和床头支架，患者平卧，固定床位	先放床尾，再放床头 防止坠床，必要时加床档
移枕侧卧	◆松开近侧盖被，将患者枕头移向对侧，协助患者侧卧于对侧床，背向护士 ◆必要时检查患者背部受压情况	避免患者受凉
松单扫褥	◆逐层松开近侧各单，中单污面向内卷至床中线，塞于患者身下，清扫橡胶单，将其搭于患者身上 ◆将大单向内卷至中线处，卷于患者身下，湿扫床褥	动作要轻，从床头向床尾清扫，注意枕下。将污单污染面向内卷，将清洁单清洁面向内卷。铺大单、中单时，中线要对齐，床面平整，紧贴
铺清洁单	◆同备用床法打开近侧大单，将对侧半幅大单向内卷至中线处，塞于患者身下，同备用床法铺好近侧大单 ◆拉下橡胶单，中单放在其上，中线对齐，打开近侧中单，对侧中单同大单法卷至患者身下，将两单的近侧边拉紧，一同塞于床垫下	注意安全和保暖
患者侧卧	◆先协助患者平卧，再将枕头移至近侧，协助患者侧卧于已换好的一侧，面向护士	
整换对侧	◆护士转至床的对侧，松解各层床单 ◆上卷中单取出，放于污衣袋内 ◆清扫橡胶单，将其搭在患者身上 ◆将污大单从上至下卷至床尾取出，放于污衣袋内 ◆同近侧法清扫床褥，铺好各层床单	如病情许可，请患者配合抓住被头两角，避免被头空虚。注意遮盖患者的肩部，避免受凉
取平卧位	◆协助患者平卧于床中间，同时移枕 ◆松开盖被，将清洁被套同备用床法铺于盖被上，打开被套开口的三分之一 ◆将棉胎在被套内折叠成“S”形取出后，同备用床法迅速地装入清洁被套，取出污被套	四角充实，开口背门
整换被套	◆整理盖被，折成被筒，让患者稍屈膝，将被尾折叠于床尾	
整换枕套	◆取出枕头，换枕套，拍松后协助患者枕好	

续表

护理实施	流程简释	要点说明
调整体位	◆按患者的需要调整体位	先摇床头，后摇床尾
移回桌椅	◆将桌椅放回原位	保持病室整齐
整理环境	◆拉开隔帘，打开窗户，通风、换气	注意室温
送洗污单	◆将污被单送污物室	
整理、洗手	◆洗手，脱口罩	
▲平卧位换单法	适用于病情不允许翻身侧卧的患者	准备工作同上
松解各单	◆先调整体位，后松解两侧各层床单，将橡胶单撤出、扫净，置于椅背	注意观察病情
去枕卷单	◆一手托起患者头部，取出枕头，撤下枕套，枕芯放椅子上。将床头部位的各单卷成筒状，塞于患者肩下	将大单卷成筒状，便于操作
整换床头	◆将清洁大单横卷成筒状放在床头，中线对齐，铺好床头大单	
换上半身	◆抬起患者的上半身，将污单卷至臀下，再将清洁大单随之拉至臀下，放平上半身	骨科患者利用牵引架上的拉手抬起上半身
换下半身	◆抬起患者的臀部，迅速撤下污大单、中单、橡胶单。将清洁大单拉至床尾，拉展铺好。将污大单、中单放于污衣袋内，橡胶单放椅背上	动作轻、快，勿摩擦患者的皮肤
换橡胶单	◆先铺好一侧橡胶单和中单，另一半卷至患者身下，转至对侧逐层将床单铺好	
整换被套	◆同侧卧位换单法	
整换枕套	◆套枕套，拍松，给患者枕上	
桌椅归位	◆床旁桌、椅归位	
整理环境	◆病室通风，调节室温，处理污物	病室整齐、美观
整理、洗手	◆洗手，脱口罩	

视频：为卧床患者更换床单法

注意事项

1. 保证患者安全、舒适，防止患者坠床或各种导管脱落。

2. 随时观察患者病情变化，一旦出现异常病情，立即停止操作，及时处理。

3. 及时更换床单、被套，一般每周更换1或2次，如床单、被套被血液或体液污染，应及时更换。

> **考点：** 某患者，男性，22岁。踢球时不慎致胫骨骨折入院，现进行胫骨牵引，护士在整理床单位时，正确的做法是
>
> A. 使用床刷和干燥的扫床巾
>
> B. 先放松牵引，再整理床单位
>
> C. 协助患者翻身侧卧，面向护士
>
> D. 放平床头及床尾支架，便于彻底清扫
>
> E. 取出枕头，扫净、拍松后放回患者头下

音频：考点解析

护理评价

1. 护士操作规范，符合节力原则；患者安全、舒适。
2. 充分体现以人为本的护理服务理念，护患沟通有效，患者愿意配合。

第三节 人体力学

人体力学（body mechanics）是运用力学原理研究维持和掌握身体的平衡以及人体从一种姿势变为另一种姿势时身体如何有效协调的一门科学。正确的姿势有助于维持人体正常的生理功能，减少能量消耗，减轻身体疲劳。护士在临床工作中，正确运用力学原理可以帮助患者采取正确的姿势和体位，避免肌肉过度紧张，使其感到舒适、安全。同时，护士在执行各项操作过程中，正确运用力学原理可以减轻自身肌肉紧张及疲劳，提高工作效率。

一、常用人体力学的原理

（一）杠杆作用

杠杆是利用直杆或曲杆在外力作用下能绕杆上一固定点转动的一种简单机械。杠杆的受力点称为力点，固定点称为支点，克服阻力的点称为阻力点。支点到动力作用线的垂直距离称为动力臂（力臂），支点到阻力作用线的垂直距离称为阻力臂（重臂）。人体的活动主要与杠杆作用有关。在运动中，骨骼好比杠杆，关节是运动的支点，骨骼肌是运动的动力。它们在神经系统的调节和各系统的配合下，对身体起着保护、支持和运动的作用。根据杠杆上的力点、支点、阻力点的相互位置不同，杠杆可分为三类：平衡杠杆、省力杠杆和速度杠杆。

1. 平衡杠杆 支点在动力点与阻力点之间的杠杆称为平衡杠杆。平衡杠杆的特点是动力臂与阻力臂可等长或不等长。例如，人的头部在寰枕关节上进行仰头和低头的动作。寰椎为支点，支点前后各有一组肌群产生作用力（F1，F2），头部重量为阻力（L）。当前部肌群（前颈阔肌）产生的力（F2）与阻力（L）的力矩之和与后部肌群（胸锁乳突肌）产生的力（F1）的力矩相等时，头部趋于平衡（图 7-7）。

2. 省力杠杆 阻力点在支点和动力点之间，动力臂大于阻力臂，所以省力。例如，人在走路时，足尖是支点，足跟后的肌肉收缩为作用力（F），重力落在两者之间的距骨上。由于动力臂较长，所以用较小的力就可以支撑体重（图 7-8）。

3. 速度杠杆 动力点位于阻力点与支点之间的杠杆称为速度杠杆。这类杠杆的动力臂总比阻力臂短，因而费力，但能获得较快的运动速度和较大的运动距离。速度杠杆是人体最常见的杠杆（图 7-9）。

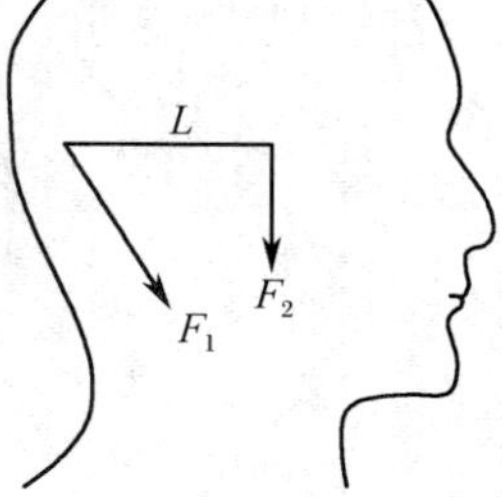

图 7-7 头部平衡杠杆

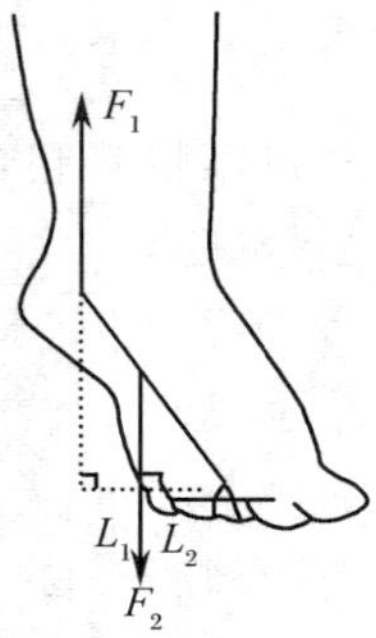

图 7-8 足部省力杠杆

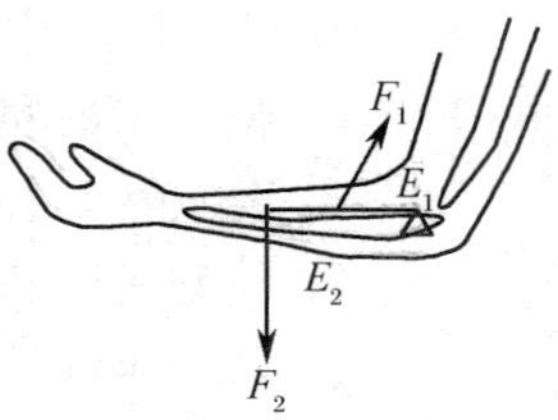

图 7-9 手臂速度杠杆

（二）摩擦力

两个互相作用的物体，当它们发生相对运动或有相对运动趋势时，在两个物体的接触面之间会产生阻碍它们相对运动的作用力，称为摩擦力。摩擦力的方向与运动方向相反。当物体有滑动趋势但尚未滑动时，作用在物体上的力称为静摩擦力。静摩擦力与作用力方向相反，并随力的增大而增大。在护理工作中，有时需避免静摩擦力，如半坐卧位患者尽量减少静摩擦力，避免压疮的发生。物体滑动时受到的摩擦力称为滑动摩擦力。在护理工作中，有时需增加摩擦力，以防滑倒，如在患者手杖下端加上橡胶垫可增加摩擦力，防止滑倒，有时则需要减少摩擦力，使物体比较容易地沿着面移动，如给病床、轮椅、推车等的轮子定时加油，可以减少接触面的摩擦系数，利于运行。

（三）平衡与稳定

物体或人体的平衡与稳定是由人的重量、支撑面的大小、重心的高低及重力线和支撑面的边缘之间的距离决定的。

1. 物体的重量与稳定性成正比　物体重量越大，稳定性就越好。要推倒一个较重物体比推倒一个较轻物体所需的力要大。在护理实施中，如要把患者移到较轻的椅子上时，应注意需有其他力量的支持，如将椅子靠墙摆放。

2. 支撑面的大小与稳定性成正比　支撑面是人或物体与地面接触的支撑面积。支撑面小，则需要使用较大的肌肉拉力，以保持平衡、稳定。如用一只脚站立时，肌肉就必须用较大的拉力才能维持人体平衡、稳定。扩大支撑面可以增加人或物体的稳定性，如老年人站立或行走时，用手杖扩大支撑面。

3. 物体的重心高度与稳定性成反比　如物体的组成成分均匀，重心位于它的几何中心。当物体的形状发生变化时，重心的位置也会随之变化。人或物体的重心越低，稳定性越大。如人在下坡时，蹲下或坐下时的稳定性比站立时好。

二、人体力学的运用原则

（一）扩大支撑面

护士在操作中应根据实际需要两脚左右或前后分开，以扩大支撑面。协助或给患者摆放体位时，也应尽可能扩大支撑面，如患者侧卧时，应两臂屈肘，一手放于枕旁，一手放于胸前，两腿前后分开，上腿弯曲在前，下腿稍伸直，以扩大支撑面，稳定卧位。

（二）降低重心

护士在进行低平面的护理实施或取位置低的物品时，两下肢应随身体动作的方向前后或左右分开，以增加支撑面，同时屈膝屈髋，身体取下蹲姿势，这样降低了重心，重力线在支撑面内，利用重心的移动去操作，保持了身体的稳定性。

（三）减少身体重力线的偏移程度

护士在提物品时，应尽量将物体靠近身体。抱起或抬起患者移动时，应将患者靠近自己，以使重力线落在支撑面内。

（四）利用杠杆作用

护士操作时，应靠近操作物体。两臂持物时，两肘应紧靠身体两侧，上臂下垂，前臂和所持物体靠近身体，使阻力臂缩短，进而省力。必须提取重物时，最好把重物分成相等的两部分，分别由两手提拿。若重物由一只手臂提取，另一只手臂则应向外伸展，以保持平衡。

（五）尽量使用大肌肉或多肌群操作

进行护理实施时，在能使用整只手时，尽量避免只用手指；在能使用躯干部和下肢肌肉力量时，尽量避免只使用上肢的力量。如端治疗盘时，五指分开，托住治疗盘，上臂靠近躯干，屈肘呈 90°，多肌群用力，不易疲劳。

（六）使用最小肌力做功

将人体力学应用于护理工作中可以有效地减少工作中不必要的力的付出和损伤。护士在移动重物时，应注意平衡，计划好重物移动的位置和方向，尽量以直线方向移动，尽可能用推或拉代替提取，起到省力、美观的作用，提高工作效率。同时，运用人体力学原理可以保持患者良好的姿势和体位，增加患者的舒适感，促进其早日康复。

自测题

一、A1型题

1. 门诊护理工作首先进行的是
   A. 健康教育　B. 消毒和隔离　C. 预检分诊
   D. 观察病情　E. 安排候诊
2. 下列不属于门诊候诊室护士工作职责的是
   A. 按挂号顺序安排就诊
   B. 简要了解病情
   C. 随时观察候诊者的病情变化
   D. 科普宣传教育
   E. 当候诊者多时，应帮助医生一起参加诊治
3. 门诊发现肝炎患者，护士应立即
   A. 安排提前就诊　B. 转急诊治疗　C. 转隔离门诊治疗
   D. 给予卫生指导　E. 问清病史
4. 下列不属于急诊留观室的护理工作的是
   A. 住院登记，建立病历　B. 填写各种记录单
   C. 及时处理医嘱　D. 做好心理护理
   E. 做好晨、晚间护理
5. 急救药品和各种抢救设备应“五定”，其中错误的是
   A. 定数量品种　B. 定放置地点　C. 定人保管
   D. 定期消毒、灭菌及检查维修　E. 定时使用
6. 为了使患者舒适，利于观察病情，应做到
   A. 病室内光线充足　B. 病室内摆放花卉
   C. 提高病室温度　D. 注意室内通风
   E. 注意室内色调
7. 利于患者休养的适宜环境是
   A. 气管切开患者，室内相对湿度为30%
   B. 中暑患者，室温应保持在4 ℃左右
   C. 普通病室，室温以18～22 ℃为宜
   D. 产妇休养室，须保暖，不开窗
   E. 破伤风患者，室内应保持光线充足
8. 病室环境舒适的要求，以下不符的是
   A. 室温18～22 ℃
   B. 室内相对湿度为50%～60%

C. 定时通风，每次约 30 分钟
D. 午休和睡眠时室内光线宜柔和、暗淡
E. 病室内不宜放置鲜花、盆景

9. 保持病区环境安静，下列措施不妥的是
A. 推平车进门，先开门，后推车
B. 医务人员讲话应附耳细语
C. 轮椅要定时注润滑油
D. 医务人员应穿软底鞋
E. 病室门应钉橡胶垫

10. 病区白天理想的声音强度是
A. 15 ~ 20 dB　B. 25 ~ 30 dB　C. 35 ~ 40 dB
D. 45 ~ 50 dB　E. 50 ~ 60 dB

11. 胃大部分切除术后需要准备
A. 备用床　B. 暂空床
C. 备用床加橡胶单、中单　D. 麻醉床
E. 手术床

12. 铺麻醉床操作，错误的步骤是
A. 换铺清洁被单
B. 按要求将橡胶单和中单铺于床中部
C. 盖被纵向三折于门同侧床边
D. 枕横立于床头，开口背门
E. 椅子置于门对侧床边

二、A2 型题

13. 某患者，男性，23 岁。因身体不适来院就诊。候诊时，患者突然感到腹痛难忍，面色苍白，出冷汗，两手冰冷，呼吸急促，门诊护士应
A. 与患者沟通并给予安慰
B. 嘱患者平卧休息
C. 安排患者提前就诊
D. 请医生加快诊疗速度
E. 给予解痉镇痛药物

14. 某患者因车祸致右下肢开放性骨折，大量出血，被送至急诊室，在医生未到之前，当班护士应立即
A. 询问发生车祸的原因
B. 向保卫部门报告
C. 给患者注射镇静药
D. 劝患者耐心等待医生
E. 给患者止血，测血压，建立静脉输液通路

15. 某患者，男性，70 岁。因呼吸功能减退，行气管切开术，进行人工呼吸，患者的病室环境应特别注意
A. 保持安静　B. 调节适宜的温度及湿度
C. 加强通风　D. 合理采光
E. 适当绿化

16. 某破伤风患者，神志清醒，全身肌肉阵发性痉挛、抽搐，对于患者所住病室环境，下列不符合病情要求的是

A. 室温 18 ~ 20 ℃

B. 相对湿度 50% ~ 60%

C. 门、椅脚钉橡皮垫

D. 保持病室光线充足

E. 开门、关门动作轻

17. 某患者，男性，16 岁。因外伤在全身麻醉下行急诊手术，病区接到电话应准备

A. 检查床

B. 备用床

C. 麻醉床

D. 暂空床

E. 抢救床

18. 某患者，男性，78 岁。因脑出血入院，患者尿失禁及大便失禁，需加橡胶单，其上端距离床头应

A. 35 ~ 40 cm

B. 40 ~ 44 cm

C. 45 ~ 50 cm

D. 50 ~ 53 cm

E. 50 ~ 55 cm

19. 某患者，男性，52 岁。因心悸、心前区不适前来就诊。护士在巡视候诊患者时发现该患者面色苍白，呼吸困难，前去询问无应答，体格检查脉搏 50 次 / 分，呼吸 24 次 / 分。对该患者应

A. 提前就诊

B. 做疫情报告

C. 到隔离门诊就诊

D. 按挂号顺序就诊

E. 立即送抢救室抢救

（马雪琴）

第八章 入院和出院的护理

思政之光

思维导图

- 入院护理
  - 入院护理的目的
    - 熟悉环境
    - 满足需求
    - 健康教育
  - 入院前护理
    - 办理住院手续
      - 住院证、填写登记表、医保、腕带等（住院处）
      - 通知病区值班护士
      - 急诊手术患者先手术，后办理住院手续
    - 实施卫生处置
      - 贵重物品及无需物品由家属带回
      - 传染病或疑似传染病
        - 隔离室处置
        - 衣物及用品按传染病要求处理
    - 护送患者入病区
      - 扶行、轮椅、平车等方式护送，保暖
      - 不中断输液、输氧等治疗
      - 与病区护士交接
  - ★入病区后护理
    - 一般患者入病区后护理
      - 1.准备床单位
      - 2.迎接新患者
      - 3.测量生命体征等、记录
      - 4.通知医生诊视、协助
      - 5.建立病历（排列顺序（1）－（9））
        - （1）体温单
        - （2）医嘱单
        - （3）入院记录
        - （4）病史及体格检查
        - （5）病程记录（手术、分娩记录等）
        - （6）体检报告单
        - （7）护理病案
        - （8）住院病案首页
        - （9）门、急诊病历
      - 6.填写住院病案和有关护理表格
        - 红色钢笔在体温单40～42 ℃时间栏内竖写入院时间
        - 蓝色钢笔逐页填写眉栏
      - 7.做好介绍与指导
      - 8.正确执行医嘱
      - 9.入院护理评估
    - 急诊患者入病区后护理
      - 1.准备床单位
      - 2.备急救物品、设备
      - 3.配合抢救（医生未到之前，紧急处理）
        - 初步判断、吸氧、吸痰、止血
        - 建立静脉输液通道
        - 心肺复苏等
      - 4.认真交接
        - 不能正确表达的患者，留陪送人员（语言、听力障碍者、昏迷、婴幼儿）

- 入院和出院护理
  - 分级护理
    - 特级护理
      - 适用于：①病情危重，随时会变化需抢救者；②重症监护患者；③复杂或大手术后患者；④严重创伤或大面积烧伤患者；⑤使用呼吸机辅助需要严密监护者；⑥CRRT需严密监护患者；⑦其他有生命危险需严密监护的患者
      - 护理：①专人24小时护理，严密观察、记录；②遵医嘱行治疗、给药措施；③据病情行基础护理、专科护理；④准确测量液体出入量；⑤保持患者舒适和功能体位；⑥实施床旁交接班
    - 一级护理
      - 适用于：①病情稳定的重症患者；②术后或治疗期间需要严格卧床的患者；③生活完全不能自理且病情不稳定的患者；④生活部分自理，病情随时可能发生变化的患者
      - 护理：①每小时巡视患者，观察病情；②③同特级护理；④据病情测量生命体征；⑤健康指导
    - 二级护理
      - 适用于：①病情稳定仍需卧床者；②生活部分自理者
      - 护理：①每2小时巡视患者，观察病情；②遵医嘱行治疗、给药护理；③据病情测量生命体征；④据病情行护理措施、安全措施；⑤健康指导
    - 三级护理
      - 适用于：①病情稳定或处于康复期的生活能够完全自理的患者
      - 护理：①每3小时巡视患者，观察病情；②③同二级护理；④健康指导
- 出院护理
  - 出院前的护理
    - 1.通知患者和家属
    - 2.办理出院手续
    - 3.填写出院护理评估单
    - 4.征求意见
    - 5.协助患者整理用物
  - 出院当日的文件处理
    - 填写出院时间（40～42 ℃体温单时间栏里竖写）
    - 归档病案交病案室保存
    - 出院病案排序：住院病案首页，出院或死亡记录，入院记录、病史、体格检查、病程记录、检验报告、护理记录单、医嘱单、体温单
  - 出院后的床单位护理
    - 1.撤被服，送洗
    - 2.床垫、褥、枕芯、棉胎日光暴晒6小时或紫外线消毒
    - 3.床、桌、椅等消毒液擦拭消毒，病室开窗通风
    - 4.传染病患者的病室及床单按传染病终末消毒法处理
    - 5.铺好备用床，迎接新患者
- 运送患者的护理技术
  - 轮椅运送技术
    - 安全、保暖、观察
    - 下坡抓扶手，尽量靠后坐
  - 平车运送技术（患者头部卧于大轮端，护士位于患者头侧，途中注意观察患者病情；上下坡时患者头部始终应保持在高端）
    - 挪动法
      - 适用于病情轻，有一定活动及合作能力的患者
      - 方法
        - 上车：先上半身，后臀部及下半身挪动
        - 下车：先下半身，再臀部及上半身
    - 一人搬运法
      - 适用于体重轻，病情允许的患者
      - 方法
        - 一手自患者腋下伸至对侧肩外侧
        - 另一手伸至患者大腿下，嘱患者双臂在护士颈后交叉
    - 二人搬运法（搬运者均站于病床及车的同侧）
      - 适用于体重较重或不能活动的病情较轻患者
      - 方法
        - 甲一手托患者头、颈、肩部，另一手托腰部
        - 乙一手托患者臀部，另一手托腘窝
    - 三人搬运法（搬运者均站于病床及车的同侧）
      - 适用对象同二人搬运法
      - 方法
        - 甲托头、颈、肩、背部
        - 乙托腰部和臀部
        - 丙托腘窝和小腿部
    - 四人搬运法
      - 适用于颈椎、腰椎骨折或病情危重的患者
      - 方法
        - 患者腰、臀下铺帆布兜或中单，一人喊口令，四人全力同时抬起
        - 甲托头、颈、肩部
        - 乙于床尾托患者双腿
        - 丙和丁分别站于病床和平车两侧，紧抓帆布兜或中单的四角
  - 担架运送技术
    - 多用于急救、空间狭小、交通不便或上下交通工具时

学习目标

1. 解释入院护理、出院护理、分级护理。
2. 知道入院护理的目的，轮椅、担架运送患者的护理技术。
3. 描述入院前的护理、出院的护理，轮椅、平车运送技术。
4. 熟记入院后的护理。
5. 正确实施平车、轮椅运送技术操作，学会担架运送技术。
6. 养成良好的职业素养，具有以人为本的护理服务理念和严肃认真、一丝不苟的工作态度。

第一节　入 院 护 理

案例分析

某患者，男性，60 岁。因咳嗽、咳痰伴喘息 2 日就诊，既往有支气管哮喘病史。体格检查：患者呼吸困难，呈喘息状呼吸，口唇发绀，不能平卧，听诊心率增快，两肺闻及广泛哮鸣音。护理体检：T 38.5 ℃，P 92 次 / 分，R 23 次 / 分，BP 150/90 mmHg，体重 50 kg。诊断为支气管哮喘，收入院，经住院治疗 15 日，患者好转出院。

入院护理（admission nursing）是指患者经门诊或急诊医生诊查后，因病情需要住院做进一步观察、检查和治疗，医生签发住院证之后，护理人员对患者所进行的一系列护理活动。

一、入院护理的目的

1. 帮助患者及家属熟悉环境，让其感到关心、信任，以利患者尽快适应医院环境和患者角色，建立良好的护患关系。

2. 满足患者的合理需求，提高患者对治疗及护理的依从性。

3. 做好健康宣传教育，满足患者对健康知识的需求。

二、入院前的护理

（一）办理住院手续

1. 办理住院手续　患者或家属持住院证到住院处办理相应的住院手续，包括验证医生签发的住院证、填写住院登记表、保险种类、交纳住院保证金、发放腕带等。

2. 通知病区　住院处接收患者后，通知病区值班护士根据病情做好接收新患者的准备。

3. 特殊情况处理　对病情危重或需急诊手术的患者（如分娩、颅脑损伤患者），应先安排入院或实施手术，再办理住院手续。

（二）实施卫生处置

1. 卫生处置　根据患者病情轻重及身体状况，在卫生处置室对其进行相应的卫生处理。①理发、沐浴、更衣、修剪指甲等。②对危、重、急症的患者，可酌情予以免浴。③有虱、虮者，应先行灭虱，再行卫生处置。

2. 衣物处理　患者换下的或暂不需用的衣物（包括贵重钱物）可交家属带回或由住院处按手续存放。

3. 传染病患者或疑似传染病患者的处置　送患者到隔离室处置，衣物及用品按传染病要求处理。

（三）护送患者入病区

住院处护士携门诊病历护送患者入病区。

1. 选择护送方式 根据患者病情选用不同的护送方式。对能行走的患者，采用扶助步行；对不能行走或病情危重的患者，选用轮椅、平车或担架等护送。

2. 保证安全 护送患者时应注意安全、保暖，不能中断必要的治疗，如输液、氧气吸入等。外伤患者要注意卧位，保证安全。

3. 交接患者情况 护送患者入病室后，将患者的病情、已经采取或需继续的治疗及护理措施、个人卫生情况及物品等与病区值班护士交接。

知识链接

患者腕带的标识及使用规范

1. 有坠床、跌倒、压疮危险及病情危重的患者使用红色标识；普通患者使用蓝色标识；新生儿女婴使用粉色标识，男婴使用蓝色标识。

2. 按指征严格执行佩戴工作，因故未佩戴者须在病区备注栏内注明。

3. 用深蓝色圆珠笔逐一填写手腕带的各项栏目，字迹端正、清楚，严禁涂改。

4. 腕带填写后，佩戴时必须由2名护士到床边核对后，在手腕带正面右下角处（血型栏下）用分子/分母签姓或名（病区内有同姓时签全名）。

5. 班内只有1名护士无法执行2人核对时，应先由1人认真核对后佩戴并签名，待下一班护士接班时补核对并签名。

6. 原则上腕带应佩戴于患者上肢，若有特殊情况可佩戴于下肢，以便于核对。腕带松紧适宜，以能放入一指为宜，多余长度可剪去。水肿患者应注意及时观察手腕带松紧度，发现不适及时更换。

7. 一般由责任护士负责给患者系上腕带，并向患者及家属讲解腕带使用注意事项及其重要性，严禁患者及家属刮涂腕带标示信息或随意取下腕带。

8. 因各种原因致腕带破损，重新更换时按此规范操作。

在执行各项医疗护理操作前，必须核对腕带标识以确定患者身份，以保证安全。

三、入病区后的护理

（一）一般患者入病区后的初步护理

1. 准备床单位 病区护士接到住院处通知后，立即根据患者病情安排床位。将备用床改为暂空床，酌情加铺橡胶单和中单，备齐患者所需用物，如面盆、痰杯、热水瓶等。传染病患者应安置在隔离病房。

2. 迎接新患者 护士要热情、主动地接待患者及家属，向患者做自我介绍，说明自己将为患者提供的服务及职责，为患者介绍床单位设备及使用方法，介绍同室病友等。如患者病情允许，可向其介绍环境，护士用行动和言语消除患者的不安情绪，同时为患者佩戴腕带标识。

3. 通知医生诊疗 通知主管医生诊查患者，必要时协助体格检查、治疗。

4. 准备膳食 根据医嘱通知营养室为患者准备膳食。

5. 测量并记录患者生命体征 测量体温、脉搏、呼吸、血压。对能站立的患者，测身高、体重并记录在体温单的相应栏内；对无法站立测量的患者，写卧床。

6. 填写住院病历和有关护理表格

（1）用蓝色钢笔逐页填写住院病历眉栏及各种表格。

（2）用红色笔将入院时间竖写在当日体温单相应时间的40～42 ℃，记录首次体温、脉搏、呼吸、血压、身高及体重值。

（3）填写入院登记本、诊断卡（插入在患者一览表上）、床头卡（置于病床床头或床尾牌夹内）。

（4）住院病历排列顺序为体温单、医嘱单、入院记录、病史及体格检查、病程记录（手术、分娩记录单及特殊治疗记录单等）、各项检验及检查报告单、护理病历、住院病案首页、门诊病历。

7. 做好介绍与指导　根据患者病情及医院的规章制度，对患者进行健康教育，如指导患者常规标本的留取方法及注意事项，介绍病室及病区环境、有关规章制度，以帮助患者及家属尽快熟悉环境。

8. 正确执行医嘱　按医嘱执行各项治疗和护理措施，通知营养室准备膳食。

9. 完成入院护理评估　收集患者有关健康资料，按照护理程序对患者进行护理评估，填写入院护理评估单，确定护理诊断，制订护理计划。

音频：考点解析

➢ **考点：**不属于住院处护理工作内容的是

A. 办理住院手续　B. 通知病区值班护士　C. 卫生处置

D. 护送患者入病区　E. 安排病区

（二）急诊患者入病区后的初步护理

病区接收的急诊患者多从急诊室直接送入或由急诊室经手术室手术后转入，护士接到住院处通知后，应立即做好以下工作。

1. 通知医生　接到住院处电话通知后，护士立即通知医生做好抢救准备。

2. 准备床单位　护士应立即备好床单位，按需加铺橡胶单和中单。对危重患者，应安排在重危患者监护病室或抢救室，并在床上加铺橡胶单和中单。对急诊手术患者，需铺好麻醉床。

3. 备好急救药品及器材　如准备好吸氧、吸痰用品和急救车等。

4. 配合抢救　患者入病室后，护士应积极配合医生进行抢救，并应严密观察患者生命体征及病情变化，做好护理记录。在医生未到之前，护士应根据病情做出初步诊断，给予相应紧急处理，如建立静脉通道、吸氧、吸痰、心肺复苏等。

5. 认真进行交接　患者入病区后，护士应立即与护送人员进行交接，对不能正确叙述病情和需求的患者（如听力受损、语言障碍、意识不清的患者或婴幼儿），须暂留陪护人员，以便询问病史等有关情况。对老年人、婴幼儿、意识不清或躁动不安的患者，需安置床档加以保护，以防发生坠床等意外事故。

（三）分级护理

分级护理（grading nursing）是护理人员根据患者病情的轻、重、缓、急及对患者自理能力的评估，给予患者不同级别的护理。分级护理分为4个级别：特级护理、一级护理、二级护理和三级护理，见表8-1。

表8-1　分级护理

护理级别	适用范围	护理措施
特级护理	①病情危重，随时可能发生病情变化，需要进行抢救的患者。②重症监护患者。③各种复杂或大手术后的患者。④严重创伤或大面积烧伤的患者。⑤使用呼吸机辅助呼吸，并需要严密监护病情的患者。⑥实施连续性肾替代治疗（CRRT），并需要严密监测生命体征的患者。⑦其他有生命危险，需要严密监测生命体征的患者	①安排24小时专人护理，严密观察病情变化及监测生命体征。②根据医嘱，正确实施治疗、给药措施。③准确测量液体出入量。④根据患者病情，正确实施基础护理和专科护理，如每日整理床单位、口腔护理、气道护理及管路护理，实施安全措施。⑤保持患者的舒适和功能体位：协助患者翻身及有效咳痰，做好压疮的预防及护理。⑥实施床旁交接班

续表

护理级别	适用范围	护理措施
一级护理	①病情趋向稳定的重症患者。②手术后或治疗期间需要严格卧床的患者。③生活完全不能自理且病情不稳定的患者。④生活部分自理，病情随时可能发生变化的患者	①每 1 小时巡视患者，观察病情变化，监测生命体征。②根据医嘱，正确实施治疗、给药措施。③根据患者病情，正确实施基础护理和专科护理，如协助进食、清洁护理、口腔护理、压疮护理、气道护理及管路护理，实施安全措施。④提供护理相关的健康指导
二级护理	①病情稳定，仍需卧床休息的患者。②生活部分自理的患者	①每 2 小时巡视患者，观察病情变化，监测生命体征。②根据医嘱，正确实施治疗、给药措施。③根据病情，正确实施护理措施和安全措施。④提供护理相关的健康指导
三级护理	病情稳定或处于康复期的生活完全能自理的患者	①每 3 小时巡视患者，观察病情变化，监测生命体征。②根据医嘱，正确实施治疗、给药措施。③提供护理相关的健康指导

第二节 出院护理

案例分析

某患者，女性，23 岁。因急性阑尾炎急诊入院，经手术治疗后痊愈出院。

经过入院治疗及护理后，患者痊愈，病情好转或因经济、个人、家庭、病情需要等情况转往其他医院诊治，或因病情过重，治疗及抢救无效而死亡等各种情况，医生开具患者痊愈、好转、自动出院、转院、死亡等出院医嘱，护士对患者进行相应出院护理后，患者出院。

出院护理（discharge nursing）是指在医生给患者开具出院医嘱后，护士在患者出院前后所进行的一系列护理活动。

一、出院护理的目的

1. 帮助患者解除患者角色，尽快适应社会生活。
2. 对患者及家属进行出院指导、健康教育，满足其身心需求。
3. 填写、处理及整理医疗和护理文件。
4. 处理及整理床单位、病室环境。

二、出院前的护理

（一）通知患者及家属

护士根据出院医嘱，提前通知患者及家属，协助做好出院准备。患者自动出院者，应在出院医嘱上注明“自动出院”，并要求患者或家属签名。

（二）适时安慰及鼓励

评估患者的生理、心理、社会需要，根据病情进行相关知识的健康教育。指导其在出院后的饮食、服药、休息、功能锻炼和定期复查等方面的注意事项。对好转、转院、自动出院的患者，进行有针对性的安慰与鼓励，增强其康复信心。对死亡患者的家属做好安抚工作。

（三）征求意见和建议

收集患者及家属对医院各项工作的意见和建议，整理、分析，为不断提高医疗和护理质量提供依据。

（四）办理出院手续

1. 执行出院医嘱　停止一切医嘱，注销所有的治疗及护理执行单；填写出院通知单，通知患者或家属到住院处办理出院手续，结算住院费用；注销各种卡片，如诊断卡、床尾卡；在当日体温单相应时间的 40～42 ℃用红笔纵行填写出院时间。

2. 做好用药指导　患者出院后如需继续服药治疗，护士可凭出院医嘱处方到药房领取药物，交患者或家属带回，并做好用药指导。

（五）协助整理用物

患者或家属办理出院手续后，如患者需要，协助患者清理个人用物，发回寄存物品，护士收回患者住院期间所借物品，必要时进行消毒处理。

（六）护送患者出院

患者办理完手续离院后，护士可根据病情需要分别用轮椅、平车或步行等方式护送患者出院。

三、出院后的护理

（一）整理医疗护理病历

1. 填写出院时间及出院患者登记本，按要求整理出院病历，出院病历交病案室保存。

2. 出院病历排列顺序为住院病案首页、出院记录或死亡记录、入院记录、病史及体格检查单、病程记录（手术、分娩记录单及特殊治疗记录单等）、各项检验及检查报告单、护理病历（一般护理记录单、危重症护理记录单、手术护理记录单）、医嘱单、体温单、门诊病历。

（二）处理病室及床单位

1. 撤去病床上的污被服，放入污衣袋内，送洗衣房处理。

2. 床垫、床褥、棉胎放在日光下暴晒 6 小时以上或用紫外线照射消毒处理后按要求折叠。

3. 病床及床旁桌、椅要用消毒液擦拭，非一次性面盆、痰杯等用消毒液浸泡处理。

4. 病房开窗通风、换气。

5. 传染性疾病患者的床单位及病室要严格按传染病终末消毒法处理。

6. 铺好备用床，准备迎接新患者。

第三节　运送患者的护理技术

患者常因各种因素造成身体活动受限，为方便患者入院、出院、接受检查、治疗，可根据病情选用轮椅、平车、担架等工具护送患者。因此，护士应在操作中利用人体力学原理，采取正确的姿势和体位，掌握合理运送患者的技术，科学地搬运患者，以达到减轻护患疲劳，避免患者二次损伤，使患者安全、舒适，预防并发症，从而提高护理质量和工作效率的目的。

▶▶ 案例分析

某患者，男性，65 岁。因夜间呼吸困难无法平卧入睡、胸闷、心前区疼痛剧烈、有濒死感就诊，既往有高血压史。体格检查：心肺听诊心率增快，两肺闻及广泛哮鸣音，T 37.5 ℃，P 125 次 / 分，R 23 次 / 分，BP 130/90 mmHg。心电图：快速性心房颤动、室性期前收缩、T 波改变。超声显示：左心房、左心室、右心房增大，二尖瓣、三尖瓣中度反流，肺动脉高压，左心室收缩功能受损。X 线检查显示双肺感染，双侧少量胸腔积液。初步诊断为左侧心力衰竭，被收入院。

一、轮椅运送技术

护理评估

1. 评估患者

（1）全身情况：患者年龄、病情、活动耐受力、治疗情况、损伤部位与躯体活动能力等。

（2）心理状态：患者情绪、对轮椅运送的认知及合作程度。

2. 评估用物 轮椅的性能完好。

3. 评估环境 地面整洁、平坦、干燥，环境宽敞，便于轮椅通行。

护理诊断

1. 气体交换受损 与左侧心力衰竭致肺淤血有关。

2. 活动无耐力 与心排血量下降有关。

护理计划

1. 目的

（1）运送能坐起但不能行走的患者。

（2）协助患者适当活动，促进血液循环和体力恢复。

2. 准备

（1）护士准备：着装整齐，洗手。掌握轮椅运送患者的方法和注意事项。

（2）用物准备：轮椅，根据季节备毛毯、别针，需要时备软枕。

护理实施

轮椅运送技术实施，见表 8-2。

表 8-2 轮椅运送技术实施

护理实施	流程简释	要点说明
备物、核对	◆检查轮椅性能，将轮椅推至床旁，再次核对患者的身份，指导患者配合的方法，以取得合作，按需给予便器	确认患者，保证安全
放置轮椅	◆轮椅背与床尾平齐，面朝床头，固定车闸，翻起脚踏板，如无车闸，护士应站在轮椅后面固定轮椅，防止车轮滑动 ◆扶患者坐于床沿，嘱双手掌撑在床面上维持坐姿	脚踏板可支托患者脚部，以辅助患者采取正确、舒适的坐姿
协助上椅	◆协助穿衣裤、鞋袜 ◆嘱患者双手置于护士肩上，护士双手环抱患者腰部，协助患者下床站立、移向轮椅，让患者扶住轮椅把手，转身坐入轮椅（图 8-1），翻下脚踏板，协助患者将脚置于脚踏板	护理人员的重心由前脚移至后脚，运用节力原则，以保持最佳的重心位置
寒冷保暖	◆寒冷时，将毛毯翻折围在患者颈部，用别针固定，两侧用毛毯围住双臂做成两个袖筒，各用别针固定在腕部，再用毛毯将身体和下肢（脱鞋）包裹好（图 8-2），置患者双脚于脚踏板上	

续表

护理实施	流程简释	要点说明
铺暂空床	◆铺暂空床，保持病室整洁、美观	
运送患者	◆嘱患者手扶把手，尽量靠后坐，系好安全带，松闸，推患者至目的地	
协助回床	◆推轮椅背与床尾平齐，患者面向床头，固定车闸，翻起脚踏板 ◆取下毛毯，协助患者站立、转身、坐于床沿 ◆帮助患者脱去鞋和外衣，协助患者取舒适卧位 ◆为患者整理衣物、整理床单位	
整理、洗手	◆洗手，脱口罩	

视频：
轮椅运送法

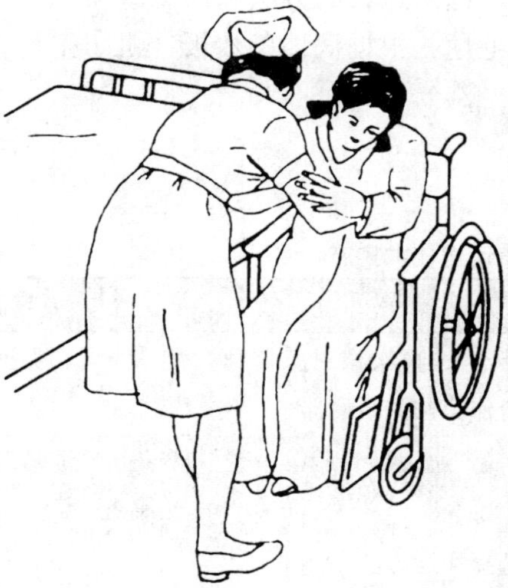

图 8-1　协助患者坐轮椅法

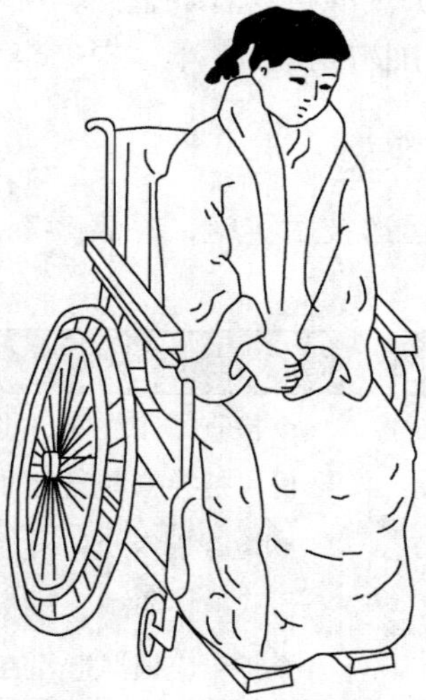

图 8-2　轮椅上患者保暖法

注意事项

1. 使用轮椅前，应仔细评估轮椅性能，注意患者保暖，以保证患者安全、舒适。

2. 推轮椅时，速度要慢，下坡时应减速，嘱患者尽量靠后坐，身体勿向前倾，并嘱患者抓紧扶手，以免患者感觉不适或发生意外。

3. 运送过程中，随时观察病情，询问患者感觉，如有不适，及时处理。

护理评价

1. 护士动作协调、轻、稳，搬运患者顺利，患者安全，无疲劳、不适及受凉。
2. 护患沟通有效，患者主动配合。
3. 充分体现以人为本的护理服务理念，关爱患者。

二、平车运送技术

护理评估

1. 评估患者

（1）全身情况：年龄、病情、意识状态、活动耐受力、治疗情况等。

（2）局部情况：损伤部位、躯体活动能力、管道情况等。

（3）患者对平车运送的认知及合作程度。

2. 评估用物 平车性能完好。

3. 评估环境 地面整洁、平坦、干燥，环境宽敞，便于平车通行。

护理诊断

同轮椅运送技术。

护理计划

1. 目的 运送不能起床的患者入院、检查、治疗、手术、转院等。

2. 准备

（1）护士准备：着装整齐，洗手。掌握平车运送患者的方法和注意事项。

（2）用物准备：平车，根据季节备棉被、毛毯，根据病情备木板、帆布兜等。

护理实施

平车运送技术实施，见表 8-3。

表 8-3 平车运送技术实施

护理实施	流程简释	要点说明
备物、核对	◆检查平车性能，将平车推至病床旁，再次核对患者身份，指导患者配合的方法，取得合作。按需给便器	确认患者，保证安全
检查导管	◆检查患者身体上的导管是否通畅，避免导管脱落、受压或液体逆流	避免导管脱落、受压或液体逆流
搬运患者	◆护士应根据患者的体重及病情选择搬运方法	
▲挪动法	适用于病情允许，能在床上适当配合的患者（图 8-3）	平车贴近床边，便于搬运
放置平车	◆移开床旁桌、椅，松开盖被，将平车与病床纵向紧靠，大轮靠床头，固定车闸或抵住平车	防止平车移动
协助上车	◆嘱患者自行移至床边，护士协助患者依次移动上半身、臀部、下肢于平车上，协助患者躺好 ◆用盖被包裹患者（先将脚端向上反折，再反折近侧，后对侧，两侧颈部反折成衣领）	 患者保暖、舒适，整齐、美观
铺暂空床	◆铺暂空床，保持病室整洁、美观	
运送患者	◆松闸，平稳、安全地将患者运送到指定地点	
协助回床	◆先移动下肢，再移动上肢，协助患者取舒适体位	
整理、洗手	◆为患者整理衣物、床单位 ◆洗手，脱口罩	
▲一人搬运法	适于病情允许，体重较轻者及儿童	
放置平车	◆移开床旁桌、椅，松开盖被，推平车至床尾，使平车头端与床尾呈钝角，固定车闸，放置平车	缩短搬运距离
搬运患者	◆护士一手自患者腋下伸至对侧肩部，另一手伸至患者大腿下，患者双臂交叉抱于护士颈部后；护士抱起患者，移步转向平车，先将患者臀部轻放于平车中央，再放脚及上半身（图 8-4），协助患者躺好，用盖被包裹患者（方法同上）	护士两脚前后分开，可扩大支撑面，降低重心

续表

护理实施	流程简释	要点说明
铺暂空床	◆铺暂空床，保持病室整洁、美观	
运送患者	◆松闸，平稳、安全地将患者运送到指定地点	
协助回床	◆回床搬运与离床搬运方法相同	
整理、洗手	◆协助患者整理衣物、床单位 ◆洗手，脱口罩	
▲二、三人搬运法		
◆二人搬运法	适用于病情较重或不能活动，体重较重者	
放置平车	◆同一人搬运法	
搬运患者	◆护士甲、乙站在床的同一侧，将患者双手置于胸腹部，护士甲一手托住患者的头、颈、肩部，另一手托住患者腰部；护士乙一手托住患者臀部，另一手托住患者腘窝，由一人发出口令，二人同时抬起，使患者身体向护士侧稍倾斜，移步将患者轻放于平车中央（图 8-5）	身高者托患者上半身，使患者处于头高位，以减轻不适；使患者尽量靠近搬运者，以减轻身体重力线的偏移程度，减少阻力臂
◆三人搬运法	◆护士甲、乙、丙站在床的同一侧，将患者双手置于胸腹部 ◆护士甲一手托住患者的头、颈、肩，另一手托住背部；护士乙一手托住患者的腰部，另一手托住臀部；护士丙一手托住患者的腘窝，另一手托住小腿，由一人发出口令，三人合力抬起患者，使患者身体向护士侧倾斜，移步将患者轻放于平车中央（图 8-6） ◆协助患者躺好，用盖被包裹患者	
铺暂空床	◆铺暂空床，保持病室整洁、美观	
运送患者	◆松闸，平稳、安全地将患者运送到指定地点	
协助回床	◆回床搬运与离床搬运方法相同	
▲四人搬运法	适用于颈椎、腰椎骨折的患者或病情危重的患者	
放置平车	◆同挪动法	
铺中单	◆在患者腰、臀部下铺中单或大单	中单一定要能承受住患者的体重
搬运患者	◆护士甲站于床头，托住患者的头、颈、肩部；护士乙站于床尾，托住患者的双腿；护士丙、丁分别站于病床及平车两侧，紧握中单或大单。由一人喊口令，四人同时抬起患者，将患者轻放于平车中央（图 8-7），协助患者躺好，用盖被包裹患者	
铺暂空床	◆铺暂空床，保持病室整洁、美观	
运送患者	◆松闸，平稳、安全地将患者运送到指定地点	
协助回床	◆回床搬运与离床搬运方法相同	
整理、洗手	◆协助患者取舒适体位，为患者整理衣物、床单位 ◆洗手，脱口罩	

视频：
平车运送法

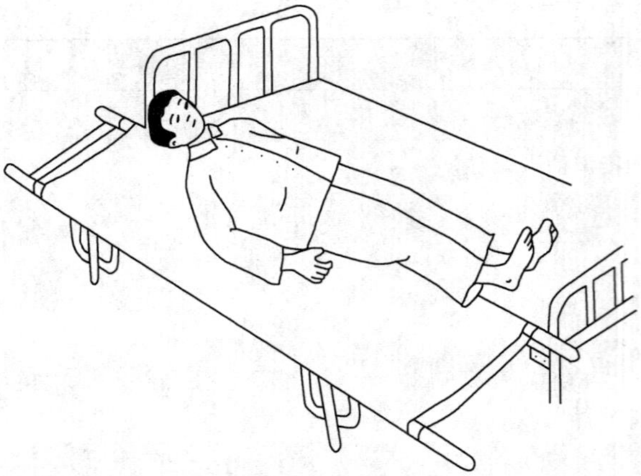

图 8-3　挪动法

图 8-4　单人搬运法

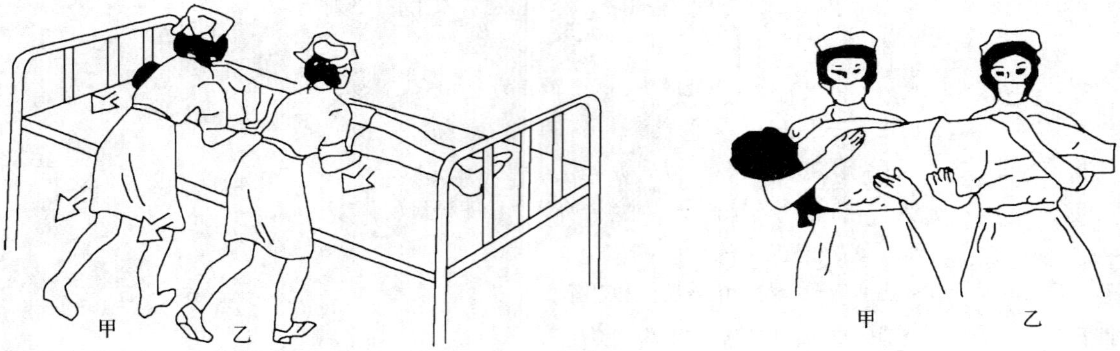

图 8-5　二人搬运法

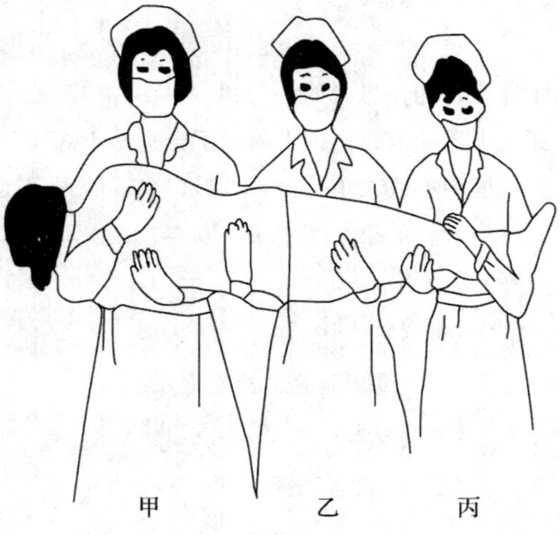

图 8-6　三人搬运法

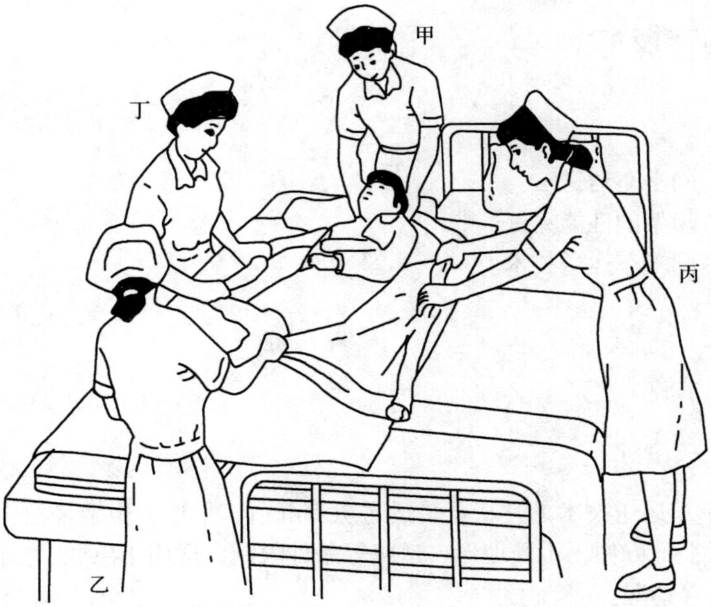

图 8-7　四人搬运法

注意事项

1. 使用平车前，应认真检查平车各部件性能和完好度，以确保安全。

2. 搬运时动作应轻、稳，协调一致，确保患者安全、舒适。同时，应遵循节力原则，尽量使患者身体靠近搬运者，达到省时、省力的目的。

3. 运送途中要注意：①患者头部应卧于平车的大轮端。②平车运送速度要适宜。③推车时，护士应站在患者头侧，便于观察病情。搬运及推车时均应注意观察患者生命体征的变化。④推车上、下坡时，保持患者头部位于高处，以免引起不适。⑤冬季应注意保暖，避免受凉。⑥有输液及引流管时，注意固定妥当并保持管道通畅。⑦搬运骨折患者时，车上应垫木板，并固定好骨折部位。⑧推车出入门时，应先将门打开，不可用车撞门，以免患者感到不适及损坏设施。⑨对于疑似或已经有颈椎损伤者，应保持患者头部处于中立功能位。搬运颅脑手术或损伤者时，应避免剧烈翻动，以免颅内压增高而诱发脑疝。

➤ **考点：** 某患者，男性，50 岁。由于车祸导致第 4、5 腰椎骨折，患者神志清醒，体温、脉搏、呼吸、血压正常，需要收入骨科手术治疗，护士在运送患者入病区时应选用的搬运方法是

A. 轮椅运送技术　　B. 一人搬运法　　C. 二人搬运法

D. 三人搬运法　　E. 四人搬运法

音频：考点解析

护理评价

1. 操作规范，动作轻、稳、省力、协调。患者安全、舒适，无损伤等并发症，患者持续性治疗不受影响。

2. 护患沟通良好，患者愿意配合。

3. 充分体现以人为本的护理服务理念，关爱患者。

三、担架运送技术

护理评估

1. 评估患者 同平车运送法。

2. 评估用物 担架的性能完好。

3. 评估环境 同平车运送技术。

护理诊断

同轮椅运送技术。

护理计划

1. 目的 同平车运送技术，其特点是运送患者舒适、平稳，担架轻便，对体位影响较小，乘各种交通工具时上下方便，不受地形、道路等条件限制，适用于急救、空间狭小、交通不便或需上下交通工具等情况。

2. 准备

（1）护士准备：同平车运送技术。

（2）用物准备：担架。

护理实施

担架运送技术实施，见表 8-4。

表 8-4 担架运送技术实施

护理流程	流程简释	要点说明
备物、核对	◆检查担架性能，将担架推至病床旁，再次核对患者身份，指导患者配合的方法，取得合作	确认患者，保证安全
检查导管	◆检查患者身体上的导管是否通畅，避免导管脱落、受压或液体逆流	避免导管脱落、受压或液体逆流
▲三人搬运法	护士应根据患者的体重及病情选择搬运方法 同平车运送技术	
▲平托法	适用于颈椎损伤的患者。	
安置患者	◆护士站在患者和担架的同一侧，将担架移至患者身旁。 ◆由护士甲托起患者头、颈部，护士乙、丙分别托患者的胸、腰、臀及上下肢，护士将患者水平托起，头部处于中立位，并沿身体纵轴向上略加牵引颈部，缓慢移到担架上	
	◆患者采取仰卧位，并在颈下垫相应高的小枕或衣物，保持头颈中立位。头颈两侧应用衣物或沙袋加以固定	关爱患者、体贴、细心
	◆用盖被包裹患者，先盖脚部，然后两侧，上层边缘向内折叠	询问患者，观察病情
整理床铺	◆整理床单位，铺暂空床，保持病室整洁、美观	
运送患者	◆护送患者到指定地点	
协助回床	◆回床搬运与离床搬运方法相同	
整理、洗手	◆协助患者取舒适体位，为患者整理衣物、床单位	
	◆洗手，脱口罩	

知识链接

普通担架和铲式担架

1. 普通担架　普通担架为现今医院救护车内装备的担架，担架自身重量较重且牢固。

2. 铲式担架　铲式担架由左、右两片铝合金板组成。搬运患者时，先将患者处于平卧位，固定颈部，然后分别将担架左、右两片从患者纵向侧面插入背部，扣合后再搬运，简单、方便，见图 8-8 。

图 8-8　铲式担架

注意事项

同平车运送技术。

护理评价

同平车运送技术。

自测题

一、A1 型题

1. 门诊发现传染病患者应立即
   A. 进行健康教育　B. 送隔离门诊就诊　C. 安排提前就诊
   D. 转送急诊科处理　E. 消毒候诊环境
2. 协助患者向平车挪动的顺序，正确的是
   A. 上身、下肢、臀部　B. 上身、臀部、下肢
   C. 臀部、上身、下肢　D. 下肢、上身、臀部
   E. 下肢、臀部、上身

二、A2 型题

3. 某患儿，女性，4 岁。因火灾出现全身大面积烧伤，该患儿护理级别应是
   A. 特级护理　B. 一级护理　C. 二级护理
   D. 三级护理　E. 四级护理
4. 下列不属于一级护理的是
   A. 休克患者
   B. 昏迷患者
   C. 瘫痪患者

D. 高热患者

E. 病情略重，生命体征平稳，生活部分不能自理的患者

5. 患者，男性，65 岁。因哮喘发作送入急诊科，给予用药、吸氧等处理，患者病情平稳后，用平车送至病区住院治疗，以下不妥的是

A. 维持吸氧、输液通畅
B. 注意保暖
C. 上坡和下坡时保持头在高位
D. 注意有无病情变化
E. 安置合适卧位

6. 某患者，女性，30 岁。因急性胰腺炎入院治疗，值班护士发现患者表情紧张，情绪较低落，在实施入院护理交谈中，以下欠妥的是

A. 倾听述说，给予合理指导
B. 热情接待，消除陌生感
C. 耐心安慰，减轻焦虑
D. 满足患者的任何要求，让其安心
E. 介绍病区环境和同室病友，减轻孤独感

7. 某患者，女性，30 岁。因异位妊娠术后 1 周，医嘱决定明日出院，护士首先应做的护理工作是

A. 给予出院指导和健康教育
B. 协助患者整理私人用物
C. 填写出院护理评估单
D. 征求患者及家属意见
E. 通知患者及家属做好出院准备

三、A3 型题

（8～9 共用题干）

某患者，男性，45 岁，体重 55kg。因车祸导致脾破裂，入院后需立即进行急诊手术治疗。

8. 住院处护士应首先处理的是

A. 通知科室医生
B. 给予卫生处置
C. 收集病情资料
D. 办理住院手续
E. 护送患者入院

9. 病区护士接到手术通知后，应首先

A. 测量生命体征
B. 通知医生
C. 收集病情资料，确立护理问题
D. 准备床单位，铺麻醉床
E. 填写住院病历

（10～13 题共用题干）

某患者，女性，48 岁。因腰椎骨折住院，现要到放射科进行检查。

10. 护士应采用何种方法搬运患者

A. 四人搬运法
B. 一人搬运法
C. 二人搬运法
D. 三人搬运法
E. 挪动法

11. 根据患者情况，应在平车上垫

A. 棕垫
B. 木板
C. 塑料板
D. 泡沫板
E. 纸板

12. 搬运患者的正确方法是

A. 护士双臂将患者抱起，移至平车上
B. 护士甲托头、颈、肩，护士乙托腰部和臀部，搬运至平车上
C. 护士甲托头、颈、肩，护士乙托腰部、臀部，护士丙托腘窝、小腿，搬运至平车上

D. 护士甲托头、颈、肩，护士乙托两腿，护士丙、丁分别站于病床及平车两侧，紧握中单四角，四人同时抬起患者，搬运至平车上
E. 协助患者移动上半身、臀部、下肢于平车上

13. 平车运送患者途中，不妥的是
A. 护士站在患者头端
B. 患者头卧于大轮侧
C. 推平车上坡和下坡时，患者头部在前
D. 推车速度要适宜
E. 观察患者面色、呼吸及脉搏

（陈　琦）

思政之光

第九章 患者卧位的护理

思维导图

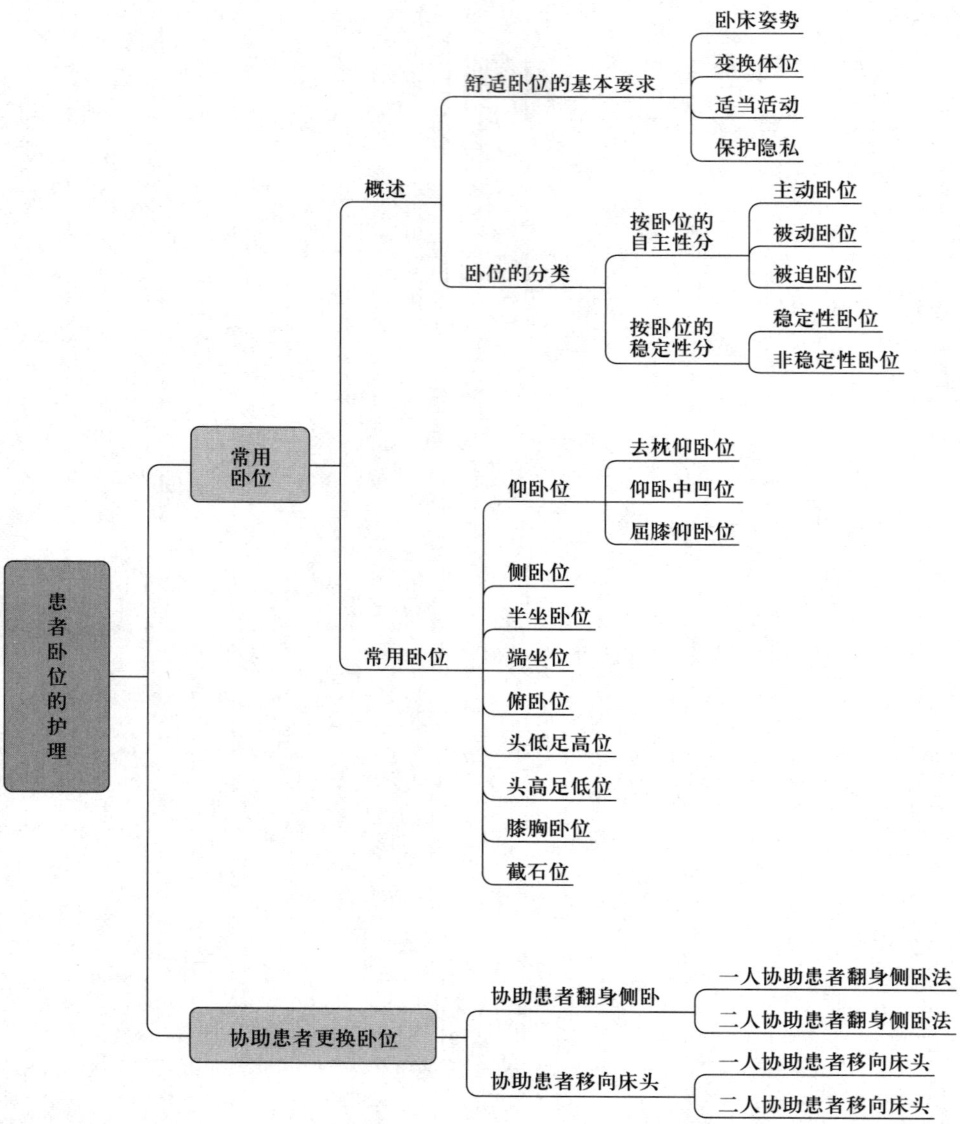

学习目标

1. 解释主动卧位、被动卧位、被迫卧位。
2. 描述协助患者翻身侧卧、协助患者移向床头、保护具的运用。
3. 熟记常用卧位的种类和各种卧位的适用范围。
4. 根据患者病情、治疗和实际需要，正确为患者安置合适的卧位，协助患者变换卧位。
5. 养成良好的职业素养，具有以人为本的护理服务理念、爱伤观念，具备严肃认真、一丝不苟的工作态度。

卧位（lying position）是指患者休息和为适应医疗及护理需要所采取的卧床姿势。正确的卧位对治疗疾病、减轻疼痛、预防并发症、增加患者舒适度等有着重要的作用。对昏迷、神志不清、精神异常、烦躁不安、年老体弱等患者，根据需要应用保护具，可防止患者坠床、抓伤等意外，确保患者安全。因此，在临床护理工作中，护士应掌握各种卧位的适用范围和安置方法、保护具使用的适应证和方法，根据病情需要，指导和协助患者采取正确的卧位姿势，确保舒适和安全。

第一节　常用的卧位

一、概述

（一）舒适卧位的基本要求

舒适卧位即患者卧床时身体各部位均处于合适的位置，患者感觉轻松、自在。护理人员必须掌握舒适卧位的基本要求，以便协助或指导患者卧于正确而舒适的位置。

1. 卧床姿势　应符合人体力学的要求，尽量扩大支撑面，维持身体各部位良好的功能和位置。

2. 变换体位　应经常变换体位，至少每 2 小时变换 1 次。应加强受压部位皮肤护理，预防压疮的发生。

3. 适当活动　在无禁忌证的情况下，每日活动患者身体各部位。改变卧位时，进行关节活动度练习。

4. 保护隐私　当患者卧床或护理人员对其进行各项护理操作时，应注意保护患者隐私，根据操作需要，适当遮盖患者身体，促进患者身心舒适。

（二）卧位的分类

1. 根据卧位的自主性分类　根据卧位的自主性，可将卧位分为主动卧位、被动卧位和被迫卧位 3 种。

（1）主动卧位（active lying position）：患者根据自己的习惯和意愿采取最舒适、最随意的卧位，并能随意改变卧床姿势，称为主动卧位。主动卧位见于症状较轻的患者、术前及恢复期患者。

（2）被动卧位（passive lying position）：患者自身无力变换卧位，躺卧于他人为其安置的卧位，称为被动卧位。被动卧位常见于昏迷、极度衰弱的患者。

（3）被迫卧位（compelled lying position）：患者意识清晰，也有变换卧位的能力，但为了减轻疾病所致的痛苦或因治疗需要而被迫采取的卧位，称为被迫卧位，又称强迫卧位。如胎位不正患者为纠正胎位而采取膝胸卧位。

2. 根据卧位的平衡稳定性分类 根据卧位的平衡稳定性，可将卧位分为稳定性卧位和非稳定性卧位。

（1）稳定性卧位：重心低，支撑面大，平衡稳定，患者感到轻松、舒适（图 9-1）。

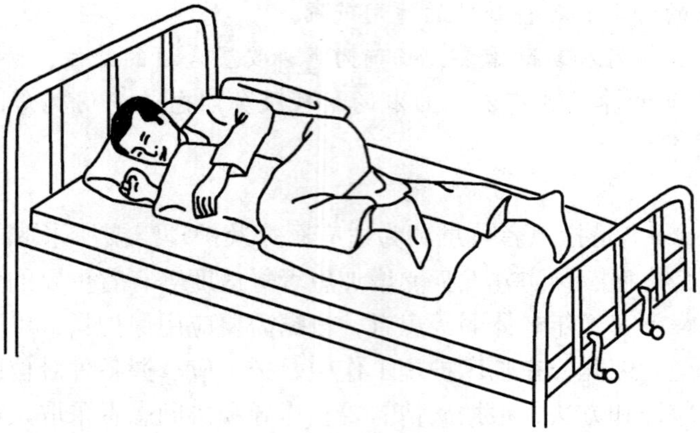

图 9-1 稳定性卧位

（2）非稳定性卧位：重心高，支撑面小，难以保持平衡。患者肌肉紧张，易于疲劳，感觉不舒适。应尽量避免为患者采取非稳定性卧位（图 9-2）。

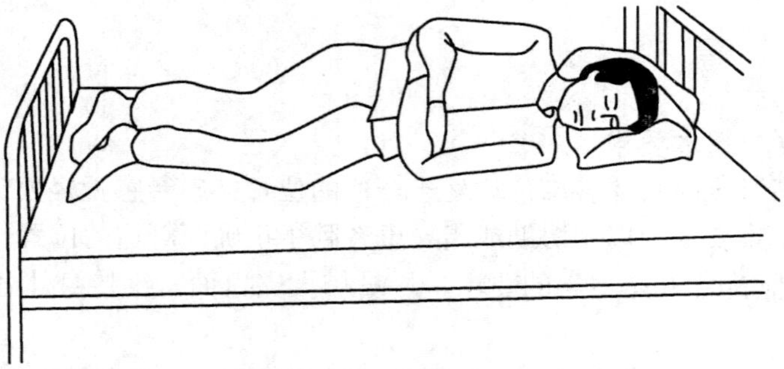

图 9-2 非稳定性卧位

二、常用卧位

案例分析

患者，男性，48 岁。颅脑手术后被送回病房。

（一）仰卧位

仰卧位（supine position）又称平卧位。仰卧位的基本姿势为患者仰卧，头下置一枕，两臂放于身体两侧，两腿自然放平。根据患者病情或检查、治疗的需要，可分为去枕仰卧位、中凹卧位和屈膝仰卧位。

1. 去枕仰卧位

（1）安置方法：患者去枕仰卧，头偏向一侧，两臂放于身体两侧，两腿自然放平，将枕头横立于床头（图 9-3）。

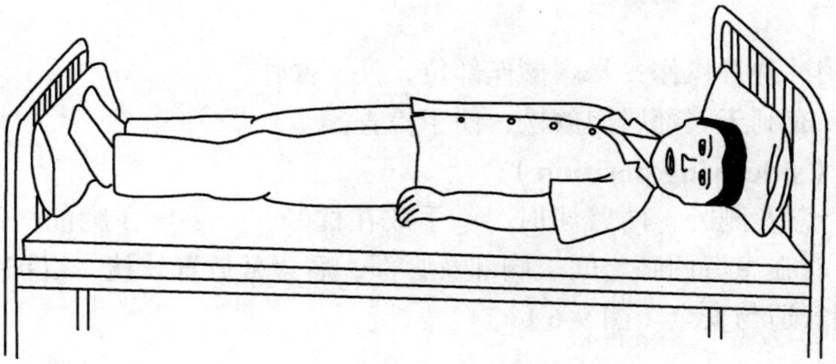

图 9-3 去枕仰卧位

（2）适用范围

1）昏迷或全身麻醉未清醒的患者：采用去枕仰卧位，头偏向一侧，可防止呕吐物误入气管而引起患者窒息或肺部并发症。

2）椎管穿刺后或椎管内麻醉后的患者：采用此种卧位 6 ~ 8 小时，可预防颅内压减低而引起的头痛。因穿刺后脑脊液可随穿刺点漏出，导致颅内压降低，牵张颅内静脉窦和脑膜等组织引起头痛。

2. 中凹卧位

（1）安置方法：患者仰卧，两臂置于身体两侧，抬高头及胸部 10° ~ 20°，抬高下肢 20° ~ 30°，为了使患者保持舒适和稳定，可以在患者膝下垫软枕（图 9-4）。

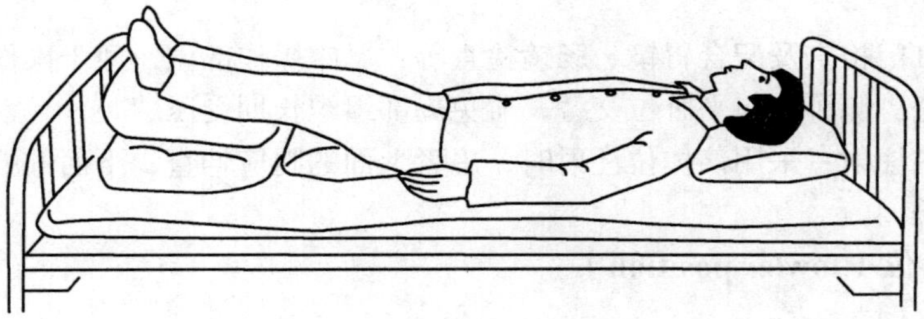

图 9-4 中凹卧位

（2）适用范围：休克患者。抬高患者头、胸部，有利于保持气道通畅，改善通气功能，从而改善缺氧症状。抬高患者下肢有利于静脉血回流，增加心排血量而使休克症状得到缓解。

3. 屈膝仰卧位

（1）安置方法：患者仰卧，头下垫枕，两臂放于身体两侧，两膝屈起并稍向外分开（图 9-5）。检查或操作时注意保暖及保护患者隐私。

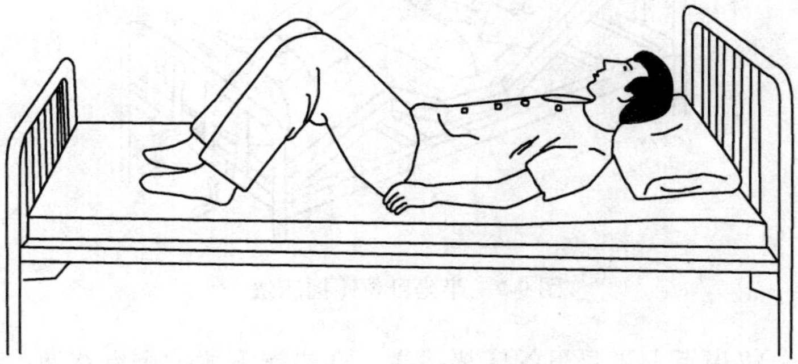

图 9-5 屈膝仰卧位

（2）适用范围

1）导尿和会阴冲洗等操作：暴露操作部位，便于操作。

2）腹部检查：有利于腹部肌肉放松，便于检查。

（二）侧卧位（side-lying position）

1. 安置方法 患者侧卧，两臂屈肘，一手放在枕旁，一手放在胸前，下面的腿伸直，上面的腿弯曲。必要时在患者两膝之间、胸部及腹部、后背部放置软枕，以扩大支撑面，增加稳定性，使患者感到舒适与安全（图 9-6）。

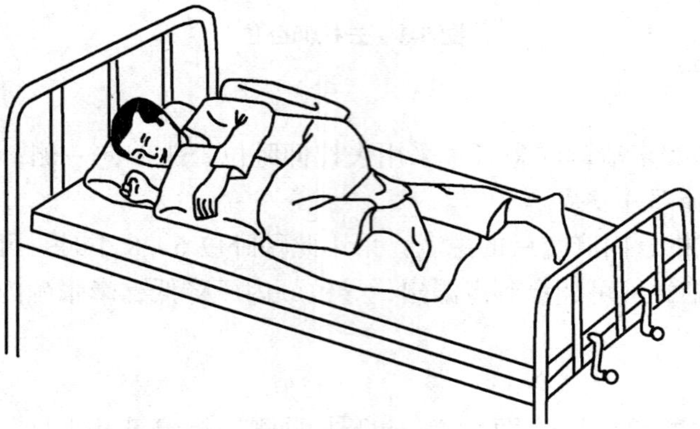

图 9-6 侧卧位

2. 适用范围

（1）灌肠、肛门检查及配合胃镜、肠镜检查等：暴露操作部位，便于操作。

（2）预防压疮：侧卧位与平卧位交替，避免局部组织长期受压。

（3）臀部肌内注射：采用该体位注射时，患者上面的腿应伸直，下面的腿弯曲，使注射部位的肌肉充分放松。

（三）半坐卧位（fowler position）

1. 安置方法

（1）摇床法：患者仰卧于床上，摇起床头支架，使上半身抬高，与床成 30°～50°，再摇起膝下支架，以防患者下滑。必要时，床尾可放置一软枕，垫于患者足底支撑患者。放平时，应先摇平膝下支架，再摇平床头支架（图 9-7）。

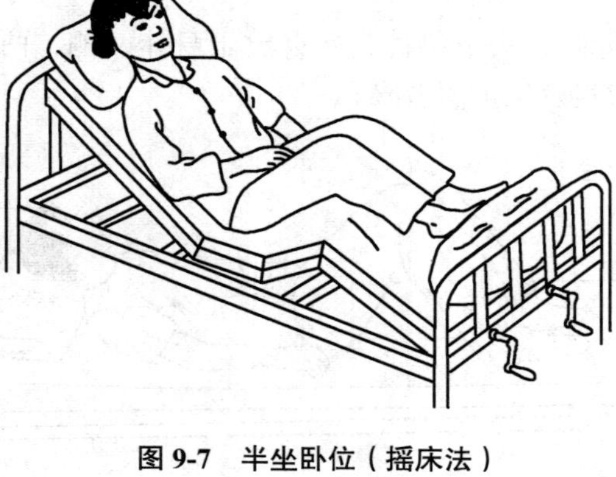

图 9-7 半坐卧位（摇床法）

（2）靠背架法：将患者上半身下的床垫抬高，在垫褥下放一个靠背架，下肢屈膝，用大单包裹枕芯垫于膝下，大单两端固定于床沿，以防患者下滑。床尾足底垫软枕。放平时，首先取走膝下的枕芯，再取走床头靠背架，并协助患者躺卧（图 9-8）。

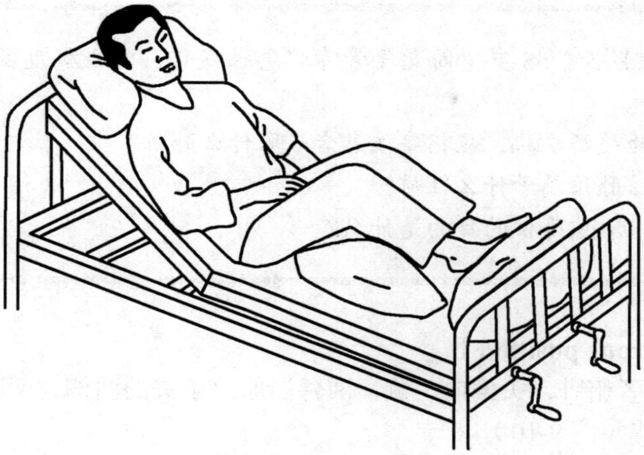

图 9-8　半坐卧位（靠背架法）

2. 适用范围

（1）面部及颈部手术后：采取半坐卧位可减少局部出血。

（2）心肺疾病引起呼吸困难：采取半坐卧位，由于重力的作用，部分血液滞留于下肢和盆腔脏器中，使回心血量减少，从而减轻肺淤血和心脏负担，同时可使膈肌位置下降，胸腔容量扩大，减轻腹腔内脏器对心肺的压力，使肺活量增加，有利于气体交换，使患者呼吸困难的症状得到改善。

（3）腹腔、盆腔手术后或有炎症：采取半坐卧位使腹腔渗出液流入盆腔，防止感染向上蔓延引起膈下脓肿，促使感染局限。因为盆腔腹膜抗感染性较强，而吸收较弱，所以可以防止炎症扩散和毒素吸收，减轻中毒反应。此外，腹部手术后患者采取半坐卧位可以减轻腹部切口缝合处的张力，缓解疼痛，促进舒适，有利于切口愈合。

（4）疾病恢复期体质虚弱的患者：采取半坐卧位可以使患者逐渐适应体位改变，有利于向站立姿势过渡。

（四）端坐位（sitting position）

1. 安置方法　协助患者坐起，身体稍向前倾，在半坐卧位的基础上，用床头支架将床头抬高 70° ~ 80°，使患者能够向后倚靠。若患者虚弱，可在床上放一跨床小桌，桌上放软枕，患者可伏桌休息，同时膝下支架抬高 15° ~ 20°，必要时加床档，以保证患者的安全（图 9-9）。

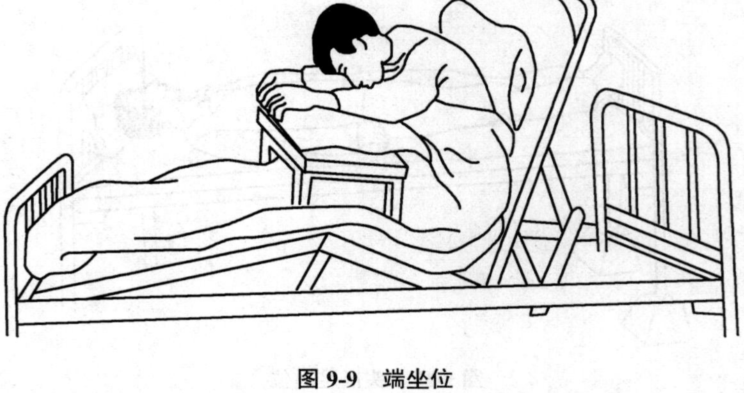

图 9-9　端坐位

2. 适用范围　心力衰竭、心包积液、支气管哮喘发作的患者，由于极度呼吸困难而被迫采取端坐位。

音频：
课堂互动解析

课堂互动

某患者，男性，58岁，因支气管哮喘急性发作，呼吸极度困难，患者不能平卧，烦躁不安。

问题1. 为缓解症状，应指导该患者采取什么卧位？

问题2. 该卧位属于什么性质？

问题3. 采取该卧位的目的是什么？

（五）俯卧位（prone position）

1. 安置方法 患者俯卧，头偏向一侧，两臂屈曲放于头的两侧，两腿伸直，胸下、髋部及踝部各放一软枕支撑（图9-10）。

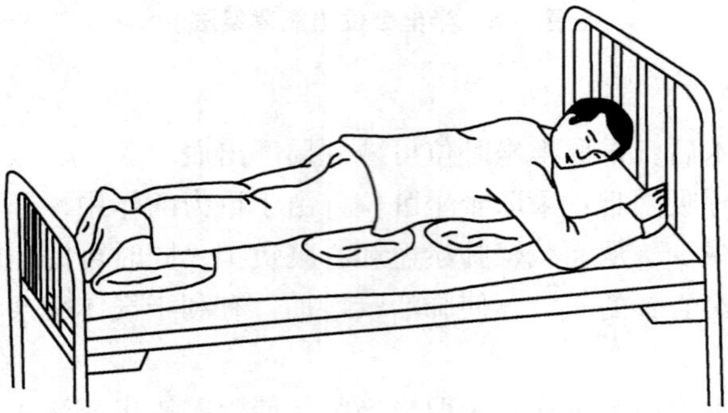

图9-10 俯卧位

2. 适用范围

（1）腰背部检查或配合胰胆管造影检查时。

（2）脊椎手术后或腰、背、臀部有切口，不能平卧或侧卧的患者。

（3）胃肠气胀导致腹痛时，患者采取俯卧位，可使腹腔容积增大，从而缓解胃肠气胀所致的腹痛。

（六）头低足高位（Trendelenburg position）

1. 安置方法 患者仰卧，头偏向一侧，将一软枕横立于床头，以防碰伤头部。床尾的床脚用支托物垫高15～30 cm（图9-11）。因为这种体位患者会感到不适，所以不宜过长时间使用。孕妇、高血压等患者慎用。颅内高压患者禁用。

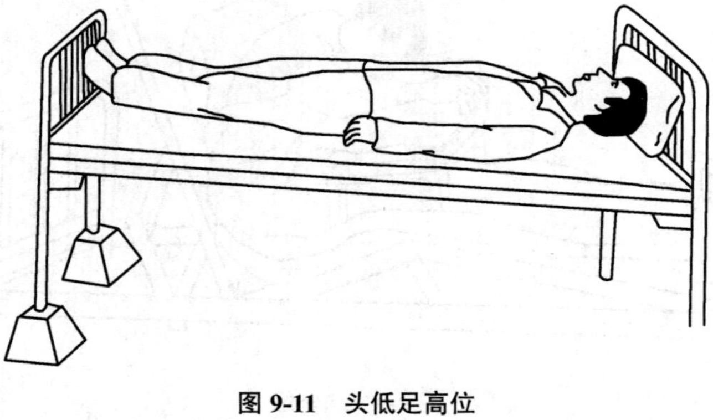

图9-11 头低足高位

2. 适用范围

（1）肺部分泌物引流：采用头低足高位有助于引流，使痰易于咳出。

（2）十二指肠引流：采取右侧卧位，同时头低足高位，有利于胆汁引流。

（3）妊娠时胎膜早破：可预防脐带脱垂。

（4）跟骨牵引或胫骨结节牵引：该体位可利用人体重力作为反牵引力。

（七）头高足低位（dorsal elevated position）

1. 安置方法　患者仰卧，在床头端的床脚下用支托物垫高 15 ~ 30 cm 或根据病情而定，床尾横立一软枕，以防止患者足部触碰床尾而引起不适（图 9-12）。

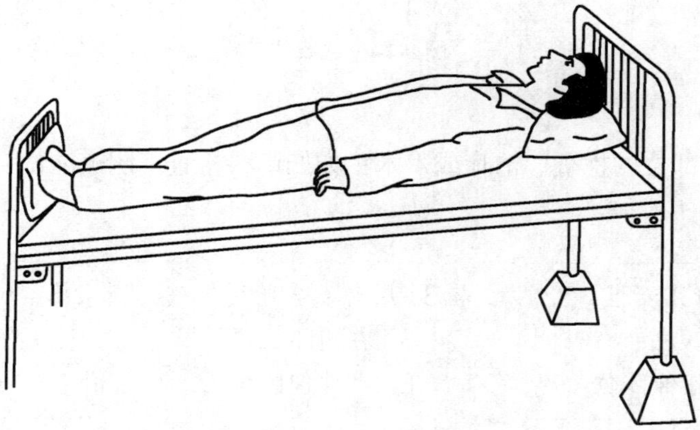

图 9-12　头高足低位

2. 适用范围

（1）颈椎骨折患者作颅骨牵引：该体位可以利用人体重力作为反牵引力。

（2）减轻颅内压，预防脑水肿。

（3）颅脑疾病或颅脑手术后的患者：预防脑水肿，缓解颅内高压产生的症状。

（八）膝胸卧位（knee-chest position）

1. 安置方法　患者跪卧，两小腿平放于床上，稍分开，大腿与床面垂直，胸部贴于床面，腹部悬空，臀部抬起，背部伸直，头转向一侧，两臂屈肘，放于头的两侧（图 9-13）。孕妇可采用此卧位纠正胎位不正，摆放时应注意保暖并且每次不应超过 15 分钟。

图 9-13　膝胸卧位

2. 适用范围

（1）肛门、直肠、乙状结肠镜检查及治疗。

（2）矫正胎位不正或子宫后倾。

（3）促进产后子宫复原。

（九）截石位（lithotomy position）

1. 安置方法　患者仰卧于检查台上，两腿分开放在支腿架上（支腿架上放软垫），臀部向前齐台边，两手放在身体两侧或胸前（图 9-14）。采用该体位应注意对患者的遮挡及保暖。

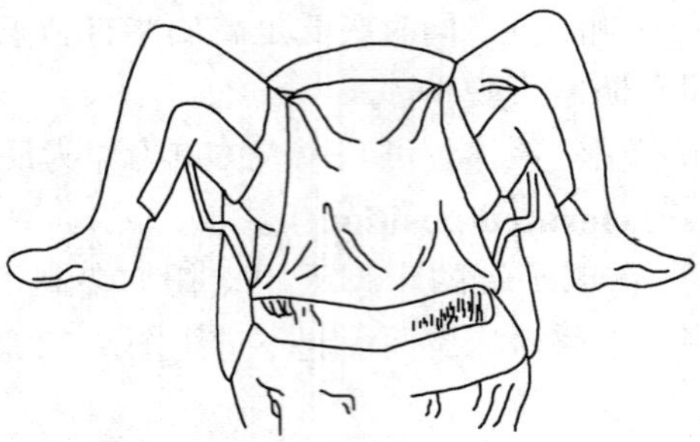

图 9-14　截石位

2. 适用范围

（1）会阴及肛门部位的检查、治疗或手术：如妇产科检查、阴道灌洗、膀胱镜检查等。

（2）产妇分娩。

音频：考点解析

➢ **考点**：某患者，女性，32 岁。孕 34 周时发生胎膜早破，应采用

A. 截石位　　B. 右侧卧位　　C. 头低足高位

D. 屈膝仰卧位　　E. 去枕仰卧位

第二节　协助患者更换卧位

患者如果长期卧床，局部组织持续受压，血液循环障碍，容易发生压疮。卧床致呼吸道分泌物不易咳出，易导致坠积性肺炎的发生。同时，长期卧床的患者由于缺乏适当的活动，还易出现消化不良、便秘、肌肉萎缩等症状。因此，对于长期卧床的患者，护士应督促其经常变换卧位，对于活动能力弱或者无自主活动能力的患者，护士应协助其定时变更卧位，增进患者舒适感，以预防并发症的发生。

一、协助患者翻身侧卧

案例分析

某患者，男性，33 岁，在建筑工地上干活时不慎从高楼坠下。患者神志不清，右下肢和颈椎骨折，全身多处软组织挫伤。来院后给予静脉输液、留置导尿管、颅骨牵引及右下肢石膏固定治疗。

护理评估

1. 评估患者　①核对患者身份：床号、住院号、姓名、性别、年龄和诊断。②全身情况：患者体重、病情、意识状况、心理状态及合作程度等。③局部情况：患者生命体征，躯体、四肢活动能力，局部皮肤受压情况，手术部位、伤口及引流情况，有无骨折牵引等。④患者及其家属对更换卧位的操作方法及作用的了解程度、配合能力等。

2. 解释　向患者及家属解释翻身侧卧的目的、操作要点及配合方法。

3. 评估环境　环境整洁、宽敞、光线充足。必要时备屏风或围帘，以保护患者隐私。

护理诊断

1. 意识障碍　与外伤有关。

2. 活动受限　与骨折牵引固定有关。

3. 有皮肤完整性受损的危险　与长期卧床有关。

护理计划

1. 目的

（1）协助不能起床的患者更换卧位，使患者感觉舒适。

（2）满足患者治疗与护理的需要，如背部皮肤护理、更换床单或整理床单等。

（3）预防并发症，如压疮等。

2. 准备

（1）护士准备：着装整洁、举止大方，洗手，必要时戴口罩及手套。

（2）患者准备：患者及其家属了解翻身变换卧位的目的和配合方法。

（3）用物准备：根据情况准备软枕、床档等物品。

护理实施

协助患者翻身侧卧实施，见表 9-1。

表 9-1　协助患者翻身侧卧实施

护理实施	流程简释	要点说明
核对、解释	◆核对患者床号、姓名，向患者及家属解释操作目的、要点及配合方法，必要时拉起对侧床栏	取得患者配合，建立安全感
安置导管	◆将与患者连接的导管及输液装置等放置妥当	翻身时，先检查导管是否脱落、扭曲、移位，防止受压或者折叠，保持导管通畅
安置患者	◆协助患者仰卧，两肘屈曲，将两手放于腹部，必要时放平床头	
协助翻身	◆一人协助患者翻身侧卧法（图 9-15） （1）将枕头移向近侧，将患者的肩部、臀部抬起移向近侧，然后将患者的双下肢移向近侧并屈曲 （2）护士一手托患者肩，一手扶膝，轻轻将患者翻向对侧，背向护士 ◆二人协助患者翻身侧卧法（图 9-16） （1）甲、乙两名护士站在床的同一侧，将枕头移向近侧，甲护士托住患者肩部、颈部和腰部，乙护士托住患者臀部和腘窝部，两人同时抬起患者，将其移向近侧 （2）护士两人分别托扶患者的肩部、腰部和臀部、膝部，轻轻将患者翻向对侧	适用于体重较轻的患者 移动患者时，应使患者尽量靠近护士，缩短阻力臂，以便省力 适用于体重较重的患者 动作协调，保护患者
检查安置	◆观察受压部位皮肤，确认无压疮发生，安置患者肢体各关节处于功能位置，各种管道保持通畅，并在患者背部、胸前及两膝间垫上软枕	扩大支撑面和增加患者舒适度
洗手、记录	◆清洗双手，记录翻身时间和皮肤状况	及时记录，做好交接班

视频：
翻身侧卧技术

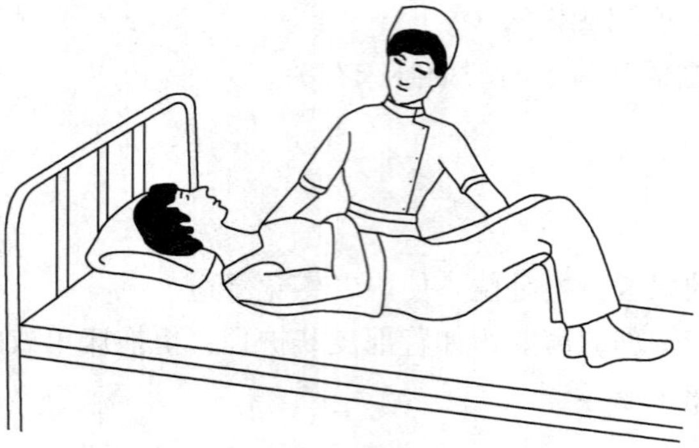

图 9-15　一人协助患者翻身侧卧法

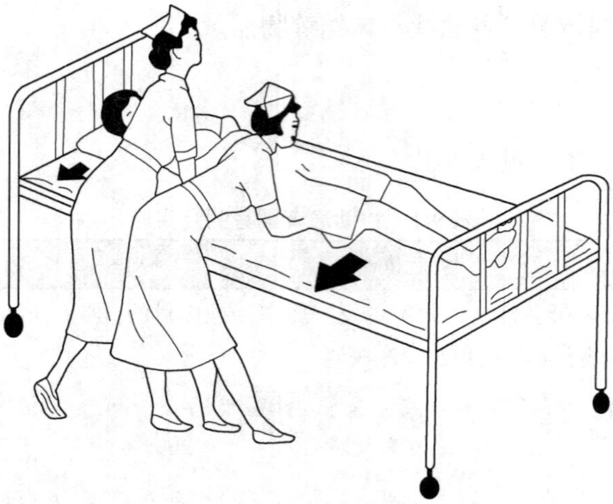

图 9-16　二人协助患者翻身侧卧法

注意事项

1. 护士协助患者更换卧位时，应注意节力原则。在为患者翻身时，尽量让患者靠近护士，使重力线通过支撑面来保持平衡，缩短阻力臂而省力。

2. 协助患者翻身时，先将患者身体稍抬起再行翻身，切忌拖、拉、推等动作，以免擦伤皮肤。二人协助患者翻身时，须注意动作要轻、稳及协调。

3. 协助患者更换卧位时，应注意观察病情与皮肤受压部位情况，并酌情确定翻身间隔时间，同时做好交接班。

4. 为有特殊情况的患者更换卧位时，须注意：

（1）对有各种导管或输液装置者，应先将导管安置妥当，患者翻身后仔细检查，以保持导管通畅。

（2）对一般手术患者，翻身时应先检查敷料有无脱落及是否干燥，如分泌物浸湿敷料，应该先更换敷料并固定妥当后，再进行翻身，患者翻身后注意切口不可受压。

（3）对颅脑手术患者，应该取健侧卧位或平卧位。在翻身时要注意头部不可剧烈翻动，以避免引起患者脑疝，压迫脑干导致突然死亡。

（4）对石膏固定者，应该注意翻身后患处位置及局部肢体的血运情况，防止受压。

（5）对颈椎或颅骨牵引患者，翻身时不可放松牵引，并使头、颈、躯干保持在同一水平位进行翻动。翻身后注意牵引力及牵引方向、位置是否正确。

（6）翻身时需注意防止患者着凉及坠床。

护理评价

1. 操作规范，符合节力原则，动作轻、稳、协调，患者感觉安全与舒适，皮肤受压情况得到改善。

2. 护患沟通有效，患者愿意配合。

3. 充分体现人文关怀，患者的需要得到满足。

➢ **考点：** 协助患者翻身时，护士应尽量靠近患者的目的是

A. 节力　　B. 方便　　C. 关怀

D. 安抚　　E. 安全

音频：考点解析

二、协助患者移向床头

护理评估

1. 评估患者 ①核对患者身份：床号、住院号、姓名、性别、年龄和诊断。②全身情况：患者体重、病情、意识状况、治疗情况、心理状态及合作程度等。③局部情况：患者生命体征，躯体、四肢活动能力，局部皮肤受压情况，手术部位、切口及引流情况，有无骨折牵引等。④患者及其家属对操作的了解程度、配合能力等。

2. 解释 向患者及家属解释移向床头的目的、操作要点及配合方法。

3. 评估环境 环境整洁、宽敞、光线充足，温度及湿度适宜。必要时备屏风或围帘，以保护患者隐私。

护理诊断

同协助患者翻身侧卧。

护理计划

1. 目的

（1）协助滑向床尾而不能自行移动的患者移向床头，使患者恢复正常且舒适的体位。

（2）满足患者的身心需要。

知识链接

轴线翻身法

轴线翻身法适用于脊椎受损或脊椎手术后患者改变卧位，避免因翻身时脊柱错位而损伤脊髓。翻身时，注意勿让患者身体屈曲，以免脊柱错位。同时，扩大支撑面积，确保患者卧位的稳定和安全。

1. 患者去枕仰卧，护士将大单铺于患者身体下。

2. 三名护士站于病床同侧，分别抓紧靠近患者头、肩、腰、髋及双下肢等处的大单，将患者拉至近侧，拉起床栏。

3. 护士绕至床的另一侧，三人分别抓紧患者近侧头、肩、胸、腰、背、臀及双下肢等处的远侧大单，同时将患者整个身体以圆滚轴线翻至近侧，使患者面向护士，将枕头移至患者头下。

视频：轴线翻身技术

2. 准备

（1）护士准备：着装整洁、举止大方，洗手，必要时戴口罩及手套。

（2）患者准备：患者及其家属了解移向床头的目的和配合方法。

（3）用物准备：根据情况准备软枕等物品。

护理实施

协助患者移向床头实施，见表 9-2。

表 9-2　协助患者移向床头实施

护理实施	流程简释	要点说明
核对、解释	◆核对患者床号、姓名，向患者及家属解释操作目的、操作要点及配合方法	取得患者配合，建立安全感
放平床头	◆根据患者病情放平床头支架，将软枕横立于床头	防止撞伤头部
安置导管	◆将与患者连接的导管及输液装置等放置妥当，将盖被叠放于床尾或一侧	保持导管通畅，防止脱落、扭曲、移位、受压、折叠等
安置患者	◆协助患者仰卧屈膝	
移动患者	◆一人协助患者移向床头法（图 9-17） 护士一手托住患者肩部及背部，一手托住臀部助力，同时嘱患者双手握住床头栏杆，双脚蹬床面，挺身上移至床头 ◆二人协助患者移向床头法 两名护士分别站于病床两侧，交叉托住患者的颈部、肩部和臀部，同时用力抬起患者移向床头；或两名护士站在床的同一侧，一人托住患者颈部、肩部及腰部，另一人托住患者臀部及腘窝处，两人同时抬起患者移向床头	适用于体重较轻、能配合的患者 适用于体重较重、不能配合的患者 动作协调，保护患者
整理、归位	◆将枕头放回，协助患者取舒适卧位，整理床单元，洗手	

视频：
移向床头技术

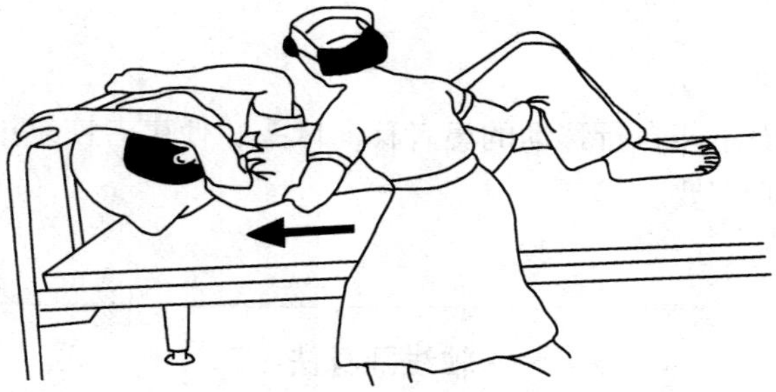

图 9-17　一人协助患者移向床头法

注意事项

1. 注意运用节力原则，操作轻、稳，两人操作时动作应协调一致。
2. 移动患者时不可有拖、拉、推等动作，以免擦伤患者皮肤。
3. 移动前应先将枕头横立于床头，避免撞伤患者头部，操作时注意保护患者隐私。

护理评价

同协助患者翻身侧卧法。

自测题

一、A1型题

1. 全身麻醉未清醒的患者采用去枕仰卧位的目的是
   A. 防止呕吐物误吸　B. 预防颅内压过低
   C. 有利于大脑的血液循环　D. 减轻脑膜刺激症状
   E. 减轻脑部淤血
2. 协助患者翻身时，护士应尽量靠近患者的目的是
   A. 方便　B. 关怀　C. 节力
   D. 亲切　E. 安全
3. 颅内手术后患者，头部翻转过于剧烈可引起
   A. 脑栓塞　B. 休克　C. 脑出血
   D. 脑疝　E. 脑干损伤
4. 为防止患者坠床，最佳的措施是
   A. 约束带固定肩部　B. 约束带固定膝部
   C. 使用床档　D. 约束带固定踝部
   E. 约束带固定腕部
5. 烧伤患者采用暴露治疗时需保暖，可选用的保护具是
   A. 约束带　B. 支被架　C. 尼龙搭扣约束带
   D. 宽绷带约束带　E. 多功能床档
6. 下列哪种患者往往采取的是被动卧位
   A. 心包积液　B. 心力衰竭　C. 昏迷
   D. 支气管哮喘发作　E. 胸膜炎患者
7. 关于卧位的描述，下列错误的是
   A. 中凹卧位时，应抬高患者头部及胸部大约 30°，抬高下肢约 20°
   B. 半卧位时，应抬高床头支架成 30° ~ 50°
   C. 端坐位时，应抬高床头支架成 70° ~ 80°
   D. 头高足低位时，床头应垫高 15 ~ 30 cm
   E. 头低足高位时，床尾应垫高 15 ~ 30 cm
8. 下列可不使用保护具的患者是
   A. 谵妄患者　B. 躁动患者　C. 高热患者
   D. 昏迷患者　E. 体温过低患者
9. 肩部约束带主要限制患者
   A. 上肢活动　B. 下肢活动　C. 头部及颈部活动
   D. 肢体活动　E. 坐起

二、A2型题

10. 某患者，男性，70 岁。反复咳嗽、咳痰 10 余年，近 3 年来劳累后心悸、气短。入院时发绀明显，呼吸困难，应采取的卧位是
    A. 仰卧位　B. 侧卧位　C. 头高足低位
    D. 端坐位　E. 膝胸卧位

11. 某患者，女性，妊娠 36 周。因阴道持续流液 1 小时就诊。肛查时羊水不断从阴道流出，诊断为胎膜早破。应立即安置的体位是
A. 平卧位 B. 头低足高位 C. 头高足低位
D. 截石位 E. 膝胸卧位

12. 某患者，女性，45 岁。甲状腺功能亢进症手术治疗后，采取半坐卧位的主要目的是
A. 改善呼吸困难 B. 预防感染 C. 避免疼痛
D. 减轻局部出血 E. 有利于切口愈合

13. 某患者，男性，34 岁。无痛性血尿 2 周，疑为膀胱癌，做膀胱镜检查。应协助其采用的体位为
A. 仰卧位 B. 侧卧位 C. 半坐卧位
D. 截石位 E. 膝胸卧位

14. 护士为一位昏迷患者翻身侧卧，其操作不正确的是
A. 将患者两手放于胸部，两腿屈曲
B. 先将患者双下肢移向护士一侧床沿，再将患者肩部外移
C. 一手扶肩，一手扶膝，轻推患者转向对侧
D. 在患者背部、胸前及两膝间放置软枕
E. 翻身时应充分保证患者安全

15. 某患者，女性，妊娠 30 周，胎位是臀先露，可用于纠正胎位的卧位是
A. 截石位 B. 屈膝仰卧位 C. 膝胸卧位
D. 头低足高位 E. 头高足低位

16. 某患者，女性，40 岁。发热、咳嗽，左侧胸痛，患者多采取左侧卧位休息，自诉此卧位时胸部疼痛减轻，呼吸稍通畅。此时卧位性质属于
A. 主动卧位 B. 被动卧位 C. 被迫卧位
D. 习惯卧位 E. 特异卧位

17. 某患者，女性，75 岁，体重约 40 kg。某护士独自为患者翻身时，下面操作不正确的是
A. 让患者仰卧，两手放于腹部
B. 让患者两腿屈曲
C. 将患者双下肢移向护士侧
D. 将患者肩部移向护士侧
E. 一手扶患者肩一手扶膝，轻推患者，使其面向护士

三、A3 型题

（18～20 题共用题干）

某患者，男性，70 岁。因直肠癌入院，拟定于明日上午 9:00 在全身麻醉下行直肠癌切除术。

18. 术前，护士为患者灌肠时，患者应采取的卧位是
A. 半坐卧位 B. 侧卧位 C. 俯卧位
D. 中凹卧位 E. 平卧位

19. 术前，护士为患者留置导尿管时，患者应采取的卧位是
A. 去枕仰卧位 B. 屈膝仰卧位 C. 中凹卧位
D. 侧卧位 E. 截石位

20. 术后 2 日，患者一般情况较好，护士在指导、协助患者取舒适卧位时，以下不妥的是
    A. 鼓励患者在床上适当活动
    B. 为患者翻身时，应注意保暖和对患者隐私的保护
    C. 为预防患者发生压疮，至少每 4 小时变换卧位 1 次
    D. 为患者安置卧位时，应注意保持各关节处于正常功能位
    E. 协助患者更换卧位时，应避免拖、拉、推等动作，以免摩擦损伤皮肤

四、A4 型题

（21～23 题共用题干）

某患者，男性，急性阑尾炎合并穿孔。急诊在硬膜外麻醉下行阑尾切除术，术中顺利，术后患者血压稳定，随即将患者送回病房。

21. 患者回病室后，病房护士应为患者取的体位是
    A. 屈膝仰卧位 4 小时　　B. 去枕仰卧位 6 小时
    C. 中凹卧位 6 小时　　D. 侧卧位 4 小时
    E. 俯卧位
22. 患者术后第 2 日体温 38.2 ℃，主诉切口疼痛，护士应为患者取的体位是
    A. 仰卧屈膝位　　B. 头高足低位　　C. 右侧卧位
    D. 半坐卧位　　E. 中凹卧位
23. 为患者取该体位的主要目的是
    A. 可减少局部出血量
    B. 有利于增进食欲，为进食做准备
    C. 有利于减少回心血量，减轻心脏负担
    D. 有利于减轻肺部淤血，减少肺部并发症
    E. 可使感染局限，可减轻切口缝合处的张力，缓解疼痛

（黄　丽）

思政之光

第十章 休息与活动

思维导图

- 休息与活动
  - 休息
    - 休息的概念
    - 休息的意义
      - 维持健康
      - 促进康复
    - 休息的条件
      - 充足的睡眠
      - 生理舒适
      - 心理放松
  - 睡眠
    - 睡眠的概念
    - 睡眠的机制
    - 睡眠的生理
      - 睡眠时相
        - 慢波睡眠
          - NREM第一期（过渡期）
          - NREM第二期（浅睡期）
          - NREM第三期（熟睡期）
          - NREM第四期（深睡期）
        - 快波睡眠
          - REM（异相期）
      - 睡眠周期
        - 平均90分钟
    - 促进睡眠
      - 影响睡眠的因素
        - 生理因素
        - 病理因素
        - 心理因素
        - 环境因素
        - 其他
      - 睡眠形态的评估
        - 睡眠习惯
        - 睡眠时间
        - 睡眠过程异常情况
      - 异常睡眠
        - 失眠
        - 睡眠过度
        - 发作性睡病
        - 睡眠呼吸暂停
        - 其他
          - 梦游
          - 遗尿
      - 护理措施
        - 健康教育
        - 舒适的休息环境
        - 解除不适
        - 尊重睡眠习惯
  - 活动
    - 活动的意义
      - 促进机体血液循环
      - 保持良好的肌张力
      - 缓解个体心理压力
    - 活动的种类
      - 有氧运动
      - 无氧运动
      - 弹性运动
      - 增加肌力运动
    - 影响活动的因素
      - 生理因素
        - 疼痛
        - 损伤
        - 运动和神经系统损伤
        - 营养状况
        - 治疗需要
      - 心理因素
    - 活动受限对患者的影响
      - 皮肤
      - 骨骼肌肉系统
      - 心血管系统
      - 呼吸系统
      - 消化系统
      - 泌尿系统
      - 心理状态
    - 满足患者活动的需要
      - 评估患者肌张力等状况
      - 根据评估情况制订活动计划

学习目标

1. 解释休息、睡眠。
2. 知道休息的意义及条件，活动的意义和种类，影响患者活动的因素。
3. 描述睡眠的生理、活动受限对机体的影响。
4. 熟记促进患者休息与睡眠、满足患者活动的需要。
5. 正确指导患者进行关节活动。
6. 养成良好的职业素养，具有以人为本的护理服务理念和良好的沟通能力，具有爱伤观念，具备严肃、认真、关爱患者的工作态度。

第一节 休 息

一、休息的概念

休息（rest）是指在一定时间内相对地减少活动，使机体身心得到松弛，消除或减轻疲劳，恢复精力和体力的过程。休息是一种宁静、安详、无焦虑、无拘无束、没有紧张和焦虑的松弛状态。

休息的方式很多，包括运动后的静止或工作中的短暂休息。休息是保持人体健康的重要手段。

二、休息的意义

（一）维持健康的必要条件

休息是维持人类身体健康，使其处于最佳状况的必要条件。休息可以减轻或解除人体的疲倦和劳累，使人恢复体力和精力，保持健康的体质。同时，休息可以维持机体生理调节的规律性，促进机体正常的生长发育。

（二）促进康复的必要手段

患病对患者是一种压力，患者容易出现焦虑、恐惧等心理反应，加之新的环境、陌生的面孔、各种特殊的声响及疼痛、发热、呼吸不畅等生理不适，可导致患者身心不适，影响休息。因此，护理人员必须减少和去除影响患者休息的各种因素，营造有利于患者身心休息的环境，促进患者早日康复。

三、休息的条件

（一）充足的睡眠

充足的睡眠是获得休息的先决条件。虽然每个人所需要的睡眠时间有较大的差别，但都有最低限度的睡眠时数，只有满足了一定的睡眠时数，才能达到真正的休息。如不能满足最低限度的睡眠时数，常会出现易怒、精神紧张并伴有全身疲劳。因此，护理人员应了解睡眠生理，解决患者的睡眠问题，促进患者早日康复。

（二）生理舒适

生理舒适是获得休息的前提条件。在休息之前，必须把身体的不舒适减至最低限度，如解除或控制疼痛，提供各种舒适服务，包括安排舒适的体位、保证环境温度及湿度适宜、调节睡眠时的光线和声音等。

（三）心理放松

心理放松是获得休息的根本保障。护理人员要了解患者的心理问题，提供准确的护理服务，满足患者的需求，并运用恰当的知识技能，帮助患者减少紧张和焦虑，达到身心放松、平静安宁的状态。

第二节　睡　　眠

睡眠是人类和其他高等动物生来就有的生理过程。在休息的各种形式中，睡眠是最常见、最重要的一种。睡眠的质量将直接影响休息的质量。

一、睡眠的概念

睡眠（sleep）是周期发生知觉的特殊状态，由不同时相组成，对周围的环境可相对地不做出反应的一种生理现象。

二、睡眠的生理

睡眠是一种周期性的现象，是最自然的休息方式，由数个不同的睡眠时相构成。

（一）睡眠时相

根据睡眠发展过程中脑电波变化和机体活动功能的表现，将睡眠分为慢波睡眠与快波睡眠。

1. 慢波睡眠　慢波睡眠（SWS）是脑电波呈现同步化慢波的时相，又称非快速眼动睡眠（NREM），是一种正相睡眠。此期呼吸和其他自主神经系统的功能活动均下降，可分为 4 期。

第一期：过渡期，是睡眠中最浅的一期，是从清醒到入睡的过渡阶段，很容易被外界的声响惊醒。此期生理活动开始减慢，肌肉开始松弛，呼吸均匀，脉搏减慢。但脑电图（EEG）显示的一些特点与清醒时相同，低电压 α 节律，频率为 8 ~ 12 次 / 秒，节律不匀，持续 0.5 ~ 7 分钟。

第二期：浅睡期，睡眠逐渐加深，但仍易被惊醒，持续 10 ~ 20 分钟。此期生理活动继续变慢，体温下降，肌肉逐渐放松，人可有短暂的、片刻的思维活动。脑电图显示出宽大的梭状波，频率为 14 ~ 16 次 / 秒。

第三期：熟睡期，持续 15 ~ 30 分钟。此期肌肉完全放松，心搏缓慢，血压、体温继续下降，身体很少移动，难以唤醒。脑电图显示大而缓慢的 δ 波与梭状波交替出现。

第四期：深睡期，持续 10 ~ 30 分钟。全身松弛，无任何活动，脉搏、体温继续下降，呼吸缓慢、均匀，脑垂体分泌大量生长激素，人体受损组织愈合加快，可能发生遗尿和梦游，极难唤醒。脑电图显示慢而高的 δ 波，频率为 1 ~ 2 次 / 秒。

2. 快波睡眠　快波睡眠（FWS）是脑电波呈现去同步化快波的时相，又称快速眼动睡眠（REM），是一种异相睡眠。此期特点是眼球快速转动，脑电图活跃，与清醒时极为相似，而肌电图反映肌张力极低，伴有像瘫痪时大肌肉所具有的那种不活动的状态，出现这种静止状态是由于脑干中的特有神经元过度极化所致。此期脑内蛋白质合成加快，与幼儿神经系统的成熟有密切关系，同时对保持精神和情绪上的平衡十分重要。这一期的梦境是生动、充满感情色彩的，能舒展精神压力，有利于精力的恢复。快波睡眠一般发生在入睡后的 80 ~ 100 分钟，持续约 20 分钟。

（二）睡眠周期

人的睡眠是周期发生的。睡眠由几个周期组成（图 10-1），每一周期所需的时间为

60～120分钟（平均为90分钟）。成人平均每晚出现4～6个睡眠周期。

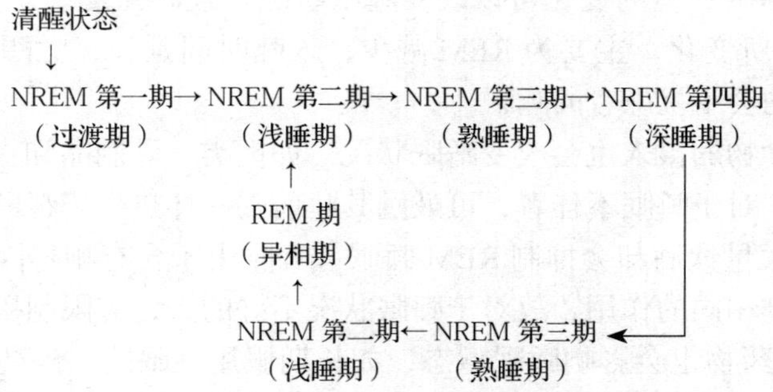

图 10-1　睡眠时相周期

人在睡眠周期的任何一个阶段醒而复睡时，都需从头开始依次经过各期。在睡眠周期中，每一期所占的时间比例随睡眠的进行而有所改变。刚入睡时，NREM 第三、四期约为90分钟，REM 期持续不超过30分钟。进入深夜，REM 期会延长到60分钟，而 NREM 第三、四期则会相应地缩短。因此，大部分 NREM 睡眠发生在上半夜，REM 睡眠则多发生在下半夜。因此，患者在深夜睡眠过程中，若每半个小时打断睡眠，则会整夜无法进入深睡期和 REM，不利于体力和精力的恢复，容易造成患者的睡眠型态紊乱，出现疲倦、嗜睡、难以入眠、全身不适和反应迟钝等。

三、促进患者休息与睡眠

案例分析

某患者，男性，67岁。因家庭琐事与妻子争执，随后出现胸闷、心悸、呼吸困难，伴有发绀等心衰症状急诊入院。经诊治后患者病情平稳。但第3日患者提出出院要求，原因是医院的环境使他无法入睡，不能很好地休息。患者主诉房间人多，说话声、打鼾声、室温低、晚间护理操作均会干扰其睡眠，每日只能睡3～4小时，伴头晕，心烦意乱。患者主诉时伴有情绪激动、焦虑，担心疾病再次加重。

护理评估

1. 影响睡眠的因素

（1）生理因素：通常有以下几种。①年龄：通常人类睡眠的需要量与年龄成反比。每日睡眠时间需要量：婴儿期16～20小时，幼儿期10～14小时，学龄前期11～12小时，青少年期9～10小时，成年期7～8小时，老年期6～7小时。②疲劳：适度的疲劳有助于入睡，但过度的疲劳、精力耗竭反而使人难以入睡。③昼夜节律性：昼夜节律性形成一个人的生物钟，24小时周期规律运作。如时差改变、日夜班交替等节律的破坏会影响睡眠，通常需要3～5日才能恢复正常。④寝前习惯：不少人睡前有例行活动的习惯，如洗热水澡、喝一杯牛奶、听音乐等，如果这些习惯被改变，则可能使睡眠发生障碍。⑤内分泌变化：如妇女在月经前期或月经期会出现嗜睡的现象。

（2）病理因素：患病或身体不适可影响睡眠。①疾病：许多疾病及其症状都可影响睡眠，如甲状腺功能减退及各种原因引起的疼痛未能及时缓解等，会引起入睡困难或使睡眠质量改变。②身体不适：身体不适会影响患者入睡，如疼痛、腹胀、呼吸不畅等。因此，入睡前必须减轻或去除身体的不适。

（3）心理因素：任何强烈的情绪（如害怕、焦虑、喜悦、悲哀等）都可能造成失眠。住院患者由于对疾病的诊断和治疗感到焦虑、不安和恐惧，产生心理压力等，也会影响其睡眠。

（4）环境因素：睡眠环境的变化可以改变睡眠状况。经研究发现，在新环境中 NREM 和 REM 睡眠的比例会有所变化，主要为 REM 减少，入睡时间延长，觉醒的次数增加等。住院环境的声响及光线等均会干扰患者的睡眠。

（5）其他：一些食物的摄入也会改变睡眠状况。如肉类、乳制品和豆类中含有 L- 色氨酸，这种物质能促进入睡，对于睡眠不佳者，可鼓励其睡前喝一杯热牛奶帮助入睡，少量饮酒也能促进放松和睡眠，但大量饮酒却会抑制 REM 睡眠。咖啡由于含有咖啡因，会干扰睡眠，使人兴奋，浓茶亦有与咖啡相同的作用，故对于睡眠状况不好的人，应限制摄入这类饮料，避免在睡前 4 ~ 5 小时饮用。药物也会影响睡眠型态，如长期服用催眠药，停药后往往会导致对药物的依赖或使睡眠障碍更加严重。任何类型的身心强烈刺激均会使人无法入睡，如睡前看恐怖片、过度兴奋等会干扰睡眠。

2. 睡眠型态的评估　护理人员应从患者及家属处收集有关睡眠的资料，重点了解下列情况。

（1）每晚习惯睡多长时间，通常的就寝时间和起床时间。

（2）是否有午睡的习惯，睡多长时间。

（3）睡前是否服用催眠药及有无特殊习惯，如喝热牛奶、阅读书报、背部按摩等。

（4）是否很快入睡，睡后是否易被惊醒，是否打鼾。

（5）夜间醒来的次数及原因。

（6）睡眠过程中有无异常情况，如失眠、梦游等。

（7）晨起是否感觉精力充沛。

3. 常见异常睡眠

（1）失眠（insomnia）：是睡眠型态紊乱中最常见的一种，主要表现为难以入睡、睡眠中易醒、早醒。根据有无诱发因素，将失眠分为原发性失眠和继发性失眠。原发性失眠是一种慢性综合征。继发性失眠常因精神紧张、心理失调、环境不适、身体障碍等引起。用 EEG 记录发现，在上半夜占优势的 NREM 第三、四期减少。

（2）睡眠过度（hypersomnia）：指睡眠时间过长或长期处于想睡的状态。睡眠过度的特点是虽然夜间已经获得睡眠，但白天对睡眠的要求仍然控制不住。引起睡眠过度的原因尚不清楚，EEG 研究表明，睡眠过度尽管延长了总的睡眠时间，但睡眠时相的周期进展和每一时相所占的百分比均在正常范围内。

（3）发作性睡病（narcolepsy）：这是一种特殊的睡眠失调，特点是控制不住的短时间的嗜睡，常在饭后或单调无趣的情况下或一天快结束时发作。在发作性睡病的患者中，约有 75% 患者会出现猝倒，表现为肌张力部分或全部丧失，导致严重的跌伤；约有 25% 患者在发作性睡病时有生动的、充满色彩的幻觉和幻听。发作过后，患者感到精力得到恢复。

（4）睡眠呼吸暂停（sleep-related apnea）：睡眠呼吸暂停是一种在睡眠期间发生自我抑制、没有呼吸的现象，可分为中枢性和阻塞性睡眠呼吸暂停两种类型。中枢性睡眠呼吸暂停由中枢神经系统功能不良造成，见于颅脑损伤、药物中毒等。阻塞性睡眠呼吸暂停则出现在严重的、频繁的、用力的打鼾或喘息之后，由上呼吸道阻塞病变引起，肥胖者脂肪堆积在咽部，舌根部阻塞气道也可引起。两种类型的睡眠呼吸暂停都可能导致动脉血氧饱和度降低、低氧血症和高血压。

（5）其他

1）梦游（sleepwalking）：常发生于 NREM 的第三、四期，可表现为下床走动，甚至完成一些复杂的动作，然后继续上床睡觉，醒后对梦游过程不能回忆。

2）遗尿（enuresis）：主要发生在深度睡眠，多见于儿童，一般随年龄增大逐渐消失。睡前饮水过多或过度兴奋也可诱发遗尿。

知识链接

影响睡眠的食物

1. 咖啡因　含咖啡因的食物会刺激神经系统，还具有一定的利尿作用，是导致失眠的常见原因。

2. 辛辣食物　晚餐吃辛辣食物也是影响睡眠的重要原因。辣椒、大蒜（大蒜食品）、洋葱等会造成胃中有灼烧感和消化不良，进而影响睡眠。

3. 油腻食物　进食油腻的食物后会加重肠、胃、肝、胆和胰腺的负担，刺激神经中枢，使其一直处于工作状态，也会导致失眠。

4. 有饱腹作用的食物　有些食物在消化的过程中会产生较多的气体，从而产生饱腹感，妨碍正常睡眠，如豆类、大白菜、洋葱、玉米、香蕉等。

护理诊断

1. 低效性呼吸型态　与情绪激动有关。

2. 低效性睡眠型态　与环境嘈杂有关。

3. 焦虑　与担心疾病预后有关。

护理计划

1. 患者处于休息与活动的最佳平衡状态。

2. 患者能识别影响睡眠的因素，学会诱导睡眠的技巧。

护理措施

1. 健康教育　与患者一起分析、讨论有关睡眠的问题，使患者了解睡眠对健康与康复的重要作用、身心放松的重要意义、睡眠紊乱的原因和避免其发生的方法，帮助患者建立规律的生活方式，养成良好的睡眠习惯。

2. 创造舒适的休息环境　以清洁、安静、安全为原则。睡前应根据需要调节好病室内的光线、温度、湿度；保持床单位清洁、干燥，棉被厚薄适宜，枕头高度合适；减少外界环境对患者视、嗅、听、触等感觉器官的不良刺激；安排合理的护理时间，避免治疗和护理工作过多地干扰患者的休息。常规的护理措施尽量安排在白天，必须在夜间采取护理措施时，应尽量间隔 90 分钟。操作尽量集中，避免频繁操作干扰睡眠。

3. 解除患者身体的不适　采取有效措施，减少患者的痛苦与不适，促进患者自然入睡，如疼痛时酌情给予镇痛药，以缓解疼痛。为使患者舒适入睡，就寝前应做好晚间护理，如协助患者洗漱、排便，帮助患者取舒适的睡眠姿势。

4. 尊重患者的寝前习惯　了解患者就寝的行为习惯，尽可能满足其习惯要求，减少睡眠习惯的改变，如睡前沐浴、热水泡脚、喝牛奶、阅读等，促进患者睡眠。

5. 加强心理护理　在疾病的诊断和治疗过程中，患者常感到紧张、焦虑和恐惧，并感到孤独、寂寞，严重影响睡眠。因此，护士应多与患者沟通及交流，了解其心理需要，帮助患者消除恐惧和焦虑，恢复平静、稳定的情绪，以提高睡眠与休息的质量。

6. 异常睡眠的护理

（1）生理性失眠：提供诱导睡眠的措施，如睡前喝少量热牛奶进行放松疗法、背部按摩等，必要时给予镇静催眠药物，但必须注意防止药物依赖和抗药性，避免长时间连续用药，用药的同时结合其他促进睡眠的措施，最终帮助患者建立良好的睡眠型态。

（2）因心理障碍导致的失眠：可采用安慰剂治疗。

（3）睡眠过度：指导患者控制饮食，减轻体重，增加有趣和有益的活动，并限制睡眠的时间。

（4）发作性睡病：选用药物治疗并指导患者学会自我防护，注意发作前兆，减少意外的发生。

（5）睡眠呼吸暂停：指导患者采取正确的睡眠姿势，以保持呼吸道通畅。

（6）梦游：注意防护，将卧室中的危险物品移开，必要时关窗、锁门，防止意外或损伤的发生。严重时应用药物治疗，如地西泮等。对遗尿者，晚间应限制饮水，并在睡前督促其排尿。

第三节　活　　动

活动（activity）是人们日常的生理功能之一。患病后，各种因素造成活动受限，给患者带来多方面的影响，而恰当的活动可促进身心健康，增进舒适。护士应从满足患者身心需要和疾病康复的角度出发，协助患者进行适当活动，促进康复。

一、活动的意义和种类

（一）活动的意义

1. 促进机体血液循环　适当的活动可以促进血液循环，提高机体氧合能力，增强心肺功能，同时，活动还可以促进消化，预防压疮、便秘等并发症的发生。

2. 保持良好的肌张力　适当的活动可以增加运动系统的强度和耐力，保持关节的弹性和灵活性，增强全身活动的协调性，控制体重，避免肥胖。

3. 缓解个体心理压力　适当的活动能促进身心放松，有助于睡眠，并能减慢老化过程和慢性疾病的发生。

（二）运动的种类

1. 根据能量的来源，可将运动分为有氧运动、无氧运动。

（1）有氧运动：有氧运动是指能够促进机体的耗氧能力的运动。有氧运动可以加强心肌收缩，促使氧更快、更有效地被输送到全身各部，使机体能够保持正常活动而不觉得疲倦。常见的有氧运动有游泳、慢跑、散步、骑自行车和打乒乓球等。

（2）无氧运动：无氧运动是指在短时间内强有力的运动，主要用于竞赛或有竞争性的运动训练，如短距离赛跑、举重等。在恢复健康的活动中一般不采用此种运动。

2. 根据运动时肌肉的强度，运动分为弹性运动和增加肌力的运动。

（1）弹性运动：弹性运动在促进平衡和整体美感的同时，也增加了肌肉的长度、延伸性和弹性，如健美操等。

（2）增加肌力的运动：增加肌力的运动包括等张运动和等长运动。

二、影响患者活动的因素

（一）生理因素

生理因素是造成活动受限的最主要因素。常见的原因有以下几种。

1. 疼痛　疾病带来的疼痛会不同程度地限制患者的活动。如手术后，患者因切口疼痛而主动或被动地减少活动。

2. 损伤 关节、骨骼、肌肉的器质性损伤（如骨折、扭伤等）会导致受伤的肢体活动受限。

3. 运动、神经系统受损 运动、神经系统受损可造成暂时的或永久的运动功能障碍。如脊椎受损、重症肌无力、瘫痪等患者会出现较明显的活动受限，甚至不能活动。

4. 营养状况 严重营养不良、缺氧、虚弱无力的患者，因不能提供身体活动所需的能量而致活动受限。反之，过度肥胖的患者由于体重过重也会出现身体活动受限。

5. 治疗需要 在治疗某些疾病时，常需对患者的活动做出限制。如骨科患者在牵引和使用石膏绷带的过程中，需要限制肢体活动范围，甚至需要制动。急性心肌梗死患者须绝对卧床休息，以减少心脏负荷，因而限制患者活动。

（二）心理因素

过度悲伤、忧郁时，可引起患者情绪波动而影响其活动，如悲伤、沮丧、烦闷时不愿与人接触，活动减少。此外，癔症性瘫痪的患者，躯体本身并无器质性病变，神经功能正常，只因为心理障碍或臆想某部分躯体不能活动而造成此处肢体失去活动能力。

案例分析

某患者，女性，55 岁。因脑出血造成偏瘫，患者卧床，生活部分不能自理。

三、活动受限对患者的影响

（一）皮肤

长期卧床、坐轮椅不能活动的患者，皮肤出现的最严重的问题是压疮。

（二）运动系统

长期活动受限最明显的征象常在运动系统表现出来。如果患者不能保持适当的活动，肌肉强度会明显下降，导致全身软弱无力，腰背痛，骨质疏松，关节僵硬、变形，如垂足、垂腕和髋关节外旋等，严重的会导致运动功能的丧失。

（三）心血管系统

不活动或绝对卧床状态可增加心脏的负荷，发生直立性低血压、血栓形成及肺栓塞等。直立性低血压是活动受限的一个常见的并发症。长期卧床促使血栓形成，脱落的栓子栓塞于肺部血管则导致肺栓塞。

（四）呼吸系统

患者因长期卧床，呼吸肌运动能力减弱，胸部扩张受限，使有效通气量减少，而且大多数患者处于衰竭状态，无力进行有效的深呼吸。卧床使呼吸道内分泌物排出困难，黏液堆积，干扰了气道内纤毛排除异物的功能。患者因虚弱，无力将黏液咳出，这种状况持续存在，将发生肺内感染，导致坠积性肺炎。肺部的有效通气量减少、分泌物蓄积，影响氧气的正常交换，导致二氧化碳潴留。若缺氧状态得不到及时纠正，会出现呼吸性酸中毒，最后导致心肺功能衰竭。因此，对长期卧床的患者，应定时翻身、拍背，保持呼吸道通畅和肺的正常通气功能，避免呼吸系统并发症的发生。

（五）消化系统

活动减少使消化功能减退，易导致食欲缺乏，蛋白质等营养物质消耗大于摄取而出现营养不良。便秘也是长期卧床较容易出现的症状，主要原因是摄入纤维素和水分减少，活动量减少，使消化道蠕动减缓，排便姿势改变，全身无力，包括参与排便的肌肉收缩无力等，均影响正常的排便功能，导致便秘。

（六）泌尿系统

长期卧床可影响正常的排尿功能，导致尿潴留、尿路结石、泌尿系感染等。主要原因是平卧时排尿姿势改变，影响正常的排尿活动，出现排尿困难甚至导致尿潴留。长期卧床不动，尿液的钙、磷浓度增加，钙盐沉积、结晶，形成结石。由于排尿困难、尿潴留导致泌尿系统的冲洗功能减弱，大量细菌繁殖，易引起逆行感染。

（七）心理状态

长期卧床的患者可能会出现恐惧、焦虑、沟通困难、自尊改变、挫折感等，当人活动受限需依赖他人给予帮助时，自我价值感就会受到威胁。发生这些问题的主要原因包括专业人员和家属、亲友对患者所提供的心理支持不够、患者原有社会角色的改变、身体恢复的情况没有达到预期的效果等。

四、满足患者活动的需要

护理评估

资料的收集可从主观和客观两个方面着手，全面评估患者，以确定患者存在的和潜在的健康问题。

1. 主观资料

（1）原有的活动方式：询问患者日常的活动方式，最近有无发生改变，也可以利用合适的量表对其活动能力进行测定，包括穿衣、如厕、洗浴、购物等活动的独立程度以及患者是否应用了辅助器械以协助活动。

（2）活动时存在的危险因素：询问患者活动后是否感到疲乏，有什么症状（如呼吸困难、疼痛、心搏加速等）以及持续的时间。询问患者是否有低血压、呼吸系统疾病、心脏病等，这些疾病有导致运动后发生跌倒的危险。

2. 客观资料

（1）体格检查：护士可以通过观察法获得患者活动时的平衡性、协调性、步态、关节活动情况、肌力及活动能力方面的信息，检查关节活动范围，活动时有无疼痛不适等。肌力是指肌肉的收缩力量，可以通过机体收缩特定肌肉群的能力来判断肌力。肌力一般分为6级。

0级：肌肉完全瘫痪、肌力完全丧失。

1级：可见肌肉轻微收缩，但无肢体活动。

2级：肢体可移动位置，但不能抬起。

3级：肢体能抬离，但不能对抗阻力。

4级：能对抗阻力的运动，但肌力减弱。

5级：肌力正常，能抗重力，充分抗阻力运动。

（2）诊断性检查：可以通过X线检查了解骨骼、肌肉及关节的情况；血液检查可以客观地评价患者的活动能力，如红细胞减少意味着没有更多的氧气供给持续性活动，血容量不足易导致直立性低血压和乏力。

护理诊断

1. 躯体移动障碍　与偏瘫活动受限有关。

2. 活动无耐力　与脑出血造成偏瘫有关。

3. 自理能力下降　与偏瘫活动受限有关。

4. 有废用综合征的危险　与偏瘫卧床活动受限有关。

护理计划

1. 患者能保持或促进身体各系统的最佳功能和状态。

2. 患者活动时心率、血压等生命体征正常，无不适感。

护理措施

1. 根据不同年龄阶段的身心特点选择不同的活动方式

（1）婴儿期和儿童期：婴儿期和儿童期以四肢的伸展等为适宜活动，主要学习爬、坐、走以及双手的握持。随着年龄的增加，四肢生长快，可选择大块肌肉活动，如跑、跳等，还可多参与户外和较剧烈的活动。此阶段活动主要涉及玩具或游戏，玩具的选择应与婴儿、儿童年龄相适宜。游戏应适合儿童的年龄发展阶段、安全，并且应该在成人的监督下进行。

（2）学龄期和青春期：在 6 ~ 12 岁期间体格发育比较慢，精细的技巧性的活动持续发展。家长要鼓励孩子坚持适宜的体育锻炼，加强生理卫生方面的教育，同时鼓励孩子参加一些竞技性的体育活动，促进青少年进取心的发展。

（3）孕妇：在孕早期可咨询产科医生，在产科医生的指导下，避免不利于孕妇的因素，适当的活动对孕妇及胎儿都有积极的意义。

（4）老年人：老年人身体各系统功能逐渐减退，需提供必要的协助，可利用日常有规律的生活安排活动的机会，如四肢的伸展、弯曲和一些户外活动，在家中做适量家务有助于活动僵硬的关节，尽量鼓励老年人参与社交活动，提高自我价值。老年人由于年龄的原因，活动项目略受限制。在老年人的活动中，护士应根据老年人的身体情况主动、积极地提供支持和指导，注意周围环境的安全性，可推荐老年人选择慢节奏的舞蹈、太极拳或散步等。在制订老年人活动计划时，最重要的原则是安全。

2. 针对活动受限患者的护理措施

（1）健康教育：使患者明确活动的重要性，掌握合适的活动方法，合理安排活动强度。

（2）协助患者选择舒适的卧位。

（3）保持脊柱的正常生理弯曲和各关节的功能位。

（4）进行关节活动度练习，维持关节的可动性。

➢ **考点**：某患者，男性，25 岁。因车祸入院，入院后诊断：左下肢胫骨骨折。入院后给予石膏固定，现患者应做康复练习，下列正确的是

A. 等长练习　　B. 等张练习　　C. 两者均可

D. 两者均不是　　E. 每次练习 20 组以上

音频：
考点解析

关节活动度（range of motion，ROM）是指关节运动时所通过的运动弧，常以度数表示，也是衡量一个关节活动量的尺度。关节活动度练习可分为 3 种。①主动性 ROM 练习：患者可以独立开始并完成关节活动度练习。②协助性主动 ROM 练习：为肌肉再训练的初步工作，患者须全力使患部运动，其力量不足时，则由医护人员或利用机械力量来协助完成。③被动性 ROM 练习：患者依靠护理人员才能开始并完成关节活动度练习。

被动性 ROM 练习操作要点：①让患者采取自然放松的姿势，护理人员面向患者，尽量靠近患者。②护士在完成每个关节的活动时，应观察患者的反应，当抬起患者的手、脚时，移动自己的重心，尽量使用腿部的力量，以减少疲劳。③依次对每个关节做屈曲、伸展、过伸、内收、外展、内旋、外旋等运动，比较两侧关节的活动情况（图 10-2、图 10-3、表 10-1）。当患者出现疼痛、疲劳、痉挛或抵抗反应时，应停止操作。活动关节时，手应做环状或支架，以支撑关节远端的肢体（图 10-4）。④每个关节每次可有节律地做 5 ~ 10 次完整的 ROM 练习。⑤对急性关节炎、骨折、肌腱断裂、关节脱位等患者进行 ROM 练习时，应在医生和康复医生的指导下完成，避免进一步损伤。⑥有心脏疾病的患者，在做 ROM 练习时，应特别注意观察患者胸痛、心律、心率、血压等方面的变化，避免因剧烈活动诱发心脏病发作。⑦指导患者利用健

侧肢体帮助患侧肢体运动。

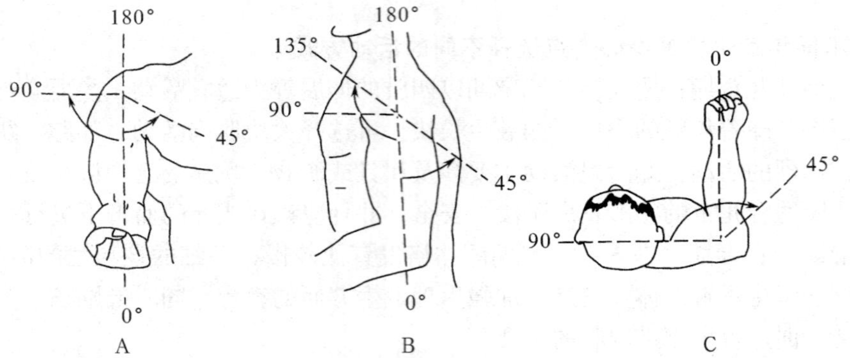

图 10-2　肩关节的活动范围

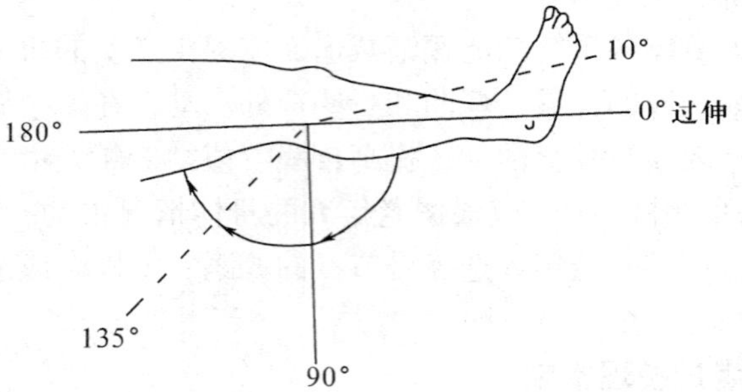

图 10-3　膝关节的活动范围

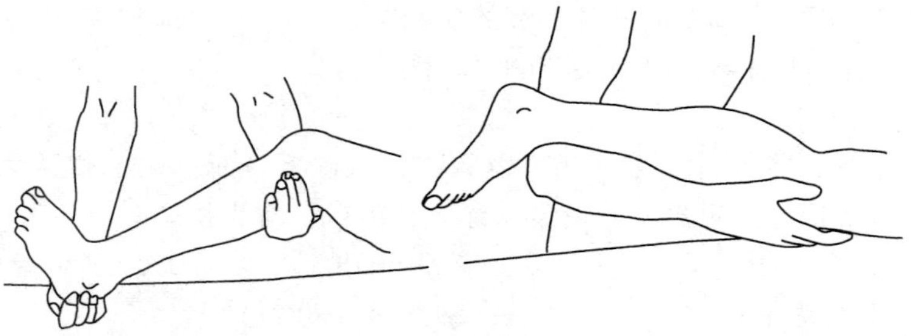

图 10-4　以手做环状或支架来支托腿部

表 10-1　关节活动的形式和范围

部位	屈曲	伸展	过伸	外展	内收	内旋	外旋
脊柱	颈段前屈 35°	后伸 35°			左右侧屈 30°	120°	
	腰段前屈 45°	后伸 20°			左右侧屈 30°	90°	
肩部	前屈 135°	后伸 45°		90°	45°	135°	45°
肘关节	150°	0°	5°～10°		45°		
前臂						旋前 80°	旋后 100°
腕关节	掌屈 80°	背伸 70°		桡侧偏屈 30°	尺侧偏屈 35°		
	掌指关节 90°			45°			
指	近侧指间关节 120° 远侧指间关节 60°～80°						

续表

部位	屈曲	伸展	过伸	外展	内收	内旋	外旋
髋	150°	0°	15°	45°	30°	40°	60°
膝	135°	0°	10°				
距小腿关节（踝关节）	背屈 45°	跖屈 45°					

3. 选择适宜的肌力训练 为防止或改善肌肉萎缩，根据肌肉收缩的形式，可将肌力训练分为等长练习和等张练习。等张练习可在肢体被固定时早期应用，以预防肌肉萎缩。临床常用的方法是“tens”方法，即收缩 10 秒，休息 10 秒，收缩 10 次为 1 组，重复 10 组。在训练时，可以逐渐增加阻力，有利于发展肌肉耐力，适用于各种原因造成的肌肉萎缩或肌力减退并促进关节功能，但关节制动者禁用。等长练习与等张练习的比较，见表 10-2。

表 10-2 等长练习与等张练习的比较

等长练习	等张练习
不引起明显的关节活动	引起大幅度关节活动
不易发生酸痛	易发生酸痛
可在肢体被固定时早期应用	不可在肢体被固定时早期应用
主要增加静态肌力	主要增加动态肌力
冠状动脉粥样硬化性心脏病、高血压等患者不适用	大部分人群适用

注意事项

1. 掌握运动量和频率，以达到肌肉适度疲劳而不出现明显疼痛，每次练习后有适当的间歇让肌肉充分放松和复原，一般每日 1 次或隔日练习 1 次。

2. 运动效果与练习者的主观努力相关，应使患者充分理解、合作并使其掌握运动要领。对于在练习过程中取得的进步和成绩，应给予鼓励，以增加其康复的信心。

3. 肌力练习不应引起明显的疼痛和不适，如出现疼痛、不适，或伴有血压、脉搏、心律、呼吸、意识、情绪等方面的变化，应及时停止练习，并向医生报告，协助给予必要的处理。

4. 练习前及练习后应做好准备及放松运动，避免出现肌肉损伤。

5. 肌肉等长收缩可引起某些患者的升压反应及增加心血管负荷的作用，高血压、冠状动脉粥样硬化性心脏病及其他心血管疾病的患者应慎用肌力练习，严重者禁做肌力练习。

自测题

一、A1/A2 型题

1. 休息的最基本的先决条件是

A. 足够的睡眠　　B. 没有躯体上的痛苦　　C. 心理上的平衡

D. 生理上的舒适　　E. 没有紧张、焦虑

2. 长久坐着工作的人有益的休息方式为
   A. 散步　B. 看电视　C. 听音乐
   D. 读小说　E. 打扑克
3. 最重要的休息方式是
   A. 静坐　B. 静卧　C. 睡眠
   D. 听音乐　E. 看小说
4. 梦境多出现在睡眠的哪一期
   A. NREM 第一期　B. NREM 第二期　C. NREM 第三期
   D. NREM 第四期　E. REM 期
5. 睡眠时分泌大量生长激素的是
   A. NREM 第一期　B. NREM 第二期　C. NREM 第三期
   D. NREM 第四期　E. REM 期
6. 下列与睡眠无关的表现是
   A. 血压下降　B. 瞳孔散大　C. 呼吸变慢
   D. 心率减慢　E. 尿量减少
7. 下列关于慢波睡眠的描述，正确的是
   A. 慢波睡眠分为 5 个时期
   B. 入睡期是所有睡眠期中睡得最浅的期
   C. 浅睡期只维持 7 分钟
   D. 中度睡眠期生命体征不规则
   E. 深度睡眠期不利于促进体力恢复
8. 下列关于肌肉等长练习的描述，正确的是
   A. 等长练习又称动力练习
   B. 可以对抗一定的负荷做关节的活动锻炼，同时也锻炼肌肉收缩
   C. 优点是有利于改善肌肉的神经控制
   D. 固定膝关节的股四头肌锻炼属于等长练习
   E. 可遵循大负荷、少重复次数、快速引起疲劳的原则进行

二、A3/A4 型题

（9～10 题共用题干）

某患者，女性，42 岁。半年前丈夫因病去世。患者主诉入睡困难，难以持续睡眠，睡眠质量差，这种情况已经持续了 3 个月，并出现头晕目眩、心悸、气短、身体乏力、急躁易怒、注意力不集中、健忘等症状，工作效率明显下降。

9. 此患者失眠的主要原因是
   A. 躯体因素　B. 环境因素　C. 药物因素
   D. 疾病因素　E. 精神因素
10. 针对此患者，以下措施正确的是
   A. 创造良好的睡眠环境　B. 建立良好的睡眠习惯
   C. 减轻心理压力　D. 保持身体舒适
   E. 合理安排作息时间

（11～13 题共用题干）

某患者，男性，40 岁。近期由于工作繁忙、压力大，经常加班，昼夜颠倒，导致睡眠型态紊乱，表现为难以入睡，易醒多梦，身体疲乏，常打呵欠。

11. 该患者睡眠—觉醒生物钟式的节律性破坏需多长时间恢复
    A. 1～2 天　　B. 2～3 天　　C. 3～5 天
    D. 5～7 天　　E. 1 周以后

12. 护士在对患者进行健康教育时，应嘱其在睡前几小时避免饮用咖啡和浓茶
    A. 15～30 分钟　　B. 30～60 分钟　　C. 60～120 分钟
    D. 2～3 小时　　E. 4～5 小时

13. 针对其失眠的症状，患者自我护理中下列不正确的是
    A. 睡前喝少量牛奶　　B. 每晚口服地西泮（安定）10 mg
    C. 深呼吸放松自我　　D. 背部按摩
    E. 自我催眠

（吴丽妹）

思政之光

第十一章 医院内感染的预防与控制

思维导图

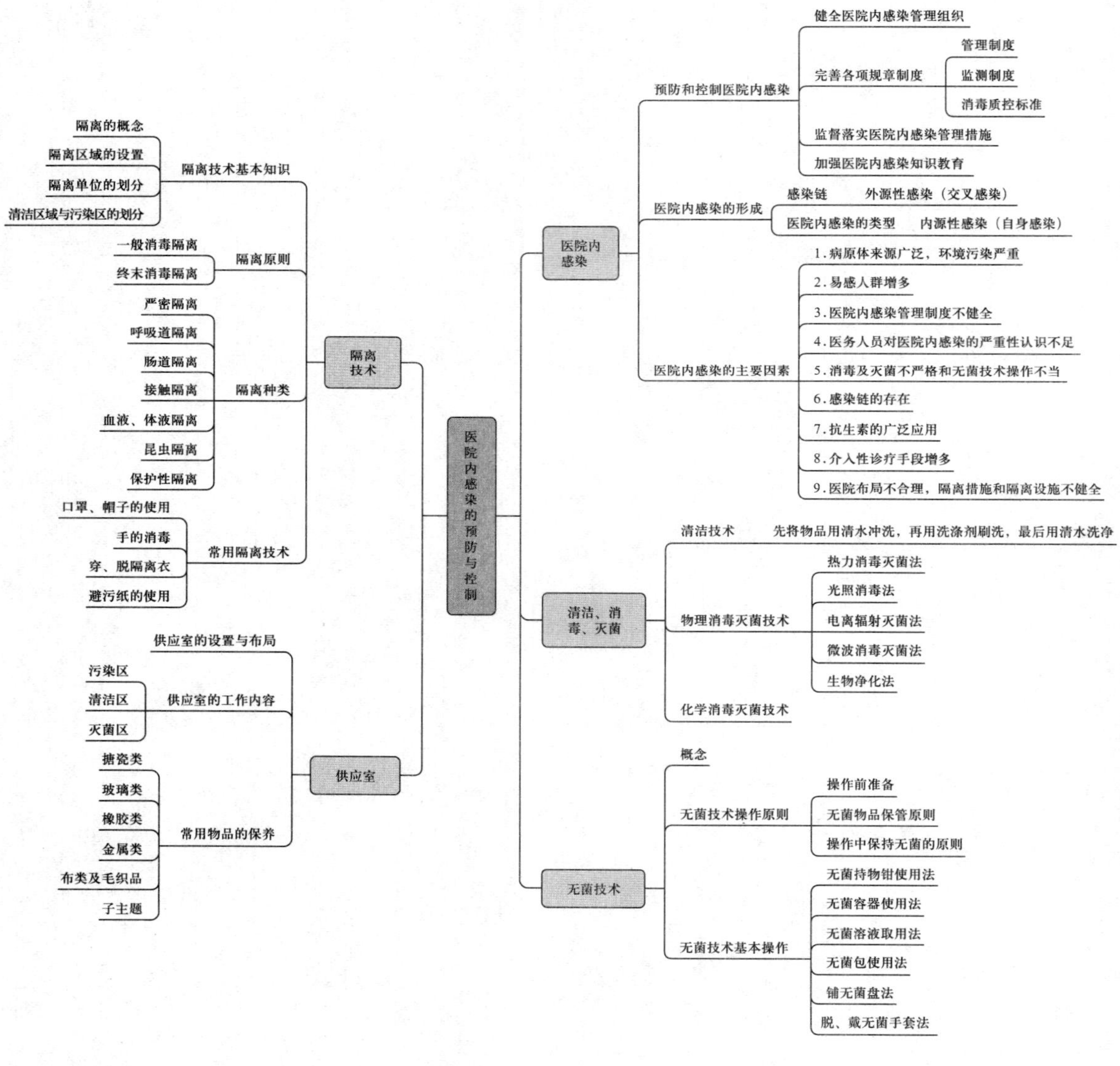

学习目标

1. 解释医院内感染、外源性感染、内源性感染、消毒、灭菌、无菌技术和隔离。
2. 知道医院内感染的形成、医院内感染的主要原因。
3. 描述清洁法、供应室的工作内容。
4. 熟记医院内感染的分类、医院内感染的预防和控制；化学消毒剂的使用原则及常用化学消毒剂，消毒、灭菌的方法；无菌技术的操作原则及基本操作；隔离原则及常用隔离技术；常用物品的保养。
5. 正确实施物理、化学消毒及灭菌技术；各项无菌操作及隔离基本操作技术。
6. 养成良好的职业素质，具有爱伤观念，具备严谨、一丝不苟的工作态度。

医院内人群密集，病原微生物聚集且种类繁多，加上各种新型医疗技术的广泛应用以及抗生素和免疫抑制药的大量使用，导致医院内感染的发生率逐年增加，控制医院内感染已成为现代化医院质量管理的重要目标之一。因此，护士应掌握医院内感染防护的知识和技能，以避免或减少医院内感染的发生。

第一节 医院内感染

一、概念和分类

（一）医院内感染的概念

医院内感染（nosocomial infection）又称医院内获得性感染，指住院患者、探陪人员及医院工作人员在医院活动期间引起的任何诊断明确的感染或疾病。医院内感染的对象包括一切在医院活动的人群，如住院和门诊患者、医院工作人员、陪住者以及探视者。医院内感染包括在住院期间发生的感染和在医院内获得出院后发生的感染，不包括入院时已有的或已处于潜伏期的感染。

（二）医院内感染的分类

根据患者在医院中获得病原体来源不同，医院内感染可分为外源性感染和内源性感染两大类。

1. 外源性感染 外源性感染（exogenous infection）指病原体来自患者体外，即来自于其他住院患者、医务人员、陪护家属和医院环境。感染可散发，也可暴发。通过加强消毒、灭菌、隔离措施和宣传教育可得到预防和控制。

（1）交叉感染（cross infection）：是在医院内或他人处（患者、带菌者、工作人员、探视者、陪护者）获得而引起的直接感染。

（2）环境感染（environmental infection）：是由污染的环境（空气、水、医疗用具及其他物品）造成的感染。如由于手术室空气污染造成患者术后切口感染，注射器灭菌不严格引起乙型肝炎流行等。

2. 内源性感染 病原体来自患者自身储菌库（皮肤、口咽、泌尿生殖道、肠道）的正常菌群或条件致病菌引起感染。正常情况下，病原体对人体无感染力而不致病，但当人的健康状况不佳、免疫功能受损、正常菌群发生移位以及抗生素不合理应用时，就可引起感染。

二、发生原因

（一）医院环境

医院内存在着大量的病原体，环境污染严重，各类患者聚集，病原微生物来源广泛，增加了感染的机会。

（二）感染链存在，易感人群增多

医院内感染的形成必须具备3个基本条件：感染源、感染途径和易感宿主。医院内易感人群（如慢性疾病、化疗患者、年老及体弱者）多，患者由于自身抵抗力下降，免疫功能受损而易诱发感染。

（三）不合理使用抗生素

大量新型抗生素的开发和应用，导致人体的菌群失调，增加了内源性感染的机会，并使一些细菌产生耐药性。耐药菌株的增加使抗菌药疗效降低，致使病程延长，感染机会增多。

（四）侵入性检查、治疗手段增多

在疾病的诊断和治疗过程中，普遍采用各种侵入性的操作（如内镜、泌尿系导管、动脉及静脉导管、气管插管、脏器移植及介入治疗等），这些诊治活动在一定程度上破坏了人体正常的防护屏障，损伤了机体的防御系统，增加了患者因器械污染、皮肤黏膜损伤等诱发感染的机会。

（五）医院内感染的管理制度

医院内感染管理制度不健全，管理力度不足，医务人员对医院内感染不重视，在实际操作过程中不注意消毒和隔离等，导致医院内感染发生的可能性增大。

三、预防与控制

医院内感染的预防原则是控制感染源，切断感染途径，保护易感人群。

（一）建立三级监控体系

在医院内感染管理委员会的领导下，建立层次分明的三级医院内感染护理管理体系。一级管理：病区护士长和兼职监控护士；二级管理：科护士长；三级管理：护理部副主任，为医院内感染管理委员会副主任。通过三级护理管理体系加强医院内感染管理，评估感染发生的危险性，做到预防为主，及时发现、及时汇报、及时处理。

（二）健全、落实各项制度

1. 管理制度 对患者入院、住院和出院3个阶段，采取随时、终末和预防性消毒制度，严格执行清洁卫生制度、消毒隔离制度、供应室物品消毒隔离制度以及感染管理报告制度等。

2. 监测制度

（1）消毒及灭菌效果的监测：如对使用中的消毒剂、灭菌剂、压力蒸汽灭菌、环氧乙烷气体消毒、紫外线照射消毒等消毒及灭菌效果的监测。

（2）感染高发区域的消毒卫生标准监测：如手术室、供应室、产房、母婴室、新生儿室、器官移植室、血液透析室、ICU、治疗室、换药室等的消毒卫生标准的监测工作应常规，定期、定点、定项目地进行。对感染的记录，要求详细、具体，并以病房为单位定期统计分析。

3. 消毒质控标准 如医院内空气消毒、物品表面消毒、各种管道装置的消毒和医护人员手的消毒均应符合国家卫生行政部门所规定的医院消毒卫生标准。

（三）合理使用抗生素

对抗生素的使用应严格掌握指征，根据药物敏感试验选择敏感抗生素，选择合适的剂量、合理的给药途径和疗程，一般不宜预防性使用抗生素。

（四）医院建筑布局及设施应合理

医院建筑应布局合理，设施应有利于消毒和隔离。如门诊部各功能科室的设置应符合患者就诊的流程，让就诊患者呈单向流动，避免患者之间交叉接触；门诊和病区中均应设置足够的洗手设备，便于医务人员和患者随时洗手。凡是与患者直接接触的科室，均应设置物品处置室，将患者接触过的物品先消毒达到无害化，再进一步处理。处置室的设施包括浸泡、熏蒸、紫外线等装置和暂时贮存消毒后物品的贮存柜。

（五）控制感染源和易感人群

合理限制探视者和陪护的数量；医务人员定期进行健康检查；对于易感患者，仔细检查和明确患者的潜在病灶和带菌状态，并及时给予适当治疗；对感染危险指数高的患者，采取保护性隔离和选择性去污措施，控制内源性感染的发生条件。

（六）加强医院内感染教育，强化医务人员在医院内感染管理中的职责

加强医务人员和全院其他部门工作人员的医院内感染教育，提高医护人员预防医院内感染的意识，严格执行消毒隔离制度及各项医疗护理操作规程，履行在医院内感染管理中的职责。

第二节　清洁、消毒与灭菌

一、概念

1. 清洁　清洁（clean）是指用清水、清洁剂及机械洗刷等物理方法消除物体表面的污垢、尘埃和有机物，其作用是去除和减少微生物，但不能杀灭微生物。清洁适用于医院地面、墙壁、家具、医疗及护理用品等物体表面的处理。

2. 消毒　消毒（disinfection）是指清除或杀灭传播媒介上的病原微生物，使之达到无害化的处理。

3. 灭菌　灭菌（sterilization）是指清除或杀灭传播媒介上的所有微生物（包括芽孢），使之达到无菌程度。灭菌适用于需进入人体内部的医用器材（如手术器械等）的处理。

二、清洁、消毒和灭菌的方法

（一）清洁的方法

将物品用清水洗净或用洗涤剂等刷洗，除去污秽，再用清水洗净。清洁常用于医院地面、墙壁、家具等的清洁以及物品消毒及灭菌前的准备。对于特殊污渍，清洁前应先进行相应处理。如碘酊污渍用乙醇擦拭；甲紫污渍用乙醇或草酸擦拭；高锰酸钾污渍用维生素 C 或 0.2%～0.5%过氧化氢浸泡后洗净；陈旧血渍用过氧化氢溶液浸泡后洗净。

（二）物理消毒及灭菌的方法

1. 热力消毒灭菌法　热力消毒灭菌法（heat disinfection and sterilization）是利用热力破坏微生物的蛋白质、核酸、细胞壁和细胞膜，从而导致其死亡，达到消毒及灭菌的目的。热力消毒灭菌法包括湿热法和干热法。前者由空气和水蒸气导热，传热快，穿透力强；后者由空气导热，传热较慢。

（1）燃烧灭菌法（burning sterilization）：属于干热法，是一种简单、迅速、彻底的灭菌方法。燃烧灭菌法常用于无保留价值的污染物品，如污染的纸张，某些特殊感染（如破伤风芽孢杆菌、铜绿假单胞菌、气性坏疽芽孢杆菌等感染）的敷料处理，医用垃圾和病理标本等的处理；微生物实验室接种环的灭菌及培养试管口和塞子的消毒；某些金属器械（如换药镊），搪瓷类物品（如换药碗）等，在急用或无条件用其他方法灭菌时也可用此法处理。

1）方法：①对于器械类，放在火焰上烧灼 20 秒。②对于容器类，倒入少量 95%乙醇，缓缓转动容器，使其分布均匀，然后点火燃烧至熄灭，时间应超过 3 分钟。③开启或关闭培养

试管时，将塞子和试管口放在火焰上旋转烧灼 2～3 次。④特殊感染的敷料和无保留价值的污染物品可直接投入焚烧炉内焚烧。

2）注意事项：①燃烧时须远离易燃及易爆物品，如氧气、汽油、乙醚等。②在燃烧过程中不得添加乙醇等燃料，以免引起灼伤或火灾。③贵重器械及锐利刀剪不宜采用此法灭菌，以免损坏器械或使锋刃变钝。

（2）干烤法（dry roasting）：属于干热法，热力通过空气对流和介质传导进行灭菌，效果可靠。消毒：箱温 120～140 ℃，时间 10～20 分钟。灭菌所需的温度和时间应根据物品种类和烤箱的类型来确定，一般为箱温 160 ℃，时间 2 小时；箱温 170 ℃，时间 1 小时；箱温 180 ℃，时间 30 分钟。干烤法适用于耐热、不耐湿、蒸汽或气体不能穿透物品的灭菌，如油剂、粉剂、软膏、金属、玻璃、搪瓷物品等的消毒或灭菌。

（3）煮沸消毒法（boiling disinfection）：属于湿热法，将需消毒物品放入水中，煮至 100 ℃，维持 5～10 分钟可杀灭细菌繁殖体，达到消毒效果。在水中加入 2%碳酸氢钠，可提高水的沸点至 105 ℃，既增强灭菌效果，又有去污、防锈的作用。煮沸消毒法适用于耐高温、耐潮湿的物品（如金属、搪瓷、玻璃、橡胶类等）的消毒及灭菌，不能用于外科手术器械的灭菌。

1）方法：将物品刷洗干净，全部浸没在水中，然后加热煮沸，待水沸后计时。

2）注意事项：①煮沸消毒前应将物品洗刷干净，并全部浸没于水中。②物品不宜放置过多，一般不超过容器的 3/4。③消毒时间从水沸后开始计时，若中途加入物品，则应从水沸后重新计时。④有轴节的器械及带盖的容器应打开，大小相同的碗、盆不能叠放，不透水的物品应垂直放置。⑤玻璃类物品应用纱布包好放入冷水中煮沸，注射器应抽出内芯。⑥橡胶或丝线类物品用纱布包裹，待水沸后放入，煮沸 3～5 分钟取出，空腔导管应在腔内充满水。⑦高山地区海拔高度每增高 300 m，需延长煮沸时间 2 分钟，或采用高压煮锅。⑧金属器械煮沸消毒后要及时取出，以免生锈。

音频：
考点解析

➢ **考点：** 用煮沸法消毒物品，正确的是

A. 大小相同的治疗碗可重叠

B. 水沸后放入玻璃物品

C. 组织剪刀打开轴节

D. 水沸后放橡胶管

E. 煮沸中途加入物品应从加入开始即计时

（4）压力蒸汽灭菌法（pressure steam sterilization）：属于湿热法，利用高温、高压下的饱和蒸汽杀灭所有微生物及芽孢。灭菌效果最可靠，为医院首选的灭菌方法。压力蒸汽灭菌法常用于耐高温、耐高压、耐潮湿的物品（如各类器械、敷料、搪瓷、橡胶、玻璃制品及溶液等）的灭菌。

1）分类：根据排放冷空气的方式和程度的不同，将压力蒸汽灭菌法分为下排气压力蒸汽灭菌法（包括手提式压力蒸汽灭菌器和卧式压力蒸汽灭菌器）和预真空压力蒸汽灭菌法。

2）方法：①手提式压力蒸汽灭菌器为一金属圆筒，分内、外两层，盖上有排气阀、安全阀和压力表（图 11-1）。这种压力蒸汽灭菌器便于携带，使用方法简易，适宜于基层医疗单位使用。②卧式压力蒸汽灭菌器下部有排气孔，灭菌时从灭菌器上部输入蒸汽，利用冷热空气的比重差异，迫使容器内的冷空气自底部排气孔排出，使容器内的压力和温度升高（图 11-2）。工作参数：压力 103～137.30 kPa，温度 121～126 ℃，时间 15～30 分钟，可达到灭菌目的。③预真空压力蒸汽灭菌器配有真空泵和空气过滤装置，先将灭菌柜内空气抽出，再输入蒸汽，在负压状态下，饱和蒸汽能迅速穿透物品进行灭菌。工作参数：压力 205 kPa，温度 132 ℃，4～5 分钟即能达到灭菌效果。

3）注意事项：①卧式压力蒸汽灭菌器物品包 30 cm × 30 cm × 25 cm，预真空压力蒸汽灭菌器物品包 30 cm × 30 cm × 50 cm。②各包摆放时应留有空隙，以利蒸汽流通、穿透。卧式压

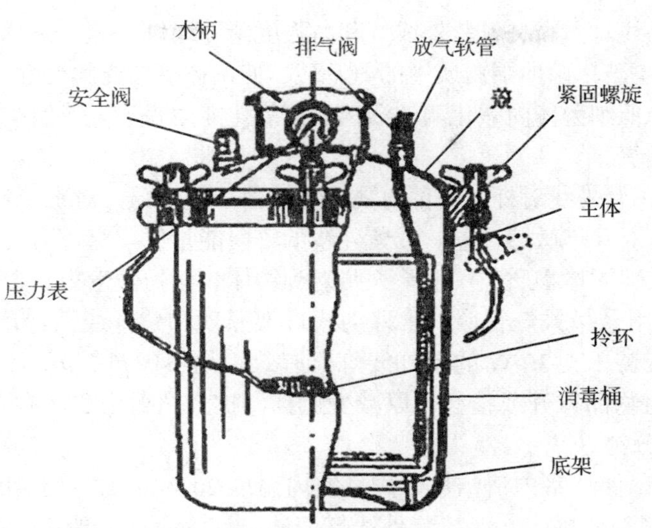

图 11-1　手提式压力蒸汽灭菌器

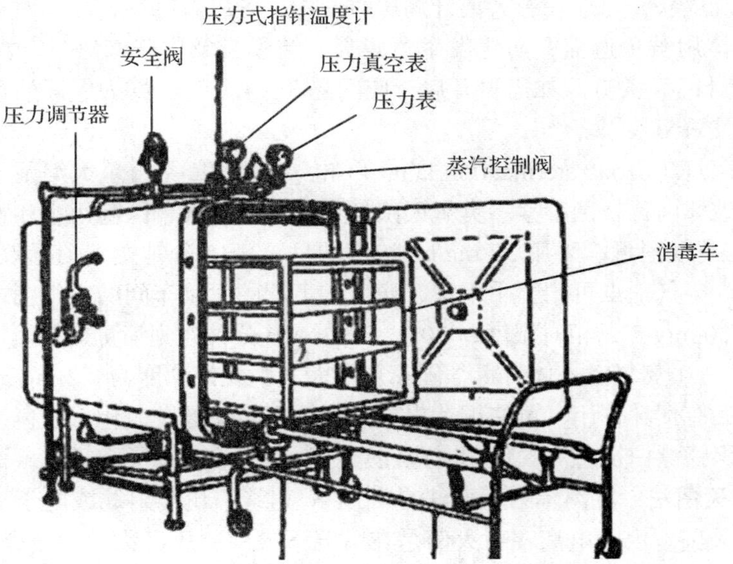

图 11-2　卧式压力蒸汽灭菌器

力蒸汽灭菌器的装载量不应超过柜室容积的 80%，预真空压力蒸汽灭菌器的装载量不应超过柜室容积的 90%。③盛装物品的容器应有孔，容器有盖须打开，以利蒸汽进入。④同类材质的器械、器具和物品应置于同一批次进行灭菌；材质不相同时，布类物品应放在金属、搪瓷类物品之上，以免布类受潮，影响灭菌效果。⑤定期监测灭菌效果。

2. 光照消毒法　光照消毒法（illumination disinfection）又称辐射消毒法（radiosterilization），主要是通过紫外线的杀菌作用，使菌体蛋白发生光解、变性，导致细菌死亡。

（1）日光暴晒消毒法（sunshine disinfection）：日光具有热、干燥和紫外线的作用，有一定的杀菌效果，常用于床垫、毛毯、棉胎、衣服和书籍等的消毒。

1）方法：将物品放在阳光下直接暴晒 6 小时。

2）注意事项：每 2 小时翻动物品 1 次，使物品各面均能受到日光照射。

（2）紫外线灯照射消毒法：紫外线灯是人工制造的低压汞石英灯。通电后，汞气化放电而产生紫外线，受紫外线照射的氧气电离产生臭氧，发挥杀菌效果。紫外线的杀菌效力与其波长有密切关系，杀菌的最佳波长是 253.7 nm。常用的紫外线灯有 15 W、20 W、30 W、40 W 4

种，还有低臭氧紫外线灯、高臭氧紫外线灯和高强度紫外线灯。

1）杀菌机制：①破坏菌体蛋白质中的氨基酸，使菌体蛋白光解变性。②使微生物的DNA失去转化能力。③降低细菌体内氧化酶的活性，使氧化能力丧失。④使空气中的氧电离产生具有极强杀菌作用的臭氧。

2）杀菌特点：①紫外线对杆菌杀菌力强，对球菌杀菌力弱，对霉菌、酵母菌杀菌力更弱，对生长期细菌敏感，对芽孢敏感性差。②紫外线的辐射能量低，穿透力弱，不能穿透液体、玻璃、尘埃、纸张及其他固体物质，仅能杀灭照射到物体表面的微生物。

3）方法：可采用悬吊式灯管照射、移动式灯架照射和紫外线消毒箱照射。①空气消毒：每10 m^2地面面积安装1支30 W的紫外线灯，有效距离不超过2 m，照射时间不少于30分钟。②物品消毒：将物品摊开或挂起，以减少遮挡，扩大照射面积。有效距离为25～60 cm，照射时间不少于30分钟。

4）注意事项：①保持室内清洁、干燥，室内温度20～40 ℃，相对湿度40%～60%，过高或过低均可影响消毒效果。②保持紫外线灯清洁，灯管表面一般每2周用无水乙醇棉球擦拭，发现有污垢应随时擦拭。③被消毒的物品应定时翻动，使物品的各面均能受到直接照射。④注意保护眼睛及皮肤，一般在患者离开病房时使用，若患者卧床，使用时双眼应戴墨镜，或用纱布遮盖，肢体用被单遮盖，防止发生角膜炎、结膜炎及皮肤红斑。⑤消毒时间应从灯亮5～7分钟后开始计时，关灯后如需再开启，应间隔3～4分钟。⑥为保证消毒效果，应定期检测灯管照射强度及杀菌效果。

（3）臭氧灭菌灯（ozone sterilization lamp）（电子灭菌灯）：可杀灭细菌繁殖体、病毒、芽孢、真菌，并可破坏肉毒杆菌毒素。臭氧灭菌灯主要用于空气、医院污水和物品表面消毒。

1）方法：①空气消毒，采用30 mg/m^3浓度的臭氧，15分钟达到消毒效果，消毒后30分钟人员方可进入。空气消毒可用于手术室、病房、工厂的无菌车间的空气消毒。②物品表面的消毒，臭氧浓度30 mg/m^3，相对湿度≥70%，60～120分钟达到消毒效果。

2）注意事项：①臭氧对人体有毒，国家规定大气中允许浓度为0.2 mg/m^3。②臭氧为强氧化剂，对多种物品有损坏作用，可使铜片出现绿色锈斑，使橡胶老化、变色、弹性降低，甚至变脆、断裂，使织物漂白褪色等，使用时应注意。

3. 电离辐射灭菌法　电离辐射灭菌法是利用γ射线、伦琴射线或电子加速器产生高能电子束的辐射进行灭菌。由于电离辐射灭菌是在常温下灭菌，故又称为“冷灭菌”。电离辐射灭菌法可用于金属、橡胶、塑料、高分子聚合物（如一次性注射器、输液器、输血器、聚乙烯心瓣膜等）、精密医疗器械和生物医学制品等的灭菌。

4. 微波消毒灭菌法　微波是一种频率高、波长短的电磁波。微波消毒灭菌法（microwave disinfection and sterilization）具有节能、无污染、作用快速、作用温度低等特点，可穿透玻璃、塑料薄膜与陶瓷等物质，但不能穿透金属表面，常用于食品、餐具、医疗文件、药品及耐热非金属材料器械的消毒及灭菌。一般物品在功率为5～10 kW的微波炉中，持续3～15分钟即可达到灭菌效果。

5. 等离子体灭菌法　等离子体灭菌法（plasma sterilization）是利用氧化氮气或氧、氮、氩等混合气体，在特制的容器内进行辉光放电，产生低温等离子体进行灭菌，适用于注射器、导管等一次性医疗用品的灭菌。其优点是无毒性残留，灭菌时间短，低热不损坏灭菌材料。

6. 自然净化法　大气、地面、物体表面和水中的病原微生物，经日晒、风吹、干燥等，不需人工消毒常也可达到无害状态，这就是大自然的净化作用，称自然净化法（natural purification）。如病室定时开窗通风，使室外新鲜空气替换室内污浊空气，能减少室内空气中微生物的含量。医院常用的枕芯、被褥、床垫、毛毯、书报等物品通过日光暴晒消毒。

7. 空气过滤器　空气过滤器（air filter）又称层流装置（laminar flow device），可除掉空气中直径大小为0.5～5 μm的尘埃，达到净化空气的目的。空气过滤器适用于手术室、静脉输液配置中心、血液透析室、保护性隔离病室等。

（三）化学消毒灭菌法

化学消毒灭菌法是指利用化学药物渗透到细菌体内，使菌体蛋白质凝固变性，酶蛋白失去活性，抑制细菌代谢或破坏细胞膜的结构，改变其通透性，使细菌胞体破裂、溶解，从而达到消毒及灭菌的目的。

1. 消毒剂的种类 根据消毒剂消毒效果的强弱，可分为4类。

（1）灭菌剂：是能杀灭一切微生物（包括芽孢和真菌孢子），使物品达到灭菌要求的消毒剂，如环氧乙烷、戊二醛等。

（2）高效消毒剂：能杀灭一切细菌繁殖体（包括分枝杆菌）、结核杆菌、病毒、真菌及其孢子和绝大多数细菌芽孢的消毒剂，如过氧乙酸、过氧化氯、部分含氯消毒剂等。

（3）中效消毒剂：是能杀灭细菌繁殖体、结核杆菌、病毒，不能杀灭芽孢的消毒剂，如醇类、碘类、部分含氯消毒剂等。

（4）低效消毒剂：是仅能杀灭细菌繁殖体、亲脂性病毒，达到消毒要求的消毒剂，如酚类、季铵类消毒剂等。

2. 化学消毒剂的使用原则

（1）合理使用，能不用则不用，必须用时尽量活用，能采用物理方法消毒及灭菌的，则不使用化学消毒灭菌法。

（2）根据物品的性能及微生物的特性选择合适的消毒剂。

（3）严格掌握消毒剂的有效浓度、消毒时间及使用方法。

（4）消毒剂应定期更换，易挥发的消毒剂要加盖盛放，并定期检测、调整其浓度。

（5）需消毒的物品应洗净、擦干，浸泡时打开物品的轴节或套盖，将物品浸没于消毒液中，有管腔的物品，管腔内应注满消毒液。

（6）浸泡消毒后的物品，在使用前需用无菌蒸馏水或生理盐水冲洗，气体消毒剂消毒后的物品，待气体挥发后再使用，以免消毒剂刺激人体组织。

（7）消毒液中放置纱布、棉花等可吸附消毒剂而降低消毒效力。

3. 化学消毒剂的使用方法

（1）浸泡法：将物品浸泡于消毒液中，在标准的浓度与时间内达到消毒及灭菌作用。浸泡法适用于耐湿不耐热的物品消毒，如人体体表、锐利器械、化学纤维制品、精密仪器等。

（2）喷雾：用喷雾器将消毒液均匀喷洒在空气中和物体表面，在标准的浓度内达到消毒作用。喷雾用于空气和物品表面（如墙壁、地面等）的消毒。

（3）擦拭法：用消毒液擦拭物品表面，在标准浓度内达到消毒作用。擦拭法用于桌椅、墙壁、地面等的消毒。

（4）熏蒸法：将消毒剂加热或加入氧化剂使之汽化，在标准浓度与时间内达到消毒及灭菌作用。熏蒸法用于空气及物品的消毒。

1）空气消毒：将消毒剂加热或加入氧化剂进行熏蒸，按规定的时间关闭门窗，消毒完毕打开门窗通风换气。常用的空气消毒剂及消毒方法，见表11-1。

表11-1 空气熏蒸消毒法

消毒剂	剂量	消毒方法	消毒时间
2%过氧乙酸	8 ml/m^3	加热熏蒸	密闭门窗30～120分钟
纯乳酸	0.12 ml/m^3	加等量水，加热熏蒸	密闭门窗30～120分钟
食醋	5～10 ml/m^3	加热水1～2倍，加热熏蒸	密闭门窗30～120分钟

2）物品消毒：将被消毒物品置于甲醛消毒箱进行消毒，常用于不耐湿、不耐高温的物品（如精密仪器、血压计、听诊器、传染病患者用过的票证及书报等）的消毒。

4. 常用化学消毒剂 见表 11-2。

表 11-2 常用化学消毒剂

消毒剂及灭菌剂名称	效力	作用原理	使用范围	注意事项
环氧乙烷	灭菌剂	与菌体蛋白质结合，使酶代谢受阻而导致死亡。能杀灭细菌、病毒、真菌、立克次氏体和芽孢	①少量物品放入丁基橡胶袋中消毒；大量物品放入环氧乙烷气体灭菌柜内消毒，此柜可自动调节温度、相对湿度和投药量，时间 6 小时 ②精密仪器、化纤、器械的消毒及灭菌，剂量为 800 ~ 1200 mg/L，温度为 54 ± 2 ℃，相对湿度为 60% ± 10%，时间 2.5 ~ 4 小时	①属易燃、易爆物品，且有一定的毒性，使用时应严格遵守操作程序 ②存放在阴凉、通风、无火源处 ③储存温度不可超过 40 ℃，以防爆炸 ④灭菌后的物品须做通气处理，待清除环氧乙烷残留物后方可使用 ⑤每次消毒后均应进行效果检测及评价
戊二醛	灭菌剂	与菌体蛋白质反应，使之灭活。能杀灭细菌、真菌、芽孢和病毒	2%戊二醛溶液加入 0.3%碳酸氢钠，成为 2% 碱性戊二醛，用于浸泡不耐高温的金属器械、医学仪器、内镜等，消毒需用 20 ~ 45 分钟，灭菌需用 10 小时	①对皮肤、黏膜有刺激性，对眼睛的刺激性较强，使用时应注意防护 ②浸泡金属类物品时，加入 0.5%亚硝酸钠作为防锈剂 ③消毒后的物品，使用前用无菌蒸馏水充分冲洗，防止药物残留 ④容易氧化分解，需现用现配 ⑤消毒液每周过滤 1 次，每 2 周更换 1 次
含氯消毒剂（常用的有液氯、漂白粉、漂白粉精、次氯酸钠及 84 消毒液等）	高效消毒剂	在水溶液中放出有效氯，破坏细菌酶的活性而致其死亡，能杀死各种病原菌、病毒和芽孢	常用于餐具、水、环境、疫源地等的消毒： ①被细菌繁殖体污染的物品，用含有效氯 0.02%的消毒液浸泡 10 分钟，或进行擦拭；被肝炎病毒、结核杆菌、细菌芽孢污染的物品，用 0.2%的消毒液浸泡 30 分钟 ②用含有效氯 0.05% ~ 0.2%的消毒液均匀喷洒地面、墙壁及物品表面，作用 30 ~ 60 分钟 ③排泄物消毒：排泄物 5 份加漂白粉 1 份搅拌，放置 2 ~ 6 小时；尿液 100 ml 加漂白粉 1 g，放置 1 小时	①保存在密封容器内，置于阴凉、干燥、通风处，以减少有效氯的丧失 ②配制的溶液稳定性差，须现配现用 ③有腐蚀及漂白作用，不宜用于金属制品、有色衣物及油漆家具的消毒 ④定期更换消毒液

续表

消毒剂及灭菌剂名称	效力	作用原理	使用范围	注意事项
碘酊	高效消毒剂	使菌体蛋白质氧化变性。能杀灭大部分细菌、真菌、芽孢及原虫	① 2%碘酊溶液用于皮肤消毒，涂擦1分钟后，再用75%乙醇脱碘 ② 2.5%碘酊溶液用于脐带断端消毒，涂擦后待干，再用75%乙醇脱碘	①对皮肤有较强的刺激性，不能用于黏膜消毒 ②对金属有腐蚀作用，不可用于金属器械的消毒 ③对碘过敏者禁用 ④需加盖保存
碘伏	中效消毒剂	破坏细菌胞膜的通透性屏障，使蛋白质漏出，或与细菌酶蛋白起碘化反应而使之失活，能杀灭细菌、病毒	① 0.5%～2.0%碘伏溶液用于皮肤消毒，涂擦2次，作用2～3分钟 ② 0.05%～0.1%碘伏溶液用于浸泡清洗并晾干后的物品，时间30分钟 ③ 0.05%碘伏溶液用于黏膜、创面消毒，时间3～5分钟	①碘伏稀释后稳定性差，宜现配现用 ②避光密闭保存，置阴凉处 ③如物品上有脓血等有机物，应适当增加浓度，延长消毒时间 ④对二价金属有腐蚀性，不宜用于相应金属制品消毒
乙醇	中效消毒剂	使菌体蛋白凝固变性。对肝炎及芽孢无效	① 75%乙醇溶液用于消毒皮肤或物品表面 ② 75%乙醇溶液用于浸泡消毒，时间5～10分钟或以上 ③ 95%乙醇溶液可用于燃烧灭菌	①使用浓度不能超过80%，浓度过高或过低均影响杀菌效果 ②易挥发，需加盖保存，定期测定并调整其密度，以保持有效浓度 ③有刺激性，不宜用于黏膜及创面消毒 ⑤易燃，应加盖置于避火处
氯己定（洗必泰）	低效消毒剂	能破坏细胞膜的酶活性，使细胞的胞质破裂。对细菌繁殖体有较强的杀菌作用，但不能杀灭芽孢、分枝杆菌和病毒	① 4%氯己定乙醇溶液用于擦拭手术和注射部位皮肤，擦2次，作用时间2分钟 ② 0.05%～0.1%氯己定水溶液用于冲洗阴道、膀胱、伤口创面等	①对肥皂、碘、高锰酸钾等阴离子表面活性剂有拮抗作用，不能混合使用 ②创面脓液过多时，应延长冲洗时间

三、消毒、灭菌效果监测与评价

（一）各类环境空气、物体表面、医务人员手的消毒卫生标准

1. 各类环境空气、物体表面、医务人员手的消毒卫生标准见表11-3。

表 11-3 各类环境空气、物体表面、医务人员手消毒卫生标准

环境类别	所涉范围	标准（cfu/cm^2）		
		空气	物体表面	医务人员手
Ⅰ类	层流洁净手术室、层流洁净病房	≤ 10	≤ 5	≤ 5
Ⅱ类	普通手术室、产房、婴儿室、早产儿室、普通保护性隔离病室、供应室无菌区、烧伤病房、ICU	≤ 200	≤ 5	≤ 5
Ⅲ类	儿科病室、妇产科检查室、注射室、换药室、供应室清洁区、急诊室、化验室、各类普通病房和诊室	≤ 500	≤ 10	≤ 10
Ⅳ类	传染科病房	–	≤ 15	≤ 15

2. 不得检出乙型溶血性链球菌、金黄色葡萄球菌及其他致病性微生物。母婴同室、早产儿室、婴儿室、新生儿室及儿科病室的物品表面和医务人员的手上不得检出沙门氏菌。

（二）医疗用品消毒效果监测

1. 进入人体无菌组织、器官或接触破损皮肤、黏膜的医疗用品不得检出任何微生物。
2. 接触黏膜的医疗用品细菌菌落总数应≤ 20 cfu/g 或 100 cm^2，不得检出致病性微生物。
3. 接触皮肤的医疗用品细菌菌落总数应≤ 200 cfu/g 或 100 cm^2，不得检出致病性微生物。

（三）消毒液的监测

1. 定期测定消毒液中的有效成分，应符合规定的含量。
2. 使用中的消毒液含菌量应≤ 100 cfu/ml，不得检出致病性微生物。

（四）压力蒸汽灭菌效果的监测

1. 物理监测法 物理监测法（physical monitoring method）使用 150 ℃或 200 ℃的留点温度计，使用前将留点温度计甩至 50 ℃以下，放入需灭菌的包内，灭菌后检查其读数是否达到灭菌温度。

2. 化学监测法 化学监测法（chemical monitoring method）是将化学指示卡放在待灭菌物品包的中央部位，在包的外面粘贴化学指示胶带，在一个灭菌周期结束后，检查化学指示胶带（卡），若颜色变黑，表示达到灭菌效果。

3. 生物监测法 生物监测法（biological monitoring method）是利用对热耐受力较强的非致病性嗜热脂肪杆菌芽孢作为指示剂，制成每片含 10^6 个嗜热脂肪杆菌芽孢的菌纸片，使用时将 10 片菌纸片分别放于灭菌器四角及中央，待灭菌完毕，用无菌镊取出后，放入培养基内，在 56 ℃温箱中培养 48 小时至 1 周，若全部菌纸片均无细菌生长，则表示灭菌合格。

知识链接

B-D 试验监测

B–D 试验监测是专门用于预真空（包括脉冲真空）压力蒸汽灭菌器冷空气排除效果的检测。真空型灭菌器每日灭菌前须空锅做 B–D 试验，B–D 试纸变色均匀，合格后方可使用。如果 B–D 试纸变色不均匀，为不合格。B–D 试验只能说明预真空高压蒸汽灭菌器排除冷空气的效果，不能说明灭菌是否合格，即不能代替生物监测。

1. 紫外线强度仪监测法 将紫外线强度仪置于所测紫外线灯管的正中垂直 1 m 处，开灯照射 5 分钟后判断结果：普通 30 W 新灯管辐射强度≥ 90 μW/cm^2 为合格，使用中的紫外线灯管辐射强度≥ 70 μW/cm^2 为合格。

2. 化学指示卡测定法　在没有紫外线强度仪的情况下，或做日常性监测时，可用紫外线强度与消毒剂量指示卡进行测定，可作为紫外线辐射强度的参考值。

3. 时间累计法　无紫外线强度测定仪时，还应建立紫外线灯管使用时间记录卡。凡使用时间累计超过1000小时者，应更换灯管。

4. 生物检测法　可用标准菌片，在紫外线消毒后计算杀菌率来评价紫外线的消毒效果。定期做空气培养，也可检测紫外线的消毒效果。

四、医院日常清洁、消毒和灭菌工作

（一）医院环境

1. 环境空气消毒　从空气消毒的角度，可将医院环境分为4类，可采用的空气消毒方法如下。

（1）Ⅰ类环境：包括层流洁净手术室、层流洁净病房和无菌药物制剂室等。要求空气中的细菌总数≤ 10 cfu/m^3 且未检出致病菌。只能采用层流设备，才能使空气中的微生物达到此标准。

（2）Ⅱ类环境：包括普通手术室、产房、婴儿室、早产儿室、普通保护性隔离室、重症监护病房等。要求空气中的细菌总数≤ 200 cfu/m^3 且未检出致病菌。Ⅱ类环境为有人房间，必须采用对人无毒无害，且可连续消毒的方法，可选用循环风紫外线空气消毒器和静电吸附式空气消毒器进行空气消毒。

（3）Ⅲ类环境：包括儿科病房、妇产科检查室、注射室、换药室、治疗室、供应室消毒区、急诊室、化验室、各类普通病室和房间。要求空气中的细菌总数≤ 500 cfu/m^3。可采用Ⅱ类环境空气消毒的方法，还可采用臭氧消毒、紫外线灯管、化学消毒剂熏蒸或喷雾、中草药空气消毒剂等空气消毒方法，消毒时要求人离开房间。

（4）Ⅳ类环境：包括传染病科及病区，可采用Ⅲ类环境中空气消毒的方法。

2. 物品表面消毒　医疗环境中的各种物体表面的消毒要符合细菌学检测要求。根据规定，Ⅰ、Ⅱ类环境要求物体表面的细菌总数≤ 5 cfu/cm^2，Ⅲ类环境物体表面的细菌总数≤ 10 cfu/cm^2，Ⅳ类环境物体表面的细菌总数≤ 15 cfu/cm^2。消毒方法包括以下几种。

（1）地面消毒：①在地面没有明显污染情况下，通常采用湿式清扫，用清水拖地，每日1或2次。②当地面受到病原菌污染时，通常采用一定浓度的含氯消毒液或过氧乙酸进行湿拖擦洗或喷洒地面。

（2）墙面消毒：医院墙面一般不需要进行常规消毒。当受到病原菌污染时，可采用一定浓度的含氯消毒液或过氧乙酸进行擦拭或喷洒，墙面消毒高度一般为2～2.5 m。

（3）病房各类用品表面的消毒：①病房内用品（如凳子、床头柜等）一般情况下只需进行日常的清洁工作，用清洁的湿抹布或季铵盐类消毒液擦拭各种用品的表面，每日1次。②当室内各种用品的表面受到病原菌的污染时，可采用一定浓度的含氯消毒液或过氧乙酸进行擦拭或喷洒，还可用紫外线灯照射消毒。

（4）床单位的消毒：床单位包括病床、床垫、枕芯、毛毯、棉被、床单等，一般情况下，在日光下暴晒6小时以上可达到消毒目的。可用紫外线灯照射消毒或床单位臭氧消毒器消毒。

（二）被服类消毒

每个病区应有3个衣被收集袋，分别收放有明显污染的患者衣被、一般患者衣被及医务人员的工作服、帽及值班被服。一次性使用衣被收集袋用后焚烧；非一次性使用的衣被送洗衣房。清洗、消毒的方法：①棉织品一般洗涤后高温消毒。②工作服及值班室被服应与患者的被服分开。③感染者被服与普通患者被服分开清洗和消毒。

（三）器械类物品的清洁、消毒和灭菌

1. 凡穿过皮肤或黏膜进入无菌组织或器官内部，或与破损的皮肤组织、黏膜密切接触的器材和用品，如手术器械和用品、心导管、注射的药物和液体、导尿管等要达到灭菌，首选压

力蒸汽灭菌法灭菌。

2. 与皮肤、黏膜接触，而不进入无菌组织内的器械（如喉镜、胃镜、体温计等）要达到灭菌或高效消毒。可选用消毒或高效化学消毒剂，如环氧乙烷、2%戊二醛等。

3. 与完整皮肤接触的物品（如便盆、床头柜、毛巾、地面、餐具、血压计袖带等），清洗干净或选用低效消毒剂浸泡消毒即可。

（四）医疗废物的处理

1. 分类

（1）医疗垃圾：①感染性废物指携带病原微生物、具有引发感染性疾病传播危险的医疗废物，如被患者血液、体液、分泌物污染的棉球，棉签，纱布等，一次性医疗器械等。②病理性废物指手术及其他诊疗过程中产生的废弃的人体组织、器官和医学实验动物的组织尸体等。③损伤性废物指能够刺伤或割伤人体的废弃的各类医用锐器，如手术刀、医用针头、玻璃安瓿等。④药物性废物指过期、被淘汰、变质或被污染的废弃的药品，如抗生素、废弃的血液制品等。⑤化学性废物指具有毒性、腐蚀性、易燃及易爆性的废弃化学物品，如废弃的过氧乙酸、戊二醛等化学消毒剂，废弃的汞柱血压计等。

（2）生活垃圾：指患者生活过程中产生的排泄物及垃圾，包括剩余的饭菜、果皮、粪、尿等排泄物。

2. 处理 按要求分类收集，建立严格的污物入袋制度。各科负责对本科室产生的医疗废物进行分类收集，不得混合收集，严禁将医疗废物混入其他废物和生活垃圾内。医疗废物收集点应设在病区的污染端，利于废物的收集。黄色袋装医用垃圾；红色袋装放射垃圾；损伤性废物置于医疗废物专用的黄色锐器回收盒内；黑色袋装生活垃圾。

第三节 无菌技术

一、概念

1. 无菌技术 无菌技术（aseptic technique）是指在医疗、护理操作过程中，防止一切微生物侵入人体和防止无菌物品、无菌区域被污染的技术。

2. 无菌区 无菌区（aseptic area）是指经灭菌处理且未被污染的区域。

3. 非无菌区 非无菌区（non-aseptic area）指未经灭菌处理，或虽经灭菌处理但又被污染的区域。

4. 无菌物品 无菌物品是指通过灭菌处理后保持无菌状态的物品。

5. 非无菌物品 非无菌物品（aseptic supply）是指未经灭菌处理，或虽经灭菌处理后又被污染的物品。

二、无菌技术操作原则

1. 保持无菌操作环境清洁，操作前 30 分钟须停止清扫并减少人员走动，防止尘埃飞扬导致污染。

2. 无菌操作前，工作人员应着装整洁、修剪指甲，洗手、戴口罩，必要时穿无菌衣、戴无菌手套。

3. 无菌物品和非无菌物品应分开放置，并有明显标志。无菌包外需注明物品名称、灭菌日期。无菌物品必须存放于无菌容器内，一经取出，即使未用也不可放回容器内。无菌物品通常按失效期先后顺序摆放和取用。必须在有效期内使用，可疑污染、污染或过期物品应重新灭菌。

4. 无菌包应放在高出地面 20 cm，距离天花板＞ 50 cm，离墙＞ 5 cm 处的物品存放柜或架上，防止受潮和污染。应定期检查无菌包是否过期或受潮，无菌包的夏季保存期为 7 日，秋冬季保存期为 14 日，当无菌包过期或包布受潮时，应重新灭菌。

5. 操作者身体与无菌区域需保持一定距离，手和前臂应在腰部以上；取、放无菌物品时，应面向无菌区，并使用无菌持物钳；避免非无菌物品、手、臂触及无菌物品，跨越无菌区。

6. 一套无菌物品仅供一位患者使用一次，不可多人或一人反复使用。

三、无菌技术基本操作方法

（一）无菌持物镊使用方法

护理评估

1. 评估无菌物品

（1）根据夹取物品的种类选择合适的无菌持物镊。

（2）无菌物品包装是否完好、标识是否清楚、有无潮湿，检查灭菌有效期及化学指示胶带颜色变化情况。

2. 评估环境　环境整洁，光线明亮，操作区域宽敞，操作台清洁、干燥，符合无菌操作原则的基本要求。

护理计划

1. 目的　用于取、放和传递无菌物品。

2. 准备

（1）护士准备：衣帽整洁，修剪指甲，洗手，戴口罩。

（2）用物准备

1）无菌持物钳：临床上常用的无菌持物钳有 3 种（图 11-3）。①卵圆钳：用于夹取刀、剪、镊、治疗碗、弯盘等。②三叉钳：用于夹取较大或较重的物品，如瓶、罐、盆、骨科器械等。③镊子：有长、短两种，用于夹取针、棉球、纱布等。

2）无菌持物钳的存放：有浸泡法和干燥法。①浸泡法：将无菌持物钳浸泡于盛有消毒液的广口带盖容器内，消毒液浸没无菌持物钳轴节以上 2～3 cm 或镊子长度的 1/2，每个容器放置一把无菌持物钳。持物钳及浸泡容器应定期消毒：在一般病区每周清洁、消毒 1 次，同时更换消毒液；在手术室、门诊换药室、注射室等使用频率较高的科室应每日清洁、灭菌 1 次。②干燥法：将无菌持物钳直接放于广口带盖容器内，也称干罐法，常用于手术室存放。干罐法每 4～6 小时更换 1 次。

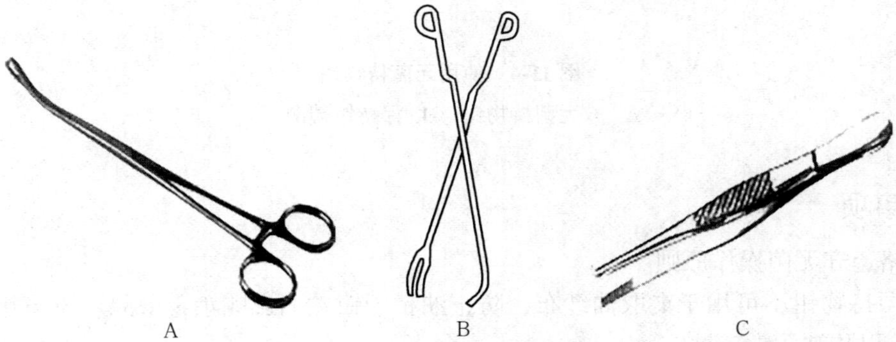

图 11-3　无菌持物镊的种类

A. 卵圆钳；B. 三叉钳；C. 镊子

护理实施

无菌持物钳使用方法实施，见表 11-4。

表 11-4　无菌持物钳使用方法实施

护理实施	流程简释	要点说明
查对开盖	◆检查并核对名称、有效期、灭菌标识，无菌物品包装是否完好、有无潮湿	盖闭合时，不可从盖孔中取、放无菌持物钳
移钳取出	◆手持无菌持物钳上 1/3 处，闭合钳端，将钳移至容器中央，垂直取出（图 11-4A）	取、放时，不可触及容器口边缘 取出无菌持物钳后，及时关闭容器盖
正确使用	◆保持钳端闭合向下，在腰部以上视线范围内活动，不可倒转向上（图 11-4B）	保持无菌物品的无菌状态
放钳盖盖	◆用后闭合钳端，打开容器盖，垂直放回容器，关闭容器盖	防止无菌持物钳在空气中暴露过久导致污染
		第一次使用时，应记录打开日期、时间并签名，4 小时内有效

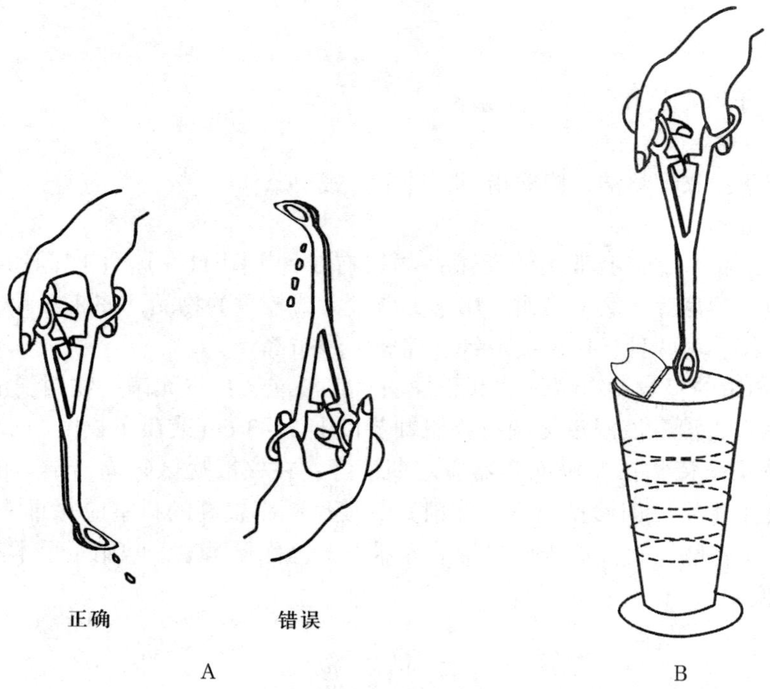

图 11-4　使用无菌持物钳

A. 取无菌持物钳；B. 保持钳端向下

注意事项

1. 严格遵守无菌操作原则。

2. 无菌持物钳不可用于夹取油纱布，防止油粘于钳端而影响消毒效果。不可用于换药或消毒皮肤，以防被污染。

3. 远处取、放无菌物品时，应将持物钳和容器一起移至操作处。

4. 使用干燥法保存时，应每 4 小时更换 1 次。
5. 无菌持物钳一经污染或可疑污染，应重新灭菌。

护理评价

1. 严格遵守无菌操作原则。
2. 操作正确、规范，无菌持物钳及无菌物品未污染。

（二）无菌容器的使用方法

护理评估

同无菌持物钳使用方法。

护理计划

1. 目的　用于盛放无菌物品并保持无菌状态。

2. 准备

（1）护士准备：同无菌持物钳使用方法。

（2）用物准备：无菌持物钳、盛放无菌物品的容器。常用的无菌容器有无菌盘、盒、罐，无菌储槽等。无菌容器内盛放棉球、纱布、灭菌器械等。

护理实施

无菌容器的使用方法实施，见表 11-5。

表 11-5　无菌容器的使用方法实施

护理实施	流程简释	要点说明
查对用物	◆检查并核对无菌容器和无菌持物钳的名称、灭菌日期、失效期、灭菌标识	注意检查包装是否完好，有无潮湿
开盖放稳	◆打开容器盖（图 11-5），盖内面向上置于稳妥处或拿在手中	开、关盖时，手勿触及容器盖的边缘及内面，盖内面不可触及任何非无菌区域
持钳取物	◆用无菌持物钳从无菌容器中夹取物品	无菌持物钳不可触及容器边缘
取物盖盖	◆用后，及时将盖盖严	避免无菌物品在空气中暴露过久
持托容器	◆手持无菌容器（如无菌治疗碗）应托住容器底部（图 11-6）	第一次使用，应记录开启日期、时间并签名，24 小时内有效

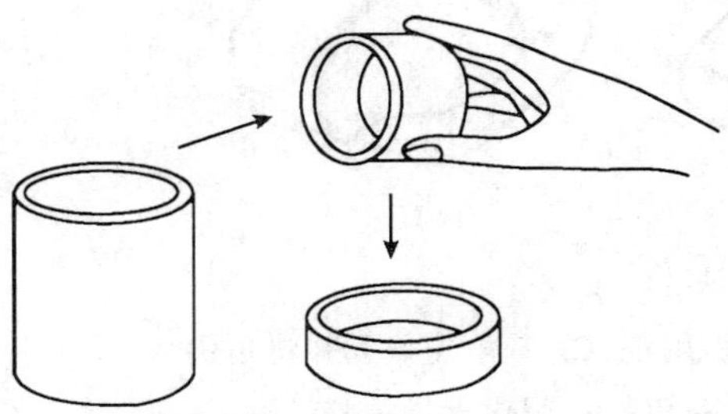

图 11-5　打开无菌容器盖

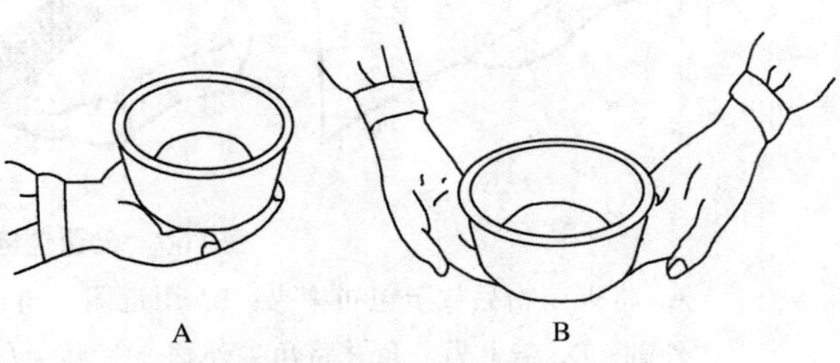

图 11-6　手持无菌容器法

A. 单手持无菌容器；B. 双手持无菌容器

注意事项

1. 严格遵守无菌操作原则。
2. 移动无菌容器时，应托住底部，手指不可触及无菌容器的内面及边缘。
3. 从无菌容器内取出的无菌物品，虽未使用，不得再放回无菌容器。
4. 无菌容器一经打开，使用时间最长不得超过24小时。无菌容器应定期灭菌。

护理评价

1. 严格遵守无菌操作原则。
2. 操作正确、规范，无菌容器及无菌物品未污染。

（三）无菌包使用方法

护理评估

同无菌持物钳使用方法。

护理计划

1. 目的 保持无菌物品的无菌状态。

2. 准备

（1）护士准备：同无菌持物钳使用方法。

（2）用物准备：①无菌持物钳（镊）及容器、盛放无菌包等物品的容器或区域。②无菌包内放无菌治疗巾、敷料及器械等（图11-7）。③治疗盘、记录纸、笔。

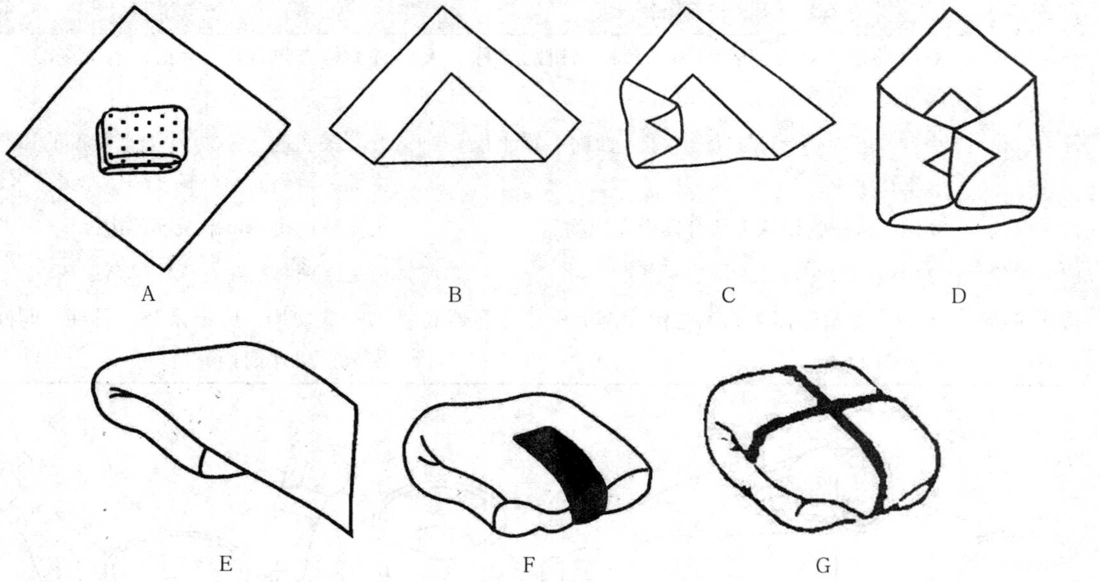

图11-7 无菌包包扎法

A. 将灭菌物品放于包布中央；B. 用近侧一角盖住物品；C. 一角先盖上并将角尖外翻；D. 盖上另一角并将角尖外翻；E. 盖上最后一角；F. 用化学指示胶带贴妥；G. 包扎的另一种方法为十字包扎法

护理实施

无菌包使用方法实施，见表 11-6。

表 11-6 无菌包使用方法实施

护理实施	流程简释	要点说明
检查、核对	◆检查并核对无菌包和无菌持物钳名称、灭菌日期、有效期、灭菌标识，有无潮湿或破损	
▲取部分物品		
开无菌包	◆放置：将无菌包平放于清洁、干燥、平坦处开包，依次揭开包布四角，手不可触及包布内面	包布不可低于腰部及治疗车平面以下
持钳取物	◆取物：用无菌持物钳夹取，置于无菌区内	不可跨域无菌区
记录签名	◆记录：注明开包日期、时间，并签名	
▲取全部物品		
开包取物	◆开包：一手托包，另一手打开包布四角并捏住，包布包住手稳妥地将包内物品置于无菌区内（图 11-8）	放置时，包手的包布的无菌面朝向无菌区
整理放置	◆整理：将包布折叠放置	

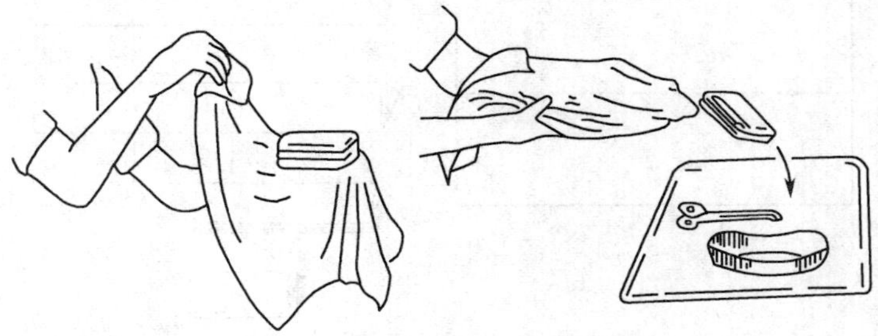

图 11-8 取出包内全部物品

注意事项

1. 严格遵循无菌操作原则。

2. 打开、关闭包布时，只能接触包布四角的外面，不可触及包布内面，不可跨越无菌区。

3. 包内物品未用完，未被污染，按原折痕包好，系带横向扎好，注明开包日期及时间，24 小时之内可以使用。

4. 无菌包有效期 7 ~ 14 日。若过期、被污染或包布受潮，则需重新灭菌。

护理评价

1. 严格遵守无菌操作原则。

2. 操作正确、规范，无菌包及无菌物品未被污染。开包日期及时间记录准确。

（四）铺无菌盘法

护理评估

同无菌持物钳使用方法。

护理计划

1. 目的 保持无菌区域和无菌物品的无菌状态，供治疗及护理用。

2. 准备

（1）护士准备：同无菌持物钳使用方法。

（2）用物准备：①无菌持物钳（镊）及容器、盛放无菌治疗巾的无菌包、无菌物品。②治疗盘、记录纸、笔。

无菌治疗巾的折叠方法有两种（图 11-9）。①横折法：将治疗巾横折后纵折，再重复一次。②纵折法：将治疗巾纵折两次，再横折两次，开口边向外。

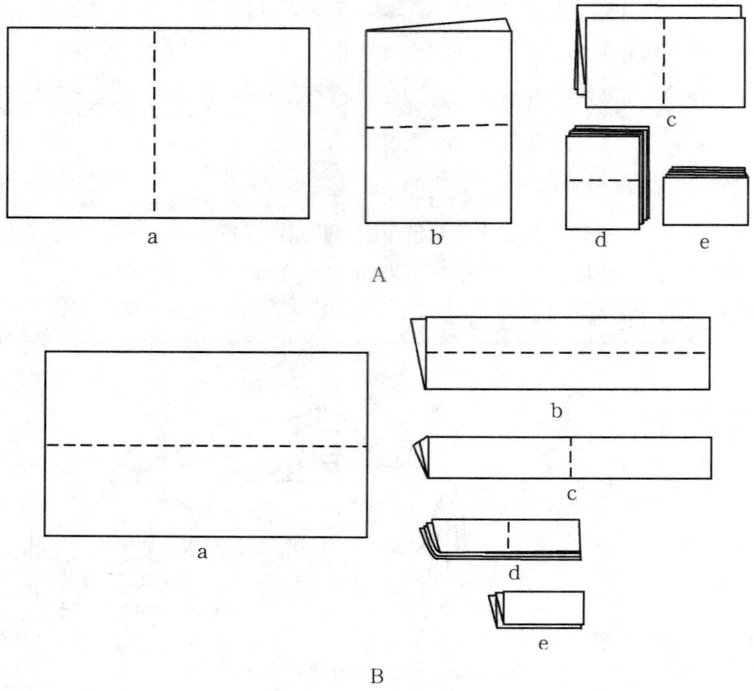

图 11-9　无菌治疗巾的折叠方法

A. 治疗巾横折法；B. 治疗巾纵折法

护理实施

铺无菌盘法实施，见表 11-7。

表 11-7　铺无菌盘法实施

护理实施	流程简释	要点说明
检查核对	◆检查并核对：无菌包和无菌持物钳等无菌物品名称、灭菌日期、有效期、灭菌标识，有无潮湿或破损	
单层底铺盘法	◆铺巾：双手捏住治疗巾一边外面两角，轻轻抖开，双折铺于治疗盘上，将上面扇形折至对侧（图 11-10），开口向外，治疗巾内面构成无菌区 ◆放置：无菌物品 ◆盖巾：双手捏住扇形折叠层治疗巾的外面，对齐上下层边缘遮盖物品，将开口处向上翻折 2 次，两侧边缘分别向下折 1 次	手不可触及治疗巾的内面 保持无菌物品的无菌状态 调整无菌物品的位置，使其处于治疗盘中间，两次边缘不能露出治疗盘外

续表

护理实施	流程简释	要点说明
双层底铺盘法	◆铺巾：双手捏住治疗巾一边外面两角，轻轻抖开，由远到近，三折成双层底，上层呈扇形（图 11-11），开口向外，治疗巾内面构成无菌区 ◆放置：无菌物品 ◆盖巾：调整无菌物品于治疗盘中间，拉平扇形折叠层，盖于物品上，边缘对齐	
记录签名	◆记录：注明铺盘日期、时间并签名	铺好的无菌盘 4 小时内有效

视频：
铺无菌盘 / 准备无菌区域

图 11-10　单层底铺盘法

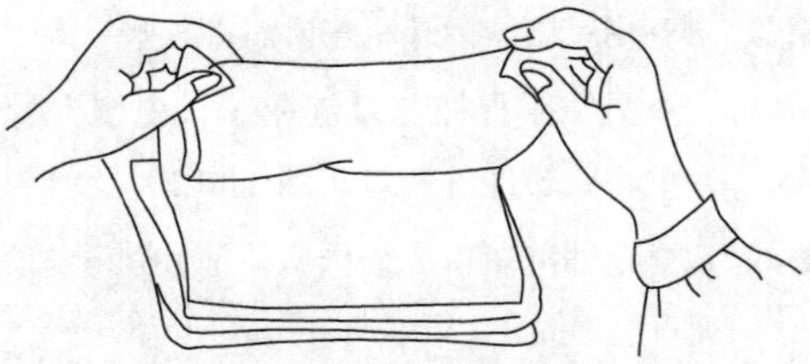

图 11-11　双层底铺盘法

注意事项

1. 严格遵守无菌操作原则。

2. 铺无菌盘区域须清洁、干燥，无菌巾避免潮湿、污染。

3. 铺盘时，非无菌物品和身体应与无菌盘保持适当距离，手不可触及无菌巾内面，不可跨越无菌区。

4. 铺好的无菌盘应尽早使用，有效期不超过 4 小时。

护理评价

1. 严格遵守无菌操作原则。

2. 操作正确、规范，无菌区域及无菌物品未被污染。铺盘日期及时间记录准确。

（五）无菌溶液取用方法

护理评估

1. 评估无菌物品

（1）同无菌持物钳使用方法。

（2）无菌溶液的名称、浓度、剂量、有效期，检查瓶盖有无松动，瓶颈有无裂缝，药液有无沉淀、混浊、变质等。

2. 评估环境　同无菌持物钳使用方法。

护理计划

1. 目的　保持无菌溶液的无菌状态，供治疗及护理使用。

2. 准备

（1）护士准备：同无菌持物钳使用方法。

（2）用物准备：①无菌溶液、启瓶器、弯盘。②盛装无菌溶液的容器。③治疗盘内盛棉签、消毒液、笔，必要时备盛有无菌持物钳的容器、无菌纱布及容器。

护理实施

取用无菌溶液方法实施，见表 11-8。

表 11-8　取用无菌溶液方法实施

护理实施	流程简释	要点说明
检查核对	◆检查并核对：①瓶签上的药名、剂量、浓度和有效期。②瓶盖有无松动、瓶身有无裂痕。③溶液有无沉淀、浑浊或变色	取无菌溶液瓶时，注意擦净瓶外灰尘，同时需查对无菌持物钳、无菌纱布等物品的有效期
开启瓶盖	◆用启瓶器撬开瓶盖，消毒瓶塞，待干，打开瓶塞	手不可触及瓶口及瓶塞内面
冲洗瓶口	◆另一手握瓶签拿起瓶子，先倒少量溶液于弯盘中，旋转冲洗瓶口（图 11-12）	避免沾湿瓶签
倒取溶液	◆在冲洗瓶口原处倒所需液体量于无菌容器中	倒液时勿使瓶口接触容器口周围，避免溶液溅出
盖塞记录	◆倒好溶液后立即塞好瓶塞 ◆在瓶签上注明开瓶时间、日期并签名	必要时消毒后盖好，以防溶液污染。已开启未用完并且未被污染，可保存 24 小时，余液只可做清洁使用

注意事项

1. 严格遵循无菌技术操作原则。

2. 不可将物品伸入无菌溶液瓶内蘸取溶液；倾倒液体时，不可直接接触无菌溶液瓶口；已倒出的溶液不可再倒回瓶内，以免污染剩余溶液。

3. 已开启的溶液瓶内的溶液未被污染，24 小时内有效，余液只用于清洁操作。

图 11-12　冲洗瓶口

护理评价

1. 严格遵守无菌操作原则。

2. 操作正确、规范，无菌溶液未被污染。开瓶日期及时间记录准确。

➢ **考点：** 关于取用无菌溶液，正确的是

A. 取用前首先检查溶液性状

B. 手指触及瓶盖内面

C. 倒溶液时溶液瓶口触碰无菌容器

D. 将无菌敷料直接伸入瓶内蘸溶液

E. 溶液未用完，注明开瓶日期和时间

音频：
考点解析

（六）戴、脱无菌手套法

护理评估

1. 评估用物 选择合适型号的手套。手套包完整、干燥。核对手套包的名称、型号及灭菌日期。

2. 评估环境 同无菌持物钳使用方法。

护理计划

1. 目的 预防病原微生物通过医务人员的手传播疾病和污染环境，适用于医务人员进行严格无菌操作时，接触患者破损皮肤、黏膜时，接触免疫力极度低下的患者时。

2. 准备

（1）护士准备：同无菌持物钳使用方法。

（2）用物准备：无菌手套、0.9%生理盐水。无菌手套的放置方法，见图 11-13。

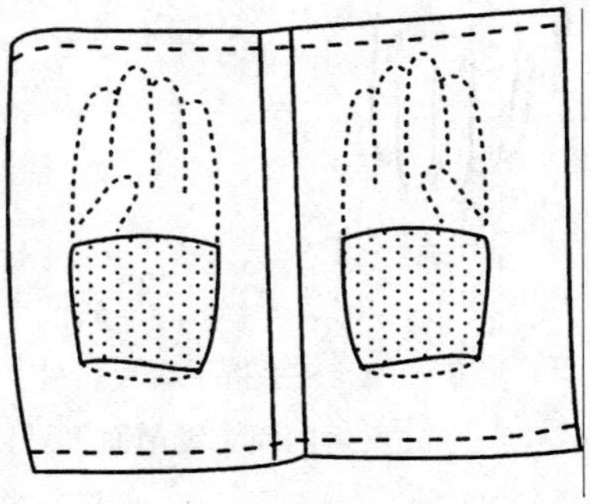

图 11-13 无菌手套的放置方法

护理实施

戴无菌手套法实施，见表 11-9。

表 11-9 戴无菌手套法实施

护理实施	流程简释	要点说明
检查核对	◆检查并核对：无菌手套包的尺码、灭菌日期、灭菌效果，包装是否完整、干燥	根据操作者手的大小选择合适的尺码
开手套包	◆将手套包平放于清洁、干燥的桌面上打开	
▲一次性取戴手套法	◆取手套：两手同时掀开手套包开口处，用一手的拇指和示指抓住两只手套的反折处（手套内面），从手套包前端取出手套	手不可触及手套外面（无菌面），取手套时，手套外面不可触及任何非无菌物品
	戴法：一手持手套反折处，另一手五指对准戴好，戴好手套的手指插到另一手套的反折内面（无菌面），同法戴好（图 11-14）	戴好手套的手始终保持在腰部以上水平、视线范围内，不可触及任何非无菌物品
▲分次取戴手套法	◆①一手掀开手套包开口处，另一手捏住一只手套的反折部分（手套内面），从手套包前端取出手套，对准五指戴上（图 11-15）。②未戴手套的手掀开手套包另一侧，用戴好手套的手指插到另一只手套的反折内面（手套外面），同法取出手套并戴好	要点同一次性取手套法
	◆交叉调整：将手套的翻边扣套在工作服衣袖外面，双手对合交叉检查是否漏气并调整手套位置	不可强拉手套，必要时用无菌溶液冲洗手套外面的滑石粉
翻转脱下	◆用一手捏住另一手套腕部外面，翻转脱下；再将脱下手套的手伸到另一手套内，捏住内面边缘，将手套向下翻转脱下	手不可触及手套外面（污染面）
整理用物	◆按要求处置用物，洗手、脱口罩	将手套弃于黄色医疗垃圾袋

视频：戴无菌手套法

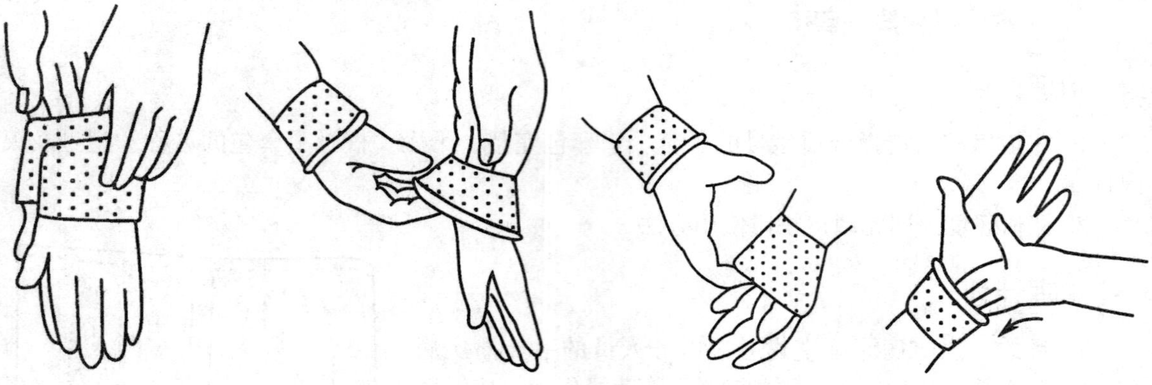

图 11-14　一次性戴手套法

A. 一手持手套反折处，另一手五指对准戴好；B. 将戴好手套的手指插到另一手套的反折内面（无菌面），另一手五指对准戴好；C. 将手套的翻边扣套在工作服衣袖外面；D. 将另一只手套的翻边扣套在工作服衣袖外面

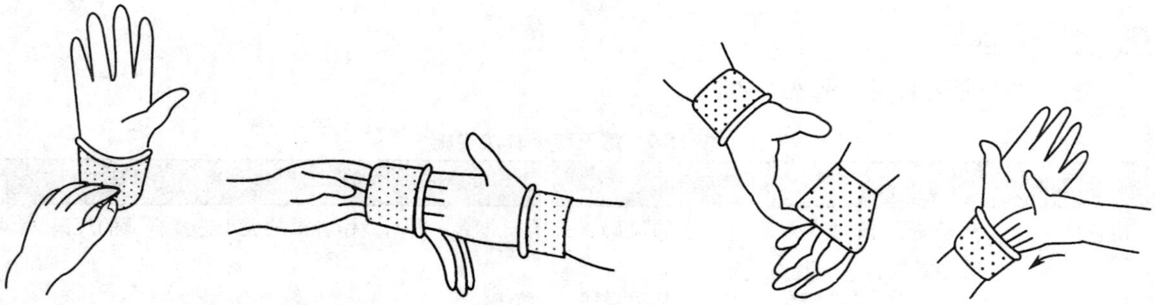

图 11-15　分次戴手套法

A. 从手套包前端取出手套，对准五指戴上；B. 用戴好手套的手指插到另一只手套的反折内面，同法取出手套并戴好；C. 将手套的翻边扣套在工作服衣袖外面；D. 将另一只手套的翻边扣套在工作服衣袖外面

注意事项

1. 严格遵循无菌技术操作原则。
2. 操作前，操作者应修剪指甲以防刺破手套，并选择适合的手套尺码。
3. 戴手套后，双手应始终保持在腰部或操作台面以上视线范围内的水平。
4. 在戴手套或无菌操作的过程中，手套外面不可触及非无菌物品，如发现手套破损或污染，应立即更换。
5. 脱手套时，应从手套口向下翻转脱下，不可强拉手指和手套的边缘，以免损坏。手套表面如有污迹，应先冲净，再脱下放入医疗垃圾袋内。

护理评价

同无菌持物钳使用方法。

➢ **考点：**下列操作符合无菌技术操作原则的是
A. 手持无菌镊的 1/2 处
B. 持无菌容器时，手指触及容器边缘
C. 将无菌敷料伸进无菌溶液瓶内蘸取溶液
D. 将无菌盘的盖巾扇形折叠时，开口边向外
E. 戴无菌手套的手触及另一手套反折部的外侧面

音频：
考点解析

第四节　隔离技术

隔离（quarantine）是采用各种方法、技术，防止病原体从传染病患者及携带者传播给他人的措施。

一、隔离的基础知识

（一）隔离的概念

隔离是将传染病患者、高度易感人群安置在指定的地方，暂时避免与周围人群接触，以达到控制传染源、切断传播途径和保护易感人群的目的。对传染病患者采取的隔离称传染源隔离，对易感人群采取的隔离称保护性隔离。

（二）隔离原则

1. 一般隔离消毒

（1）病房和病室门前悬挂隔离标志，门口设置消毒液浸湿的脚垫、消毒手的设备及避污纸。

（2）工作人员进入隔离室应按规定戴口罩、帽子，穿隔离衣。穿隔离衣后只能在规定的范围内活动。一切操作要严格遵守隔离规程，接触患者或污染物品后必须消毒双手。

（3）穿隔离衣前，须计划周密，备齐所需的物品，集中完成各种护理操作，以减少穿、脱隔离衣的次数和刷手的频率。

（4）患者接触过的物品或落地的物品应视为污染物品，消毒后方可给他人使用；患者的衣物、信件等须消毒后才能带出；患者的排泄物、分泌物、呕吐物必须经消毒处理后方可排放。

（5）病室空气每日消毒，可用紫外线照射或消毒液喷雾。每日晨间护理后，用消毒液擦拭床及床旁桌、椅。

（6）严格执行陪伴和探视制度，向患者及陪伴、探视者做好健康宣传教育。

（7）经医生开出医嘱后方可解除隔离。

2. 终末消毒处理　终末消毒处理是指对出院、转科或死亡患者及其所住病室、用物、医疗器械等进行的消毒处理。

（1）患者的终末处理：①一般患者出院或转科前应沐浴，换上清洁衣服，个人用物须消毒处理后方可带出。②死亡的患者须用消毒液擦拭尸体，用无菌棉球填塞口、鼻、耳、肛门、阴道并更换切口敷料，然后用一次性尸单包裹尸体。

（2）病室的终末处理：①关闭病室门窗，打开床旁桌，摊开棉被，竖起床垫，用消毒液熏蒸或用紫外线照射消毒。②打开门窗，用消毒液擦拭家具、地面。③被服类放入标明“隔离”字样的污物袋内，消毒处理后再清洗。④床垫、棉被、毛毯和枕芯还可用日光暴晒处理。其他用物及医疗器械按规定消毒处理（表 11-10）。

表 11-10 传染病污染物品消毒法

类别	物品	消毒方法
病室	病室空间	消毒剂熏蒸、喷雾、紫外线照射
	地面、墙壁、家具	消毒剂喷雾、擦拭
医疗用品	金属、橡胶、搪瓷、玻璃类	消毒剂浸泡、煮沸、压力蒸汽灭菌
	血压计、听诊器、手电筒	环氧乙烷气体熏蒸、消毒剂擦拭
	体温计	过氧乙酸、碘仿等消毒剂浸泡
日常用品	餐具、茶具、药杯	消毒剂浸泡、煮沸、微波消毒
	信件、书报、票证	环氧乙烷气体熏蒸
被服类	衣服、被单等布类	消毒液浸泡、煮沸、压力蒸汽灭菌
	枕芯、被褥、毛纺织品	消毒剂熏蒸、日光暴晒
其他	排泄物、分泌物、呕吐物、引流液	漂白粉或过氧乙酸浸泡、痰盛于蜡纸盒内焚烧
	便盆、痰盂、痰具	煮沸 30 分钟后弃去
	剩余食物	焚烧
	垃圾	

（三）隔离病区建筑布局与隔离要求

1. 感染性疾病病区建筑布局与隔离要求 感染性疾病病区主要用于经接触传播疾病患者的隔离。

（1）建筑布局：应设在医院相对独立的区域，远离儿科病房、重症监护病房和生活区。设单独出入口，设入院、出院处理室。中小型医院可在建筑物的一端设立感染性疾病病区。

（2）隔离要求：①应分区明确，标识清楚。②不同种类的感染性疾病患者应分室安置，每间病室不应超过 4 人，病床间距应不少于 1.1 m。③病房应通风良好，自然通风或安装通风设施，以保证病房内空气清新。④应配备适量非手触式开关的流动水洗手设施。

2. 普通病区的建筑布局与隔离要求

（1）建筑布局：在病区的末端，应设一间或多间隔离病室。

（2）隔离要求：①感染性疾病患者与非感染性疾病患者宜分室安置。②受条件限制的医院，同种感染性疾病、同种病原体感染患者可安置于一室，病床间距宜大于 0.8 m。③病情较重的患者宜单人间安置。④病室床位数单排不应超过 3 床，双排不应超过 6 床。

3. 呼吸道传染病病区的建筑布局与隔离要求 呼吸道传染病病区适用于经呼吸道传播疾病患者的隔离。

（1）建筑布局：应设在医院相对独立区域，设立三区、两通道和两缓冲。

1）三区：①清洁区（clean zone）指在呼吸道传染病诊治的病区中，不易受到患者血液、体液和病原微生物等物质污染，传染病患者不能进入的区域，包括医务人员的值班室、卫生间、更衣室、浴室及配餐间等。②潜在污染区（potential pollution area）也称半污染区（semi-polluted area），指在呼吸道传染病诊治的病区中，位于清洁区与污染区之间，有可能被患者血液、体液和病原微生物等物质污染的区域，包括医务人员的办公室、护士站、内走廊等。③污染区（contaminated zone）指在呼吸道传染病诊治的病区中，传染病患者和疑似传染病患者接受诊疗的区域，包括被其血液、体液、分泌物、排泄物污染的物品的暂存和处理的场所，包括病室、处置室、污物间等。

2）两通道：指在呼吸道传染病诊治的病区中，医务人员通道和患者通道。医务人员通道及出入口设在清洁区，患者通道及出入口设在污染区。

3）两缓冲：缓冲间指在呼吸道传染病诊治的病区中，清洁区与潜在污染区之间、潜在污染区与污染区之间设立的两侧均有门的小室，为医务人员的准备间。缓冲间两侧的门不应同时开启，以减少区域之间空气流通。经空气传播疾病的隔离病区，应设置负压病室。

（2）隔离要求：①应严格服务流程和三区的管理。各区之间应界线清楚，标识明显。②病室内应有良好的通风设施。③各区应安装适量的非手触式开关的流动水洗手池。④不同种类的传染病患者应分室安置。⑤疑似患者应单独安置。⑥受条件限制的医院，同种疾病患者可安置于一室，两病床之间距离不少于 1.1 m。

4. 负压病室的建筑布局与隔离要求　适用于经空气传播疾病患者的隔离。

（1）建筑布局：病室通过缓冲间与病区走廊相连。门窗应保持关闭。病室采用负压通风，上送风、下排风。病室内送风口应远离排风口，排风口应置于病床床头附近，排风口下缘靠近地面但应高于地面 10 cm。负压病室内应设置独立的卫生间，有流动水洗手和卫浴设施。配备室内对讲设备。

（2）隔离要求：①送风应经过初、中效过滤，排风应经过高效过滤处理，每小时换气 6 次以上。②病室的气压宜为 –30 Pa，缓冲间的气压宜为 –15 Pa。③应保障通风系统正常运转，做好设备的日常保养。④一间负压病室宜安排一位患者，无条件时可安排同种呼吸道感染疾病患者，并限制患者到本病室外活动。⑤患者出院所带物品应消毒处理。

（四）隔离管理要求

1. 隔离标志明确，卫生设施齐全　①隔离病区设有工作人员与患者各自的出入门、梯道。通风系统区域化，隔离区域标识清楚，入口处配置更衣、换鞋的过渡区，并配有必要的卫生、消毒设备等。②隔离病室门外或患者床头应安置不同颜色的提示卡，卡正面为预防隔离措施，反面为适用的疾病种类，以表示不同性质的隔离。门口放置用消毒液浸湿的脚垫，门外设立隔离衣悬挂架（柜或壁橱），备隔离衣、帽子、口罩、鞋套及手消毒物品等。③黄色标志为空气传播的隔离，粉色标志为飞沫传播的隔离，蓝色标志为接触传播的隔离。

2. 掌握解除隔离的标准　传染性分泌物 3 次培养结果均为阴性或已度过隔离期，医生开出医嘱后，方可解除隔离。

（五）标准预防

标准预防（standard prevention）是针对医院所有患者和医务人员采取的一组预防感染措施。标准预防基于患者的血液、体液、分泌物（不包括汗液）、非完整皮肤和黏膜均可能含有感染性因子的原则，即对所有患者的血液、体液、分泌物、排泄物、破损的皮肤、黏膜均视为具有传染性的病原物质，医务人员接触这些物质时，必须采取防护措施。标准预防措施主要有：①手卫生。②戴手套。③正确使用口罩、防护眼镜或防护面罩。④适时穿隔离衣、防护服、鞋套。⑤处理患者及环境中污染的物品与医疗器械，应穿戴合适的防护用品。

二、隔离的种类及措施

目前，隔离预防主要是在标准预防的基础上，实施两大类隔离：一是基于传染源特点，切断疾病传播途径的隔离，即传染性隔离。二是基于保护易感人群的隔离，即保护性隔离。

1. 基于传染源特点，切断疾病传播途径的隔离

（1）接触传播的隔离（isolation of contact propagation）：预防对经接触传播疾病（如肠道感染、多重耐药菌感染、皮肤感染等），在标准预防的基础上，还应采用接触传播的隔离预防措施。

1）患者的隔离：①应限制患者的活动范围。②应减少转运，如需要转运时，应采取有效措施，减少对其他患者、医务人员和环境表面的污染。

2）医务人员的防护：①接触隔离患者的血液、体液、分泌物、排泄物等物质时，应戴手套。离开隔离病室前、接触污染物品后，应摘除手套，洗手或手消毒。手上有伤口时，应戴双层手套。②进入隔离病室，从事可能污染工作服的操作时，应穿隔离衣。离开病室前，脱下隔离衣，按要求悬挂，每日更换，清洗与消毒，或使用一次性隔离衣，用后按医疗废物管理要求进行处置。接触甲类传染病患者，应按要求穿、脱防护服。离开病室前，脱去防护服，并按医疗废物管理要求进行处置。

（2）空气传播的隔离（isolation of airborne transmission）：预防对经空气传播的疾病（如肺结核、水痘等），在标准预防的基础上，还应采用空气传播的隔离预防措施。

1）患者的隔离：①无条件收治时，应尽快将患者转送至有条件收治呼吸道传染病的医疗机构，并注意转运过程中医务人员的防护。②患者病情允许时，应戴外科口罩，定期更换，并限制其活动范围。③应严格空气消毒。

2）医务人员的防护：①应严格按照区域流程，在不同的区域穿戴不同的防护用品，离开时按要求摘脱，并正确处理使用后物品。②进入确诊或可疑传染病患者房间时，应戴帽子、医用防护口罩。进行可能产生喷溅的诊疗操作时，应戴防护眼镜或防护面罩，穿防护服。当接触患者及其血液、体液、分泌物和排泄物等物质时，应戴手套。防护用品的使用应遵循有关规定。

（3）飞沫传播的隔离（separation of droplet transmission）：预防经飞沫传播的疾病（如百日咳、白喉、流行性感冒、病毒性腮腺炎、流行性脑脊髓膜炎等），在标准预防的基础上，还应采用飞沫传播的隔离预防措施。

1）患者的隔离：①应减少转运，当需要转运时，医务人员应注意防护。②患者病情允许时，应戴外科口罩，定期更换。应限制患者的活动范围。③患者之间，患者与探视者之间相隔距离在 1 m 以上，探视者应戴外科口罩。④加强通风，或进行空气消毒。

2）医务人员的防护：①应严格按照区域流程，在不同的区域穿戴不同的防护用品，离开时按要求摘脱，并正确处理使用后物品。②与患者近距离（＜1 m）接触时，应戴帽子、医用防护口罩。进行可能产生喷溅的诊疗操作时，应戴防护眼镜或防护面罩，穿防护服。当接触患者及其血液、体液、分泌物和排泄物等物质时，应戴手套。防护用品的使用应遵循有关规定。

2. 基于保护易感人群的隔离 又称反向隔离（reverse isolation），适用于抵抗力低下或极易感染的患者，如严重烧伤、早产儿、白血病、脏器移植及免疫缺陷等患者。隔离的主要措施有以下几点。

（1）设专用隔离室：患者应住单间隔离室，室外悬挂明显的隔离标志。病室内空气应保持正压通气，定时换气。地面、家具每日严格消毒。

（2）出入隔离室要求：凡进入病室内的人员应穿戴灭菌后的隔离衣、帽子、口罩、手套及拖鞋。未经消毒处理的物品不可带入隔离区。接触患者前、后及护理另一位患者前均应洗手。

（3）污物处理：患者的引流物、排泄物、被其血液及体液污染的物品，应及时分装密闭，标记后送指定地点。

（4）探视要求：凡患呼吸道疾病者或咽部带菌者（包括工作人员），应避免接触患者。原则上不予探视，探视者需要进入隔离室时，应采取相应的隔离措施。

三、常用隔离技术

（一）手的消毒（disinfection of hands）

护理评估

1. 评估手卫生 接触的病种，手的污染程度。

2. 评估用物 洗手设备完善，用物齐全。

3. 评估环境 整洁、宽敞、安全，物品放置合理。

护理计划

1. 目的　除去手上污垢及沾染的致病菌，避免污染无菌物品及清洁物品，有效地避免传染和交叉感染。

2. 准备

（1）护士准备：衣着整洁，修剪指甲，取下手上的饰物及手表。

（2）用物准备：洗手设备（若无此设备，可备消毒液、清水各一盆），消毒手刷，洗手液，干手机，消毒小毛巾或纸巾。

护理实施

洗手法实施，见表 11-11。

表 11-11　洗手法实施

护理实施	流程简释	要点说明
▲卫生洗手法	适用于医护人员进行各种操作前、后手的清洁	
湿润双手	◆打开水龙头，调节合适的水流、水温，浸湿双手	
取洗手液	◆取适量的洗手液或肥皂液于手掌	
揉搓双手	◆按“六步洗手法”顺序揉搓双手：①掌心对掌心，两手并拢相互搓擦；②掌心对手背，手指交错相互搓擦（交换）；③掌心相对，手指交叉沿指缝相互搓擦；④用一手握另一手拇指旋转搓擦（交换）；⑤弯曲一手手指各关节，在另一手掌心旋转搓擦（交换）；⑥指尖在掌心转动搓擦（交换）（图 11-16）	每步揉搓时间不少于 10～15 秒，范围至腕上 10 cm
冲洗双手	◆打开水龙头，让流动水自腕部流向指尖进行冲洗，洗净后关闭水龙头	避免溅湿工作服
擦干双手	◆用纸巾自上而下擦干或用干手机烘干双手	若为擦手小毛巾，应保持清洁、干燥，每日消毒
▲刷手法	适用于接触感染源后手的消毒	
湿润双手	◆打开水龙头，湿润双手	
按序刷手	◆用手刷蘸洗手液或肥皂液，按前臂→腕部→手背→手掌→手指→指缝→指甲顺序刷洗，每只手刷 30 秒，用流动水冲净，换手刷同法刷另一只手 ◆按上述顺序再刷洗一遍，共刷 2 分钟 ◆打开水龙头，用流动水洗净后，关闭水龙头	刷手时，衣服不可接触水池 刷洗范围应超过被污染范围 手刷及容器应每日消毒 冲洗时，腕部要低于肘部，使污水流向指尖 操作中应保持水龙头清洁
擦干双手	◆用纸巾自上而下擦干或用干手机烘干双手	
▲浸泡消毒法	适用于无洗手设备	
浸泡双手	◆双手浸泡在消毒液里	消毒液要浸没肘部及以下
反复擦洗	◆用小毛巾或手刷按顺序反复刷洗 2 分钟	
洗净擦干	◆用清水洗净后擦干双手	

视频：
洗手法

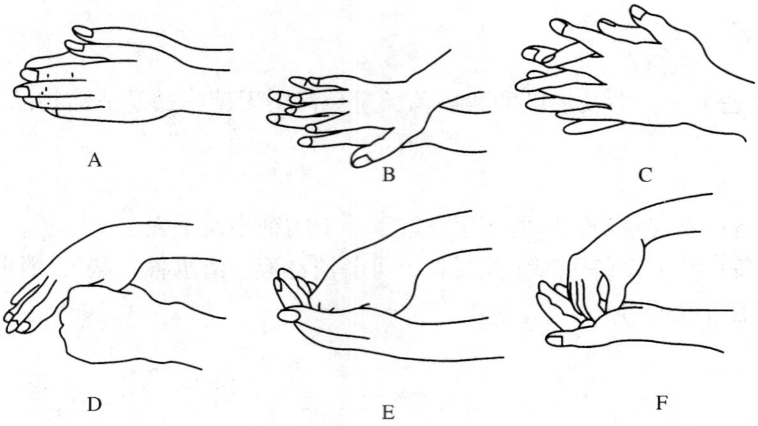

图 11-16　卫生洗手法

A. 掌心对掌心，两手并拢相互搓擦；B. 掌心对手背，手指交错相互搓擦（交换）；
C. 掌心相对，手指交叉沿指缝相互搓擦；D. 用一手握另一手拇指旋转搓擦（交换）；
E. 弯曲一手手指各关节，在另一手掌心旋转搓擦（交换）；F. 指尖在掌心转动搓擦（交换）

注意事项

1. 刷手时，衣服不可接触水池，以免隔离衣污染洗手池边缘或消毒盆。
2. 用流动水冲洗时，腕部要低于肘部，使污水流向指尖，防止水流入衣袖。
3. 肥皂液应每日更换，手刷及容器应每日消毒。

护理评价

1. 严格遵守隔离原则。
2. 操作正确、规范，未污染，做到有效防护。

（二）口罩、帽子的使用（use of masks and hats）

护理评估

1. 评估患者　患者病情，目前采用的隔离种类。

2. 评估用物　口罩、帽子有无破损及受潮。

3. 评估环境　同手的消毒。

护理计划

1. 目的

（1）保护患者及工作人员。

（2）戴口罩可防止飞沫污染无菌物品或清洁物品。

（3）戴帽子可防止工作人员头屑飘落，头发散落或被污染。

2. 准备

（1）护士准备：衣着整齐，清洗双手。

（2）用物准备：口罩、帽子或一次性口罩、帽子，污物袋。

护理实施

戴口罩、帽子实施，见表 11-12。

视频：
口罩的使用

表 11-12　戴口罩、帽子实施

护理实施	流程简释	要点说明
▲戴帽子		
检查帽子	◆检查帽子有无破损	
戴好帽子	◆取清洁、合适的帽子戴上，帽子应遮住全部头发（图 11-17）	
▲戴口罩		
洗手检查	◆洗手，检查口罩有无破损或潮湿	避免交叉感染，如有破损或潮湿，应立即更换
戴口罩	◆纱布口罩：取清洁口罩，罩住口、鼻，将口罩上方的 2 根带子分别过耳系于头后，下面 2 根带子系于颈后（图 11-17） ◆一次性口罩：将口罩带套于耳朵之上	戴口罩后，不可用污染的手接触口罩
结束洗手	◆操作后洗手	
取下口罩	◆纱布口罩：解开口罩系带，取下口罩，将污染面向内折叠，放入胸前小口袋或小塑料袋内 ◆一次性口罩：取下，弃于污物桶	口罩用后，立即取下，不可悬挂在胸前 取下时，手不可接触污染面

注意事项

1. 戴口罩后，不可用污染的手接触口罩；口罩潮湿时，应立即更换。

2. 口罩使用后，应立即取下，不可悬挂在胸前，取下时手不可接触污染面。

3. 纱布口罩使用 4 ~ 8 小时应更换，一次性口罩使用不超过 4 小时，每次接触被严密隔离的传染病患者后，应立即更换口罩。

4. 帽子如被患者血液、体液污染时，应立即更换。帽子应保持清洁，每次或每日更换与清洁。一次性帽子应一次性使用。

护理评价

1. 严格遵守隔离原则。

2. 操作正确、规范，保持口罩、帽子清洁及干燥，未发生污染，做到有效防护。

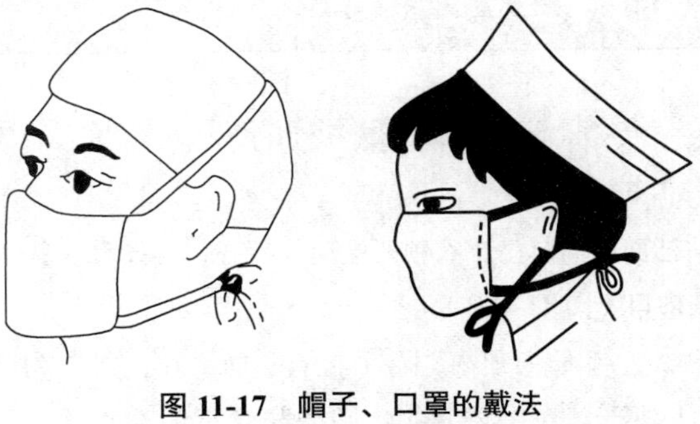

图 11-17　帽子、口罩的戴法

（三）防护眼镜、防护面罩的使用（use of goggles and protective masks）

1. 防护眼镜、防护面罩的作用　为患者进行诊疗及护理的过程中，佩戴防护眼镜或防护面罩可有效防止患者的血液、体液等物质溅入医务人员眼睛、面部皮肤及黏膜。

2. 防护眼镜、防护面罩的应用指征

（1）在进行诊疗、护理操作，可能发生患者血液、体液、分泌物等喷溅时。

（2）近距离接触经飞沫传播的传染病患者时。

（3）为呼吸道传染病患者进行气管切开、气管插管等近距离操作，可能发生患者体液、分泌物喷溅时，应使用全面型防护面罩。

3. 注意事项

（1）在佩戴防护眼镜或防护面罩前，应检查防护眼镜是否破损，佩戴装置是否松懈。

（2）戴上防护眼镜或防护面罩后，应调节舒适度。

（3）摘防护眼镜或防护面罩时，应捏住靠近头部或耳的一边摘掉，放入回收或医疗废物容器内。

（4）防护眼镜或防护面罩用后应清洁与消毒。

（四）穿、脱隔离衣（wear and take off isolation clothes）

护理评估

1. 评估是否符合隔离衣的应用指征 ①接触经接触传播感染性疾病的患者。②对患者实行保护性隔离时，如大面积烧伤、骨髓移植等患者的诊疗及护理时。③可能受到患者血液、体液、分泌物和排泄物喷溅时。

2. 评估用物 选择合适型号的隔离衣，确保隔离衣干燥、完好、大小合适。

3. 评估环境 同手的消毒。

护理计划

1. 目的 隔离衣是用于保护医务人员避免受到血液、体液和其他感染性物质污染，或用于保护患者避免感染的防护用品。

2. 准备

（1）护士准备：衣帽整齐，修剪指甲，取下手部饰物，卷袖过肘，洗手，戴口罩。

（2）用物准备：隔离衣一件，挂衣架，手消毒用物。

护理实施

穿、脱隔离衣法实施，见表 11-13。

表 11-13 穿、脱隔离衣法实施

护理实施	流程简释	要点说明
▲穿隔离衣		
取隔离衣	◆检查隔离衣，右手持衣领取下隔离衣（图 11-18A）	查对隔离衣是否干燥、完好，大小是否合适，有无穿过
持领穿袖	◆将隔离衣清洁面朝向自己，衣领两端向外折齐，对齐肩缝，露出肩袖内口（图 11-18B）	隔离衣内面和衣领视为清洁面
	◆右手提衣领，左手伸入袖内，右手将衣领向上拉，露出左手（图 11-18C），换手持衣领，同法穿好右侧袖子（图 11-18D）	勿触及面部
系领袖带	◆两手持衣领，由领子中央顺着边缘向后系好颈带（图 11-18E）。分别系好袖口（图 11-18F）	系颈带时，袖口不可触及衣领、面部和帽子

续表

护理实施	流程简释	要点说明
系好腰带	◆将隔离衣一边（约在腰下 5 cm 处）渐向前拉，见到边缘捏住（图 11-18G），同法捏住另一侧边缘（图 11-18H），双手在背后将衣边对齐，向一侧折叠，一手按住折叠处，另一手将腰带拉至背后折叠处（图 11-18I），将腰带在背后交叉（图 11-18J），回到前面将带子系好（图 11-18K）	后侧边缘须对齐，折叠处不能松散；手不可触及隔离衣内面；穿好隔离衣，双臂保持在腰部以上；不得进入清洁区，避免接触清洁物品
▲脱隔离衣		
松解腰带	◆解开腰带，在前面打一活结（图 11-18L）	
松解袖口	◆解开袖带，翻起袖口，将衣袖向上拉，充分暴露双手（图 11-18M）	不可将衣袖外面塞入袖内
消毒双手	◆刷手法消毒双手	不能沾湿隔离衣
松解衣领	◆解开颈后带子（图 11-18N）	保持衣领清洁
交替脱袖	◆右手伸入左手腕部袖内，拉下袖子过手（图 11-18O），用遮盖着的左手握住右手隔离衣袖子的外面，拉下右侧袖子（图 11-18P），双手交替逐渐从袖管中退出，脱下隔离衣（图 11-18Q）	衣袖不可污染手和手臂 手不可触及隔离衣外面
挂隔离衣	◆左手握住领子，右手将隔离衣两边对齐，污染面向外悬挂污染区；如果悬挂污染区外，则污染面向里（图 11-18R）	如使用一次后就更换，双手持带将隔离衣从胸前向下拉。右手捏住左衣领内侧清洁面脱去左袖。左手握住右侧衣领内侧下拉脱下右袖，将隔离衣污染面向里，衣领及衣边卷至中央，放入污衣袋清洗消毒后备用
		不再使用时，将脱下的隔离衣污染面向内，卷成包裹状，放至医疗废物容器内或回收袋中

视频：
穿、脱隔离衣

注意事项

1. 隔离衣只能在规定区域内穿、脱，穿前检查有无潮湿及破损。
2. 隔离衣每日更换，如有潮湿或污染，应立即更换。
3. 穿好隔离衣后，双臂保持在腰部以上，视线范围内。不得进入清洁区，避免接触清洁物品。
4. 消毒手时不能沾湿隔离衣，隔离衣也不可触及其他物品。
5. 脱下的隔离衣如挂在半污染区，清洁面向外；如挂在污染区，则污染面向外。

护理评价

1. 严格遵守隔离原则。
2. 操作正确、规范，穿、脱隔离衣的过程中未污染衣领、面部、颈部、帽子和清洁面。

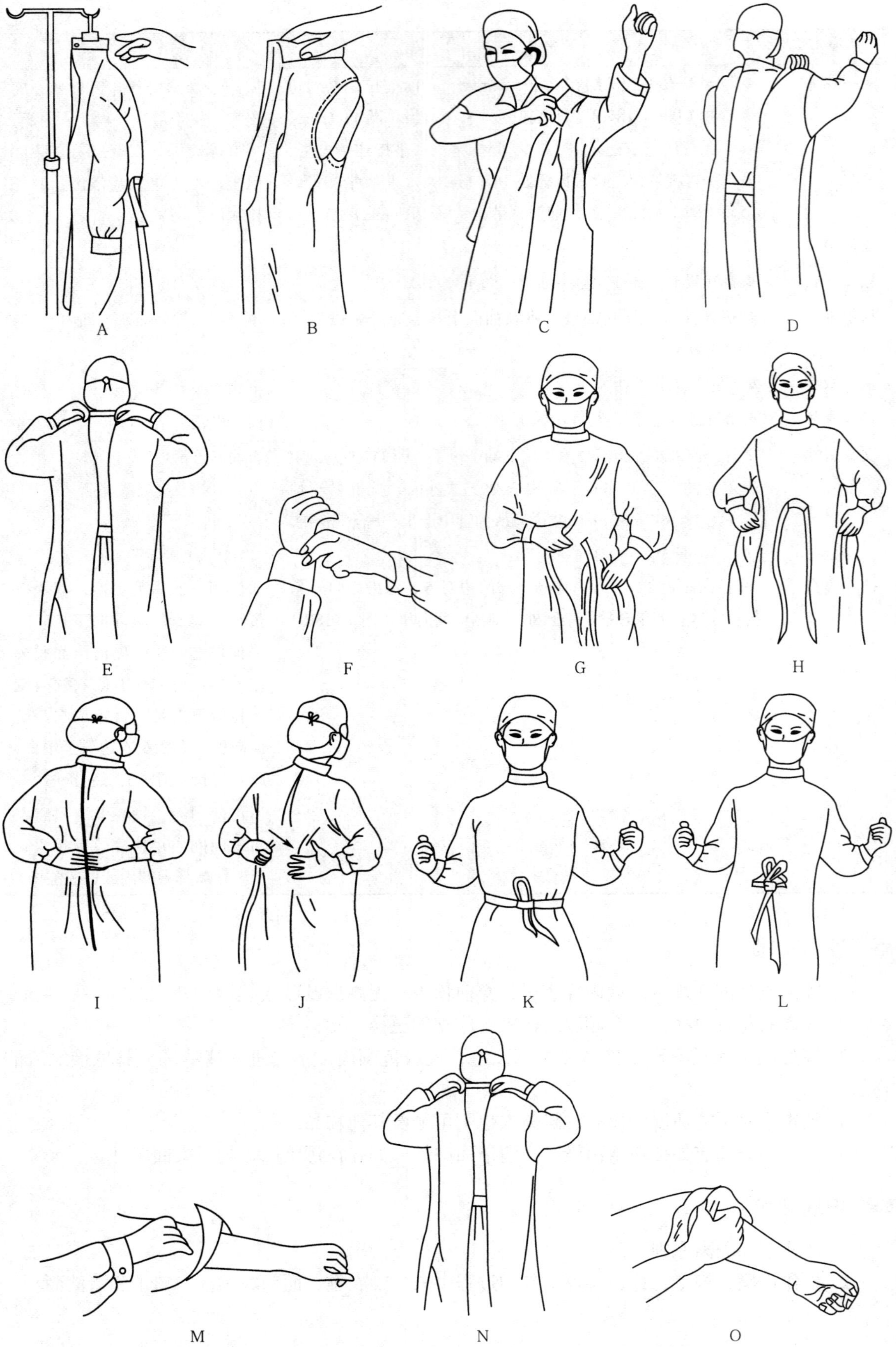
A
B
C
D
E
F
G
H
I
J
K
L
M
N
O

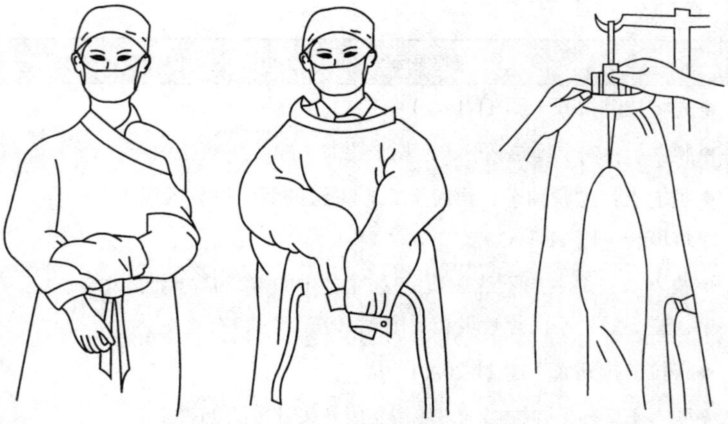

图 11-18 穿、脱隔离衣

A. 取隔离衣；B. 隔离衣清洁面朝向自己，露出肩袖内口；C. 穿一只衣袖；D. 穿另一只衣袖；E. 系衣领；F. 扎袖口；G. 将一侧衣边拉到前面；H. 将另一侧衣边拉到前面；I. 将两侧衣边在背后对齐；J. 将腰带在背后交叉；K. 系腰带；L. 解开腰带，在前面打一活结；M. 翻起袖口，将衣袖向上拉；N. 解衣领；O. 拉下衣袖；P. 左手在袖口内拉右侧衣袖的污染面；Q. 双袖对齐，双臂逐渐退出隔离衣；R. 提衣领，挂衣钩

（五）穿、脱防护服（wear and take off protective clothing）

护理评估

1. 评估是否符合防护服的应用指征 ①接触甲类或按甲类传染病管理的传染病患者时。②接触经空气传播或飞沫传播的传染病患者，可能受到患者血液、体液、分泌物及排泄物喷溅时。

2. 评估用物 选择合适型号的防护服，确保防护服干燥、完好、大小合适。

3. 评估环境 同手的消毒。

护理计划

1. 目的 防护服用于保护医务人员和患者，避免感染和交叉感染。

2. 准备

（1）护士准备：同穿、脱隔离衣。

（2）用物准备：防护服一件，手消毒用物。

护理实施

穿、脱防护服法实施，见表 11-14。

表 11-14 穿、脱防护服法实施

护理实施	流程简释	要点说明
▲穿防护服		
取防护服	◆取防护服并检查	查对防护服是否干燥、完好，大小是否合适，有无穿过
穿防护服	◆应遵循先穿下衣，再穿上衣，然后戴好帽子，最后拉上拉锁的顺序	无论连体式还是分体式，都应遵循本顺序
▲脱防护服		勿使衣袖触及面部 脱防护服前先洗手

续表

护理实施	流程简释	要点说明
脱分体式防护服	◆先将拉链拉开（图 11-19A）	
	◆脱帽子：向上提拉帽子，使帽子脱离头部（图 11-19B）	
	◆脱上衣：先脱袖子，再脱上衣，将污染面向里放入医疗垃圾袋（图 11-19C）	
	◆脱下衣：由上向下边脱边卷（图 11-19D），污染面向里，脱下后置于医疗垃圾袋（图 11-19E）	
脱连体式防护服	◆将拉链拉到底（图 11-20A）	
	◆脱帽子：向上提拉帽子，使帽子脱离头部（图 11-20B）	
	◆脱衣服：先脱袖子（图 11-20C），再由上向下边脱边卷（图 11-20D），污染面向内，直至全部脱下后放入医疗垃圾袋（图 11-20E）	

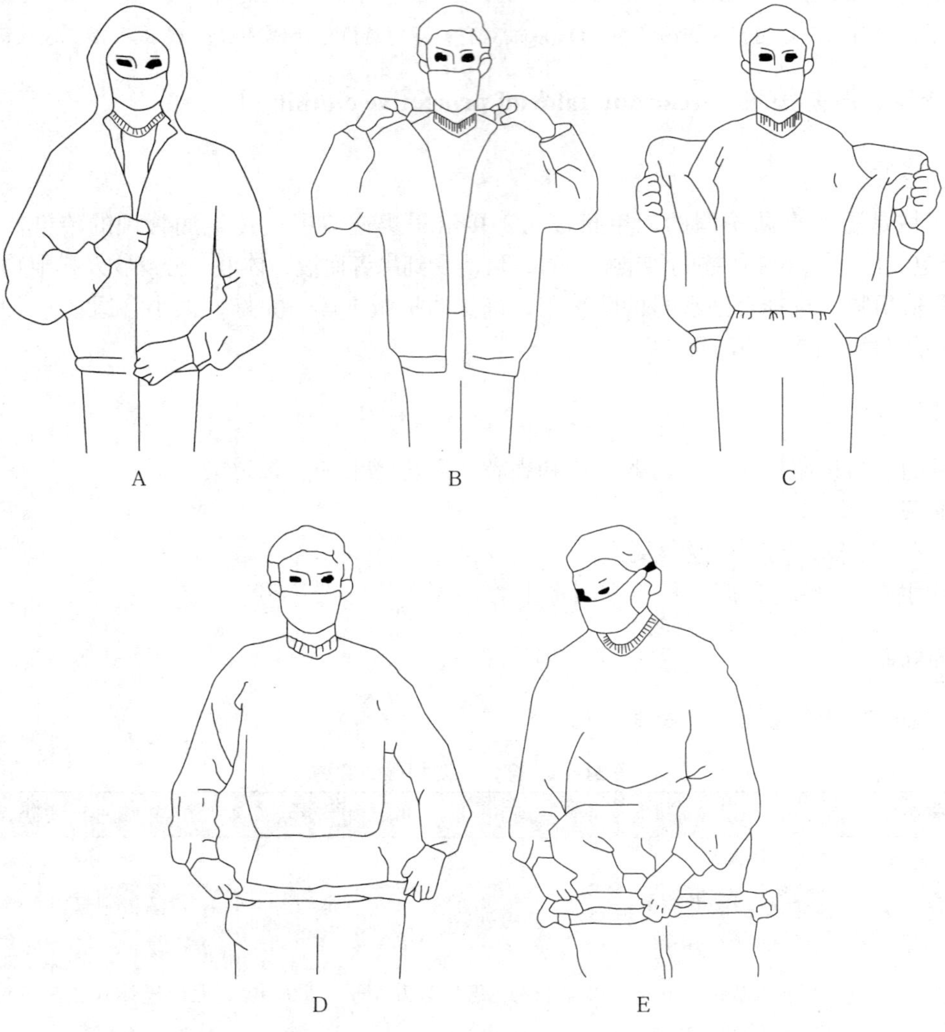

图 11-19　脱分体式防护服法

A. 拉开拉链；B. 向上提拉，脱帽子；C. 先脱袖子，再脱上衣；D. 由上向下脱裤子，边脱边卷；E. 将裤子脱下，置于医疗垃圾袋

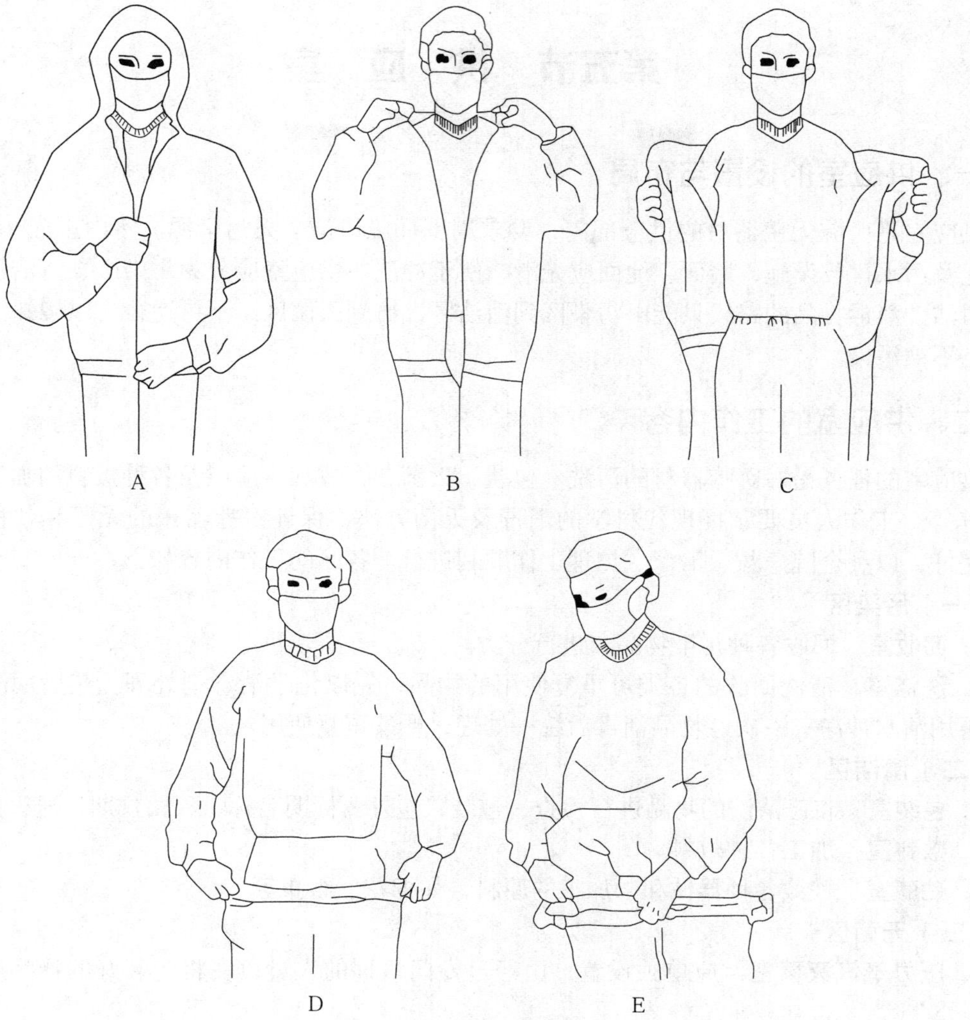

图 11-20 脱连体式防护服法

A. 将拉链拉到底；B. 向上提拉，脱帽子；C. 先脱袖子，再脱上衣；
D. 由上向下边脱边卷；E. 脱下防护服，置于医疗垃圾袋

注意事项

同穿、脱隔离衣。

护理评价

同穿、脱隔离衣。

➤ **考点：** 穿、脱隔离衣时要避免污染

A. 衣领　　B. 胸前　　C. 背部

D. 袖子的后面　　E. 腰带的以下部分

音频：
考点解析

（六）避污纸的使用（use of antifouling paper）

避污纸是备用的清洁纸片。做简单隔离操作时，使用避污纸可保持双手或物品不被污染，以省略消毒程序。取避污纸时，应从页面抓取，不可掀页撕取，并注意保持避污纸清洁，以防交叉感染。避污纸用后弃于污物桶内，集中焚烧处理。

第五节 供 应 室

一、供应室的设置与布局

供应室是医院无菌器材的供应部门，要求周围环境清洁、无污染源。室内采光、通风好，有净化及污水排放设施，墙面、地面应光滑，便于冲洗。供应室应分为污染区、清洁区和灭菌区。清洁、消毒物品的路线只能由污染区到清洁区，再到灭菌区，不可逆行，以确保消毒及灭菌物品不被污染。

二、供应室的工作内容

供应室的任务是对医疗器材的清洗、包装、灭菌、存放和供应以及各种敷料的加工、物品的保养等。工作人员要掌握现代科学的消毒及灭菌方法，保证医疗器械的无菌和各种物品齐全、完好，以利全院急救、治疗、护理工作顺利进行。各区的工作内容如下。

（一）污染区

1. 回收室 回收各种污染物品，进行分类。

2. 洗涤室 清洗回收的各类可重复使用的物品，先以化学消毒剂处理，然后用洗涤剂清洗，再用清水冲净。一次性物品消毒后统一处理，严禁重复使用。

（二）清洁区

1. 包装室 将已清洗的物品进行检查、包装，包外要标明名称、灭菌日期，送灭菌处理。

2. 敷料室 加工各种敷料。

3. 贮藏室 贮藏各种器械和未加工的原料，如棉花、纱布等。

（三）无菌区

1. 压力蒸汽灭菌室 应单独设置，由经过专门培训的人员负责将包装好的物品进行灭菌处理。

2. 发放室 存放已灭菌物品和分发各种无菌物品。

三、常用物品的保养

（一）搪瓷类

搪瓷类物品应避免碰撞，勿与强酸、强碱接触，勿与粗糙物摩擦，以防脱瓷及生锈。

（二）玻璃类

玻璃类物品应稳拿轻放，避免骤冷及骤热导致突然收缩或膨胀而炸裂，防止磕碰，可放置盒中或用纸包裹保存。

（三）橡胶类

橡胶类物品要防冷变硬，防热变形、变软，防止被锐利物品刺破，并防止与挥发性液体或酸碱物质接触，以免侵蚀变质。橡胶单应晾干，撒上滑石粉后卷起保存。橡胶导管晾干后应竖直放于盒内，撒上滑石粉保存。橡胶袋类应倒挂晾干，吹入少量空气后旋紧塞子保存，以防粘连。

（四）金属类

金属类物品应涂油保护，以防锈蚀。锐利器械应分别放置，刃面用棉花包裹，以防碰撞，损伤锋刃。

（五）布类及毛织品

布类物品应防火、防霉、防钩破。毛织品应防蛀，要勤晒并放防虫蛀的制品保存。

自测题

一、A1型题

1. 铺无菌盘时，下列错误的是
   A. 用无菌持物钳夹取治疗巾
   B. 注意使治疗巾边缘对齐
   C. 将治疗巾开口部分及两侧反折
   D. 有效期不超过6小时
   E. 避免潮湿和暴露过久
2. 下列哪项符合无菌技术操作原则
   A. 手持无菌镊的1/2处
   B. 持无菌容器时，手指触及容器边缘
   C. 将无菌敷料伸进无菌溶液瓶内蘸取溶液
   D. 将无菌盘的盖巾扇形折叠时，开口边向外
   E. 戴无菌手套的手触及另一手套反折部的外侧面
3. 在传染病区使用口罩，符合要求的是
   A. 口罩应遮住口部
   B. 污染的手只能触摸口罩外面
   C. 取下口罩后，外面向外折叠
   D. 如口罩潮湿，应晾干再用
   E. 脱下口罩后勿挂在胸前
4. 执行隔离技术，下列步骤错误的是
   A. 取下口罩，将污染面向内折叠
   B. 从指甲至前臂顺序刷手
   C. 隔离衣挂在走廊里，清洁面在外
   D. 从页面抓取避污纸
   E. 隔离衣应每日更换消毒
5. 用紫外线灯管消毒物品，下列错误的是
   A. 照射前应清扫尘埃
   B. 物品距灯管50～60 cm
   C. 灯管用无水乙醇纱布擦拭
   D. 灯亮开始计时
   E. 关灯后冷却3～4分钟再开

二、A2型题

6. 某护士，在操作中无菌包被无菌等渗盐水浸湿，其正确的做法是
   A. 立即使用完
   B. 4小时内用完
   C. 24小时内用完
   D. 烘干后使用
   E. 重新灭菌
7. 某护士在准备注射用物时发现治疗盘内有碘渍，欲除去碘渍，应选用的溶液是
   A. 过氧乙酸
   B. 氯胺
   C. 乙醇
   D. 甲醛
   E. 氯己定（洗必泰）
8. 某护士，在使用无菌持物钳时，下列不正确的是
   A. 应浸泡在盛有消毒液的大口容器内
   B. 液面浸没轴节以上2～3 cm
   C. 每个容器只能放1把
   D. 取钳时应将钳端闭合
   E. 可用于夹取消毒的油纱布

三、A3 型题

（9～11 题共用题干）

某患者，阑尾摘除术后，护士为其换药

9. 换药包 2018 年 10 月 7 日灭菌，何时失效
   A. 2018 年 10 月 10 日　B. 2018 年 10 月 12 日
   C. 2018 年 10 月 14 日　D. 2018 年 10 月 15 日
   E. 2018 年 10 月 20 日
10. 无菌生理盐水打开后未用完、未污染，可保存的有效期为
   A. 4 小时　B. 24 小时　C. 1 周
   D. 14 日　E. 3 日
11. 无菌换药盘铺好后，未使用，可保存有效期为
   A. 4 小时　B. 24 小时　C. 1 周
   D. 14 日　E. 3 日

四、A4 型题

（12～14 题共用题干）

某患者，3 日前被铁钉刺伤，出现抽搐、角弓反张，伤口化脓，诊断为破伤风。

12. 患者应执行的隔离是
   A. 呼吸道隔离　B. 消化道隔离　C. 接触隔离
   D. 昆虫隔离　E. 保护性隔离
13. 患者更换下来的敷料，最适宜的灭菌方法是
   A. 高压蒸汽灭菌法　B. 间歇性灭菌法　C. 燃烧法
   D. 消毒液浸泡法　E. 日光暴晒法
14. 护士为患者输液后，使用过的隔离衣清洁处应是
   A. 衣的肩部　B. 衣的内面和衣领　C. 两侧腰部
   D. 腰以下部位　E. 背部

（15～17 题共用题干）

某患者，男性，30 岁，诊断为“肺结核”。

15. 消毒病室空气，正确的方法是
   A. 2%过氧乙酸熏蒸　B. 食醋熏蒸　C. 臭氧灭菌灯消毒
   D. 开窗通风　E. 甲醛熏蒸
16. 使用过的体温计应每日消毒，正确的方法是
   A. 煮沸消毒　B. 碘伏浸泡 2 次　C. 乙醇浸泡 2 次
   D. 氯己定浸泡 2 次　E. 微波消毒
17. 入院指导时告知患者，病区的清洁区是
   A. 医护办公室　B. 配膳室　C. 病区走廊
   D. 化验室　E. 患者浴室

（18～21 题共用题干）

某患者，急性黄疸型肝炎起病，2 周内出现极度乏力，消化道症状明显，迅速出现肝性脑病，诊断为急性重型肝炎。

18. 对该患者用过的票证，最好的消毒方法是

A. 氯胺喷雾　　B. 紫外线照射　　C. 高压蒸汽灭菌

D. 甲醛小柜熏蒸　　E. 过氧乙酸浸泡

19. 护士执行隔离技术时，下列步骤错误的是

A. 取下口罩，将污染面向内折叠　　B. 从指甲至前臂顺序刷手

C. 隔离衣挂在内走廊，清洁面在外　　D. 从页面抓取避污纸

E. 隔离衣应每日更换消毒

20. 对患者的排泄物消毒宜选用

A. 过氧乙酸　　B. 甲醛　　C. 漂白粉

D. 乙醇　　E. 戊二醛

21. 使用过的纤维胃镜浸泡的消毒液宜选用

A. 过氧乙酸　　B. 甲醛　　C. 碘酊

D. 苯扎溴铵　　E. 戊二醛

（林　慧）

思政之光

第十二章 清洁护理

思维导图

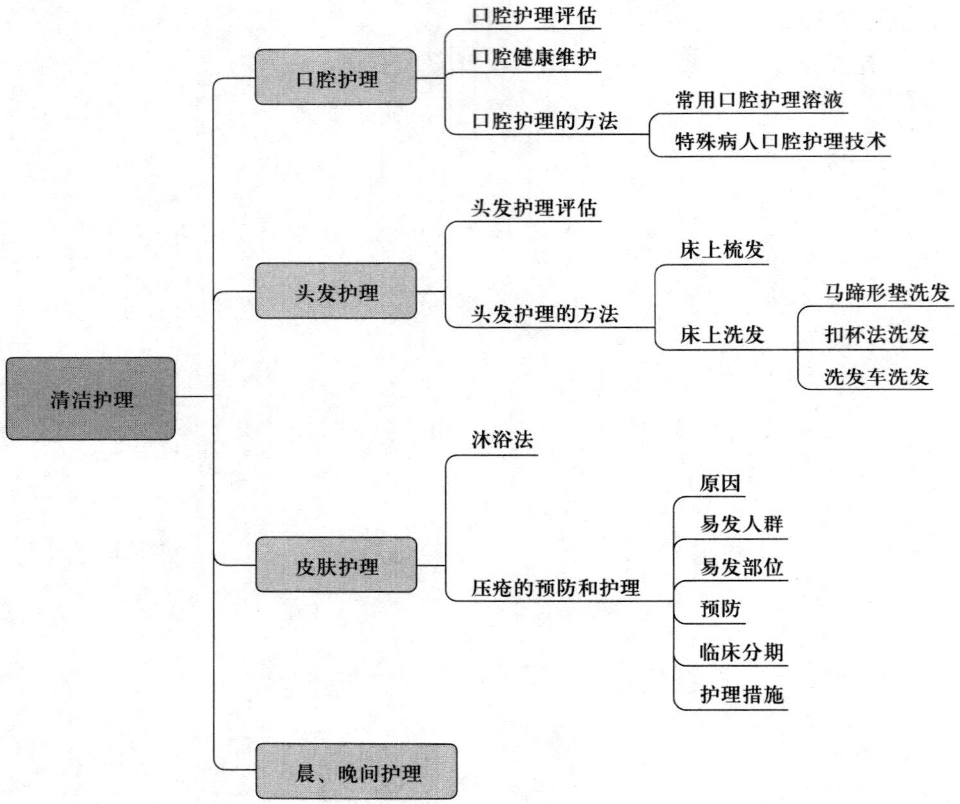

学习目标

1. 解释压疮、剪切力。

2. 描述常用口腔护理溶液，头发护理评估，沐浴法，晨、晚间护理。

3. 熟记口腔护理、头发护理、皮肤护理的内容，压疮的临床表现、分期、治疗和护理措施。

4. 正确实施口腔护理、头发护理及皮肤护理。

5. 养成良好的职业素养，具有以人为本的护理服务理念，具备严肃认真、一丝不苟、实事求是的工作态度。

清洁是人的基本需要之一，是维持和获得健康的重要保证。通过清洁可清除身体表面的微生物及其污垢，防止微生物繁殖，促进血液循环，预防感染和并发症的发生。同时，清洁可使人感到舒适、愉快，维持良好的自我形象，增强自信。但当人患病时，由于疾病的影响，自我照顾能力降低，往往无法满足自身清洁的需要，这对患者的生理和心理都会产生不良影响。为使患者在住院期间身心获得最佳舒适状态，护士应做好患者的清洁卫生护理工作。护士应及时评估患者的清洁状况，掌握清洁护理技术，运用各种沟通技巧，与患者建立良好的护患关系，增进患者安全感、信赖感。

第一节 口腔护理

正常人的口腔内存有大量的致病性和非致病性微生物。当身体处于健康状态时，机体抵抗力强，每日饮水、进食、刷牙和漱口等活动对微生物具有一定的清除作用，通常不会出现口腔健康问题。当患病时，由于机体抵抗力降低，饮水、进食、刷牙、漱口等活动减少，口腔内的微生物得以大量繁殖，常可引起口腔炎症、溃疡，甚至可通过腮腺管开口引发腮腺炎，也可通过咽鼓管蔓延至中耳引发中耳炎等并发症。同时，患者还可有口臭、龋齿，从而影响患者的自我形象，影响食欲及消化功能，产生一定的社交心理障碍。因此，保持口腔清洁十分重要。

根据患者病情的不同，临床上对禁食、昏迷、高热、鼻饲、大手术后及口腔疾患等患者常采用特殊口腔护理（oral care），每日需进行口腔护理 2～3 次。

一、口腔护理评估

（一）口腔基本状况

1. 口唇 观察色泽、湿润度，有无干裂、出血、疱疹等。

2. 牙齿 观察牙齿数量及松动情况、活动性义齿、牙结石、牙垢等。

3. 牙龈 观察颜色、完整性，有无炎症、溃疡等。

4. 口腔黏膜 观察黏膜色泽、完整性，有无出血、溃疡、感染。

5. 舌 观察颜色、湿润度、有无肿胀、舌苔厚薄及颜色。

6. 口咽部 观察扁桃体颜色，有无肿胀及分泌物。

7. 气味 有无特殊气味，如烂苹果味等。

（二）患者基本状况和自理能力

1. 患者的临床诊断、意识状态、自理能力、进食及进水情况、口腔卫生状况、有无传染性。

2. 患者的心理反应和合作程度。

（三）口腔保健知识评估

1. 患者是否知晓保持口腔卫生的重要性。

2. 患者有无保持口腔卫生的知识及原有的口腔卫生习惯。

（四）义齿状况评估

1. 询问并观察患者有无活动性义齿、义齿佩戴是否合适及有无义齿间连接过紧、松动、滑落等情况。

2. 患者活动性义齿的保养知识。

二、口腔健康维护

（一）指导刷牙

每日晨起、晚上就寝前以及餐后 3 分钟刷牙。睡前不应进食对牙齿有刺激性和腐蚀性的食物。

（二）口腔清洁用具的选择

口腔清洁用具有牙刷、牙线和牙膏等。应尽量选用外形较小、刷毛软硬适中、表面光滑、刷毛长度相等的牙刷。牙刷应每隔 3 个月更换 1 次。已破损或刷毛较硬的牙刷清洁效果不佳，且易致牙龈的损伤，故刷毛软化、散开、弯曲时不应再使用。牙膏不应有腐蚀性，药物牙膏一般能抑制细菌的生长、预防龋齿和治疗牙齿过敏，可根据需要选用。牙膏不宜长期使用一种，应轮换使用。

（三）刷牙方法

1. 环形刷 正确的刷牙方法是上下颤动刷牙法。将牙刷毛面轻轻放于牙齿及牙龈沟上，刷毛与牙齿成 45° 快速环形来回震颤；每次只刷 2 ~ 3 颗牙，刷完一处再刷邻近部位；前排牙齿的内面，可用牙刷毛面的顶端震颤刷洗；刷牙齿咬合面时，刷毛与牙齿平行来回刷洗；刷完牙后，再刷舌面（图 12-1）。

2. 竖刷 从龈缘向切端方向刷，牙齿的内、外、咬合面都应刷到，切忌横向刷牙，以免造成牙齿楔状缺损。

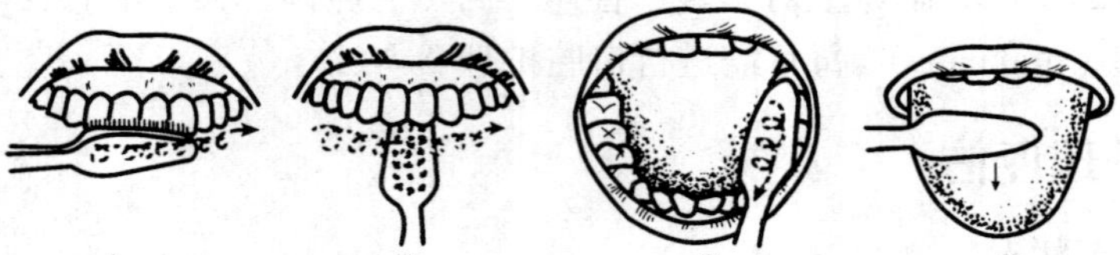

图 12-1 刷牙方法

A. 刷牙齿外面；B. 刷牙齿内面；C. 刷咬合面；D. 刷舌面

（四）牙线剔牙法

尼龙线、丝线、涤纶线均可作为牙线材料，每餐后按需剔牙一次。

三、口腔护理的方法

案例分析

某患者，女性，54 岁。发热待查入院，护士在观察其口腔时，发现口腔黏膜有一处感染溃烂。

护理评估

1. 评估与解释 ①核对患者身份：床号、住院号、姓名、性别、年龄和诊断。②全身情况：病情、目的、意识状态、心理反应和合作程度。③局部情况：观察患者口唇的色泽、湿润度，有无干裂、出血；口腔黏膜颜色、完整性，有无溃疡、感染等；牙齿是否齐全，有无义齿，牙龈有无溃疡、肿胀或出血；舌及腭的湿润度，舌苔情况；口腔有无异味等。④患者对口腔卫生的重要性和口腔保健知识的了解程度，对口腔护理的目的和操作方法的了解程度等。

2. 评估环境 环境安静、整洁、光线明亮。

护理诊断

1. 高热 与口腔感染有关。

2. 口腔黏膜完整性受损 与免疫力下降有关。

3. 自理能力下降 与高热有关。

护理计划

1. 目的

（1）保持口腔清洁、湿润，使患者舒适，预防口腔感染等并发症的发生。

（2）防止口臭、口垢，促进食欲，保持口腔正常功能。

（3）观察口腔黏膜、舌苔的变化，检查有无特殊的口腔气味，提供病情变化的信息，协助疾病诊断。如肝功能不全的患者出现肝臭，常是肝性脑病的先兆。

（4）指导患者进行有效的口腔护理，学会口腔保健方法。

2. 准备

（1）护士准备：衣帽整洁，洗手，戴口罩，掌握沟通与交流的技巧。

（2）患者准备：协助患者了解口腔护理的目的、方法及配合要点，取舒适体位。

（3）用物准备

1）特殊口腔护理：治疗盘内备治疗碗（内盛含有漱口溶液的无菌棉球不少于16个、弯血管钳2把）、压舌板、治疗巾、纱布（以上物品可用一次性口腔护理包，漱口溶液临时倒取）。还需要准备弯盘、漱口杯、吸水管、棉签、手电筒、石蕊试纸（测口腔pH值），需要时备张口器。

2）外用药：按需准备。常用的外用药有液状石蜡、冰硼散、锡类散、西瓜霜、金霉素甘油、制霉菌素甘油等。

3）根据患者病情选择漱口溶液。常用漱口溶液，见表12-1。

表12-1 常用漱口溶液

名称	浓度	作用	适用的口腔pH
氯化钠溶液	0.9%	清洁口腔，预防感染	中性
复方硼酸溶液（朵贝尔）		轻度抑菌，除臭	中性
呋喃西林溶液	0.02%	清洁口腔，广谱抗菌	中性
甲硝唑溶液	0.08%	用于厌氧菌感染	中性
过氧化氢溶液	1%～3%	抗菌，除臭	偏酸性
碳酸氢钠溶液	1%～4%	用于真菌感染	偏酸性
硼酸溶液	2%～3%	酸性防腐剂，抑菌	偏碱性
醋酸溶液	0.1%	用于铜绿假单胞菌感染	偏碱性

护理实施

口腔护理实施，见表12-2。

表12-2 口腔护理实施

护理实施	流程简释	要点说明
核对、解释	◆选择合适的漱口溶液，携用物至患者床旁，核对床号、姓名及手腕带并向患者、家属解释操作的目的及配合方法，以取得合作	操作前查对，避免出错

续表

护理实施	流程简释	要点说明
安置体位	◆协助患者侧卧或仰卧、头侧向护士，颌下铺治疗巾，置弯盘于口角旁（图 12-2）	便于操作，防止误吸
观察口腔	◆清点棉球，用棉球湿润口唇后，协助患者用温开水漱口，嘱患者张口，护士一手持手电筒，一手用压舌板轻轻撑开颊部，观察口腔黏膜有无出血、溃疡等现象	昏迷患者不宜漱口，长期用抗生素、激素者注意观察患者有无真菌感染
擦洗口腔	◆牙齿外侧面：嘱患者咬合上、下牙齿，用压舌板撑开颊部，用弯血管钳夹持棉球，由臼齿向门齿纵向擦洗（图 12-3）。同法擦洗对侧 ◆牙齿内侧面、咬合面、颊部：嘱患者张口（昏迷患者用开口器），按上内侧面→上咬合面→下内侧面→下咬合面→颊部顺序擦洗。同法擦洗对侧 ◆硬腭、舌：横向擦洗，按硬腭→舌面→舌下面顺序擦洗	血管钳一次夹一个棉球，棉球要包裹血管钳尖端，拧至不滴水，擦洗勿触及咽部，以免引起不适
再次漱口	◆对意识清醒者，协助患者用吸水管吸水漱口，再次观察口腔情况	如有溃疡、真菌感染，酌情涂药。有口唇干裂者，可涂液状石蜡
整理、记录	◆清点棉球，撤除用物，整理床单位，洗手，记录，用物按规定分类处理	非一次性用物按消毒—清洗—再消毒程序处理

视频：
特殊口腔护理

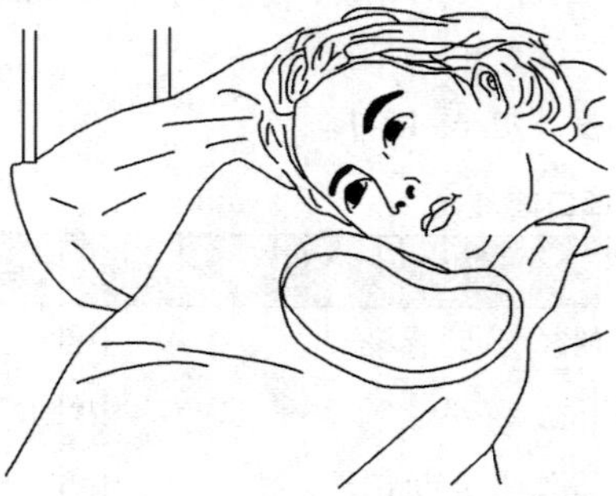

图 12-2　将弯盘置于患者口角旁

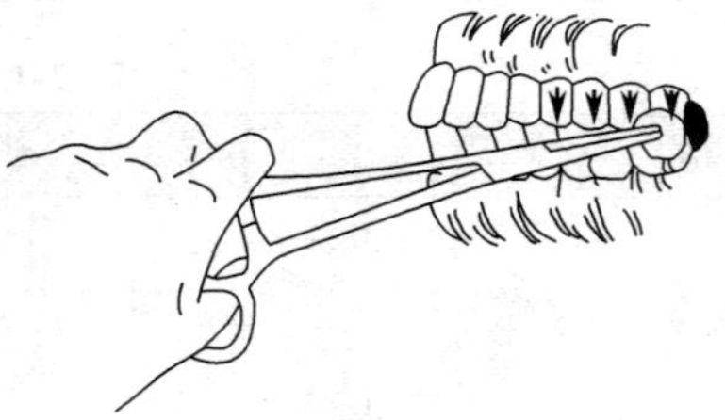

图 12-3　擦洗牙齿外侧面

注意事项

1. 昏迷患者禁忌漱口，开口器应从臼齿（磨牙）处放入，牙关紧闭者不可使用暴力，以免造成损伤。

2. 擦洗时动作要轻柔，以免损伤口腔黏膜及牙龈，特别是凝血功能差的患者。

3. 擦洗时棉球不宜过湿，要夹紧，防止遗留在口腔。发现患者痰多时，应及时吸出，避免发生呛咳。

4. 对长期应用抗生素者，应观察口腔黏膜有无真菌感染。

5. 活动性义齿应先取出清洁，待操作结束后协助患者戴上。暂时不用的义齿，可清洁后放入冷开水杯中，每日换水一次。不可浸在热水中，也不能用乙醇等消毒溶液浸泡或擦拭，以免义齿变形、变色及老化。

6. 操作中应避免清洁、污染物的交叉混淆，操作前及操作后必须清点、核对棉球数量。

7. 传染病患者用物须按消毒隔离制度处理。

▶ 护理评价

1. 操作方法正确、规范，患者口腔感染减轻或痊愈，达到预期效果。
2. 患者口腔无异味，感到清洁、舒适，口腔黏膜、牙龈完整。
3. 充分体现以人为本的护理服务理念。护患沟通有效，患者能配合操作，对服务满意。

➤ **考点：** 某患者，男性，77岁。因慢性支气管炎合并铜绿假单胞菌感染入院，患者高热，精神差，疲乏无力，护士为患者做特殊口腔护理时应选用的漱口液是

A. 0.9%氯化钠溶液　B. 0.1%醋酸溶液　C. 0.2%呋喃西林溶液
D. 1%～3%过氧化氢溶液　E. 1%～4%碳酸氢钠溶液

音频：
考点解析

第二节　头 发 护 理

头部是人体皮脂腺分布最多的部位。皮脂、汗液伴灰尘常黏附于头发及头皮上，形成污垢，除散发难闻的气味外，还可引起脱发和其他皮肤疾病。整洁、美观的头发能维持良好的个人外观形象，增强自信心。对于病情较重，自理能力下降，无法完成头发护理的患者，护士应予以协助。头发护理（hair care）是患者清洁护理技术中的一项重要内容。

一、头发护理评估

1. 头发的基本情况，如长度、头发脱落情况等。
2. 患者的病情、自理能力、个人卫生习惯、对自身仪表的重视程度、对头发护理知识的了解程度。
3. 心理状态和合作程度。

▶ 案例分析

某患者，女性，38岁，因交通事故急诊入院。体格检查：意识不清，T 36.6 ℃，P 68次/分，R 10次/分，BP 80/46 mmHg，二便失禁。颈椎MRI显示C4～C6骨折。初步诊断：1. 颈椎骨折，2. 高位截瘫。

二、头发护理的方法

（一）床上梳发（combing hair in bed）

▶ 护理评估

1. 评估与解释

（1）评估患者：①核对患者身份，如床号、住院号、姓名、性别、年龄和诊断。②全身情况，如患者的病情、意识状态、自理能力、心理反应和合作程度。③局部情况，如患者头发的健康状况（质地、光泽、量和分布），长度，卫生情况，有无头屑、虱及头皮损伤。④患者对自身仪表的重视程度，个人卫生习惯，患者及家属对有关头发清洁及护理知识的了解程度。

（2）解释：操作目的、方法及配合要点。

2. 评估环境　环境整洁、舒适、光线明亮。必要时关门、窗，调节室温。

护理诊断

1. **自理能力丧失** 与高位截瘫有关。

2. **自我形象紊乱** 与自理能力丧失有关。

3. **有皮肤完整性受损的危险** 与长期卧床有关。

护理计划

1. **目的**

（1）去除头皮屑及污垢，保持头发整齐、清洁。

（2）促进头部血液循环、头发的生长和代谢。

（3）有助于维持患者良好形象，使患者舒适、美观。

2. **准备**

（1）护士准备：衣帽整洁，修剪指甲，洗手，戴口罩，掌握沟通与交流技巧。

（2）患者准备：了解梳发目的、方法及配合要点，愿意合作。

（3）用物准备：治疗盘内备梳子、治疗巾、30%乙醇、纸袋（装脱落的头发用），必要时备发夹和橡皮筋。

护理实施

床上梳发实施，见表 12-3。

表 12-3 床上梳发实施

护理实施	流程简释	要点说明
核对、解释	◆将用物携至患者床旁，核对床号、姓名及手腕带后，向患者解释梳发的目的及方法	操作前查对，避免出错
取位、垫巾	◆患者取坐位或仰卧位，垫巾于肩上或枕上，协助患者头偏向一侧	
梳发	◆短发从发根梳至发梢，长发将头发从中间分成两股，左手握紧一股头发，由发梢梳到发根（图 12-4）	避免强行梳、拉头发
打结的处理	◆遇有打结时，将头发分成小股，绕在示指上慢慢梳通，如头发纠结成团，可用 30%乙醇湿润后，再小心梳顺，一侧梳好，再梳另一侧	
梳理发型	◆长发酌情编辫或扎成束	发型尽可能符合患者喜好
整理、归位	◆将落发置于纸袋中，撤下垫巾，协助患者归位，整理床单位，清理用物	

注意事项

1. 动作轻柔，避免强行梳、拉，编好的辫子应每日至少松开 1 次。

2. 操作过程中，通过与患者交流，了解其喜好，尊重其习惯。

3. 梳发过程中，可用指腹按摩患者头皮，促进头部血液循环。

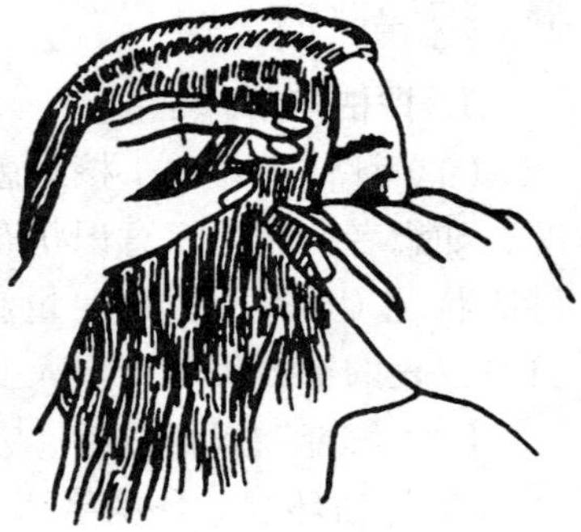

图 12-4 梳发法

护理评价

1. 操作规范、轻柔，患者头发整齐、美观，感觉舒适。患者满意。

2. 充分体现以人为本的护理服务理念，护患沟通有效，患者愿意配合。

（二）床上洗发（bed shampoo）

护理评估

1. 评估与解释

（1）评估患者：①核对患者身份，如床号、住院号、姓名、性别、年龄和诊断。②全身情况，如患者的病情、自理能力、个人卫生习惯、对自身仪表的重视程度、对头发护理知识的了解程度，心理状态和合作程度。③头发的基本情况，如长度、头发脱落情况等。

（2）解释：操作目的、方法及配合要点。

2. 评估环境 环境整洁、舒适、光线明亮。根据季节关窗，室温以 22 ~ 26 ℃为宜。

护理诊断

同床上梳发。

护理计划

1. 目的 同床上梳发，预防和除去头虱，防止疾病传播。

2. 准备

（1）护士准备：同床上梳发。

（2）患者准备：了解洗发的目的、方法及配合要点，愿意配合。

（3）用物准备

1）马蹄形垫洗发：①治疗车上备橡胶马蹄形垫（图 12-5）或自制马蹄形垫（图 12-6）。②治疗盘内置小橡胶单、毛巾、浴巾、纱布或眼罩、别针、不脱脂棉球 2 个、洗发液、梳子、镜子、纸袋、护肤品（自备）。③水壶（内盛 40 ~ 45 ℃热水）、量杯、污水盆（桶），必要时备电吹风。

2）扣杯法洗发：同马蹄形垫洗发。另备脸盆、搪瓷杯各 1 个，毛巾 2 条，橡胶管 1 根（图 12-7）。

3）洗发车洗发：同马蹄形垫洗发。另备洗发车。

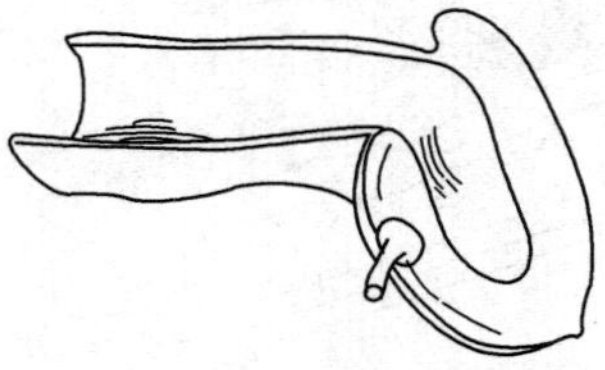

图 12-5 马蹄形垫

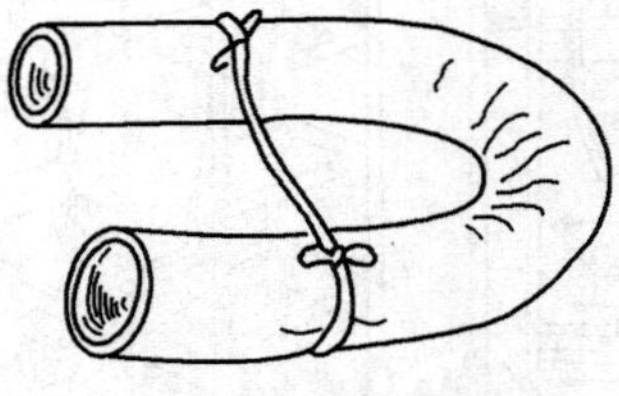

图 12-6 自制马蹄形垫

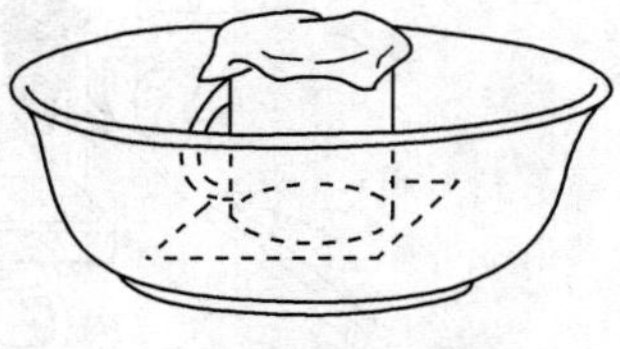

图 12-7 扣杯法洗发

护理实施

1. 马蹄形垫洗发 见表 12-4。

表 12-4　马蹄形垫洗发实施

护理实施	流程简释	要点说明
核对、解释	◆将用物携至患者床旁，核对床号、姓名及手腕带后，向患者解释洗发的目的及方法，按需要给予便盆	操作前查对，避免出错
垫巾围巾	◆冬季应关闭门窗，调节室温 22 ~ 26 ℃，移开床旁桌，将橡胶单、大毛巾置于枕上，松开患者衣领向内折，将毛巾围于颈部，用别针固定	
安置体位 头部置于水槽内	◆协助患者斜角仰卧，移枕于肩下 ◆置橡胶马蹄形垫或其他洗发槽于患者后颈下（自制马蹄形垫上加铺大橡胶单）。使患者后颈枕于马蹄形垫突起处，头部在垫内（槽内），开口处下方接污水桶	保证患者体位安全、舒适 防止衣服、床单、枕头被沾湿
保护眼、耳 洗净头发	◆用棉球塞好双耳，用纱布盖好双眼 ◆试水温，询问患者感受后，用温水充分湿润头发，再用洗发液涂遍头发，反复揉搓，同时用指腹轻轻按摩头皮，然后用温水冲洗，直至洗净为止	防止水流入眼内或耳内
擦干头发、撤垫	◆解开颈部毛巾，包裹头发，取下纱布和棉球，撤去马蹄形垫，将枕头移回床头。患者头移回枕头上，帮助患者擦干头发	
梳理发型	◆梳理头发，松开包头毛巾，用吹风机将头发吹干后，梳理成患者喜欢的发型	
整理用物	◆撤去橡胶单、毛巾等物品，协助患者取舒适卧位，整理床单，清理用物	

视频：
床上洗发法

2. 扣杯法洗发　脸盆内放一块毛巾，倒扣一小扣杯，杯上垫一块四折的毛巾，使患者头部枕于毛巾上，脸盆内置一橡胶管，利用虹吸原理，将污水引入下面的污水桶内。

3. 洗发车洗发　洗发车洗发（图 12-8）的基本操作同马蹄形垫洗发。洗发时，应以患者安全、舒适，不影响治疗，患者能耐受为原则。

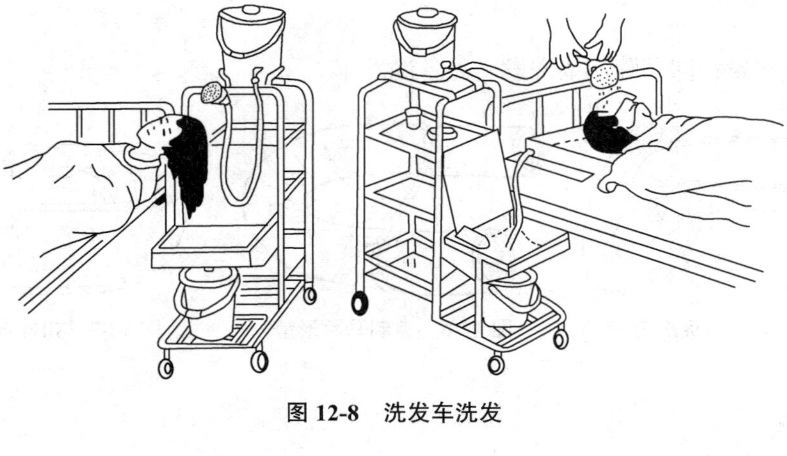

图 12-8　洗发车洗发

注意事项

1. 在洗发过程中，注意调节水温与室温，以免患者着凉。防止污水溅入眼、耳内。
2. 注意观察病情，如发现患者面色、脉搏、呼吸异常时，应停止操作。必要时通知医生，配合医生进行相应处理。身体虚弱者不宜床上洗发。

3. 洗发时间不宜过长，以免患者疲劳。

4. 护士为患者洗发时，注意与患者交流，关心、体贴患者，同时指导家属掌握床上洗发的知识与技能，了解患者的心理情况。

护理评价

1. 操作规范，轻柔节力，患者头发清洁，自我感觉清爽、舒适，患者满意。

2. 充分体现以人为本的护理服务理念，护患沟通有效，患者愿意配合。

（三）头虱及虮灭除法

护理评估

1. 评估与解释

（1）评估患者：①核对患者身份，如床号、住院号、姓名、性别、年龄和诊断。②全身情况，患者病情，心理状态和合作程度。③局部情况，如头虱、虮情况，头发长度及发量等。

（2）解释：消灭头虱和虮的目的、操作方法及配合要点。

2. 评估环境 环境整洁、舒适、光线明亮。关门、窗，拉窗帘或用屏风遮挡患者。

护理诊断

同床上梳发。

护理计划

1. 目的

（1）消灭头虱、虮，使患者舒适。

（2）防止相互传染和预防某些传染病。

2. 准备

（1）护士准备：着装整齐、修剪指甲、洗手、戴口罩，穿隔离衣，戴手套，避免传染。

（2）用物准备：①常用药液，如百部酊（百部 30 g 加 50%乙醇 100 ml 或 65 度白酒 100 ml，再加纯乙酸 1 ml 装入瓶内盖严，48 小时后即可制成）。②其他物品，如治疗碗、治疗巾、篦子（齿内嵌入少许棉花）、纱布、密封帽子、隔离衣、布口袋、纸、清洁衣裤、清洁床上用品。③患者准备：患者了解操作目的、过程和注意事项，愿意配合，必要时动员患者剪短头发。

护理实施

头虱及虮灭除法实施，见表 12-5。

表 12-5 头虱及虮灭除法实施

护理实施	流程简释	要点说明
核对、解释	◆携用物至患者床旁，核对患者床号、姓名及手腕带并解释，必要时动员患者剪短头发	操作前查对，避免出错
个人防护	◆穿隔离衣，戴口罩、手套	
擦药、揉搓	◆将头发分成若干小股，用纱布蘸取百部酊，擦遍头发，反复用手指指腹揉搓，使头发全部湿透	避免百部酊沾污患者面部及眼睛，注意观察局部及全身反应
包发、蓖发	◆戴上浴帽包住头发，24 小时后取下浴帽，用篦子除去死虱和虮	

续表

护理实施	流程简释	要点说明
洗发、检查	◆洗净头发，如发现头发内还有活虮，须重复用百部酊杀灭	
更换衣、被	◆灭虱完毕，为患者更换衣裤、被服，将污衣、被及脱下的隔离衣装入布口袋内，扎紧袋口	
整理、消毒	◆清理用物，将布口袋送高压蒸汽灭菌，篦子上除下的棉花、落发用纸包好焚烧，梳子、篦子消毒后用刷子刷净	

注意事项

1. 操作中避免虱、虮传播。
2. 如病情许可，灭虱应在治疗室进行，以维护患者的自尊。
3. 市售有白翎灭虱香波、灭虱洗发膏等，均有灭虱作用，可酌情选用。

知识链接

头部按摩

护士五指分开，手呈弓形，将指腹放于患者头皮上，手掌离开头皮，稍用力向下按，轻轻揉动，每次手指停留在一个部位揉动数次后再换另一个部位。按摩顺序为从前额到头顶，再从颞部至枕部，反复揉搓至头皮发热。每日 1 ~ 2 次。

护理评价

1. 操作规范，患者头虱、虮彻底清除，未发生疾病传播。患者无局部和全身反应。
2. 充分体现以人为本的护理服务理念，保护患者自尊，护患沟通有效，患者愿意配合。

第三节 皮肤护理

皮肤是身体最大的器官。完整的皮肤具有天然的屏障作用，可避免微生物的入侵，它具有保护机体，调节体温，吸收、分泌、排泄及感觉等功能。皮肤的新陈代谢迅速，其排泄的废物（如皮脂、汗液及脱落的表皮碎屑）与外界微生物及尘埃结合成污垢，黏附于皮肤表面，可刺激皮肤，降低皮肤的抵抗力，破坏其屏障作用，成为微生物入侵的门户，造成各种感染及其他并发症。因此，护士应加强对患者的皮肤护理。

一、沐浴法

案例分析

某患者，男性，69 岁。患慢性阻塞性肺气肿 6 年，近日患者受凉后症状加重，咳嗽、痰多、气短、心悸、呼吸困难，于今日入院。体格检查：T 36.9 ℃、P 90 次 / 分、R 26 次 / 分、BP 140/90 mmHg。桶状胸，触诊双侧触觉语颤减弱，叩诊双肺过清音。诊断：慢性阻塞性肺疾病（COPD）。

（一）淋浴和盆浴

淋浴和盆浴（shower bath and tub bath）适用于能自行完成沐浴过程的患者，护士根据其自理能力给予协助。

护理评估

1. 评估与解释

（1）评估患者：①核对患者身份，如科别、床号、住院号、姓名、性别、年龄和诊断。②全身情况，如患者病情、意识状况，自理能力，肢体活动情况，有无关节活动受限，合作程度。③皮肤情况，如患者皮肤的完整性、颜色、温度、湿度、柔软度、厚度、弹性和感觉功能，有无水肿、破损，有无斑点、皮疹、水疱及硬结等改变，患者的清洁习惯和对清洁用品的选择。④患者对皮肤清洁卫生知识的了解程度和要求。确定沐浴的方式。

（2）解释：目的、方法及配合要点。

2. 评估环境 环境整洁、舒适，光线明亮。调节浴室温度 24 ± 2 ℃，水温 40 ~ 45 ℃，浴室内有信号铃、扶手、浴盆，地面有防滑设施，必要时备椅子。

护理诊断

1. 气体交换受损 与气道阻塞、分泌物过多有关。

2. 清理呼吸道无效 与分泌物过多、咳嗽无效有关。

3. 活动无耐力 与心肺功能减退有关。

4. 焦虑 与病情加重、担心预后有关。

护理计划

1. 目的

（1）去除皮肤污垢，保持皮肤清洁，使患者感觉舒适。

（2）促进皮肤血液循环，增强皮肤的排泄功能，预防皮肤感染、压疮等并发症。

（3）使紧张的肌肉得以放松，增强皮肤对外界刺激的敏感性。

（4）观察和了解患者的情况，满足患者的身心需要。

2. 准备

（1）护士准备：衣帽整洁，洗手，戴口罩。

（2）患者准备：了解淋浴和盆浴的目的、方法及注意事项，贵重物品妥善存放。

（3）用物准备：毛巾 2 条、浴巾、浴皂或浴液、清洁衣裤、防滑拖鞋。

护理实施

沐浴法实施，见表 12-6。

表 12-6 沐浴法实施

护理实施	流程简释	要点说明
介绍、指导	◆向患者介绍浴室内物品的使用方法及有关注意事项，如贵重物品应妥善存放、水温调节、信号铃的使用方法等	提示患者保护人身和财产安全，避免滑倒、跌伤
沐浴之前	◆携带用物送患者入浴室，如患者沐浴需帮助，护士可协助其脱衣、沐浴和穿衣	浴室应在门外挂牌示意，以防出现意外
沐浴之中	◆浴盆中的水位不可超过心脏水平，以免引起胸闷，如沐浴时间过久，应询问患者沐浴情况，以防发生意外。若遇患者发生晕厥或滑倒等意外，应迅速抢救	注意患者沐浴时间，一般不超过 20 分钟
浴后观察	◆再次观察患者情况，必要时做记录，护送患者回病室	

注意事项

1. 沐浴应在进餐 1 小时后进行，以免影响消化功能。

2. 妊娠 7 个月以上的孕妇禁用盆浴，衰弱、创伤和患心脏病需要卧床休息的患者不宜淋浴或盆浴。

3. 传染病患者根据病种、病情，按隔离消毒原则进行。

护理评价

1. 患者沐浴过程安全，患者感到清洁、舒适，无意外发生。

2. 充分体现以人为本的护理服务理念，患者满意。

（二）床上擦浴

床上擦浴（bed bath）适用于病情较重、卧床、活动受限及无法自行沐浴的患者，如使用石膏、牵引或必须卧床的患者等。

护理评估

1. 评估与解释

（1）评估患者：①核对患者身份，如床号、住院号、姓名、性别、年龄和诊断。②全身情况，如年龄、病情、意识状态及自行清洁皮肤的能力。③皮肤情况，如皮肤的清洁度及皮肤有无异常改变。④患者对皮肤护理的认识、心理反应、个人清洁卫生习惯，对皮肤清洁卫生知识的了解及合作程度。

（2）解释：目的、方法及配合要点。

2. 评估环境 整洁、舒适、光线明亮。关好门、窗，调节室温 24 ± 2 ℃，用屏风或床帘遮挡。

护理诊断

同淋浴和盆浴。

护理计划

1. 目的

（1）～（4）同淋浴和盆浴。

（5）协助患者活动肢体，防止关节僵硬和肌肉挛缩等并发症的发生。

2. 准备

（1）护士准备：衣帽整洁，洗手，戴口罩，掌握沟通与交流的技巧。

（2）患者准备：了解床上擦浴的目的、方法、注意事项及配合要点，病情稳定，全身皮肤情况较好。

（3）用物准备：治疗车上备脸盆、足盆各 1 只，水桶 2 只（一桶盛 50～52 ℃热水，一桶盛接污水）；治疗盘内置毛巾（2 条）、浴巾、小橡胶单、浴皂或浴液、梳子、小剪刀、50%乙醇、润滑剂（不主张使用爽身粉）、清洁衣裤和被服。另备便器及便器巾，屏风。

护理实施

床上擦浴实施，见表 12-7。

表 12-7 床上擦浴实施

护理实施	流程简释	要点说明
核对、解释	◆备齐用物携至患者床旁，查对床号、姓名及手腕带，解释目的、方法，按需提供便器	操作前查对，避免出错
物品准备	◆关好门、窗，调节室温 22～26 ℃，将热水桶、污水桶放于床旁，移开床尾椅，备好脸盆、水、毛巾、浴皂	
患者准备	◆必要时用屏风遮挡患者，如病情许可，放平床头及床尾支架，松开床尾盖被	
倒入温水	◆将脸盆、浴皂放于床旁桌上，倒入温水至 2/3 脸盆	
洗脸及颈部	◆将浴巾铺于患者颈前，松开领扣，毛巾沾湿后拧干，包在护士手上成手套状，擦洗患者眼部：由内眦到外眦。擦洗脸及颈部：依次擦洗一侧额部、颊部、鼻翼、人中、耳后、下颌及颈部，同法擦洗另一侧	注意擦洗耳郭、耳后、颈部皮肤皱褶处
脱衣垫巾	◆为患者脱下上衣，将浴巾铺于一侧手臂下	先脱近侧，再脱对侧或者先脱健肢，再脱患肢
擦洗上肢	◆先用涂有皂液的毛巾擦洗，再用湿毛巾擦去皂液，清洗毛巾后再擦洗，直至无皂液为止，最后用浴巾擦干，擦完一侧再擦对侧 ◆协助患者将手放于脸盆内洗手，洗净后擦干	擦洗顺序：上臂—腋窝—前臂
换水、铺巾	◆倒去污水，调节水温，将清水倒入脸盆内，将浴巾铺于患者胸、腹部	
擦洗胸、腹部	◆适当掀起浴巾，按前述方法进行擦洗，依次擦洗胸部、腹部。女性患者擦洗胸部时，应将乳房向上托起，彻底清洁乳房底部皱褶处，擦洗乳房的方法为以环形由中心向外擦拭	擦洗腰部时，注意肚脐处的清洁
擦洗背部	◆协助患者侧卧，依次擦洗颈部—背部—臀部	隆凸处可用 50%乙醇按摩
协助穿衣	◆协助患者平卧，穿上衣	先穿对侧，再穿健侧或者先穿患肢，再穿健肢
换水、铺巾 擦洗下肢	◆换水并调节水温，脱裤后铺浴巾于患者臀下，用浴巾包裹另一侧下肢，擦洗腹股沟处。擦洗顺序：踝部—小腿—大腿—髋部，应擦净皮肤皱褶处，同法擦洗对侧下肢	
换盆泡脚	◆换洗脚盆后，倒入温度适宜的热水，托起患者小腿轻轻放入盆内清洗足部及趾间，取出洗脚盆，两脚放于浴巾上擦干	
擦洗会阴	◆换盆、换水、换毛巾后，协助患者清洁会阴部，更换清洁的裤子，方法同穿衣方法	
整理用物	◆整理床单位，必要时梳头、修剪指甲、更换床单，清理用物，洗手。如有特殊情况，需做好记录	

视频：
床上擦浴法

注意事项

1. 擦浴过程中用力要适当，动作要轻、稳、敏捷，减少翻动次数和暴露，防止患者受凉。

2. 根据情况更换水温适宜的热水，注意脐部的清洁，擦净腋窝及腹股沟等皮肤皱褶处。

3. 擦洗过程中，应密切观察患者的情况，如患者出现寒战、面色苍白等，应立即停止擦洗，并给予适当处理。同时还应观察患者皮肤有无异常，如有异常，也应及时处理和记录。

4. 如有切口或各种管道，应注意保护，避免切口受压及管路扭曲。

音频：
考点解析

➢ **考点：** 某患者，女性，46 岁。因股骨骨折行骨牵引，护士在为其进行床上洗发时，患者突然感到胸痛、心悸、出冷汗，护士应

A. 边洗发边通知医生　　B. 加快动作完成洗发

C. 请家属协助洗发　　D. 劝说患者再坚持几分钟

E. 立即停止操作，进行相应处理

护理评价

1. 操作方法正确、规范、节力，患者感到清洁、舒适、满意。患者床上擦浴过程安全，无意外发生。

2. 充分体现以人为本的护理服务理念，关爱患者，护患沟通有效，患者愿意配合。

二、压疮的预防和护理

案例分析

某患者，男性，65 岁。因下肢瘫痪长期卧床，骶尾部皮肤紫红，局部有硬结，表面有数个大小不等的水疱。

压疮（pressure sore）又称为压力性溃疡（pressure ulcer），是身体局部组织长期受压，血液循环障碍，发生持续缺血、缺氧，营养不良而致的软组织溃烂及坏死。

导致压疮最基本、最重要的因素是压迫而造成的皮肤局部缺血。压疮本身不是原发疾病，它大多是因其他原发病未得到很好的护理而引起的并发症。一旦发生压疮，不仅会增加患者的痛苦，延长康复时间，严重时还可继发感染引起败血症，甚至危及患者生命。因此，做好压疮的预防和护理尤其重要。

（一）压疮发生的主要原因

1. 局部组织持续受压

（1）垂直压力：垂直压力是造成压疮最主要的因素。局部组织承受超过正常毛细血管的垂直压力（正常的毛细血管压为 16 ~ 32 mmHg）压迫，时间持续 2 小时以上，就会引起组织不可逆的损害，即可引起压疮。

（2）摩擦力：由两层相互接触的表面发生相对移动而产生。当患者卧床活动或坐轮椅时，皮肤随时都受床单、椅垫表面的逆行阻力摩擦，皮肤擦伤后，受汗、尿、粪等浸润污染时，易发生压疮。

（3）剪切力：由两层组织相邻表面间的滑行产生进行性相对移位所引起，与体位有密切关系，是摩擦力与垂直压力形成的合力。如患者采取半坐卧位时，身体下滑，皮肤与床铺出现平行的摩擦力，加上皮肤垂直方向的重力，从而导致剪切力的产生。

2. 理化刺激　皮肤经常受到汗液、尿液、各种渗出液、引流液等物质的刺激，引起皮肤

酸碱度的改变，致使表皮角质层的抵抗力下降，如果再加上衣服不平整、床单有皱褶及碎屑，皮肤组织更容易破损继发感染。

3. 全身营养不良或水肿 营养摄入不足，机体能量代谢失衡，致皮下脂肪减少、肌肉萎缩、受压处缺乏保护，引起血液循环障碍，易发生压疮。水肿者皮肤变薄，抵抗力减弱，受力后容易破损，易发生压疮。

4. 矫形不当 如活动受限制的患者，使用石膏绷带、夹板固定时，衬垫不当，松紧不适宜，致使局部血液循环不良。

（二）易发压疮的患者

压疮常见于昏迷、瘫痪、极度消瘦、年老体弱、营养不良、水肿等患者。

（三）压疮的易发部位

压疮好发于受压和缺乏脂肪组织保护、无肌肉包裹或肌层较薄的骨骼隆凸处，与卧位关系密切。

1. 仰卧位 好发于枕外隆凸、肩胛部、肘部、脊椎体隆凸处、骶尾部和足跟部，尤其好发于骶尾部。

2. 侧卧位 好发于耳郭、肩峰部、肘部、髋部、膝关节的内侧及外侧、内踝及外踝处。

3. 俯卧位 好发于耳郭、面颊、肩部、女性乳房、男性生殖器、髂前上棘、膝部和足尖等处。

4. 坐位 好发于肩胛骨、肘部、足跟和坐骨结节。

（四）压疮的分期及临床表现

1. 瘀血红润期（初期） 瘀血红润期（图 12-9）受压部位皮肤出现暂时性血液循环障碍，表现为红、肿、热、麻木或有触痛，解除压力 30 分钟后，皮肤颜色不能恢复正常。此期皮肤的完整性未受到破坏，为可逆性改变，若能及时去除原因，可阻止压疮的发展。

2. 炎性浸润期 红肿部位如继续受压，血液循环仍得不到改善，静脉回流受阻，局部静脉瘀血为炎性浸润期（图 12-10）。皮肤受压表面可呈紫红色，皮下产生硬结，表皮水泡形成，极易破溃，患者有疼痛感。

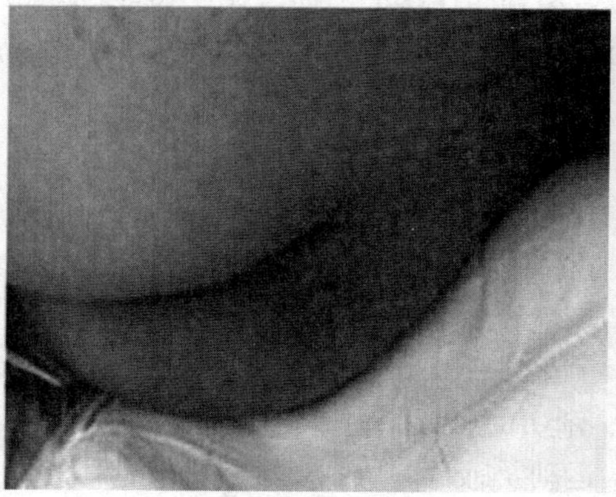

图 12-9 淤血红润期

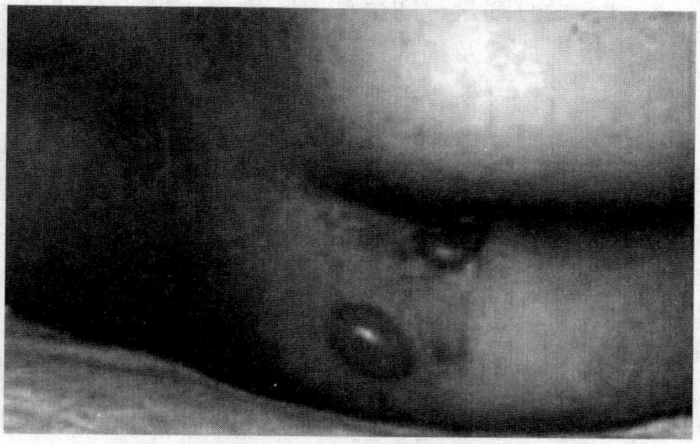

图 12-10 炎性浸润期

3. 溃疡期

（1）浅度溃疡期（图 12-11）：主要表现为表皮水泡逐渐扩大、破溃，真皮创面有黄色渗出物，感染后脓液流出，浅层组织坏死，溃疡形成，疼痛加重。

（2）坏死溃疡期（图 12-12）：主要表现为坏死组织侵入真皮下层，脓性分泌物增多，坏死组织发黑，有臭味。感染向周围及深部组织扩展，可深达骨骼，甚至可引起败血症，危及患者生命。

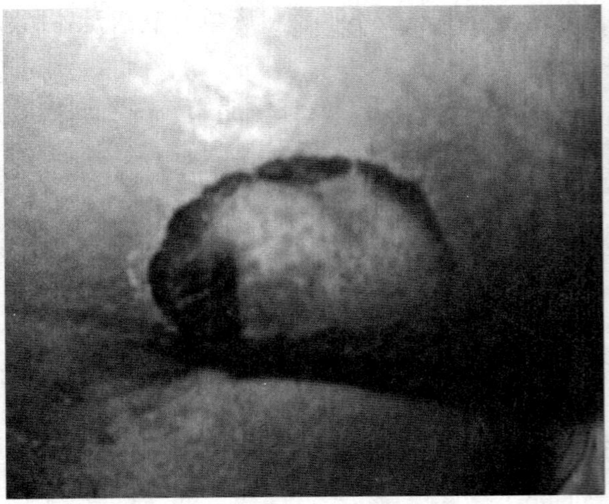

图 12-11 浅度溃疡期

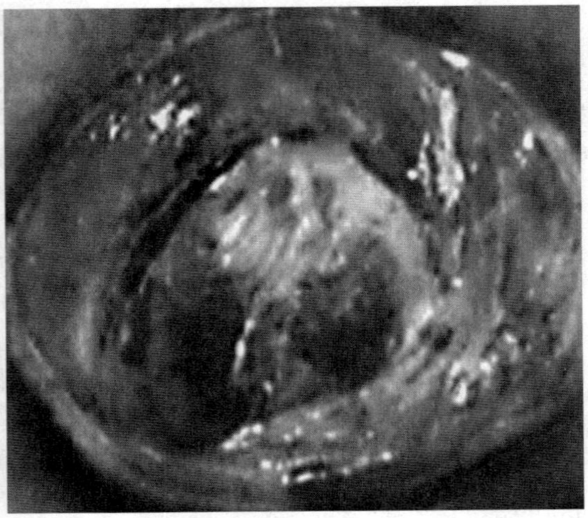

图 12-12 坏死溃疡期

护理诊断

1. 有皮肤完整性受损的危险 与患者长期卧床，局部皮肤受压及营养不良有关。

2. 营养失调（低于机体需要量） 与长期卧床，食物摄入减少有关。

护理计划

（一）压疮的预防

绝大多数压疮是能够预防的。预防的关键在于消除其发生的原因，做到“六勤一好”，即勤观察、勤翻身、勤擦洗、勤按摩、勤整理、勤更换、营养好，将压疮的发生率降至最低限度。但并非全部压疮都能预防，如某些瘫痪患者、恶病质患者，因此不能把患者产生压疮都归咎于护理不当。

1. 避免局部组织长期受压

（1）定时翻身：间歇性解除压力（如经常翻身）是有效预防压疮的简便方法。翻身间隔的时间应根据病情及局部受压情况而定，一般每 2 小时翻身 1 次，必要时每 1 小时翻身 1 次。建立床头翻身记录卡，严格交接班。协助患者翻身时，应先将患者身体抬起，再挪动位置，避免拖、拉、推等，以防擦伤皮肤。有条件者，可使用电动翻转床帮助患者翻身。

（2）使用保护具：①为保护骨隆凸处，支持身体空隙处，可在局部身体空隙处垫软枕或海绵垫。②需要时可垫海绵垫褥、气垫褥、水褥等，使支撑体重的面积增大，从而降低骨凸处皮肤所承受的压强。③可使用电动翻转床、电动压力轮替床垫等用来分散患者的体重，避免局部组织持续受压，但这些措施不能替代定时翻身。

（3）正确使用矫形器械：对使用石膏绷带、夹板、牵引的患者，衬垫应平整、松软适度，并严密观察局部状况及指（趾）端的皮肤颜色、温度、运动及感觉。认真观察及听取患者的反应，如发现异常情况，应立即报告医生，及时协助处理。

2. 保护皮肤，避免局部潮湿、摩擦及刺激

（1）对于尿、便失禁，出汗及分泌物多的患者，应及时为其擦洗干净，保护皮肤免受刺激。

（2）床铺要保持清洁、干燥、平整、无碎屑。

（3）协助患者翻身、更换床单及衣服时，一定要抬起患者的身体，避免拖、拉、推等动作。半卧位时，防止身体下滑，不可使用破损的便器。

（4）被服污染要及时更换，不可让患者直接躺卧于橡胶单或塑料布上，小儿要勤换尿布。

3. 促进局部血液循环　对易发生压疮的患者，要经常检查受压皮肤的情况，用温水擦浴并行局部按摩或红外线照射。

（1）手法按摩：有全背按摩和局部按摩。①全背按摩：协助患者俯卧或侧卧，露出背部，先以热水进行擦洗，再以两手或一手蘸 50%乙醇或润滑剂按摩（图 12-13），可采用按摩法、揉捏法和叩击法等。按摩法以手掌的大、小鱼际紧贴局部皮肤，从骶尾部开始，沿脊柱两侧向上环形按摩，至肩部时力度稍轻，多按摩片刻，再按摩至腰部、骶尾部。再用拇指指腹由骶尾部开始沿脊柱按摩至第 7 颈椎。如此反复。②局部按摩：蘸少许 50%乙醇或润滑剂，以手掌大、小鱼际肌紧贴患者受压皮肤，做向心方向按摩，力量由轻到重，由重到轻，每次 3～5 分钟。

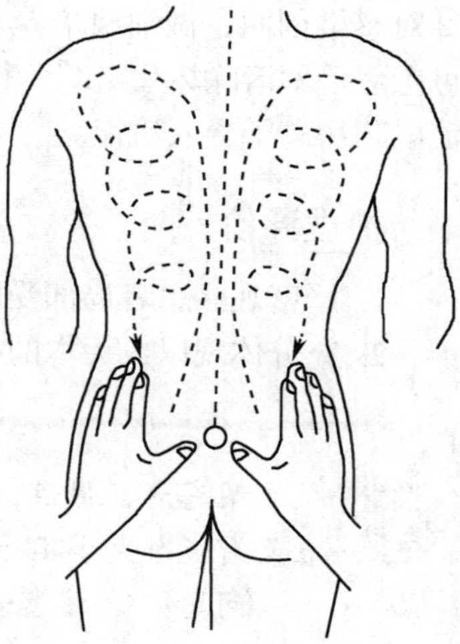

图 12-13　全背按摩

（2）电动按摩器按摩：电动按摩器是依靠电磁作用，引导按摩器头振动，以代替各种手法按摩。操作者应根据不同部位选择合适的按摩头，并将按摩器头紧贴患者皮肤进行按摩。

（3）红外线灯照射：可达到消炎、干燥作用，利于组织的再生和修复。如婴幼儿易发生红臀，可采用臀部烤灯法。

4. 加强营养　在病情允许的情况下，应给予患者高蛋白、高维生素及富含锌元素的饮食，以增强机体抵抗力和组织修复能力。对不能正常进食的患者，应考虑胃肠外营养。

➢ **考点：** 某患者，因脑卒中身体左侧偏瘫。为预防压疮的发生，最好的护理方法是

A. 家属每日仔细观察皮肤受压情况　　B. 尽量多采取右侧卧位

C. 每 2 小时翻身按摩 1 次　　D. 给受压部位垫气圈

E. 帮助患者运动肢体

音频：考点解析

（二）压疮的护理

1. 瘀血红润期（初期）

（1）护理原则：去除致病原因，加强护理，防止压疮继续发展。

（2）护理措施：①避免局部长期受压，增加翻身次数，避免摩擦力和剪切力。②避免潮湿、摩擦的刺激。③增加全身营养，改善局部血液循环等。④可用红外线灯照射，促进血液循环。

2. 炎性浸润期

（1）护理原则：保护皮肤，避免感染。

（2）护理措施：继续加强上述措施。①对未破的小水泡，要减少摩擦，防止破裂感染，使其自行吸收。②对大水泡，可在无菌操作下用注射器抽出泡内液体（不必剪去表皮），然后涂以消毒液，用无菌敷料包扎。③使用红外线或紫外线照射治疗。

3. 溃疡期

（1）护理原则：解除压迫，清洁创面，去除坏死组织，促进肉芽组织生长。

（2）护理措施

1）浅度溃疡期：①使用物理方法，如用红外线或紫外线灯照射创面。②然后用外科无菌换药方法处理。

2）坏死溃疡期：①对清洁创面，用无菌等渗盐水或呋喃西林溶液清洗创面，保持引流通畅。对溃疡较深引流不畅者，用 3%过氧化氢溶液冲洗，抑制厌氧菌生长，促进创面愈合。

②对感染创面，做细菌培养及药敏试验，根据结果选用药物。③对大面积压疮或久治不愈者，可考虑手术清除坏死组织，行皮瓣移植，促使伤口愈合。④还可选择高压氧疗、高频电疗、直流电药物离子导入治疗。

护理评价

1. 严密观察患者局部受压情况，操作正确、规范，患者在住院期间未发生压疮。
2. 充分体现以人为本的护理服务理念，关爱患者。

视频：
压疮预防与护理

课堂互动

某患者，男性，65岁。因下肢瘫痪长期卧床，骶尾部皮肤紫红，局部有硬结，表面有数个大小不等的水疱。

问题：1. 该患者出现了什么并发症？属于哪一期？

2. 如何对该患者进行护理？

第四节　晨、晚间护理

晨、晚间护理是护士于晨间和晚间对患者进行的生活护理，主要用于危重、昏迷、瘫痪、高热、大手术后及年老体弱等生活不能自理的患者。

一、晨间护理

晨间护理（morning care）是基础护理的一项重要内容，一般于每日清晨诊疗工作前完成。通过晨间护理，护士可观察和了解患者病情，为诊断、治疗和护理计划的制订提供依据，同时还可增进护患交流，满足患者身、心两方面的需要。晨间护理包括以下内容。

（一）对于病情较轻、能离床活动的患者

对于病情较轻、能离床活动的患者，护士应鼓励其自行洗漱，包括刷牙、漱口、洗脸、梳头等。同时护士可用消毒毛巾进行湿式扫床，根据清洁程度，更换床单和被套，整理好床单位。

（二）对于病情较重、不能离床活动的患者

对于病情较重、不能离床活动的患者，护士应协助其完成晨间护理。

1. 协助患者排便、刷牙、漱口，必要时给予口腔护理、洗脸、洗手、梳发。
2. 协助患者翻身，检查皮肤受压情况，酌情用湿热毛巾擦洗背部，并用50%乙醇或润滑剂按摩受压部位，必要时协助并指导患者正确咳嗽与排痰。
3. 整理床单位，按需要更换衣服和床单。
4. 了解患者晚间睡眠情况及病情变化，给予必要的心理护理。
5. 根据室温适当开窗通风，保持病室空气清新。

二、晚间护理

通过晚间护理（evening care），护士可为患者提供良好的睡眠条件，保持病室内安静、清洁，使患者能舒适入睡。同时护士还能了解患者的病情变化，鼓励其树立战胜疾病的信心。晚间护理包括以下内容。

（一）协助患者刷牙、漱口

对重症患者，应给予口腔护理，洗脸、洗手，擦洗背部、臀部，用热水泡脚，应协助女性患者清洗会阴部，观察皮肤受压情况，按摩背部及骨隆凸处。

（二）协助患者排便

使用便器时，护士一手托（扶）住患者的腰和骶尾部，另一手将便器扁平部置于患者臀下，开口向下。

（三）整理床铺

根据情况更换衣服及床单，必要时添加毛毯或盖被。

（四）创造良好的睡眠环境

调节室温和光线，保持病室安静、舒适，减少噪声。

（五）指导患者养成良好的睡眠习惯

按时就寝，晚餐不宜过饱，睡前不过多饮水，不喝浓茶与咖啡等，避免过度兴奋，影响入睡。

（六）加强巡视

了解患者睡眠情况，并酌情处理。

三、卧有患者床更换床单法

案例分析

某患者，男性，76岁。因肾病综合征入院1周。

护理评估

1. 评估与解释

（1）评估患者：①核对患者身份，如床号、住院号、姓名、性别、年龄和诊断。②患者的病情、活动能力、合作程度。③患者的心身需求。④是否影响同室患者的治疗或进餐。

（2）解释：目的、方法及配合要点。

2. 评估环境 环境整洁、舒适，光线明亮。调节室温，关门、窗，以屏风或床帘遮挡。

护理诊断

1. 体液过多 与低蛋白血症致血浆胶体渗透压下降有关。

2. 营养失调（低于机体需要量） 与大量蛋白尿、营养摄入减少有关。

护理计划

1. 目的

（1）保持床铺清洁、干燥、平整，使患者感觉舒适。

（2）观察患者的病情变化，预防压疮等并发症的发生。

（3）保持病室整洁、美观。

2. 准备

（1）护士准备：衣帽整洁，洗手，戴口罩。

（2）患者准备：如病情允许，患者了解操作的目的和配合方法。

（3）用物准备：清洁大单、中单、被套、枕套，需要时备清洁衣裤，扫床巾，污物袋。

护理实施

1. 卧有患者床整理法 卧有患者床整理法（bedding method for bedridden patients）实施，见表 12-8。

表 12-8 卧有患者床整理法实施

护理实施	流程简释	要点说明
核对、解释	◆将用物携至患者床旁，核对床号、姓名及手腕带后，向患者解释目的及方法，必要时给予便盆	操作前查对，避免出错
取位、垫巾	◆酌情关门、窗，移开床旁桌、椅，患者病情许可时，放平床头及床尾支架	
松被、翻身	◆松开床尾盖被，协助患者侧卧在床的一边，背向护士，将枕和患者一起移向对侧	翻身时保证患者安全，防止坠床
清扫各单	◆取套好刷套的床刷扫净中单、橡胶中单，分别搭在患者身上，然后从床头至床尾清扫大单	注意扫净枕下与身下渣屑
逐层铺单	◆将大单、中单逐层拉平铺好，协助患者翻身，卧于扫净的一侧。转至对侧，同法逐层清扫，拉平铺好	
整理被、枕	◆患者仰卧，将棉胎和被套拉平，叠成被筒，被尾内折与床尾平齐，取下枕头放于患者头下	扫床巾集中消毒、清洗
归位整理	◆移回床旁桌、椅，整理用物	

2. 卧有患者床更换床单法 卧有患者床更换床单法（bed sheet replacement for bedridden patients）实施，见表 12-9。

表 12-9 卧有患者床更换床单法实施

护理实施	流程简释	要点说明
核对、解释	◆将用物携至患者床尾，核对床号、姓名及手腕带，向患者解释目的及方法，必要时给予便盆	操作前查对，避免出错
松被、翻身	◆松开床尾盖被，协助患者侧卧在床的一边，背向护士，将枕头和患者一起移向对侧	翻身时保证患者安全，防止坠床
松单、扫床	◆从床头至床尾，松开近侧各层床单，将中单塞于患者身下，取套好刷套的床刷扫净橡胶中单，搭在患者身上，再将大单塞于患者身下，从床头至床尾扫净床褥上的渣屑	中单污染面向内卷塞于患者身下
铺各层单	◆将清洁大单的中线对齐，展开近侧大单后，将对侧向内卷，塞于患者身下，铺好近侧大单	大单污染面向内卷塞于患者身下 大单清洁面向内卷塞于患者身下
移枕、翻身	◆将橡胶单拉下放平，清洁中单铺于其上，展开近侧后，将对侧中单向内卷塞于患者身下，将近侧中单和橡胶单一起塞于床垫下铺好	中单清洁面向内塞于患者身下
松单、扫床	◆协助患者平卧，枕头移至近侧床头，护士协助患者翻身侧卧于更换好的一侧床上	
铺各层单	◆护士转至对侧松开各层床单，将污中单卷至床尾，扫净橡胶中单，搭于患者身上，污大单与中单卷在一起，放于护理车污物袋内	

续表

护理实施	流程简释	要点说明
换被、枕套	◆同法扫净床褥上渣屑，取下床刷套，放护理车下层 ◆从患者身下拉出清洁大单铺好，将橡胶单、中单、大单逐层拉平铺好 ◆协助患者平卧，将棉胎和被套拉平，叠成被筒，被尾内折与床尾平齐 ◆一手托住患者头部，另一手将枕头取出，更换枕套，拍松枕头，放于患者头下	枕头开口背门放置
桌、椅回位	◆协助患者取舒适体位，将床旁桌、椅移回原位	
清洗被服	◆将污被服送去清洗	

注意事项

1. 病室内如有患者进餐或治疗，应暂停整理。
2. 操作时动作轻、稳，注意节力，若两人配合，应动作协调。
3. 保证患者舒适与安全，不宜过多翻动和暴露患者，维护患者隐私，必要时可用床档保护患者。
4. 患者的衣服、床单、被套等一般每周更换 1 ~ 2 次，如被血液、便液等污染时，应及时更换。
5. 病床应湿式清扫，一床一巾一消毒，禁止在病区走廊地面上堆放更换下来的衣物。
6. 操作中加强与患者交流，注意观察患者情况，如有异常，立即停止操作，及时处理。

护理评价

1. 操作正确、规范，床单位整洁、美观。患者感觉舒适、安全，患者满意。
2. 护士操作轻、稳、准，应用节力原则。
3. 充分体现以人为本的护理服务理念，护患沟通有效，患者愿意配合。

自测题

一、A1 型题

1. 床上擦浴的目的不包括
   A. 促进血液循环　B. 增强皮肤排泄　C. 清洁、舒适
   D. 观察病情　E. 预防过敏性皮炎
2. 压疮的易发部位不包括
   A. 侧卧位：踝部　B. 仰卧位：骶尾部
   C. 半坐卧位：坐骨结节　D. 俯卧位：腹部
   E. 头高足低位：足跟
3. 为昏迷患者做口腔护理，下列错误的是
   A. 将患者头侧向护士一侧
   B. 将开口器从臼齿处放入

C. 用注洗器沿口角注入温开水后吸出
D. 用血管钳夹紧棉球擦拭
E. 取下义齿，刷洗后浸泡在清水中

4. 给一位左上肢外伤患者床上擦浴，下述正确的是
A. 由外眦向内眦擦拭眼部
B. 脱上衣时先脱左肢
C. 擦毕按摩骨隆凸处
D. 穿上衣时先穿右肢
E. 擦洗动作要轻、慢

5. 为凝血功能差的患者进行口腔护理时，应特别注意
A. 动作轻柔
B. 先取下义齿
C. 夹紧棉球
D. 擦拭时勿触及咽后壁
E. 不可漱口

二、A2 型题

6. 某患者，女性，46 岁。因患乳腺癌，行右侧乳房切除，术后 1 日护士协助其更换上衣，应该
A. 先脱患侧，先穿健侧
B. 先脱患侧，先穿患侧
C. 先脱健侧，先穿患侧
D. 先脱健侧，先穿健侧
E. 双侧衣袖同时穿上

7. 某患者，男性，78 岁。头高足低卧位，此时导致压疮发生的力学因素主要是
A. 水平压力
B. 垂直压力
C. 摩擦力
D. 剪切力
E. 阻力

8. 某患者，女性，40 岁。颅脑术后第 3 日，需更换卧位，下列表述**错误**的是
A. 先将导管安置妥当再翻身
B. 两人协助患者翻身
C. 先换药，再翻身
D. 注意节力原则
E. 卧于患侧

9. 某患者，男性，65 岁。3 周前因脑血管意外导致左侧肢体瘫痪。患者神志清醒，口齿不清，尿、便失禁。护士协助患者更换卧位后，在身体空隙处垫软枕的作用是
A. 促进局部血液循环
B. 减少皮肤受摩擦刺激
C. 安全防护，防止坠床
D. 降低局部皮肤所受压强
E. 防止排泄物对局部的直接刺激

三、A3 型题

（10～12 共用题干）

某患者，女性，60 岁。卧床 3 周，近日尾骶部皮肤破溃，护士仔细观察后认为是压疮溃疡期。

10. 支持判断为压疮溃疡期的典型表现是
A. 患者主诉骶尾部疼痛、麻木感
B. 尾骶部皮肤呈紫红色，皮下有硬结
C. 局部皮肤发红、水肿
D. 创面湿润，有脓性分泌物
E. 皮肤上有大、小水疱，水疱破溃湿润

11. 对该患者局部压疮的处理方法，不妥的是
  A. 局部按外科换药处理
  B. 清除坏死组织，用生理盐水冲洗
  C. 对大水疱，剪去表皮，涂以消毒溶液
  D. 伤口湿敷
  E. 用高压氧治疗
12. 发生压疮最主要的原因是
  A. 局部组织受压过久
  B. 病原菌侵入皮肤组织
  C. 皮肤受潮湿及摩擦刺激
  D. 机体营养状况不良
  E. 皮肤破损

（13～14 题共用题干）

某患者，女性，55 岁。截瘫，生活不能自理。护士协助患者床上擦浴。

13. 关于擦洗顺序，正确的是
  A. 面、颈部，上肢、胸部、腹部，颈、背、臀部，会阴部，双下肢、踝部、双足
  B. 会阴部，面、颈部，上肢、胸部、腹部，颈、背、臀部，双下肢、踝部、双足
  C. 面、颈部，上肢、胸部、腹部，会阴部，颈、背、臀部，双下肢、踝部、双足
  D. 面、颈部，上肢、胸部、腹部，颈、背、臀部，双下肢、踝部、双足，会阴部
  E. 面、颈部，会阴部，上肢、胸部、腹部，颈、背、臀部，双下肢、踝部、双足
14. 以下注意事项，正确的是
  A. 严禁擦洗腹股沟
  B. 严格执行消毒隔离制度
  C. 操作过程中，两腿并拢
  D. 水盆远离患者身体，防止污水溅到身上
  E. 如患者出现寒战、面色苍白等变化，立即停止擦洗

四、A4 型题

（15～19 题共用题干）

某患者，女性，66 岁。患败血症，高热昏迷 6 日，给予大量抗生素治疗。近日发现患者右侧颊黏膜破溃，创面附有白色膜状物。用棉签拭去膜状物，可见创面有轻微出血。

15. 该患者口腔病变的原因可能是
  A. 铜绿假单胞菌感染
  B. 病毒感染
  C. 维生素缺乏
  D. 真菌感染
  E. 凝血功能障碍
16. 根据患者的口腔病变，施行口腔护理应选择的溶液为
  A. 0.9%生理盐水
  B. 2%～3%硼酸溶液
  C. 0.1%醋酸溶液
  D. 0.02%呋喃西林溶液
  E. 1%～4%碳酸氢钠溶液
17. 为该患者进行口腔护理的目的是
  A. 观察口腔黏膜变化
  B. 预防口腔黏膜出血
  C. 使口腔湿润，治疗感染
  D. 有利于呼吸道通畅
  E. 保持口腔正常功能

18. 如该患者有义齿，处理义齿的正确方法是
    A. 先擦拭口腔黏膜，后取下义齿
    B. 将义齿浸泡于清水中备用
    C. 将义齿浸泡于热水中备用
    D. 将义齿浸泡于乙醇中备用
    E. 每日取下义齿，清洗后为患者戴上
19. 为该患者进行口腔护理，应禁忌
    A. 用开口器
    B. 先取下义齿
    C. 用止血钳夹紧棉球
    D. 擦拭舌面
    E. 协助漱口

（杨　娟）

第十三章 生命体征的评估与护理

思政之光

思维导图

- 生命体征评估
  - 体温
    - 评估
      - 产生
        - 肝（安静）
        - 骨骼肌（活动）
      - 调节
        - 下丘脑
      - 散热
        - 辐射（主要）
        - 对流（电风扇）
        - 传导（冰袋、冰箱）
        - 蒸发（乙醇）
    - 正常体温
      - 温度
        - 口：36.3～37.2 ℃
        - 肠：36.5～37.7 ℃
        - 腋：36.0～37.0 ℃
      - 影响
        - 排卵日体温最低（孕激素）
        - 2:00～6:00最低，14:00～20:00最高
    - 发热
      - 程度
        - 低热：37.5～37.9 ℃
        - 中等：38.0～38.9 ℃
        - 高热：39.0～40.9 ℃
        - 超高热：>41 ℃
      - 过程
        - 上升　产>散，白，无汗
        - 持续　产=散，红，出汗
        - 下降　产<散，出汗，虚脱
      - 热型
        - 稽留
          - 24小时波动<1 ℃
          - 伤寒，肺炎球菌肺炎
        - 弛张
          - 24小时波动>1 ℃
          - 败血症，风湿热
        - 间歇　高热与正常交替，疟疾
      - 护理
        - 4小时测一次体温
        - 冰袋冷敷，乙醇擦浴
        - 高热量，高蛋白饮食
    - 测量体温
      - 方法
        - 腋窝：10分钟
        - 口、肠：3分钟
      - 注意
        - 不宜口腔：婴幼儿、昏迷、口鼻手术
        - 不宜腋温：消瘦
        - 不宜直肠：直肠或肛门手术、腹泻、心肌梗死
        - 咬破体温计：清除碎片、口服牛奶、粗纤维食物
  - 脉搏
    - 正常：60～100次/分
    - 频率异常
      - 速：>100次/分，发热、甲亢
      - 缓：<60次/分，颅内压增高，甲减
    - 强弱异常
      - 洪脉：高热、甲亢
      - 细脉：心功能不全、休克
      - 水冲脉：先天性动脉导管未闭、甲亢
      - 奇脉：心包积液、右心衰
      - 交替脉：左心衰、冠心病
    - 节律异常
      - 间歇脉：洋地黄中毒
      - 脉搏短细：脉率<心率，房颤
    - 测量
      - 常用经络诊，测1分钟
      - 脉搏短细：两人同时测1分钟
  - 呼吸
    - 正常：16～20次/分
    - 异常
      - 频率
        - 快：>24次/分，高热、缺氧
        - 慢：<12次/分，颅内压增高
      - 节律
        - 潮式
          - 逐渐加深、加快，逐降后暂停
          - 中枢神经系统疾病
        - 间停
          - 呼吸与暂停交替出现
          - 呼吸中枢休憩
      - 深度
        - 库斯莫尔
          - 深、规则、大呼吸
          - 酸中毒
      - 声音
        - 蝉鸣　喉部疾病
        - 鼾声　分泌物积累、昏迷
    - 呼吸困难
      - 吸气难
        - 三凹征：胸骨上窝、锁骨上窝、肋间隙
        - 喉部疾病
      - 呼气难　哮喘、肺气肿
      - 混合　肺部感染
  - 血压
    - 正常
      - 血压：收90～140 mmHg，舒60～90 mmHg
      - CVP
        - 正常：5～12 cmH_2O
        - <5 cmH_2O容量不足，>15 cmH_2O心衰
    - 变化
      - 凌晨2:00～3:00时最低，上午6:00～10:00时渐升，下午16:00～20:00时高
    - 异常
      - 高血压：收≥140 mmHg，舒≥90 mmHg
      - 低血压：≤90/60 mmHg
    - 脉压
      - 增大：主闭、甲亢
      - 减小：心包积液、缩窄性心包炎、主狭
    - 测血压
      - 测肘窝2～3 cm，放入一指为宜
      - 肱动脉搏动消失再上升20～30 mmHg
      - 坐位平第4肋，仰卧时平腋中线
      - 下降速度4 mmHg/s
      - 四定：时间、部位、体位、血压计
      - 袖带宽、紧：血压低
      - 袖带窄、松：血压高

学习目标

1. 解释稽留热、弛张热、潮式呼吸、间停呼吸、间歇脉、脉搏短绌、交替脉、高血压和低血压。

2. 熟记正常体温、呼吸、脉搏、血压；体温、呼吸、脉搏、血压的生理性变化；异常体温、呼吸、脉搏、血压的评估及护理。

3. 正确实施体温、呼吸、脉搏、血压的测量；学会体温单的绘制。

4. 养成良好的职业素养，具有以人为本的服务理念，具备严肃认真、一丝不苟、实事求是的工作态度。

生命体征（vital sign）是体温、脉搏、呼吸、血压的总称，是机体内在活动的客观反映，也是衡量机体状况正常与否的重要指标。在正常情况下，生命体征在一定范围内相对稳定。通过对生命体征的评估，可以获取患者机体生理状态的基本情况，预测疾病的发生、发展及转归，为预防、诊断、治疗和护理提供依据。因此，正确掌握生命体征的观察及护理是临床护理工作的重要内容之一，也是护士应掌握的基本护理技能。

第一节　体温的评估与护理

体温（body temperature，T）又称体核温度，是指身体深部胸腹腔脏器和中枢神经的温度。体温的特点是相对稳定且较皮肤温度高。皮肤温度又称体表温度，受环境温度的影响，低于体核温度。

一、正常体温及生理性变化

体温由三大营养物质（糖、脂肪、蛋白质）氧化分解而产生。相对恒定的体温是机体进行新陈代谢和生命活动的重要条件，体温过高或过低都会影响各系统的正常功能。由于体核温度不易测量，因此，临床一般以口腔温度、直肠温度和腋下温度代表体温。

（一）正常体温

正常体温是一个波动范围，而不是一个具体、固定的点。成人正常体温，见表 13-1。

表 13-1　成人体温正常范围及平均值

部位	正常范围	平均温度
腋下温度	36.0 ~ 37.0 ℃（96.8 ~ 98.6 ℉）	36.5 ℃（97.7 ℉）
口腔温度	36.3 ~ 37.2 ℃（97.3 ~ 99.0 ℉）	37.0 ℃（98.6 ℉）
直肠温度	36.5 ~ 37.7 ℃（97.7 ~ 99.9 ℉）	37.5 ℃（99.5 ℉）

（二）体温的生理性变化

体温可随年龄、昼夜、性别、活动状态、用药、情绪、环境温度、进食等因素而出现生理性波动，但其变化范围很小，一般不超过 0.5 ~ 1.0 ℃。

1. 年龄差异　由于基础代谢水平不同，不同年龄的人体温也不同。儿童、青少年体温略高于成年人，成年人体温略高于老年人，新生儿（尤其是早产儿）由于中枢体温调节功能尚未发育完善，体温易受环境温度的影响而变化。

2. 昼夜变化　正常人体温在 24 小时内呈周期性波动，一般 2 : 00 ~ 6 : 00 最低，14 : 00 ~ 20 : 00

最高。体温昼夜周期性波动与下丘脑的生物钟功能有关，由内在的生物节律所决定。

3. 性别差异　一般女性体温稍高于男性 0.3 ~ 0.5 ℃。女性基础体温受孕激素水平的影响，随月经周期呈规律性变化。在排卵前体温较低，排卵日体温最低，排卵后体温逐渐升高。

4. 活动状态　剧烈的运动、劳动使骨骼肌紧张收缩，产热增加，从而导致体温升高。因此，临床上应在患者安静状态下测量体温。为患儿测量体温时应防止其哭闹。

5. 药物作用　麻醉药物可抑制体温调节中枢，使体温调节功能发生障碍，并能扩张血管，导致散热增加，使体温降低。有些药物通过抑制汗腺分泌而使体温升高，如阿托品、山莨菪碱。

6. 情绪变化　情绪激动、紧张可影响机体代谢率和对内分泌的调节，导致体温一过性升高。

7. 环境温度　外环境温度的高低直接影响体表温度，体表温度随着外环境温度的升高而升高，随着外环境温度的下降而略有下降。

8. 进食影响　进食后由于食物的特殊动力作用可使体温升高，食物在肝内氧化，产热增加，导致体温升高。食物的冷热可影响口腔温度，可使口腔温度一过性增高或下降。

知识链接

孕激素的生理作用

1. 对子宫的作用：①使子宫内膜增生变厚，由增生期向分泌期转化，腺体增生，分泌增加，有利于受精卵着床；②使子宫平滑肌兴奋性下降；③宫颈黏液分泌减少、变稠；④抑制输卵管蠕动。

2. 对乳腺的作用：促进乳腺腺泡发育。

3. 对阴道的作用：使阴道细胞脱落加快。

4. 产热作用：排卵后基础体温升高 0.3 ~ 0.5 ℃。

5. 促进水、钠排出。

二、异常体温的评估与护理

案例分析

某患者，女性，36 岁。咽痛、恶心 3 日，伴高热、进食困难 2 日。自行服用“酚胺咖敏片 1 片、青霉素胶囊 2 粒，每日 3 次”未见好转，到医院就诊。体格检查：T 39.8 ℃，P 106 次 / 分，R 24 次 / 分，神志清醒，精神较差，扁桃体Ⅱ°肿大，诊断为“扁桃体炎Ⅱ°”，收入院。

（一）体温过高

护理评估

体温过高（hyperthermia）又称发热，指机体在致热原的作用下，体温调节中枢的调定点上移而引起的调节性体温升高。当体温上升超过正常值 0.5 ℃或一昼夜体温波动在 1.0 ℃以上即可称为发热。发热分为感染性发热和非感染性发热两大类。感染性发热较多见，主要由病原体引起。非感染性发热由病原体以外的各种物质引起。

1. 发热的临床分级　以口腔温度为例，发热程度可划分为以下几种。

低热：37.5 ~ 37.9 ℃ （99.5 ~ 100.2 ℉）

中等热：38.0 ~ 38.9 ℃ （100.4 ~ 102.0 ℉）

高热：39.0～40.9 ℃　（102.2～105.0 ℉）

超高热：41 ℃以上　（105.8 ℉以上）

2. 发热分期、特点及症状　发热分期、特点、症状及体温升降方式，见表13-2。

表13-2　发热分期、特点、症状及体温升降方式

发热分期	特点	症状	体温升降方式
上升期	产热大于散热	皮肤苍白、无汗、畏寒，严重者寒战，皮肤温度暂时下降	体温骤升常见于肺炎球菌肺炎；体温缓升常见于伤寒
高热持续期	产热和散热在较高水平上趋于平衡	颜面潮红、皮肤灼热、口唇干燥、呼吸和脉搏加快、尿量减少等	
退热期	散热大于产热	大量出汗和皮肤温度降低	体温骤退常见于大叶性肺炎；体温渐退常见于伤寒、风湿热

3. 常见热型　临床上把各种体温曲线的形态称为热型。不同的发热性疾病可表现出不同的热型，加强观察有助于对疾病的诊断。常见热型如图13-1。

（1）稽留热（continued fever）：体温持续在39.0～40.0 ℃，达数日或数周，24小时体温波动范围不超过1.0 ℃。稽留热常见于肺炎球菌性肺炎、伤寒等。

（2）弛张热（remittent fever）：体温在39.0 ℃以上，24小时内温差达到或超过1 ℃，最低体温仍高于正常水平。弛张热常见于败血症、化脓性疾病、风湿热等。

（3）间歇热（intermittent fever）：体温骤升至39.0 ℃以上，持续数小时或更长，然后下降至正常或正常以下，经过一段间歇时间，体温又升高，即高热期和无热期交替出现。间歇热常见于疟疾等。

（4）不规则热（irregular fever）：发热无一定规律，且持续时间不定。不规则热常见于流行性感冒、肿瘤性发热等。

（5）波状热（undulant fever）：指体温逐渐升达39 ℃或以上，持续数日后又逐渐下降至正常水平，持续数日后又逐渐升高，如此反复多次。波状热常见于布鲁菌病。

（6）回归热（relapsing fever）：指体温急骤上升至39 ℃或以上，持续数日后又骤然降至正常水平，高热期与无热期各持续若干日后规律性交替一次。回归热常见于霍奇金病。

护理诊断

1. 体温过高　与扁桃体炎症有关。

2. 体液不足　与高热消耗水分及水分摄入减少有关。

护理措施

1. 对症护理

（1）保暖：体温上升期，患者出现畏寒、寒战时，应调节室温，酌情增加衣被。

（2）降温：根据病情及医嘱采用物理降温或药物降温方法。如体温超过39.0 ℃，可用冰袋敷头部；如体温超过39.5 ℃，可用酒精（或温水）擦浴。给予药物降温时，应注意防止体温骤退大量出汗引起虚脱或休克。采取降温措施30分钟后应测量体温，并做好记录和交班。

2. 观察病情

（1）观察生命体征：定时测量体温，一般每日测量4次，高热患者每4小时测量体温1次（必要时可以每半小时测量1次），待体温恢复正常3日后，改为每日2次。注意观察呼吸、脉搏、血压。

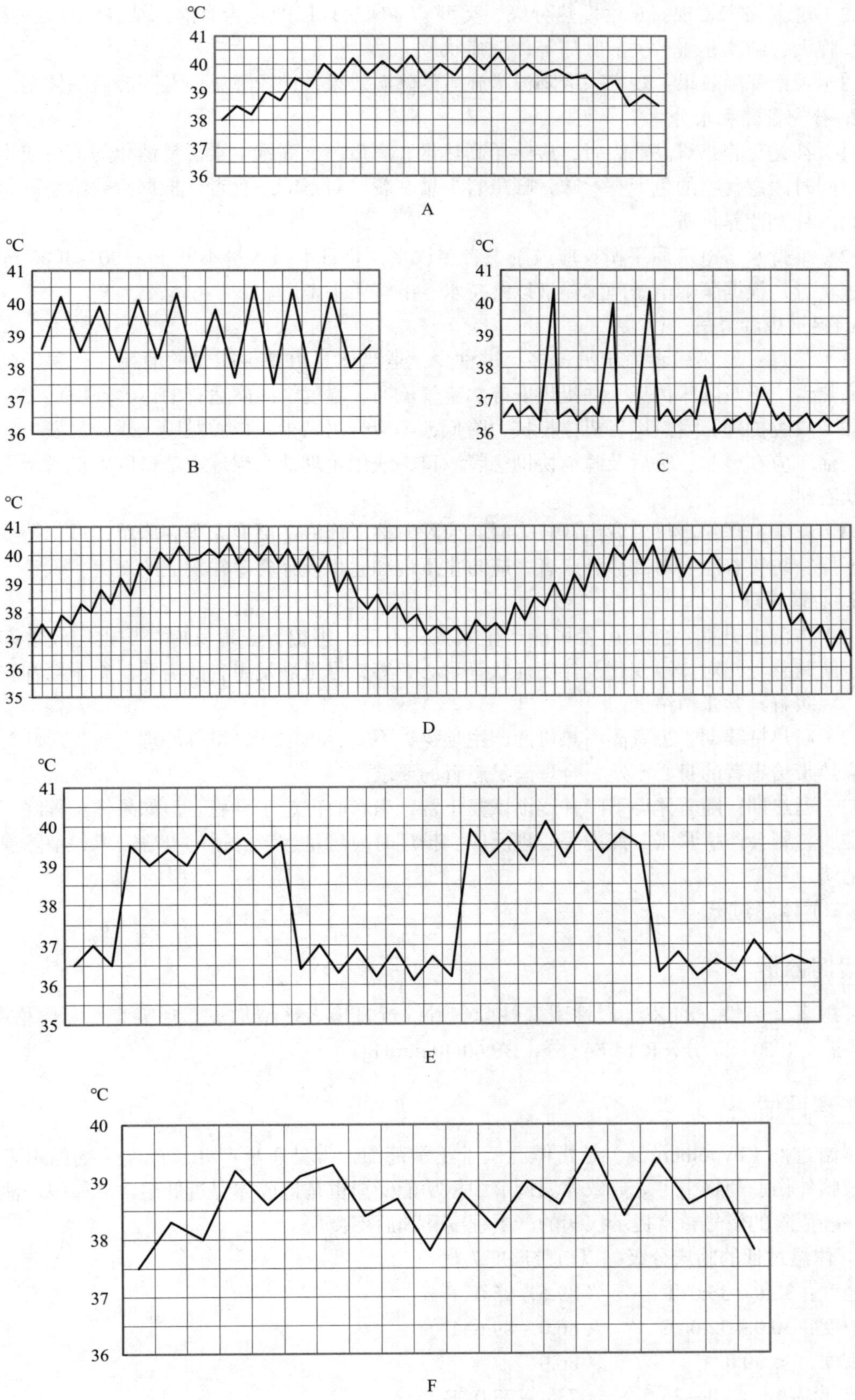

图 13-1　常见热型

A. 稽留热；B. 弛张热；C. 间歇热；D. 不规则热；E. 回归热；F. 不规则热

（2）观察临床表现：观察发热分级、类型、临床表现以及是否有淋巴结肿大、出血倾向，肝大、脾大、结膜充血、关节肿痛等伴随症状。

（3）观察降温效果：观察采取降温措施后的降温效果，比较降温前及降温后的体温。

3. 补充营养和水分

（1）补充营养：对高热患者，应给予高热量、高蛋白、高维生素、易消化的流质或半流质饮食，同时注意食物的色、香、味，嘱患者少量多餐。对不能进食者，根据医嘱给予静脉输液或鼻饲以补充营养物质。

（2）维持水、电解质平衡：应鼓励患者多饮水，每日水摄入量不低于 2500 ~ 3000 ml，对不能进食者，根据医嘱给予静脉输液以维持水、电解质平衡。

4. 促进患者舒适

（1）休息：发热患者由于消耗多，进食少，适当休息可减少能量的消耗，有利于机体康复。高热者应绝对卧床休息，并提供安静、空气流通、温度及湿度适宜的休养环境。

（2）口腔护理：发热患者机体抵抗力降低，唾液分泌减少，口腔黏膜干燥，易发生口腔溃疡和炎症。应在晨起、餐后及睡前协助患者漱口，或用生理盐水棉球清洁口腔。口唇干裂者可涂液状石蜡。

（3）皮肤护理：高热患者出汗较多时，应及时擦干汗液，更换衣服和床单，以保持皮肤清洁、干燥，防止着凉。对高热卧床者，应防止压疮和坠积性肺炎等并发症的发生。

5. 心理护理

（1）体温上升期：此期患者可能产生紧张、不安、害怕等心理反应，护士应经常询问患者，了解其感受，对体温变化及伴随症状等耐心解答，尽量满足患者的需要，给予精神安慰和支持，以缓解其紧张情绪。

（2）高热持续期：患者因高热可能产生烦躁、不安、焦虑、恐惧等心理反应，应注意尽量减轻高热带给患者的身心不适，合理满足患者的要求。

（3）退热期：随着体温下降并逐渐恢复正常，患者心理趋于平稳。但如果体温骤降，造成患者虚脱，则会产生紧张、焦虑等心理反应。护理时应满足患者舒适的身心需求，消除患者的紧张情绪。

（二）体温过低

▶ 案例分析

某患者，男性，84 岁，慢性阻塞性肺气肿。近日患者病情加重，呼吸衰竭。体格检查：体温不升，P 60 次 / 分，R 14 次 / 分，BP 60/40 mmHg。

▶ 护理评估

体温过低（hypothermia）是指体温低于正常范围，常见于早产儿、极度衰竭的患者。此外，颅脑外伤、药物中毒等导致体温调节中枢功能受损也是造成体温过低的常见原因。体温过低是一种危险的信号，常提示疾病的严重程度和预后不良。

1. 体温过低的临床分级 以口腔温度为例。

轻度：32.0 ~ 35.0 ℃ （89.6 ~ 95.0 ℉）

中度：30.0 ~ 32.0 ℃ （86.0 ~ 89.6 ℉）

重度：＜ 30.0 ℃ （86.0 ℉）

致死温度：23.0 ~ 25.0 ℃ （73.4 ~ 77.0 ℉）

2. 临床表现 体温过低时，患者常表现为体温不升、皮肤苍白、四肢冰冷、呼吸减慢、脉搏细弱、血压下降、感觉和反应迟钝、嗜睡、神志昏迷等。

护理诊断

1. **体温过低**　与机体代谢降低有关。
2. **活动无耐力**　与缺氧有关。
3. **营养失调（低于机体需要量）**　与摄入量不足有关。

护理措施

1. **保暖措施**

（1）调节室温：若室温过低，将室温调节至 24.0 ~ 26.0 ℃。

（2）保暖：可给患者加盖被、给予热饮料、足部放置热水袋等方法，以提高机体温度。

2. **观察病情**　密切观察患者的生命体征，加强体温监测，每小时测量体温 1 次，直至体温恢复正常并稳定。同时注意患者呼吸、脉搏、血压的变化及伴随症状。

3. **抢救准备**　随时做好抢救的准备工作。

4. **健康教育**　指导患者避免导致体温过低的因素，加强锻炼，增强营养等。

三、体温测量

案例分析

某患者，女性，86 岁。3 日前受凉后出现流清涕、咳嗽、气短，加重 1 日。患者患高血压 20 年，慢性阻塞性肺疾病（COPD）12 年。体格检查：BP 178/106 mmHg，T 39.9 ℃，R 28 次 / 分，P 117 次 / 分。诊断：①上呼吸道感染；② COPD；③高血压。医嘱：严密观察体温、血压、脉搏、呼吸情况。

（一）体温计的种类及构造

1. 玻璃体温计　又称水银体温计，为临床最常用的体温计。它是一种外标刻度的真空毛细玻璃管，毛细玻璃管末端为贮汞槽，当贮汞槽受热后，汞膨胀，沿毛细玻璃管上行，其上行高度与受热程度成正比，毛细玻璃管和贮汞槽之间有一凹陷处，可防止汞遇冷时下降，以便检视温度。玻璃体温计分口表、肛表和腋表 3 种（图 13-2）。

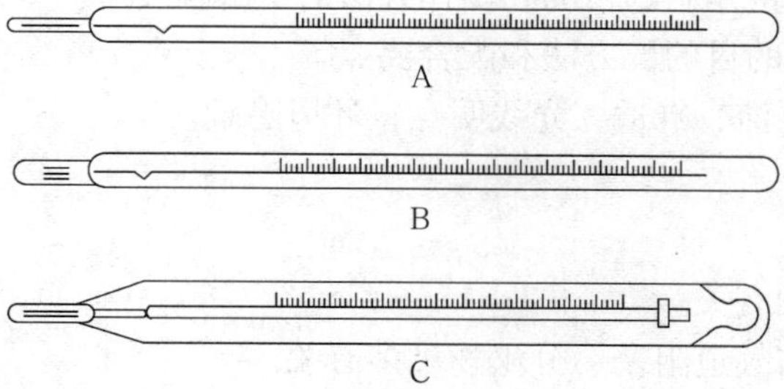

图 13-2　玻璃体温计种类

A. 口表；B. 肛表；C. 腋表

2. 电子体温计　此种体温计是用电子感温探头测量体温，数字显示器显示温度值。电子体温计的优点是读数直观、使用方便、测量准确、灵敏度高等，分医院和个人使用两种。

3. 可弃式体温计　又称化学点式体温计，其构造是对热敏感的化学指示点薄片，每个指示点上都有相对应的化学感温试剂，受热时指示点的颜色会改变，当颜色点由白色变成墨绿色或蓝色时，即为所测的温度。

4. 其他

（1）远红外线测温仪：利用远红外线的感应功能，快速测试人体温度，常用于人群聚集较多且需要快速测量体温时，如码头、车站、机场等。

（2）报警体温计：是一种连续监测患者体温的仪器。体温计的探头与报警器相连，当患者的体温超过一定的范围，它就会自动报警，适用于危重患者。

（3）耳温枪：利用最新红外线技术原理，将耳温枪插入耳道，测量 1 秒，即能测出正确的体温，适用于哭闹或睡眠中的儿童、体弱多病的卧床老年人。

（二）体温计的消毒与检测

1. 体温计消毒法 为了防止交叉感染，用后的体温计应选用化学消毒剂进行浸泡消毒处理。常用的消毒溶液有 75%乙醇、1%过氧乙酸、含氯消毒剂等。

（1）玻璃体温计消毒法：①口表、腋表使用后即浸泡于消毒液中，30 分钟后取出，用清水冲净、擦干，放入另一消毒液容器中，浸泡 30 分钟后取出，用冷开水冲洗干净，拭干后用手或离心机将汞柱甩至 35 ℃以下，存放于清洁盒内备用。②肛表使用后先用消毒纱布擦净，再按上述方法进行消毒处理。一般采用有盖容器浸泡方式进行消毒。消毒液每日更换 1 次，容器、离心机等每周消毒 1 次。

（2）电子体温计消毒法：仅消毒电子感温探头部分，消毒方法根据制作探头材质的性质选择不同的消毒方法，如熏蒸、浸泡等。

2. 体温计检测法 为保证体温测量的准确性，使用中的体温计（包括新使用的体温计）应定期进行准确性检测。检测时，先将全部体温计的水银柱甩至 35.0 ℃以下，再同时放入盛有 40.0 ℃温水的容器中，3 分钟后取出检视。如误差在 0.2 ℃以上、玻璃汞柱出现裂隙或水银柱自行下降，则不能再使用。合格的体温计用纱布擦干后，放入清洁容器内备用。

护理评估

1. 评估与解释

（1）评估患者：①核对患者身份，如床号、住院号、姓名、性别、年龄和诊断。②全身情况，如病情、测量目的、意识状态、心理反应、合作程度。③测量前体温状况、测温部位的皮肤黏膜状况、活动状态，测量前 20～30 分钟有无剧烈运动、进食、进饮、沐浴、灌肠等影响体温的因素。④患者对测量体温的目的和操作方法的了解程度等。确定测量体温的方法。

（2）解释：测量体温的目的、方法和配合要点等。

2. 评估环境 环境整洁、舒适，光线明亮，环境隐蔽。

护理诊断

1. 高热 与肺部感染有关。

2. 气体交换受损 与气道阻塞、分泌物过多有关。

3. 清理呼吸道无效 与分泌物过多、咳嗽无效有关。

4. 活动无耐力 与心肺功能减退有关。

护理计划

1. 目的

（1）动态监测体温：动态监测体温变化，判断体温有无异常，判断发热的分级，分析热型，观察伴随症状。

（2）协助临床诊断：为疾病的预防、诊断、治疗和护理提供依据。

2. 准备

（1）护士准备：衣帽整洁，修剪指甲，洗手，戴口罩。

（2）患者准备：体位舒适，情绪稳定，测量前20～30分钟无剧烈运动、进食、进饮、洗澡、灌肠等影响体温的因素。

（3）用物准备：①治疗车上层备治疗盘，内置盛有清洁体温计的干燥容器1个，盛有消毒液的容器1个，浸有消毒液的纱布、弯盘，手消毒液、记录本、笔及有秒针的表。若测量直肠温度，应另备润滑油、棉签、卫生纸。治疗盘外置手消毒液。②治疗车下层备医用垃圾桶、生活垃圾桶。

护理实施

体温测量实施，见表13-3。

表13-3　体温测量实施

护理实施	流程简释	要点说明
备物、核对	◆备齐用物携至患者床旁，再次核对患者身份，指导患者配合的方法，取得患者合作	确认患者，避免差错
测量方法	根据患者情况选择适宜的测量方法	
▲口腔温度		
测量体位	◆仰卧位、侧卧位、半坐卧位、端坐位等	根据患者的病情，以患者舒适为宜
测量部位	◆舌下热窝（图13-3）	此处靠近舌动脉，是口腔中温度最高的部位
测量方法	◆将口表水银端斜放于舌下热窝处，嘱患者闭口含住口表，勿用牙咬体温计，用鼻呼吸	保证获得正确的测量结果，防止体温计被咬碎，损伤口腔及消化道黏膜
测量时间	◆测量3分钟，擦净体温计，正确读数，获得准确的测量结果	
再次核对	◆再次核对患者身份	防止差错
整理消毒	◆协助患者取舒适体位，为患者整理衣物、床单位 ◆将体温计浸泡于盛有消毒液的容器中	
消毒双手	◆取适量手消毒液，消毒双手	
测后嘱咐	◆告知患者测量结果及相关注意事项。体温异常时做出合理解释。感谢患者合作	避免患者紧张、焦虑或恐惧等使病情加重
垃圾处理	◆垃圾分类处理，接触过患者的物品放入医用垃圾桶，未接触患者的物品放入生活垃圾桶	防止交叉感染
洗手、记录	◆洗手，脱口罩。将测量结果正确绘制于体温单	
▲腋下温度		
测量体位	◆仰卧位、侧卧位、半坐卧位、端坐位等	
测量部位	◆腋窝（图13-4）	
测量方法	◆擦干腋窝汗液，将腋表水银端放于腋窝处。嘱患者夹紧体温计，紧贴皮肤，屈臂过胸	
测量时间	◆测量10分钟，擦净体温计，正确读数，获得准确的测温结果	保证测量结果的准确性

续表

护理实施	流程简释	要点说明
整理消毒	◆再次核对，洗手，记录同口腔温度测量法	
▲直肠温度		
测量体位	◆仰卧位、侧卧位、屈膝仰卧位等	便于测量
测量部位	◆肛门	利于插入，防止损伤肛门及直肠黏膜
测量方法	◆暴露测温部位便于测量，必要时用屏风遮挡。润滑肛表水银端，轻轻插入肛门 3 ~ 4 cm（婴儿 1.25 cm，幼儿 2.5 cm），护士注意固定肛表	用卫生纸擦净患者肛门
测量时间	◆测量 3 分钟，用消毒纱布擦净体温计，正确读数，获得准确的测量结果	
再次核对	◆再次核对患者身份	
整理消毒	◆用浸有消毒液的纱布拭净体温计，再浸泡于盛有消毒液的容器中。余同口腔温度测量法 ◆消毒双手，洗手，记录同口腔温度测量法	防止交叉感染

视频：
体温测量

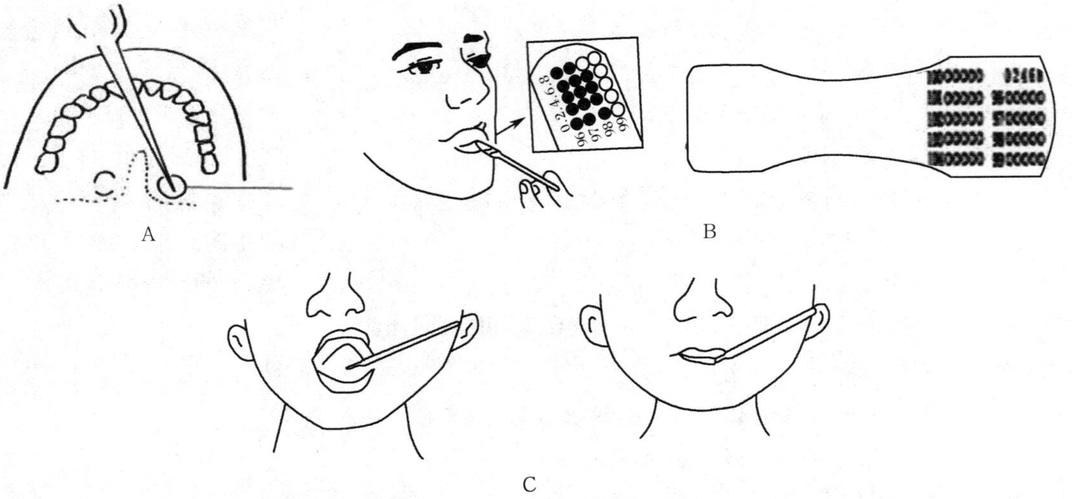

图 13-3　口腔温度测量法

A. 口腔热窝；B. 可弃式体温计测量法；C. 玻璃体温计测量法

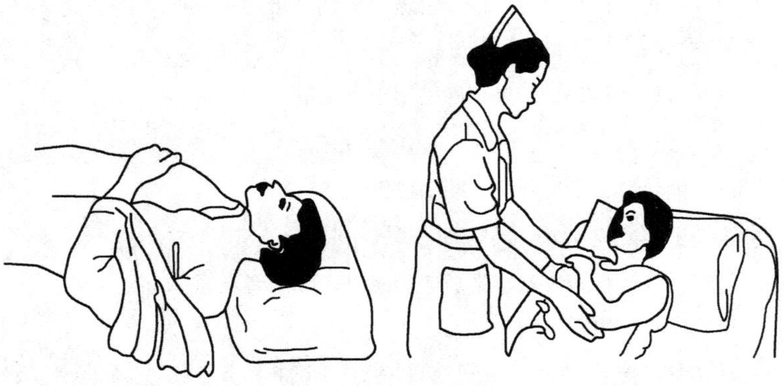

图 13-4　腋下温度测量法

注意事项

1. 测量前检查　测量体温前，应认真清点体温计的数量，检查体温计是否完好，水银柱是否在 35 ℃以下。

2. 不宜测口腔温度　精神异常、昏迷、婴幼儿、口腔疾患、口鼻手术或呼吸困难及不能合作者，不宜测口腔温度。进食或面颊部冷、热敷后，应间隔 30 分钟后测量。

3. 不宜测腋下温度　腋下出汗较多者，有创伤、手术、炎症者，肩关节受伤或极度消瘦夹不紧体温计者不宜测腋下温度。

4. 不宜测直肠温度　腹泻、直肠或肛门手术者禁忌测直肠温度；心肌梗死患者不宜测直肠温度，以免刺激肛门引起迷走神经兴奋，导致心动过缓；坐浴或灌肠者须待 30 分钟后方可测直肠温度。

5. 婴幼儿测量　婴幼儿应先测量脉搏、呼吸和血压后再测量体温。因测量体温时，婴幼儿易哭闹、不配合，会影响脉搏、呼吸和血压的测量结果。

6. 体温计破碎的处理　如患者不慎咬碎体温计，首先应立即清除玻璃碎屑，以免损伤唇、舌、口腔、食管和胃肠道黏膜，再口服蛋清水或牛奶，以延缓汞的吸收。若病情允许，可服用粗纤维食物（如韭菜、芹菜等），促进汞的排出。

7. 体温与病情不符重测量　发现体温与病情不相符合时，应在床边监测，必要时测口腔温度或直肠温度做对照。

8. 防止交叉感染　认真做好体温计的清洁与消毒，防止交叉感染。传染病患者的体温计应固定使用。

护理评价

1. 操作方法正确，患者测量过程中感觉舒适、安全，未发生意外。测量结果准确。
2. 图形绘制规范。
3. 充分体现以人为本的护理服务理念，护患沟通有效，患者主动配合。

➢ **考点：**某患者，女性，45 岁。诊断“慢性细菌性痢疾”，5 分钟前用温开水服药，护士前来测量体温，评估患者，了解情况后应

A. 暂停测一次　　B. 参照上一次测量记录
C. 改测直肠温度　　D. 嘱其用冷开水漱口后再测
E. 嘱咐患者 30 分钟后再测口腔温度

音频：
考点解析

第二节　脉搏的评估与护理

在每一个心动周期中，随着心脏的节律性收缩和舒张，动脉管壁随之有节律地收缩和舒张，产生节律性搏动，称为动脉脉搏（arterial），简称脉搏（pulse，P）。正常情况下，脉率与心率一致，当脉搏微弱不易测量时，可测量心率。

一、正常脉搏及生理性变化

（一）正常脉搏

1. 脉率　脉率（pulse rate）是每分钟脉搏搏动的次数。正常成人在安静状态下，脉率为

60～100 次 / 分。它可随内、外环境诸因素的变化而在一定范围内波动（表 13-4）。

表 13-4　脉率的正常范围与平均值

年龄	正常范围（次 / 分）		平均脉率（次 / 分）	
出生～1 个月	70～170		130	
1～13 个月	80～160		130	
1～3 岁	80～130		100	
3～6 岁	75～115		100	
6～13 岁	70～110		90	
	男	女	男	女
13 ～ 14 岁	65 ～ 105	70～110	85	90
14 ～ 16 岁	60 ～ 100	65～105	80	85
16 ～ 18 岁	55 ～ 95	60～100	75	80
18 ～ 65 岁	60 ～ 100			72
65 岁以上	70 ～ 100			75

2. 脉律　脉律（pulse rhythm）是指脉搏的节律性，它反映了心脏的舒缩功能。正常脉搏搏动均匀、规则，间隔时间相等。

3. 脉搏的强弱　脉搏的强弱即血流冲击血管壁的力量强度的大小。脉搏的强弱取决于心排血量、动脉的充盈程度、脉压大小、动脉壁的弹性和外周血管的阻力。正常情况下，脉搏每搏强弱相同。

4. 动脉管壁　正常动脉管壁光滑、柔软、富有弹性。

（二）生理性变化

1. 年龄与性别　一般新生儿、婴幼儿的脉率较快，成人脉率逐渐减慢、平稳，老年人脉率稍增快。女性的脉率比男性稍快，一般每分钟相差 5 次左右。

2. 活动与情绪　运动、兴奋、愤怒、恐惧等可使脉率增快，休息、睡眠时脉率减慢。

3. 药物与饮食　使用兴奋剂、饮咖啡或浓茶、进食可使脉率加快，使用洋地黄类药物、镇静药和禁食可使脉率减慢。

二、异常脉搏的评估与护理

▶ 案例分析

某患者，男性，68 岁，冠状动脉粥样硬化性心脏病。因过度劳累，患者感心悸、胸闷、心前区压榨性疼痛，在家自行舌下含服“速效救心丸”效果不佳，上述症状加重 1 小时，急诊入院。体格检查：T 36.8 ℃，P 108 次 / 分，HR 150 次 / 分，BP 136/86 mmHg，R 20 次 / 分。

▶ 护理评估

1. 脉率异常

（1）心动过速（tachycardia）：在安静状态下成人脉率超过 100 次 / 分，又称脉速，常见于发热、甲状腺功能亢进症、心力衰竭、大出血等患者。一般情况下，体温每升高 1℃，儿童脉率每分钟约增加 15 次，成人脉率每分钟约增加 10 次。

（2）心动过缓（bradycardia）：在安静状态下成人脉率少于 60 次 / 分，又称缓脉，常见于房室传导阻滞、颅内压增高、甲状腺功能减退或服用某些药物（如地高辛）等。

2. 节律异常

（1）间歇脉（intermittent pulse）：在一系列正常均匀的脉搏中，出现一次提前而较弱的脉搏，其后有一较正常延长的间歇（代偿性间歇），称间歇脉，亦称过早搏动。间歇脉表现为二联律和三联律。①二联律：每隔一个正常搏动后出现一次过早搏动。②三联律：每隔两个正常搏动后出现一次过早搏动，常见于各种器质性心脏病或洋地黄中毒等患者，正常人在过度疲劳、精神兴奋时偶尔也会出现间歇脉。

（2）脉搏短绌（pulse deficit）：在同一单位时间内脉率少于心率，称脉搏短绌或绌脉。其特点是听诊时心律完全不规则，心率快慢不一，心音强弱不等，常见于心房颤动的患者。

3. 强弱异常

（1）洪脉（surging pulse）：当心排血量增加，动脉充盈度和脉压较大，周围动脉阻力较小时，脉搏搏动强，称洪脉，常见于高热、主动脉瓣关闭不全、甲状腺功能亢进症等患者。

（2）细脉（thready pulse）：当心排血量减少，动脉充盈度降低，周围动脉阻力较大时，脉搏搏动细弱无力，扪之如细丝，称细脉，常见于心功能不全、主动脉瓣狭窄、大出血、休克等患者。

（3）奇脉（paradoxical pulse）：当患者平静吸气时，脉搏明显减弱或消失，称为奇脉，常见于缩窄性心包炎、心包积液等患者。

（4）交替脉（alternating pulse）：指节律正常，但强弱交替出现的脉搏，常见于高血压性心脏病、主动脉瓣关闭不全、冠状动脉粥样硬化性心脏病等患者。

（5）水冲脉（water-hammer pulse）：脉搏骤起骤落，急促而有力，称水冲脉，常见于甲状腺功能亢进症、先天性动脉导管未闭、主动脉瓣关闭不全等患者。

4. 动脉壁异常　用手指压迫时，正常动脉远端动脉管壁不能触及，若仍能触到者，提示动脉硬化。早期动脉硬化表现为动脉壁变硬，失去弹性，触诊呈条索状如抚触琴弦，严重者出现动脉迂曲或结节。

护理诊断

1. 疼痛　与心肌缺血有关。

2. 活动无耐力　与心律失常导致心排血量减少有关。

3. 焦虑　与心律失常反复发作、疗效欠佳有关。

护理措施

1. 活动与休息　根据病情指导患者增加卧床时间，酌情适量活动，以减少心肌耗氧量。

2. 观察病情　密切观察脉搏有无频率、节律和强弱的异常，动脉壁的弹性有无改变。观察药物的治疗效果和不良反应。对安装起搏器的患者，应做好相应的护理。

3. 备齐物品　备齐各种急救物品，抢救仪器处于良好的备用状态。

4. 心理护理　进行有针对性的心理护理，以缓解患者焦虑、紧张、恐惧的情绪。

5. 健康教育　指导患者及家属合理饮食、戒烟、戒酒，认识脉搏监测的重要性。

三、脉搏测量

护理评估

1. 评估与解释

（1）评估患者：①核对患者身份，如床号、住院号、姓名、性别、年龄和诊断。②全身情况，如病情、测量目的、意识状态、心理反应、合作程度。③测量前脉搏状况、测量脉搏部位的皮肤及黏膜状况、活动状态，有无安装起搏器等。④患者对测量脉搏的目的和操作方法的了解程度等。确定测量脉搏的方法。

（2）解释：测量脉搏的目的、方法及配合要点。

2. 评估环境 同体温测量。

护理诊断

同体温测量。

护理计划

1. 目的

（1）动态监测脉搏：动态监测脉搏变化，判断脉搏有无异常，间接了解心脏的功能。

（2）协助临床诊断：为临床疾病的诊断、治疗、护理和预防提供依据。

2. 准备

（1）护士准备：同体温测量。

（2）患者准备：患者了解测量脉搏的目的、方法、配合要点及注意事项，情绪稳定。测量前 20～30 分钟患者无剧烈运动、情绪激动等影响脉搏的因素。

（3）用物准备：①治疗车上层备治疗盘，治疗盘内置有秒针的表、记录本和笔，必要时备听诊器。治疗盘外置手消毒液。②治疗车下层备医用垃圾桶、生活垃圾桶。

护理实施

脉搏测量实施，见表 13-5。

表 13-5 脉搏测量实施

护理实施	流程简释	要点说明
备物、核对	◆备齐用物携至患者床旁，再次核对患者身份，指导患者配合的方法，取得合作	确认患者，避免差错
选择部位	◆根据患者情况选择适宜的测量部位	
安置体位	◆协助患者取舒适体位，如仰卧位、坐位、半坐卧位、端坐位等，手腕舒展	根据病情及患者情况，以患者舒适、便于护士测量为宜
测量部位	◆靠近骨骼、浅表的大动脉均可作为测量脉搏的部位，如桡动脉、颞动脉、肱动脉、颈动脉、股动脉、腘动脉、足背动脉、胫骨后动脉等（图 13-5）	
测量方法（以桡动脉为例）	◆以示指、中指、无名指的指端放在桡动脉搏动处，压力大小以能清晰触及脉搏搏动为宜。若触摸不清，可用听诊器测心率。注意脉搏的节律、强弱，动脉管壁的弹性、紧张度	
测量时间	◆一般情况测量 30 秒，将所测得的数值乘以 2 即可。异常情况、脉搏异常、危重患者测量 1 分钟	保证获得正确的测量结果
脉搏短绌	◆脉搏短绌应由两名护士同时测量，一人听心率，另一人测脉率，由听心率者发出"开始"与"停止"的口令，计数 1 分钟（图 13-6）	防止差错
再次核对	◆再次核对患者身份	
整理消毒	◆协助患者取舒适体位，为患者整理衣物、床单位	

续表

护理实施	流程简释	要点说明
消毒双手	◆取适量手消毒液，消毒双手	
测后嘱咐	◆告知患者测量结果及相关注意事项。异常时做出合理解释，感谢患者合作	避免患者紧张、焦虑或恐惧，使病情加重
垃圾处理	◆垃圾分类处理，接触过患者的物品放入医用垃圾桶，未接触患者的物品放入生活垃圾桶	
洗手、记录	◆洗手，脱口罩。将测量结果正确地绘制于体温单	

视频：
脉搏测量

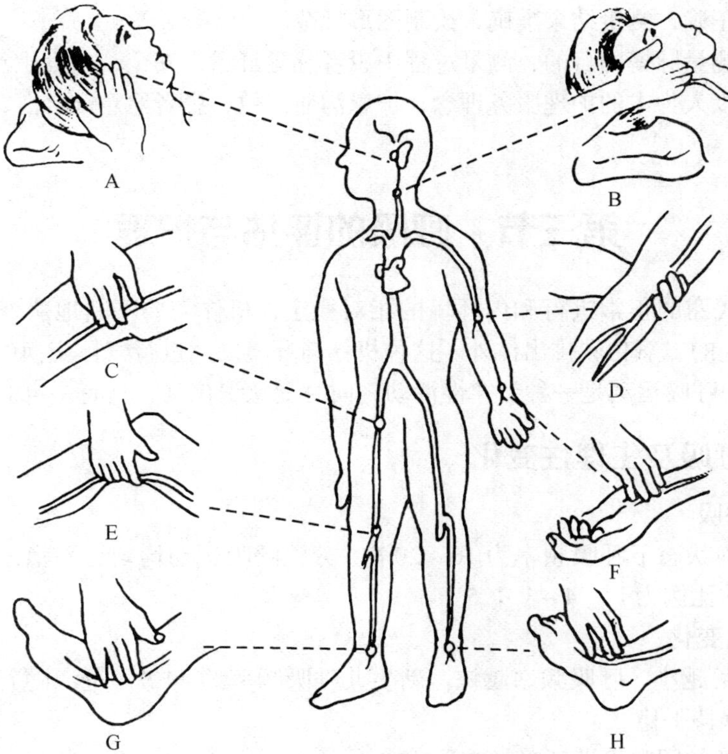

图 13-5　脉搏测量的常用部位

A. 颞动脉；B. 颈动脉；C. 股动脉；D. 肱动脉；E. 腘动脉；

F. 桡动脉；G. 胫骨后动脉；H. 足背动脉

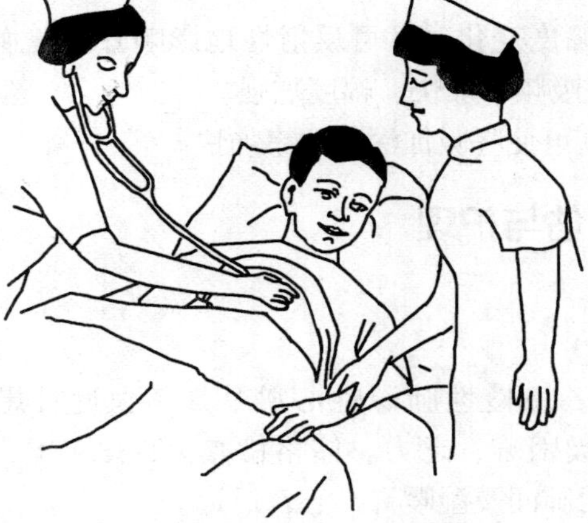

图 13-6　脉搏短绌脉搏测量法

注意事项

1. 拇指勿诊脉　不可用拇指诊脉，因拇指小动脉搏动较强，易与患者的脉搏相混淆。

2. 偏瘫测健侧　为偏瘫或肢体有损伤的患者测脉率应选择健侧肢体，因患侧肢体血液循环不良会影响测量结果的准确性。

3. 婴幼儿测量　婴幼儿应先测量脉搏，后测量体温。因测量体温时婴幼儿易哭闹、不配合，会影响脉搏的测量结果。

护理评价

1. 操作方法正确，测量结果准确，绘制图形规范。
2. 患者了解测量脉搏的目的，测量过程中患者感觉舒适、安全，未发生意外。
3. 充分体现以人为本的护理服务理念，护患沟通有效，患者愿意配合。

第三节　呼吸的评估与护理

为保证新陈代谢的正常进行和内环境的相对稳定，机体需要不断地从外界环境中摄取氧气，并把机体产生的二氧化碳排出体外。这种机体与环境之间进行气体交换的过程，称为呼吸（respiration，R）。呼吸运动是一种节律性活动，同时受意识控制，具有一定的随意性。

一、正常呼吸及生理性变化

（一）正常呼吸

正常成人安静状态下呼吸频率为 16 ~ 20 次 / 分，呼吸运动均匀、平稳，节律规则且不费力。呼吸与脉搏的比例为1 ∶ 4 ~ 1 ∶ 5。

（二）生理性变化

1. 年龄　年龄越小，呼吸频率越快。新生儿呼吸频率约 44 次 / 分。随着年龄增长，呼吸频率逐渐减慢并保持平稳。

2. 性别　女性较同龄男性呼吸频率稍快。

3. 运动　剧烈运动时，机体新陈代谢增加，可引起呼吸频率加快。休息、睡眠时呼吸频率稍减慢。

4. 情绪　强烈的情绪变化（如紧张、兴奋、恐惧、愤怒、害怕、悲伤等）可引起呼吸频率加快。

5. 血压　血压发生大幅度变化时，可反射性地影响呼吸。血压升高时，呼吸频率减慢、幅度减弱。血压降低时，呼吸频率加快、幅度加强。

6. 其他　环境温度升高可使呼吸加深、频率加快。

二、异常呼吸的评估与护理

案例分析

某患者，男性，65 岁。患慢性肺源性心脏病 3 年。近日患者受凉后咳嗽、咳痰、气短，稍活动即感心悸、呼吸困难、乏力。体格检查：T 38.9 ℃，P 110 次 / 分，R 28 次 / 分，BP 146/90 mmHg。听诊：两肺闻及湿啰音，心音遥远。

护理评估

1. 频率异常

（1）呼吸过速（tachypnea）：成人在安静状态下呼吸频率超过 24 次 / 分，称为呼吸过速，常见于甲状腺功能亢进症、疼痛、发热等患者。一般体温每升高 1 ℃，呼吸频率每分钟增加 3 ~ 4 次。

（2）呼吸过缓（bradypnea）：成人在安静状态下呼吸频率低于 12 次 / 分，称为呼吸过缓，常见于巴比妥类药物中毒、颅内压增高等患者。

2. 深浅度异常

（1）深度呼吸：又称库斯莫尔呼吸（Kussmaul respiration），是一种深而规则的大呼吸，可伴有鼾音，常见于尿毒症、糖尿病酮症酸中毒等引起的代谢性酸中毒的患者。

（2）浅快呼吸：是一种浅表而不规则的呼吸，有时呈叹息样，常见于呼吸肌麻痹、胸膜疾病、肋骨骨折或濒死的患者。

3. 节律异常

（1）潮式呼吸：又称陈 – 施呼吸（Cheyne-Stokes respiration），是一种周期性的呼吸异常，表现为呼吸由浅慢逐渐加深、加快，达到高峰，又由深快逐渐变为浅慢，随后呼吸暂停一段时间（5 ~ 30 秒），又开始重复上述规律性变化。潮式呼吸是呼吸中枢兴奋性减弱或高度缺氧的表现，常见于中枢神经系统疾病（如脑膜炎、脑炎、巴比妥类药物中毒、颅内压增高等）患者。

（2）间停呼吸：又称比奥呼吸（Biot respiration），表现为有规律的呼吸几次后，呼吸突然停止，间隔一段时间后又开始呼吸，如此反复交替。间停呼吸是呼吸中枢兴奋性显著降低的表现，常见于呼吸中枢衰竭或颅内病变等患者。

4. 声音异常

（1）蝉鸣样呼吸（strident）：是吸气时产生的一种声音极高、似蝉鸣样的音响，多因声带附近阻塞或受压，空气吸入困难所致。蝉鸣样呼吸常见于喉头异物、喉头水肿、痉挛等患者。

（2）鼾声呼吸（stertorous）：是呼吸时发出的一种粗大的声音，由于气管或支气管内有较多的分泌物，呼吸时气流震动所致。鼾声呼吸常见于昏迷患者，也可见于睡眠呼吸暂停综合征患者。

5. 呼吸困难 呼吸困难（dyspnea）是指呼吸频率、节律和深浅度的异常。患者主观感觉空气不足、胸闷、呼吸费力、不能平卧等，客观表现为烦躁、鼻翼扇动、张口呼吸、端坐呼吸及发绀等，主要由于气体交换不足、机体缺氧所致。临床上可分为以下 3 种。

（1）吸气性呼吸困难：患者表现为吸气困难，吸气时间延长，伴有明显的三凹症（胸骨上窝、锁骨上窝和肋间隙凹陷），由于上呼吸道部分梗阻，气体进入肺部不畅，呼吸肌收缩，肺内负压增高所致。吸气性呼吸困难常见于喉头水肿、喉头异物等患者。

（2）呼气性呼吸困难：患者表现为呼气费力，呼气时间延长，由于下呼吸道部分梗阻，气体呼出不畅所致。呼气性呼吸困难常见于阻塞性肺气肿、支气管哮喘发作等患者。

（3）混合性呼吸困难：患者吸气、呼气均感费力，呼吸频率增快而表浅。由于肺部广泛性的病变，使有效呼吸面积减少，影响换气功能所致。混合性呼吸困难常见于广泛性肺纤维化、重症肺炎、大面积肺不张和大量胸腔积液等患者。

6. 呼吸型态异常

（1）胸式呼吸减弱，腹式呼吸增强：正常女性以胸式呼吸为主。由于肺、胸膜或胸壁的疾病（如肺炎球菌性肺炎、胸膜炎、肋骨骨折等）产生剧烈的疼痛，均可使胸式呼吸减弱，腹式呼吸增强。

（2）腹式呼吸减弱，胸式呼吸增强：正常男性及儿童以腹式呼吸为主。由于腹膜炎、大量腹水、腹腔内巨大肿瘤等使膈肌下降受限，造成腹式呼吸减弱，胸式呼吸增强。

护理诊断

1. 气体交换受损 与低氧血症、二氧化碳潴留、肺血管压力增高有关。

2. 清理呼吸道无效 与呼吸道感染，痰液过多、黏稠有关。

3. 有皮肤完整性受损的危险 与水肿、长期卧床有关。

护理措施

1. 心理护理 焦虑、紧张、恐惧的情绪可加重缺氧，应细心安慰和呵护患者，使患者情绪稳定，保持良好心态，以利于疾病恢复。

2. 保持气道通畅 及时清除呼吸道分泌物，指导患者有效咳嗽，进行体位引流。对痰液黏稠者给予雾化吸入以稀释痰液，必要时采取吸痰技术吸痰，保持呼吸道通畅。

3. 严密观察病情 严密观察呼吸的频率、节律、深浅度等有无异常改变。患者有无呼吸困难、发绀、咳嗽、咳痰、咯血、胸痛等表现。观察药物的治疗效果和不良反应。

4. 改善缺氧状况 根据医嘱给药，给予氧气吸入或使用呼吸机，提高动脉血氧饱和度，促进气体交换，改善呼吸困难。

5. 创造舒适的环境 保持病室环境整洁，空气流通、清新，根据患者的病情，调节室内温度和湿度，以减少呼吸道不适感。提供安静、舒适的环境以利于患者休息，减少耗氧量。

6. 健康教育 指导患者及家属认识呼吸监测的重要性，能正确测量呼吸。教会患者正确的呼吸训练的方法，如腹式呼吸、缩唇呼吸等。

三、呼吸测量

护理评估

1. 评估与解释

（1）评估患者：①核对患者身份，如床号、住院号、姓名、性别、年龄和诊断。②患者病情、测量目的、意识状态、心理反应及合作程度。③测量前呼吸状况（呼吸频率、节律、声音、深浅度和呼吸困难的症状）、活动状态以及体位等。使用呼吸机者，需评估呼吸机的运转状况，患者的呼吸情况。④患者对测量呼吸的目的和操作方法的了解程度等。

（2）解释：无需解释，以免患者紧张而影响测量的准确性。

2. 评估环境 同体温测量。

护理诊断

同体温测量。

护理计划

1. 目的

（1）动态监测呼吸：动态监测呼吸变化，判断呼吸有无异常。间接了解呼吸系统功能状态。

（2）协助临床诊断：为疾病的诊断、治疗、护理和预防提供依据。

2. 准备

（1）护士准备：同体温测量。

（2）患者准备：患者情绪稳定，测量前 20 ~ 30 分钟无剧烈运动、紧张、恐惧等影响因素。

（3）用物准备：①治疗车上层备治疗盘，治疗盘内置有秒针的表、记录本和笔。治疗盘外置手消毒液。②治疗车下层备医用垃圾桶、生活垃圾桶。

护理实施

呼吸测量实施，见表 13-6。

表 13-6　呼吸测量实施

护理实施	流程简释	要点说明
测量体位	◆根据患者病情选择适宜、舒适的体位	放松精神，避免紧张
测量方法	◆将测量脉搏的手放在动脉搏动处，眼睛观察患者胸腹起伏（一起一伏是一次呼吸），计数呼吸的频率，观察呼吸的节律、深浅度、音响以及有无呼吸困难等	分散患者注意力，让患者处于自然呼吸的状态
测量时间	◆一般情况测量 30 秒，将所测得的数值乘以 2 即可。异常呼吸、婴幼儿或危重患者测量 1 分钟 ◆危重患者呼吸微弱不易观察时，可用少许棉花纤维置于患者鼻孔前，观察棉花纤维被吹动起伏的次数即可	保证获得正确的测量结果
再次核对	◆再次核对患者身份	防止出现差错
整理、消毒	◆协助患者取舒适体位，为患者整理衣物、床单位	
消毒双手	◆取适量手消毒液，消毒双手	
测后嘱咐	◆告知患者测量结果及相关注意事项，异常时做出合理解释。感谢患者合作	避免患者紧张、焦虑或恐惧，使病情加重
垃圾处理	◆垃圾分类处理，接触过患者的物品放入医用垃圾桶，未接触患者的物品放入生活垃圾桶	
洗手、记录	◆洗手，脱口罩。将测量结果正确填写于体温单	

视频：
呼吸测量

注意事项

1. 确保准确性　测量呼吸时不应做解释，以免分散患者的注意力，使患者处于自然的呼吸状态，确保测量结果的准确性。

2. 观察呼吸　测量呼吸的同时应观察呼吸的深浅度、节律，有无异常声音等，以准确评估患者呼吸的整体情况。

3. 婴幼儿测量　婴幼儿应先测呼吸，后测量体温。因测量体温时婴幼儿易哭闹、不配合，会影响呼吸的测量结果。

护理评价

1. 患者知道测量呼吸的目的，在测量过程中患者感觉舒适、安全。
2. 操作方法正确，测量结果准确，图形绘制规范。
3. 充分体现以人为本的护理服务理念，护患沟通有效。

第四节　血压的评估与护理

血压（blood pressure，BP）是血液在血管内流动时对血管壁的侧压力。在不同的血管内，血压分别称为动脉血压、静脉血压和毛细血管静水压（毛细血管压）。通常血压是指动脉血压。

在一个心动周期中，血压随着心室的收缩与舒张而发生规律性的变化。当心脏收缩时，血液射入主动脉，动脉管壁扩张，此时动脉管壁所受到的压力的最高值称为收缩压（systolic pressure）。当心脏舒张时，动脉管壁弹性回缩，此时动脉管壁所受到的压力的最低值称为舒张压（diastolic pressure）。收缩压与舒张压之差称为脉压（pulse pressure）。

血压的计量单位有mmHg和kPa两种。mmHg和kPa之间的关系：1 mmHg=0.133 kPa。1 kPa=7.5 mmHg。

一、正常血压及生理性变化

（一）正常血压

以肱动脉血压为标准，正常成人安静状态下的血压范围为收缩压90～140 mmHg（13.0～18.6 kPa），舒张压60～90 mmHg（8.0～13.0 kPa），脉压30～40 mmHg（4.0～5.3 kPa），平均动脉压100 mmHg（13.3 kPa）左右。一般情况下，理想的血压为130/80 mmHg。

（二）生理性变化

1. 年龄与性别 血压随年龄增加而逐渐升高，其中以收缩压升高最为显著。青春期前男性与女性之间血压差异较小，更年期以前女性血压略低于男性，更年期后无明显差别。

2. 昼夜和睡眠 一昼夜中，一般清晨血压相对较低，然后逐渐升高，至傍晚血压相对较高，但在正常范围内波动。安静休息时血压平稳，过度劳累或睡眠不佳时血压可偏高。

3. 环境温度 在寒冷环境中，由于末梢血管收缩，外周阻力增高，血压可上升，高温环境下由于皮肤血管扩张，外周阻力降低，血压可略下降。

4. 测量部位 一般右上肢血压比左上肢高10～20 mmHg，下肢血压比上肢血压高20～40 mmHg。主要是收缩压的差异，舒张压相对不变。

5. 其他 剧烈运动、情绪激动、疼痛、吸烟等均可导致收缩压升高，舒张压一般无变化。此外，饮酒、盐摄入过多可使血压偏高。

二、异常血压的评估与护理

案例分析

某患者，男性，68岁。近日患者感头痛、眩晕、颈项板紧、易疲劳、心悸、耳鸣，到医院就诊。体格检查：BP 190/90 mmHg，P 100次/分。既往身体健康。诊断：原发性高血压。

血压评估

1. 高血压 高血压（hypertension）指正常状态下，成人收缩压≥140 mmHg，舒张压≥90 mmHg。

2. 低血压 低血压（hypotension）指正常状态下，成人收缩压＜90 mmHg，舒张压＜60 mmHg，常见于急性心力衰竭、休克、大量失血等患者。

3. 脉压变化

（1）脉压增大：脉压＞40 mmHg称脉压增大，常见于主动脉瓣关闭不全、主动脉硬化、甲状腺功能亢进症、动静脉瘘等患者。

（2）脉压减小：脉压＜30 mmHg称脉压减小，常见于缩窄性心包炎、心包积液、主动脉瓣狭窄、心力衰竭等患者。

目前我国采用国际统一的高血压诊断标准。血压水平的定义和分类，见表13-7。

表 13-7　血压水平的定义和分类

级别	收缩压（mmHg）	舒张压（mmHg）
正常血压	＜ 130	＜ 80
正常高值	130 ~ 139	80 ~ 89
高血压	≥ 140	≥ 90
1 级高血压（轻度）	140 ~ 159	90 ~ 99
2 级高血压（中度）	160 ~ 179	100 ~ 109
3 级高血压（重度）	≥ 180	≥ 110
ISH	≥ 140	＜ 90

ISH. 单纯收缩期高血压，若患者的收缩压与舒张压分属不同级别时，则以较高的级别为主，ISH 也可按照收缩压水平分为 1 级、2 级、3 级

护理诊断

1. 疼痛（头痛） 与血压升高有关。

2. 有受伤的危险 与眩晕有关。

3. 知识缺乏 缺乏疾病预防、保健知识和高血压用药知识。

护理措施

1. 观察血压 如发现血压异常时，应加强血压监测，及时了解血压变化，同时观察有无其他伴随症状。

2. 环境舒适 为患者创造一个温度及湿度适宜、通风良好、照明柔和、安静、舒适的环境。

3. 饮食合理 协助患者选择高维生素、低脂肪、低胆固醇、低盐、富含纤维素、易消化的饮食。控制烟、酒、咖啡和浓茶的摄入。

4. 动静结合 根据患者血压情况合理安排休息与活动，高血压初期不限制一般的体力活动，可进行散步、打太极拳等适度运动，颐养身心。患者血压较高时，应嘱其休息。患者血压过低时，应迅速安置患者于平卧位，并针对病因给予应急处理。

5. 心理护理 长期抑郁或情绪激动、急剧而强烈的精神创伤可使血压升高。因此，应向患者提供有针对性的心理护理，消除患者紧张和压抑的心理，保持良好的心理状态，积极、主动参与，配合治疗与护理工作。

6. 健康教育 向患者介绍高血压的相关知识，教会患者及家属学会自我监测与紧急情况的处理方法。指导患者养成良好的生活及行为习惯，帮助患者消除影响血压变化的不良生活方式，如戒烟、戒酒。低血压的患者应注意适度运动，增强体力，注意营养均衡。

三、血压测量

（一）血压计的种类

常用的血压计主要有汞柱式血压计、表式血压计（弹簧式）和电子血压计 3 种（图 13-7）。

（二）血压计的构造

血压计主要由 3 个部分组成。

1. 输气球及调节空气压力的阀门

2. 袖带 为长方形扁平橡胶袋，有外层包布套与尼龙搭扣两种，橡胶袋上有两根橡胶管，一根连输气球，另一根连接压力表。

3. 测压计

（1）汞柱式血压计：有立式和台式两种，由玻璃管、标尺、水银槽3部分组成。血压计盒盖内壁上固定有一根玻璃管，管面上标有双刻度为0～300 mmHg/0～40 kPa，每小格相当于2 mmHg（0.5 kPa），玻璃管上端与大气相通，其下端与水银槽相通。水银槽内装有水银，输气球送入空气后，水银由玻璃管底部上升，汞柱上缘所指刻度即为压力刻度（图13-7A）。

（2）表式血压计：外形似表，呈圆盘状，正面盘上标有刻度及读数，盘中央有一指针，指示血压数值（图13-7B）。

（3）电子血压计：袖带内有一换能器，有自动采样微电脑控制数字运算，自动放气数秒内便可获得血压数（图13-7C）。

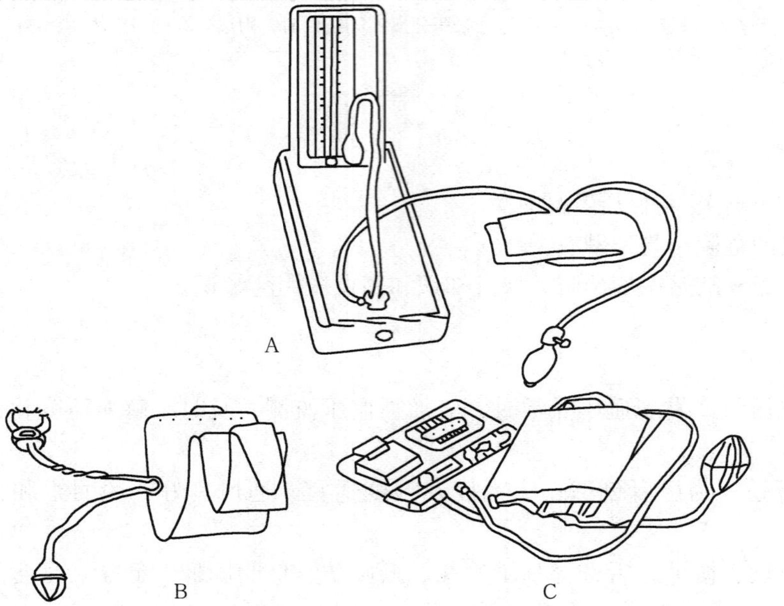

图13-7　常用血压计

A. 汞柱式血压计；B. 表式血压计；C. 电子血压计

课堂互动

某患者，男性，68岁。患阻塞性肺气肿5年，1周前患者不慎受凉，咳嗽，咳白色泡沫痰，加重2日，自感胸闷、呼吸困难，不能平卧。入院治疗，体格检查：T 39.8℃、P 110次/分、R 30次/分、BP 146/90 mmHg。

问题： 1. 该患者发热临床分级属哪级？

2. 该患者的脉搏、呼吸属于哪种类型？判断该患者的血压程度。

3. 如何护理该患者？护理中应注意什么？

（三）血压测量

护理评估

1. 评估与解释

（1）评估患者：①核对患者身份，如床号、住院号、姓名、性别、年龄和诊断。②全身情况，如病情、测量目的、意识状态、心理反应、合作程度、活动状态。③局部情况，如测量前的血压状况、测量血压部位的皮肤有无破损、肢体状况等。④患者对测量血压的目的和操作方法的了解程度等。确定测量血压的方法。

（2）解释：测量血压的目的、方法及配合要点。

2. 评估环境　同体温测量。

护理诊断

同体温测量。

护理计划

1. 目的

（1）动态监测血压：动态监测血压变化，判断血压有无异常。间接了解循环系统的功能状况。

（2）协助临床诊断：为诊断、治疗、护理和预防提供依据。

2. 准备

（1）护士准备：同体温测量。

（2）患者准备：患者了解测量血压的目的、方法、配合要点及注意事项，情绪稳定。测量前 20 ~ 30 分钟无剧烈运动、紧张或恐惧等影响血压的因素。

（3）用物准备：①治疗车上层备治疗盘，治疗盘内置血压计、听诊器、手消毒液、记录本和笔。治疗盘外置手消毒液。②治疗车下层备医用垃圾桶、生活垃圾桶。

护理实施

血压测量实施，见表 13-8。

表 13-8　血压测量实施

护理实施	流程简释	要点说明
备物、核对	◆备齐用物携至患者床旁，再次核对患者身份，指导配合要点，取得合作	确认患者，避免差错
选择部位	◆根据患者情况选择适宜的测量部位	
▲上肢肱动脉测量		
测量体位	◆患者取仰卧位或坐位，保持测量肢体与心脏同一水平（仰卧位平腋中线、坐位平第 4 肋）	保证测量值的准确性
测量部位	◆上臂肘窝肱动脉	
测量方法	◆卷袖露臂：卷衣袖露出上臂，必要时脱衣袖，掌心向上，肘部伸直 ◆放置血压计：放稳血压计，开启水银槽开关 ◆缠绕袖带：放尽袖带内的空气，将袖带橡胶管向下正对肘窝，袖带下缘在距离肘窝 2 ~ 3 cm 处平整地缠于上臂，松紧以能放入一指为宜 ◆置听诊器：触及肱动脉搏动，将听诊器置于肱动脉搏动处 ◆平稳充气：关闭气门，均匀充气至肱动脉搏动音消失再升高 20 ~ 30 mmHg ◆缓慢放气：以 4 mmHg/s 的速度缓慢放气，注意观察肱动脉与水银柱刻度的变化，视线与汞柱所指刻度保持同一水平 ◆听读血压值：听到第一声搏动音时水银柱所指的刻度数值即为收缩压，搏动音突然减弱或消失时水银柱所指的刻度数值即为舒张压 ◆排气取带：测量后排净袖带内余气，取下袖带，将血压计盒盖右倾 45°，促使水银全部回流至槽内，关闭水银槽开关，整理血压计	以免袖口过紧而影响血压值的准确性 充气不可过猛、过快，避免水银溢出 保证测量结果的准确性 避免水银外流导致水银不足而影响测量结果的准确性

续表

护理实施	流程简释	要点说明
再次核对	◆再次核对患者身份	防止差错
整理消毒	◆协助患者取舒适体位，为患者整理衣物、床单位	
消毒双手	◆取适量手消毒液，消毒双手	
测后嘱咐	◆告知患者测量结果及注意事项，异常时做出合理解释。感谢患者合作	避免患者紧张、焦虑或恐惧而使病情加重
垃圾处理	◆垃圾分类处理，接触过患者的用物放入医用垃圾桶，未接触患者的用物放入生活垃圾桶	
洗手、记录	◆洗手，脱口罩。将测量结果正确记录在体温单相应栏内，以分数式记录，收缩压 / 舒张压 mmHg，如变音和消失音之间有差异时，同时记录两个读数，记录方法为：收缩压 / 变音 ~ 消失音 mmHg，如 160/86 ~ 40 mmHg	
▲下肢腘动脉测量		
测量体位	◆患者取仰卧位、俯卧位或侧卧位	
测量部位	◆下肢腘窝，腘动脉	充分展露测量部位
测量方法	◆卷裤露腿：协助患者卷裤或脱去一侧裤子，露出测量部位 ◆放置血压计：平稳放置血压计，开启水银槽开关 ◆缠绕袖带：放尽袖带内的空气，将袖带橡胶管向下正对腘窝，袖带下缘在距离腘窝 3 ~ 5 cm 处平整地缠于大腿下部，松紧以能放入一指为宜 ◆置听诊器：触及腘动脉搏动，将听诊器置于腘动脉搏动处 其余同肱动脉测量法	便于测量，保证测量结果的准确性
	再次核对 ~ 垃圾处理 ◆同肱动脉测量法	
洗手、记录	◆同肱动脉测量法，注明下肢血压	

视频：
血压测量

注意事项

1. 定期查对 测量血压前，常规检查血压计玻璃管是否损坏，水银有无漏出，输气球与橡胶管有无老化、漏气，听诊器是否完好。定期校对血压计，以保证测量结果的准确性。

2. 做到四定 需长期严密观察血压的患者应做到四定：定时间、定部位、定体位、定血压计。

3. 测量健侧 为偏瘫、肢体外伤或手术的患者测血压时，应选择健侧肢体测量。

4. 排除影响因素

（1）导致血压偏高的因素：有以下 4 种。①袖带过窄：如袖带过窄，需要较高的压力才能阻断动脉血流，使测量的血压值偏高。②袖带过松：袖带过松使橡胶袋呈球状，导致有效测量面积变窄，需要较高的压力才能阻断动脉血流，致使测量的血压值偏高。③肢体位置过低：患者肢体位置过低时，肱动脉低于心脏水平，肱动脉有效血容量相应增加，肱动脉充盈度增加，导致测量的血压值偏高。④视线偏低：测试者视线低于汞柱，使血压读数偏高。

（2）导致血压偏低的因素：有以下 4 种。①袖带过宽：如袖带过宽，使大段血管受压，致使搏动音在到达袖带下缘前已消失，故测量的血压值偏低。②袖带过紧：如袖带过紧，使血管在未充气前已受压，只需较小压力即可阻断动脉血流，致使测量的血压值偏低。③肢体位置过高：患者肢体位置过高时，肱动脉高于心脏水平，肱动脉有效血容量相应减少，肱动脉充盈度相对下降，致使测量的血压值偏低。④视线偏高：测试者视线高于汞柱，使血压读数偏低。

5. 异常重测量　发现血压异常或听不清时，应重新测量。重测时，应先将袖带内空气放尽，汞柱降至“0”点，稍待片刻后再测量，一般连续测量2～3次，取其最低值。

护理评价

1. 操作方法正确、规范，测量过程中患者感觉舒适、安全，测量结果准确，填写正确。

2. 充分体现以人为本的护理理念，护患沟通有效，患者知道测量血压的重要性，主动配合。

➢ **考点：**测血压时，袖带缠得过紧可使

A. 收缩压偏高　　B. 脉压加大　　C. 血压偏低

D. 舒张压偏高　　E. 舒张压偏低

音频：
考点解析

第五节　体温单的使用

体温单是记录患者生命体征等的医疗文件。通过体温单，医护人员可以了解并判断疾病的动态变化与转归。记录体温单是护理人员必须掌握的护理实践技能之一。

一、体温单的记录要求

1. 数据必须客观、准确、真实，不可主观臆断、凭空杜撰。
2. 字迹清晰，不得随意涂改、粘贴。按规定使用红色、蓝色笔填写及绘制各项内容。
3. 圆点等大等圆，连线平直，达到准确、美观、整洁的目的。

二、体温单的内容

1. 姓名、科别、病室、床号、入院日期、住院号。
2. 入院日期、住院天数和术后天数。
3. 体温、脉搏、呼吸的曲线，入院、出院、手术、分娩、转科或死亡等时间。
4. 血压，体重，液体出入量，尿、便情况，药物过敏，其他等。

三、体温单的填写方法

（一）填写体温单各栏

1. 楣栏　用蓝色钢笔填写患者姓名、科别、病室、床号、入院日期、住院号等。

2. 顶栏

（1）入院日期：用蓝色钢笔填写，每页第1日填写年、月、日，中间用短线隔开，如“2018-01-16”，其余6日只填写日。若在6日中碰到新的年度或月份开始时，则应填写年、月、日或月、日。

（2）住院天数：用蓝色钢笔填写阿拉伯数字，自入院日起连续填写至出院。

（3）手术后天数：用红色笔填写手术或分娩后日期，以手术或分娩的次日为术后（分娩）第1日，用阿拉伯数字填写至第14日止。如在14日内进行第2次手术，则将第1次手术天数

作为分母，第 2 次手术天数作为分子填写。如 1、2…5 “1/2”。

3. 40 ~ 42 ℃

（1）填写内容：入院时间、手术时间、分娩时间、转科（注明科别）、出院或死亡时。

（2）填写方法：用红色笔在相应日期与时间内纵行填写，手术不写具体手术名称，转入时间由转入科室填写，死亡时间以“死亡于 × 时 × 分”的方式表述。

4. 34 ~ 35 ℃

（1）填写内容：体温＜ 35 ℃、患者外出、拒绝做药敏试验等。

（2）填写方法：用蓝色笔纵行填写不升、外出、拒试。

5. 底栏 用蓝色笔使用阿拉伯数字记录，免写单位。

（1）血压：以分数式记录，例如：138/76。一日内测量 2 次者，上午、下午血压各占半格。若每日测量次数大于 2 次，则记录在护理记录单上。下肢血压需注明“下”。

（2）入量：夜班护士总结前一日 24 小时摄入总液量，记录于入量栏。

（3）出量：夜班护士总结前一日 24 小时总出量，记录于出量栏。

（4）大便：每日记录一次，每隔 24 小时填写前一日的大便次数，如未排便记“0”。灌肠以“E”表示，灌肠后排便次数以分数式表示，例如：1/E 表示灌肠后排便 1 次，0/E 表示灌肠后无排便，11/E 表示自行排便 1 次，灌肠后又排便 1 次，大便失禁以“※”表示，人工肛门以“☆”表示。

（5）体重：以千克（kg）计数填入，新入院患者测体重，住院患者应每周测体重一次。凡因各种原因不能测体重者，记“卧床”。

（6）身高：新入院患者当日测量身高并记录，单位厘米（cm）。

（7）空格栏：可作为需观察增加内容和项目，如记录管路情况、药物过敏等。

（二）体温曲线的绘制

1. 体温 按实际测量读数记录。

（1）口腔温度以蓝点表示“●”。

（2）腋下温度以蓝叉表示“×”。

（3）直肠温度以蓝圈表示“⊙”，相邻两次之间以蓝实线相连。

（4）物理或药物降温 30 分钟后所测的体温，以红圈表示“○”，绘在降温前体温的同一纵格内，并用红色虚线与物理降温前的体温相连，下次所测得的体温亦应与降温前的体温以蓝线相连。

（5）需每 2 小时测 1 次体温时，其中体温单上规定时间的照常填写，其他时间测得的体温则记录在护理记录单上。

（6）当体温低于 35 ℃时，称为体温不升。应在 35 ℃线相应时间纵格内用蓝色笔画一蓝“●”，并在蓝点处向下画箭头“↓”，长度不超过两小格，再与相邻体温相连，或在 35 ℃横线下用蓝色笔写上“不升”二字。

（7）遇拒测、外出、体温不升时，用蓝色笔在 35 ℃以下相应时间栏内竖写“拒测、患者不在”，在病程记录单上记录患者拒测的原因、外出的时间和回来的时间。前后两次体温曲线相连。

（8）体温若与上次测量结果差异较大或与病情不符时，应重复测量，核实无误后在原体温上方用蓝色笔写上一小写英文字母“v”。

2. 脉搏曲线的绘制

（1）脉率以红点表示“●”，用红线相连。

（2）心率以红圈表示“○”，用红线相连。

（3）当体温与脉搏重叠时，先画体温符合，然后在体温符合外面画一红圈表示脉搏，如用肛表测温时，在蓝圈内画一红点表示脉搏“⊙”。

（4）脉搏短绌时，相邻心率用红线相连，在脉率和心率符号之间用红色笔连线。如体温和脉搏在同一点上，应先绘制蓝色体温符号，外画红圈以表示脉搏。

（5）装有起搏器患者的脉率以“Ⓗ”表示。相邻两次符号之间用红线相连。

3. 呼吸　用红色笔以阿拉伯数字填写在相应栏内。

（1）如每日记录呼吸 2 次以上，应在相应栏内上下交错记录，第一次呼吸在上方。

（2）使用呼吸机患者的呼吸符号以Ⓡ表示，在体温单相应时间栏内顶格用黑色笔画Ⓡ。

四、电子体温单的生成

护士凭个人账号和密码登录临床信息系统（clinical information system，CIS）中的护士工作站系统，进入生命体征录入界面，将患者生命体征分项目录入后保存，则系统自动生成体温单。医生和护士可以分别从 CIS 系统中的医生工作站系统和护士工作站系统查阅患者体温单，也可以根据需要打印体温单。

自测题

一、A1 型题

1. 不属于高热持续期的临床表现是
   A. 颜面潮红　　B. 皮肤灼热，口唇干燥　　C. 大量出汗
   D. 呼吸、脉搏加快　　E. 尿量减少
2. 测量脉搏的首选部位是
   A. 颞动脉　　B. 肱动脉　　C. 桡动脉
   D. 足背动脉　　E. 颈动脉
3. 正确测量、记录心脏病患者脉搏的方法是
   A. 每次计数半分钟　　B. 脉搏短绌应先测脉率后听心率
   C. 用拇指诊脉　　D. 记录脉率符号用红点
   E. 脉搏短绌记录方法为脉率 / 心率
4. 关于血压的生理性变化，错误的叙述是
   A. 小儿血压低于成年人　　B. 中年以前女性血压低于男性
   C. 清晨血压低于傍晚　　D. 上肢血压低于下肢
   E. 寒冷环境血压低于高温环境

二、A2 型题

5. 某患者，女性，21 岁。患肺炎球菌肺炎，体温 40 ℃，该患者发热的临床分级为
   A. 低热　　B. 中等热　　C. 高热
   D. 超高热　　E. 极度热
6. 某患者，男性，36 岁。体温持续在 39.0 ~ 40.0 ℃，达数日或数周，24 小时体温波动范围不超过 1.0 ℃。此种情况见于哪种疾病
   A. 波浪热　　B. 稽留热　　C. 弛张热
   D. 间歇热　　E. 不规则热

7. 某患者，男性，16 岁。测口腔温度时不慎咬碎体温计，护士应首先给予

A. 口服蛋清液

B. 立即食用大量含膳食纤维的食物

C. 催吐

D. 洗胃

E. 清除口腔内玻璃碎屑

8. 某患者，女性，66 岁。诊断为心房颤动。护士为其测血压，动脉搏动微弱而不易辨清，需重复测量。下述做法错误的是

A. 将袖带内气体驱尽

B. 使汞柱降到“0”点

C. 稍等片刻后重测

D. 连续加压直到听清为止

E. 测量值先读收缩压，后读舒张压

9. 某患者，男性，40 岁。近日来头痛、恶心，有时呕吐，无发热，血压 20/13.6 kPa（150/97 mmHg），脉搏 46 次 / 分，此脉搏被称为

A. 脉搏短绌（绌脉）

B. 洪脉

C. 水冲脉

D. 整脉

E. 缓脉

10. 某患者，女性，18 岁。阑尾摘除手术后第 2 日，护士为其测量体温，体温在 35.0 ℃以下，分析原因可排除的一项是

A. 病情变化

B. 腋下汗液未擦干

C. 测量时患者未夹紧

D. 体温计失灵

E. 测量时间少于 15 分钟

三、A3 型题

（11～12 题共用题干）

某患者，女性，48 岁。体温骤升至 39.0 ℃以上，持续数小时或更长，然后下降至正常或正常以下，经过一段间歇时间，体温又升高，即高热期和无热期交替出现。

11. 患者可能出现的热型是

A. 弛张热

B. 间歇热

C. 稽留热

D. 不规则热

E. 波浪热

12. 护士为其降温应首选

A. 头部冷敷

B. 腹股沟冷敷

C. 酒精擦浴

D. 冷盐水灌肠

E. 服退热药

（13～15 题共用题干）

某患者，女性，60 岁。诊断：“冠状动脉粥样硬化性心脏病伴心房颤动”，患者主诉头晕、乏力、胸闷。

13. 护士为其测脉时，发现有脉搏短绌（绌脉），下列描述错误的是

A. 脉搏细数，极不规则

B. 单位时间内心率少于脉率

C. 心律完全不规则

D. 心率快慢不一

E. 心音强弱不等

14. 脉搏测量的正确方法是

A. 先听心率，后测脉搏

B. 一人测心率、脉率，另一人报告医师

C. 一人听心率，另一人测脉率，同时测 1 分钟

D. 先测脉率，后听心率

E. 一人发号施令，另一人测心率、脉率

15. 脉搏短绌（绌脉）在体温单上绘制的方法是

A. 脉搏红点，心率红圈，两者之间红线相连

B. 心率红点，脉搏红圈，两者之间红线相连

C. 脉搏红点，心率红圈，两者之间红虚线相连

D. 心率红点，脉搏红圈，两者之间红虚线相连

E. 心率红点，脉搏红圈，两者之间蓝虚线相连

（16～17 题共用题干）

某患者，男性，80 岁。肺癌，处于濒死期。

16. 患者呼吸表浅、微弱，不易观察。此时应如何测量呼吸

A. 仔细听呼吸音，计数 1 分钟

B. 观察鼻翼扇动的频率计数

C. 观察胸腹起伏计数

D. 置少许棉花于患者鼻孔前，观察棉花飘动的次数

E. 测脉率乘以 1/4，以推测呼吸频率

17. 患者呼吸浅表而不规则，其呼吸为

A. 浅快呼吸　B. 潮式呼吸　C. 间停呼吸

D. 呼吸过缓　E. 蝉鸣样呼吸

四、A4 型题

（18～21 题共用题干）

某患者，男性，72 岁。因血压高引起脑血管意外，经抢救，患者病情稳定，意识清楚，左侧肢体瘫痪。

18. 护士为其选择右侧肢体测血压的主要原因是

A. 患者能配合操作

B. 为减轻患者的身心痛苦

C. 使操作顺利、迅速

D. 左侧肢体循环不良，易致血压不准确

E. 左侧肢体肌张力增高，不能真实反映血压情况

19. 如选择右下肢测量血压，操作步骤错误的是

A. 患者取仰卧位或俯卧位

B. 袖带长约 135 cm，比上肢袖带宽 2 cm

C. 袖带下缘距腘窝 3～5 cm

D. 将听诊器胸件置于腘动脉搏动处

E. 下肢血压比上肢高 20～30 mmHg

20. 在测量血压的过程中，发现腘动脉搏动音微弱、不易辨清，需重复测量，错误的做法是

A. 将袖带内气体驱尽　B. 使汞柱降至“0”点

C. 稍等片刻再行第 2 次测量　D. 一般连续测 2～3 次

E. 取其最高值

21. 关于记录血压的方式，正确的是
A. 收缩压 / 舒张压
B. 收缩压 ~ 舒张压
C. 舒张压 / 收缩压
D. 舒张压 ~ 收缩压
E. 以上均可

（杨潇二）

第十四章 饮食护理

思政之光

思维导图

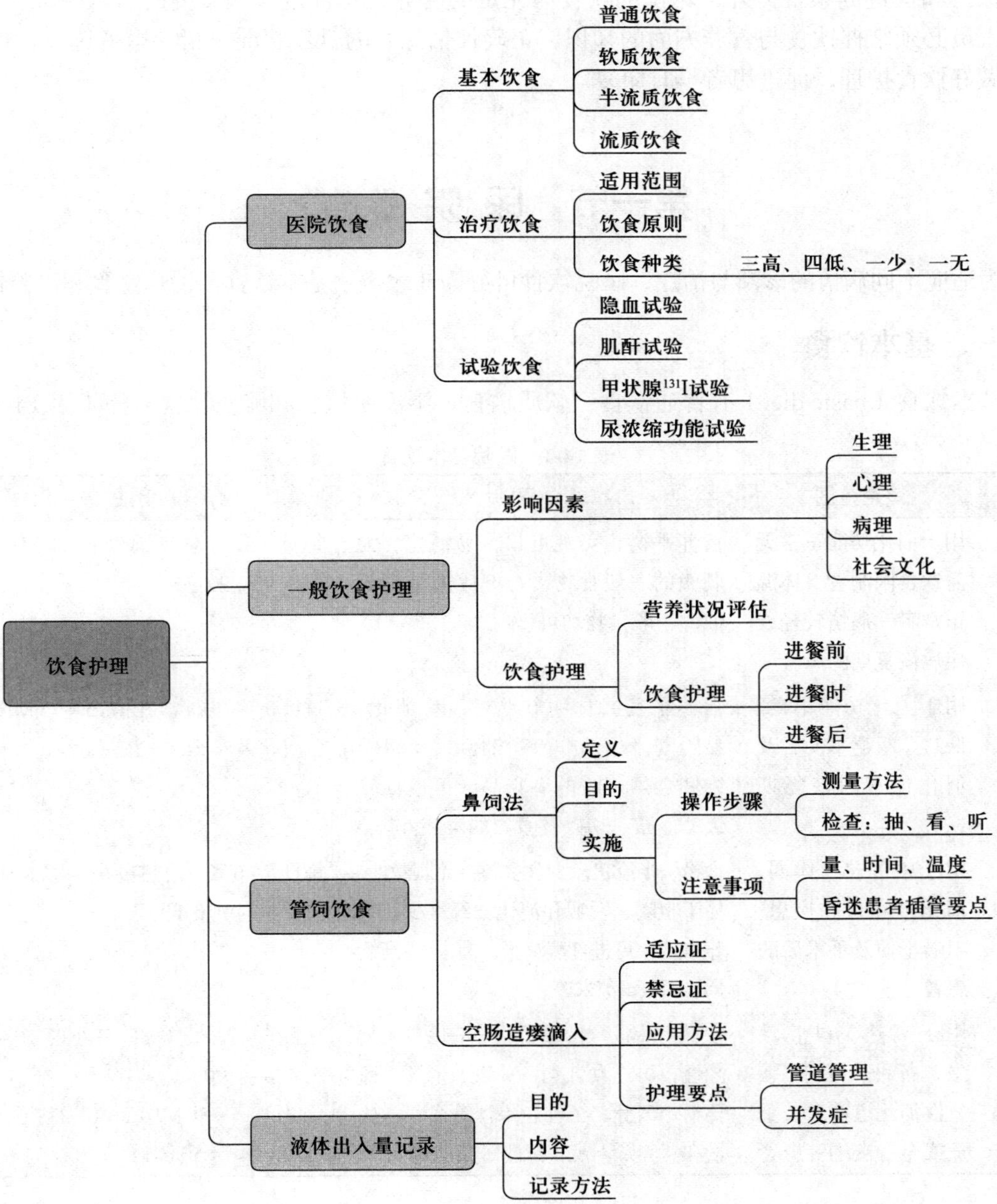

学习目标

1. 解释治疗饮食、试验饮食、鼻饲法。
2. 知道液体出入量记录的目的及方法。
3. 描述影响饮食的因素、空肠造瘘滴入技术。
4. 熟记基本饮食、治疗饮食、试验饮食、一般饮食护理、鼻饲法。
5. 正确实施鼻饲法的操作，学会记录液体出入量。
6. 养成良好的职业素养，具有以人为本的护理服务理念、爱伤观念，具备严肃认真的工作态度。

饮食是人类的基本需要之一，人类为了生存必须摄取食物。人体需要的六大营养素包括糖类、蛋白质、脂肪、矿物质、维生素和水，营养素在胃肠道经消化和吸收后进入人体。合理的饮食与营养能保证机体的正常生长发育，维持机体的各种生理功能，提高机体免疫力，预防疾病，保持和促进健康。另外，均衡的饮食与充足的营养也是促进疾病康复的有效手段。因此，护理人员必须掌握饮食与营养方面的知识，正确评估患者的营养状况，指导患者选择合理的饮食，做好饮食护理，促进患者早日康复。

第一节 医院饮食

为适应不同病情的诊断与治疗，医院饮食可分为 3 大类：基本饮食、治疗饮食和试验饮食。

一、基本饮食

基本饮食（basic diet）有普通饮食、软质饮食、半流质饮食和流质饮食 4 种（表 14-1）。

表 14-1 医院基本饮食

类别	适用范围	饮食原则	用法
普通饮食	用于消化功能正常无需饮食限制者，体温正常者，病情较轻或疾病恢复期的患者	营养平衡，美观可口，易消化、无刺激的一般食物，与健康人饮食相似，一般食物均可	每日 3 餐，总热量 9.5 ~ 11 MJ/d，蛋白质 70 ~ 90 g/d
软质饮食	用于消化功能不良、低热、咀嚼不便者及消化道术后恢复期患者	营养平衡，食物软、烂，易消化、易咀嚼，少油炸、少油腻、少粗纤维和强烈刺激的调味品，可进食软饭、面条、切碎及煮熟的菜和肉等	每日 3 ~ 4 餐，总热量 8.5 ~ 9.5 MJ/d，蛋白质 60 ~ 80 g/d
半流质饮食	用于中等热、体弱、消化道和口腔疾患、咀嚼不便及手术后的患者	食物呈半流状，少食多餐，无刺激性，易于咀嚼、吞咽和消化，纤维少，营养丰富，可进食蒸鸡蛋、肉末、豆腐、粥、面条、菜末等	每日 5 ~ 6 餐，总热量 6.5 ~ 8.5 MJ/d，蛋白质 50 ~ 70 g/d
流质饮食	用于高热、口腔疾患、各种大手术后、急性消化道疾患、重危或全身衰竭等患者	食物呈液状，易吞咽、易消化，无刺激性，可进食乳类、豆浆、米汤、稀藕粉、肉汁、菜汁、果汁等。因含热量和营养素不足，只能短期使用	每日 6 ~ 7 餐，每 2 ~ 3 小时 1 次，每次 200 ~ 300 ml 总热量 3.5 ~ 5.0 MJ/d（836 ~ 1195 kcal/d） 蛋白质 40 ~ 50 g/d

二、治疗饮食

治疗饮食（therapeutical diet）是根据不同病情需要而调整总热量和某一种或几种营养素的摄入量，以达到治疗目的的一类饮食（表 14-2）。

表 14-2 医院治疗饮食

饮食种类	适用范围	饮食原则及用法
高热量饮食	用于热量消耗较高的患者，如甲状腺功能亢进症、结核病、大面积烧伤、肝炎、胆道疾患、高热及产妇	在基本饮食的基础上加餐 2 次，可进食牛奶、豆浆、鸡蛋、藕粉、蛋糕、巧克力及甜食等，总热量约为 12.5 MJ/d
高蛋白饮食	用于高代谢性疾病，如烧伤、结核病、恶性肿瘤、贫血、甲状腺功能亢进症、大手术后等患者，肾病综合征患者，低蛋白血症患者，孕妇、哺乳期妇女等	在基本饮食的基础上增加蛋白质丰富的食物，尤其是优质蛋白，可进食肉类、鱼类、蛋类、乳类、豆类等，供给量为 1.5～2 g/（kg·d），总量不超过 120 g，总热量 10.5～12.5 MJ/d
低蛋白饮食	用于限制蛋白质摄入的患者，如急性肾炎、尿毒症、肝性脑病等患者	应多补充蔬菜和含糖高的食物，维持正常热量；成人饮食中的蛋白质不超过 40 g/d，视病情需要，也可 20～30 g/d；肾功能不全者应摄入动物性蛋白，忌用豆制品；肝性脑病者应以植物性蛋白为主
低脂肪饮食	用于肝、胆、胰疾患，高脂血症，动脉硬化，冠状动脉粥样硬化性心脏病（冠心病），肥胖症及腹泻等患者	饮食清淡、少油，禁食肥肉、蛋黄、动物脑等；高脂血症及动脉硬化患者不必限制植物油（椰子油除外）；脂肪量＜ 50 g/d；肝、胆、胰病患者＜ 40 g/d，尤其要限制动物脂肪的摄入
低胆固醇饮食	用于高胆固醇血症、高脂血症、高血压、动脉硬化、冠状动脉粥样硬化性心脏病（冠心病）等患者	胆固醇摄入量＜ 300 mg / d；禁用或少用含胆固醇高的食物，如动物内脏和脑、鱼子、蛋黄、肥肉和动物油等
低盐饮食	用于心脏病、肾病（急性、慢性肾炎）、肝硬化（有腹水）、重度高血压但水肿较轻等患者	可用食盐＜ 2 g / d，但不包括食物内自然存在的氯化钠；禁用腌制食品，如咸菜、皮蛋、火腿、香肠、咸肉等
无盐低钠饮食	同低盐饮食适用范围，但水肿较重者	无盐饮食：除食物内自然含钠量外，不放食盐烹调，食物中含钠量＜ 0.7 g/d 低钠饮食：除无盐外，还须控制摄入食物中自然存在的含钠量（控制在 0.5 g/d 以下）；禁用腌制食品；对无盐和低钠者，还应禁用含钠食物和药物，如油条、挂面、汽水（含碳酸氢钠）和碳酸氢钠药物等
高纤维饮食	用于便秘、肥胖症、高脂血症、糖尿病等患者	选择含纤维多的食物，如韭菜、芹菜、卷心菜、粗粮、豆类等
少渣或无渣饮食	用于伤寒、痢疾、腹泻、肠炎、食管－胃底静脉曲张、咽喉部及消化道手术的患者	少用含纤维多的食物，不用强刺激性调味品及坚硬、带碎骨的食物，肠道疾患少用油
溃疡病饮食	用于胃、十二指肠溃疡患者	少食多餐，定时定量；食物应易消化，富于营养；避免吃辛辣、油煎食物，忌饮浓茶、咖啡、酒

续表

饮食种类	适用范围	饮食原则及用法
糖尿病饮食	用于糖尿病患者	选择糖类低的食物，如黄瓜、冬瓜等，少吃糖类高的食物，如土豆、芋头等
要素饮食	用于低蛋白血症、严重烧伤、胃肠道瘘、大手术后胃肠功能紊乱、营养不良、消化和吸收不良、急性胰腺炎、短肠综合征、晚期癌症等患者	可口服、鼻饲或造口置管滴注；温度保持在 38～40 ℃；滴速 40～60 滴 / 分，最快不宜超过 150 ml/h

三、试验饮食

试验饮食（test diet）亦称诊断饮食，即在特定的时间内，通过对饮食内容的特殊调整，达到协助诊断疾病和提高实验检查结果正确性的一种饮食（表 14-3）。

表 14-3　试验饮食

饮食种类	适用范围	饮食原则及用法
隐血试验饮食	检查消化道有无出血，在大便隐血试验期内用，试验期为 3～5 日	①试验前 3 日禁食易造成隐血试验假阳性的食物，如绿色蔬菜、肉类、动物肝、动物血、含铁食物和药物。可进食牛奶、豆制品、白菜、土豆、冬瓜、粉丝等食物。②第 4 日起连续留取 3 日粪便做隐血检查
甲状腺 ^{131}I 试验饮食	用于检查甲状腺功能	检查前 7～60 日禁食含碘高的食物，其中①需禁食 60 日的食物有海带、海蜇、紫菜、苔菜等。②需禁食 14 日的食物有海蜒、毛蚶、干贝、蛏子等。③需禁食 7 日的食物有带鱼、黄鱼、鲳鱼、目鱼、虾米等
肌酐试验饮食	用于协助检查、测定肾小球的滤过功能	试验期 3 日，试验期间禁食肉类、禽类、鱼类，忌饮茶和咖啡，每日进食主食在 300 g 以内，限制蛋白质摄入（蛋白质供给量 < 40 g/d），以排除外源性肌酐的影响，蔬菜、水果、植物油不限，热量不足可以添加藕粉或含糖的点心
尿浓缩功能试验饮食	用于检查肾小管的浓缩功能	试验期 1 日，控制全天饮食中的水分总量在 500～600 ml。可进食含水量很少的食物，如馒头、面包、米饭、炒鸡蛋、豆腐干等，烹调时尽量不加水或少加水。避免食用过甜、过咸或含水量高的食物。蛋白供给量为 1 g/（kg · d）

音频：
考点解析

➢ **考点：** 患者，男性，43 岁。大面积烧伤，护士嘱咐患者应用的饮食是

A. 低蛋白、高维生素　　B. 高热量、高脂肪
C. 低脂肪、高热量　　D. 高蛋白、高热量
E. 高维生素、高脂肪

第二节　一般饮食的护理

对患者进行合理的饮食护理是满足患者基本生理需要的重要措施。根据对患者饮食习惯与

营养状况的评估，考虑疾病特点，确定患者在营养方面存在的问题，采取适宜的饮食护理，帮助患者维持、恢复良好的营养状况，利于患者尽早恢复健康。

一、影响饮食的因素

人对食物的选择、摄取和吸收是一种由多种因素影响的行为活动。影响饮食的因素主要有生理因素、心理因素、病理因素及社会文化因素。

（一）生理因素

1. 年龄 年龄的不同阶段对营养的需要不同，饮食自理能力也不同。婴幼儿期、青春期对营养的需要量增加，而老年人由于代谢率降低、活动量减少，对营养的需要量相对减少，但对钙的需要量却增加。此外，婴幼儿及老年人的饮食自理能力常降低。

2. 活动量 日常活动量大的人其每日所需的热量及营养素一般高于活动量小的人。

3. 特殊生理状况 女性在妊娠期、哺乳期对营养素需求量明显增加，并有饮食习惯的改变，如喜食酸、辣等口味较重的食物。

（二）心理因素

不良情绪状况，如焦虑、抑郁、烦躁或过度兴奋等会使人的食欲减退、进食量减少。轻松、愉快的心理状态则会促进食欲。此外，进食的环境整洁、空气清新，食具清洁，食物色、香、味俱佳等均可影响人的心理状态，从而改变人们对食物的选择和增加食物摄入。

（三）病理因素

1. 疾病影响 疾病可影响患者的食欲、食物的摄取及食物在体内的消化和吸收。疾病本身所带来的焦虑、悲哀等不良情绪以及疼痛等因素也会影响食欲。

2. 食物过敏 某些人对某种特定的食物过敏，食入这些食物后易发生腹泻或哮喘等过敏反应，影响营养的摄入和吸收。如有的人食虾、蟹会引起过敏，有的人食牛奶或韭菜会引起过敏。

（四）社会文化因素

1. 经济状况 经济状况将直接影响人们对食物的购买力。经济状况好，能满足人对饮食的需求，但有可能发生营养过剩；经济状况差，轻者影响饮食的质量，重者会产生营养不良等问题。

2. 饮食习惯 不同的地理位置、宗教信仰、文化背景、长期的生活方式等会影响人的饮食习惯，从而影响饮食的摄入和营养的吸收，有时甚至会导致疾病发生。

3. 营养知识 对营养知识的理解和掌握可帮助人们获取合理的饮食和营养。如果缺乏营养的基本知识，则可能导致不同程度的营养失调。

4. 宗教信仰 拥有不同宗教信仰的人对食物的种类、制作及进食的时间和方式等常有特殊的要求。

二、患者饮食的护理

（一）营养状况评估

进行营养状况评估的目的是确认患者在营养方面存在的问题，可通过饮食评估、身体评估、生化评估等方法进行。

1. 饮食评估

（1）饮食型态：评估患者每日进餐时间，用餐时间长短，摄食种类，摄入量，有无特殊喜好或厌恶的食物，是否饮酒，有无食物过敏，是否使用补品，饮食是否规律等。

（2）食欲：有无食欲增减及具体原因。

（3）有无其他影响饮食摄入和营养需要的因素，如咀嚼不便、口腔疾病等。

2. 身体评估 通过测量身高、体重、皮褶厚度与正常值做比较，评估患者毛发、皮肤、指甲、肌肉和骨骼等方面的情况，初步确定患者的营养状况。

（1）身高、体重：身高和体重综合反映了蛋白质、热量及钙、磷等无机盐的摄入、利用及贮备情况，也反映了机体肌肉、内脏的发育和潜在能力。测量出患者的身高、体重，按公式计算出标准体重及实测体重占标准体重的百分数，百分数在 ±10%之内为正常范围，增加 10%～20%为过重，超过 20%为肥胖，减少 10%～20%为消瘦，低于 20%为明显消瘦。我国常用的标准体重的计算公式（Broca 公式）的改良方式如下。

男性：标准体重（kg）= 身高（cm）– 105

女性：标准体重（kg）= 身高（cm）– 105 – 2.5

实测体重占标准体重的百分数计算公式：

$$\frac{\text{实测体重} - \text{标准体重}}{\text{标准体重}} \times 100\%$$

（2）皮褶厚度：皮褶厚度可以反映人体皮下脂肪的厚度。最常用来测量皮褶厚度的部位为肱三头肌，其标准值为男 12.5 mm，女 16.5 mm。

（3）毛发：评估毛发的色泽、疏密和脆性。毛发稀疏、干燥、无光泽、易断、易脱落见于营养不良。

（4）皮肤：评估皮肤的颜色、弹性、光滑度、温度、静脉充盈度以及有无出血、水肿和破损。皮肤无光泽、干燥、弹性差，肤色过淡或过深均提示营养不良。

（5）指甲：评估指甲的颜色、形状。指甲粗糙、无光泽、易断裂见于营养不良。

（6）肌肉和骨骼：肌肉松弛无力，皮下脂肪菲薄，肋间隙、锁骨上窝凹陷，肩胛骨和髂骨嶙峋突出见于营养不良。

3. 生化评估 包括血、尿、粪常规检验以及测量血、尿中某些营养素或其他代谢产物的含量，如血清清蛋白、血清转铁蛋白、血脂、血清钙的测定等。通过生化检验测定人体内各种营养素水平是评价人体营养状况较客观的指标。

（二）饮食护理

1. 病区的饮食管理

（1）入院后的饮食通知：患者入院后，由医生开出饮食医嘱，确定患者所需的饮食种类，由护士填写入院饮食通知单，送交营养室，并填写在病区的饮食单上。同时在患者的床尾或床头挂上相应的标记，作为分发饮食的依据。

（2）更改或停止饮食的通知：因患者病情需要更改饮食时，如半流质饮食改为流质饮食，手术前需要禁食或出院不再需要饮食时，由医生开出医嘱，护士按医嘱填写更改或停止饮食通知单，送交营养室，由营养室做出相应处理。

2. 患者进餐前的护理

（1）做好患者的饮食教育：护士应根据饮食单上不同的饮食种类对患者进行解释和指导，说明使用此类饮食的意义，每日进餐的次数等，以取得患者的配合，使患者理解并愿意遵循饮食计划。

（2）提供舒适的进食环境：①提供整洁、安静、舒适、空气新鲜的病室环境，协助患者在最佳身心状态下愉快进餐。②进食前暂停非紧急的治疗及护理工作，去除不良气味及不良视觉印象，如移去便器等。③协助患者洗手及清洁口腔，对病情严重的患者应给予口腔护理，以促进食欲。④协助患者采取舒适的进食姿势。对不能下床者，可安排坐位或半坐位，于床上摆放小桌进餐。卧床患者可安排侧卧位或仰卧位（头转向一侧），并给予适当支托。

3. 患者进餐时的护理

（1）及时分发食物：①护士洗净双手，衣帽整洁。②根据饮食单上不同的饮食要求，协助配餐员及时将热饭、热菜准确无误地分发给每位患者。对禁食者，应告知患者原因，以取得配合，并在床尾挂上标记，做好交接班。

（2）鼓励并协助进食：①巡视、观察患者进食，检查并督促治疗饮食、试验饮食的实施情况，鼓励患者进食。对访客带来的食物，需经护士检查，符合治疗及护理原则的方可食用，必要时协助加热。随时征求患者对饮食制作的意见，并及时向营养室反映。②鼓励卧床患者自行进食。对不能自行进食者，应予喂食，速度适中，温度适宜，固体和液体食物应交替喂食，进流质饮食者用吸管吸吮。③对双目失明或眼睛被遮盖的患者，喂食前应告知喂食内容，以增加患者对进食的兴趣。如患者要求自己进食，可按时钟平面图放置食物，告知方向、食品名称，便于患者按顺序摄取，如 6 点处放饭、12 点处放汤、3 点处放菜、9 点处放菜（图 14-1）。④用餐气氛要轻松，护士可与患者谈论其感兴趣的话题，有目的、适宜地讲解饮食方面的知识，解答患者在饮食方面的问题，逐渐纠正其不良饮食习惯。

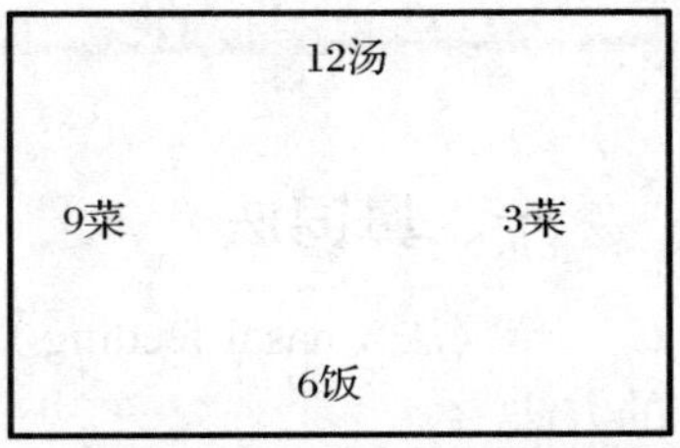

图 14-1　食物放置时钟平面图

（3）及时处理患者进食过程中的特殊问题：患者在进食过程中如出现恶心，护理人员应鼓励其做深呼吸，并暂时停止进食。如果患者发生呕吐，护理人员应立即将患者头偏向一侧，提供盛装呕吐物的容器，及时更换被污染的被服等。开窗通风换气，去除室内呕吐后的气味。帮助患者漱口，对不能自行漱口者给予口腔护理，以去除口腔异味。征求患者意见，是否继续进食，对不愿意继续进食者，可帮助其保存好剩下的食物，待其愿意进食时给予。同时，护理人员应观察呕吐物的性质、颜色、量和气味等，并做好记录。

4. 患者进餐后的护理

（1）撤去餐具，清理食物残渣，整理床单位。

（2）督促和协助患者饭后洗手、漱口或做口腔护理，以保持餐后清洁和舒适。

（3）对患者进食的种类、量、进食时和进食后的反应等，根据需要及时做好记录。

（4）对需暂禁食、延迟进食的患者应做好交接班。

第三节　管饲饮食的护理

案例分析

某患者，男性，62 岁。昨晚突发上腹痛入院。患者患“胃溃疡”10 年，近 1 周来疼痛无规律性，食欲减退，乏力。体格检查：T 37.1 ℃，P 86 次 / 分，R 18 次 / 分，BP 100/60 mmHg。医嘱：大便隐血试验。

管饲饮食（tube feeding）是通过导管将营养丰富的流质或营养液、水、药液等注入胃肠的方法，是供给不能口服食物患者的一种营养全面的肠道膳食。对于病情危重、消化和吸收功能障碍、不能或不愿意经口进食的患者，为保证患者对营养素的摄入、消化、吸收，以满足机体生命活动的需要，常采用特殊方式进行营养支持。根据导管插入的途径可分为鼻胃管、口胃管、鼻肠管和造瘘管。本节以鼻饲法、空肠造瘘滴入技术介绍管饲饮食的操作方法。

课堂互动

某患者，男性，40岁。颅脑外伤，拟急诊手术，术前行胃肠减压，术后需鼻饲供给营养。

问题： 1. 为该患者插管的深度是多少？

2. 如何判断胃管是否在胃内？

3. 插管中应注意什么？

一、鼻饲法

鼻饲法（nasal feeding）是将胃管经一侧鼻腔插入胃内，从管内灌注流质食物、水和药物的方法。

护理评估

1. 评估与解释

（1）评估患者：①核对患者身份，如床号、住院号、姓名、性别、年龄和诊断。②全身情况，如病情、治疗情况、意识状态、心理反应、合作程度、活动状态。③局部情况，如有无鼻中隔偏曲，鼻腔炎症、肿胀，既往有无鼻饲的经历等。④患者对鼻饲的目的和操作方法的了解程度等。

（2）解释：鼻饲法的目的、方法及配合要点。

2. 评估环境 环境整洁、舒适，光线明亮。

护理诊断

1. 疼痛 与胃溃疡有关。

2. 营养摄入不足 与胃溃疡疼痛致食欲减退有关。

3. 乏力 与疾病及营养摄入不足有关。

护理计划

1. 目的 对意识障碍或不能经口进食者，以鼻胃管供给食物和药物，以保证患者营养和治疗的需要。鼻饲法常用于昏迷、口腔疾患、口腔手术后的患者，早产婴儿和病情危重的患者，拒绝进食的患者。

2. 准备

（1）护士准备：衣帽整洁，修剪指甲，洗手，戴口罩。

（2）患者准备：患者了解鼻饲法的目的、方法、配合要点及注意事项，情绪稳定。

（3）用物准备：①治疗车上层备治疗盘，治疗盘内置鼻饲包（治疗碗、胃管、镊子、止血钳、50 ml注射器、压舌板、纱布、治疗巾）、液状石蜡、松节油、棉签、胶布、夹子或橡皮圈、别针、弯盘、听诊器、手电筒、鼻饲饮食（38～40 ℃）200 ml，温开水等。拔管时，治疗盘内盛治疗碗（内有纱布）、弯盘、乙醇、松节油、棉签等，手消毒液，记录本和笔。②治疗车下层备医用垃圾桶、生活垃圾桶。

护理实施

鼻饲法实施，见表14-4。

表 14-4 鼻饲法实施

护理实施	流程简释	要点说明
▲插管		
备物、核对	◆携用物至患者床旁，核对床号、姓名，向患者及家属解释操作目的、过程及配合方法	尊重患者，严格查对，护患进行有效沟通，减少患者恐惧，取得合作
安置体位	◆协助患者取坐位或半坐卧位，不能坐起者取平卧位或右侧卧位。如有戴眼镜或活动义齿，应取下，妥善放置	坐位可减轻胃管通过鼻咽部时的呕吐反射，右侧卧位可借助解剖位置使胃管易于插入
铺巾置盘	◆颌下铺治疗巾，将弯盘置患者口角旁	
清洁鼻腔	◆检查鼻腔，选择通畅的一侧，用棉签清洁鼻腔	鼻腔通畅，便于插入
测量润滑	◆打开鼻饲包，测量胃管插入长度（图 14-2）并做标记，用液状石蜡润滑胃管前端	成人：前额发际至剑突，鼻尖经耳垂至剑突，插入长度 45 ~ 55 cm 小儿：眉间至剑突与脐中点，插入长度 14 ~ 18 cm 减少摩擦阻力，有助于胃管顺利插入
插入胃管	◆清醒患者：护士一手持纱布托住胃管，一手持镊子夹住胃管，沿一侧鼻孔轻轻插入，至咽喉部时（14 ~ 16 cm）嘱患者做吞咽动作，当患者吞咽时，顺势将胃管向前插至预定长度 ◆昏迷患者：插管前去枕平卧，头向后仰，当胃管插入 15 cm 时，护士左手将患者头部托起，使患者下颌靠近胸骨柄，缓缓插入胃管至预定长度（图 14-3）	吞咽动作可帮助胃管迅速进入食管，减轻不适感 头向后仰可避免胃管误入气管。下颌靠近胸骨柄可增大咽喉部通道的弧度，便于胃管顺利通过会厌部
观察处理	◆插管过程中，如患者出现恶心、呕吐，可暂停插入，嘱患者做深呼吸或做吞咽动作，随后迅速将胃管插入，减轻不适感。如患者出现呛咳、呼吸困难、发绀等，表明胃管误入气管，应立即拔管，休息片刻后再重新插入。如插入不畅，应检查胃管是否盘在口腔中，将胃管抽回一小段，再缓缓插入	密切观察，及时处理插管过程中的不适，动作轻、稳，防止损伤
确定胃管	◆①抽：连接注射器于胃管后回抽见胃液。②听：置听诊器于患者胃部，用注射器快速经胃管向胃内注入 10 ml 空气，听到气过水声。③看：将胃管末端置于盛水的治疗碗内，嘱患者深呼吸，无气泡	仔细判断，确保胃管在胃内
固定胃管	◆验证胃管在胃内后，用胶布固定胃管于患者鼻翼及面颊部	防止胃管移动或滑出
灌注溶液	◆注射器连接胃管末端，先回抽，见胃液抽出，再注入少量温开水。缓慢注入鼻饲液或药液，再注入少量温开水	每次灌注前，确定胃管在胃内及胃管是否通畅。温开水可润滑胃管腔，防止喂食溶液黏附于管壁。避免灌入速度过快及灌注液过冷或过热。在鼻饲过程中，避免灌入空气，以防造成腹胀，防止灌入食物反流及胃管脱落

续表

护理实施	流程简释	要点说明
管端固定	将胃管末端反折，用纱布包好，用橡皮圈系紧或用夹子夹紧，用别针固定于枕旁或患者衣领处	
整理、归位	协助患者清洁口腔、鼻孔，整理床单位，嘱患者维持原卧位 20～30 分钟。洗净鼻饲用的注射器，放于治疗盘内，用纱布盖好，备用	维持原卧位可促进食物消化、吸收，防止呕吐
洗手、记录	洗手、记录	规范、及时、准确地记录插胃管的时间，鼻饲液的种类、量及患者的反应等
▲拔管	携用物至患者床旁，核对床号、姓名并解释	
核对、解释	颌下铺治疗巾，将弯盘置患者口角旁，最后一次灌注鼻饲液毕，夹紧胃管末端，置弯盘内，揭去胶布	确定患者，向患者说明拔管的原因及配合方法
铺巾置盘	用纱布包裹近鼻孔处的胃管，嘱患者深呼吸，在患者呼气时拔管，边拔边用纱布擦胃管，至咽喉处应快速拔出	防止拔管时管内液体反流；至咽喉处应快速拔出，以防液体滴入气管
呼气拔管	将胃管盘放于弯盘中，移出患者视线外。清洁患者口、鼻、面部，擦去胶布痕迹	可用松节油擦净胶布痕迹，再用乙醇将松节油擦去
清洁整理	协助患者漱口并取舒适卧位；整理床单位，清理用物	
洗手、记录	洗手、记录	准确记录拔管时间和患者反应

视频：
鼻饲法

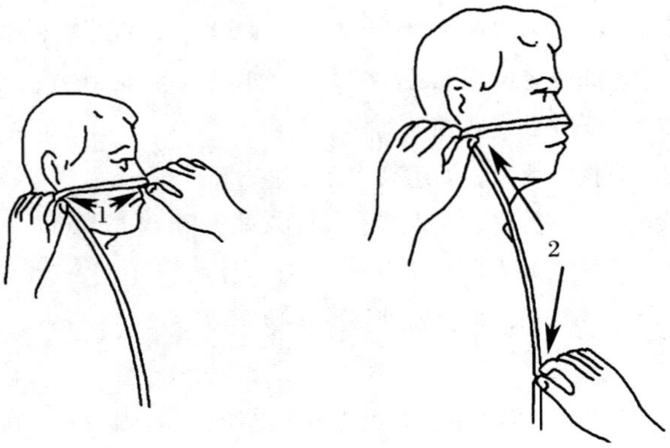

图 14-2　测量胃管长度

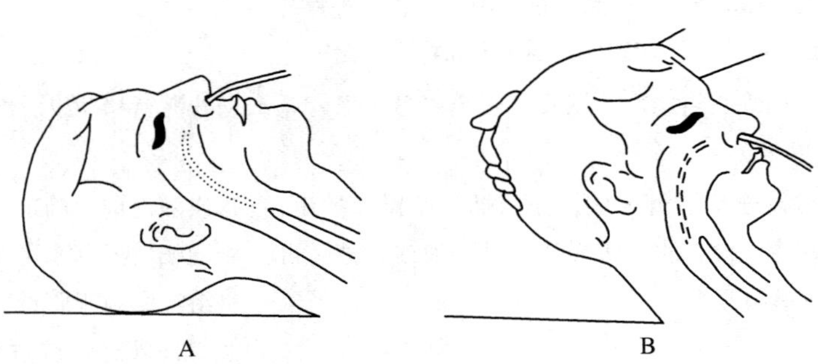

图 14-3　昏迷患者插胃管示意图

A. 患者去枕平卧，头向后仰；B. 当胃管插入 15 cm 时，护士左手将患者头部托起，使患者下颌靠近胸骨柄，缓缓插入胃管至预定长度

注意事项

1. 插胃管前，应进行有效的护患沟通，护士向患者解释鼻饲的目的及配合方法，以争取患者的理解与合作。

2. 操作动作应轻、稳，以防损伤患者鼻腔及食管黏膜。

3. 每次灌食前应证实胃管在胃内，有 3 种方法。

（1）连接注射器于胃管后回抽见胃液。

（2）置听诊器于患者胃部，用注射器快速经胃管向胃内注入 10 ml 空气，听到气过水声。

（3）将胃管末端置于盛水的治疗碗内，嘱患者深呼吸，无气泡。

4. 鼻饲者须用药物时，应将药片研碎，溶解后再灌入。

5. 每次鼻饲量不超过 200 ml，间隔时间不少于 2 小时。

6. 鼻饲用物应每日更换、消毒。长期鼻饲者应每日进行口腔护理，每周更换胃管一次（晚间末次喂食后拔出，翌晨从另一侧鼻孔插入）。

➢ **考点：** 患者，女性，65 岁。因口腔疾患需插鼻饲管，在插管过程中，如果患者发生呛咳、呼吸困难等情况，应

A. 嘱患者深呼吸　　B. 托起患者重插

C. 嘱患者做吞咽动作　　D. 停止操作，取消鼻饲

E. 立即拔出，休息片刻后再重新插入

音频：
考点解析

护理评价

1. 操作规范、正确，鼻饲顺利完成。患者获得基本的营养和必需的药物。

2. 护患沟通有效，患者及家属了解饮食营养的基本知识，患者愿意配合。

3. 充分体现以人为本的护理服务理念。

二、空肠造口滴入技术

（一）概述

空肠造口滴入技术是指通过手术中所置入的空肠造口滴注营养素，使患者获得肠内营养的管饲饮食（图 14-4）。

肠内营养通常选用要素饮食（elemental diet）。要素饮食是一种人工精制食物，含有全部人体所需、易于吸收的营养成分，其特点是营养价值高，营养成分全面、平衡，不含纤维素，不需消化即可直接被肠道吸收。要素饮食用于临床营养治疗，可增加危重患者的能量及氨基酸等营养素的摄入，促进切口愈合，改善患者营养状况，以达到辅助治疗的目的。

（二）适应证与禁忌证

1. 适应证

（1）某些手术前准备或术后营养不良患者。

（2）超高代谢状态患者，如严重烧伤、严重创伤、严重化脓性感染、多发性骨折等。

（3）肠炎及其他腹泻患者、消化道瘘患者、慢性胰腺功能不全及短肠综合征等消化和吸收不良的患者。

（4）肿瘤或其他消耗性疾病引起的慢性营养不良患者。

（5）其他，如脑外伤、免疫功能低下患者。

2. 禁忌证

（1）3 个月内婴儿。

（2）消化道出血患者。

（3）胃切除术后患者如大量使用要素饮食可引起倾倒综合征，应慎用。

（4）糖尿病患者慎用。

（三）应用方法

根据患者的病情需要，供给适宜浓度和剂量的要素饮食。

1. 分次注入 手术后早期给予肠内营养，术后 24 小时即从空肠造瘘管经输血器给予等渗盐水 500 ml，一般匀速滴注 24 小时。若无不适，术后第 2 日给予米汤、牛奶，稀释后每日分次滴注 1000 ml，每次间隔 2 ~ 3 小时。术后第 3 日增加至 1500 ~ 2000 ml。

2. 间歇滴注 将配制好的要素饮食或现成制品放入有盖吊瓶内，经输注管缓慢注入，每日 4 ~ 6 次，每次 400 ~ 500 ml，每次输注持续时间为 30 ~ 60 分钟，多数患者可耐受。

3. 连续滴注 硅胶管外口接输液管，输液管与要素饮食溶液相连，以便调节流速。有条件者可加输液泵控制流速。常用剂量 6.8 ~ 8.4 MJ/d，多用于营养不良患者。最大剂量可达 12.6 ~ 16.7 MJ/d，用于超高代谢和消化道瘘患者。辅助剂量最小为 2.09 MJ/d，用于慢性疾病和恶性肿瘤患者的放疗、化疗期间，以辅助治疗。

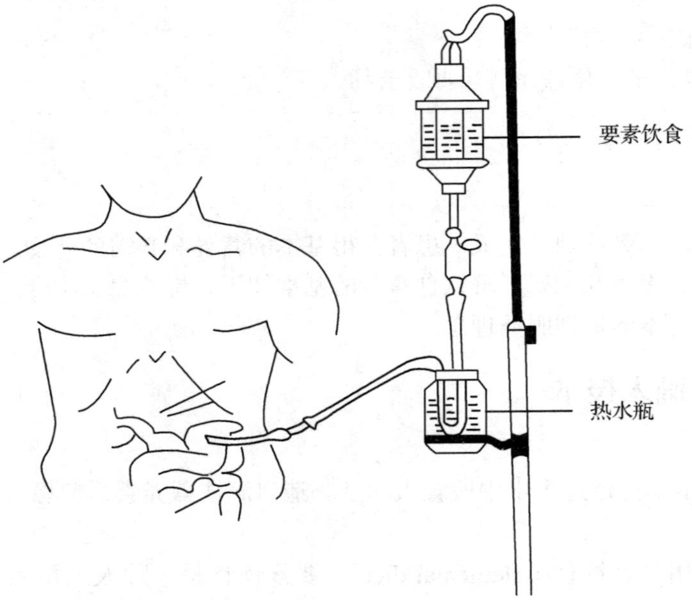

视频：
肠内营养泵输注法

图 14-4 空肠造瘘滴入饮食

（四）护理措施

1. 严格无菌 严格遵守无菌技术操作原则，所用器具、导管等均需灭菌后使用。已配制的溶液应存放于 4 ℃以下的冰箱内，保证于 24 小时内用完。

2. 固定瘘管 做好患者生命体征监测，及时记录造瘘管置管长度及局部渗液情况，固定好造瘘管，同时在造瘘管上粘贴有红框的高危标签，每班做好交接工作。保持造瘘口周围皮肤干燥，造瘘管口装好三通，并每日更换造瘘口敷料 1 次，渗液多时再更换。同时观察造瘘口周围皮肤的情况，注意有无红、肿、热、痛。

3. 保持瘘管通畅 每日用注射器冲洗管腔 1 ~ 2 次，检查输液管有无折叠或漏液。注意管喂前、后用温开水 30 ~ 50 ml 冲净管腔，以保证管道清洁、通畅。连续滴注时，每 12 小时冲洗 1 次，以保证清洁，防止堵塞。营养液用纱布过滤，以免造瘘管堵塞。

4. 控制溶液温度 滴注营养要素时，在输液管远端可放一热水袋或通过热水瓶保温（热水瓶内水温保持在 50~55 ℃），根据季节变化及时换水保温，保持经造瘘口注入时各种营养液的温度宜为 41~42 ℃，防止患者因摄入冷溶液而产生腹痛、腹泻等不适。

5. 巡视观察 如果管道被堵塞或连接处脱开，易导致溶液突然停止输入。当要素饮食液突然停止输入时，患者会出现低血糖的症状，如心悸、出汗、脉速、乏力等。因此要加强巡视，密切观察，在准备停止要素饮食时逐渐减量，以减少机体胰岛素的分泌。

6. 定期监测 定期检查血糖、尿糖、血尿素氮、肝功能、电解质等指标，观察尿量、大便次数及性状，并记录体重，做好营养评估。

7. 心理护理 许多患者对进食方式产生不稳定情绪，对自身形象改变不理解，此时护理人员应多与患者交流，解除其焦虑情绪。向患者讲述空肠造瘘管的重要性及早期给予肠内营养的必要性，消除患者的疑虑和恐惧。

8. 并发症的护理

（1）腹胀、腹泻：主要原因与营养液滴注过快、用量或浓度过大、液体温度偏低，脂肪含量过高、胃肠动力差、个体耐受差异等有关。在护理过程中，要严格遵医嘱，掌握营养液的温度、速度和浓度，有针对性地进行护理，鼓励患者早活动。

（2）代谢紊乱：长期使用肠内营养者，部分肠内营养制剂中的糖类或脂肪含量高，易引起脂肪、糖代谢紊乱及酸碱平衡紊乱。护理人员应定时监测血糖及血、尿电解质变化，维持电解质平衡，准确记录液体出入量。

第四节 液体出入量记录

正常成人每日液体的入量与出量保持平衡状态，为 2000~2500 ml。当摄入水分减少或因疾病使水分排出过多（如呕吐、腹泻、大面积烧伤、发热等），都可使机体丢失大量水分。因此，准确测量患者的液体出入量非常重要。

一、记录目的

护理工作者应正确测量和记录患者每日液体摄入量和排出量，以作为了解病情、做出诊断、决定治疗方案的重要依据，常用于休克、大面积烧伤、大手术后或心脏病、肾病、肝硬化患者。

二、测量内容

（一）每日摄入液体量

1. 由口或鼻摄入的液体量。
2. “隐藏”于食物中的水分（表 14-5、表 14-6）。
3. 代谢来源（氧化所产生的水），其中蛋白质 40 ml/100 g，脂肪 100 ml/100 g，糖类 100 ml/100 g。
4. 治疗量（如输液量）。

表 14-5 医院常用食物含水量表

食物	单位	原料重量（g）	含水量（g）	食物	单位	原料重量（g）	含水量（g）
米饭	1 中碗	100	240	松花蛋	1 个	60	34
大米粥	1 大碗	50	400	藕粉	1 大碗	50	210
大米粥	1 小碗	25	200	鸭蛋		100	72

续表

食物	单位	原料重量（g）	含水量（g）	食物	单位	原料重量（g）	含水量（g）
面条	1大碗（二两）	100	250	馄饨	1大碗	100	350
馒头	1个	50	25	牛奶	1大杯	250	217
花卷	1个	50	25	豆浆	1大杯	250	230
烧饼	1个	50	20	蒸鸡蛋	1大碗	60	260
油饼	1个	100	25	牛肉		100	69
豆沙包	1个	50	34	猪肉		100	29
菜包	1个	150	80	羊肉		100	59
水饺	1个	10	20	青菜		100	92
蛋糕	1块	50	25	大白菜		100	96
饼干	1块	7	2	冬瓜		100	97
油条	1根	50	12	豆腐		100	90
煮鸡蛋	1个	40	30	带鱼		100	50

表 14-6　部分水果及蔬菜含水量表

名称	重量（g）	含水量（g）	名称	重量（g）	含水量（g）
西瓜	100	79	葡萄	100	65
甜瓜	100	66	桃子	100	82
西红柿	100	90	杏	100	80
萝卜	100	73	柿子	100	58
李子	100	68	香蕉	100	60
樱桃	100	67	橘子	100	54
黄瓜	100	83	菠萝	100	86
苹果	100	68	柚子	100	85
梨	100	71	广柑	100	88

（二）每日排出液体量

1. 尿液量。

2. 粪便中的水分，约 150 ml/d。

3. 无感丧失的水分，包括由呼吸蒸发及皮肤表面的湿气，750 ~ 1000 ml/d，如居住于炎热的环境中、发热等。

4. 其他排出液，如胃肠减压吸出液、胸腹腔吸出液，呕吐液（呕血、痰液）、切口渗出液、引流出的胆汁等。

三、记录方法

（一）记录的内容和要求

1. 每日摄入液体量　包括饮水量、食物中的含水量、输液量、输血量等。要求患者饮水容器应固定，并测定容积，以便准确记录，固体食物可记录单位数量或质量，还可根据需要换算出食物的含水量。

2. 每日排出液体量 主要为尿量，此外还有其他排出液体量，如出血量、引流量、创面渗液量、呕吐物量、腹泻量等，也应作为排出液量加以测量与记录。要求能自行排尿的患者，可记录每次尿量，24 小时总计，也可将尿液集中在一个容器内，定时测量与记录。对昏迷、尿失禁患者，应采取接尿措施，必要时留置导尿管，以保证计量准确。

3. 住院患者 对住院患者 24 小时的液体出入量需每日总结，并将总量记录于体温单的相应栏目内。

（二）记录方法

1. 表格的眉栏项目用蓝色笔进行填写，如床号、住院号、姓名、日期等。

2. 记录应准确、及时、完整，字迹清晰。

3. 液体出入量可先记录在液体出入量记录单上，晨 7:00 至晚 19:00，用蓝色笔记录；晚 7:00 至次日晨 7:00，用红色笔记录。

4. 液体出入量总结，每日晚 7:00 做 12 小时液体出入量小结，次日晨 7:00 做 24 小时液体出入量总结，并记录在体温单相应的栏内。

自测题

一、A1型题

1. 下列为主要的产热营养素的是
   A. 维生素　B. 糖类　C. 水
   D. 无机盐　E. 膳食纤维

2. 低盐饮食每日限用食盐量不超过
   A. 2 g　B. 4 g　C. 6 g
   D. 8 g　E. 10 g

3. 鼻饲的适应患者不包括
   A. 昏迷　B. 口腔疾患　C. 早产婴儿
   D. 拒绝进食者　E. 偏食者

4. 胆囊造影时采用的试验饮食是
   A. 高脂肪饮食　B. 低脂肪饮食　C. 高糖饮食
   D. 高热量饮食　E. 高蛋白饮食

5. 评估患者的营养状况不包括
   A. 体重　B. 皮下脂肪厚度　C. 机体发育状况
   D. 精神状况　E. 活动量

6. 成人胃管插入深度
   A. 20 ~ 30 cm　B. 30 ~ 35 cm　C. 35 ~ 40 cm
   D. 45 ~ 55 cm　E. 60 ~ 65 cm

7. 少渣饮食适用于
   A. 风湿热患者　B. 甲状腺功能亢进症患者
   C. 高热患者　D. 伤寒患者
   E. 肾炎患者

8. 干扰患者进食的因素不包括
   A. 疼痛、抑郁　B. 疼痛患者餐前适当应用止痛药

C. 工作服不洁　　D. 病室的噪声
E. 食物的色、香、味、形不佳

9. 为患者鼻饲灌食后，再注少量温开水的目的是
A. 使患者温暖、舒适　　B. 便于准确记录液体入量
C. 防止患者呕吐　　D. 便于冲净胃管，避免食物积存
E. 防止胃液反流

10. 胃肠造瘘患者的饮食应为
A. 低盐饮食　　B. 高蛋白饮食　　C. 低脂肪饮食
D. 少渣饮食　　E. 要素饮食

二、A2 型题

11. 某患者，因流感中等热 3 日，为保证患者有足够营养，宜选择的饮食是
A. 普通饮食　　B. 软质饮食　　C. 半流质饮食
D. 流质饮食　　E. 鼻饲饮食

12. 某患者，患慢性肺源性心脏病，为减轻心脏负担，饮食宜采用
A. 高蛋白饮食　　B. 低蛋白饮食　　C. 低盐饮食
D. 少渣饮食　　E. 低胆固醇饮食

13. 患者需做大便隐血试验，试验期内不可进的食物是
A. 白菜　　B. 土豆　　C. 豆制品
D. 粉丝　　E. 绿色蔬菜

14. 某患者，女性，67 岁，脑出血昏迷。现病情稳定，鼻饲供给营养，下列操作错误的是
A. 喂食前注入少量温开水判断胃管位置
B. 每次鼻饲量不超过 200 ml
C. 灌注药物先将药片研碎、溶解
D. 每次喂食间隔不少于 2 小时
E. 应每日进行口腔护理

15. 在进行鼻饲的操作过程中，如果患者出现呛咳、呼吸困难、发绀等情况时，护士应
A. 检查胃管是否盘在口中
B. 暂停片刻
C. 嘱患者做深呼吸或做吞咽动作，随后迅速将胃管插入
D. 立即拔出胃管，休息片刻后重插
E. 将患者的头向后仰，以便插管顺利通过咽喉部

16. 某患者，男性，37 岁。需做甲状腺 ^{131}I 试验，前 7 日不需禁食的食物是
A. 黄鱼　　B. 带鱼　　C. 目鱼
D. 牛肉　　E. 鲳鱼

17. 某患者，男性，45 岁。二度烧伤面积 50%，宜采用
A. 高热量饮食　　B. 高脂肪饮食　　C. 高纤维素饮食
D. 少渣饮食　　E. 低胆固醇饮食

18. 某患者，女性，60 岁。心力衰竭伴有严重水肿，护士嘱咐患者应用的饮食是
A. 低盐　　B. 无盐低钠　　C. 低蛋白
D. 高脂肪　　E. 低维生素

19. 某患者，男性，67岁。患慢性胆囊炎，护士嘱咐患者应用的饮食是
A. 低蛋白　B. 低脂肪　C. 高糖类
D. 低糖类　E. 低盐

20. 某患者，男性，50岁。因胆囊结石行B超检查，检查前1晚宜进食的食物是
A. 红烧牛肉　B. 清汤面　C. 油煎鸡蛋
D. 炖豆腐　E. 牛奶

（韩巧梅）

思政之光

第十五章 排泄护理

思维导图

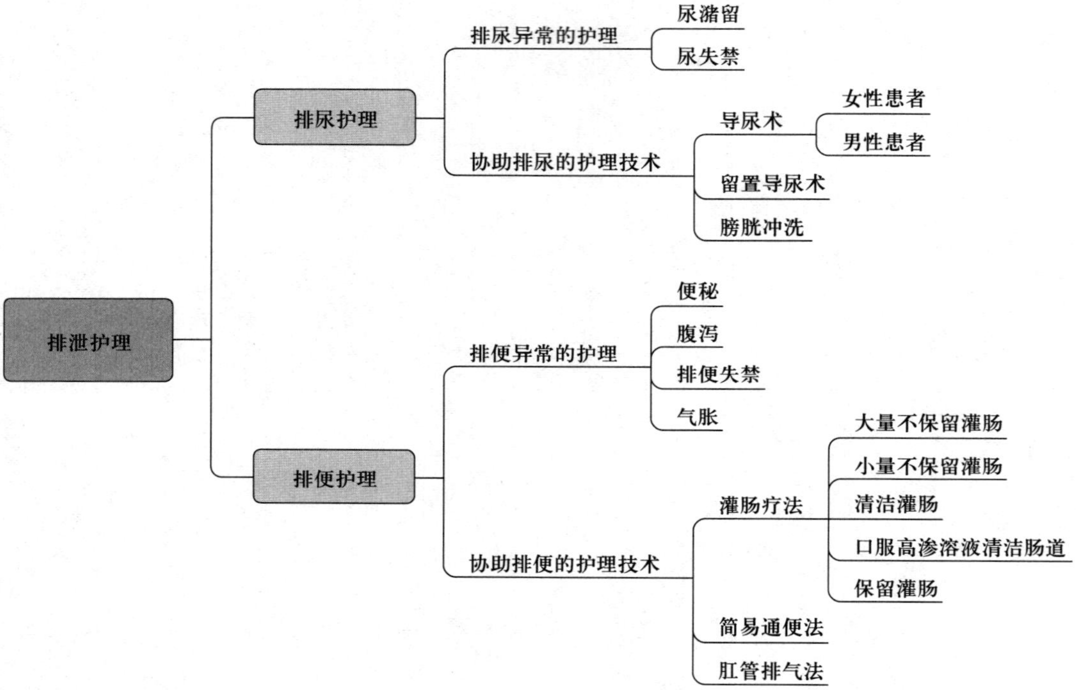

学习目标

1. 解释多尿、少尿、无尿、尿潴留、尿失禁、膀胱刺激征、便秘、腹泻、大便失禁。
2. 描述排尿异常、排便异常的评估。
3. 熟记排尿异常、排便异常的护理。
4. 正确实施女性导尿术及大量不保留灌肠。学会男性导尿术及小量不保留灌肠、保留灌肠。
5. 养成良好的职业素养，具有以人为本的护理服务理念、爱伤观念和良好的沟通能力。具备严肃认真、一丝不苟、关爱患者的工作态度。

排泄是机体将新陈代谢所产生的废物排出体外的生理活动过程，是人体的基本生理需要之一，是维持生命活动的必要条件，其中消化道和泌尿道是主要的排泄途径。在护理工作中，护士应该密切观察患者的排尿、排便情况，及时发现异常，为诊断、治疗和护理提供依据，并帮助患者维持正常的排尿、排便功能，满足患者的基本生理需要，使患者获得最佳的健康和舒适状态。

第一节 排尿护理

排尿是一个自然过程。通过排出尿液，可以将人体的代谢产物、过剩盐类、有毒物质和药物排出体外，同时调节水、电解质代谢和酸碱平衡，维持人体内环境的相对稳定。护士通过观察患者的排尿活动，可以进一步了解患者的病情，为其提供合适的护理措施，解决患者排尿的问题，促进患者身体健康。

一、排尿活动的评估

（一）与排尿有关的解剖和生理

泌尿系统由肾、输尿管、膀胱及尿道组成。

1. 肾 肾的主要功能是生成尿液。血液通过肾小球的滤过作用生成原尿，肾以每分钟1～2 ml的速度持续生成尿液，通过肾盂的回收和输尿管的蠕动将尿液输送至膀胱。

2. 输尿管 输尿管是连接肾和膀胱的细长肌性管道，左、右各一，其主要功能是通过平滑肌的蠕动和尿液的重力作用，将尿液不断地由肾输送至膀胱。

3. 膀胱 膀胱是有伸展性的囊状肌性器官，其主要功能是储存和排泄尿液。膀胱的形状、大小、位置均随尿液充盈程度而变化。膀胱空虚时，其顶部不超过耻骨联合上缘。充盈时，膀胱体与顶部上升，腹膜随之上移，膀胱前壁和腹前壁相贴，因而可在耻骨上做膀胱的腹膜外手术或行耻骨上膀胱穿刺。

4. 尿道 尿道的主要功能是将尿液从膀胱排出体外。尿道是一条始于膀胱底部，向身体表面延伸的管道。尿道起自膀胱的开口为尿道内口，在体表的开口为尿道外口。男性尿道长18～20 cm，有3个狭窄，即尿道外口、尿道膜部和尿道内口；2个弯曲，即耻骨下弯和耻骨前弯。耻骨下弯固定不变，而耻骨前弯则会随着男性阴茎的位置不同而发生变化。女性尿道长4～5 cm，较男性尿道短、直、粗，富于扩张性，尿道外口在阴蒂下方，呈矢状裂，尿道口不显露，下方有阴道口。

排尿活动是一种受大脑皮质控制的反射活动。当膀胱内尿液充盈达到300～500 ml时，膀胱内压上升，刺激膀胱壁的牵张感受器，产生神经冲动，冲动经盆神经传入脊髓骶段排尿中枢，同时到达脑干和大脑皮质的排尿反射高级中枢，从而产生尿意。

（二）排尿活动的评估

1. 颜色

（1）正常尿液颜色：新鲜尿液澄清透明，呈淡黄色或深黄色，是由于尿胆原和尿色素所致。当尿液浓缩时，可见尿量少、颜色深。尿液的颜色还受某些食物、药物的影响，如进食大量胡萝卜或服用核黄素，尿液的颜色呈深黄色。

（2）异常尿液颜色：病理情况下可出现以下变化。①血尿：血尿颜色的深浅与尿液中所含红细胞量的多少有关，尿液中含有大量红细胞时，尿呈洗肉水色，见于急性肾小球肾炎、输尿管结石、泌尿系统肿瘤、结核及感染等。②血红蛋白尿：大量红细胞在血管内破坏，形成血红蛋白尿，尿呈浓茶色或酱油样色，见于血型不合输血后的溶血、恶性疟疾及阵发性睡眠性血红蛋白尿等。③胆红素尿：尿呈深黄色或黄褐色，振荡尿液后泡沫也呈黄色，见于阻塞性黄疸和肝细胞性黄疸。④乳糜尿：因尿液中含有淋巴液呈乳白色，见于丝虫病。

2. 气味 正常尿液的气味来自尿内的挥发性酸。尿液久置后，因尿素分解产生氨，故有氨臭味。若新鲜尿液就有氨臭味，疑有泌尿系感染。糖尿病酮症酸中毒时，因尿中含有丙酮，尿呈烂苹果味。

3. 尿比重 正常情况下，成人尿比重波动在 1.015 ~ 1.025。一般情况下，尿比重与尿量呈反比。尿比重增高见于急性肾小球肾炎、糖尿病、脱水及周围循环衰竭等；尿比重降低见于肾功能不全、尿崩症。

4. 尿量与次数 一般成人白天排尿 3 ~ 5 次，夜间排尿 0 ~ 1 次，每次排尿量 200 ~ 400 ml，24 小时的尿量 1000 ~ 2000 ml，平均在 1500 ml 左右。24 小时尿量＜ 400 ml 或每小时尿量＜ 17 ml，称为少尿，见于心力衰竭、肾衰竭和休克患者。24 小时尿量＜ 100 ml 或 12 小时内无尿，称为无尿（尿闭），见于严重休克、急性肾衰竭、药物中毒等患者。24 小时尿量＞ 2500 ml，称为多尿，见于糖尿病、尿崩症等患者。

5. 酸碱反应 正常人尿液呈弱酸性，pH 值为 4.5 ~ 7.5，平均为 6。饮食的种类可影响尿液的酸碱性，如进食大量蔬菜时，尿液可呈碱性。进食大量肉类时，尿液可呈酸性。病理情况时，严重呕吐患者的尿液呈强碱性，酸中毒患者的尿液可呈强酸性。

6. 膀胱刺激征 表现为尿频、尿急、尿痛，每次排尿量减少。

（三）影响排尿的因素

1. 心理因素 情绪紧张和恐惧可引起尿频、尿急或排尿困难。

2. 年龄与性别 婴幼儿时排尿反射不受意识控制，3 岁以后才能自我控制；老年男性因前列腺增生而引起滴尿和排尿困难；孕妇可因激素和解剖结构的改变而影响排尿活动。

3. 饮食与气候 大量饮水或食物含水分较多可增加尿量；咖啡、茶及酒类饮料有利尿作用；进食钠盐含量较多的食物可使机体水钠潴留而致尿量减少。气温升高时，因排汗多，使尿量减少。

4. 排尿习惯改变 排尿姿势、排尿环境不适宜会影响排尿活动。

5. 疾病因素 神经系统损伤或病变可致尿失禁；肾病使尿液的生成发生障碍，出现少尿或无尿；泌尿系统肿瘤、结石或狭窄也可导致排尿障碍，出现尿潴留。

6. 治疗因素 手术中使用麻醉剂、术后疼痛会导致尿潴留。利尿药物可增加尿量。某些诊断性检查前要求患者禁食、禁水，因而体液减少，影响尿量。

二、排尿异常的护理

▶ 案例分析

某患者，女性，50 岁。脾切除术后 6 小时未排尿。患者主诉下腹胀满不适、胀痛难忍，体格检查：耻骨上膨隆，扪及囊样包块。

（一）尿潴留患者的护理

▶ 护理评估

1. 尿潴留的概念 尿潴留（retention of urine）指大量尿液存留在膀胱内无法自主排出的状态。患者膀胱高度膨胀至脐部，容积可增至 3000 ~ 4000 ml。

2. 尿潴留的原因

（1）机械性梗阻：如前列腺肥大或肿瘤压迫尿道使排尿受阻。

（2）动力性梗阻：如外伤、疾病或使用麻醉剂所致脊髓初级排尿中枢活动障碍或抑制，不能形成排尿反射，导致排尿受阻。

（3）其他：各种原因（如术后害怕切口疼痛）使患者不能用力排尿或不习惯卧床排尿，过度紧张、焦虑等均可引起排尿困难，形成尿潴留。

3. 尿潴留的临床表现 下腹胀痛，具有排尿困难的症状。体格检查可见耻骨上膨隆，扪及囊性包块，叩诊呈实音，有压痛。

护理诊断

1. 焦虑 与排尿困难有关。

2. 自我形象紊乱 与留置导尿管有关。

3. 恐惧 与不了解尿潴留的相关知识有关。

护理措施

1. 心理护理 合理解释产生尿潴留的原因，安慰患者，消除其焦虑和紧张情绪，以减轻患者的心理压力。

2. 提供隐蔽的排尿环境 关闭门窗，用屏风或床帘遮挡，以达到视觉隐蔽，保护患者自尊。

3. 调整体位和姿势 酌情协助卧床患者取适当体位，如略抬高上身或坐起，尽可能使患者以习惯姿势排尿。绝对卧床休息者或某些手术者，应事先进行床上排尿训练。

4. 诱导排尿 利用暗示法诱导排尿。如嘱患者听流水声或用温水冲洗会阴，以引起排尿反射。

5. 热敷、按摩、针灸 热敷下腹部可解除肌肉紧张，利于排尿。按摩膀胱，一手掌自膀胱向尿道方向轻柔地推移、按压，另一手按压内关穴、中极穴，轻揉10～20次，促进排尿。或针刺中极、曲骨、三阴交穴或艾灸关元、中极穴等刺激排尿。

6. 导尿术 经上述处理无效时，非梗阻性尿潴留根据医嘱采用导尿术。

7. 健康教育 指导患者养成及时、定时排尿的习惯，教会患者自我放松的正确方法。

案例分析

某患者，男性，66岁。主诉进行性排尿困难1年余，近3个月来尿频，每日排尿10余次，且尿道外口时常有尿液溢出。体格检查：下腹部隆起，叩诊实音。直肠指检：前列腺大小4 cm×5 cm，质韧，中央沟消失，测残余尿300 ml。

（二）尿失禁患者的护理

护理评估

1. 尿失禁的概念 尿失禁（urinary incontinence）指排尿失去意识控制或不受意识控制，尿液不自主地流出。

2. 尿失禁的原因

（1）真性尿失禁：因排尿反射活动失去大脑皮质的控制，膀胱逼尿肌出现无抑制性收缩。尿道括约肌损伤或麻痹，如支配括约肌的神经损伤或疾病。真性尿失禁多见于昏迷、截瘫的患者。

（2）假性尿失禁（充溢性尿失禁）：多由于创伤、感染、肿瘤引起神经性排尿功能障碍，或膀胱以下的尿路梗阻所致，如前列腺增生、尿道狭窄等。

（3）压力性尿失禁：因膀胱括约肌张力减退，盆底肌肉及韧带松弛所致，多见于中老年女性。

3. 尿失禁的临床表现

（1）真性尿失禁：膀胱完全不能贮存尿液，处于空虚状态，表现为持续滴尿。

（2）假性尿失禁（充溢性尿失禁）：膀胱内贮存尿液，当充盈到一定压力时即不自主地溢出少量尿液，当膀胱内压力降低时，排尿即停止，但膀胱仍充满尿液而不能排空。

（3）压力性尿失禁：当咳嗽、喷嚏或运动使腹压升高时，尿液不自主地溢出。

护理诊断

1. 焦虑 与排尿异常有关。

2. 有皮肤完整性受损的危险 与尿液持续浸湿局部皮肤有关。

护理措施

1. 心理护理 尿失禁常给患者带来极大的心理压力，导致自卑、忧郁、丧失自尊等，同时也给患者的生活带来诸多不便。护理人员应尊重、理解患者，保护其隐私，给予安慰、开导和鼓励。

2. 减少诱因 应积极预防和治疗咳嗽，尽量避免打喷嚏和大笑等导致腹肌收缩、腹内压升高的动作。

3. 皮肤护理 对尿失禁患者，可经常用温水清洗会阴部皮肤，勤换衣裤、床单、中单、尿垫，以保持局部皮肤清洁、干燥，预防压疮。

4. 外部引流 必要时应用接尿装置引流尿液。女性患者可用女式尿壶紧贴会阴部接取尿液；男性患者可用尿壶或阴茎套连接集尿袋接尿，但此法不宜长时间使用。

5. 留置导尿管 对长期尿失禁的患者，可行留置导尿术，定时排放尿液，锻炼膀胱壁肌肉张力。

6. 健康教育 ①向患者及家属介绍尿失禁的原因、配合护理的方法，帮助患者树立信心。②摄入适当的液体：如病情允许，指导患者每日白天摄入液体 2000 ~ 3000 ml。多饮水可增加对膀胱的刺激，促进排尿反射的恢复，还可预防泌尿系感染。入睡前限制饮水，以免影响患者休息。③膀胱功能训练：安排排尿时间表，定时使用便器。初始时白天每隔 1 ~ 2 小时使用便器 1 次，夜间每隔 4 小时使用便器 1 次。以后间隔时间逐渐延长，以促使排尿功能恢复。④盆底肌肉力量的锻炼：患者取站立位、坐位或卧位，试做排尿或排便动作。先慢慢收紧盆底肌肉，再缓缓放松，每次 10 秒左右，连续 10 次，每日进行数次，以不觉疲乏为宜，以增强腹部肌肉的力量，增加控制排尿的能力。

三、协助排尿的护理技术

（一）导尿术

导尿术（urethral catheterization）是指在无菌操作下，将无菌导尿管经尿道插入膀胱引流尿液的方法。

护理评估

1. 评估与解释

（1）评估患者：①核对患者身份，如床号、住院号、姓名、性别、年龄和诊断。②全身情况，如患者目前病情、治疗情况和意识状态等。③局部情况，如排尿情况，膀胱充盈度及会阴部皮肤、黏膜情况。④心理状态，患者对疾病与导尿术的认知程度、合作程度，有无恐惧、焦虑等。

（2）解释：向患者及其家属解释导尿术的目的、注意事项及配合要点。

2. 评估环境 环境整洁、舒适，光线明亮，用屏风或床帘遮挡，酌情关门、窗，嘱咐无关人员离开。

护理诊断

同尿潴留。

护理计划

1. 目的

（1）为尿潴留患者引流出尿液，以减轻痛苦。

（2）收集无菌尿标本，做细菌培养，协助临床诊断。

（3）检查膀胱功能，测量膀胱容量、压力及检查残尿量。

（4）进行尿道、膀胱造影，为膀胱肿瘤患者进行化疗等。

2. 准备

（1）护士准备：衣帽整洁，修剪指甲，洗手，戴口罩。

（2）患者准备：①患者及家属了解导尿的目的、过程及注意事项，知晓操作中的配合要点。②清洁外阴，若患者无自理能力，应协助其进行外阴清洁。

（3）用物准备：有以下几种。①初步外阴消毒用物：弯盘 1 个，治疗碗内盛消毒液棉球 10 余个、血管钳 1 把、手套 1 只或指套 2 只，用无菌纱布遮盖。②无菌导尿包（或一次性无菌导尿包）：内有治疗碗及弯盘 1 个，导尿管 2 根（女性成人 14～16 号，男性成人 18～20 号，儿童 8～12 号），小药杯 1 个（内盛 4 个棉球），血管钳 2 把，液状石蜡棉球 1 个，标本瓶 1 个，洞巾 1 块，治疗巾 1 块。③其他用物：无菌持物钳 1 把，无菌手套 1 双，消毒溶液（0.5%碘伏），男性患者另备无菌纱布 2 块，小橡胶单和治疗巾 1 套或一次性尿垫，浴巾 1 条，便盆及便巾，屏风。治疗盘外备手消毒液，治疗车下层备生活垃圾桶、医用垃圾桶。

护理实施

1. 女性患者导尿术 女性患者导尿术实施，见表 15-1。

表 15-1 女性患者导尿术实施

护理实施	流程简释	要点说明
备物、核对	◆备齐用物携至患者床旁，再次核对患者身份，指导患者配合的方法，取得患者合作	确认患者，避免差错
清洁外阴	◆能自理者嘱其自行清洁外阴。不能自理者，护士协助清洗	
安置体位	◆松开床尾盖被，协助患者脱去对侧裤腿，盖于近侧腿上，根据温度加盖浴巾，将盖被盖于远侧腿上。协助患者取仰卧屈膝位，两腿外展，暴露外阴	保护隐私，防止受凉
垫巾置盘	◆将小橡胶单及治疗巾垫于患者臀下，弯盘置于会阴下，倒 0.5%碘伏于治疗碗内浸湿棉球，将治疗碗置于弯盘与两腿之间，方便操作	保护床单，避免污染 每个棉球限用一次，自上而下，由外向内，操作规范，严格无菌
初次消毒	◆左手戴手套，右手持血管钳夹取消毒液棉球依次擦拭阴阜—大阴唇（先对侧后近侧）—小阴唇（左手拇指、示指分开大阴唇，先对侧后近侧）—尿道口—阴道、会阴联合、肛门。将弯盘、治疗碗一并移至治疗车下层，脱手套，置医用垃圾桶	每个棉球限用一次，由上而下，由内向外，在尿道口停留片刻
开包倒液	◆将导尿包置患者两腿之间，打开外层包布，用无菌持物钳打开内层包布，取出小药杯，倒 0.5%碘伏于小药杯中，浸湿棉球，戴无菌手套	

续表

护理实施	流程简释	要点说明
铺巾润管	◆铺无菌洞巾，使洞巾和内层包布衔接成一无菌区，按顺序排列好用物。选择适宜导尿管并检查，用润滑油棉球润滑导尿管前端，置于治疗碗内	
再次消毒	◆将弯盘置会阴下，左手拇指、示指分开并固定小阴唇，右手持血管钳夹取消毒液棉球，依次消毒尿道口—两侧小阴唇（先对侧后近侧）—尿道口。消毒完毕，将盛污棉球的弯盘、小药杯及消毒用的血管钳移至包布内层右下侧	
固定、插管	◆左手持续固定小阴唇后，右手将无菌治疗碗或弯盘移至会阴下，嘱患者张口呼吸，右手持血管钳夹持导尿管自尿道口轻轻插入尿道 4 ~ 6 cm，见尿再插入 1 ~ 2 cm（图 15-1）	防污染，左手勿松开 观察反应，指导配合
放尿、倒尿	◆松开左手，固定导尿管，将尿液引入治疗碗或弯盘内（图 15-2），如治疗碗或弯盘内盛 2/3 满尿液，夹闭导尿管末端，倒尿液于便盆内，再打开导尿管继续放尿	
留取标本	◆若需做尿培养，用无菌试管接取中段尿液 5 ml，盖好塞子，放置妥当	标本勿遗忘，防污染
拔管整理	◆夹闭导尿管末端，轻轻拔出，撤下洞巾，擦净外阴，撤用物置治疗车下层，脱手套，洗手。协助患者穿裤子，取舒适卧位，整理床单位，询问患者感受及需要	用物分类处理 健康教育，感谢合作
记录送检	◆记录，尿标本送检	准确记录，及时送检

视频：
女性患者导尿术

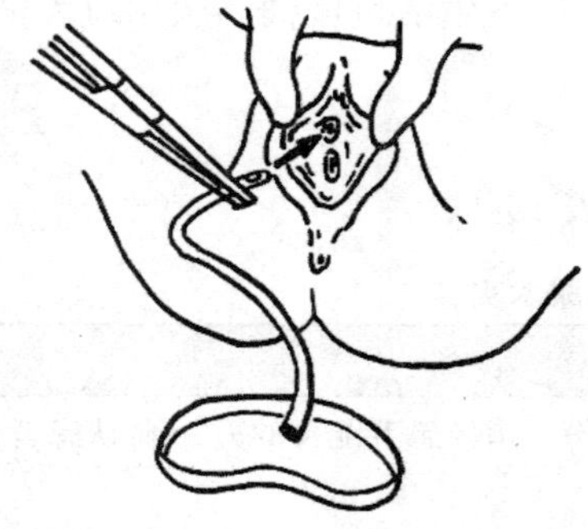

图 15-1　固定、插管

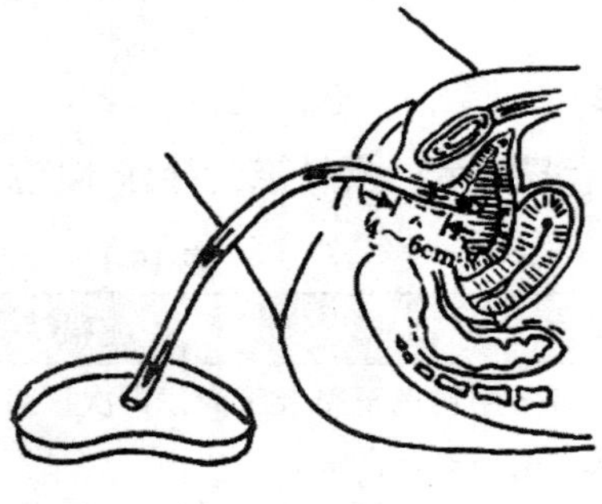

图 15-2　放尿

2. 男性患者导尿术　男性患者导尿术实施，见表 15-2。

表 15-2　男性患者导尿术实施

护理实施	流程简释	要点说明
	◆备物、核对 ~ 清洁外阴同女性患者导尿术	
安置体位	◆患者取仰卧位，两腿略分开，暴露会阴部	保护隐私，防止受凉
垫巾置盘	◆同女性患者导尿术	
初次消毒	◆护士左手戴手套，右手持血管钳夹取消毒液棉球依次擦拭阴阜—阴茎—阴囊，用无菌纱布包裹住阴茎将包皮向后推，暴露尿道外口，自阴茎根部向尿道口向外及向后旋转，擦拭尿道口、龟头及冠状沟。将弯盘、治疗碗一并移至治疗车下层，脱手套置医用垃圾桶 ◆开包倒液 ~ 铺巾润管同女性患者导尿术	消毒自下而上，由内到外，每个棉球限用一次。注意彻底消毒包皮和冠状沟易藏污垢处

续表

护理实施	流程简释	要点说明
再次消毒	◆左手用无菌纱布裹住阴茎将包皮向后推，暴露尿道口，右手用消毒液严格如前法消毒尿道口、龟头及冠状沟	由内向外，自上而下
固定、插管	左手用无菌纱布固定阴茎并提起，使其与腹壁呈 60°（图 15-3），右手将无菌治疗碗或弯盘置洞巾口旁，嘱患者张口呼吸，用血管钳夹持导尿管前端，对准尿道口轻轻插入 20 ~ 22 cm，见尿液流出后，再插入 1 ~ 2 cm，将尿液引流入治疗碗或弯盘内	
	◆放尿、倒尿 ~ 记录送检同女性患者导尿术	

视频：
男性患者导尿术

注意事项

1. 注意保暖，避免过多暴露患者，保护其自尊和隐私。

2. 严格执行无菌技术操作，以防尿路感染。

3. 选择粗细适宜、光滑的导尿管。插管时动作要轻柔、准确，避免损伤尿道黏膜。

4. 为女性患者（尤其是老年女性患者）导尿时，应仔细观察、辨认尿道口，因为老年女性尿道口回缩易误插。如误入阴道，应另换无菌导尿管重新插入。为男性患者导尿时，如因膀胱颈部肌肉收缩产生阻力，应稍停片刻，嘱患者深呼吸，减轻尿道括约肌的紧张，再缓缓插入导尿管，切忌暴力插入。

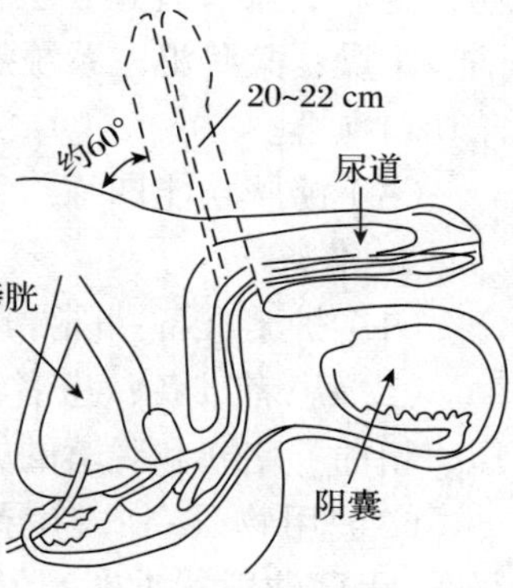

图 15-3　男性患者导尿术

5. 膀胱高度膨胀且又极度虚弱的患者，第一次放尿不得超过 1000 ml。因大量放尿使腹腔内压急剧下降，血液大量滞留在腹腔血管内，可致血压下降而发生虚脱，又因膀胱内压突然降低，致膀胱黏膜急剧充血，发生血尿。

护理评价

1. 严格遵守无菌操作原则，无污染。

2. 操作正确、规范，患者无不适感，无不良反应，达到预期效果。

3. 护患沟通有效，患者知道导尿的相关知识，愿意配合。

4. 充分体现人文关怀，尊重患者，保护患者隐私。

（二）留置导尿术

案例分析

某患者，女性，28 岁。孕 1 产 0，孕 39^{+4}，于凌晨 6 : 00 出现阵痛入院，待产 12 小时产程进展缓慢，宫缩乏力，听诊胎心率 100 ~ 160 次 / 分。拟行剖宫产术。医嘱：留置导尿。

留置导尿术（retention catheterization）是指在导尿后，将导尿管保留在膀胱内，持续引流尿液的方法。

护理评估

1. 评估与解释

（1）评估患者：同导尿术。

（2）解释：向患者及家属解释留置导尿术的目的、注意事项及配合要点。

2. 评估环境　同导尿术。

护理诊断

1. 焦虑 与担心胎儿预后及手术风险有关。

2. 舒适度减弱 与手术改变原有生活状态有关。

护理计划

1. 目的

（1）观察病情：正确记录每小时尿量，测量尿比重，为抢救危重或休克患者及时做好病情判断。

（2）持续引流尿液：为盆腔手术患者排空膀胱，使膀胱持续保持空虚状态，避免术中误伤；为尿失禁、昏迷、会阴或肛门附近有伤口不宜自行排尿者持续引流尿液，以保持局部清洁、干燥；某些泌尿系统疾病手术后留置导尿管，便于引流和冲洗，减轻手术切口的张力，利于切口愈合。

（3）膀胱功能训练：为尿失禁患者行膀胱功能训练。

2. 准备

（1）护士准备：同导尿术。

（2）患者准备：患者及家属了解留置导尿的目的、过程及注意事项，学会防止引流管受压、扭曲、堵塞和脱落的方法。

（3）用物准备：除导尿用物外，另备无菌集尿袋 1 只、无菌气囊导尿管 1 根（16 ~ 18 号）、无菌注射器 1 副、无菌生理盐水 10 ~ 20 ml、橡皮圈、安全别针 1 个。普通导尿管需备蝶形胶布和备皮用物。

护理实施

留置导尿术实施，见表 15-3。

表 15-3 留置导尿术实施

护理实施	流程简释	要点说明
导尿管固定	◆备物、核对 ~ 固定、插管同导尿术	
气囊导尿管固定	◆插入气囊导尿管，见尿后再插入 7 ~ 10 cm ◆根据说明书，向气囊注入等量的生理盐水，轻拉导尿管有阻力感，证实导尿管已固定于膀胱内，再将导尿管向内推入 1 ~ 2 cm（图 15-4）	气囊勿卡在尿道内口，以防压迫造成黏膜损伤
接集尿袋	◆将导尿管尾端与集尿袋的引流管接头连接，开放导尿管	
固定引流管	◆用橡皮圈、别针将集尿袋的引流管固定在床单上，并留出足够长度，防止因翻身牵拉，使导尿管滑出（图 15-5）	
安置尿袋	◆将集尿袋妥善地固定于床沿下	集尿袋低于膀胱的高度 健康教育，感谢合作
安置体位	◆协助患者穿裤子，取舒适卧位，整理床单位，询问患者感受及需要	
洗手、记录	洗手后记录	

视频：
留置导尿术

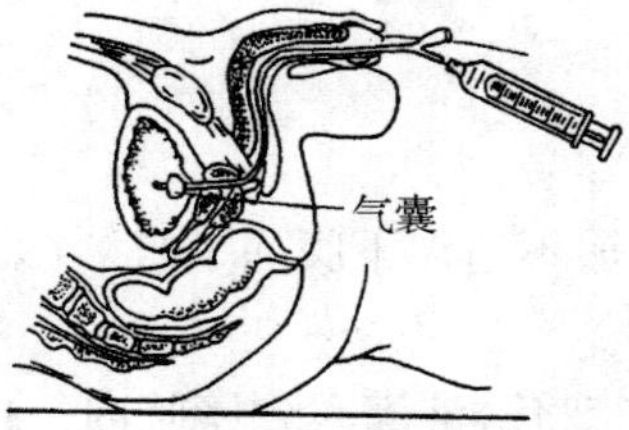

图 15-4 带气囊导尿管的固定法

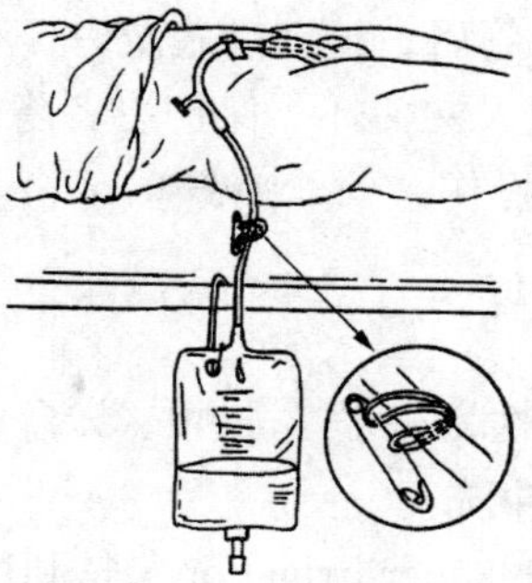

图 15-5 集尿袋固定法

注意事项

1. 保持引流通畅 引流管应放置妥当，避免导尿管受压、扭曲、堵塞。患者离床活动时用胶布将导尿管远端固定在大腿上，以防止导尿管脱出。

2. 防止泌尿系统逆行感染

（1）保持尿道口清洁：女性患者用消毒棉球擦拭外阴及尿道口，男性患者用消毒液棉球擦拭尿道口、龟头、包皮，每日 1 ~ 2 次。

知识链接

导尿管的种类

导尿管一般分为单腔导尿管（用于一次性导尿）、双腔导尿管（用于留置导尿）、三腔导尿管（用于膀胱冲洗或向膀胱内滴药）3 种。其中双腔导尿管和三腔导尿管都具有一个气囊，以达到将导尿管头端固定在膀胱内防止脱落的目的。

规格：采用何种规格的导尿管取决于患者的身材。虽然没有统一的规定，但是一般儿童用 8 ~ 12 号，女性成人用 14 ~ 16 号，男性成人用 18 ~ 20 号。若导尿管过细，在尿道中稍遇阻力就容易发生自动卷曲。另外，导尿管越细，越易被血块和纤维块堵塞。反之，如导尿管过粗，则对尿道口、尿道及周围组织产生不应有的压迫，造成组织糜烂。

（2）每日定时更换集尿袋，及时排空膀胱，并记录尿量。

（3）每周更换导尿管 1 次，硅胶导尿管可酌情延长更换周期。

（4）在患者病情允许的情况下，鼓励患者多饮水，保证每日饮水量在 2000 ml 以上，以达到自然冲洗尿道的目的。

（5）集尿袋不得高于膀胱高度，并避免挤压，防止尿液反流造成逆行感染。

（6）发现尿液混浊、沉淀、有结晶时，应行膀胱冲洗。每周检查尿常规 1 次。

3. 训练膀胱反射功能 对长期留置导尿者，拔管前可采取间歇性夹管，夹闭导尿管，每 3 ~ 4 小时开放 1 次，使膀胱定时充盈和排空，促进膀胱功能恢复。

4. 健康教育 向患者及家属解释留置导尿的目的和护理方法，使其认识到预防泌尿系感染的重要性。

护理评价

1. 严格遵守无菌操作原则，无污染。
2. 操作正确、规范，患者无不适感，无不良反应，达到预期效果。

3. 留置导尿管后，护理措施及时、有效，无并发症发生。

4. 充分体现人文关怀，保护患者隐私。护患沟通有效，患者、家属知道相关的护理知识，理解和配合各项操作。

案例分析

某患者，女性，35 岁。尿频、尿急、尿痛、排尿不适伴下腹痛 3 日。诊断：膀胱炎。

（三）膀胱冲洗

膀胱冲洗（bladder irrigation）是利用三通导尿管将溶液灌入到膀胱内，再借用虹吸原理将灌入的液体引流出来的方法。

护理评估

1. 评估与解释

（1）评估患者：①核对患者身份，如床号、住院号、姓名、性别、年龄和诊断。②全身情况，如患者目前病情、治疗情况和意识状态等。③局部情况，如排尿情况、膀胱充盈度及会阴部皮肤及黏膜情况。④心理状态，患者对疾病与导尿术的认知程度、合作程度，有无恐惧、焦虑等。

（2）解释：向患者及家属解释膀胱冲洗的目的、注意事项及配合要点。

2. 评估环境 同导尿术。

护理诊断

1. 排尿困难 与膀胱感染有关。

2. 疼痛 与膀胱炎有关。

3. 焦虑 与排尿困难有关。

护理计划

1. 目的

（1）保持留置导尿患者的尿液引流通畅。

（2）清洁膀胱，清除膀胱内的血凝块、黏液、细菌等异物，预防感染。

（3）治疗某些膀胱疾病，如膀胱炎、膀胱肿瘤。

（4）泌尿外科手术的术前准备和术后护理。

2. 准备

（1）护士准备：同导尿术。

（2）患者准备：患者及家属了解膀胱冲洗的目的、过程及注意事项。

（3）用物准备

1）开放式膀胱冲洗：①无菌治疗盘，治疗盘内置治疗碗 2 个、镊子 1 把、0.5%碘伏棉球数个、纱布 2 块、无菌膀胱冲洗器、无菌集尿袋。②弯盘、便盆及便盆巾。

2）密闭式膀胱冲洗：①无菌治疗盘，治疗盘内置治疗碗 1 个、镊子 1 把、0.5%碘仿棉球数个、无菌膀胱冲洗装置 1 套、血管钳 1 把。②输液器 1 副、输液架、便盆及便盆巾。③常用冲洗溶液有 0.9%氯化钠溶液、0.02%呋喃西林溶液、3%硼酸溶液、0.1%氯己定溶液、0.1%新霉素溶液。溶液的温度为 38 ~ 40 ℃。若为前列腺肥大摘除术后患者，用 4 ℃ 0.9%氯化钠溶液灌洗。

3）治疗盘外备手消毒液，治疗车下层备生活垃圾桶、医用垃圾桶。

护理实施

膀胱冲洗实施，见表 15-4。

表 15-4　膀胱冲洗实施

护理实施	流程简释	要点说明
冲洗膀胱	◆行导尿术 ~ 排空膀胱同留置导尿术	
▲开放式膀胱冲洗	◆开放引流管—排空膀胱—夹闭引流管 ◆消毒：分开导尿管与集尿袋引流管连接处，用 0.5%碘伏棉球消毒导尿管口和引流管接头，用无菌纱布包裹引流管接头，放妥 ◆冲洗：用膀胱冲洗器每次自导尿管口向膀胱内缓缓注入 200 ~ 300 ml 冲洗液，取下冲洗器，使冲洗液自行流出或缓慢吸出。如此反复冲洗，直至流（吸）出液澄清为止	询问患者，观察反应
▲密闭式膀胱冲洗		
准备排气	◆按输液法开启冲洗溶液，常规消毒瓶塞，将输液器针头插入，挂于输液架上，排气后关闭	
消毒、连接	◆用 0.5%碘仿棉球消毒导尿管口和引流管接头并分别与 Y 形管的两端相连接，Y 形管的主管连接输液管（图 15-6）	
排空、冲洗	◆开放引流管，排空膀胱。夹闭引流管，开放输液管，调节滴速，使溶液滴入膀胱。待患者有尿意或滴入溶液 200 ~ 300 ml 后，夹闭输液管，开放引流管，将冲洗液全部引流出来后，再夹闭引流管，如此反复冲洗，直至流（吸）出液澄清为止	询问患者，观察反应 控制滴速
注药、整理	◆冲洗完毕，消毒导尿管口及引流管接头并连接，如需注入药物，根据医嘱注药后连接。清洁外阴部，固定导尿管和集尿袋。协助患者取舒适卧位，整理床单位，清理物品	关爱患者，健康教育 感谢合作
洗手、记录	◆洗手，记录冲洗液名称及量，引流液量及性状，患者反应等	规范、及时、准确

视频：
膀胱冲洗

注意事项

1. 严格无菌操作，防止导尿管和引流管接头污染，防止泌尿系感染。

2. 滴入药物治疗时，药物应在膀胱内保留 30 分钟后再引流出，以保证药物的疗效。

3. 每日冲洗 2 ~ 4 次，每次冲洗量 500 ~ 1000 ml，滴速一般为 60 ~ 80 滴 / 分，不宜过快，以免患者尿意强烈，膀胱收缩，迫使冲洗液从导尿管溢出尿道外。已抽吸出的液体不得再注入膀胱内。

4. 保持引流通畅，Y 形管须低于耻骨联合，以便引流彻底。若流出量少于灌入的液体量，应考虑是否有血块或脓液阻塞，可增加冲洗次数或更换导尿管。

5. 密切观察患者反应及冲洗液性状。冲洗时，若患者感觉不适，出现腹痛、膀胱剧烈收缩、流出血性液体时，应停止冲洗，通知医生。

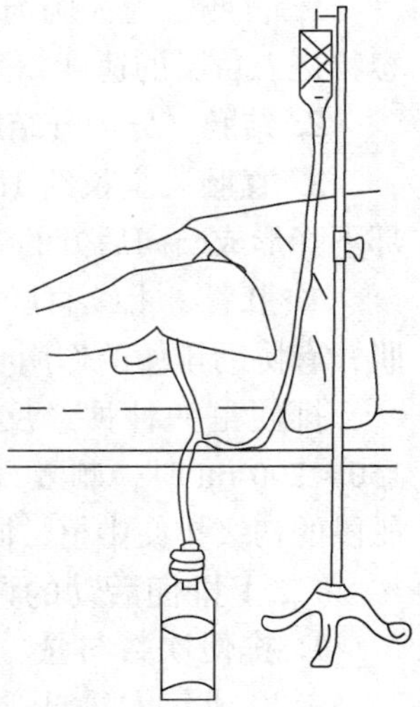

图 15-6　膀胱冲洗

➢ **考点：** 患者，女性，36岁。尿失禁，遵医嘱给予气囊导尿管留置导尿，下列操作中错误的是

A. 操作前嘱患者清洁外阴

B. 初次消毒顺序为由外向内，自上而下

C. 插入导尿管，见尿后再插 1 ~ 2 cm

D. 再次消毒顺序为内—外—内，自上而下

E. 每个棉球限用一次

音频：
考点解析

护理评价

1. 严格遵守无菌操作原则，无污染。
2. 操作正确、规范，患者无不适感，无不良反应，达到预期效果。
3. 充分体现人文关怀，护患沟通有效，患者知道相关知识，愿意配合。

第二节 排 便 护 理

食物进入消化道后，经过胃和小肠的消化和吸收，所产生的残渣储存于大肠内，除一部分水分被大肠吸收外，其余均经细菌发酵和腐败作用后形成粪便排出体外。通常情况下，粪便的性质和形状可以反映整个消化系统的功能和状态。因此护士对患者的粪便及排便活动进行观察，可及早发现和鉴别消化道疾病，利于诊断、治疗和护理措施的制订。

一、排便活动的评估

（一）与排便有关的解剖和生理

人体参与排便活动的主要器官是大肠。大肠全长 1.5 m，起自回肠末端，止于肛门，分盲肠、结肠、直肠和肛管 4 个部分。

1. 盲肠 为大肠与小肠的衔接部分，其内有回盲瓣，起括约肌的作用，既可控制回肠内容物进入盲肠的速度，又可防止大肠内容物逆流。

2. 结肠 分为升结肠、横结肠、降结肠、乙状结肠，围绕在小肠周围。

3. 直肠 全长约 16 cm，从矢状面看，有骶曲和会阴曲两个弯曲。骶曲是直肠在骶骨前部下降形成凸向后方的弯曲，会阴曲是直肠绕过尾骨尖形成凸向前方的弯曲。

4. 肛管 上续直肠，下止肛门，长约 4 cm，为肛门括约肌所包围。肛门内括约肌为平滑肌，有协助排便的作用。肛门外括约肌为骨骼肌，是控制排便的重要肌束。

排便是一种神经反射活动。在正常情况下，直肠是空虚的。当粪便进入直肠，容积达 150 ~ 200 ml 时，刺激直肠内壁感受器，产生神经冲动，冲动经盆神经和腹下神经传至脊髓腰骶段的初级排便中枢，同时上传到大脑皮质，引起便意和排便反射。

（二）排便活动的评估

1. 排便次数与量 正常成人每日排便 1 ~ 3 次，平均量为 100 ~ 300 g。婴幼儿每日排便 3 ~ 5 次。成年人每日排便＞3 次，每周＜3 次，视为排便异常。粪便量的多少与饮食有关，进食肉类及蛋白质者排便量较少，素食者排便量较多。当消化器官功能混乱时，可出现排便量的改变。

2. 形状与软硬度 正常成人的粪便柔软、成形。便秘时，粪便坚硬，呈栗子样。消化不

良或急性肠炎时，粪便可为稀便或水样便。肠道部分梗阻或直肠狭窄时，粪便常呈扁条形或带状。

3. 颜色

（1）正常粪便颜色：成人粪便呈黄褐色或深黄色，婴儿粪便呈黄色或金黄色。因摄入食物或药物种类不同，粪便颜色会发生变化。

（2）异常粪便颜色：暗红色便提示下消化道出血；柏油样便提示上消化道出血；白色陶土便提示胆道梗阻；粪便表面有鲜血提示痔疮或肛裂；果酱样便常见于肠套叠、阿米巴痢疾；白色“米泔水”样便常见于霍乱、副霍乱。

4. 气味 粪便的气味由蛋白质被细菌分解发酵产生。正常时，粪便气味因膳食种类而异，肉食者粪便味重，素食者粪便味轻。严重腹泻患者因未消化的蛋白质与腐败菌作用，粪便呈碱性反应，气味极恶臭；下消化道溃疡、恶性肿瘤患者粪便呈腐臭味；上消化道出血患者的柏油样粪便呈腥臭味；消化不良或乳儿糖类未充分消化时，粪便呈酸性反应，气味呈酸臭味。

5. 内容物 粪便的内容物主要为食物的残渣、细菌、大量脱落的肠上皮细胞及机体代谢后的废物。粪便中混有大量黏液见于肠道炎症；粪便伴有脓血者见于痢疾和直肠癌；寄生虫感染时粪便中可见蛔虫、蛲虫、绦虫节片。

（三）影响排便的因素

1. 心理因素 心理因素是影响排便的重要因素。精神抑郁易导致便秘。精神紧张、焦虑可能导致消化不良、腹泻。

2. 年龄 年龄可影响人对排便的控制。2～3 岁以下的婴幼儿，神经、肌肉发育不全，不能自行控制排便。老年人随着年龄增加，腹壁肌肉张力下降，胃肠蠕动减慢，肛门括约肌松弛等导致肠道控制能力下降而出现排便功能异常。

3. 食物与液体摄入 富含纤维素的食物可使粪便柔软而能轻易排出。每日摄入足量的液体可以液化肠内容物，使食糜顺利通过肠道。当摄食量过少、食物中缺少纤维或水分不足时，无法产生足够的粪便容积和液化食糜，易导致粪便变硬、排便减少而发生便秘。

4. 活动 活动可维持肌肉张力，刺激肠道蠕动，有助于维持正常的排便功能。各种因素所致长期卧床、缺乏活动的患者，可因肌肉张力减退而导致排便困难。

5. 个人排便习惯 每个人都有自己习惯的排便时间、便具等。当这些因素改变时，可影响正常排便。

6. 疾病 肠道本身的疾病或身体其他系统的病变均可影响正常排便。如大肠癌、结肠炎可使排便次数增加；脊髓损伤、脑卒中等可致大便失禁。

7. 药物和治疗 缓泻药可能促进排便。治疗腹泻的收敛药可导致便秘。长时间服用抗生素可以抑制肠道正常菌群而导致腹泻。腹部或肛门手术会因为肠壁肌肉暂时麻痹或切口疼痛而造成排便困难。

二、排便异常的护理

案例分析

某患者，男性，53 岁。主诉头痛、腹痛、腹胀、乏力，患者食欲不佳，舌苔变厚，粪便干硬，触诊腹部较硬且肌紧张，可触及包块，患者有便意，但排便困难。

（一）便秘患者的护理

护理评估

1. 便秘的概念 便秘（constipation）指正常的排便性状改变，排便次数减少，排出过于干硬的粪便，且排便不畅、困难。

2. 便秘的原因

（1）中枢神经系统功能障碍。

（2）排便习惯改变：排便环境或时间改变等。

（3）长期卧床，活动减少。

（4）生活习惯不良：饮食结构不合理，水分或粗纤维摄入量不足。

（5）疾病因素：各类直肠、肛门手术后以及器质性病变，如肠梗阻、神经系统疾病、全身性疾病及肛周疾病，滥用缓泻药等均可抑制肠道功能而导致发生便秘。

3. 便秘的临床表现 可出现腹痛、腹胀、消化不良、乏力、食欲减退、排便困难等。触诊腹部较硬且肌紧张，有时可触及包块。

护理诊断

1. 便秘 与活动受限、长期卧床、排便习惯改变、饮食不合理有关。

2. 焦虑 与排便困难有关。

护理措施

1. 心理护理 了解患者的心理状态和排便习惯，给予耐心解释和指导，缓解患者的紧张、焦虑的情绪。

2. 提供排便环境 为患者提供单独、隐蔽的排便环境及充分的排便时间，如拉床帘或用屏风遮挡，避开查房、治疗、护理和进餐时间，以消除患者的紧张情绪，利于排便。

3. 采取适宜的排便姿势 如病情允许，可让患者下床到洗手间排便。酌情协助卧床患者取适当体位，如采取坐姿或将床头抬高。绝对卧床休息者或某些手术者，应在术前有计划地训练其在床上使用便器。

4. 腹部按摩 协助患者在腹部做离心的环状按摩，以刺激肠蠕动，帮助排便。

5. 其他 按医嘱给予人工缓泻药，如蓖麻油、植物油、液状石蜡、硫酸镁等。指导患者使用药物并观察药物疗效。指导和协助患者使用简易通便法，如使用开塞露、甘油栓等。通过软化粪便、润滑肠壁、刺激肠蠕动而排便，但不能长期使用。必要时给予灌肠。

6. 健康教育 指导患者养成定时排便的习惯。嘱患者多进食蔬菜、小米、粗粮等含膳食纤维多的食物，每日饮水 2000 ml 左右，适当食用油脂类食物。适当活动，如散步、打太极拳，卧床患者可进行床上活动。

案例分析

某患者，男性，66 岁。4 日前无明显诱因出现腹泻，每日解蛋花汤样便 4～5 次，量中等，带少许黏液，无脓血，无明显腥臭味，无黑便。患者主诉腹痛，无腹胀，进食后时有呕吐，呕吐物为胃内容物，无呕咖啡样物。

（二）腹泻患者的护理

护理评估

1. 腹泻的概念 腹泻（diarrhea）指正常排便形态改变，排便次数增多，粪便稀薄、不成形或呈水样便，常伴有腹痛、恶心、呕吐及乏力等。

2. 腹泻的原因

（1）饮食不当：如进食过冷、过油腻、不洁或过敏的食物。

（2）胃肠道疾病：溃疡性结肠炎、吸收不良综合征等。

（3）精神因素：情绪紧张、焦虑等。

（4）某些药物的作用：使用缓泻药。

3. 腹泻的临床表现

（1）消化道症状：排便形态改变，粪便稀薄、不成形或呈水样便，排便次数增多，每日排便 3 次以上。

（2）全身症状：常伴有腹痛、恶心、呕吐、乏力、食欲缺乏、精神委靡等。

（3）水、电解质代谢紊乱：主要表现为脱水及代谢性酸中毒等。

护理诊断

1. 焦虑 与排便异常有关。

2. 有体液不足的危险 与排便次数多导致体液丢失有关。

3. 有皮肤完整性受损的危险 与局部皮肤长期受到粪便刺激有关。

护理措施

1. 心理护理 关心、尊重患者，及时给予心理安慰，消除紧张、焦虑的情绪，并协助患者清洗、沐浴，及时更换衣裤、床单及被套，使其身心舒适。

2. 卧床休息 减少肠蠕动，注意腹部保暖。

3. 膳食调理 鼓励患者多饮水，酌情给予清淡的流质或半流质食物，避免油腻、辛辣、高纤维食物。

4. 皮肤护理 每次排便后用软纸轻擦肛门，用温水清洗，并涂油膏保护局部皮肤。

5. 防止水、电解质代谢紊乱 注意补充水、电解质，防治水、电解质代谢紊乱，口服补液盐或静脉输液。

6. 密切观察病情 记录排便的性质、次数等，必要时留取标本送检。

7. 健康教育 对患者进行宣传教育，告知饮食卫生常识，腹泻的原因及防治措施。

案例分析

某患者，男性，34 岁。不慎从建筑工地 6 楼坠落，腰椎骨折，急诊入院。体格检查：意识不清，T 36.8 ℃，BP 90/60 mmHg。

（三）大便失禁患者的护理

护理评估

1. 大便失禁的概念 大便失禁（fecal incontinence）指肛门括约肌不受意识的控制而不自主地排便。

2. 大便失禁的原因

（1）生理原因：多见于神经肌肉系统的病变或损伤，如瘫痪等。

（2）心理原因：多见于情绪失调、精神障碍等。

3. 大便失禁的临床表现

（1）完全失禁：排便无次数，粪便可自行流出。用力咳嗽，走路、下蹲时常有粪便黏液流出。

（2）不完全失禁：可控制干便，但不能控制稀便。

（3）会阴部皮肤受损：粪便刺激皮肤，可导致会阴皮肤破溃。

（4）心理表现：因大便失禁，患者会产生自卑、忧郁、焦虑等不良心理反应。

护理诊断

1. **意识障碍** 与高空坠落、腰椎骨折有关。
2. **大便失禁** 与腰椎骨折有关。
3. **有皮肤完整性受损的危险** 与局部皮肤受到粪便刺激有关。

护理措施

1. **心理护理** 大便失禁给患者带来极大的心理压力，患者常有自卑心理和忧郁情绪，期望得到理解和帮助。护士应给予安慰和鼓励，帮助其树立信心。

2. **保持室内空气清新** 定时开窗通风，及时更换污染的衣裤、被单，保护床单位，保持衣裤的清洁、干燥。

3. **皮肤护理** 注意保持皮肤清洁、干燥，床上加铺橡胶单和中单或一次性尿垫。每次排便后用软纸轻擦肛门，用温水清洗，并涂油膏保护局部皮肤。

4. **重建正常排便功能** 观察排便反应，及时给患者使用便盆，帮助患者重建排便的控制能力。教会患者进行盆底肌收缩运动锻炼，逐步恢复肛门括约肌的控制能力。

案例分析

某患者，女性，15 岁。因进食大量蚕豆和可乐，腹胀、腹痛就诊。

（四）气胀患者的护理

护理评估

1. **气胀的概念** 气胀（flatulence）是指胃肠道内有过多的气体积聚而不能排出。

2. **气胀的原因** 肠功能异常、摄入过多产气性食物、肠梗阻及肠道手术后、药物的不良反应等。

3. **气胀的临床表现** 气胀表现为腹部膨隆，叩之呈鼓音，腹胀、痉挛性腹痛、呃逆、肛门排气增多。当气胀压迫膈肌和胸腔时，可出现气短和呼吸困难。

护理诊断

1. **疼痛** 与腹部过多气体积聚有关。
2. **焦虑** 与腹部胀痛有关。

护理措施

1. **养成良好的饮食习惯** 指导患者进食时细嚼慢咽，勿食产气的食物和饮料。

2. **适当活动** 鼓励患者适当活动，协助患者下床活动，如散步，卧床患者可做床上活动或变换体位，以促进肠蠕动，减轻气胀。

3. **对症处理** 去除引起气胀的原因。轻微气胀时，可行腹部热敷或腹部按摩、针刺疗法。严重气胀时，遵医嘱给予药物治疗或行肛管排气。

三、协助排便的护理技术

（一）灌肠疗法

灌肠疗法（enema therapy）是将一定量的液体由肛门经直肠灌入结肠，以帮助患者清洁肠道、排出粪便和积气，或由肠道提供药物及营养，达到诊断和治疗目的的方法。根据灌肠疗法的目的，可分为不保留灌肠和保留灌肠。不保留灌肠根据灌注的液体量，分为大量不保留灌肠和小量不保留灌肠。为了达到清洁肠道的目的而反复进行的大量不保留灌肠，称为清洁灌肠。

大量不保留灌肠

护理评估

1. 评估与解释

（1）评估患者：①核对患者身份，如床号、住院号、姓名、性别、年龄和诊断。②全身情况，如患者目前病情、治疗情况和意识状态等。③局部情况，如排便情况，有无痔疮、肛裂及肛门周围皮肤及黏膜情况。④心理状态，如有无恐惧，焦虑等，合作程度，操作中是否能配合。

（2）解释：向患者及家属解释大量不保留灌肠的目的、注意事项及配合要点。

2. 评估环境　环境整洁、舒适，光线明亮。用屏风或床帘遮挡，酌情关门、窗，嘱无关人员离开。

护理诊断

同便秘患者的护理。

护理计划

1. 目的

（1）排便排气：软化和清除粪便，驱除肠内积气。

（2）清洁肠道：为肠道手术、检查或分娩做准备。

（3）减轻中毒：稀释并清除肠道内的有害物质。

（4）高热降温：灌入低温溶液，为高热患者降温。

2. 准备

（1）护士准备：衣帽整洁，修剪指甲，洗手，戴口罩。

（2）患者准备：患者及家属了解大量不保留灌肠的目的、过程及注意事项，知晓操作中的配合要点。

（3）用物准备：①治疗车上层备治疗盘，内备一次性灌肠袋或无菌灌肠筒 1 套、肛管、血管钳（或液体调节开关）、润滑剂、棉签、弯盘、卫生纸、一次性垫巾或橡胶单和治疗巾、水温计、一次性手套。②灌肠溶液常用 0.1%～0.2% 肥皂液或生理盐水，成人每次用量 500～1000 ml，小儿根据年龄酌减，250～500 ml。溶液温度 39～41 ℃，高热降温的低温溶液温度 28～32 ℃，中暑患者用 4 ℃的生理盐水。③其他，如便盆、便盆巾、输液架和屏风。治疗盘外备手消毒液。治疗车下层备生活垃圾桶、医用垃圾桶。

护理实施

大量不保留灌肠实施，见表 15-5。

表 15-5　大量不保留灌肠实施

护理实施	流程简释	要点说明
备物、核对	◆备齐用物携至患者床旁，再次核对患者身份，指导患者配合的方法，取得患者合作。嘱患者排尿	确认患者，避免差错
安置体位	◆协助患者取左侧卧位，双膝屈曲，脱裤至膝部，臀部移至床沿，不能自行控制排便的患者可取仰卧位	
垫巾置盘	◆垫橡胶单和治疗巾于臀下，置弯盘于臀边，盖好被子，只露臀部	保护隐私，防止受凉

续表

护理实施	流程简释	要点说明
挂筒排气	◆倒溶液于一次性灌肠袋中并挂于输液架上，灌肠筒液面距肛门 40 ~ 60 cm（图 15-7），排尽管内气体，夹管	依据病情调整高度
润管、插管	◆护士戴手套，润滑肛管前端，一手执卫生纸分开臀裂显露肛门，嘱患者深呼吸，另一手将肛管轻轻插入直肠深度为 7 ~ 10 cm，小儿插入深度为 4 ~ 7 cm	如插入受阻，退出少许，旋转后缓缓插入
灌液、观察	◆固定肛管，松钳或打开调节器，灌入液体。观察：①如液面下降过慢或停止，多因粪块阻塞肛管前端，可移动肛管或挤捏肛管，使粪块松动、脱落。②如患者感觉腹胀或有便意，可嘱其深呼吸以减轻腹压，同时降低灌肠筒高度，以减慢流速或暂停片刻。③如患者出现面色苍白、脉速、出冷汗、剧烈腹痛、心悸、气短等，应立即停止灌肠，与医生联系，及时给予处理	观察分析，及时处理
拔出肛管	◆溶液即将流尽时夹管，用卫生纸包裹肛管轻轻拔出，将一次性灌肠袋置入医用垃圾桶，用卫生纸擦净肛门	防止空气进入肠道
保留溶液	◆协助患者取舒适的卧位，嘱患者尽量保留 5 ~ 10 分钟，以利粪便软化。降温灌肠，液体应保留 30 分钟，排便后 30 分钟测量体温并记录	正确指导，提高效果
协助排便	◆对不能下床的患者，给予便盆，将呼叫器和卫生纸放于易取处。对危重患者，应等候至排便完毕，清洁局部，取出便盆、橡胶单和治疗巾，脱手套	保证安全
整理、归位	◆整理床单位，开窗通风，去除异味，清理用物	健康教育，感谢合作
观察、记录	◆观察大便性质、颜色、量，必要时留取标本送检。洗手后，在体温单便栏内记录灌肠结果，如灌肠后排便一次记为 1/E；灌肠后未排便记为 0/E	仔细观察，及时记录

视频：
大量不保留灌肠

注意事项

1. 禁忌证 急腹症、消化道出血、妊娠、严重心血管疾病等患者。

2. 正确选用灌肠溶液 肝性脑病患者禁用肥皂液灌肠，以减少氨的产生和吸收。充血性心力衰竭或水钠潴留患者禁用 0.9%氯化钠溶液灌肠，以减少钠的吸收。

3. 压力适宜 如灌肠筒过高，压力过大，液体流入速度过快，不易保留且易造成肠道损伤。伤寒患者灌肠时，灌肠筒内液面不得高于肛门 30 cm，液体量不得超过 500 ml。

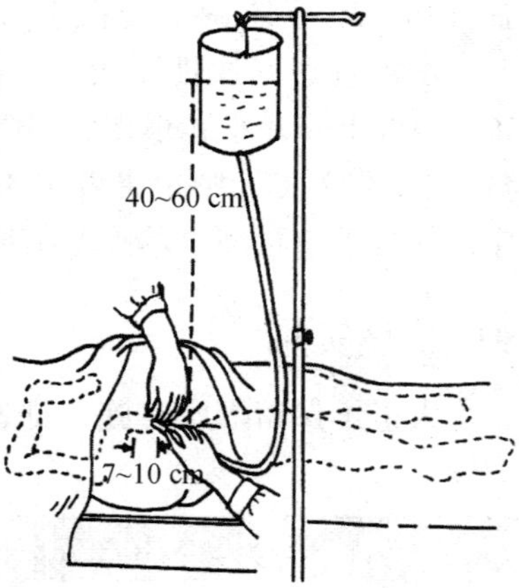

图 15-7　大量不保留灌肠

4. 防止肠黏膜损伤 插管时，应嘱患者深呼吸与放松，以利插入肛管。如插管受阻，可退出少许，旋转后缓缓插入。切勿用力插管，以免损伤肠黏膜。

5. 注意保护患者隐私和自尊 冬季注意保暖，防止受凉。

6. 密切观察 灌肠过程中随时观察患者的病情变化，如发现脉速、面色苍白、出冷汗、剧烈腹痛、心悸、气短时，应立即停止灌肠，向医生报告，给予及时处理。

7. 健康教育 向患者及家属讲解维持正常排便习惯的重要性，指导患者及家属保持健康的生活习惯，以维持正常排便。

护理评价

1. 护理操作正确、规范，患者无不适感，无不良反应，达到预期效果。
2. 护患沟通有效，患者知道相关知识，理解和配合操作。
3. 充分体现以人为本的护理服务理念，尊重患者，保护患者隐私。

案例分析

某孕妇，孕 1 产 0，孕 24W，便秘就诊。医嘱：1.2.3 溶液灌肠。

小量不保留灌肠

护理评估

1. 评估与解释

（1）评估患者：①核对患者身份，如床号、住院号、姓名、性别、年龄和诊断。②全身情况，如患者目前病情、治疗情况和意识状态等。③局部情况，如排便情况，有无痔疮、肛裂及肛门周围皮肤及黏膜情况。④心理状态，有无恐惧、焦虑等，合作程度，操作中是否能配合。

（2）解释：向患者及家属解释小量不保留灌肠的目的、注意事项及配合要点。

2. 评估环境 同大量不保留灌肠。

护理诊断

1. 便秘 与妊娠激素水平改变有关。

2. 焦虑 与便秘有关。

护理计划

1. 目的 为腹部或盆腔手术后、危重患者、年老体弱、小儿、孕妇等解除便秘和气胀。

2. 准备

（1）护士准备：同大量不保留灌肠。

（2）患者准备：同大量不保留灌肠。

（3）用物准备：①治疗车上层备治疗盘，治疗盘内置无菌注洗器、量杯或小容量灌肠筒、肛管（12～16 号），血管钳、润滑剂、棉签、弯盘、卫生纸、5～10 ml 温开水、一次性垫巾或橡胶单和治疗巾、一次性手套。②常用灌肠液 1.2.3 溶液（50%硫酸镁 30 ml，甘油 60 ml，温开水 90 ml）；甘油或液状石蜡 50 ml 加等量温开水；各种食用植物油 120～180 ml。液体温度 39～41 ℃。③其他，便盆、便盆巾、屏风。治疗盘外备手消毒液。治疗车下层备生活垃圾桶、医用垃圾桶。

护理实施

小量不保留灌肠实施，见表 15-6。

表 15-6　小量不保留灌肠实施

护理实施	流程简释	要点说明
备物、核对～润管、插管同大量不保留灌肠		
固定、注液	◆固定肛管，缓缓注入溶液，直至溶液全部注入。如使用小容量灌肠筒，液面距肛门高度低于 30 cm（图 15-8）	灌注速度不宜过快
注温开水	◆灌注完毕，注入温开水 5～10 ml，抬高肛管尾端，使管内溶液全部流入	
拔出肛管	◆反折肛管，用卫生纸包住肛管轻轻拔出，分离肛管，置于弯盘，擦净肛门	防止空气进入肠道
保留溶液	◆协助患者取舒适的卧位，嘱患者尽量保留溶液 10～20 分钟后再排便	充分软化，以利排出
	◆协助排便～观察、记录同大量不保留灌肠	

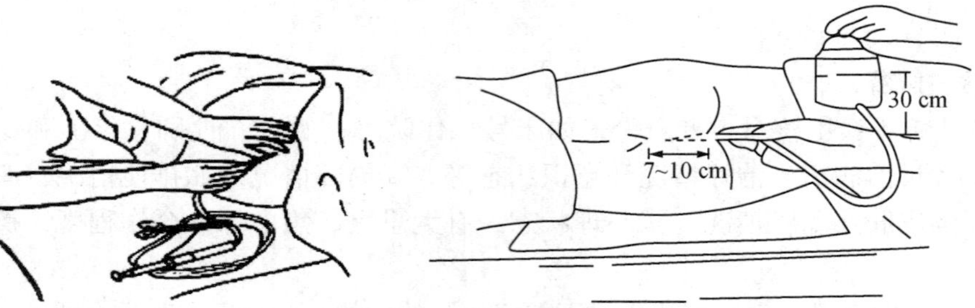

图 15-8　小容量灌肠筒灌肠疗法

注意事项

1. 正确选用灌肠溶液，掌握溶液的温度、浓度和量，注入速度不可过快。
2. 每次抽吸灌肠液时应反折肛管尾端，以防空气进入肠道引起腹泻。

护理评价

同大量不保留灌肠。

清洁灌肠

同大量不保留灌肠。反复多次进行灌肠，首次用肥皂液，余用 0.9%氯化钠溶液，直到排出液澄清、无粪质为止。

口服高渗溶液清洁肠道

视频：
口服清洁肠道法

高渗溶液进入肠道，在肠内形成高渗环境，使肠道内水分大量增加，从而软化粪便，刺激肠道蠕动，加快排便，达到清洁肠道的目的。口服高渗溶液清洁肠道适用于直肠、结肠检查和手术前肠道准备。常用溶液有甘露醇、硫酸镁。

（1）甘露醇法：患者术前 3 日进半流质饮食，术前 1 日进流质饮食，术前 1 日 14∶00—16∶00 口服甘露醇溶液 1500 ml（20%甘露醇溶液 500 ml+5%葡萄糖溶液 1000 ml 混匀），一般服用后 15～20 分钟即反复自行排便。

（2）硫酸镁法：患者术前 3 日进半流质饮食，每晚口服 50%硫酸镁 10～30 ml。术前 1 日进流质饮食，术前 1 日 14∶00—16∶00 口服 25%硫酸镁溶液 200 ml（50%硫酸镁溶液 100 ml+50%葡萄糖盐水 100 ml），然后再口服温开水 1000 ml，余同甘露醇法。

服药速度不宜过快，以免引起呕吐。服药过程中，护士应观察患者的反应，注意排便次数及粪便性质并记录，确定是否达到清洁肠道的目的。

案例分析

某患者，男性，34岁。因进食不洁食物出现腹泻、腹痛，排出黏液脓血便，伴里急后重，持续10日。诊断：慢性细菌性痢疾。

保留灌肠

护理评估

1. 评估与解释

（1）评估患者：①核对患者身份，如床号、住院号、姓名、性别、年龄和诊断。②全身情况，如患者目前病情、治疗情况和意识状态等。③局部情况，如排便情况，有无痔疮、肛裂，肛门周围皮肤及黏膜情况。④心理状态，有无恐惧、焦虑等，患者合作程度，操作中是否能配合。

（2）解释：向患者及家属解释保留灌肠的目的、注意事项及配合要点。

2. 评估环境 同大量不保留灌肠。

护理诊断

1. 腹泻 与胃肠道感染有关。

2. 腹痛 与胃肠道感染有关。

3. 知识缺乏 患者缺乏疾病预防的知识。

护理计划

1. 目的 将药液灌入到直肠或结肠内，通过肠黏膜吸收达到治疗的目的，常用于镇静、催眠和治疗肠道感染。

2. 准备

（1）护士准备：同大量不保留灌肠。

（2）患者准备：了解保留灌肠的目的、过程和注意事项，排空尿、便，配合操作。

（3）用物准备：①治疗盘，小枕头，肛管（8～10号），其余同小量不保留灌肠。②常用溶液的药物及剂量遵医嘱准备。镇静催眠用10%水合氯醛。治疗肠道感染用2%小檗碱、0.5%～1%新霉素或其他抗生素溶液。灌肠溶液量不超过200 ml，溶液温度39～41 ℃。

护理实施

保留灌肠实施，见表15-7。

表15-7 保留灌肠实施

护理实施	流程简释	要点说明
备物、核对	◆携用物至患者床旁，核对、解释。嘱患者排便、排尿	尊重患者，严格查对 耐心解释，减少暴露
安置体位	◆根据病情选择不同卧位，慢性细菌性痢疾病变部位多在直肠或乙状结肠，取左侧卧位。阿米巴痢疾病变多在回盲部，取右侧卧位。双膝屈曲，脱裤至膝部，将小枕及垫巾齐床沿，抬臀于枕上，抬高臀部10 cm，置弯盘于臀边	

续表

护理实施	流程简释	要点说明
润管、排气	◆护士戴手套，润滑肛管前端，用注洗器抽吸药液，连接肛管，排气，夹管	
插入肛管	◆护士一手执卫生纸分开臀裂，显露肛门，嘱患者深呼吸，另一手将肛管轻轻插入直肠 15～20 cm	动作轻柔，插入要深
灌注溶液	◆固定肛管，缓缓注入溶液，直至溶液全部注入。灌注完毕，注入温开水 5～10 ml，抬高肛管尾端，使管内溶液全部流入	规范操作，促进流入 灌注速度不宜过快
拔出导管	◆反折肛管，用卫生纸包住肛管轻轻拔出，分离肛管，置于弯盘，擦净肛门	防止空气进入肠道
保留溶液	◆协助患者取舒适的卧位，嘱患者尽量保留溶液 1 小时以上	保留时间要长
	◆协助排便～观察、记录同大量不保留灌肠	感谢患者合作

视频：
保留灌肠

注意事项

1. 肛门、直肠、结肠等手术后患者及大便失禁者不宜保留灌肠。

2. 肠道抗感染以晚上睡眠前灌肠为宜，因患者活动减少，药液易于保留、吸收，可提高治疗效果。

3. 为保留药液，减少刺激，肛管要细，插入要深。注入药液的速度要慢，药量要少。液面距肛门高度不超过 30 cm，灌入量不超过 200 ml。

护理评价

1. 操作正确、规范，患者无不适感，无不良反应，达到预期效果。

2. 灌肠液选择正确，灌肠筒的高度及肛管插入的深度合适。

3. 护患沟通有效，患者知道相关知识，理解并配合操作。

4. 充分体现人文关怀，尊重患者，保护患者隐私。

（二）简易通便法

护理评估

1. 评估与解释

（1）评估患者：①核对患者身份，如床号、住院号、姓名、性别、年龄和诊断。②全身情况，如患者目前病情、治疗情况和意识状态等。③局部情况，如排便情况，肛门周围皮肤及黏膜情况。④心理状态，有无恐惧、焦虑等，患者合作程度，操作中是否能配合。

（2）解释：向患者及家属解释简易通便法的目的、注意事项及配合要点。

2. 评估环境　同大量不保留灌肠。

护理诊断

同便秘患者的护理。

护理计划

1. 目的　使用简易通便剂，通过软化粪便，润滑肠壁，刺激肠蠕动而促进排便。此法简单易行，经济有效，适用于年老体弱者和久病卧床患者。

2. 准备

（1）护士准备：同大量不保留灌肠。

（2）患者准备：患者及家属了解简易通便法的目的、过程及注意事项，知晓操作中的配合要点。

（3）用物准备：通便剂、卫生纸、剪刀。

护理实施

1. 开塞露法 开塞露由甘油或山梨醇制成，装在塑料容器内。使用时，将封口端剪去，先挤出少许液体润滑开口处。患者取左侧卧位，放松肛门外括约肌，再将药液全部挤入直肠内（图 15-9），保留 5～10 分钟后排便。

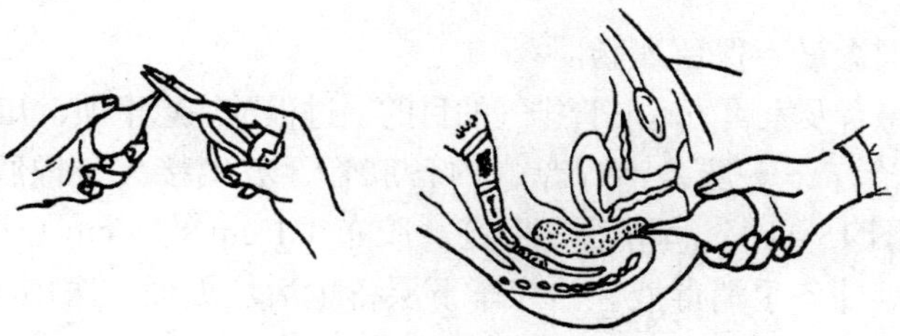

图 15-9 开塞露简易通便法

2. 甘油栓法 甘油栓是由甘油和明胶制成的栓剂。使用时，手垫纱布或戴手套，捏住甘油栓底部轻插入肛门至直肠内（图 15-10），抵住肛门处轻轻按摩，保留 5～10 分钟后排便。

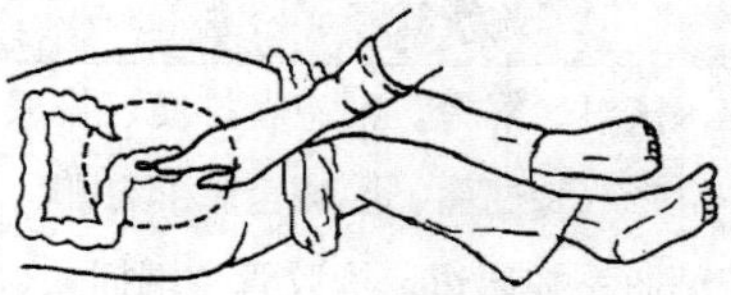

图 15-10 甘油栓简易通便法

3. 肥皂栓法 将普通肥皂削成圆锥形（底部直径约 1 cm，长 3～4 cm），使用时手垫纱布或戴手套，将肥皂栓蘸热水后轻轻插入肛门。注意：有肛裂及肛门剧烈疼痛者不宜使用肥皂栓法通便。

注意事项

1. 操作时，手法要轻柔，避免损伤肠黏膜或引起肛门水肿。
2. 对大便嵌塞者，经简易通便或灌肠后仍无效时，可采取人工取便法，以解除患者痛苦。
3. 如患者出现面色苍白、出汗、疲倦等不适时，应暂停操作，并向医生报告，协助处理。

护理评价

1. 操作正确、规范，患者排出粪便，无不良反应，达到预期效果。
2. 护患沟通有效，患者及家属知道相关知识，理解并配合操作。
3. 充分体现人文关怀，尊重患者，保护患者隐私。

（三）肛管排气法

护理评估

1. 评估与解释

（1）评估患者：①核对患者身份，如床号、住院号、姓名、性别、年龄和诊断。②全身情况，如患者目前病情、治疗情况和意识状态等。③局部情况，如排便情况，肛门周围皮肤及黏膜情况。④心理状态，有无恐惧、焦虑等，患者合作程度，操作中是否能配合。

（2）解释：向患者及家属解释肛管排气的目的、注意事项及配合要点。

2. **评估环境** 同大量不保留灌肠。

护理诊断

同气胀患者的护理。

护理计划

1. **目的** 将肛管从肛门插入直肠，以排除肠腔内积气，减轻腹胀。

2. **准备**

（1）护士准备：同大量不保留灌肠。

（2）患者准备：患者及家属了解肛管排气的目的、过程及注意事项，知晓操作中的配合要点。

（3）用物准备：治疗车上层备治疗盘，内备肛管、玻璃接头、橡胶管、玻璃瓶（内盛水3/4满）、瓶口系带（图15-11）、润滑油、棉签、胶布（1 cm×15 cm）、别针、卫生纸、弯盘，必要时备屏风。治疗盘外备手消毒液。治疗车下层备生活垃圾桶、医用垃圾桶。

护理实施

肛管排气法实施，见表15-8。

表15-8 肛管排气法实施

护理实施	流程简释	要点说明
备物、核对	◆携用物至患者床旁，核对、解释。嘱患者排便、排尿	尊重患者，严格查对
安置体位	◆取左侧卧位或仰卧位，双膝屈曲，脱裤至膝部	减少暴露，注意保暖
系瓶、连管	◆护士戴手套，将玻璃瓶系在床边，橡胶管一端插入玻璃瓶液面下，以便观察气体排出量，另一端与肛管相连接	防止空气进入肠道
润管、插管	◆润滑肛管前端，护士一手执卫生纸分开臀裂，显露肛门，嘱患者深呼吸，另一手将肛管轻轻插入直肠15～18 cm	关心患者，动作轻柔
妥善固定	◆用胶布将肛管固定，橡胶管用别针和橡皮圈固定在床单上（图15-12）	留够长度，便于翻身
观察、处理	◆观察排气情况，若气体排出，可见瓶内液面下有气泡自管端逸出。如排气不畅，帮助患者更换体位或按摩腹部，以促进排气	密切观察，及时处理
保留肛管	◆保留肛管不超过20分钟	控制时间，防止不适
拔管、擦拭	◆反折肛管，用卫生纸包住肛管轻轻拔出，分离肛管，置于弯盘，擦净肛门	
整理、归位	◆协助患者取舒适的体位，整理床单位，清理用物。冲洗肛管并常规消毒	健康教育，感谢合作
洗手、记录	◆洗手，记录排气与腹胀改善情况	规范、及时、准确

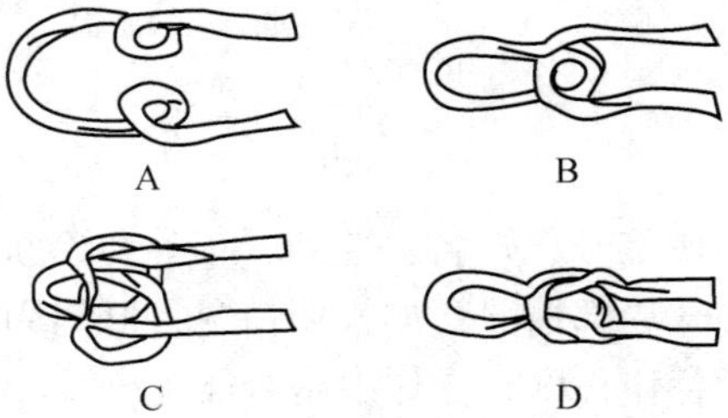

图15-11 瓶口系带法

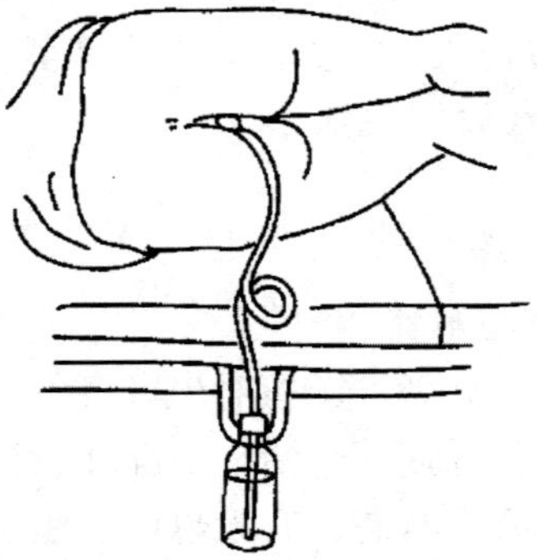

图15-12 肛管固定方法

注意事项

1. 保留肛管不超过 20 分钟，必要时 2～3 小时后再行排气一次。长时间留置肛管会降低肛门括约肌的反应，甚至导致肛门括约肌永久性松弛。

2. 插管时要防止外界空气进入直肠，以免加重腹胀。

3. 对患者进行健康教育，嘱其养成良好的饮食习惯，进食细嚼慢咽，勿食产气多的食物，适当活动，以促进肠蠕动。

护理评价

1. 操作正确、规范，患者排气通畅，腹胀减轻，无不良反应，达到预期效果。
2. 护患沟通有效，患者知道相关知识，愿意配合。
3. 充分体现以人为本的护理服务理念，尊重患者，保护患者隐私。

➤ **考点：** 患者，男性，20 岁。腹痛、腹泻、里急后重，排脓血便，诊断为“慢性细菌性痢疾”。医嘱：1％新霉素 50 ml，保留灌肠，以下操作不妥的是

A. 嘱患者先排尿、排便　　B. 液面距肛门高度小于 30 cm

C. 取屈膝仰卧位抬高臀部　　D. 插入肛管 10～15 cm

E. 保留溶液 1 小时以上

音频：考点解析

自测题

一、A1型题

1. 若新鲜尿液有氨臭味，疑有
   A. 肝性脑病　B. 有机磷农药中毒　C. 急性肾小球肾炎
   D. 泌尿系感染　E. 糖尿病酮症酸中毒
2. 急性肾小球肾炎尿呈
   A. 洗肉水色　B. 酱油色　C. 乳白色
   D. 黄褐色　E. 淡黄色
3. 无尿指 24 小时尿量少于
   A. 1000 ml　B. 800 ml　C. 600 ml
   D. 400 ml　E. 100 ml
4. 关于尿失禁患者的护理，不妥的是
   A. 给予患者安慰与鼓励　B. 控制饮水，减少尿量
   C. 给予留置导尿　D. 指导患者锻炼盆底肌肉
   E. 做好皮肤护理，防止压疮
5. 为女性患者导尿，初次消毒的顺序是
   A. 由上至下，由外向内　B. 由上至下，由内向外
   C. 由下至上，由内向外　D. 由下至上，由外向内
   E. 由尿道口至周围

6. 对非尿路梗阻的尿潴留患者，最后采取的措施是
A. 用温水冲洗会阴部　B. 让患者听流水声　C. 按摩下腹部
D. 热敷下腹部　E. 导尿术

7. 影响排尿活动的因素不包括
A. 年龄　B. 性别　C. 饮食
D. 职业　E. 气候

8. 对便秘患者进行健康教育，不正确的是
A. 定时排便　B. 多吃蔬菜　C. 卧床患者少活动
D. 每日摄入液体 2000 ml　E. 适当食用油脂类食物

9. 胆道完全梗阻患者粪便呈
A. 暗红色　B. 鲜红色　C. 柏油样便
D. 白陶土色　E. 果酱样便

10. 不需要大量不保留灌肠的是
A. 解除便秘　B. 取便化验　C. 清除毒物
D. 分娩前准备　E. 高热患者降温

11. 慢性细菌性痢疾患者，灌肠时应取
A. 左侧卧位　B. 右侧卧位　C. 仰卧位
D. 屈膝仰卧位　E. 俯卧位

12. 为伤寒患者灌肠时，溶液量不超过
A. 200 ml　B. 500 ml　C. 800 ml
D. 1000 ml　E. 1500 ml

13. 关于肛管排气的操作，不妥的是
A. 肛管插入 15 ~ 18 cm　B. 与肛管连接的橡胶管插入液面下
C. 保留肛管 1 小时　D. 帮助患者更换体位
E. 在患者腹部做离心按摩

二、A2 型题

14. 某患者，肝性脑病前期，表现为烦躁、意识不清，此时灌肠忌用
A. 油剂　B. 生理盐水　C. 液状石蜡
D. 1.2.3 溶液　E. 0.1%肥皂液

15. 某患者，64 岁。被诊断为充血性心力衰竭，灌肠时忌用
A. 油剂　B. 生理盐水　C. 液状石蜡
D. 1.2.3 溶液　E. 0.1%肥皂液

16. 某患者，女性，60 岁。骨盆骨折，6 日未排大便，腹部胀痛，排便困难，伴头痛、消化不良、食欲缺乏、乏力。患者出现的情况最可能是
A. 便秘　B. 尿潴留　C. 腹部肿块
D. 腹水　E. 盆腔感染

17. 某患者，男性，12 岁。因腹痛、腹泻 3 日入院。护士进行健康教育时，不妥的是
A. 卧床休息　B. 多饮水
C. 便后用软纸擦肛门　D. 进高热量、高纤维素饮食
E. 注意饮食卫生

三、A3/A4 型题

（18～20 题共用题干）

某患者，男性，56 岁。胃癌晚期，恶病质，膀胱高度膨胀。现根据医嘱给予导尿。

18. 导尿时，提起阴茎，使之与腹壁呈 60°，目的是
    A. 使耻骨前弯扩大　　B. 使耻骨下弯扩大
    C. 使耻骨前弯消失　　D. 使耻骨下弯消失
    E. 使尿道口充分暴露
19. 第一次放尿不应超过
    A. 500 ml　　B. 800 ml　　C. 1000 ml
    D. 1500 ml　　E. 2000 ml
20. 大量放尿会导致该患者出现
    A. 血尿　　B. 尿闭　　C. 尿痛
    D. 尿频　　E. 尿崩

（21～23 题共用题干）

某患者，女性，28 岁。今晨在腰麻下行剖宫产手术，遵医嘱术前为孕妇插导尿管

21. 导尿的目的是
    A. 避免术中伤及膀胱　　B. 保护肾
    C. 便于手术　　D. 避免术中出现尿潴留
    E. 避免术中出现尿失禁
22. 护士为患者行导尿术时，发现手套破裂，正确的处理方法是
    A. 立即修补后再使用　　B. 用纱布将破裂处包裹好
    C. 用无菌治疗巾包裹手指操作　　D. 立即更换无菌手套
    E. 用乙醇棉球擦拭破裂处
23. 导尿时，第二次消毒外阴需擦拭两遍的部位是
    A. 阴道口　　B. 大阴唇　　C. 尿道口
    D. 小阴唇　　E. 阴阜

（黄　芳）

思政之光

第十六章 药物疗法

思维导图

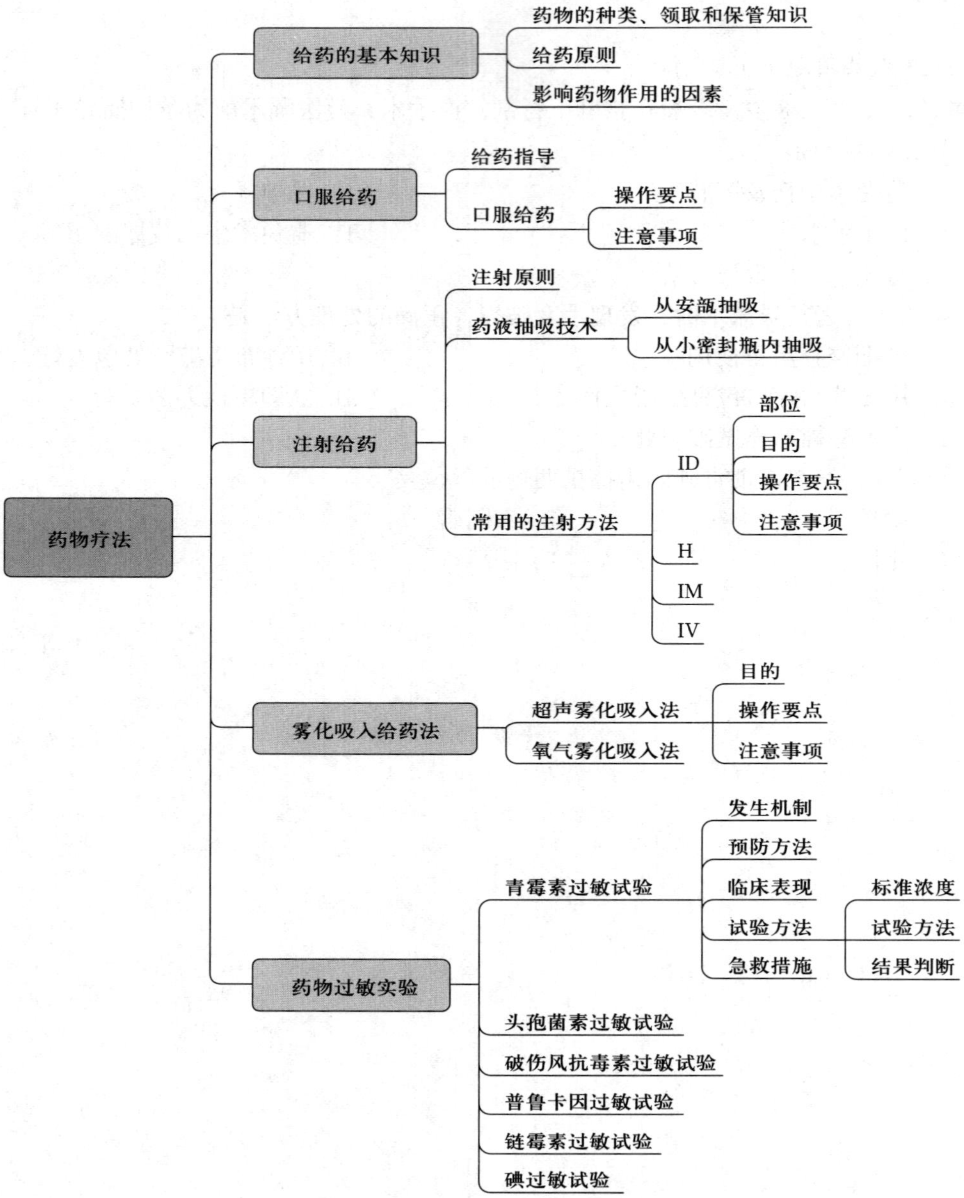

学习目标

1. 解释口服给药、超声雾化吸入法、注射法、皮内注射、肌内注射和静脉注射。
2. 知道影响药物疗效的因素，注射前准备，药液抽吸。
3. 描述药物的种类、领取和保管知识，给药方法、注射用物，氧气雾化吸入法。
4. 熟记给药原则、给药指导、口服给药；注射原则、常用注射法；超声雾化吸入法；青霉素、头孢菌素、破伤风抗毒素及普鲁卡因过敏试验法及过敏反应的护理。
5. 正确实施口服给药、各种注射法及各种过敏药物的配制与试验法，学会各种雾化吸入法。
6. 养成良好的职业素养，具有以人为本的护理服务理念、严谨务实的工作作风、爱伤观念及良好的护患沟通能力，严格执行查对制度、无菌操作原则及药疗原则，确保药疗安全。

药物治疗是临床最常用的一种治疗方法，广泛应用于预防疾病、协助诊断、治疗疾病、维持正常生理功能及促进健康。护士既是药物治疗的实施者，也是用药过程的监护者，为了保证合理、准确、安全、有效地给药，护士必须了解药理学的相关知识，掌握正确的给药方法和操作技术，正确评估患者用药前的病情及心理状态，评价用药后的疗效和反应，指导患者合理用药，防止和减少不良反应，确保临床用药安全、有效。

第一节　给药的基本知识

一、药物的种类、领取和保管知识

（一）药物的种类

1. 内服药　分为固体剂型和液体剂型。固体剂型包括片剂、丸剂、散剂、胶囊，液体剂型包括溶液、酊剂、合剂等。

2. 注射药　有水剂、油剂、混悬液、结晶及粉剂等。

3. 外用药　有酊剂、溶液、软膏、粉剂、搽剂、滴剂、栓剂、洗剂及涂膜剂等。

4. 其他剂型　有胰岛素泵、植入缓释药片、粘贴敷片等。

（二）药物领取方法

药物的领取需凭医生的处方进行。药物领取的方法根据医院的规模及相关规定，大致有以下几种。

1. 计算机联网管理　即医生开出医嘱、医嘱处理、药物计价、记账、药品的消耗结算等，均经计算机处理，减少中间环节，病区护士直接到药房领取药物。

2. 病区药柜保管　病区内设有药柜，存放一定基数的常用药物，由专人负责保管，按规定领取和补充。

3. 剧毒药、麻醉药等特殊药领取　病区内设有固定数，使用后护士凭医生处方和空安瓿领取、补充。

4. 中心药房领取　中心药房主要为住院患者的日间用药提供药品保障，病区护士负责对所取药品进行核对、领回、妥善保管。

（三）药物保管

1. 药柜保管　药柜应放在光线明亮处，保持整洁，但不应被日光直射。

2. 分类保管　药品应按内服、外用、注射、剧毒药等分类保管。按药物有效期的先后顺序使用，必要时护士要做好登记。剧毒药和麻醉药应加锁保管，由专人负责，每班认真交接，做好记录。个人专用的特殊药物应注明床号、姓名并单独存放。

3. 标签明显 药瓶外的标签一定要清晰，注明药名（用中英文对照书写）、剂量、浓度，标签的颜色：内服药用蓝色边，外用药用红色边，剧毒药和麻醉药用黑色边。

4. 定期检查 护士要定期检查药品的质量、数量及有效期。如发现药品过期、变质、变色，瓶体有裂隙，药液混浊、沉淀，标签脱落或模糊不清等，均不能使用。

5. 根据药物性质妥善保管 护士应根据药物的不同性质，采取不同的方法保存。

（1）易过期的药物：如各种维生素、胰岛素等应定期检查，按有效期时限的先后有计划地使用，避免浪费。

（2）易挥发、潮解或风化的药物：如乙醇、过氧乙酸、酵母片、糖衣片等，应装在密闭瓶内，用后注意盖紧瓶盖。

（3）易氧化和遇光变质的药物：应避光保存，如维生素C、盐酸肾上腺素、硝酸甘油等应装在棕色瓶中，避光，在密闭、干燥处保存，针剂类则应放在黑纸遮光的药盒内。

（4）易燃、易爆的药物：如乙醚、环氧乙烷、乙醇等，应单独存放于阴凉处，远离明火。

（5）易被热破坏的药物：如胰岛素、人血白蛋白、人血丙种球蛋白、各种疫苗等，须放在冰箱内（冷藏于2～10 ℃）保存。

（6）各类中药：均应放在阴凉干燥处，芳香性药品应加密封盖保存。

（7）患者个人专用药：应单独存放并注明床号、姓名。

音频：考点解析

➢ **考点：**符合药物保管原则的是

A. 药柜应放在通风、干燥、阳光直射处

B. 各种药品按有效期放置，先领后用

C. 药瓶上标签明显，剧毒药用红色边的标签

D. 易挥发、潮解的药物应冷藏在2～10 ℃的冰箱中

E. 个人专用的特种药物应单独存放

二、药疗原则

药疗原则是一切用药的总则，护士要严格遵守。

（一）根据医嘱给药

护士在执行药疗的过程中，必须严格执行医嘱。对有疑问的医嘱，应立即提出，核实准确后方可给药。同时，护士要有一定的药理知识，熟悉常用药物的作用、副作用、用法、毒性反应，了解患者的身心状况，做到正确给药。

（二）严格执行查对制度

三查：操作前、操作中、操作后。

八对：对床号、姓名、药名、浓度、剂量、时间、方法及药物的有效期。

一注意：注意观察患者用药后的反应。

（三）正确、安全给药

1. 做到五准确 将准确的药物，准确的剂量，通过准确的途径，在准确的时间内给准确的患者。备好的药物应及时使用，避免放置过久引起药物污染或药效降低等。

2. 熟练掌握给药方法及操作技术 护士在给患者用药时，要掌握药物的性能和使用方法，根据医嘱，运用准确而熟练的给药技术正确给药。

3. 注意配伍禁忌 当有两种或两种以上的药物联合使用时，应查对有无配伍禁忌。

（四）观察用药反应

患者用药后，注意观察药物疗效和不良反应及副作用，做好相应记录。及时发现药物的不良反应，以便为临床护理及调整治疗计划提供依据。

三、给药途径

给药途径依据药物的性质、剂型、机体对药物的吸收情况和用药目的不同而定。给药途径包括口服、吸入、舌下含服、外敷、直肠给药、注射（皮内、皮下、肌内、静脉注射）等。

四、给药时间

给药的次数和时间取决于药物的半衰期和人体的生理节奏，以维持血液中有效的血药浓度，发挥最大药效。临床常用外文缩写表示用药次数和时间间隔，常用的外文缩写及中文译意，见表 16-1。

表 16-1　医院常用外文缩写与中文译意

外文缩写	中文译意	外文缩写	中文译意
qd	每日 1 次	12mn	午夜 12 点
bid	每日 2 次	ac	饭前
tid	每日 3 次	pc	饭后
qid	每日 4 次	Hs	临睡前
qod	隔日 1 次	St	即刻
biw	每周 2 次	DC	停止
qm	每晨 1 次	prn	必要时（长期）
qn	每晚 1 次	SOS	需要时（限用 1 次）
qh	每小时 1 次	ID	皮内注射
q2h	每 2 小时 1 次	H	皮下注射
q3h	每 3 小时 1 次	IM 或 im	肌内注射
q4h	每 4 小时 1 次	IV 或 iv	静脉注射
am	上午	IV/gtt	静脉输液
pm	下午	aa	各
12n	中午 12 点	po	口服
g	克	Mist	合剂
ml	毫升	Sup	栓剂
gtt	滴剂	Pulv	粉剂
Rp，R	处方	Syr	糖浆剂
Tr	酊剂	Caps	胶囊
Tab	片剂	Pil	丸剂
Ung	软膏	Ext	浸膏
Liq	液体	Lot	洗剂

五、影响药物作用的因素

（一）药物因素

药物进入人体产生药效，必须经过吸收、分布、代谢、排泄过程，药物在血浆中达到一定浓度才能到达作用部位产生作用。药效产生的快慢与药物吸收有关，而药物的分布、代谢与排泄可决定药物在体内作用时间的长短。

1. 药物的吸收 药物的吸收是指药物自给药部位进入血液循环的过程。药物的分子大小、化学性质和解离度、药物剂型、给药途径和给药部位影响药物的吸收速度和量，进而影响药效的发挥。如水溶性制剂比油剂、混悬液以及固体剂型吸收得快；小分子药物及脂溶性高、极性低的药物容易通过细胞膜而被吸收；静脉给药直接进入血液循环，比肌内注射药物作用快。

2. 药物的分布 药物的分布是指药物随血液循环向组织、脏器转运的过程。药物在每一个组织和脏器中的分布是不均匀的。药物在体内的分布受血浆蛋白质、器官血流量、吸收部位的血液循环、pH、药物对组织脏器的亲和力等因素的影响。

3. 药物的代谢 药物的代谢是指药物进入作用部位与组织细胞相互作用，失去活性，易于排出的过程。大部分药物在肝代谢，少部分在肾、肠系膜、血浆代谢。肝、肾功能不良者影响药物的代谢过程。

4. 药物的排泄 药物的排泄是指药物及其代谢产物自体内排出体外的过程，也是药物自体内消除的重要方式。药物主要经肾排泄，其次是消化道、呼吸道、胆道、汗腺、乳腺、唾液腺。排泄器官功能障碍会影响药物的排泄，造成药物蓄积性中毒。

（二）给药方法

给药途径、时间、剂量以及联合用药等均对药物的作用有重要影响。

1. 给药途径 不同的给药途径可影响药效的强弱和起效的快慢。如经静脉给药时，药物直接进入血液循环，作用最快。在某些情况下，不同的给药途径还会产生不同的药效，如口服硫酸镁有导泻和利胆作用，而注射硫酸镁则有镇静和降血压作用。

2. 给药时间 为了提高疗效和降低药物毒性反应，不同药物有不同的给药时间。如口服药物若于饭前空腹服用，吸收较容易，药效较迅速；对胃黏膜有刺激性的药物则必须于饭后服用；某些药物为了维持其在血液中的有效浓度，必须做到定时给药；若患者肝、肾功能不良，应适当调整给药间隔时间。

3. 给药剂量 给药剂量与疗效存在一定的规律关系，药物必须达到一定的剂量才能产生效应，在一定的范围内剂量增加，疗效也随之增强，但药物毒性也相对增大。当药物作用达到最大效应后，即使再增加剂量，其疗效也不会增强，反而会导致药物毒性反应增加。

4. 联合用药 指两种或两种以上药物同时或先后应用。联合用药的目的是增强疗效，减少副作用。若联合用药后使原有的效应增强，称为协同作用。若联合用药后使原有的效应减弱，称为拮抗作用。如异烟肼和乙胺丁醇合用可增强抗结核作用。不合理的联合用药会降低疗效，加大毒性，如庆大霉素与依他尼酸钠或呋塞米配伍，可致永久性耳聋。

（三）机体因素

1. 生理因素

（1）年龄与体重：儿童和老年人对药物的反应与成人不同。对药物的反应，除体重因素外，还与生长发育和机体的功能状态有关。小儿的神经系统、内分泌系统以及许多脏器发育尚未完善，新陈代谢又特别旺盛，因而某些药物的应用有其特殊性。老年人的组织器官及其功能随年龄增长而出现生理性衰退，所以儿童和老年人的用药剂量应以成人剂量为参考酌情减量。60 岁以上老人用药剂量约为成人的 3/4，小儿用药剂量一般采用按体重计算或按年龄计算。

（2）性别：男性和女性对药物的反应一般无明显差异。但如女性处于月经期、妊娠期时，子宫对泻药、子宫收缩药及刺激性较强的药物较敏感，容易造成月经过多、早产或流产。此外，有些药物可能引起畸胎，有些药物可通过胎盘进入胎儿体内或经乳汁进入婴儿体内引起中毒，故女性在月经期、妊娠期、哺乳期用药要特别谨慎。

2. 病理因素　疾病可影响药物在体内的过程，从而影响药物的效应。在病理因素中，肝、肾功能具有特别的意义。肝实质细胞受损可导致某些药物代谢减少，此时主要在肝代谢的药物要减量、慎用或禁用。肾功能受损时，某些主要经肾排泄的药物因半衰期延长，可造成蓄积性中毒，故应减量或避免使用。

3. 心理因素　心理因素在一定程度上可影响药物的效应，其中以患者的情绪、对药物的信赖程度、医护人员的语言及暗示作用等最为重要。在给药过程中，护士应充分调动患者的主观能动性，以便更好地发挥药物的疗效。

4. 个体差异　在年龄、体重、性别等基本因素相同的情况下，不同个体对同一药物的反应仍有差异。如体质特异的患者对某类药物敏感度高，虽服用极少量，仍能引起中毒，必须避免使用。

（四）饮食因素

1. 促进药物吸收而增加疗效　如酸性食物可增加铁剂的溶解度，促进铁的吸收；粗纤维食物可促进肠蠕动，增进驱虫药的疗效；高脂饮食可促进脂溶性维生素吸收。

2. 干扰药物吸收而降低疗效　如补钙时不宜同食菠菜，因菠菜中含有大量草酸，草酸与钙结合形成草酸钙，从而会影响钙的吸收；铁剂不宜与茶、高脂饮食同时服用，因为茶叶中的鞣酸与铁会形成铁盐，妨碍铁的吸收，脂肪抑制胃酸分泌，也会影响铁的吸收，从而降低疗效。

3. 改变尿液 pH 而影响疗效　动物性脂肪在体内代谢产生酸性物质，牛奶、豆制品、蔬菜等食物在体内代谢产生碱性物质，他们排出时影响尿液 pH，从而影响药物疗效。如氨苄西林在酸性尿液中杀菌力强，用它治疗泌尿系感染时宜多食荤菜，使尿液偏酸，增强抗菌作用；而应用氨基糖苷类、头孢菌素、磺胺类药物时，则宜多食素食，以碱化尿液，增强抗菌疗效。

第二节　口服给药

口服给药（oral administration）是指药物口服后经胃肠黏膜吸收入血液循环，从而发挥局部或全身的治疗作用，以达到防治和诊断疾病目的的一种给药方法。口服给药是临床最常用的给药方法，具有方便、经济、安全的特点。口服给药吸收慢，故不适用于对急救、意识不清、呕吐、禁食等患者的治疗。

案例分析

某患者，女性，23 岁。主诉流清涕、咳嗽、咽痛 3 日，加重 1 日，到医院就诊。体格检查：T 39.5 ℃、P 108 次 / 分，R 24 次 / 分。诊断：上呼吸道感染。医嘱：康泰克 2 粒，tid，穿心莲片 2 片，tid，维生素 C 0.2 g，tid，po。

一、给药指导

1. 准时服药，维持药物在血液中的有效浓度，达到治疗效果。
2. 服用磺胺类药物后应多饮水，因药物经肾排出，尿少时易析出结晶，引起肾小管堵塞。

3. 刺激食欲的健胃药应在饭前服用，以增加食欲。助消化药和对胃黏膜有刺激性的药物宜饭后服用，有利于食物消化或减少对胃黏膜的刺激。

4. 止咳糖浆服后不宜立即饮水，以免冲淡药液，降低疗效。同时服用多种药物时，应最后服用止咳糖浆。

5. 对牙齿有腐蚀作用和使牙齿染色的药物（如酸类、铁剂），服用时可用饮管吸入，服药后应漱口。服用铁剂时禁忌饮茶，以免铁盐形成，妨碍药物的吸收。

6. 服用强心苷类药物前，应先测量患者脉率（心率）及节律，若成人脉率低于 60 次 / 分或节律异常时，应暂停服药并向医生报告。

7. 缓释片、肠溶片、胶囊口服时不可嚼碎。

8. 对危重患者及不能自行服药的患者应喂服。鼻饲的患者须将药物研碎，用水溶解后，从胃管注入，再以少量温开水冲净胃管。

音频：考点解析

➤ **考点：**某患者，女性，22 岁。缺铁性贫血，口服铁剂治疗，服药方法错误的是

A. 饭后服用　　B. 与浓茶同服　　C. 与维生素同服
D. 不能与牛奶同服　　E. 用吸管吸服铁剂

二、口服给药

护理评估

1. 评估与解释

（1）评估患者：①核对患者身份，如床号、住院号、姓名、性别、年龄和诊断。②全身情况，如病情、给药目的、治疗情况、意识状态、心理反应及合作程度。③局部情况，如有无食管疾患，有无吞咽困难，有无呕吐。④患者对口服给药的目的和操作方法的了解程度等。

（2）解释：向患者解释给药目的、服药方法及注意事项。

2. 评估环境　环境整洁、舒适，光线明亮。

护理诊断

1. 高热　与感染有关。

2. 咽痛　与感染有关。

护理计划

1. 目的　协助患者遵医嘱安全、正确地服用药物，达到减轻症状、治疗疾病、维持正常生理功能、协助诊断和预防疾病的目的。

2. 准备

（1）护士准备：衣帽整洁，洗手，戴口罩。

（2）患者准备：了解服药目的，能主动配合服药。

（3）用物准备：①发药车上层备药盘、药杯、药匙、量杯、滴管、研钵、湿纱布、小药卡、服药本、治疗巾、水壶（备温开水），根据需要另备纸、吸管、手消毒液。②发药车下层备医用垃圾桶、生活垃圾桶、盛消毒液的小盆或桶。

护理实施

口服给药实施，见表 16-2。

表 16-2 口服给药实施

护理实施	流程简释	要点说明
▲准备药物	◆核对服药本和小药卡	做到安全给药
查对准备	◆按床号将小药卡插入药盘内，放好药杯	有利于护士操作
正确取药	◆按照药本上的床号、姓名、药名、浓度、剂量、时间进行配药 * 固体药：用药匙取药，放在一个药杯内；粉剂、含化片用纸包好，放入药杯中 * 水剂药 ①量杯计量：应先摇匀药液，开瓶盖，内面朝上，一手持量杯，将拇指置于所需刻度，并使药液水平与量杯刻度同高，保证剂量刻度与视线平行（图 16-1），以保证剂量准确。另一手持药瓶，瓶签向掌心，倒药液至所需刻度，再倒入药杯内（滴管尖与药液水平面呈 45°，按 15 滴为 1 ml 计算）。倒毕，用湿纱布擦净瓶口，盖好瓶盖，放回原处 ②滴管计量：如药量不足 1 ml，用滴管计量。先在药瓶内倒入少量温开水，再滴入所需药液 * 油剂：方法同水剂药，先在药杯中加少量温开水，不易稀释的药物可用固定滴管，直接滴入患者口中	防止差错 更换药液品种时，应洗净量杯再用；同时服用几种药液者，应分别放置 以免药液附着杯壁而影响服药剂量
再次查对	◆摆药完毕，需将服药本、小药卡、药物再重新核对一遍，放在服药车上	确保用药安全
整理清洁	◆整理、清洁药柜及用物	
▲发药		严格按规定时间发药，以达到疗效
发药前	◆洗手，戴口罩	
备物、核对	◆备齐用物携至患者床旁，再次核对患者身份，八对无误后再发药	
协助服药	◆协助患者取舒适体位，备水，视患者病情、年龄等采用不同方法给予用药指导	更换或停药时，应告知患者
服药后		确认患者已服药后方可离开，特别是麻醉药、催眠药、抗肿瘤药等
再次核对	◆再次核对患者身份及药物	盛油剂的药杯，先用纸擦净，再做初步消毒
整理消毒	◆收回水杯、药杯。先浸泡消毒，后冲洗清洁，再消毒备用 ◆一次性药杯集中销毁	
消毒双手	◆取适量手消毒液，消毒双手	
嘱咐患者	◆告知患者服药后的注意事项，感谢患者合作	
垃圾处理	◆垃圾分类处理，接触过患者的用物放入医用垃圾桶，未接触患者的用物放入生活垃圾桶	
观察、记录	◆观察患者用药后疗效及反应，记录	

视频：摆药

视频：发药

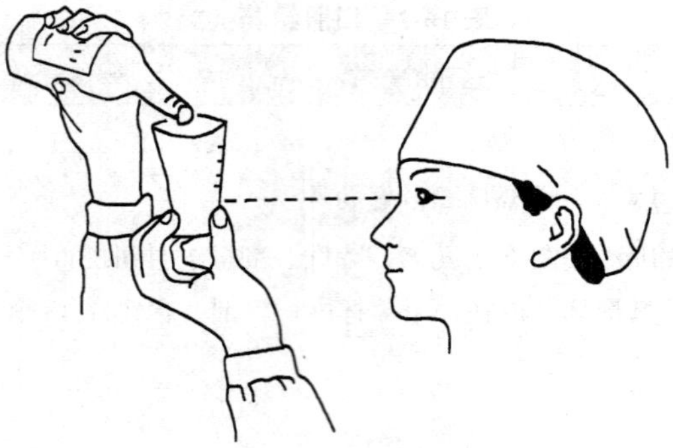

图 16-1　倒取药液的方法

注意事项

1. 严格执行查对制度，不能同时取出两位患者的药物，以防发错，确保患者用药安全。

2. 发药前应了解患者的相关情况，如患者不在或因故暂时不能服药，则不能分发药物，同时应做好交接班。

3. 发药时，若患者提出疑问，护士应认真听取，重新核对医嘱，确认无误后耐心解释。

4. 观察患者服药后的治疗效果和不良反应，如有异常，及时与医生联系，酌情处理。

护理评价

1. 严格查对制度，实施方法正确、规范，患者安全。

2. 护患沟通有效，患者知道服药的目的，能够配合，达到预期效果。

3. 充分体现以人为本的护理服务理念，关爱患者。

第三节　注 射 给 药

注射（injection）是将无菌药液注入体内的一种方法，可达到诊断、预防和治疗疾病的目的。优点是药物吸收快，血液中药物浓度迅速升高，适用于需要药物迅速发挥作用或不宜口服给药的患者。常用注射法包括皮内注射、皮下注射、肌内注射和静脉注射等。

一、注射原则

（一）严格执行查对制度

1. 严格执行“三查八对”，确保给药准确无误。

2. 仔细检查药液质量，如发现药液混浊、沉淀、变质、变色、过期或安瓿有裂痕等现象，不可使用。

3. 同时注射多种药物时，应注意药物配伍禁忌。

（二）严格遵守无菌操作原则

1. 护士准备　操作前，护士应洗手，戴口罩，保持衣帽整洁。

2. 环境准备　操作环境清洁、宽敞、明亮，符合无菌操作要求。

3. 用物准备　所用物品符合无菌技术操作要求，如一次性注射器在有效期内，包装完好，无破损等。

（三）严格执行消毒隔离制度

1. 注射部位应按要求进行消毒，用棉签蘸取 0.5% 碘伏或安尔碘，以注射点为中心向周围皮肤呈螺旋式消毒，直径在 5 cm 以上，消毒 1～2 遍后，待干，即可注射。若用 2%碘酊，按同法消毒 1 遍后，待干（约 20 秒），再用 75%乙醇同法脱碘，范围要大于碘酊消毒面积，待干，即可注射。

2. 注射时做到一人一套物品，一用，一消毒。使用后的物品按医疗垃圾分类处理、分类放置。对一次性物品应按相关制度处理。

（四）选择合适的注射器和针头

根据药液剂量、黏稠度、刺激性选择注射器和针头。一次性注射器应在有效期内，无漏气，包装完整无损。针头应型号合适，锐利、无钩、不弯曲。注射器和针头衔接紧密。

（五）选择合适的注射部位

注射部位应避开血管（动脉、静脉注射除外）及神经处。不可在炎症、化脓感染、瘢痕、硬结及患有皮肤病处注射。对需长期注射的患者，应有计划地更换注射部位。静脉注射选择血管应由远心端到近心端。

（六）排尽空气

注射前须排尽注射器内空气，以防气体进入血管形成栓塞。排气时防止药液浪费。

（七）检查回血

进针后，在注药液前，须抽动活塞，检查有无回血。动、静脉注射必须见回血后方可注射药物。皮下、肌内注射若有回血，应拔出针头重新注射。

（八）药液应现配现用

药液应在规定的时间内抽取，及时注射，以防药物效价降低或被污染。

（九）掌握无痛注射技术

1. 解除患者顾虑，消除紧张情绪，协助患者取正确、舒适的体位，放松肌肉。

2. 肌内注射时要做到“二快一慢”，即进针、拔针快，推药速度慢且均匀。

3. 注射刺激性较强的药物，应选用细长针头，深部注射。多种药物同时注射时，一般先注射刺激性较弱的药物，再注射刺激性较强的药物。

二、注射前准备

用物准备

1. 注射盘 常规准备下列用物。

（1）无菌持物镊：浸泡于消毒液内或盛放于灭菌后的干燥容器内。

（2）皮肤消毒液：0.5%碘伏或安尔碘，2%碘酊，75%乙醇。

（3）无菌棉签、砂轮、弯盘、启瓶器及无菌纱布。静脉注射时加止血带、小垫枕、一次性治疗巾等。

2. 注射器及针头 根据注射部位和注射药液量选择注射器和针头（图 16-2）。

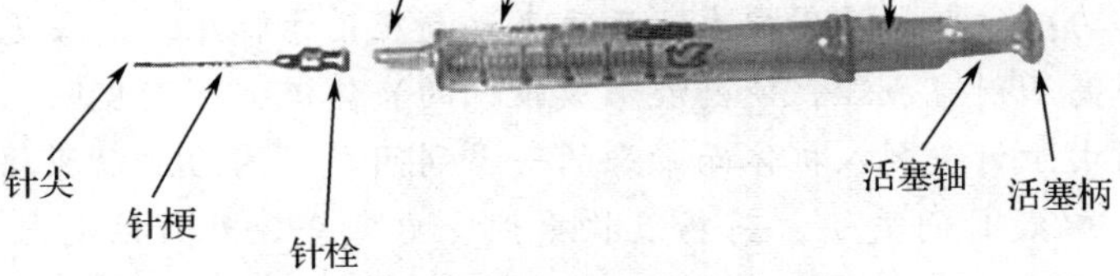

图 16-2 注射器和针头的构造

（1）注射器：分为空筒和活塞两部分。空筒前端为乳头，空筒上标有刻度，活塞后部为活塞轴、活塞柄。其中乳头、空筒内壁、活塞体应保持无菌，不可用手触及。

（2）针头：分为针尖、针梗和针栓 3 部分。

（3）注射器规格和针头型号：有多种，见表 16-3。

表 16-3　各种注射法常用注射器和针头的规格

注射方法	注射器规格	针头型号
4 ~ 5 号	皮内注射	1 ml
5 ~ 6 号	皮下注射	1 ml、2 ml
6 ~ 7 号	肌内注射	2 ml、5 ml
6 ~ 9 号	静脉注射	5 ml、10 ml、20 ml、30 ml、50 ml、100 ml
6 ~ 16 号	静脉采血	2 ml、5 ml，视采血量而定

3. 注射药物　按医嘱准备。

4. 注射本或注射卡　根据医嘱准备，是注射给药的依据，便于“三查八对”。

5. 治疗车备物　治疗车上层备手消毒液，治疗车下层备生活垃圾桶、医疗垃圾桶、锐器回收盒。

三、药液抽吸

护理评估

1. 评估给药目的、药物性能及给药方法，掌握正确的给药时间。
2. 评估环境，环境安静、整洁，光线充足。

护理诊断

同皮内注射。

护理计划

1. 目的　从安瓿或密封瓶内用注射器抽取适量药液，为注射做准备。

2. 准备

（1）护士准备：衣帽整洁，洗手，戴口罩。核对医嘱，按医嘱备药。

（2）用物准备：①治疗车上层备注射盘、注射卡、药物（按医嘱备药）。根据注射方法选择合适的注射器和针头。②治疗车下层备锐器回收盒、医用垃圾桶、生活垃圾桶、盛有消毒液的治疗盆或桶。

知识链接

无针注射系统

无针注射作为一种新的注射技术，近年来逐渐应用于临床，是在进行药物注射时不借助针头，使用高压射流原理，使药液形成较细的液体流，穿透皮肤，到达皮下，从而解决了传统注射由于针头刺入机体而带来的一系列问题。因为注射原理的改变，药液在皮下弥散分布，起效时间更快，药物吸收更快、更完全。无针注射系统除了药物本身外，没有其他异物进入机体，适用于胰岛素治疗、接种疫苗、麻醉、战场紧急救治、大规模注射等。

护理实施

药液抽吸实施，见表 16-4。

表 16-4 药液抽吸实施

护理实施	流程简释	要点说明
备检药物	◆按医嘱备药，检查药液是否在有效期内，有无混浊、沉淀、变质，瓶体有无裂隙等	保证安全用药
转抄医嘱	◆将医嘱写在备好的胶贴上	便于查对
备注射盘	◆在注射盘内铺无菌治疗巾	按铺无菌盘方法
▲自安瓿抽吸药液		
准备	◆将安瓿顶端药液弹至体部	避免丢失药液
消毒折断	◆用 75% 乙醇棉签消毒瓶颈及砂轮，用砂轮在安瓿颈部凹陷处划一痕迹，再用 75% 乙醇棉签消毒后，用无菌棉球或纱布按住颈部，折断安瓿（图 16-3）	若安瓿颈部有蓝点标记，则为易折安瓿，可无须划痕
取注射器	◆检查注射器是否在有效期内，是否完好无损，取出注射器	
抽吸药液	◆左手持安瓿，同时固定针管前端；右手持注射器，将针尖斜面向下插入安瓿内液面下，手持活塞柄，抽动活塞，抽吸药液至全部抽吸干净（图 16-4、图 16-5）	
排尽空气	◆将针头垂直向上，轻拉活塞，将针头中药液回抽到注射器内，并使气泡集于乳头根部，排出气体 ◆排气毕，在注射器外面贴上药物标识后，将安瓿套在针头上	如注射器乳头偏向一边，排气时使注射器乳头向上倾斜使气泡集中于乳头处，轻推活塞，排出气体
查对备用	◆再次核对，放入注射盘内备用，盖上无菌巾	
▲自密封瓶抽吸药液		
消毒瓶塞	◆除去铝盖中心部分，常规消毒瓶塞，待干	
稀释药液	◆如药物为粉剂，需先取适量注射用水注入瓶内，进行稀释	
注入空气	◆注射器内吸入与所需药液等量的空气，示指固定针栓，将针头插入瓶内，注入空气（图 16-6A）	增加瓶内压力，便于抽吸
抽吸药液	◆倒转药瓶，使针尖在液面下，吸取药液至所需量（图 16-6B），示指固定针栓，拔出针头	
排气备用	◆排出注射器和针头内的气体，将密封空瓶套在针头上，在注射器外面贴上药物标识后，再次查对，放入注射盘内，盖上无菌巾，备用	防止护理人员锐器伤 确保安全给药
垃圾处理	◆垃圾分类处理，注射器针头、安瓿放入锐器回收盒	

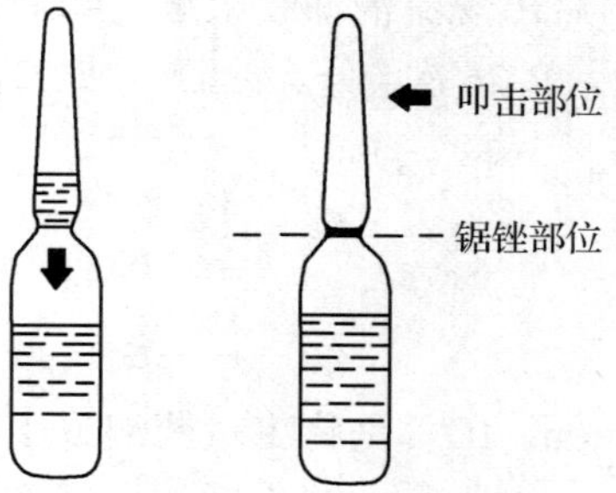

图 16-3 安瓿使用前处理

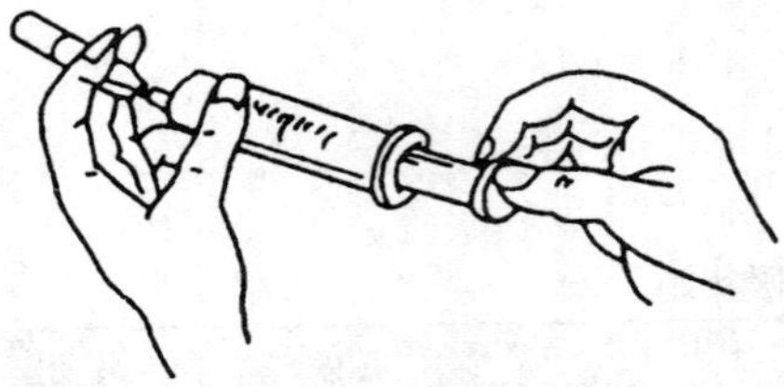

图 16-4　自小安瓿抽吸药液

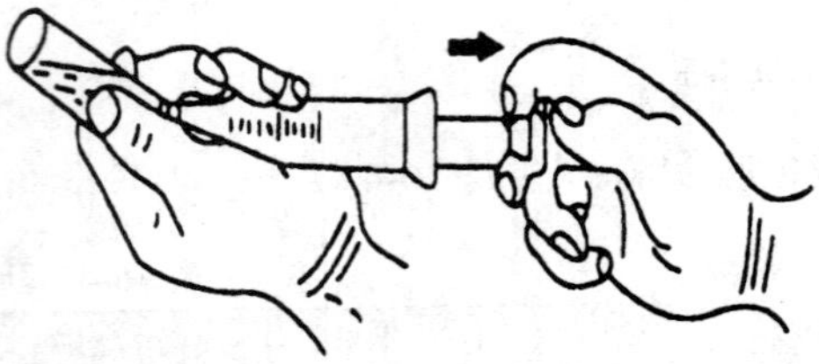

图 16-5　自大安瓿抽吸药液

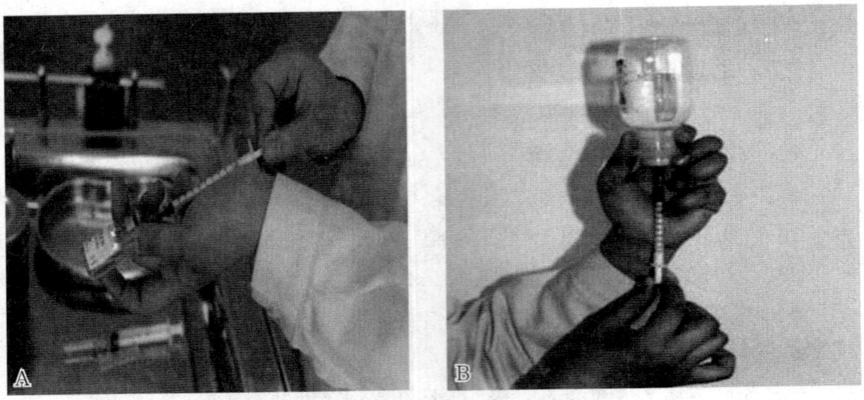

图 16-6　自密封瓶抽吸药液

注意事项

1. 认真执行查对制度，保障药液质量，检查药液有效期。

2. 严格执行无菌操作原则，防止污染。抽药时不可用手握住活塞，以免污染空筒内面和药液。

3. 根据药液的性质抽取药液。结晶、粉剂药用等渗盐水、注射用水或专用溶媒将其充分溶解，然后再抽吸；混悬剂应将其充分溶解，摇匀后吸取；黏稠油剂可稍加温或双手对搓药瓶（药液易被热破坏者除外）后，选用稍粗针头吸取。

4. 抽尽药液的安瓿或空药瓶不可立即丢弃，以备查对。

5. 药液应现用现配现抽吸，避免药液污染和效价降低。

护理评价

1. 严格执行查对制度，遵守无菌操作原则，实施方法正确、规范。

2. 充分体现爱伤观念，无损伤、未污染。

案例分析

某患者，女性，21 岁。淋雨后出现流清涕、咳嗽、咽痛、胸痛及高热。到医院就诊，体格检查：T 39.5 ℃、P 110 次 / 分、R 26 次 / 分。诊断：肺炎球菌性肺炎。医嘱：青霉素（PG）80U im bid，皮试（ ）。

四、常用注射法

（一）皮内注射

皮内注射（intradermal injection，ID）是将少量药液或生物制品注射于表皮与真皮之间的方法。

护理评估

1. 评估与解释

（1）评估患者：①核对患者身份，如床号、住院号、姓名、性别、年龄和诊断。②全身情况，如病情、用药目的、有无药物过敏史、意识状态、心理反应及合作程度。③局部情况，观察注射部位皮肤有无炎症、化脓感染、瘢痕、硬结及皮肤病。④患者对皮内注射的目的和操作方法的了解程度等。

（2）解释：皮内注射操作目的及方法，取得患者的配合。

2. 评估环境 环境安静、整洁，光线充足，符合无菌技术操作要求。

护理诊断

1. 高热 与肺部感染有关。

2. 急性疼痛 与咽痛、胸痛有关。

3. 活动无耐力 与高热、肺功能减退有关。

护理计划

1. 目的

（1）药物过敏试验，观察有无过敏反应。

（2）预防接种。

（3）局部麻醉的先驱步骤。

2. 准备

（1）护士准备：着装整洁，洗手，戴口罩，核对并转抄医嘱。

（2）患者准备：了解皮内注射的目的、方法及注意事项。

（3）用物准备：①治疗车上层备基础注射盘，基础注射盘内置 1 ml 注射器、4 ~ 5 号针头、按医嘱备药液，做药物过敏试验时备 0.1%盐酸肾上腺素及 2 ml 注射器。注射盘外置注射卡、手消毒液。②治疗车下层备锐器回收盒、医用垃圾桶、生活垃圾桶及盛有消毒液的治疗盆或桶。

护理实施

皮内注射实施，见表 16-5。

表 16-5 皮内注射实施

护理实施	流程简释	要点说明
备检药物	◆按医嘱备药，常规抽吸药液（或配制皮试液），排尽空气，再次核对医嘱，放入治疗盘内	
核对指导	◆备齐用物携至患者床旁，再次核对患者身份及医嘱无误，指导患者配合方法，取得患者合作	确认患者，避免差错
选择部位	◆药物过敏试验：选用前臂掌侧下段 ◆预防接种：选用上臂三角肌下缘 ◆局部麻醉的先驱步骤：选用实施局部麻醉处	该处皮肤较薄，肤色较淡，易于注射，且易观察局部反应
消毒皮肤	◆常规消毒皮肤。如为过敏试验，成人用 75%乙醇消毒皮肤，待干，婴幼儿用生理盐水擦拭	

续表

护理实施	流程简释	要点说明
核对排气	◆再次核对药物与医嘱，并排尽空气	
进针、推药	◆左手绷紧局部皮肤，右手持注射器（针尖斜面向上），示指固定针栓（图 16-7），针尖斜面向上，与皮肤呈 5° 进针（图 16-8）	进针角度过大，易刺入皮下，皮肤变白并显露毛孔
按压、拔针	◆待针尖斜面完全刺入皮内后，放平注射器，固定针栓，推入药液 0.1 ml，使局部隆起呈半球状皮丘。注射完毕，用干棉签轻压进针点，迅速拔出针头 ◆药物过敏试验不按压	嘱咐患者勿按揉局部皮肤，以免影响结果判断
再次核对	◆再次核对患者身份与医嘱	
整理用物	◆正确处理注射器，协助患者取舒适卧位	
消毒双手	◆取适量手消毒液，消毒双手	防止交叉感染
嘱咐患者	◆告知患者注射后的注意事项，感谢患者合作	
垃圾处理	◆垃圾分类处理，接触过患者的用物放入医用垃圾桶，未接触患者的用物放入生活垃圾桶，注射器针头、安瓿放入锐器回收盒	避免医源性感染
洗手、记录	◆洗手，脱口罩。密切观察患者用药后全身及局部反应，及时观察药物过敏试验的结果，并记录	

视频：
皮内注射

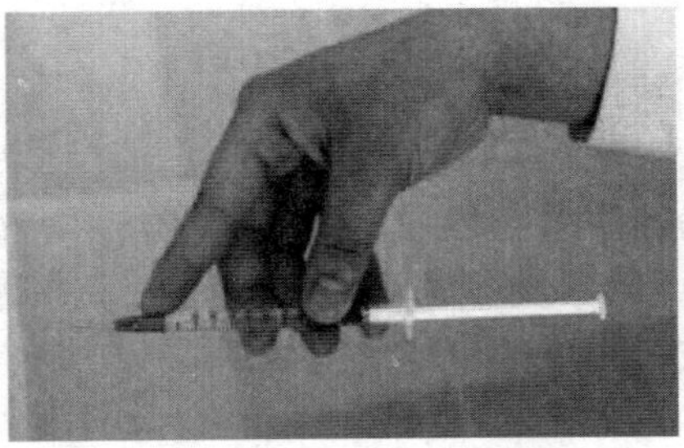

图 16-7　皮内注射持针方法

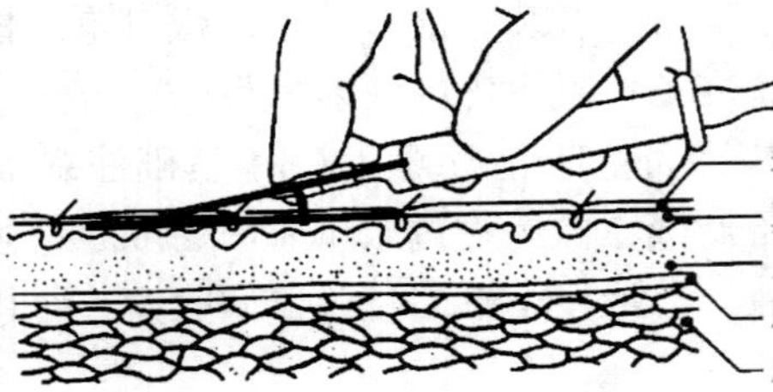

图 16-8　皮内注射进针角度

注意事项

1. 严格执行查对制度，遵守无菌操作原则，严格执行消毒隔离制度。
2. 进行皮内过敏试验前，应询问患者有无用药史、过敏史、家族史，如患者对该药物过敏，则不应做过敏试验，并与医生联系，更换其他药物。
3. 做皮内试验时，忌用含碘消毒剂，以免着色，影响对过敏试验结果的判断。
4. 进针角度不宜过大，以免将药液注入皮下，影响对药物作用的效果及反应的观察。
5. 做皮下过敏试验时，嘱患者勿按揉注射部位，以免影响对结果的判断。

护理评价

1. 严格执行查对制度，遵守无菌操作原则，实施方法正确、规范，定位正确，操作未污染。
2. 护患沟通有效，患者知道注射的目的，能够配合，达到预期效果。
3. 充分体现以人为本的护理服务理念，关爱患者，患者安全。

> ➢ **考点**：下列哪项操作，不需用碘酊消毒皮肤
> A. 皮下注射　　B. 股静脉注射　　C. 颈外静脉输液
> D. 肌内注射　　E. 皮内过敏试验

音频：
考点解析

（二）皮下注射

皮下注射（subcutaneous injection，H）是将少量无菌药液注入皮下组织的方法。

护理评估

1. 评估与解释

（1）评估患者：①核对患者身份，如床号、住院号、姓名、性别、年龄和诊断。②全身情况，如病情、用药目的、有无药物过敏史、意识状态、心理反应及合作程度。③局部情况，观察注射部位皮肤有无炎症、化脓感染、瘢痕、硬结及皮肤病。④患者对皮下注射的目的和操作方法的了解程度等。

（2）解释：皮下注射操作目的及方法，取得患者的配合。

2. 评估环境　环境安静、整洁，光线充足，符合无菌技术操作的要求。

护理诊断

同皮内注射。

护理计划

1. 目的

（1）用于不宜口服而需在一定时间内发挥药效的药物，如胰岛素、肾上腺素等药物注射。

（2）预防接种：如各种菌苗、疫苗的预防接种。

（3）局部给药：如局部麻醉用药，封闭疗法。

2. 准备

（1）护士准备：同皮内注射。

（2）患者准备：患者体位舒适，了解皮下注射的目的、方法、注意事项，愿意配合。

（3）用物准备：①治疗车上层备基础注射盘，内置 1～2 ml 注射器，5～6 号针头，按医嘱备药，皮肤消毒剂，无菌棉签，注射卡，手消毒液。②治疗车下层备锐器回收盒、医用垃圾桶、生活垃圾桶及盛有消毒液的治疗盆或桶。

护理实施

皮下注射实施，见表 16-6。

表 16-6　皮下注射实施

护理实施	流程简释	要点说明
备检药物～核对指导同皮内注射		严格执行医嘱，若注射胰岛素，应告知患者及家属，在餐前半小时注射
选择部位	◆常选用上臂三角肌下缘、上臂外侧（中 1/3）、两侧腹壁、后背、大腿前侧和外侧等（图 16-9A、B、C）	
消毒皮肤	◆常规消毒皮肤，待干	

续表

护理实施	流程简释	要点说明
核对排气	◆再次核对药物并排尽空气	
进针、推药	◆护士一手绷紧患者皮肤，一手持注射器，以示指固定针栓，针尖斜面与皮肤呈 30°～40° 快速刺入针梗的 2/3（图 16-10），一手固定针栓，一手放松皮肤，抽吸无回血，缓慢推药	如回抽有回血，说明注入血管内，需拔出重新注射
拔针、按压	◆注射毕，用无菌干棉签按压针刺处，快速拔针，按压片刻	
再次核对～洗手、记录同皮内注射		

视频：
皮下注射

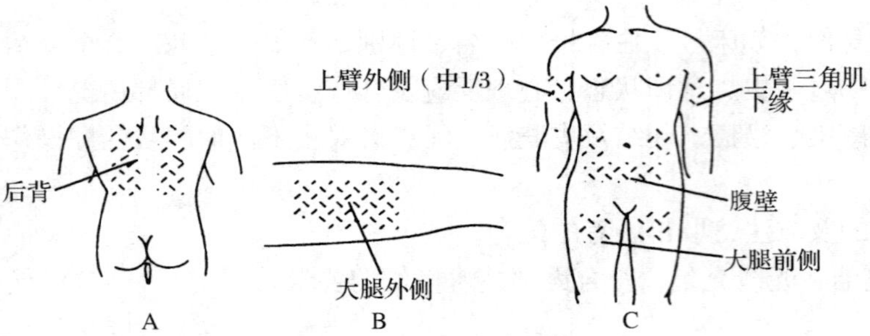

图 16-9　皮下注射部位

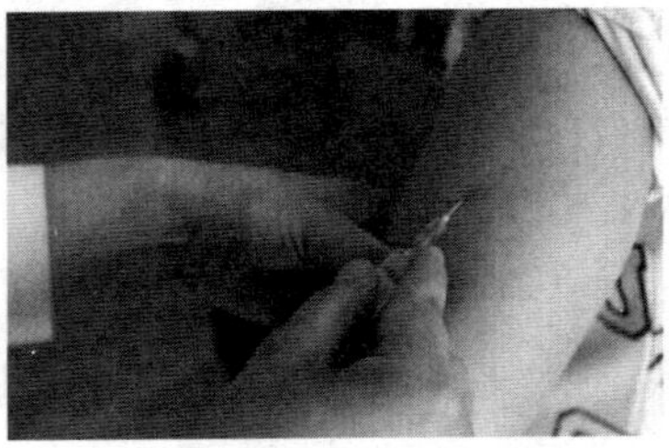

图 16-10　皮下注射

➢ **考点：**某糖尿病患者，须注射胰岛素，下述错误的是

A. 饭前 30 分钟注射　　B. 使用 1 ml 注射器

C. 注射部位可在三角肌下缘　　D. 常规消毒局部皮肤

E. 针头与皮肤呈 5° 刺入

音频：
考点解析

注意事项

1. 严格执行查对制度，遵守无菌操作原则，严格执行遵守消毒隔离制度。
2. 有计划地使用注射部位。对需长期注射者，应有计划地更换注射部位，以免局部产生硬结。如糖尿病患者使用胰岛素治疗时，可采用多部位轮流皮下注射。
3. 进针角度不宜超过 45°，对于身体过瘦者，应捏起注射部位并减小进针角度。
4. 注射药液不足 1 ml 时，应选择 1 ml 注射器抽吸药液，以保证剂量准确。
5. 刺激性较强的药液不宜进行皮下注射。

护理评价

同皮内注射。

（三）肌内注射

肌内注射（intramuscular injection，IM）是将一定量无菌药液注入肌肉组织的方法。

护理评估

1. 注射部位　肌内注射的注射部位一般选择肌肉丰厚且远离大血管、神经处。最常用的有臀大肌，其次为臀中肌、臀小肌、股外侧肌及上臂三角肌。

2. 注射定位方法

（1）臀大肌注射定位法

1）十字法：从臀裂顶点向左或向右划一水平线，然后从髂嵴最高点画一垂线，将一侧臀部分为 4 个象限，其外上象限避开内角（髂后上棘至股骨大转子的连线）即为注射区域（图 16-11A）。

2）连线法：取髂前上棘与尾骨连线外上 1/3 处为注射部位（图 16-11B）。

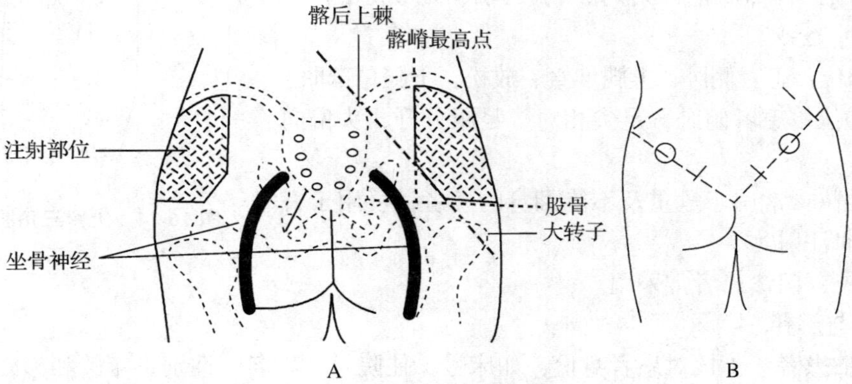

图 16-11　臀大肌注射定位法

A. 十字法；B. 连线法

（2）股外侧肌注射定位法：大腿中段外侧，成人一般可取髋关节下 10 cm 至膝关节上 10 cm，宽约 7.5 cm（图 16-12）。此处大血管、神经干很少通过，且注射范围较广，可供多次注射。

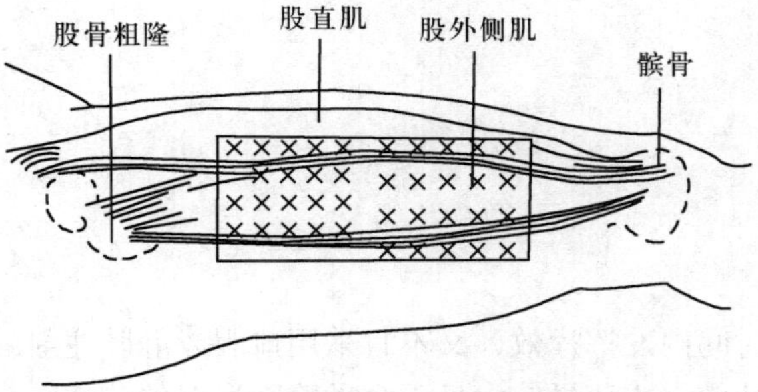

图 16-12　股外侧肌注射定位法

（3）臀中肌、臀小肌注射定位法

1）三角形法：以示指、中指尖分别置于髂前上棘和髂嵴下缘处，由两指和髂嵴之间构成一个三角形区域，此区域为注射部位（图 16-13）。

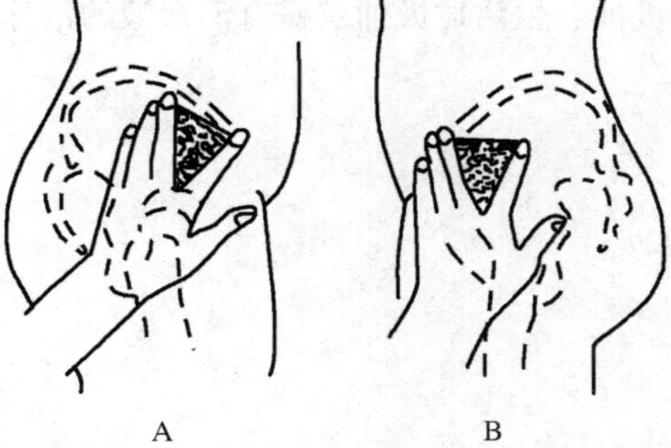

图 16-13　臀中肌、臀小肌注射定位法（三角形法）

2）三横指法：髂前上棘外侧三横指处（以患儿的手指宽度为准）为注射部位。

（4）上臂三角肌注射定位法：上臂外侧，肩峰下2～3横指处（图16-14），该部位注射方便，但此处肌层较薄，只供小剂量药液注射。

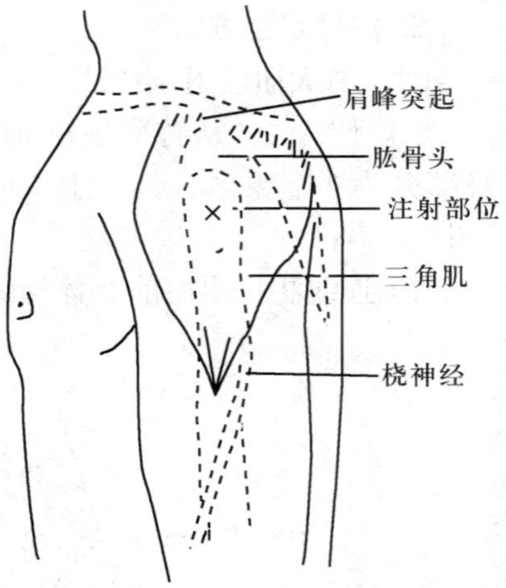

图16-14　上臂三角肌注射定位法

3. 注射体位

（1）卧位：臀部肌内注射时，为使局部肌肉放松，可采用以下几种姿势。

1）侧卧位：患者侧卧，上腿伸直、放松，下腿稍弯曲。

2）俯卧位：患者俯卧，足尖相对、足跟分开，头偏向一侧。

3）仰卧位：常用于危重及不能翻身的患者，可用于臀中肌、臀小肌注射。

（2）坐位：门诊患者常采用。

4. 评估与解释

（1）评估患者：①核对患者身份，如床号、住院号、姓名、性别、年龄和诊断。②全身情况，如病情、用药目的、有无药物过敏史、意识状态、心理反应及合作程度。③局部情况，观察注射部位皮肤有无炎症、化脓感染、瘢痕、硬结及皮肤病。④患者对肌内注射的目的和操作方法的了解程度等。

（2）解释：肌内注射操作目的及方法，取得患者的配合。

5. 评估环境　环境安静、整洁，光线充足，符合无菌技术操作的要求。

护理诊断

同皮内注射。

护理计划

1. 目的

（1）用于需在较短时间内发挥疗效，又不宜采用口服或静脉注射的药物。

（2）用于注射刺激性较强或药量较大且不宜做静脉注射的药物。

2. 准备

（1）护士准备：同皮内注射。

（2）患者准备：了解肌内注射的目的、方法、配合要点及注意事项。

（3）用物准备：①治疗车上层备注射盘，内置2～5 ml注射器（可根据药量选择）、6～7号针头、药卡或医嘱、注射卡（或注射胶贴）、无菌棉签、皮肤消毒液、手消毒液。②治疗车下层备锐器回收盒、医用垃圾桶、生活垃圾桶及盛有消毒液的治疗盆或桶。

（4）按医嘱备药。

护理实施

肌内注射实施，见表16-7。

表 16-7 肌内注射实施

护理实施	流程简释	要点说明
备检药物～核对指导同皮内注射		严格查对制度
安置体位	◆根据患者情况采取适当卧位，暴露注射部位，保护患者自尊	遮挡患者，保护患者隐私及自尊
定位、消毒	◆正确选择注射部位	消毒面积大于 5 cm × 5 cm
核对、排气	◆常规消毒皮肤，待干，再取一干棉签，再次核对药物并排尽空气	以免注入空气
进针、推药	◆护士左手拇指、示指绷紧患者局部皮肤，右手以执笔式持注射器，中指固定针栓，用前臂带动腕部的力量，将针头迅速垂直刺入针梗 2/3。松开左手，抽动活塞，如无回血，右手固定针头，缓慢注入药液（图 16-15）	注意无痛注射：即进针快、推药慢、拔针快
拔针、按压	◆注射完毕，用无菌干棉签轻压进针处，快速拔针，轻压片刻，压迫至不出血即可	
再次核对～洗手、记录同皮内注射		

视频：肌内注射

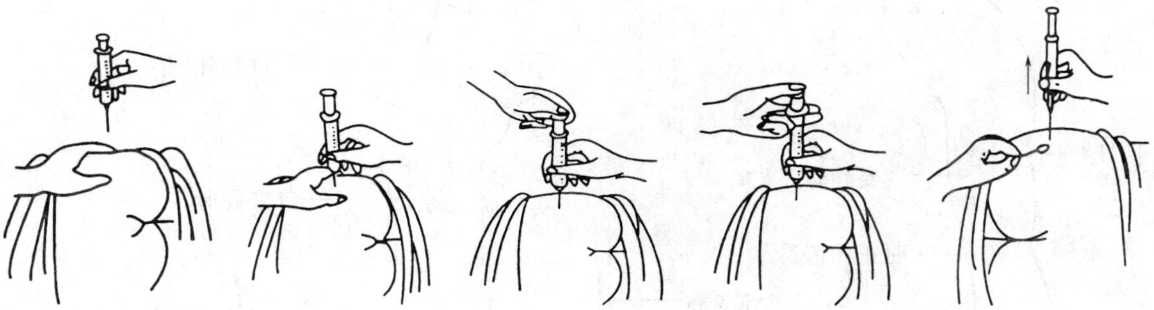

A　B　C　D　E

图 16-15 肌内注射示意图

A. 绷紧皮肤；B. 进针；C. 抽回血；D. 推药；E. 拔针

注意事项

1. 严格执行查对制度，遵守无菌操作原则，严格执行消毒隔离制度。

2. 对 2 岁以下婴幼儿，一般常选择臀中肌、臀小肌注射，因臀大肌尚未发育完善，注射时有损伤坐骨神经的危险。

3. 注射时，切勿将针梗全部刺入，以防针梗从衔接处折断。若针头折断，要保持局部与肢体不动，以防针头移位，使用血管钳将断端取出。

4. 需长期注射者，应交替更换注射部位，避免或减少硬结的发生。如长期注射出现硬结时，可采用热敷、理疗等方法处理。

5. 两种或两种以上药物同时注射时，应注意药物的配伍禁忌。

护理评价

同皮内注射。

音频：
考点解析

➤ **考点：** 患儿，1 岁 8 个月。因支气管炎需肌内注射青霉素，其注射部位应选用
A. 臀大肌　　B. 臀中肌、臀小肌　　C. 上臂三角肌
D. 前臂外侧肌　　E. 股外侧肌

（四）静脉注射

静脉注射（intravenous injection，IV）是将一定量无菌药液自静脉注入体内的方法。经静脉注射，药液直接进入血液循环，是发挥药效最快的给药方法。

四肢浅静脉注射

护理评估

1. 注射部位　上肢常用肘部（贵要静脉、肘正中静脉、头静脉），腕部以及手背静脉网。下肢常用大隐静脉、小隐静脉和足背静脉（图 16-16）。

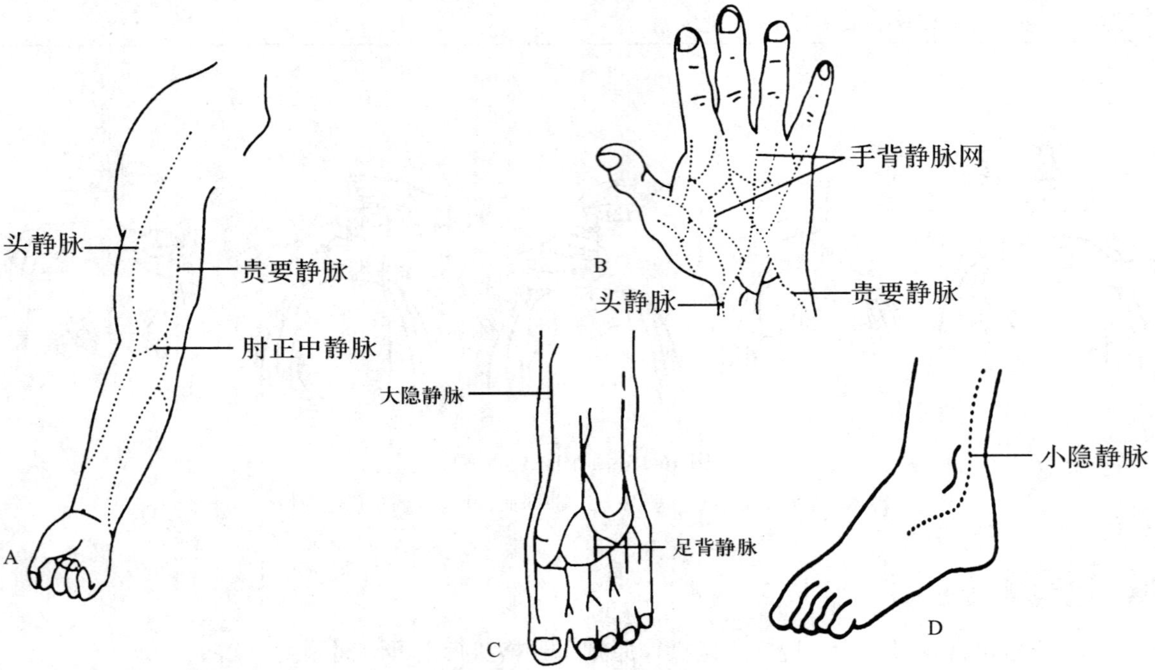

图 16-16　四肢浅静脉注射部位

A. 上肢肘部；B. 手背静脉网；C. 大隐静脉、足背静脉；D. 小隐静脉

2. 评估与解释

（1）评估患者：①核对患者身份，如床号、住院号、姓名、性别、年龄和诊断。②全身情况，如病情、用药目的、有无药物过敏史、意识状态、心理反应及合作程度。③局部情况，观察注射部位皮肤情况及血管充盈情况。④患者对静脉注射的目的和操作方法的了解程度等。

（2）解释：静脉注射操作目的及方法，取得患者的配合。

3. 评估环境　同皮内注射。

护理诊断

同皮内注射。

护理计划

1. 目的

（1）药物不宜口服、皮下或肌内注射，又需要迅速发挥药效时。

（2）做某些诊断性检查或试验，如静脉注入造影剂。

（3）静脉营养治疗。

（4）输液或输血。

2. 准备

（1）护士准备：同皮内注射。

（2）患者准备：了解静脉注射的目的、方法及注意事项。

（3）用物准备：①治疗车上层备注射盘，内置型号合适的注射器（规格视药量而定）、6～9号针头或头皮针、止血带、小垫枕、胶布或一次性胶贴、一次性治疗巾、所需药物、药物胶贴、注射卡等，手消毒液。②治疗车下层备锐器回收盒、医用垃圾桶、生活垃圾桶及盛有消毒液的治疗盆或桶。

护理实施

四肢浅静脉注射实施，见表16-8。

表 16-8 四肢浅静脉注射实施

护理实施	流程简释	要点说明
备检药物～核对指导同皮内注射		保证用药安全
选择静脉	◆选择粗直、弹性好、易于固定的静脉，避开关节及静脉瓣 ◆以手指探明静脉方向及深浅，在穿刺部位的肢体下放置小垫枕及一次性治疗巾	对长期静脉用药的患者，要有计划地自远心端到近心端选择血管注射
安置体位	◆协助患者取适当卧位，外展注射部位	
扎止血带	◆在穿刺部位上方（近心端）约6 cm处扎紧止血带，末端向上。上肢注射，嘱患者握拳	如用头皮针注射，应备好胶布。如用注射针头，不用备胶布
消毒皮肤	◆常规消毒皮肤，待干	
核对、排气	◆再次核对药物并排尽空气	防止空气注入血管内
穿刺静脉	◆护士一手绷紧患者静脉下端皮肤，使其固定；一手持注射器（或头皮针针柄），示指固定针栓，针尖斜面向上，与皮肤呈15°～30°自静脉上方或侧方刺入皮下，再沿静脉走向潜行刺入静脉（图16-17），见回血，放平注射器，再沿静脉进针少许	
两松、固定	◆松开止血带，嘱患者松拳，固定针头	
注药、观察	◆缓慢注入药液（图16-18），观察局部情况及病情变化	推药过程中要注意观察患者的反应 注药过程中，要试抽回血，确定针头是否在静脉内，并随时听取患者主诉
拔针、按压	◆注射完毕，将无菌干棉签放于穿刺点上方，快速拔出针头，按压片刻或嘱患者屈肘	
再次核对～洗手、记录同皮内注射		

视频：
静脉注射

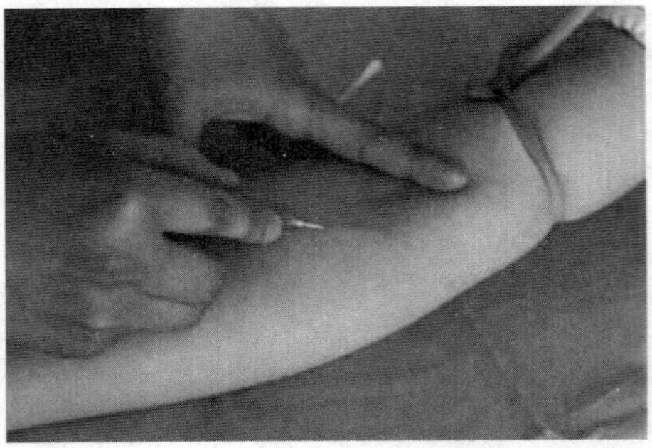

图 16-17　静脉注射进针法

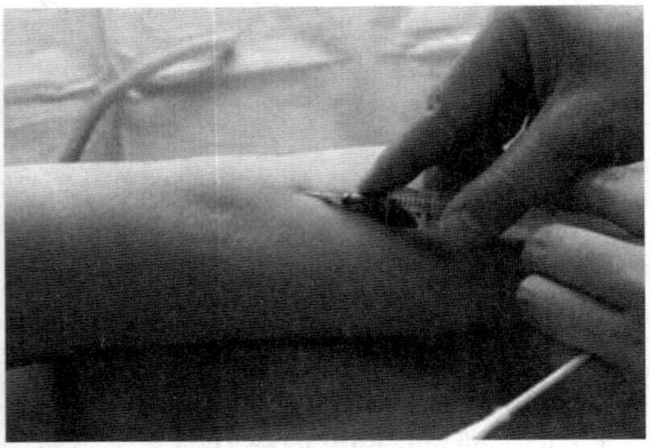

图 16-18　静脉注射推药法

注意事项

1. 严格执行查对制度，遵守无菌操作原则，严格执行消毒隔离制度。

2. 根据患者年龄、病情及药物性质，掌握推药速度，随时听取患者主诉，观察患者及注射局部情况。

3. 注射对组织有强烈刺激性的药物时，应另备有等渗盐水的注射器和头皮针，在注射穿刺成功后，先注入少量等渗盐水，证实针头确在静脉内，再换上装有药液的注射器缓慢推药，以免药液外溢而致组织坏死。

4. 静脉注射常见的失败原因

（1）针头穿刺过深，完全刺破下方血管壁。特点：抽吸无回血，注入药液，患者有痛感（图 16-19A）。

（2）针尖斜面未全部刺入血管，部分药液溢出至皮下。特点：抽吸可有回血，但推药时局部隆起，有痛感（图 16-19B）。

（3）针头刺破静脉对侧管壁，一部分仍在血管内。特点：抽吸有回血，无局部隆起，推药时有阻力，患者有痛感（图 16-19C）。

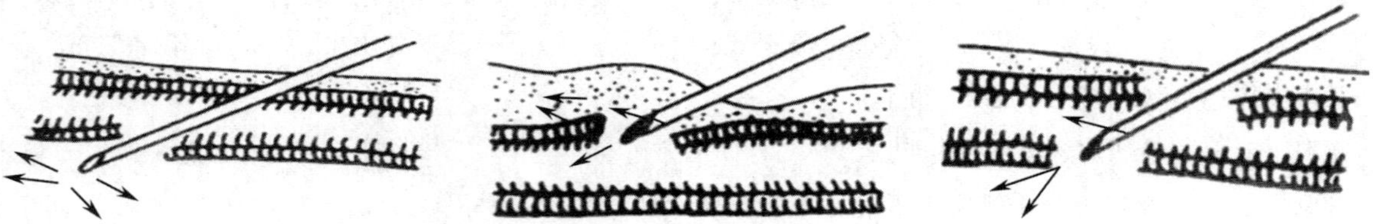

A　　B　　C

图 16-19　静脉穿刺失败的常见原因

A. 针头穿刺过深，完全刺破下方血管壁；B. 针尖斜面未全部刺入血管；C. 针头刺破静脉对侧管壁，一部分仍在血管内

知识链接

浅静脉穿刺可视化原理

浅静脉穿刺可视化辅助设备是指利用人体的不同组织对特定波长光的穿透和选择性吸收能力差异的光学特性，使静脉血管和周围组织区分开而直接显示或初步探测静脉，然后将初步探测到的血管采用摄像机原理得到清晰的图像呈现在显示器上，或将初步探测到的血管或清晰的图像通过投影技术显示在皮肤表面，即光源直接显示或与投影技术（或）摄像机原理相互组合，更好地实现浅静脉穿刺的可视化。浅静脉穿刺可视化系统可帮助快速、准确地发现静脉血管，进而快速、成功地进行静脉穿刺。

穿刺要点

1. 肥胖患者　肥胖患者皮下脂肪厚，静脉难以看清，但较固定。注射时，要摸清血管走向，在静脉上方适当加大进针角度，准确进针。

2. 脱水患者　脱水患者血管不充盈，穿刺困难。可做局部热敷、按摩，待血管充盈后再穿刺。

3. 水肿患者　对于水肿患者，沿静脉解剖位置，用手按揉局部，以暂时驱散皮下水分，使静脉充分显露后迅速穿刺。

4. 老年患者　老年患者皮下脂肪较少，静脉活动度大，管壁脆，易刺破。注射时，可用手指分别固定穿刺段静脉上、下两段，再沿静脉走向穿刺。

护理评价

同皮内注射。

股静脉穿刺术

护理评估

1. 评估与解释

（1）评估患者：①核对患者身份，如床号、住院号、姓名、性别、年龄和诊断。②全身情况，如病情、用药目的、有无药物过敏史、意识状态、心理反应及合作程度。③局部情况，观察注射部位皮肤及股静脉情况。④患者对股静脉穿刺的目的和操作方法的了解程度等。

（2）解释：股静脉穿刺操作目的，取得患者的配合。

2. 评估环境　环境安静、整洁，光线充足，符合无菌技术操作的要求。

护理计划

1. 目的　股静脉穿刺适于抢救危重患者时注入药物或置管加压输血、输液，也适于采集血标本做化验检查。

2. 准备

（1）护士准备：同皮内注射。

（2）患者准备：了解股静脉穿刺的目的、方法及注意事项。

（3）用物准备：①治疗车上层备注射盘，按需要准备 6～8 号针头、大小合适的注射器，按医嘱备药，注射单或医嘱单，手消毒液。②治疗车下层备锐器回收盒、医用垃圾桶、生活垃圾桶及盛有消毒液的治疗盆或桶。

护理实施

股静脉穿刺实施，见表 16-9。

表 16-9　股静脉穿刺实施

护理实施	流程简释	要点说明
再次核对～洗手、记录同皮内注射		执行查对制度
安置体位	◆协助患者取仰卧位，下肢略屈膝、外展、外旋，必要时臀下垫小枕，暴露注射部位 ◆如为小儿注射，需用尿布覆盖会阴	做好充分准备 以利核对

续表

护理实施	流程简释	要点说明
准确定位	◆于股三角区扪及股动脉搏动最明显处或以髂前上棘和耻骨结节连线中点作为股动脉的定位，股静脉位于股动脉内侧 0.5 cm 处（图 16-20）	
消毒皮肤	◆常规消毒局部皮肤，待干，同时消毒术者左手示指和中指	严格无菌技术操作
核对、排气	◆再次核对药物，排尽空气	
进针、推药	◆护士左手示指和中指扪及股动脉搏动最明显处并固定，右手持注射器，针头与皮肤呈 45° 或 90°，在股动脉内侧 0.5 cm 处刺入，抽出暗红色血，固定针头，根据需要注入药液或采集血标本	若抽出鲜红色血液，则提示进入股动脉，应立即拔出针头，紧压穿刺处 5 ~ 10 分钟，直至无出血为止，以免引起出血或出现血肿
拔针、按压	操作完毕，拔出针头，局部用无菌纱布加压止血 3 ~ 5 分钟。确认无出血，用胶布固定	
再次核对 ~ 洗手、记录同四肢浅静脉注射		

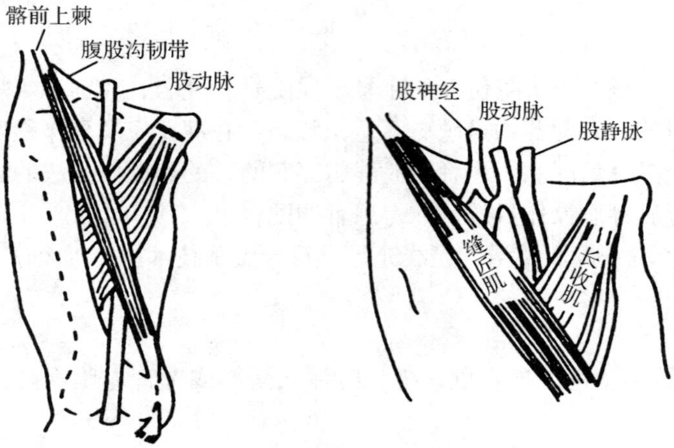

图 16-20　股静脉解剖位置

音频：
考点解析

> **考点：**股静脉的穿刺部位是
> A. 股动脉内侧 0.5 cm 处　　B. 股动脉外侧 0.5 cm 处
> C. 股神经内侧 0.5 cm 处　　D. 股神经外侧 0.5 cm 处
> E. 股动脉与股神经之间

注意事项

1. 严格执行查对制度，遵守无菌操作原则，严格执行消毒隔离制度。

2. 有出血倾向的患者不宜采用此方法注射。

3. 如抽出鲜红色血，说明针尖进入股动脉，应立即拔出针头，用无菌纱布紧压穿刺处 5 ~ 10 分钟，直至无出血，重新选择另一侧穿刺。

护理评价

同皮内注射。

第四节 雾化吸入给药法

雾化吸入给药法是利用雾化装置将药液形成细小雾滴，以气雾状喷出，通过鼻或口腔吸入呼吸道，达到预防和治疗疾病的目的。雾化吸入给药法具有起效快、用药量小、对身体的毒性反应轻等特点。常用的方法有超声雾化吸入法、氧气雾化吸入法。

案例分析

某患者，男性，68 岁。患阻塞性肺气肿 10 余年。近日由于感冒，患者咳嗽、气喘加重，痰液黏稠、不易咳出。

常用药物：①抗生素类，如庆大霉素、红霉素等。②解除支气管痉挛药，如氨茶碱、沙丁胺醇（舒喘灵）等。③稀释痰液药，如 α- 糜蛋白酶、乙酰半胱氨酸（痰易净）等。④糖皮质激素，如地塞米松等。

一、超声雾化吸入法

超声雾化吸入法是利用超声波声能，将药液变成细微的气雾，由呼吸道吸入，其特点是雾量大小可以调节，雾滴小而均匀（直径＜ 5 μm）。药液随着深而慢的吸气被吸入终末支气管及肺泡，以达到治疗目的。

护理评估

1. 评估与解释

（1）评估患者：①核对患者身份，如床号、住院号、姓名、性别、年龄和诊断。②全身情况，如病情、呼吸状况（呼吸困难、咳嗽、咳痰）及用药情况、有无药物过敏史、意识状态、心理反应及合作程度。③患者对超声雾化吸入法的目的和操作方法的了解程度等。

（2）解释：向患者讲解使用雾化吸入器的目的及注意事项、配合要点，指导患者吸气方法，取得患者的配合。

2. 评估环境 环境安静、整洁，光线充足，符合无菌技术操作的要求。

护理诊断

1. 清理呼吸道无效 与痰液黏稠有关。

2. 气体交换受阻 与气道阻塞有关。

3. 活动无耐力 与肺功能减退有关。

护理计划

1. 目的

（1）解除支气管痉挛：使气道通畅，改善通气功能，如支气管哮喘。

（2）湿化气道：常用于呼吸道湿化不足，气道不畅，痰液黏稠者，也可配合人工呼吸器，湿化气道或间歇雾化吸入药物。

（3）控制和预防呼吸道感染：常用于胸部手术前、后，卧床患者，肺脓肿、支气管扩张、肺结核等患者。

2. 准备

（1）护士准备：衣帽整洁，洗手，戴口罩。核对及转抄医嘱。

（2）患者准备：了解超声雾化吸入法的目的、方法、配合要点及注意事项。

（3）用物准备：①治疗车上层备超声雾化吸入器1套，水温计，治疗巾，药液，纯净水或饮用水［有的雾化器需用冷蒸馏水（按说明书需求）］，手消毒液。②治疗车下层备锐器回收盒、医用垃圾桶、生活垃圾桶。

（4）按医嘱准备药物。

知识链接

超声雾化吸入器的结构及作用原理

结构：①超声雾化吸入器通电后输出高频电能，面板上有电源开关、雾量调节开关及定时器。②水槽盛冷蒸馏水，其底部有一晶体换能器，接收发生器输出的高频电能，并将其转化为超声波声能。③雾化罐盛药液，其底部是透声膜，超声波声能可透过此膜与罐内药液作用，产生雾滴喷出。④螺纹管和口含嘴（或面罩）。

作用原理：超声波发生器通电后发出高频电能，使水槽底部晶体换能器发生超声波声能，声能透过雾化罐底部的透声膜作用于罐内的药液，使药液表面张力及惯性受到破坏，成为细微雾滴，通过导管随患者深吸气进入呼吸道。

护理实施

超声雾化吸入法实施，见表16-10。

表16-10 超声雾化吸入法实施

护理实施	流程简释	要点说明
检查用物	◆使用前检查超声雾化吸入器（图16-21）各部件是否完好、有无松动、脱落等异常情况。连接雾化器主件与附件，水槽内加冷蒸馏水或纯净水，液面高度约3 cm，要求浸没雾化罐底部的透声膜	保证治疗顺利进行，忌加入温水、热水或生理盐水，以免破坏晶体换能器
配制药液	◆核对药物并将其稀释至30～50 ml，倒入雾化罐内，检查无漏水后，放入水槽中，盖紧水槽盖	
核对、指导	◆备齐用物携至患者床旁，再次核对患者身份，指导患者配合的方法	以取得患者合作
摆放体位	◆协助患者取舒适卧位（坐位、半坐位或侧卧位），颌下铺治疗巾	
调节雾量	◆接通电源，调整定时开关至所需时间（一般15～20分钟）。调节雾量：大档3 ml/min、中档2 ml/min、小档1 ml/min	
指导患者	◆将口含嘴放入患者口中（或将面罩置于患者口鼻部），嘱患者闭口做深呼吸	正确指导患者
正确处理	◆在使用过程中，如发现水槽水温超过60 ℃，应关机更换冷蒸馏水。如发现雾化罐内液体过少，影响正常雾化时，应增加药量，但不必关机。从盖上小孔注入即可	正确处理，以免损坏机器
观察、处理	◆观察患者的呼吸状态，了解患者的感受	如患者感到呼吸困难，可适当休息
关闭机器	◆治疗完毕，先取下口含嘴，关雾量开关，再关电源开关，拔下电源插座	
再次核对	◆再次核对患者身份与医嘱	防止差错
整理用物	◆擦净患者面部，整理用物，协助患者取舒适卧位，并助其排痰。放出水槽水并擦干，浸泡口含嘴、雾化罐、螺纹管于消毒液中，浸泡1小时后，洗净、晾干备用	

续表

护理实施	流程简释	要点说明
消毒双手	◆取适量手消毒液，消毒双手	
嘱咐患者	◆告知患者治疗后的注意事项，感谢患者合作	
垃圾处理	◆垃圾分类处理，接触过患者的用物放入医用垃圾桶，未接触过患者的用物放入生活垃圾桶，注射器针头、安瓿放入锐器回收盒	预防交叉感染
洗手、记录	◆洗手，脱口罩。观察治疗效果与反应并记录	

注意事项

1. 正确使用超声雾化吸入器

（1）使用前，检查超声雾化吸入器各部件是否完好，有无松动、脱落等异常情况，注意仪器的保养。

（2）熟悉超声雾化吸入器性能，水槽保持有足够的水，水温不超过 60 ℃。

2. 水槽和雾化罐内切忌加热水或温水

3. 保护药杯及晶体换能器　水槽底部的晶体换能器和雾化罐底部的透声膜薄而质脆，易破碎，在操作及清洗过程中应防止损坏。

图 16-21　超声雾化吸入器

4. 连续使用雾化器时，中间需间隔 30 分钟

5. 观察患者痰液排出情况　若因黏稠的分泌物经湿化后膨胀致痰液不易咳出时，应予拍背，以协助痰液排出，必要时吸痰，以保证疗效。

护理评价

1. 严格执行查对制度，实施方法正确、规范，未污染。
2. 护患沟通有效，患者知道超声雾化吸入法的目的，能够配合，达到预期效果。
3. 充分体现以人为本的护理服务理念，关爱患者，患者安全。

二、氧气雾化吸入法

氧气雾化吸入法是利用氧气高速气流，使药液形成雾状，随吸气进入呼吸道的方法。

护理评估

同超声雾化吸入法。

护理诊断

同超声雾化吸入法。

护理计划

1. 目的　同超声雾化吸入法。

2. 准备

（1）护士准备：同超声雾化吸入法。

（2）患者准备：同超声雾化吸入法。

（3）用物准备：①治疗车上层备氧气雾化吸入器、药液、5 ml 注射器、弯盘、毛巾、手消毒液。②治疗车下层备锐器回收盒、医用垃圾桶、生活垃圾桶。③氧气装置1套（湿化瓶内不放水）。

知识链接

氧气雾化吸入器的构造与原理

氧气雾化吸入器为一特制的玻璃器具，共有5个管口。在球器内注入药液，3管口接通氧气，当气流自3管冲向4管时，不起喷雾作用。当用手指堵住4管口，迫使气流从1管口冲出，2管口附近空气密度突然降低，形成负压，球内药液经4管口吸出，当上升至2管口时，被来自1管口的急速气流吹散形成雾滴，最后从5管口冲出（图16-22）。

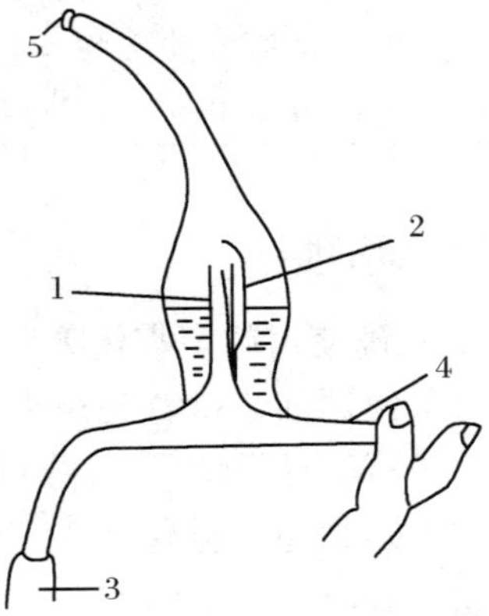

图16-22　氧气雾化吸入器示意图

护理实施

氧气雾化吸入法实施，见表16-11。

表16-11　氧气雾化吸入法实施

护理实施	流程简释	要点说明
配制药液	◆核对医嘱，按医嘱配制药液，向药杯内注入配好的药液5 ml，从5管（口含嘴）口注入雾化吸入器内	严格查对制度
核对、指导	◆携用物至患者床旁，核对患者身份，指导患者配合方法	取得患者合作，以保证治疗顺利进行
安置体位	◆协助患者取坐位或半坐位，漱口	
调节流量	◆将雾化器的3管口与氧气管口连接，调节氧气流量至6～8 L/min	气流不可过大，以免损坏雾化器颈部
吸入治疗	◆指导患者手持雾化器，将5管口放入口中，吸气时用手堵住4管口，呼气时将手指移开，直至药液吸完为止（一般10～15分钟）	使药物能到达深呼吸道，如患者感到疲劳，可放开手指，张口，休息片刻再进行吸入
治疗完毕	◆治疗完毕，取下雾化器，关闭氧气开关	保证用氧安全
再次核对～洗手、记录同超声雾化吸入法		

视频：
氧气雾化吸入

注意事项

1. 初次做此治疗的患者，应指导其使用方法。
2. 氧气湿化瓶内勿放水，以免液体进入雾化吸入器，使药液稀释而影响疗效。
3. 雾化器内的药液必须浸没2管底部，否则药液无法喷出。
4. 操作时，严禁接触明火和易燃品，以保证安全。

护理评价

同超声雾化吸入法。

第五节　药物过敏试验

患者在应用某些药物时，有时会引起不同程度的过敏反应，甚至发生过敏性休克。为防止过敏反应的发生，在使用致敏性高的药物前，应详细询问患者的用药史、过敏史和家族史，并做药物过敏试验，同时做好急救准备，防止在试敏过程中发生意外。

一、药物过敏反应的特点

1. 很小剂量即可发生过敏反应　患者一旦对药物过敏，即使用很小的剂量也足以引起过敏反应，因此可作为与药物中毒反应相鉴别的重要依据。

2. 仅发生于用药人群中的少数人　各种药物虽然引起过敏反应的发生率有高有低，但一般发生于用药人群中的少数人，不具有普遍性。

3. 一般发生于再次用药　药物过敏反应通常不发生在首次用药，即过敏源的获得来源于过敏发生前的多次药物接触，因此一般在再次用药后发生。

4. 与正常药理反应或毒性无关　药物过敏反应的发生是在用法、用量都正常情况下的不正常反应，其临床表现与正常药理反应或毒性反应无关。

5. 过敏的发生与体质因素有关　药物过敏反应的发生与过敏体质有关，因此是对某些药物“质”的过敏，而不是“量”的中毒。

二、青霉素过敏试验及过敏反应的护理

青霉素是从青霉菌培养液中获取的一种具有抗菌作用的药物，具有疗效高、毒性低的优点，广泛应用于临床治疗。但在使用中较易发生过敏反应，发生率可达3%～6%。因此，在使用各种剂型青霉素制剂前，需先做过敏试验，结果阴性者方可用药。

课堂互动　某患者，男性，61岁。在做青霉素皮试时出现面色苍白、呼吸急促、血压下降。

问题： 1. 患者出现了什么反应？

2. 首选的抢救药物是什么？

（一）发生机制

药物过敏反应属于异常的免疫反应，发生的机制是抗原与抗体的相互作用。青霉素本身不具有抗原性，其制剂所含的6-氨基青霉烷酸高分子聚合体、青霉噻唑酸和青霉烯酸降解产物是一种半抗原，进入机体后与组织蛋白或多肽分子相结合而形成青霉噻唑蛋白全抗原，使T淋巴细胞致敏，并作用于B淋巴细胞，使B淋巴细胞转化为浆细胞而产生相应的抗体IgE，IgE附着于某些组织（如皮肤、鼻咽、声带、支气管黏膜）的肥大细胞和嗜碱性粒细胞表面，使机体处于致敏状态。当机体再次接触该抗原时，抗原与肥大细胞和嗜碱性粒细胞表面的IgE特异性结合，导致细胞破裂，释放出多种生物活性物质，如组胺、白三烯、缓激肽等血管活性

物质，引起平滑肌痉挛，毛细血管扩张及通透性增加，腺体分泌增多，从而产生一系列过敏反应的临床表现（图 16-23）。

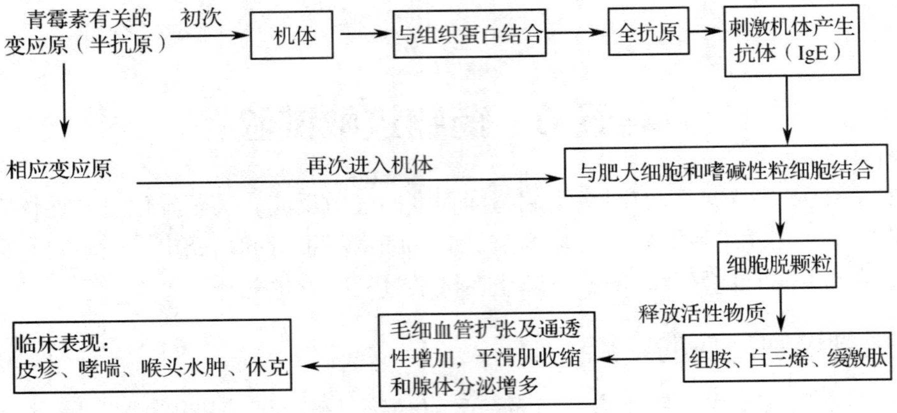

图 16-23　青霉素过敏机制示意图

（二）临床表现

青霉素过敏反应（penicillin anaphylaxis）涉及呼吸、循环、神经、消化等多系统和皮肤组织，因此其临床表现为综合性表现，但最严重的表现为过敏性休克。

1. 过敏性休克　过敏性休克（allergic shock）是过敏反应中最严重的一种反应，大多发生于注射后 30 分钟内。一般于用药数秒或数分钟内呈闪电式发生，也有的发生于用药半小时后，有极少数发生于连续用药的过程中。主要临床表现如下。

（1）呼吸道阻塞症状：由于喉头水肿和肺水肿引起胸闷、气短、哮喘与呼吸困难，伴有濒死感。

（2）循环衰竭症状：周围血管扩张导致循环血量不足而引起面色苍白、冷汗、发绀、脉细弱、血压下降等。

（3）神经系统症状：由于脑组织缺氧引起头晕、眼花、面部及四肢麻木、意识丧失、抽搐、大小便失禁等。

（4）皮肤过敏反应：出现皮肤瘙痒、荨麻疹及其他皮疹。

2. 血清病型反应　一般发生于用药后的 7 ~ 12 日，临床表现与血清病相似，如出现皮肤瘙痒、荨麻疹、发热、关节肿痛、全身淋巴结肿大、腹痛等症状。

3. 各器官或组织的过敏反应

（1）皮肤过敏反应：瘙痒、荨麻疹，严重者可发生剥脱性皮炎。

（2）呼吸道过敏反应：可引起哮喘或诱发原有哮喘发作。

（3）消化系统过敏反应：可出现过敏性紫癜，以腹痛和便血为主要表现。

上述症状可单独出现，也可同时存在，临床最早出现的是呼吸道症状或皮肤瘙痒，因此必须注意倾听患者的主诉。

（三）过敏反应的预防

1. 用药前应详细询问患者的用药史、过敏史和家族史。无过敏史者，用药前必须按常规做过敏试验，已知有过敏史者禁止做过敏试验。

2. 凡首次用药、停药 3 日以上或在用药过程中更换批号时，须按常规做过敏试验。

3. 青霉素皮试液要现用现配，皮试液浓度与注射剂量要准确，配制青霉素皮试液时生理盐水、注射器及针头应专用。

4. 准确判断青霉素的试敏结果。

5. 试验结果阳性者，禁止使用青霉素，同时通知医生，并在体温单、临时医嘱单、病历卡、注射卡、床头卡或门诊卡上醒目地标明“青霉素（+）”，同时告知患者及家属。

6. 加强责任心，严格执行查对制度。注射前认真核对有无过敏史，同时做好急救准备。注射后严密观察患者反应。首次注射青霉素者需观察 30 分钟，以防发生迟发型过敏反应。

（四）青霉素过敏试验方法

护理目的

安全用药，预防青霉素过敏反应。

试验液的配制

青霉素试验液以每毫升含青霉素 G 200 ~ 500 U 为标准，用生理盐水作为稀释液，每次配制时均需将溶液混匀。

青霉素 1 瓶 80 万 U，注入 4 ml 生理盐水溶解，见表 16-12。

表 16-12　青霉素试验液配制（以 500 U/ml 为例）

步骤	青霉素	加生理盐水	青霉素含量	要求
溶解药液	80 万 U	4 ml	20 万 U/ml	溶解
第 1 次稀释	取上液 0.1 ml	0.9 ml	2 万 U/ml	摇匀
第 2 次稀释	取上液 0.1 ml	0.9 ml	2000 U/ml	摇匀
第 3 次稀释	取上液 0.1 ~ 0.25 ml	0.75 ml	200 ~ 500 U/ml	摇匀

试验方法

皮内注射青霉素试验液 0.1 ml（含青霉素 G 20 U 或 50 U），20 分钟后观察结果并记录。

结果判断

阴性：皮丘无改变，周围无红肿，无自觉症状。

阳性：局部皮丘隆起，出现红晕、硬块，直径大于 1 cm，或周围出现伪足、痒感，严重时可有头晕、心悸、恶心，甚至发生过敏性休克。

（五）青霉素过敏反应的急救措施

1. 就地抢救　立即停药，平卧，保暖，同时向医生报告。

2. 注射盐酸肾上腺素　即刻皮下注射 0.5 ~ 1 ml 的 0.1% 盐酸肾上腺素溶液，患儿酌减。如症状不缓解，每隔 30 分钟再行皮下注射或静脉注射，直至脱离危险期，此药是抢救过敏性休克的首选药物。它具有收缩血管、增加外周阻力、兴奋心肌、增加心排血量及松弛支气管平滑肌的作用。

3. 保持有效的呼吸和循环功能　给予氧气吸入，改善患者缺氧。如发生心搏、呼吸停止，立即行心肺复苏。呼吸受抑制时，应立即行口对口人工呼吸，并肌内注射尼可刹米或洛贝林等呼吸兴奋药。喉头水肿影响呼吸时，应立即准备气管插管或配合施行气管切开。

4. 根据医嘱给药　地塞米松 5 ~ 10 mg 静脉推注或氢化可的松 200 mg 加入 5% 或 10% 葡萄糖液 500 ml 静脉滴注，此药有抗过敏作用，能迅速缓解症状。根据病情给予升压药（多巴胺、间羟胺等）。纠正酸中毒和使用抗组胺类药物等。

5. 密切观察病情　密切观察患者生命体征、尿量及神志等变化并记录。不断评价治疗与护理效果，为进一步处理提供依据。患者未脱离危险期前不宜搬动。

三、头孢菌素过敏试验及过敏反应的护理

头孢菌素是一类高效、低毒、应用广泛的抗生素。因头孢菌素可致过敏反应，用药前需做皮肤过敏试验。头孢菌素和青霉素之间呈现不完全的交叉过敏反应，对青霉素过敏者有10%～30%对头孢菌素过敏，而对头孢菌素过敏者绝大多数对青霉素过敏。

（一）试验方法

以先锋霉素为例，皮试液以每毫升含先锋霉素 500 μg 的生理盐水溶液为标准，注入皮内剂量为 0.1 ml（含先锋霉素 50 μg）。皮试液配制方法，见表 16-13。

表 16-13　先锋霉素（V）试验液配制方法（500 μg/ml）

步骤	先锋霉素（V）	加生理盐水	先锋霉素含量	要求
溶解	药液 0.5 g	2 ml	250 mg/ml	溶解
第 1 次稀释	取上液 0.2 ml	0.8 ml	50 mg/ml	摇匀
第 2 次稀释	取上液 0.1 ml	0.9 ml	5 mg/ml	摇匀
第 3 次稀释	取上液 0.1 ml	0.9 ml	500 μg/ml	摇匀

（二）皮试准备、结果判断以及过敏反应的处理

参阅青霉素皮内试验有关内容。

四、破伤风抗毒素过敏试验及脱敏注射法

破伤风抗毒素（TAT）能中和患者体液中的破伤风毒素而达到治疗目的。破伤风抗毒素对人体是异种蛋白，具有抗原性，注射后可发生过敏反应。因此用药前须做过敏试验。停药超过1周者，如需再用，应重做过敏试验。

知识链接

破伤风免疫球蛋白（TIG）

破伤风抗毒素（TAT）是异种血清蛋白制品，非常容易引起过敏反应，且有致命的危险，在使用时护士要对患者进行过敏试验，保证用药安全。

20 世纪 60 年代初，欧美国家成功研制出破伤风免疫球蛋白（TIG），与从马血清中提取的 TAT 相比，TIG 一般没有过敏反应，可以重复使用。

一旦出现破伤风或可疑症状时，除采用抗生素等综合治疗外，应大剂量使用 TIG 或 TAT。若对 TAT 过敏，则必须用 TIG。使用 TIG 治疗的参考剂量为 3000 ～ 6000 IU，可采用多点肌内注射，在尽可能短的时间内注射完毕。临床上在伤肢近端深部肌肉或伤口周围组织分次注射，疗效更佳。

（一）试验液配制

每支破伤风抗毒素 1 ml，含 1500 国际单位（IU）。取 0.1 ml，加等渗盐水至 1 ml，摇匀即可（150 IU/ml）。

（二）试验方法及判断

1. 试验方法　皮内注射 TAT 试验液 0.1 ml（含 TAT 15 IU），20 分钟后观察结果。

2. 结果判断

阴性：局部皮丘无变化，全身无反应。

阳性：局部皮丘红、肿，有硬结，直径大于 1.5 cm，红晕超过 4 cm，有时出现伪足、痒

感。全身过敏反应、血清病型反应与青霉素过敏反应相同。

（三）脱敏注射法

1. 原理 以少量抗原在一定时间内多次消耗体内的抗体，使之全部消耗掉，从而达到脱敏目的。

2. 方法 给过敏者分多次小剂量肌内注射药物（表 16-14），每隔 20 分钟注射 1 次，每次注射后均须密切观察，在脱敏注射过程中如发现患者有全身反应，如气短、发绀、荨麻疹及过敏性休克时，应立即停止注射，并迅速处理。如反应轻微，待反应消退后，酌情将剂量减少，注射次数增加，使其顺利注入所需的全量。也可将 TAT 1 ml 稀释成 10 ml（用等渗盐水），分别以 1 ml、2 ml、3 ml、4 ml 做 4 次肌内注射，每次间隔 20 分钟。

表 16-14 破伤风抗毒素脱敏注射

次数	TAT（ml）	加生理盐水（ml）	注射	间隔时间（分钟）
1	0.1	0.9	肌内注射	20
2	0.2	0.8	肌内注射	20
3	0.3	0.7	肌内注射	20
4	0.3	0.7	肌内注射	20

五、普鲁卡因过敏试验及过敏反应的护理

普鲁卡因是一种常用的局部麻醉药，可做浸润麻醉、传导麻醉、腰椎麻醉及硬膜外麻醉，偶可引起过敏反应。当首次因手术或特殊检查需用普鲁卡因时，须先做皮肤过敏试验，结果阴性方可使用。

（一）皮内试验方法

取 0.25% 普鲁卡因 0.1 ml 做皮内注射，20 分钟后观察试验结果并记录。

（二）结果判断和过敏反应的处理

同青霉素过敏试验法。

六、其他过敏试验及过敏反应的护理

（一）链霉素过敏试验

链霉素（SM）由于本身的毒性反应及所含杂质具有释放组胺的作用，可引起中毒反应和过敏反应，使用时应引起重视。

链霉素与钙离子结合，致使血钙降低，患者表现为麻木、头晕、抽搐，最初仅有口周麻木，严重者四肢、面部、头皮等全身麻木，甚至四肢抽动；阻滞神经肌肉接头作用，可发生呼吸抑制和四肢软弱；对第八对脑神经的影响，可引起眩晕、耳鸣、耳聋等，多呈进行性或永久性，重者可出现血压下降、休克。

1. 试验液的配制 试验液以每毫升含链霉素 2500 U 为标准，用等渗盐水作为稀释液，见表 16-15。

表 16-15 链霉素试验液配制方法

步骤	链霉素	加生理盐水	链霉素含量	要求
溶解	100 万 U	3.5 ml	25 万 U/ml	溶解
第 1 次稀释	取上液 0.1 ml	0.9 ml	2.5 万 U/ml	摇匀
第 2 次稀释	取上液 0.1 ml	0.9 ml	2500 U/ml	摇匀

2. 试验方法及结果判断 皮内注射链霉素试验液 0.1 ml（含 250 U），20 分钟后判断结果并记录。判断方法同青霉素过敏试验。

3. 过敏反应及临床表现 同青霉素过敏反应，但较少见。轻者可出现全身麻木、肌肉无力、抽搐、眩晕、耳鸣等毒性反应。

4. 过敏反应的急救措施 一般急救措施同青霉素过敏反应的急救措施，可同时应用钙剂，给予 10%葡萄糖酸钙（或氯化钙）溶液 10 ml，静脉缓慢推注，因钙离子与链霉素结合，而使中毒症状减轻。

（二）细胞色素 C 过敏试验

细胞色素 C 是一种细胞呼吸激活剂，常作为组织缺氧治疗的辅助用药。偶见过敏反应发生，用药前须做过敏试验。过敏试验常用方法有两种。

1. 皮内试验 取细胞色素 C 溶液（每支 2 ml，内含 15 mg）0.1 ml，加等渗盐水至 1 ml（1 ml 内含细胞色素 C 0.75 mg），皮内注射 0.1 ml（含细胞色素 C 0.075 mg）。20 分钟后观察反应。局部发红、直径大于 1 cm、出现丘疹者为阳性。

2. 划痕试验 在前臂下段内侧用 75%乙醇常规消毒皮肤。取细胞色素 C 原液 1 滴，滴于皮肤上，用无菌针头在表皮上划痕两道，长度约 0.5 cm，深度以使皮肤微量渗血为度。20 分钟后观察反应，结果判断同上述皮内试验法。

（三）碘过敏试验

临床上常用碘化物造影剂做肾、胆囊、膀胱等造影，此类药物可发生过敏反应，因此在造影前 1 ~ 2 日需做过敏试验，阴性者方可做碘造影检查。

1. 试验方法

（1）口服：5% ~ 10%碘化钾 5 ml，每日 3 次，共 3 日，观察结果。

（2）皮内注射：皮内注射碘造影剂 0.1 ml，20 分钟后观察结果。

（3）静脉注射：静脉注射碘造影剂（30%泛影葡胺）1 ml，5 ~ 10 分钟后观察结果。

在静脉注射造影剂前，必须先做皮内注射。试验阴性再行静脉注射，结果阴性者可进行碘剂造影。

2. 结果判断

（1）口服法：有口周麻木、头晕、心悸、恶心、呕吐、流涕、流泪、荨麻疹等症状为阳性。

（2）皮内注射：局部有红、肿、硬结，直径超过 1 cm 为阳性。

（3）静脉注射：有血压、脉搏、呼吸和面色等改变为阳性。

有少数患者试验阴性，但在注射碘造影剂时发生过敏反应，故造影时仍需备好急救药品。过敏反应的处理同青霉素过敏试验。

（四）氨苄西林过敏试验

氨苄西林为广谱半合成青霉素，毒性极低，抗菌谱与青霉素相似，但易产生耐药性。氨苄西林可致过敏性休克，皮疹发生率较青霉素高，有时也发生药物热。注射前必须做皮试，阴性者方可使用，有青霉素过敏史者禁用。

1. 试验方法 氨苄西林试验液配制方法，见表 16-16。

表 16-16 氨苄西林试验液配制方法

步骤	氨苄西林	加生理盐水	氨苄西林含量	要求
溶解	每瓶 0.5 g	2 ml	250 mg/ml	溶解
第 1 次稀释	取上液 0.1 ml	0.9 ml	25 mg/ml	摇匀
第 2 次稀释	取上液 0.1 ml	0.9 ml	2.5 mg/ml	摇匀
第 3 次稀释	取上液 0.1 ml	0.9 ml	0.25 mg/ml	摇匀

取上液 0.1 ml（含氨苄西林 25 μg/ml）皮内注射。

2. 结果判断 同青霉素过敏试验。

自测题

一、A1 型题

1. 皮内注射进针的角度为
   A. 5° B. 15°～30° C. 30°～40°
   D. 40° E. 90°
2. 皮下注射进针的角度为
   A. 20°～30° B. 30°～35° C. 30°～40°
   D. 30°～45° E. 45°～90°

二、A2 型题

3. 某患儿，男性，1.5 岁。在其臀部做肌内注射，操作方法正确的是
   A. 采用十字法进行肌内注射定位
   B. 部位选臀大肌
   C. 部位选臀中肌、臀小肌
   D. 用 50%乙醇消毒皮肤
   E. 进针、拔针均要快，推药要慢
4. 某患者因肺结核注射链霉素，出现发热、皮疹、荨麻疹，医嘱静脉注射葡萄糖酸钙，其目的是
   A. 收缩血管，增加外周阻力 B. 松弛支气管平滑肌
   C. 减轻中毒症状 D. 降低体温
   E. 缓解皮肤瘙痒
5. 某患儿，男性，8 岁。需要补种乙肝疫苗，护士选择注射的部位是
   A. 前臂掌侧下段 B. 上臂三角肌
   C. 上臂三角肌下缘 D. 臀中肌
   E. 臀大肌
6. 某护士在药房领取 0.1%肾上腺素时，发现盒上标签注明每一安瓿 2 ml，盒内安瓿需仔细看才能辨识出药名，但剂量模糊不清，该护士正确的处理是
   A. 查问清楚后再用 B. 酌情少量使用 C. 退回药房不用
   D. 按医嘱使用 E. 按盒上标签用
7. 某患者因肺部感染就诊，医嘱青霉素皮试。皮试 5 分钟后患者突然晕倒，面色苍白、脉搏细弱、血压下降。护士采取的急救措施，不正确的是
   A. 立即通知医生 B. 平卧 C. 保暖
   D. 静脉滴注阿托品 E. 吸氧
8. 某患者，女性，65 岁。慢性支气管炎，肺气肿，痰液黏稠，不易咳出，用超声雾化吸入，下述错误的是
   A. 药物用 α－糜蛋白酶
   B. 稀释药物至 50 ml，放入雾化罐内

C. 水槽内加入冷蒸馏水 250 ml
D. 使用时先开电源开关，再开雾化开关
E. 治疗时间 10 分钟

9. 某患者，青霉素过敏试验后感到喉头发紧、胸闷、气短，伴有濒死感，应立即采取的急救措施是
A. 置头高足低位，注射右旋糖酐，吸氧
B. 置侧卧位，注射抗组胺药，吸氧
C. 置俯卧位，测血压，注射中枢兴奋药
D. 置头低足高位，保暖，注射间羟胺
E. 置平卧位，注射盐酸肾上腺素，吸氧

10. 某患者，男性，65 岁。护士在静脉注射毛花苷 C（西地兰）的过程中发现患者局部肿胀、疼痛，回抽有回血，其原因可能是
A. 针头穿透血管下壁进入深层组织
B. 针头斜面一半在血管外
C. 针刺入较深，药物注在组织间隙
D. 针头斜面紧贴血管壁
E. 针头阻塞

11. 某患者，28 岁。细菌性心内膜炎，遵医嘱给予链霉素 0.5 g bid im，注射 15 分钟后，患者出现全身麻木、抽搐、肌肉无力、眩晕、耳鸣症状，该患者的症状属于
A. 链霉素过敏　B. 链霉素的毒性反应　C. 血清病型反应
D. 迟发型反应　E. 正常反应

12. 某患者，肺部感染遵医嘱行先锋霉素过敏试验，20 分钟后观察注射部位硬结直径 2 cm，主诉皮肤周围无痒感，该情况属于
A. 过敏试验阴性　B. 过敏试验阳性　C. 过敏性休克
D. 血清病型反应　E. 循环系统反应

13. 某护生，模拟进行青霉素过敏试验操作练习。在推注药液的过程中，左手拇指固定针栓，右手推药 0.1 ml，注药完毕用棉签按压后迅速拔针，随后告知模拟患者不可用手按揉局部，观察 20 分钟后看试验结果。以上做法中**错误**的是
A. 左手拇指固定针栓　B. 右手推药
C. 注药完毕用棉签按压后拔针　D. 告知不可用手按操作局部
E. 20 分钟后观察结果

14. 某患者，28 岁。术前需做普鲁卡因皮试。皮试 15 分钟后患者突然出现皮肤瘙痒、呼吸困难、面色苍白、出冷汗、四肢麻木现象，该症状属于
A. 过敏性休克　B. 呼吸道阻塞　C. 循环衰竭
D. 中枢神经系统症状　E. 皮肤过敏症状

15. 某患者，女性，38 岁。发热、咳嗽伴缺铁性贫血入院，遵医嘱给予乳酸亚铁 10 ml、止咳糖浆 10 ml，每日 2 次，口服，在护理过程中，**错误**的是
A. 用吸管服用乳酸亚铁
B. 先服用止咳糖浆，再服用乳酸亚铁溶液
C. 注意观察药效
D. 做好三查八对
E. 发药时，患者若不在，应将药物带回保管

16. 某患者，因左手臂烧伤急诊入院，医嘱给予TAT皮试，护士在操作过程中错误的是
    A. 选择右侧手臂进行穿刺
    B. 推注皮试液0.2 ml
    C. 选择前掌侧下段注射
    D. 注射前询问病史
    E. 密切观察注射后患者的反应
17. 某患者，女性，28岁。孕10周，先兆流产入院，医嘱给予肌内注射黄体酮20 mg，护士在操作过程中错误的是
    A. 可采取俯卧位，足跟相对，足尖分开
    B. 可采取侧卧位，上腿伸直下腿弯曲
    C. 使用粗长的针头进行注射
    D. 在臀大肌进行注射
    E. 针梗刺入2/3

三、A2型题

（18～21题共用题干）

某患者，男性，27岁。因患过敏性皮疹就诊。医嘱50%葡萄糖溶液40 ml+10%葡萄糖酸钙溶液10 ml，st

18. 应选择的最佳注射部位是
    A. 颈外静脉　B. 肘正中静脉　C. 股静脉
    D. 踝静脉　E. 足背静脉网
19. 扎止血带的位置应距穿刺点（　）
    A. 2～3 cm　B. 3～5 cm　C. 5～6 cm
    D. 6～8 cm　E. 8～10 cm
20. 注射时，严防钙剂溢于皮下组织的最重要措施是
    A. 拔针后应加压止血
    B. 先注入少量生理盐水，确认在血管后，再注入
    C. 选择静脉血管时应避开关节和静脉瓣
    D. 严格掌握推药速度
    E. 严格执行无菌技术操作
21. 医嘱中的st代表
    A. 立即　B. 饭前　C. 每小时
    D. 肌内注射　E. 必要时

（22～24题共用题干）

某患者，女性，45岁。因患宫颈癌行子宫切除术

22. 术前准备做青霉素皮试时，错误的做法是
    A. 如对青霉素过敏，需做试验　B. 停用青霉素超过3日，重做试验
    C. 青霉素试验液应现用现配　D. 青霉素更换批号，重做皮试
    E. 皮试前，应准备急救药物
23. 若皮试结果为阴性，在注射过程中，护士错误的做法是
    A. 密切观察患者用药反应
    B. 提前配制好青霉素药液，等待患者术后注射

C. 准备好急救药品和器械

D. 注射过程中注意巡视患者

E. 使用生理盐水溶液溶解青霉素

24. 患者在注射青霉素的过程中突发过敏性休克，呼吸困难引起了喉头水肿，应立即

A. 吸氧　　B. 雾化吸入　　C. 升高血压

D. 气管插管　　E. 注射地塞米松

（25～27 题共用题干）

某患者因腿部烧伤急诊入院，医嘱破伤风抗毒素注射。

25. 破伤风抗毒素试验液浓度应配制为

A. 15 IU/ml　　B. 50 IU/ml　　C. 100 IU/ml

D. 150 IU/ml　　E. 500 IU/ml

26. 注射破伤风抗毒素试验液后的观察时间是

A. 10 分钟　　B. 15 分钟　　C. 20 分钟

D. 25 分钟　　E. 30 分钟

27. 皮试后 20 分钟患者局部皮丘红、肿，硬结 2 cm，红晕范围 5 cm，患者自述有痒感，应如何处理

A. 将破伤风抗毒素分 4 等份，分次注射

B. 在对侧前臂做对照试验后再注射

C. 将破伤风抗毒素稀释，分 2 次注射

D. 待患者痒感消失后再全量注射

E. 将破伤风抗毒素分 4 次逐渐增加剂量注射

（何文娟）

第十七章

静脉输液与输血

思政之光

思维导图

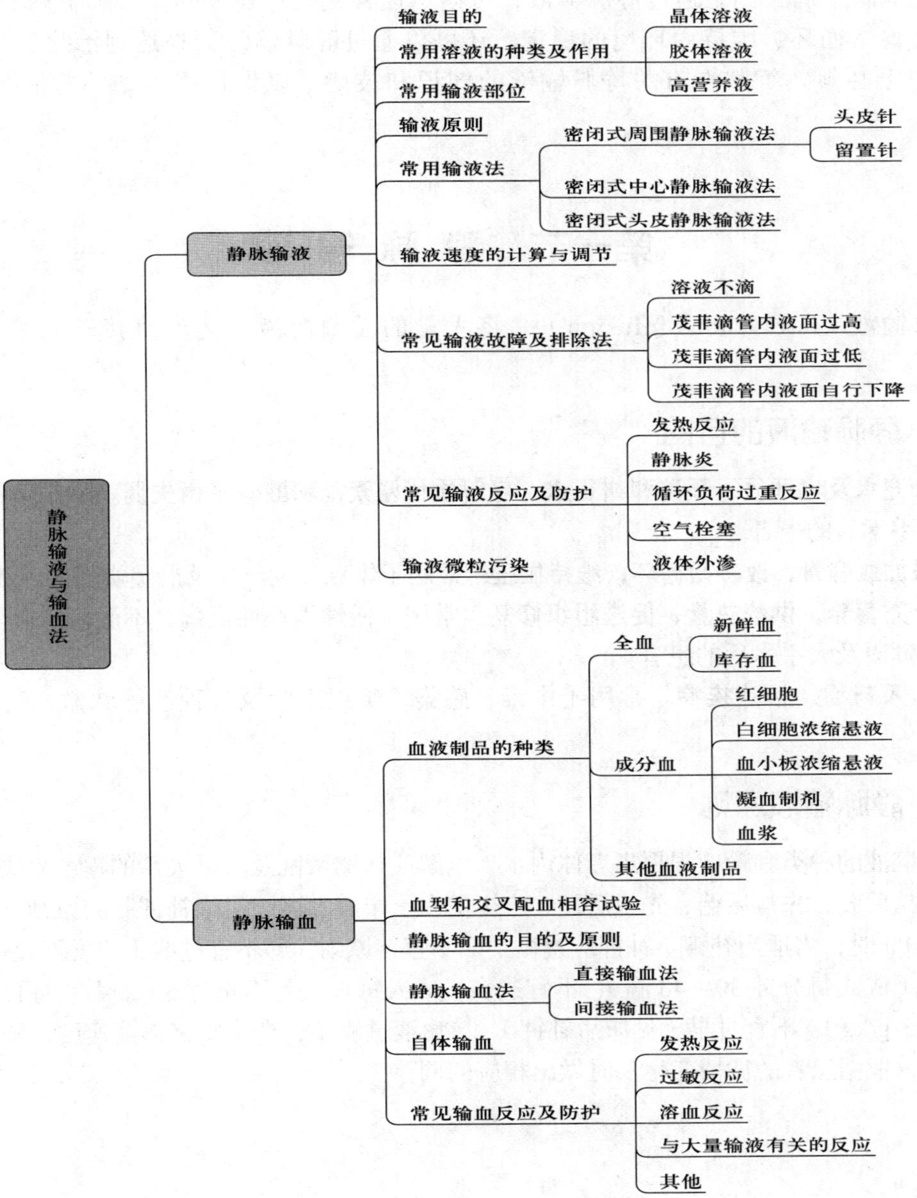

学习目标

1. 解释静脉输液、静脉输血、输液微粒、溶血反应。
2. 知道静脉输液的目的、常用溶液及作用，血液制品的种类，输液微粒污染。
3. 描述常用输液部位、静脉输血。
4. 熟记静脉输液原则、静脉输液方法、输液故障排除法、输血的目的、输液及输血反应与防护。
5. 正确实施密闭式周围静脉输液法、输液故障的处理、输液速度的调节，学会间接输血法。
6. 养成良好的职业素养，具有以人为本的护理服务理念、爱伤观念，具备严谨的工作态度，严格执行查对制度，遵守无菌操作原则。

正常情况下，人体的水、电解质代谢及酸碱度均保持在恒定的范围，以维持机体内环境的相对平衡状态，保证机体的正常生理功能，但在疾病和创伤时，易发生水、电解质代谢紊乱及酸碱平衡失调。通过静脉输液，可以迅速补充机体丧失的体液和电解质、增加血容量、改善微循环、维持内环境的稳定，还可以通过静脉输注药物达到治疗疾病的目的。因此，护士必须熟练掌握有关静脉输液的知识和技能，以保证患者的治疗和抢救安全、有效。

第一节　静 脉 输 液

静脉输液（intravenous infusion）是将大量的无菌溶液或药液直接输入静脉的治疗方法。

一、静脉输液的目的

1. 补充水及电解质，预防和纠正水、电解质代谢紊乱和酸碱平衡失调　常用于剧烈呕吐、腹泻及大手术后的患者。

2. 增加血容量，改善微循环，维持血压　常用于休克、大出血及严重烧伤的患者。

3. 补充营养，供给热量，促进组织修复　常用于慢性消耗性疾病、不能经口进食、禁食、胃肠吸收障碍及大手术后的患者。

4. 输入药物，治疗疾病　常用于中毒、感染、组织水肿及各种经静脉输入药物治疗的患者。

二、静脉输液原则

输入溶液的种类和量应根据患者体内水、电解质代谢紊乱及酸碱失衡的程度来决定。一般遵循“先晶后胶、先盐后糖、先快后慢、宁少勿多、宁酸勿碱、见尿补钾”的原则。当尿量增加到 40 ml/h 时，需适当补钾。补钾应遵循“四不宜”原则，即不宜过浓（浓度不超过 0.3%）、不宜过快（成人每分钟 30 ~ 40 滴）、不宜过多（成人每日总量不超过 5 g，小儿每日总量不超过 0.1 ~ 0.3 g/kg）、不宜过早（见尿后补钾）。在输液过程中，严格掌握输液速度，随时观察患者的反应，根据患者的病情变化及时做出相应的调整。

> **课堂互动**
>
> 某患者，男性，70岁。今日上午9:00入院，诊断“慢性肺源性心脏病、呼吸道感染”。医生开出医嘱：①5%葡萄糖溶液250 ml+丹参溶液20 ml，静脉滴注，1次/日。②5%葡萄糖溶液250 ml+环磷腺苷60 mg，静脉滴注，1次/日。③0.9%氯化钠250 ml+氨曲南2 g，静脉滴注，2次/日。④5%葡萄糖溶液500 ml+维生素C 3.0 g，静脉滴注，1次/日。
>
> **请思考：**
>
> 1. 护士应如何安排输液顺序？
> 2. 护士在为该患者输液时如何选择合适的血管？输液成功后如何调节滴速？

三、常用溶液的种类及作用（表17-1）

表17-1 常用溶液的种类及作用

溶液种类		作用	举例
晶体溶液（crystalloid solution）	葡萄糖溶液	补充水和热量	5%葡萄糖溶液、10%葡萄糖溶液等
	等渗电解质溶液	补充水和电解质，维持体液和渗透压平衡	0.9%氯化钠溶液、复方氯化钠溶液、5%葡萄糖氯化钠溶液等
	碱性液	纠正酸中毒，调节酸碱平衡失调	5%碳酸氢钠溶液、11.2%乳酸钠溶液、1.4%碳酸氢钠溶液、1.84%乳酸钠溶液等
	高渗溶液	利尿、脱水、消肿、降低颅内压	20%甘露醇溶液、25%山梨醇溶液、25%～50%葡萄糖溶液等
胶体溶液（colloidal solution）	右旋糖酐溶液	降低血黏度，改善血液循环和组织灌注量，防止血栓形成	右旋糖酐-70、右旋糖酐-40等
	代血浆	扩充血容量	羟乙基淀粉（706代血浆）、氧化聚明胶、聚维酮（聚乙烯吡咯酮）等
	血液制品	提高胶体渗透压，扩充血容量，补充抗体和蛋白质	血浆蛋白质、5%白蛋白等
静脉高营养液		补充蛋白质、维生素和矿物质，提供热量	复方氨基酸、脂肪酸、脂肪乳、维生素、矿物质等

四、常用静脉输液部位

输液时，应根据患者的年龄、意识、体位、病情状况、病程长短、溶液种类、输液时间、静脉情况或即将进行的手术部位等情况选择输液部位。常用的输液部位有周围浅静脉、头皮静脉和颈外静脉等。

（一）周围浅静脉

1. 上肢浅静脉 常用的有肘正中静脉、头静脉、贵要静脉、手背静脉网（图17-1）。手背静脉网是成人患者输液时的首选部位，肘正中静脉、头静脉、贵要静脉可以用来做经外周中心静脉导管（PICC）的穿刺部位。

2. 下肢浅静脉 常用的有大隐静脉、小隐静脉和足背静脉网（图17-2）。因下肢静脉有静脉瓣，容易形成血栓，有增加静脉栓塞和血栓性静脉炎的危险，故下肢浅静脉不作为静脉输液的首选部位。

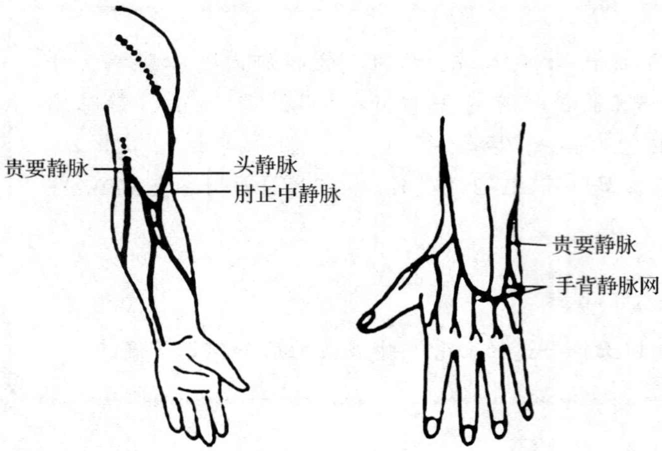

图 17-1　上肢浅静脉

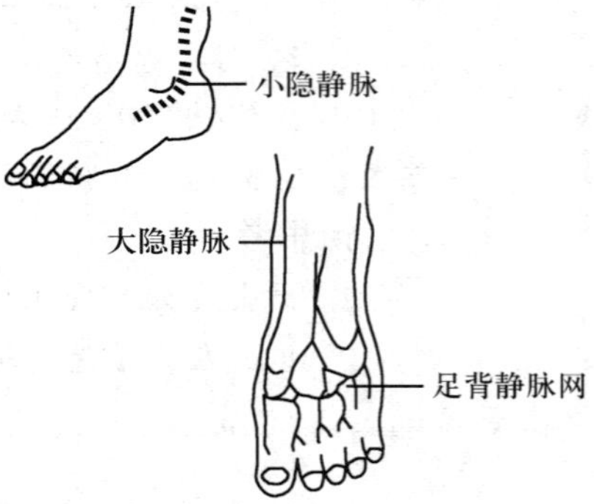

图 17-2　下肢浅静脉

（二）头皮静脉

头皮静脉常用于 3 岁以下的小儿静脉输液。较大的头皮静脉有颞浅静脉、额静脉、耳后静脉及枕静脉，如图 17-3。

音频：
考点解析

➢ **考点：** 对于需要静脉输液的成年人，使用头皮针进行静脉穿刺时优先选择的血管是

A. 贵要静脉　　B. 头静脉　　C. 桡静脉
D. 手背静脉网　　E. 肘正中静脉

（三）颈外静脉、锁骨下静脉

颈外静脉、锁骨下静脉常用于中心静脉插管，需要长期持续静脉输液或需要静脉高营养的患者（图 17-4）。

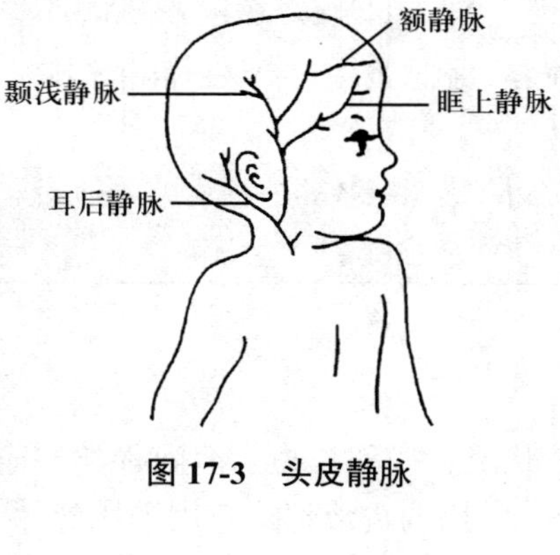

图 17-3　头皮静脉

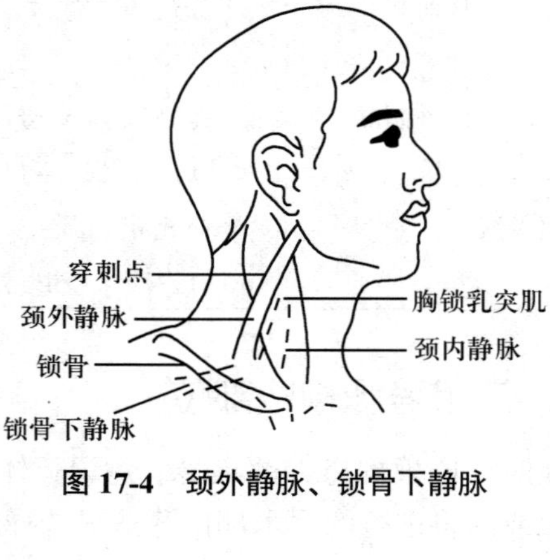

图 17-4　颈外静脉、锁骨下静脉

五、常用静脉输液法

临床上静脉输液按照输入液体是否与大气相通，分为密闭式静脉输液法和开放式静脉输液法。按照进入血管通道器材所到达的位置，分为周围静脉输液法和中心静脉输液法。

▶ 案例分析

某患者，男性，65 岁。胃癌晚期，不能进食，给予脂肪乳、氨基酸等静脉输入，1 周后注射部位沿静脉走向出现条索状红线，局部组织肿胀、发红，患者主诉有疼痛感。

（一）密闭式周围静脉输液法

护理评估

1. 评估与解释

（1）评估患者：①核对患者身份，如床号、住院号、姓名、性别、年龄和诊断。②全身情况，如病情、静脉输液的目的、意识状态、心理反应及合作程度。③心脏、肺、肝、肾功能，穿刺部位的皮肤情况（有无感染、破损、皮疹），静脉状况（解剖位置、弹性、充盈和滑动度），患者的用药史等。④患者对静脉输液的目的、操作方法的了解程度等。

（2）解释：静脉输液的目的、方法及配合要点等。

2. 评估环境　环境整洁、舒适，光线明亮，符合无菌操作的要求。

护理诊断

1. 静脉炎　与长期输入高浓度的液体有关。

2. 疼痛　与炎症有关。

3. 营养失调（低于机体需要量）　与胃癌晚期患者不能进食有关。

护理计划

1. 目的　同静脉输液的目的。

2. 准备

（1）护士准备：着装整洁，洗手，戴口罩，核对并转抄医嘱。

（2）患者准备：了解静脉输液的目的、方法、注意事项及配合要点，输液前排尿或排便，取舒适卧位。

（3）用物准备：①治疗车上层备注射盘，内备皮肤常规消毒液、无菌棉签、输液器、输液贴或胶布、输液卡及输液瓶贴、输液执行单、砂轮、小垫枕、治疗巾、止血带、弯盘、启瓶器、瓶套及手消毒液。静脉留置针输液法需另备静脉留置针1套、封管液（无菌生理盐水或稀释肝素溶液）。②治疗车下层备生活垃圾桶、医用垃圾桶、锐器回收盒、放止血带的容器。③其他，如输液架，必要时备夹板、绷带及输液泵。

护理实施

密闭式周围静脉输液法实施，见表17-2。

表17-2　密闭式周围静脉输液法实施

护理实施	流程简释	要点说明
▲头皮针密闭式周围静脉输液法		
核对、检查	◆遵医嘱备药 ◆二人核对输液执行单、输液卡 ◆操作者核对瓶签上的药名、剂量、浓度、有效期，检查瓶盖有无松动，瓶身有无裂缝，对光检查溶液质量。根据输液卡填写输液瓶贴，并倒贴在药液瓶标签旁，用启瓶器去除液体瓶盖中心部分，套上瓶套	认真执行查对制度
消毒、加药	◆常规消毒瓶塞，遵医嘱加入所需药物	按正确的方法加入药物并注意药物之间的配伍禁忌

续表

护理实施	流程简释	要点说明
插输液器	◆检查输液器后打开包装袋，将输液管针头插入瓶塞直至针头根部，拧紧输液管针乳头和头皮针连接处，关闭调节器	检查输液器包装袋是否完整、有无漏气及是否在有效期内
核对、解释	◆携用物至患者床旁，认真核对患者并做好解释	确认患者，取得合作
消毒双手	◆消毒双手	防止交叉感染
挂瓶、排气	◆护士一手夹持头皮针和调节器，另一手将输液瓶倒挂在输液架上	注意保护穿刺头皮针，避免倒挂输液瓶时药液从通气管流出，造成药液浪费及头皮针污染
	◆将茂菲滴管倒置，抬高下段输液管，打开调节器，使液体流入到茂菲滴管的 1/2 ~ 2/3 满时，反折茂菲滴管根部的输液管，迅速将茂菲滴管放下，同时缓慢降低下段输液管，当液体流至乳头和头皮针连接处，输液管的下段无气泡时关闭调节器（图 17-5），将输液管末端放入输液器包装袋内，置于治疗盘中	如果下段输液管上部分内有小气泡，可轻弹输液管，使气泡进入茂菲滴管；如果下段输液管下部分有气泡，可轻弹输液管，同时将过滤器垂直向上，使气泡进入过滤器处
选择静脉	◆帮助患者选择舒适卧位，肢体下放治疗巾、止血带及小垫枕 ◆手指探明方向及深浅，在距穿刺点上方 6 cm 处扎止血带	选择粗、直、弹性好的静脉，并注意避开关节、静脉瓣
消毒皮肤	◆常规消毒皮肤，待干，准备输液贴或胶布	消毒范围 5 cm 以上
查对、排气	◆再次核对床号、姓名、药液 ◆取下护针帽，打开调节器，排尽头皮针内气体，然后关闭调节器 ◆对光检查，确保头皮针、输液管、输液器内无气泡	
穿刺、固定	◆嘱患者握拳，手绷紧皮肤。护士一手持头皮针针柄，与皮肤成 15° ~ 30°，从静脉上方或侧方刺入皮下，再沿静脉方向潜行刺入，见回血后平行进针少许；另一手拇指固定针柄，松开止血带，嘱患者松拳，打开调节器，待药液滴入通畅，用输液贴或胶布固定（图 17-6）	让针尖斜面全部进入血管内 穿刺点保持无菌：无输液贴时，用无菌棉球覆盖穿刺点，再用胶布固定
调节滴速	◆根据患者的年龄、病情、药物性质调节滴速，或遵医嘱调节	一般成人 40 ~ 60 滴 / 分，儿童 20 ~ 40 滴 / 分；婴幼儿，年老体弱者，心脏、肺、肾功能不良者滴速宜慢；休克，脱水严重，心脏、肺、肾功能良好者滴速宜快；一般药液、利尿药滴速可稍加快；升压药物、含钾药物、高渗盐水、刺激性强的药物滴速宜慢
核对、挂卡	◆再次核对床号、姓名、药液，在输液卡上签名、记录，并将输液卡挂于输液架上	调节好滴速后，记录在输液卡上，并向患者及家属交代不可自行随意调节

续表

护理实施	流程简释	要点说明
整理、记录	◆取出止血带、治疗巾及小垫枕 ◆整理床单位，协助患者取舒适卧位 ◆将呼叫器放于患者易取处 ◆整理用物 ◆洗手，记录	记录输液开始的时间，滴入药物的种类、滴速，患者的全身及局部状况，并签全名
及时换液	◆核对下一瓶液体，打开液体瓶盖的中心部分，消毒瓶塞后加入药物。核对后从上一液体瓶内拔出粗针头，插入下一瓶内，确保滴管液面高度合适、输液管中无气泡、输液通畅后签字，记录	更换输液瓶时，认真执行查对制度 严格执行无菌操作，防止污染 持续输液超过24小时者，每日更换输液器
拔针、按压	◆输液完毕，关闭调节器，轻揭输液贴或胶布，迅速拔针后嘱患者按压片刻，至无出血	
整理、记录	◆协助患者取舒适卧位，整理床单位 ◆整理用物 ◆洗手，记录	污物按规定处理，避免交叉感染
▲静脉留置针（图17-7）周围静脉输液法	◆保护血管，减少反复穿刺造成的痛苦，适用于长期输液、静脉穿刺困难、年老体弱者、化疗、脱水、大手术后及重症患者的支持疗法，也可用于中心静脉压的测定	
核对、检查～挂瓶、排气同头皮针密闭式周围静脉输液法		
检查用物	◆检查留置针的包装、型号、生产日期、有效期后取出，确认针尖及套管尖端完好；检查无菌透明敷贴外包装并打开，写明留置日期	针尖无倒钩、边缘无毛刺可使用
查对、排气	◆核对床号、姓名、药液 ◆将输液器上的针头全部插入留置针的肝素帽内，打开输液器的调节器，排尽输液管内、针头及留置针管内的空气，关闭调节器，将留置针放回留置针盒内	避免输液器针头暴露污染 防止发生空气栓塞
扎带、消毒	◆扎好止血带，常规消毒皮肤	止血带距穿刺点上方6～10 cm，以防发生感染
旋转套管	◆旋转松动外套管，调整针头斜面向上，除去留置针护针套（图17-8）	避免外套管与针芯粘连
穿刺、送管	◆护士左手绷紧患者皮肤，右手持留置针翼，保持针尖斜面向上，从血管上方使针头与皮肤成15°～30°进针，进针0.5 cm后将针芯后移0.2 cm，见回血后放平穿刺针，继续推进0.3～0.5 cm ◆护士一手先将针芯后撤0.5 cm后再固定，另一手将外套管沿血管方向全部送入静脉，退出针芯	动作轻巧、熟练，防止针芯损伤血管，确保外套管在血管内 将针芯放入锐器回收盒
固定调速	◆松止血带，嘱患者松拳，打开调节器，用透明敷贴粘贴，如图17-9（也可用输液贴），将导管固定于皮肤上，调节滴速	固定牢固，松紧度适宜

视频：
头皮针周围静脉输液法

续表

护理实施	流程简释	要点说明
及时换液	核对、挂卡～整理、记录同头皮针密闭式周围静脉输液法	
拔针、封管	◆输液即将结束时，关闭调节器，拔出输液器针头 ◆常规消毒肝素帽胶塞，将抽好封管液的注射器针头刺入肝素帽胶塞内，进行封管	常用封管液：①无菌生理盐水，每次 5～10 ml，每隔 6 小时冲管 1 次。②稀释肝素溶液，10～100 U/ml，每次 2～5 ml 保证正压封管，边退针边封管，直至针头完全退出，防止发生血液凝固，阻塞输液通道
再次输液	◆再次输液时，常规消毒肝素帽胶塞，将输液器针头插入肝素帽内，打开调节器，调节滴速，开始输液	
整理、记录	◆协助患者取舒适卧位，整理床单位 ◆整理用物 ◆洗手、记录	污物按规定处理，避免交叉感染

视频：
外周静脉留置针输液

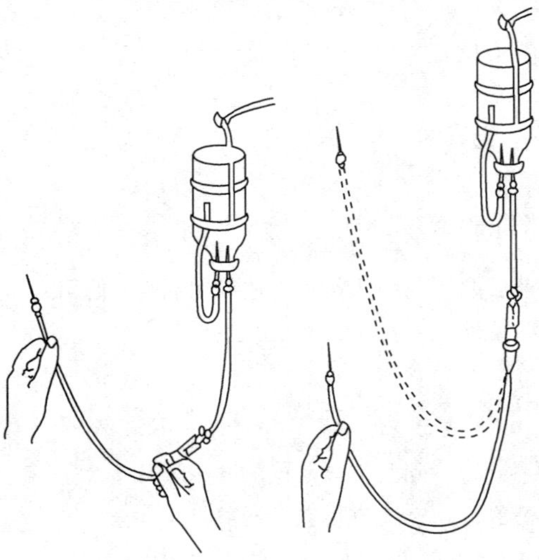

图 17-5　排气手法

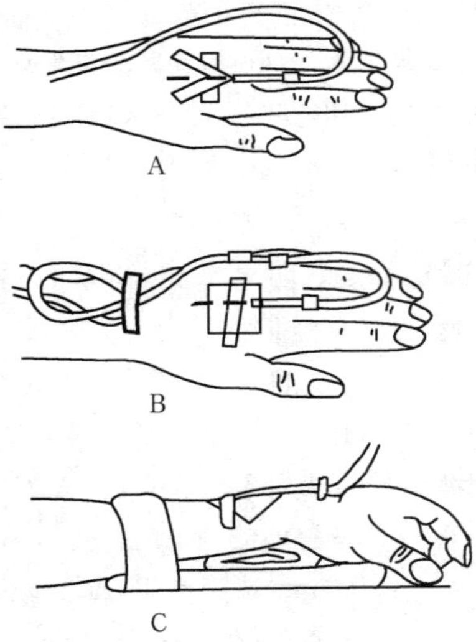

图 17-6　输液贴固定

A. 固定针钢；B. 遮盖穿刺点；C. 盘曲硅胶管固定

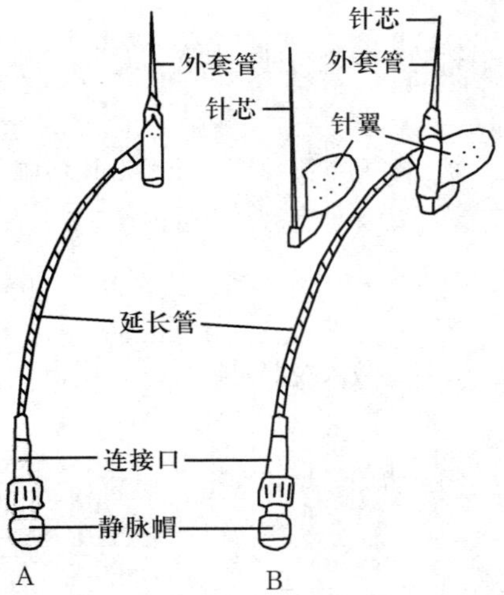

图 17-7　静脉留置针

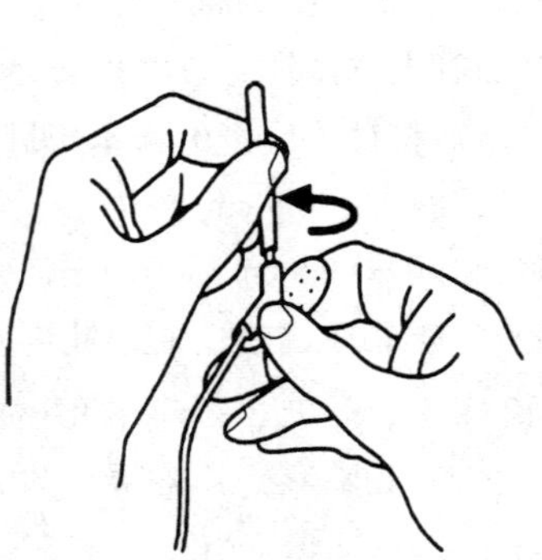

图 17-8　旋转松动外套管

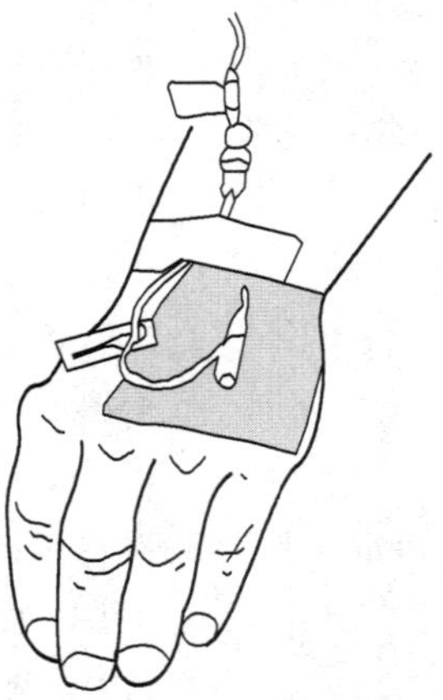

图 17-9　静脉留置针固定

护理评价

1. 严格执行无菌操作原则和查对制度。操作规范，未发生输液反应及其他并发症，患者安全。
2. 患者获得基本的药物和营养。
3. 充分体现以人为本的护理服务理念，护患沟通有效，患者主动配合。

注意事项

1. 严格遵循查对制度，遵守无菌操作原则。

2. 根据用药的原则、药物的性质、患者病情，遵医嘱合理安排输液的顺序，同时注意药物的配伍禁忌。

3. 严防空气栓塞，输液前应排尽输液器内的空气，连续输液应及时更换溶液瓶。

4. 需要穿刺的静脉应选择较为固定、弹性较好、粗、直的静脉，注意避开关节和静脉瓣；合理使用静脉，一般从远端静脉开始，交替使用。

5. 在输液过程中严格控制输液速度，并加强巡视，密切观察患者是否有输液反应。

6. 静脉留置针

（1）一般静脉留置针保留的时间为 3 ~ 5 日，不超过 7 日。

（2）每次输液前及输液后，均应检查穿刺部位及静脉走行方向有无红、肿，并询问患者有无疼痛与不适。如有异常情况，应及时拔除导管并做相应处理。对仍需输液者，应更换肢体另行穿刺。

（3）应妥善固定使用静脉留置针的肢体，尽量减少肢体的活动，避免被水沾湿。如需要洗脸或洗澡时，应用塑料纸将局部包裹好。能下地活动的患者，静脉留置针避免保留于下肢，以免由于重力作用造成回血，堵塞导管。

（4）每次输液前先抽回血，再用无菌的生理盐水冲洗导管。如无回血，冲洗有阻力时，应考虑留置针导管堵管，应拔出静脉留置针，不能用注射器使劲推注，以免将凝固的血栓推进血管，造成栓塞。

（二）密闭式中心静脉输液法

密闭式中心静脉输液法包括颈外静脉穿刺置管输液法、锁骨下静脉穿刺置管输液法和外周中心静脉导管（peripherally inserted central venous catheter，PICC）输液法。临床上，前两种密闭式中心静脉输液法的操作多由医生完成，而 PICC 的操作多由临床专科护士完成。

颈外静脉穿刺置管输液法

颈外静脉是颈部最大的浅静脉，位于颈外侧皮下，位置表浅且较易固定，因此在特殊情况下可以输液，但不可多次穿刺。其穿刺点为下颌角与锁骨上缘中点连线上 1/3 处，颈外静脉外缘（图 17-10）。

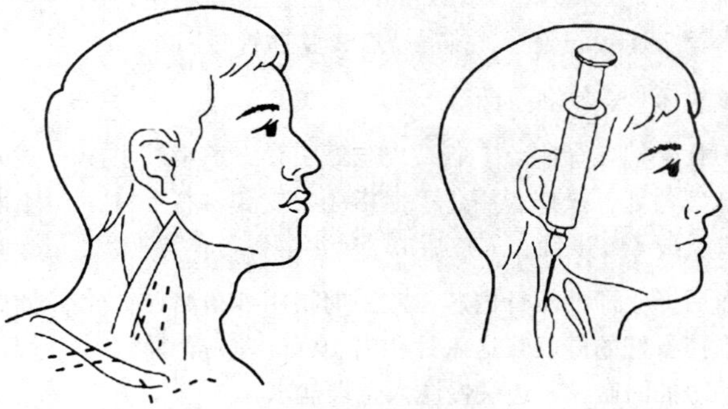

图 17-10　颈外静脉穿刺定位法及进针方向

A. 穿刺定位；B. 进针方向

护理评估

同密闭式周围静脉输液法。

护理诊断

同密闭式周围静脉输液法。

护理计划

1. 目的

（1）长期持续输液，周围静脉穿刺困难的患者。

（2）长期静脉内输入高浓度或刺激性强的药物，或行静脉内高营养治疗的患者。

（3）周围循环衰竭的危重患者，用来测量中心静脉压。

2. 准备

（1）护士准备：同密闭式周围静脉输液法。

（2）患者准备：同密闭式周围静脉输液法，签署知情同意书。

（3）用物准备：除头皮针静脉输液法的用物外，还需准备以下物品。①无菌穿刺包：内装穿刺针、硅胶管 2 条、5 ml 和 10 ml 注射器各 1 个、6 号针头 2 枚，平针头 1 个、尖头刀片、镊子、无菌纱布 2～4 块、洞巾、弯盘。②其他：无菌生理盐水、2%利多卡因注射液、无菌手套、无菌敷贴、0.4%枸橼酸钠生理盐水或肝素稀释液、无菌静脉帽。

护理实施

颈外静脉穿刺置管输液法实施，见表 17-3。

表 17-3　颈外静脉穿刺置管输液法实施

护理实施	流程简释	要点说明
核对、备药～挂瓶、排气同头皮针周围静脉输液法		
安置体位	◆协助患者去枕平卧，头偏向对侧，肩下垫一小薄枕，使患者头低位，颈部伸展、平直	充分暴露穿刺部位，便于穿刺
定穿刺点	◆操作者立于患者头侧或对侧，选择穿刺点并正确定位	
消毒皮肤	◆常规消毒皮肤	
开无菌穿刺包	◆打开无菌穿刺包，戴无菌手套，铺洞巾	形成一无菌区，便于操作者操作
局部麻醉	◆由助手协助，操作者用 5 ml 注射器抽吸 2%利多卡因，在穿刺部位行局部麻醉。用 10 ml 注射器抽吸无菌生理盐水，以平针头连接硅胶管，排尽空气，备插管时用	
再次查对	◆再次核对床号、姓名、药液	
穿刺静脉	◆先用刀片尖端在穿刺点上刺破皮肤做引导，助手以手按压颈静脉三角处，操作者用左手拇指绷紧皮肤，右手持穿刺针与皮肤成 45° 进针，入皮后成 25° 沿静脉方向穿刺	减少进针时皮肤阻力 阻断血液时静脉充盈，便于穿刺
正确插管	◆见回血后，立即抽出针内芯，左手拇指用纱布堵住针栓孔，右手持备好的硅胶管送入针孔内 10 cm 左右，插管时由助手一边抽回血，一边缓慢注入生理盐水	插管动作要轻柔，避免硅胶管打折 当插入不畅时，可改变插管方向

续表

护理实施	流程简释	要点说明
接输液器	◆确定硅胶管在血管内后，缓慢退出穿针刺，再次抽回血，注入生理盐水，移开洞巾，接输液器输液	检查导管是否在血管内 输液不畅时，观察硅胶管有无弯曲，是否滑出血管外
固定、调速	◆用无菌敷贴覆盖穿刺点，并固定硅胶管，硅胶管与输液管接头处用无菌纱布包扎，并用胶带固定在颌下 ◆根据患者的年龄、病情、药物的性质，调节滴速	固定要牢固，防止硅胶管脱出
暂停封管	◆暂停输液时，用0.4%枸橼酸钠生理盐水1～2 ml或肝素稀释液2 ml注入硅胶管进行封管；用无菌静脉帽塞住针栓孔，再用安全别针固定在敷料上	每日更换穿刺点敷料，用0.9%过氧乙酸溶液擦拭硅胶管，常规消毒局部皮肤
再行输液	◆再行输液时，取下静脉帽，消毒针栓孔，接上输液装置即可	
拔管、整理	◆停止留置输液时，在硅胶管末端接注射器，边抽吸边拔硅胶管 ◆拔管后，局部加压数分钟，用75%乙醇消毒穿刺部位，并覆盖无菌纱布 ◆协助患者取舒适卧位，整理床单位	可防止残留血块和空气进入血管，避免形成血栓
清理、记录	◆整理用物 ◆洗手，记录	记录拔管时间和患者反应

注意事项

1. 严格执行无菌操作及查对制度，预防感染及差错事故的发生。

2. 正确选择穿刺点，穿刺点不可过高或过低。穿刺点过高，因近下颌角而妨碍操作；穿刺点过低，易损伤锁骨下胸膜及肺尖而导致气胸。

3. 每日输液前要先检查导管是否在静脉内。

4. 输液过程中应加强巡视，如发现硅胶管内有回血，应及时用0.4%枸橼酸钠生理盐水冲管，以免血块堵塞硅胶管。若溶液滴注不畅，及时检查硅胶管是否滑出血管外或弯曲。

5. 每日停止输液时，要进行封管。若发现硅胶管内有凝血，应用注射器将凝血块抽出，切忌将凝血块推入血管造成栓塞。

6. 每日常规消毒穿刺点及周围皮肤并更换敷料。更换敷料时，应注意观察局部皮肤情况，一旦出现红、肿、热、痛等炎症表现，应做相应的抗感染处理。

护理评价

同密闭式周围静脉输液法。

锁骨下静脉穿刺置管输液法

锁骨下静脉穿刺点为胸锁乳突肌外侧缘与锁骨上缘所形成的夹角平分线上，距顶点0.5～1 cm处（图17-11）。

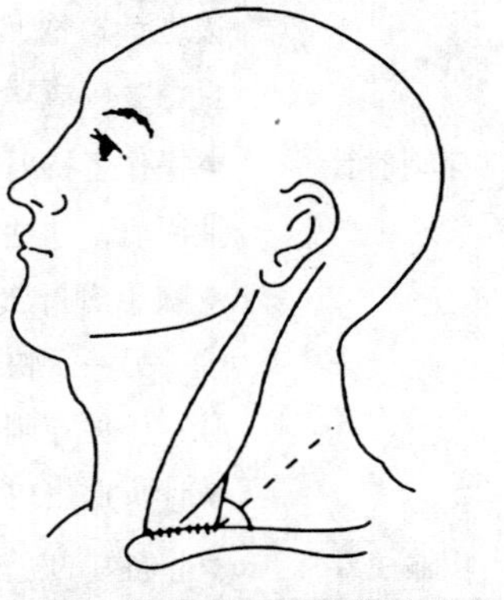

图17-11　锁骨下静脉穿刺点定位

护理评估

同密闭式周围静脉输液法。

护理诊断

同密闭式周围静脉输液法。

护理计划

1. 目的

（1）长期不能进食或丢失大量液体，需补充大量高热量、高营养液体及电解质的患者。

（2）各种原因所致大出血，需迅速输入大量的液体，以纠正血容量不足或提升血压的患者。

（3）长期输入高浓度或强刺激性药物的患者。

（4）需测定中心静脉压和需要紧急放置心内起搏导管的患者。

2. 准备

（1）护士准备：同密闭式周围静脉输液法。

（2）患者准备：同密闭式周围静脉输液法，签署知情同意书。

（3）用物准备：除头皮针静脉输液法的用物外，还需配备以下物品。①无菌穿刺包：内装穿刺针（20 号）2 枚、硅胶管 2 条，射管水枪 1 个、平头针（8～9 号）2 个、5 ml 注射器、镊子、结扎线、无菌纱布 2 块、洞巾 2 块、弯盘。②其他：2%利多卡因注射液、无菌手套、无菌敷贴、0.4%枸橼酸钠生理盐水或肝素稀释液、无菌静脉帽、1%甲紫。

护理实施

锁骨下静脉穿刺置管输液法实施，见表 17-4。

表 17-4　锁骨下静脉穿刺置管输液法实施

护理实施	流程简释	要点说明
核对、检查～挂瓶、排气同头皮针密闭式周围静脉输液法		
选穿刺点	◆协助患者去枕平卧，头偏向一侧，肩下垫一小薄枕，使患者头低肩高 ◆操作者立于床头。选择穿刺点并用 1%甲紫标记进针点及胸锁关节	充分暴露穿刺部位，便于穿刺 提高穿刺的成功率，避免发生气胸等并发症
消毒皮肤	◆常规消毒局部皮肤	
开包、铺巾	◆打开无菌穿刺包，戴无菌手套，铺洞巾	形成一无菌区，便于操作者操作
备好枪、管	◆准备好射管水枪及硅胶管，并抽取 0.4%枸橼酸钠生理盐水，连接穿刺针头，备穿刺射管用	
局部麻醉	◆由助手协助，操作者用 5 ml 注射器抽取 2%利多卡因溶液，在穿刺部位行局部麻醉	
再次查对	◆再次核对床号、姓名、药液	
穿刺静脉	◆操作者将针头指向胸锁关节，与皮肤成 30°～40° 进针，边进针边抽回血，通过胸锁筋膜有落空感时，继续进针，直至穿刺成功	试穿锁骨下静脉，以探测进针方向、角度和深度
穿刺射管	◆操作者持射管水枪，按试穿方向刺入锁骨下静脉，同时抽回血，如抽出暗红色血液，表明进入锁骨下静脉 ◆嘱患者屏气，操作者一手按住水枪的圆孔及硅胶管末端，另一手快速推动活塞，硅胶管即随液体进入锁骨下静脉；压住穿刺针顶端，将针退出 ◆针头退出皮肤后，将硅胶管轻轻从水枪中抽出	一般射入长度为左侧 6～19 cm，右侧 12～15 cm
接输液器	◆将备好的输液器导管连接平针头，插入硅胶管内进行输液	

续表

护理实施	流程简释	要点说明
固定、调速	◆用无菌敷贴覆盖穿刺点，并固定硅胶管 ◆在距离穿刺点约 1 cm 处，将硅胶管缝合固定在皮肤上，覆盖无菌纱布，并用胶布固定 ◆根据患者的年龄、病情、药物的性质调节滴速	一般缝合两针，两个结间距为 1 cm
暂停封管～清理、记录同颈外静脉穿刺置管输液法		

注意事项

1. 操作前要先叩患者两侧背部肺下界，并听诊两侧呼吸音，以便在术后不适时作为对照。

2. 严格执行无菌操作及查对制度，预防感染及差错事故的发生。

3. 正确选择穿刺点。在铺洞巾前，将确定好的穿刺点及穿刺方向进行标记，避免因进针方向过度向外偏移而刺破胸膜，造成气胸。

4. 射管时，须用手压住水枪的圆孔处及硅胶管末端，以免硅胶管全部射入体内。另外，射管时推注水枪活塞应迅速，使水枪内的压力猛增而射出硅胶管。如果缓慢推注，即使水枪内的液体注完，仍不能射出硅胶管。

5. 退针时，切勿来回转动针头，以防针头斜面割断硅胶管，并且在穿刺针未退出血管时，不可放开按压圆孔处的手指，防止硅胶管吸入。

6. 每日输液前，要先检查导管是否在静脉内。

7. 在输液过程中，应加强巡视，如发现硅胶管内有回血，应及时用 0.4% 枸橼酸钠生理盐水冲注，以免血块堵塞硅胶管。若溶液点滴不畅，可用急速负压抽吸，不能用力推注液体，以免将管内的凝血块冲入血管形成栓子。及时检查硅胶管是否滑出血管外或弯曲、头部位置是否不当、固定硅胶管的线结扎是否过紧，出现上述情况应及时处理。

8. 每日停止输液时，要进行封管。若发现硅胶管内有凝血，应用注射器将凝血块抽出，切忌将凝血块推入血管造成栓塞。

9. 每日常规消毒穿刺点及周围皮肤并更换敷料。更换敷料时，应注意观察局部皮肤情况，一旦出现红、肿、热、痛等炎症表现，应做相应的抗感染处理。

护理评价

同密闭式周围静脉输液法。

外周中心静脉置管（PICC）输液法

外周中心静脉导管输液法是由周围静脉穿刺置管，并将导管末端置于上腔静脉中下 1/3 或锁骨下静脉进行输液的方法。此法具有适应证广、创伤小、操作简单、保留时间长、并发症少的优点，常用于中、长期的静脉输液或静脉输注化疗药等，一般静脉留置导管可在血管内保留 7 日至 1 年。常用的 PICC 有两种：三向瓣膜式 PICC 和末端开放式 PICC。

护理评估

同密闭式周围静脉输液法。

护理诊断

同密闭式周围静脉输液法。

护理计划

1. 目的

（1）需补充静脉营养液等高渗溶液的患者。

（2）需输入高浓度或刺激性强的药物的患者。

（3）需中、长期静脉输液治疗的患者。

（4）外周静脉条件差且需用药的患者。

2. 准备

（1）护士准备：同密闭式周围静脉输液法。

（2）患者准备：同密闭式周围静脉输液法，签署知情同意书。

（3）用物准备：有以下几类。① PICC 穿刺套件：PICC、延长管、链接器、思乐扣、皮肤保护剂、肝素帽或正压接头。② PICC 穿刺包：治疗巾 3 块、洞巾、止血钳或镊子 2 把、直剪刀、3 cm × 5 cm 小纱布 3 块、6 cm × 8 cm 纱布 5 块、大棉球 6 个、弯盘 2 个。③其他：注射盘、无菌手套 2 副、0.9%氯化钠溶液 500 ml，20 ml 注射器 2 个、10 cm × 12 cm 透明敷贴、皮肤消毒液（75%乙醇 + 碘伏）、抗过敏无菌胶布、皮尺、止血带。④视需要准备：2%利多卡因溶液、1 ml 注射器、弹力或自粘绷带。

护理实施

PICC 输液法实施，见表 17-5。

表 17-5 PICC 输液法实施（以三向瓣模式导管为例）

护理实施	流程简释	要点说明
核对、检查 ~ 挂瓶、排气同头皮针周围静脉输液法		
选择静脉	◆首选左侧贵要静脉	常在肘部以贵要静脉、肘正中静脉和头皮静脉为序选择静脉
安置体位	◆协助患者采取平卧位，暴露穿刺区域，穿刺侧上肢外展与躯干成 90°	充分暴露穿刺部位，便于穿刺
选穿刺点	◆常规首选肘窝区肘下 2 横指	位置过于靠下，血管相对较细，易引起回流受阻或导管与血管发生摩擦出现并发症。位置过于靠上，易损伤淋巴系统和（或）神经系统，且上臂静脉瓣较多
测量长度	◆用皮尺测量从穿刺点到右胸锁关节，再向下至第 3 肋间隙的长度	如插入过深，导管尖端进入右心房，可能引起心律失常、心肌损伤、心脏压塞等
测量臂围	◆于肘关节上 4 横指（约 7 cm）测量	用于监测可能发生的并发症，如渗漏、栓塞等
开包、消毒	◆打开 PICC 穿刺包，戴无菌手套，将一块治疗巾铺于穿刺肢体下	
	◆先用 75%乙醇清洁脱脂，待干后再用碘伏消毒 3 遍。消毒范围以穿刺点为中心，直径 20 cm，两侧至臂缘	每次消毒方向需与上次相反 消毒范围要大，避免感染

续表

护理实施	流程简释	要点说明
建无菌区	◆更换无粉无菌手套，铺洞巾及治疗巾，并将 PICC 穿刺套件及所需无菌用物置于无菌区	若为有粉手套，需先将滑石粉冲洗干净
预充导管	◆用注射器抽吸 0.9%氯化钠溶液 20 ml 冲洗导管，检查导管是否通畅，再将导管置于 0.9%氯化钠溶液中，湿化导丝	使导管内充满液体，防止空气进入血管内
系止血带	◆由助手协助系止血带，注意止血带的末端反向于穿刺部位	使静脉充盈
麻醉穿刺	◆视情况可于穿刺前先由助手用 2%利多卡因溶液在穿刺部位进行局部麻醉 ◆操作者左手绷紧患者皮肤，右手以 15°～30° 进针，见回血后，立即放低穿刺针，以减小穿刺角度，再推进少许 ◆嘱助手松开止血带后，再用一手保持钢针针芯位置，一手单独向前推进外插管鞘，并用拇指固定，再用一手示指和中指按压并固定插管鞘上方的静脉，以减少出血，一手撤出针芯	保持插管鞘留在血管腔内不易脱出
匀速送管	◆用镊子夹住导管尖端，将导管缓慢、均匀送入，当导管置入约 15 cm（即到达患者肩部）时，嘱患者将头转向穿刺侧，贴近肩部，以防止导管误入颈静脉，直至置入预定长度	镊子夹住导管不宜过紧，以免损坏导管
抽吸回血	◆用盛有 0.9%氯化钠溶液的注射器抽吸回血	
撤出管鞘	◆用无菌纱布块在穿刺点上方 6 cm 处按压、固定导管，插管鞘从静脉管腔内撤出，远离穿刺点	
撤出导丝	◆将支撑导丝与导管分离，并与静脉走行相平行，撤出支撑导丝	动作要轻柔、缓慢，禁止暴力抽取导丝
修剪管长	◆用无菌生理盐水纱布清洁导管上血迹，确认置入长度后，保留体外导管 5 cm，用锋利的无菌剪刀与导管成直角，小心剪断导管，注意勿剪出斜面与毛碴	如果留在外面的导管长度＜5 cm，应轻轻将置入的导管外拉，拉出的长度以保证剪去 1 cm 后体外导管长度达 5 cm 为度
安装连接	◆将减压套筒安装到导管上，再将导管与连接器相连	确认导管推至根部，但不可出皱褶
充注封管	◆连接肝素帽或正压接头，再用 0.9%氧化钠溶液 20 ml 行脉冲式冲管。如为肝素帽，当 0.9%氧化钠溶液推至最后 5 ml 时，则需行正压封管，即边推边退针	冲管时，禁止使用小于 10 ml 的注射器，勿用暴力，以免压强过大，导致导管破损 冲净肝素帽
清洁固定	◆用生理盐水纱布清洁穿刺点周围皮肤，然后涂皮肤保护剂 ◆在近穿刺点约 0.5 cm 处放好白色固定护翼，导管出皮肤处逆血管方向摆放“L”或“U”弯，使用无菌胶布横向固定连接器翼形部分，穿刺点上方放置无菌纱布块，用 10 cm ×12 cm 透明敷贴无张力粘贴 ◆用已注明穿刺日期、时间及操作者的指示胶带固定透明敷贴下缘，再用无菌脱敏胶布固定延长管 ◆脱手套	保护穿刺点周围处于无菌状态，减少污染 皮肤保护剂勿触及穿刺点

续表

护理实施	流程简释	要点说明
交代事项	◆向患者交代注意事项	穿刺部位防水、防牵拉。置管手臂尽量减少下垂姿势，不得过度用力或提重物，衣袖不可过紧，不可测血压和静脉穿刺
X 线确认	◆经 X 线确认导管在预置位置后，即可按需要进行输液	导管末端应位于上腔静脉的中上段为宜，解剖位置在第 4～6 胸椎水平
做好记录	◆操作结束后，应将相关信息记录在护理病历中	记录内容：穿刺日期、穿刺时间、操作者、导管规格和型号、所选静脉及穿刺部位、操作过程等
暂停处理	◆暂停输液时，同静脉留置针输液法封管	输入黏稠性大的药物，应选用无菌生理盐水 10 ml 缓慢推注后再行封管； 短期内不输液的患者每 3 日冲管一次
再行输液	◆再行输液时，常规消毒肝素帽的橡胶塞，把排好气的输液针插入肝素帽内进行输液	
导管维护	◆穿刺后第一个 24 小时更换辅料，以后每周更换辅料 1～2 次 ◆每次进行导管维护前，先确认导管体外长度，并询问患者有无不适。再抽回血，以确定导管位置，再将回血注回静脉；注意揭敷贴时，应由下至上 ◆观察并记录导管体内外刻度 ◆消毒时，以导管为中心，直径 8～10 cm，先用 75% 乙醇清洁脱脂，待干后再用碘伏消毒 3 遍，再覆盖透明敷贴	防止导管脱出
拔管处理	◆拔管时，应沿静脉走行轻轻拔出，拔出后立即压迫止血；用无菌纱布块覆盖切口，再用透明敷贴粘贴 24 小时 ◆对照穿刺记录，以确定导管有无损伤、断裂、缺损	有出血倾向的患者，压迫时间要超过 20 分钟 以免发生空气栓塞和静脉炎 导管尖端常规送细菌培养
整理、记录	◆协助患者取舒适卧位，整理床单位 ◆清理用物 ◆洗手，记录	记录拔管时间和患者反应

视频：
经外周静脉插入的中心静脉置管输液

注意事项

1. PICC 输液法的禁忌证：患有严重出血性疾病、上腔静脉压迫综合征及不合作或躁动的患者；穿刺部位或附近组织有感染、皮炎、蜂窝织炎、烧伤等情况的患者；乳腺癌根治术后患者；预插管位置有放射性治疗史、血栓形成史、血管外科手术史或外伤者等。

2. 送管速度不宜过快。如有阻力，不能强行置入，可将导管退出少许再行置入。

3. 乙醇和丙酮等物质对导管材料有损伤。当使用含该类物质的溶液清洁护理穿刺部位时，应等待其完全干燥后再加盖辅料。

4. 置管后，应密切观察穿刺局部有无红、肿、热、痛等症状，如出现异常，应及时测量臂围并与置管前臂围相比较。观察肿胀情况，必要时行 B 超检查。

5. 疑似导管移位时，应再行 X 线检查，以确定导管尖端所处位置。禁止将导管体外部分移入体内。

护理评价

同密闭式周围静脉输液法。

案例分析

某患儿，男性，3 岁。腹泻，水样便，每日 10 余次。给予补液。

（三）密闭式头皮静脉输液法

护理评估

1. 评估与解释

（1）评估患者：①核对患者身份，如床号、住院号、姓名、性别、年龄和诊断。②全身情况，如病情、年龄、头皮静脉输液的目的、意识状态、心理特征、营养状况及合作程度。③心脏、肺、肝、肾功能，穿刺部位的头部皮肤情况（有无感染、破损、皮疹）、静脉状况（解剖位置、弹性、充盈和滑动度）、患者的用药史等。④患者及家属对头皮静脉输液的目的、操作方法的了解程度等。

（2）解释：头皮静脉输液的目的、方法及配合要点等。

2. 评估环境　环境整洁、舒适，光线明亮，符合无菌操作要求。

护理诊断

1. 腹泻　与胃肠道疾病有关。

2. 营养失调（低于机体需要量）　与腹泻有关。

3. 有体液不足的危险　与严重腹泻导致体液丢失有关。

护理计划

1. 目的　同密闭式周围静脉输液法。

2. 准备

（1）护士准备：修剪指甲，衣帽整洁，洗手，戴口罩。向家长解释取得合作。

（2）患儿准备：患儿取易操作体位，家属能理解、配合，并签署头皮静脉输液知情同意书。

（3）用物准备：①治疗车上层备注射盘，内备皮肤常规注射消毒液、无菌棉签、输液器、输液贴或胶布、输液卡及输液瓶贴、输液执行单、砂轮、弯盘、启瓶器、瓶套、手消毒液、备皮用具、一次性注射器（5 ml 注射器内盛 0.9% 氯化钠溶液）、小垫枕、小号头皮针。②治疗车下层备医疗垃圾桶、生活垃圾桶、锐器回收盒。③其他，如输液架，必要时备约束带、输液泵。

护理实施

密闭式头皮静脉输液法实施，见表 17-6。

表 17-6　密闭式头皮静脉输液法实施

护理实施	流程简释	要点说明
核对、检查～插输液器同密闭式周围静脉输液法		
核对、解释	◆携用物至患儿床旁，认真核对患儿姓名、床号，向家长或年长儿做好解释	确认患儿，取得合作
准备体位	◆协助患儿取舒适卧位，放小垫枕	常采用侧卧或平卧
选择备皮	◆选择静脉，剃去周围毛发	
消毒双手	◆消毒双手	
挂瓶、排气	◆同头皮针密闭式周围静脉输液法	
消毒皮肤	◆常规消毒皮肤、待干，准备输液贴或胶布	消毒范围超过 5 cm，避免感染
接针、排气	◆ 5 ml 注射器接上小号头皮针，检查头皮针无气泡后，排出少许液体，取下护帽	排药液于弯盘内，尽量减少药液的浪费
穿刺、固定	◆由助手固定患儿头部。操作者一手拇指、示指固定静脉两端，另一手持头皮针针柄，沿静脉向心方向平行刺入，见回血后平行进针少许。推入少许 0.9% 氯化钠溶液，如无异常，用输液贴或胶布固定	注药过程中，注意约束患儿，防止其抓捏注射部位 注药过程中要试抽回血，以检查针头是否仍在静脉内。如局部疼痛或肿胀隆起，回抽无回血，提示针头滑出血管，应拔出针头，更换部位，重新穿刺 固定时，针头不能漂浮在皮肤上，避免针头移位，穿出血管，造成局部肿胀
接输液管	◆对光检查，确保输液管内无气泡，将头皮针反折，和注射器分开，与输液管相连接，打开调节器	预防空气栓塞
调节滴速	◆根据患儿的年龄、病情、药物性质调节滴速，或遵医嘱调节	在输液卡上记录滴速，并向家属及年长儿交代不能随意调节
记录、挂卡	◆核对床号、姓名、药液，护士在输液卡上签字、记录，并将输液卡挂于输液架上	操作后查对
整理、记录	◆整理床单位，协助患儿取舒适卧位 ◆无陪护下视情况使用约束带 ◆整理用物 ◆洗手，记录	记录输液开始的时间，滴入药物的名称、滴速，患儿的全身及局部状况，并签全名
及时换药	◆同密闭式周围静脉输液法	
拔针、按压	◆输液完毕，轻揭输液贴或胶带，关闭调节器，迅速拔针后按压至无出血	需按压 3～5 分钟，防止皮下淤血
整理、记录	◆协助患儿取舒适卧位，整理床单位 ◆清理用物 ◆洗手，记录	 污物按规定处理，避免交叉感染 记录输液结束的时间和患儿的反应

视频：
小儿外周静脉留置针输液技术

注意事项

1. 护士在输液前应告知患儿家长静脉穿刺前不要喂奶、喂水，以免在穿刺过程中呕吐，造成窒息。

2. 输液过程中应加强巡视，及时发现患儿意识及面色改变、固定胶布松动、针头移位、局部肿胀等异常情况并处理，保证输液顺利进行。

3. 小儿在拔针时因疼痛、恐惧哭闹，头皮血管内压力增高，需按压3~5分钟。切忌边压边揉，以免发生皮下淤血。

护理评价

1. 严格遵守无菌操作原则和执行查对制度。操作规范，未发生输液反应及其他并发症，患儿安全。

2. 患儿获得基本的药物和营养。

3. 充分体现以人为本的护理服务理念，护患沟通有效，家属及年长患儿理解输液目的，年长患儿主动配合。

知识链接

植入式静脉输液港

植入式静脉输液港（venous port access，VPA）是一种可以植入皮下，长期留置在体内的静脉输液装置，由供穿刺的注射座与静脉导管组成。利用手术的方法将导管末端经皮下穿刺置于人体的上腔静脉，剩余导管和输液管底座埋藏在皮下组织。治疗时，将无损伤针从皮穿刺到注射座的输液槽，即可输液。使用期限一般可长达8~10年，适用于需长期、反复静脉治疗或输注的患者。其优点为操作简单且为皮下埋植，降低了感染的风险，维护简单，治疗间歇期每4周维护一次即可；置管者日常活动不受限制，无需换药，方便患者；减少穿刺血管的次数，保护了血管，减少静脉炎和药物外渗的机会。缺点是价格昂贵且为有创操作。因此，限制了VPA在临床的广泛使用。

六、输液速度的计算与调节

在输液过程中，每毫升溶液的滴数称为该输液器的点滴系数。目前常用输液器的点滴系数有10、15、20几种型号，计算时以生产厂家输液器包装上标明的点滴系数为准。静脉滴注的速度与时间可以按下列公式计算。

1. 计算每分钟滴数 已知输入液体总量与计划所用输液时间，计算每分钟滴数。

每分钟滴数 = 液体总量（ml）× 点滴系数 ÷ 输液时间（分）

例一：某患者需输液体1500 ml，计划5小时输完，所用输液器的点滴系数为20，求每分钟滴数。

每分钟滴数 =1500 × 20 ÷（5 × 60）=100（滴 / 分）

2. 计算输液所需要的时间 已知每分钟滴数与输液总量，计算输液所需要的时间。

输液时间 = 输体总量（ml）× 点滴系数 ÷（每分钟滴数 ×60）

例二：某患者需静脉输液1800 ml，每分钟滴数为50滴，所用输液器的点滴系数为20，需用多长时间输完？

输液时间（小时）=1800 × 20 ÷（50 × 60）=12（小时）

七、常见输液故障及排除法

（一）溶液不滴

1. 针头滑出血管外 液体注入皮下组织，回抽无回血，局部肿胀、疼痛。处理方法：拔出针头，更换针头后重新选择血管穿刺。

2. 针头斜面紧贴血管壁 回抽有回血，但液体滴入不畅或不滴。处理方法：调整针头位置或适当变换肢体位置，至点滴通畅为止。

3. 针头阻塞 回抽无回血，溶液不滴，可轻轻挤压滴管下端靠近针头处的输液管，感觉有阻力，松手又无回血。处理方法：拔出针头，更换针头后重新穿刺。切忌强行挤压导管或用溶液冲注针头，以免凝血块进入静脉内造成栓塞。

4. 压力过低 回抽有回血，但滴速缓慢，因输液瓶位置过低，患者肢体抬举过高所致。处理方法：适当抬高输液瓶位置或降低患者肢体位置。

5. 静脉痉挛 回抽有回血，但滴液不畅，因患者穿刺肢体在寒冷环境中暴露时间过长或输入液体温度较低所致。处理方法：穿刺局部热敷，缓解静脉痉挛。

（二）茂菲滴管内液面过高

1. 滴管侧壁有调节孔时，可夹住滴管上的输液管，打开调节孔，待液面下降至滴管露出液面，关闭调节孔，松开滴管上的输液管，继续滴注。

2. 滴管侧壁无调节孔时，可将输液瓶取下，倾斜输液瓶，使插入瓶内的针头露出液面，滴管内液体缓缓下流，直至露出液面，再将输液瓶挂回输液架，继续滴注。

（三）茂菲滴管内液面过低

不管滴管侧壁有无调节孔，都可以反折滴管下端输液管，用手挤压滴管，迫使液体下流至滴管内，当液面升高至所需高度时，停止挤压，松开滴管下端输液滴管即可。

（四）茂菲滴管内液面自行下降

在输液过程中，若茂菲滴管内液面自行下降，应该检查滴管上端输液管和滴管的衔接处是否紧密，有无漏气或裂隙，必要时更换输液器。

八、常见输液反应及防护

在输液过程中，受多种因素影响，患者可出现输液反应。临床上常见的输液反应有发热反应、循环负荷过重反应（急性肺水肿）、静脉炎、空气栓塞、液体外渗等。因此，在输液过程中，护士必须加强巡视，严密观察，发现问题并及时处理。

（一）发热反应

发热反应（febrile reaction）是输液过程中最常见的一种输液反应。

1. 原因 因输入致热物质引起。多由于用物清洁及灭菌不彻底，输入的溶液或药品不纯，消毒及保存不良，输液器灭菌不严或已被污染，输液过程中未能严格执行无菌操作所致。

2. 临床表现 发热反应多发生在输液后数分钟至1小时。患者表现为畏冷、寒战、发热。轻者体温在38 ℃左右，停止输液后数小时内体温自行恢复正常。重者初起寒战，继之高热，体温可高达41 ℃，并伴有头痛、脉搏细速、恶心、呕吐等全身症状。

3. 预防

（1）输液前，严格检查药液质量、输液用具的包装及灭菌有效期。

（2）严格执行无菌操作。

（3）避免多种药物联用，加药后认真检查药液的澄清度，如发现异常现象，立即弃去。

4. 护理措施

（1）反应轻者，减慢输液速度。反应重者，立即停止输液，通知医生。

（2）对症处理，如寒战者给予保暖，高热者给予物理降温。

（3）遵医嘱给予抗过敏药物或激素治疗。

（4）注意观察生命体征变化，每半小时测量体温1次。

（5）做好记录，保留剩余溶液和输液器进行检测，查找引起发热反应的原因。

（二）循环负荷过重反应

1. 原因　循环负荷过重反应（circulatory overload reaction）常见有以下原因。

（1）输液速度过快：短期内输入大量液体，使循环血容量急剧增加，心脏负荷加重。

（2）患者原有心脏、肺功能不良：多见于急性左心功能不全者。

2. 临床表现　在输液过程中，患者突然出现胸闷、气短、呼吸困难、咳嗽、出冷汗、面色苍白，咳粉红色泡沫样痰，严重时痰液从口、鼻涌出，听诊双肺可闻及湿啰音，心率快且节律不齐。

3. 预防　严格控制输液速度与输液量，特别是对年老体弱者，婴幼儿，心脏、肺功能不良的患者，输液速度不宜过快，液量不可过多。

4. 护理措施　根据患者病情，严格控制输液速度和输液量，对心脏、肺功能不良，年老体弱者，婴幼儿更应谨慎。一旦发生此反应，应采取如下护理措施。

（1）立即停止输液，并通知医生进行紧急抢救。

（2）在病情允许的情况下，安置患者于端坐位，双腿下垂，以减少下肢静脉血液的回流，减少心脏负担。

（3）加压给氧，氧流量 6～8 L/min，可提高肺泡内氧分压，使肺泡内毛细血管渗出液产生减少，从而增加氧的弥散，改善低氧血症。在湿化瓶内放入20%～30%乙醇溶液，以减低肺泡内泡沫表面张力，使泡沫破解、消散，从而改善肺部气体交换，减轻缺氧症状。

（4）遵医嘱给予镇静、平喘、强心、利尿和扩血管药物，以舒张周围血管，加速体液排出，减少回心血量，减轻心脏负荷。

（5）必要时进行四肢轮扎，用止血带或血压计袖带适当给四肢加压。要求阻断静脉血流，但动脉血流仍通畅，每隔 5～10 分钟轮流放松一侧肢体上的止血带，可有效减少静脉回心血量，待症状缓解后，逐渐解除止血带。

（6）安慰患者，给予心理支持，以解除其紧张情绪。

（三）静脉炎

1. 原因　静脉炎（phlebitis）有化学性静脉炎和感染性静脉炎。

（1）化学性静脉炎：主要由于长期输注高浓度、刺激性较强的药液，或静脉内放置刺激性大的留置导管或留置导管放置时间过长，导致局部血管壁化学性炎症。

（2）感染性静脉炎：可因输液过程中未严格执行无菌操作，导致局部静脉感染。

2. 临床表现　输液部位沿静脉走行出现条索状红线，局部组织表现为发红、肿胀、灼热、疼痛，有时伴有畏寒、发热等全身症状。

3. 预防

（1）严格预防并执行无菌操作，防止感染。

（2）刺激性较大的药物应充分稀释后使用，确定针头在血管内方可滴注药液，防止药物溢出血管外，减慢滴注速度。

（3）需长期输液者，有计划地更换输液部位，以保护静脉。

（4）静脉内置管应该选择无刺激性或刺激性较小的导管，留置时间不宜过久。

4. 护理措施

（1）停止在发生静脉炎的血管处输液，抬高患肢并制动。

（2）用 50%硫酸镁溶液或 95%乙醇，每日 2 次湿热敷，每次 20 分钟。

（3）超短波理疗，每日 1 次，每次 15～20 分钟。

（4）将药物（如意金黄散）加醋调成糊状，局部外敷，每日 2 次，可起到清热、止痛、消肿的作用。

（5）如合并全身感染，遵医嘱给予抗生素治疗。

（四）空气栓塞

1. 原因 空气栓塞（air embolism）常见的原因有以下 3 种。

（1）输液前，输液管内空气未排尽，输液管连接不紧密，输液管漏气。

（2）加压输液时无人守护，液体输完未及时更换药液或拔针，导致空气进入静脉。

（3）拔出较粗的、近胸腔的深静脉导管后，穿刺点封闭不严密。

进入静脉的空气形成空气栓子，气体随血液经右心房到达右心室，如空气量少，则随着心脏的收缩，从右心室压入肺动脉并分散到肺小动脉内，最后经毛细血管吸收，因而损害较小。如空气量大，则空气在右心室内阻塞肺动脉入口，使血液不能进入肺内，气体交换发生障碍，引起机体严重缺氧而致死亡（图 17-12）。

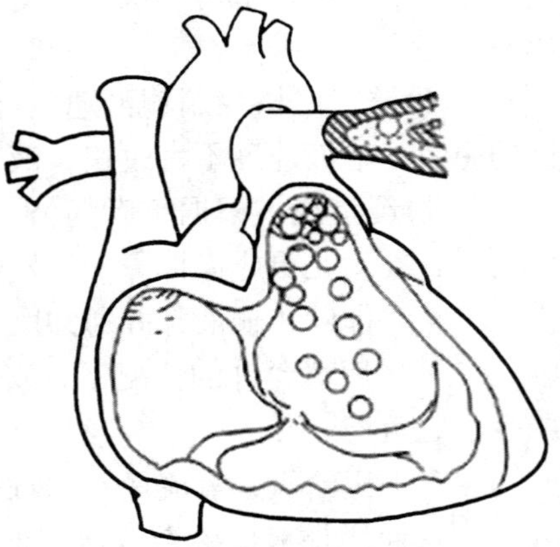

图 17-12 空气在右心室内，栓塞肺动脉

2. 临床表现 患者感到胸部异常不适或胸骨后疼痛，出现呼吸困难和严重发绀，有濒死感。听诊心前区可以闻及持续、响亮的水泡声，心电图呈心肌缺血和急性肺心病的改变。

3. 预防

（1）输液前，认真检查输液器的质量，排尽输液管内空气。

（2）输液过程中加强巡视，发现故障及时处理。连续输液者应及时更换输液瓶，输液完毕及时拔针。

（3）拔除较粗、贴近胸腔的深静脉导管时，必须严密封闭穿刺点。

（4）加压输液时，应专人守护。

4. 护理措施

（1）如发生空气栓塞，应立即通知医生进行抢救。

（2）让患者取左侧卧位并头低足高（图 17-13）。头低足高位在吸气时可增加胸腔内压力，以减少空气进入静脉。左侧卧位可使肺动脉的位置低于右心室，有利于气栓浮向右心室尖部，避开肺动脉入口，随着心脏舒缩，将空气混成泡沫，分次小量进入肺动脉内，逐渐被吸收。

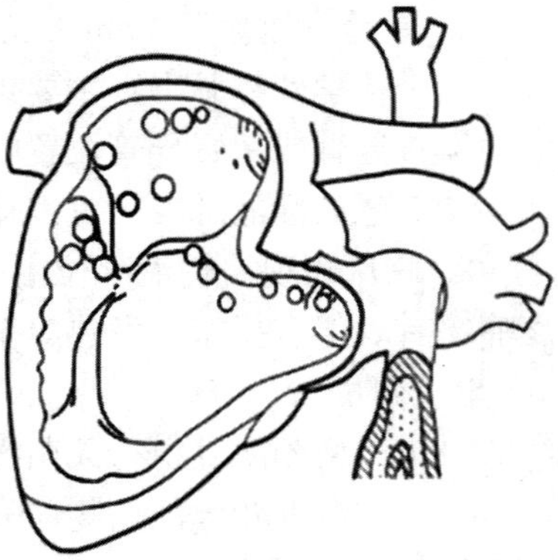

图 17-13 患者取左侧卧位，头低足高，使空气避开肺动脉入口

（3）给予高流量氧气吸入，提高患者的血氧浓度，纠正缺氧状态。

（4）如果患者安置中心静脉导管，可从导管中抽出空气，这是快捷的救治方法。

（五）液体外渗

1. 原因 液体外渗（liquid exudation）是由于穿刺时针头刺破血管或输液过程中针头或留置导管滑出血管外，使液体进入血管外组织。

2. 临床表现 局部组织肿胀、苍白、疼痛、输液不畅，如药物有刺激性或毒性，可引起严重的组织坏死。

3. 预防

（1）牢固固定针头，避免移动，减少输液一侧肢体的活动。

（2）经常检查输液管是否通畅，特别是在加药之前。

4. 护理措施

（1）发生液体外渗时，应立即停止输液，更换肢体和针头，重新穿刺。

（2）抬高患肢，局部热敷 20 分钟，促进静脉回流和渗出液的吸收，减轻疼痛和水肿。

九、输液微粒污染

输液微粒（infusion particles）是指输入液体中的非代谢性颗粒杂质，其直径一般为 1～15 μm，少数可达 50～300 μm。输液微粒污染是指在输液过程中，将输液微粒带入人体，对人体造成严重危害的过程。

（一）输液微粒的来源

1. 药物制作过程中混入异物与微粒。

2. 盛装药液的容器不洁净。

3. 输液器与加药用注射器不洁净。

4. 输液环境不洁净，如切割安瓿，开瓶塞，反复穿刺溶液瓶橡胶塞致橡胶塞撕脱等，均可导致微粒进入液体内。

（二）输液微粒污染的危害

输液微粒对人体的危害主要取决于微粒的大小、形状、化学性质以及堵塞血管的部位，血流阻断的程度和人体对微粒的反应。易受微粒损害的脏器有肺、脑、肝、肾等。

1. 输液微粒可直接堵塞血管，引起局部供血不足，组织缺血、缺氧，甚至坏死。

2. 红细胞聚集在输液微粒上，形成血栓，引起血管栓塞和静脉炎。

3. 输液微粒进入肺毛细血管，可引起巨噬细胞增殖，包围微粒，形成肺内肉芽肿。

4. 出现血小板减少症和过敏反应。

5. 输液微粒刺激组织发生炎症或形成肿块。

（三）预防输液微粒污染的具体措施

1. 制剂生产　严格执行制剂生产操作规程，选用优质原材料，采用先进工艺和设备，保证生产车间空气净化合格，提高检验技术，确保药液质量。

2. 掌握药物配伍禁忌　配药时，要查对药物配伍禁忌表或按照药物说明书要求配药，配药后检查药液质量。中草药注射液应单独输注。

3. 输液环境及操作　①净化操作环境，配液室或静脉输液药物配置中心采用 100 级净化工作台，病室内安装空气净化装置，以达到净化空气、消除输液微粒污染。②采用密闭式一次性输液器，合理选择输液配置针头，避免选择大针头，因针头越大，液体中的胶屑越大。安装输液终端过滤器，截留任何途径污染的输液微粒。③严格执行无菌技术操作，遵守操作规程。药液现配现用，避免污染。④正确切割与擦拭玻璃安瓿，忌用镊子等物品敲开，对“非易折”型安瓿锯痕应小于颈段的 1/4 周，开启前用 75% 乙醇擦拭颈段，以减少微粒污染。⑤抽吸药物时不倒置安瓿，将针头置于安瓿中部。⑥不反复使用注射器、针头和反复穿刺橡胶塞。⑦加药速度不宜过快，因大于 50μm 以上的微粒沉淀较快，可沉淀于针管内，可减少微粒进入药液。

第二节　静脉输血

静脉输血（venous transfusion）是将全血或某些血液成分通过静脉输入体内的一种方法，是临床上急救和治疗的重要措施之一。

一、血液制品的种类

（一）全血

全血由血浆和血细胞组成，分为新鲜血和库存血两种。

1. 新鲜血 新鲜血是指在4 ℃冰箱内保存时间不超过1周的血液。新鲜血基本保留了血液的原有成分，可以补充各种血细胞、凝血因子和血小板。新鲜血主要适用于血液病患者。

2. 库存血 指在4 ℃冰箱内保存2～3周的血液。库存血的各种成分随着保存时间的延长而发生变化，红细胞平均每日损坏1%，白细胞仅能存活3～5日，血小板24小时后逐渐减少，3日后无治疗作用。由于红细胞、白细胞、血小板逐渐被破坏，细胞内钾离子外移到血浆中，导致血液中钾离子含量增多。另外，由于保养液的pH为7.0～7.25，血液的酸性增高。因此，大量输入库存血时，可以引起高血钾症和酸中毒。库存血主要适用于各种原因所致的大出血。

（二）成分血

成分血（blood components）是将血液中的各种成分进行分离后加工成的各种血液制品。临床上可以根据患者病情的需要，有针对性地输注相应血液成分。

1. 红细胞 一般以100 ml为一个单位，每个单位的红细胞可以增加红细胞容积约4%。

（1）浓缩红细胞：是全血经分离去除血浆后的剩余部分，仍含少量血浆，适用于携氧能力缺陷和血容量正常的贫血患者，如各种急、慢性失血，心功能不全患者的输血。

（2）红细胞悬液：是全血经离心去除血浆后的红细胞，加入等量红细胞保养液制成，适用于战地急救及中、小型手术患者。

（3）洗涤红细胞：是红细胞经生理盐水洗涤3次后，再加入适量生理盐水，200 ml中含红细胞170～190 ml，应在6小时内输用，因故未能及时使用者，可在4 ℃条件下保存12小时，适用于一氧化碳中毒、输全血或血浆发生过敏的患者、免疫性溶血性贫血患者、肾功能不全患者的输血。

（4）冰冻红细胞：200 ml中含红细胞170～190 ml，不含血浆，在含甘油媒介中−65 ℃保存3年，适应证同洗涤红细胞。

2. 白细胞浓缩悬液 新鲜全血经离心后提取的白细胞，保存于4 ℃环境下，48小时内有效。应尽快输注，室温下保存不应超过24小时。白细胞浓缩悬液常用于粒细胞缺乏伴严重感染者。

3. 血小板浓缩悬液 新鲜全血经离心所得，22 ℃保存，24小时内有效。血小板浓缩悬液适用于血小板减少或血小板功能障碍所致的出血患者。

4. 凝血制剂 如凝血酶原复合物、抗血友病因子和浓缩Ⅷ、Ⅺ因子等。凝血制剂适用于各种原因所致的凝血因子缺乏的出血性疾病患者，如血友病。

5. 血浆 血浆是全血经分离后所得的液体部分。其主要成分为血浆蛋白质，不含血细胞，无凝集原。血浆可用于补充血容量、蛋白质、凝血因子，分为4种。

（1）新鲜血浆：含正常量的全部凝血因子。新鲜血浆适用于凝血因子缺乏的患者。

（2）冰冻血浆：新鲜冰冻血浆是抗凝全血于6～8小时内，在4 ℃条件下离心将血浆分出，并迅速在−30 ℃以下保存，有效期限为1年。普通冰冻血浆是全血在保质期以内自然沉降或离心分离的血浆，立即放入−30 ℃以下保存，有效期限为5年。使用时须在37 ℃温水中融化，并在6小时内输完。冰冻血浆适用于凝血因子缺乏的患者。

（3）保存血浆：适用于低血容量及血浆蛋白质较低的患者。

（4）干燥血浆：由冰冻血浆在真空装置下加以干燥制成，有效期5年，使用时用生理盐水溶解。

（三）其他血液制品

1. 白蛋白制剂 有5%、20%、25% 3种浓度。临床常用浓度为20%。其作用主要是提高机体血浆蛋白质与胶体渗透压，适用于治疗营养性水肿、肝硬化、其他原因引起的低蛋白血症患者。

2. 纤维蛋白原 适用于纤维蛋白缺乏症、弥散性血管内凝血（DIC）的患者。

3. 免疫球蛋白和转移因子 含多种抗体，可以增强机体抵抗力。

二、血型和交叉配血相容试验

（一）血型

血型（blood type）是指红细胞膜上特异性抗原的类型。一般根据红细胞膜所含的凝集原不同，将人类的血液分为若干类型。临床上常用ABO血型系统及Rh血型系统。

1. ABO血型系统 根据红细胞膜是否含有A凝集原，B凝集原，将血液分为A、B、O、AB 4种血型。血清中含有与凝集原相对抗的物质，称之为凝集素（agglutinin），分别有抗A凝集素与抗B凝集素，见表17-7。因此，在输血前，献血者与受血者的血型必须进行交叉配血试验，以免发生抗原－抗体反应，造成红细胞的破坏和溶解。

表17-7 ABO血型系统

血型	红细胞膜上抗原（凝集原）	血清中的抗体（凝集素）
A	A	抗B
B	B	抗A
AB	A、B	无
O	无	抗A+抗B

2. Rh血型系统 人类红细胞除含有A、B抗原外，还有C、c、D、d、E、e 6种抗原。其中D抗原的抗原性最强，故凡红细胞含有D抗原者，称为Rh阳性。汉族人中99%为Rh阳性，1%为Rh阴性。Rh阴性的人输入Rh阳性血液，或Rh阳性胎儿的红细胞从胎盘进入了Rh阴性的母体，就会使Rh阴性者产生抗Rh抗体，当再次输入Rh阳性血液时，就会出现不同程度的溶血反应。

（二）交叉配血试验

为了保证输血安全，输血前虽已验明受血者与献血者的ABO血型系统相同，仍须做交叉配血试验，其目的是检查两者之间有无不相容抗体。

1. 直接交叉配血试验 即将供血者红细胞和受血者血清进行配合试验。目的是检查受血者血清中有无破坏献血者红细胞的抗体。

2. 间接交叉配血试验 即将供血者血清和受血者红细胞进行配合试验。目的是检查输入血液的血浆中有无能破坏受血者红细胞的抗体。

交叉配血试验的具体方法，见表17-8。如果直接交叉配血试验和间接交叉配血试验均没有凝集反应，即为配血相容，可进行输血。交叉配血试验既可检验血型，又能发现红细胞或血清中是否存在其他的凝集原或凝集素，以免引起红细胞凝集反应。

表17-8 交叉配血试验

	直接交叉配血试验	间接交叉配血试验
供血者	红细胞	血清
受血者	血清	红细胞

三、静脉输血的目的及原则

（一）静脉输血的目的

1. 补充血容量 常用于失血、失液所致的血容量减少或休克患者，以提升血压，增加心排血量，改善全身血液灌流，促进血液循环。

2. 补充血红蛋白 常用于血液系统疾病引起的严重贫血和某些慢性消耗性疾病的患者，以纠正贫血，改善机体的携氧能力。

3. 补充血浆蛋白质 常用于低蛋白血症、严重烧伤患者，以维持血浆胶体渗透压，减轻组织渗出与水肿。

4. 补充血小板和各种凝血因子 常用于凝血功能障碍（如血友病）及大出血的患者，改善凝血功能，有助于止血。

5. 补充抗体和补体 常用于严重感染、免疫缺陷、烧伤的患者，以增强机体抵抗力，提高机体抗感染能力。

6. 吞噬、吸附、中和毒物作用 常用于一氧化碳、苯酚等化学药物中毒的患者。

（二）静脉输血的原则

1. 提倡成分输血 成分血不仅可以一血多用，节约血源，而且可以避免由于输入不必要的血液成分可能造成的不良反应。

2. 同型血输血 无论是输全血，还是输成分血，均应选用同型血液输注。但在紧急情况下，如无同型血，可选用 O 型血输给患者，但是一次只能输入少量血，一般全血不超过 400 ml，红细胞制品控制在 2 个单位为宜，且要放慢输入速度。Rh 阴性者只能接受 Rh 阴性血的输入，Rh 阳性者可以接受 Rh 阴性和 Rh 阳性血的输入。

3. 交叉配血相容才能输注 输注全血、红细胞制剂、浓缩白细胞以及手工分离浓缩血小板患者，要求交叉配血试验阴性方可输注。输注机器单采血小板时，无需交叉配血试验，要求 ABO 血型同型输注。

四、静脉输血法

目前，临床上均采用密闭式输血法，包括直接静脉输血法和间接静脉输血法。

（一）输血前准备

1. 备血 根据医嘱抽取血标本，与填写完整的输血申请单、配血单一并送往血库，做血型鉴定和交叉配血试验。采血时，禁忌同时采集两名及以上患者的血标本，以免发生混淆。

2. 取血 根据输血医嘱，凭取血单到血库取血，并与血库工作人员共同做好“三查、八对”工作。三查，即查血液的有效期（采血日期）、血液质量和输血装置是否完好；八对，即核对姓名、床号、住院号、血袋（瓶）号、血液种类、血型、剂量、交叉配血试验结果。确认无误后在交叉配血单上签全名后取回血液。

3. 取血后 血液取出后，勿剧烈震荡，以免红细胞大量破坏造成溶血。切勿加温，以免血浆蛋白质凝固变性而引起输血反应。如为库存血，可在室温下放置 15 ~ 20 分钟后再输入。

4. 核对 输血前，须与另一名护士按上述要求再次进行核对，确定无误后方可输入。

5. 知情同意 输血前，应先取得患者的理解并征得患者的同意，签署知情同意书。

6. 预防输血反应 为防止输血反应的发生，输血前 30 分钟可酌情给患者肌内注射适量抗过敏药物，如地塞米松、苯海拉明等。

▶▶ 案例分析

某患者，女性，30 岁。因异位妊娠破裂大出血入院。体格检查：面色苍白，脉搏 140 次 / 分，血压 60/40 mmHg。立即给予输血。

（二）输血法

护理评估

1. 评估与解释

（1）评估患者：①核对患者身份，如床号、住院号、姓名、性别、年龄和诊断。②全身情况，如病情、静脉输血的目的、意识状态、心理反应及合作程度。③血型，输血史，过敏史，心脏、肺、肝、肾功能，穿刺部位的皮肤情况（有无感染、破损及皮疹）、静脉状况（解剖位置、弹性、充盈和滑动度）等。④患者对静脉输血的目的、操作方法的了解程度等。

（2）解释：静脉输血的目的、方法及配合要点等。

2. 评估环境　环境整洁、舒适，光线明亮，符合无菌操作要求。

护理诊断

1. 体液不足　与大出血有关。

2. 焦虑　与担心预后有关。

护理计划

1. 目的　同输血的目的。

2. 准备

（1）患者准备：了解静脉输血的目的、方法、注意事项及配合要点，签写知情同意书，排空尿、便，取舒适卧位。

（2）护士准备：着装整洁，洗手，戴口罩，转抄医嘱。

（3）用物准备：间接静脉输血法同密闭式周围静脉输血法，将一次性输液器换为一次性静脉输血器，另备生理盐水、血袋或血瓶。直接静脉输血法同静脉注射，另备 50 ml 注射器及针头数个、3.8%枸橼酸钠溶液、血压计袖带。

护理实施

密闭式静脉输血法实施，见表 17-9。

表 17-9　密闭式静脉输血法实施

护理实施	流程简释	要点说明
▲间接静脉输血法	将已抽出的血液保存在血袋，然后按静脉输血的方法输入到患者体内，是临床上最常用的静脉输血法	
核对、检查～调节滴速	◆同头皮针密闭式周围静脉输液法	输液器先输入少量生理盐水，建立输血通道
再次核对	◆由两名护士进行三查八对，核对无误后，两名护士分别签名	严格防止事故的发生
消毒、输血	◆将血袋内血液轻轻摇匀，打开血袋封口处 ◆消毒血袋开口处的塑料管，将输血器针头从生理盐水瓶塞上拔下，插入已经消毒的血袋开口处的塑料管内，缓慢将血袋挂于输液架上	血袋避免剧烈震荡，以防止溶血

续表

护理实施	流程简释	要点说明
操作后核对	◆核对八对内容	
调节滴速	◆输入血液最初15分钟内速度应慢，并密切关注患者病情变化，如无不良反应发生，再按病情需要调节滴速	开始输血时，速度应小于20滴/分，10～15分钟后加快滴速，一般成人控制在40～60滴/分，老人、儿童酌减，嘱咐患者不能自行调节滴速
整理、记录	◆取出治疗巾、止血带及小垫枕 ◆整理床单位，协助患者取舒适卧位 ◆将呼叫器放于患者易取处 ◆整理用物 ◆洗手、记录	在输血记录单上记录输血开始时间、滴速，患者的全身及局部状况，并签全名
严密观察	◆勤巡查、细观察，向患者及家属讲解输血有关事宜，如有不适，及时咨询	严密观察有无输血反应，如发生反应，及时处理
再输盐水	◆输血完毕或需输另一袋血时，先输入少量生理盐水，直至输血器内的血液全部输入体内，拔针或更换另一袋血液继续输入	输血完毕或更换另一袋血液前输入生理盐水，可防止血液浪费及输血反应的发生
拔针、按压	◆输液完毕，轻揭输液贴或胶布，关闭调节器，迅速拔针后，嘱患者按压片刻，至无出血	
整理、记录	◆协助患者取舒适卧位，整理床单位 ◆清理用物 ◆洗手、记录	记录输血时间、种类、血量、血型、血袋号、有无输血反应
▲直接静脉输血法	将供血者血液抽出后立即输给患者，适用于无库存血而患者急需输血以及婴幼儿的少量输血时	
准备卧位	◆供血者和患者分别躺在相邻的两张床上，各露出一侧手臂	方便操作
认真核对	◆认真核对供血者和患者的姓名、血型和交叉配血试验结果	严格执行查对制度，防止差错事故的发生
抽抗凝剂	◆在备好的注射器中加入一定量的抗凝剂	50 ml血中加3.8%枸橼酸钠溶液5 ml
抽、输血液	◆将血压计袖带缠于供血者上臂并充气，压力维持在100 mmHg左右，使静脉充盈 ◆选择粗大的静脉穿刺，常规消毒穿刺部位皮肤 ◆三人合作，一人用加有抗凝剂的注射器抽取供血者的血液，一人传递，另一人立即行静脉穿刺，为患者输入血液，如此连续进行	抽取供血者血液时不可过急，并注意观察供血者面色，询问有无不适 给患者输血时，速度不可过快，随时观察患者的反应 连续抽血更换注射器时，不必拔出针头，同时放松袖带，用手压迫穿刺部位，减少出血
拔针、按压	◆输血完毕，拔出针头，用无菌纱布按压穿刺点，至无出血	
整理、记录	◆协助患者取舒适卧位，整理床单位 ◆清理用物 ◆洗手、记录	记录内容：输血时间、种类、血量、血型、有无输血反应

视频：
间接静脉输血法

注意事项

1. 根据输血申请单，正确采集血标本，严禁同时采集两名及以上患者的血标本，以免发生差错。

2. 严格执行查对制度和无菌操作规程，输血前必须经两人认真核对交叉配血试验结果及血袋标签等各项内容，检查血袋有无破损、渗漏，血液颜色是否正常。准确无误，方能输血。

3. 输入库存血时，必须认真检查血液质量和血液保存时间。正常有效期内的库存血分为上下两层。上层血浆呈淡黄色，半透明。下层血细胞呈均匀暗红色，两者之间界限清楚，无凝块。如血袋标签模糊不清，血袋破损漏血，上层血浆有明显气泡、絮状物或粗大颗粒，颜色呈暗灰色或乳糜状，下层血细胞呈暗紫色，血液中有明显凝块，提示可能有溶血，不能使用。

4. 为避免不良反应的发生，在输血前、后及两袋血液之间，都应输入少量生理盐水。血液制品及输血器内不可随意加入其他药物，以防发生凝集或溶解。

5. 在输血过程中应加强巡视，特别是输血开始后 10～15 分钟，应认真听取患者主诉，严密观察有无输血不良反应。如出现异常情况，应及时向医生报告，并配合处理，保留剩余血液以备送检，查找原因。

6. 输入全血与成分血时，应首先输入成分血（尤其是浓缩血小板），其次为新鲜血，最后为库存血，保证成分血新鲜输入。成分血除红细胞外，均须在 24 小时内输完（从采血开始计时）。一次输入多个献血者的成分血时，按医嘱给予抗过敏药物。

7. 加压输血时，必须有专人守护，避免发生空气栓塞。

8. 输完的血袋需送回输血科保留 24 小时，以备患者出现输血反应时查找原因。

护理评价

1. 严格遵守无菌操作原则，执行查对制度。操作规范，未发生输血反应，患者安全。

2. 达到了治疗、抢救的目的。

3. 充分体现以人为本的护理服务理念，护患沟通有效，患者知道输血的目的，主动配合。

五、自体输血

自体输血（autologous transfusion）是指采集患者体内的血液和收集患者术中丢失的血液，经洗涤、加工，再回输给患者本人的方法。自体输血是最安全的输血方法，其优点是不需做血型鉴定和交叉配血试验，节约血源，防止输血反应。

（一）适应证

腹腔和胸腔内出血；出血量在 1000 ml 以上的大手术；手术后引流血液回输（在术后 6 小时内的血液）；特殊血型；很难找到供血者等。

（二）禁忌证

腹腔和胸腔内污染的血液；癌细胞污染的血液；贫血、凝血因子缺乏、腹腔或胸腔开放性损伤 4 小时以上；合并心脏病等患者。

（三）自体输血的方法

自体输血有预存式自体输血、术前稀释血液回输法和回收式自体输血。

1. 预存式自体输血 适用于择期手术的患者，经患者签字同意，术前采集患者自身的血液在血库低温保存，待手术期间使用。术前 2～3 周内采血贮存，需血量多的患者每 3～4 日采集一次，每次采血 200～400 ml，术前 3 日停止采集。

2. 术前稀释血液回输法 即术前采集血液，采集的血液可在室温下保存 4 小时，一般在手术开始前抽取患者一定量的自体血在室温下保存备用，同时输入采血量 3～4 倍的胶体溶液或等渗晶体溶液以维持血容量。根据术中失血情况将自身血回输给患者，当手术中失血量达300 ml即可开始回输自体血，回输的原则是先采集的血液先输。

3. 回收式自体输血（术中失血回输） 将患者体腔积血、手术失血及术后引流血液进行回收，经血液回收机收集后进行抗凝、滤过、洗涤等处理，达到一定的质量标准，然后回输给患者。适用于脾破裂的腹腔内出血，血液在6小时内，无污染或无凝血块才能回收。回收总量不宜过多，应限制在3500 ml。同时应适当补充新鲜血浆和血小板。出现下列情况不能回收血液。

（1）怀疑流出的血液被细菌、粪便、羊水或毒液污染。

（2）怀疑流出的血液含有癌细胞。

（3）流出血液的红细胞已被严重破坏。

六、常见输血反应与防护

（一）发热反应

发热反应是最常见的输血反应，发生率为1%～2%。

1. 原因

（1）血液、保养液、贮血器和输血器等被致热源污染。

（2）输血时无菌操作不严格，造成污染。

（3）多次输血后，受血者血液中产生了白细胞抗体和血小板抗体，再次输血时，对白细胞和血小板发生免疫反应，引起发热。

2. 症状 发热反应可在输血过程中或输血后1～2小时内发生。先有畏寒或寒战，继之高热，体温可达38～41 ℃。轻者症状持续1～2小时后缓解，体温逐渐降至正常；重者伴有皮肤潮红、头痛、恶心、呕吐等全身症状，甚至出现呼吸困难、血压下降、抽搐、昏迷。

3. 预防

（1）严格管理血液制品和输血用具，有效地清除致热源。

（2）严格执行无菌操作，减少感染。

（3）若患者病情允许，尽量避免多次输血。

4. 护理措施

（1）反应轻者，减慢输血速度，症状可自行缓解；反应重者，立即停止输血，给予生理盐水输入，保持静脉通畅，密切观察生命体征的变化。

（2）对症处理，有畏寒或寒战者给予保暖，高热者给予物理降温，并给予相应的生活护理。

（3）遵医嘱给予退热药物和抗过敏药物，如异丙嗪、肾上腺素等。

（4）将输血器、剩余血连同血袋一并送检。

（二）过敏反应

过敏反应是输入的血液与受血者血液发生抗原－抗体结合的反应。

1. 原因

（1）患者为过敏体质，对某些物质易引起过敏反应，输入血液中的异体蛋白质与过敏机体的蛋白质结合，形成完全抗原而致敏。

（2）输入血液中含有致敏物质。如献血人员在献血前曾使用过可致敏的药物或食用了可致敏的食物。

（3）多次输血的患者，体内可产生过敏性抗体，当再次输血时，抗原、抗体相互作用而发生过敏反应。

（4）供血者的某种抗体输入受血者体内，与相应抗原结合，发生过敏反应。

2. 症状 多发生在输血后期或输血即将结束时。临床表现轻重不一，症状出现越早，反应越严重。

（1）轻度反应：输血后出现皮肤瘙痒，局部或全身出现荨麻疹。

（2）中度反应：出现血管神经性水肿，表现为眼睑、口唇高度水肿，喉头水肿可发生呼吸困难，两肺可闻及哮鸣音，尿失禁及大便失禁。

（3）重度反应：发生过敏性休克。

3. 预防

（1）勿选用有过敏史的献血人员。

（2）献血人员在采血前4小时内不吃高蛋白和高脂肪食物，可清淡饮食或饮糖水。

（3）有过敏史的患者输血前给予抗过敏药物。

4. 护理措施

（1）发生过敏反应时，反应轻者，减慢输血速度，继续观察。中、重度反应者，应立即停止输血，保留静脉通路。

（2）皮下注射0.1%肾上腺素溶液0.5～1 ml，静脉注射地塞米松等抗过敏药物。

（3）对呼吸困难者，给予氧气吸入；对严重喉头水肿者，行气管切开；对循环衰竭者，给予抗休克治疗。

➢ **考点：** 某患者，因消化性溃疡多年，今日突然呕血约700 ml入院。医嘱：全血200 ml/ivgtt。在输血过程中，护士注意到患者眼睑、口唇出现水肿，患者自述面部皮肤瘙痒，该患者最可能发生了

A. 过敏反应　　B. 空气栓塞　　C. 血管内溶血

D. 血管外溶血　　E. 枸橼酸钠中毒

音频：
考点解析

（三）溶血反应

溶血反应（hemolytic reaction）是指输入血中的红细胞或受血者的红细胞发生异常破坏或溶解而引起的一系列临床症状，为输血最严重的反应。

1. 原因

（1）输入了异型血：多由于ABO血型不相容引起。供血者与受血者血型不符而造成血管内溶血，反应发生快，输入10～15 ml即出现症状，后果严重，病死率高。

（2）输入了变质血：输血前红细胞已被溶解、破坏，如血液贮存过久，保存温度过高，血液被剧烈震荡或被细菌污染，血液内加入高渗、低渗溶液或影响pH的药物等，均可导致红细胞破坏、溶解。

（3）Rh因子所致溶血：Rh阴性者首次输入Rh阳性血液后，不发生溶血反应，但输血2～3周后机体内即产生抗Rh阳性的抗体。如再次接受Rh阳性血液，即可发生溶血反应。Rh因子不合所致的溶血反应发生较慢，可在输血后几小时至几日后发生，症状较轻且较少见。

2. 症状　输血反应一旦发生，进展快，后果严重。一般发生在输入血液10～15 ml时，可分为3个阶段。

第一阶段：受血者血浆中的凝集素和输入血中红细胞的凝集原发生凝集反应，使红细胞凝集成团，阻塞部分小血管，造成组织缺血、缺氧。患者可出现头部胀痛、面色潮红、心前区压迫感、四肢麻木、腰背部剧烈疼痛和胸闷等症状。

第二阶段：凝集的红细胞发生溶解后，大量血红蛋白释放于血浆中，可出现黄疸和血红蛋白尿，同时伴有寒战、高热、呼吸困难、发绀和血压下降等休克症状。

第三阶段：大量血红蛋白从血浆进入肾小管，与酸性物质结合，阻塞肾小管。另外，由于抗原－抗体的相互作用，可引起肾小管内皮缺血、缺氧而坏死，脱落，进一步加重肾小管阻塞，导致急性肾衰竭。表现为少尿、无尿、尿内有管型和蛋白、高钾血症和酸中毒。患者常因

急性肾衰竭而死亡。

3. **预防**

（1）加强工作责任心，认真做好血型鉴定和交叉配血试验。

（2）严格执行查对制度和操作规程，杜绝差错事故的发生。

（3）严格执行血液保存制度，不可使用变质血液。

4. **护理措施**

（1）如患者出现溶血反应的症状，立即停止输血，并通知医生紧急处理，同时保留余血，采集患者血液标本重做血型鉴定和交叉配血试验。

（2）给予氧气吸入，维持静脉通道，以备抢救时静脉给药。

（3）静脉注射碳酸氢钠以碱化尿液，增加血红蛋白在尿中的溶解度，减少沉淀，避免阻塞肾小管。

（4）双侧腰部封闭，并用热水袋敷双侧肾区，解除肾血管痉挛，改善肾血液循环，保护肾。

（5）严密观察患者生命体征和尿量变化。对少尿、尿闭者，按急性肾衰竭处理，控制入水量，纠正水、电解质代谢紊乱，防止血钾增高，控制感染，必要时行腹膜透析治疗。如出现休克症状，按抗休克治疗。

（6）换血疗法可去除循环血内不合的红细胞、有害物质及抗原－抗体复合物。

（四）与大量输血有关的反应

大量输血是指24小时内输入相当于或大于患者循环血容量的血液。

1. **肺水肿** 同静脉输液反应。

2. **出血倾向**

（1）原因：库存血中的血小板、凝血因子破坏较多，长期、反复输血或短时间内输入大量库存血即有出血的危险。

（2）症状：在输血过程中或输血后，皮肤、黏膜出现瘀点或瘀斑。穿刺部位可见大块淤血斑或拔针后出血不止，手术切口渗血或出血，牙龈出血，严重者出现血尿。

（3）预防：将库存血和新鲜血或血小板悬液交替输入，以补充足够的血小板和凝血因子。

（4）护理措施：短时间内输入大量库存血时，应密切观察患者意识、血压、脉搏等变化，注意皮肤、黏膜或手术切口有无出血，并给予相应处理。

3. **枸橼酸钠中毒反应**

（1）原因：大量输血使枸橼酸钠大量进入体内，如果患者肝功能不全，枸橼酸钠尚未氧化即与血中游离钙结合而使血钙下降，以致发生凝血功能障碍、毛细血管张力减低、血管收缩不良和心肌收缩无力等。

（2）症状：患者表现为手足抽搐、出血倾向、血压下降、心率缓慢，心电图出现Q-T间期延长，甚至发生心搏骤停。

（3）预防：每输入库存血1000 ml，遵医嘱静脉注射10%葡萄糖酸钙或氯化钙10 ml，以补充钙离子。

（4）护理措施：严密观察患者病情变化及输血后反应，并按医嘱给予钙剂。

4. **酸碱平衡失调**

（1）原因：随着保存时间的延长，枸橼酸钠抗凝的库存血血液成分变化大，血钾升高，酸性增强。

（2）症状：出现休克及代谢性酸中毒的表现。大量输库存血时，酸中毒症状反而加重。

（3）预防：避免一次输入大量库存血。反复输血时，应交替使用库存血和新鲜血，遵医嘱每输入库存血500 ml，给予5%碳酸氢钠溶液30～70 ml静脉注射。

（4）护理措施：遵医嘱按血液酸碱度补充碱性药物，纠正酸中毒。

5. 体温过低

（1）原因：大量输入库存血的患者，尤其是手术麻醉的患者，易出现体温过低。

（2）症状：体温降至 35 ℃以下，可引起心房颤动，心排血量减少，降低组织灌注，心率减慢，甚至引起心搏骤停。

（3）预防：避免一次输入大量库存血，库存血和新鲜血应交替使用。

（4）护理措施：保暖，观察病情变化，做好心理护理。

（五）其他

如空气栓塞、细菌污染反应、微血管栓塞等，要严格把握采血、贮血和输血操作的各个环节，预防上述反应的发生。

知识链接

临床输血病历书写标准化

临床输血病历书写标准化内容包括以下几种。①病程记录：病情叙述、输血目的、输血成分、血型及血袋编码、输血量、输血过程有无输血反应及其处理、手术及外伤患者出血量。②临时医嘱：输血前检查项目、备血数量及何种成分血、备血目的。③麻醉记录：手术及外伤患者出血量、输血成分、输血量。④术后小结记录：手术及外伤患者术中病情叙述、输血目的、出血量、输血成分、输血量。⑤输血过程护理记录：输血前核对双签名、开始输血时间、输血成分、血型及血袋编码、输血量、输血完毕时间、输血过程有无输血反应及其处理等。

自测题

一、A1 型题

1. 输液中发热反应的原因是
   A. 输入液体过多　B. 输入速度过快　C. 输入致热物质
   D. 输液时间过长　E. 输入高浓度、刺激性强的药液
2. 输液速度宜慢的药液是
   A. 5%葡萄糖溶液　B. 20%甘露醇溶液
   C. 0.9%氯化钠溶液　D. 5%碳酸氢钠溶液
   E. 10%氯化钾溶液
3. 输液引起静脉炎，局部热敷用
   A. 75%乙醇　B. 20%～30%乙醇　C. 50%硫酸镁溶液
   D. 生理盐水　E. 普鲁卡因
4. 右旋糖酐 -40（低分子右旋糖酐）的主要作用是
   A. 补充营养和水分　B. 补充蛋白质
   C. 扩充血容量，改善微循环　D. 保持酸碱平衡
   E. 补充能量

5. 属于等渗电解质溶液的是

A. 5%葡萄糖溶液 B. 11.2%乳酸钠溶液
C. 10%葡萄糖溶液 D. 5%葡萄糖氯化钠溶液
E. 5%碳酸氢钠溶液

6. 留置针输液一般保留的时间不超过

A. 3日 B. 5日 C. 7日 D. 10日 E. 15日

7. 输液引起肺水肿的典型症状是

A. 发绀，胸闷 B. 胸痛，咳嗽
C. 呼吸困难，咳粉红色泡沫样痰 D. 心悸，烦躁不安
E. 面色苍白，血压下降

8. 护士巡视病房时，发现溶液不滴，挤压输液管感觉有阻力，松手无回血，应考虑

A. 静脉痉挛 B. 针头滑出血管外
C. 针头斜面紧贴血管壁 D. 针头阻塞
E. 输液压力过低

9. 给低钾患者静脉补钾，其浓度不应超过

A. 1.5% B. 0.2% C. 3% D. 0.15% E. 0.3%

10. 空气栓塞致死的原因是气体阻塞

A. 肺静脉入口 B. 主动脉入口 C. 肺动脉入口
D. 下腔静脉入口 E. 上腔静脉入口

11. 因静脉痉挛导致溶液不滴的处理方法是

A. 抬高输液瓶 B. 对注射部位上端血管进行热敷
C. 调整肢体位置 D. 加压输液
E. 减慢滴速

12. 颈外静脉穿刺的正确部位是

A. 锁骨下缘中点，颈外静脉外侧缘
B. 下颌角和锁骨上缘中点连线上 1/2 处
C. 下颌角和锁骨上缘中点连线下 1/2 处
D. 下颌角和锁骨上缘中点连线上 1/3 处
E. 下颌角和锁骨上缘中点连线下 1/3 处

13. 白血病患者最适宜输

A. 白细胞 B. 新鲜血 C. 库存血
D. 血浆 E. 水解蛋白

14. 可增加血红蛋白在尿中溶解度的药物是

A. 枸橼酸钠 B. 氯化钠 C. 乳酸钠
D. 碳酸氢钠 E. 5%葡萄糖氯化钠

15. 出血过多致血压下降用

A. 10%葡萄糖溶液 B. 11.2%乳酸钠溶液
C. 0.9%氯化钠溶液 D. 中分子右旋糖酐
E. 25%山梨醇

16. 输血前可不做血型鉴定的成分血制品是

A. 血浆 B. 红细胞 C. 白细胞浓缩悬液
D. 血小板浓缩悬液 E. 新鲜血

二、A2 型题

17. 某患者，男性，33 岁。在输液过程中出现寒战、发冷、发热等临床表现，体温 37.8 ℃，此时护士首先应
A. 减慢滴速，进行观察 B. 立即停止输液
C. 通知医生 D. 给抗过敏药
E. 加强心理护理

18. 某患者，女性，60 岁。输血 15 分钟后患者感觉头涨、四肢麻木、腰背部剧痛，检查脉搏细弱，血压下降。病区护士为患者立即采取有针对性的护理措施，但应除外
A. 热水袋敷腰部 B. 维持静脉输液通道
C. 心理护理 D. 观察、记录血压及尿量
E. 减慢输血速度

19. 某患者因消化性溃疡多年，今突然呕血约 700 ml 入院。医嘱：全血 200 ml/ivgtt。输血过程中护士注意到其眼睑、口唇出现水肿，患者自述面部皮肤瘙痒，该患者最可能发生了
A. 过敏反应 B. 空气栓塞 C. 血管内溶血
D. 血管外溶血 E. 枸橼酸钠中毒

20. 某患者，在输液过程中感到胸闷、异常不适，并出现呼吸困难和严重发绀，心前区听诊可闻及一个响亮持续的“水泡声”，应考虑
A. 过敏反应 B. 发热反应 C. 肺水肿
D. 空气栓塞 E. 右心衰竭

21. 某患者，输液 1000 ml，每分钟 50 滴（点滴系数为 15），从上午 8∶20 开始，估计何时滴完
A. 11∶00 B. 12∶20 C. 13∶20 D. 14∶00 E. 14∶20

22. 某患者，男性，66 岁。有心脏病史，输液速度 60 滴 / 分，约 40 分钟后患者突然呼吸困难、气短、咳嗽、咳粉红色泡沫痰，下列急救措施不妥的是
A. 20%～30%乙醇湿化吸氧
B. 四肢轮流结扎，隔 20～30 分钟放松一次
C. 立即停止输液
D. 遵医嘱给予强心药和利尿药
E. 置左侧卧位和头低足高位

三、A3 型题

（23～26 共用题干）

某患者，男性。胃癌晚期，不能进食，给予脂肪乳、氨基酸等输入，1 周后注射部位沿静脉走行出现条索状红线，局部组织肿胀、发红，患者主诉有疼痛感。

23. 为该患者输液的目的是
A. 纠正水、电解质代谢紊乱 B. 补充营养，供给热量
C. 输入药物 D. 增加血容量
E. 利尿

24. 此患者发生了静脉炎，与下列因素有关的是
A. 输液速度过快 B. 输液量过大
C. 输入了致热物质 D. 长期输入高浓度溶液
E. 输液速度过慢

25. 关于静脉炎的治疗方法，下列不妥的是

A. 抬高患肢
B. 超短波理疗
C. 95%乙醇热敷
D. 更换注射部位
E. 患肢活动增加

26. 患者的输液注意事项，错误的是

A. 根据病情安排输液顺序
B. 输液过程中加强巡视
C. 加入药物注意配伍禁忌
D. 输液中注意保护血管
E. 需12小时连续输液者，应每2日更换一次输液器

（27～28共用题干）

某患者，男性，58岁。高血压10余年，间歇发作胸闷、胸痛2年，医生确诊为高血压、冠状动脉粥样硬化性心脏病。在输液过程中，患者突然出现胸闷、气短，咳粉红色泡沫痰。体格检查：端坐体位，心率110次/分，双肺可闻及水泡音，双下肢无水肿。

27. 该患者目前最可能的诊断是

A. 急性支气管炎
B. 急性肺水肿
C. 全心衰竭
D. 空气栓塞
E. 劳力性心绞痛

28. 对该患者的护理，下列不宜的是

A. 心电监护
B. 给予鼻导管吸氧
C. 取平卧位，头偏向一侧
D. 记录24小时尿量
E. 注意保暖，避免受凉

（29～30共用题干）

某患者，30岁。因异位妊娠破裂致大出血入院。体格检查：面色苍白、脉搏140次/分、血压60/40 mmHg，急需大量输血。

29. 患者输血的目的是

A. 补充血容量
B. 增加血红蛋白
C. 补充凝血因子
D. 增加清蛋白
E. 增加营养

30. 为防止发生过敏反应，输血前皮下注射抗过敏药物，下列皮下注射操作，错误的是

A. 注射部位常规消毒
B. 进针部位在三角肌
C. 针头与皮肤呈30°～40°进针
D. 抽吸无回血后推药液
E. 注射完毕，用干棉签轻压进针处，快速拔针

（林晓莉）

第十八章 冷疗法与热疗法

思政之光

思维导图

- 冷疗法与热疗法
  - 冷疗法与热疗法的效应
    - 生理效应
    - 继发效应
  - 影响冷疗法与热疗法效果的因素
    - 方式
    - 面积
    - 温度
    - 时间
    - 部位
    - 个体差异
  - 冷疗法的作用
    - 减轻局部充血或出血
    - 控制炎症扩散
    - 减轻疼痛
    - 降低体温
  - 冷疗法的禁忌
    - 血液循环不良
    - 慢性炎症或深部化脓病灶
    - 组织损伤、破裂
    - 对冷过敏者
    - 冷疗的禁忌部位
      - 枕后、耳郭、阴囊处
      - 心前区
      - 腹部
      - 足底
  - 冷疗法的方法
    - 局部冷疗法
      - 冰袋、冰囊的使用
      - 冰帽、冰槽的使用
      - 冷湿敷
    - 全身冷疗法
      - 温水擦浴
      - 酒精擦浴
  - 热疗法的作用
    - 减轻深部组织充血
    - 促进炎症消散或局限
    - 减轻疼痛
    - 保暖
  - 热疗法的禁忌
    - 面部“危险三角区”感染
    - 未明确诊断的急性腹痛
    - 各种脏器出血
    - 软组织扭伤或挫伤早期
    - 急性炎症
    - 恶性病变部位
    - 金属移植部位
    - 意识不清、感觉异常者
  - 热疗法的方法
    - 干热疗法
      - 热水袋的使用
      - 烤灯的使用
    - 湿热疗法
      - 热湿敷
      - 热水坐浴
      - 温水浸泡

学习目标

1. 解释冷疗法、热疗法、继发效应。
2. 知道影响冷疗法与热疗法的因素。
3. 描述冷疗法、热疗法。
4. 熟记冷疗法与热疗法的作用和禁忌证。
5. 正确实施冷疗法、热疗法。
6. 养成良好的职业素养，具有以人为本的护理服务理念，具备与患者有效沟通的能力。

第一节 概 述

冷疗法（cold therapy）或热疗法（heat therapy）是利用高于或低于人体温度的物质作用于体表皮肤，通过神经传导引起皮肤和内脏器官血管的收缩或舒张，从而改变机体各系统的体液循环和新陈代谢，以达到治疗目的的物理治疗方法。

一、冷疗法与热疗法的效应

（一）生理效应

冷疗法与热疗法使机体产生不同的生理效应，其效应是相对的（表 18-1）。

知识链接

皮肤感受器

人体皮肤分布着多种感受器（冷觉感受器、温觉感受器、痛觉感受器等），能产生多种感觉。冷觉感受器位于真皮上层，温觉感受器位于真皮下层。冷觉感受器数量较温觉感受器多 4～10 倍，因此，对刺激的反应，冷比热敏感。当冷觉感受器和温觉感受器受到强烈刺激时，痛觉感受器也会兴奋，使人体产生疼痛。

表 18-1 冷疗法与热疗法的生理效应

生理效应	冷疗法	热疗法
血管收缩 / 舒张	收缩	舒张
人体温度	下降	上升
细胞代谢率	减少	增加
需氧量	减少	增加
血液流动速度	减慢	增快
淋巴流动速度	减慢	增快
毛细血管通透性	减少	增加
血液黏滞度	降低	增高
神经传导速度	减慢	增快
结缔组织伸展性	减弱	增强

（二）继发效应

冷疗法或热疗法超过一定时间，将产生与生理效应相反的作用，这种现象称为继发效应。例如持续用冷疗法 30～60 分钟后，已收缩的小动脉会扩张。持续用热疗法 30～45 分钟后，已扩张的小动脉会收缩。继发效应是机体为了避免长时间用冷疗法或用热疗法对组织造成损伤而产生的防御作用，因此应用冷疗法与热疗法应有适宜的时间，以 20～30 分钟为宜。

二、影响冷疗法与热疗法效果的因素

1. 方式　冷疗法与热疗法的应用方式不同，效果也不同。冷疗法与热疗法分为干、湿两种方式。干冷、干热疗法其温度主要通过空气传导，湿冷、湿热疗法其温度主要通过水传导。由于水的传导性能和渗透力比空气好，因此，湿冷、湿热疗法的效果强于干冷及干热疗法。在临床应用中，使用干热疗法的温度应比湿热疗法的温度高一些；使用干冷疗法的温度应比湿冷疗法的温度低一些，才能达到预期的治疗效果。

2. 面积　冷疗法与热疗法的效果与应用面积成正比。应用面积越大，疗效越强；反之，则越弱。但需注意，应用面积过大，患者的耐受性差，容易引起全身不良反应。

3. 温度　冷疗法与热疗法的温度与机体体表的温度相差越大，机体对冷、热刺激的反应越强；反之，则越弱。环境温度也可影响冷、热效应，如环境温度过低，则散热过快，热效应降低，冷效应增强；反之，环境温度过高，则散热被抑制，热效应增强，冷效应减弱。

4. 时间　冷疗法与热疗法应用的时间对治疗效果有直接影响。在一定的治疗时间内，随时间的增加，治疗效果增强。但若超过一定的时间，则会产生继发效应而抵消治疗效应，甚至还可能导致不良反应，如发生疼痛、麻木、冻伤或烫伤等。

5. 部位　不同厚度的皮肤对冷、热反应的效果不同。皮肤较厚的区域（如足底、手掌），对冷、热的耐受性大，应用冷疗法与热疗法效果比较差；而皮肤较薄的区域（如前臂内侧、颈部），对冷、热的敏感性强，应用冷疗法与热疗法效果比较好。血液循环也会影响冷疗法与热疗法的效果。血液循环良好的部位，如腋窝、颈部、腹股沟、肘窝、腘窝等处，可增强冷疗法与热疗法应用的效果。

6. 个体差异　年龄、性别、身体状况、生活环境、肤色等影响冷疗法与热疗法的效应。如婴幼儿的神经系统尚未发育成熟，对冷、热的适应能力有限，反应较为强烈。而老年人对冷、热刺激反应的敏感性降低，反应比较迟钝。对冷、热刺激，女性较男性敏感。昏迷、血液循环障碍、血管硬化、感觉迟钝等患者，因其对冷、热的敏感性消失或降低，尤其要注意控制温度在安全范围内，以防止发生烫伤与冻伤。浅肤色者比深肤色者对冷、热的反应更强烈。长期居住在热带地区者对热的耐受性较高，而长期居住在寒冷地区者对冷的耐受性较高。

第二节　冷　疗　法

一、冷疗法的作用

1. 减轻局部充血或出血　冷疗法可使局部血管收缩，毛细血管通透性降低，减轻局部充血。同时冷疗法还可使局部血流速度减慢、血液黏稠度增加，有利于血液凝固而减少局部组织出血。冷疗法减轻局部充血或出血，适用于局部软组织损伤早期、鼻出血、扁桃体摘除术后等。

2. 控制炎症扩散　冷疗法可促进局部血管收缩，使血流速度减慢，降低细胞的新陈代谢和细菌的活力，从而控制炎症的扩散，如睑腺炎、鼻部软组织发炎早期采用局部冷敷，控制炎症扩散。

3. 减轻疼痛 冷疗法可抑制细胞的活动，减慢神经冲动的传导，降低神经末梢的敏感性而使疼痛减轻。同时，冷疗法可使血管收缩、毛细血管的通透性降低、渗出减少，从而减轻组织因充血、肿胀压迫神经末梢所引起的疼痛。冷疗法减轻疼痛，适用于急性损伤初期、牙痛等。

4. 降低体温 冷疗法直接与皮肤接触，通过传导与蒸发的作用，使体温降低，从而使患者感到舒适，适用于高热、中暑等。

二、冷疗法的禁忌

1. 血液循环不良 冷疗法可使局部血管收缩，进一步减少局部组织的血液供应，导致局部组织缺血和缺氧而变性、坏死。如休克、皮肤青紫、水肿、全身微循环障碍等患者。

2. 慢性炎症或深部化脓病灶 冷疗法可使局部血管收缩、血流减少，妨碍炎症的吸收。

3. 组织损伤、破裂 冷疗法会使血液循环不良，加重组织损伤，影响伤口愈合。尤其大范围的组织损伤，应禁止使用冷疗法。

4. 对冷过敏者 冷疗法可使患者出现红斑、荨麻疹、关节疼痛、肌肉痉挛等过敏症状。

5. 冷疗的禁忌部位

（1）枕后、耳郭、阴囊处：用冷疗法易引起冻伤。

（2）心前区：用冷疗法可导致反射性心率减慢、心房颤动、心室纤颤及房室传导阻滞。

（3）腹部：用冷疗法易引起腹泻。

（4）足底：用冷疗法可导致反射性末梢血管收缩，影响散热或引起一过性冠状动脉收缩。

6. 慎用者 昏迷、感觉异常、心脏病及体质虚弱者慎用冷疗法。

案例分析

某患者，女性，43 岁。被蚊虫叮咬后，患者出现畏寒、寒战，口唇、指甲发绀，颜面苍白，全身肌肉、关节酸痛。继而高热，诉头痛。体格检查：T 40 ℃，R 28 次 / 分，P 110 次 / 分。诊断：疟疾。

三、冷疗法的方法

冷疗法可分为局部冷疗法和全身冷疗法。局部冷疗法包括使用冰袋、冰囊、冰帽、冰槽和冷湿敷等。全身冷疗法包括酒精擦浴和温水擦浴等。

（一）局部冷疗法

冰袋、冰囊的使用

护理评估

1. 评估与解释

（1）评估患者：①核对患者身份，如床号、住院号、姓名、性别、年龄和诊断。②全身情况，如患者的病情、体温、治疗情况、意识状态、循环状况、活动情况、对冷的耐受情况及有无感觉障碍等。③局部情况，使用冰袋的局部皮肤情况，如皮肤颜色、温度、完整性，有无硬结、炎症等。④心理状态，患者的心理状态及合作程度。

（2）解释：冰袋使用的目的、方法及注意事项，取得患者的配合。

2. 评估环境 病室安静，环境整洁、舒适，室温适宜，无对流风直吹，必要时备屏风。

护理诊断

1. 高热　与疾病有关。

2. 有体液不足的危险　与高热导致体液消耗有关。

护理计划

1. 目的　降低体温、局部消肿、止血、镇痛、控制炎症的扩散。

2. 准备

（1）护士准备：着装整齐，修剪指甲，洗手，戴口罩。

（2）患者准备：患者了解冰袋使用的目的、操作过程及注意事项等相关知识，能主动配合。

（3）用物准备：①治疗盘内备冰袋或冰囊（图 18-1）、布套。②治疗盘外备帆布袋、木槌、冰块、盆、冷水、勺、毛巾。

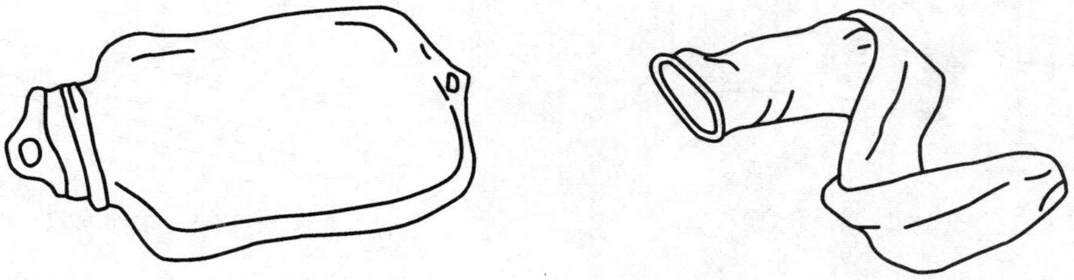

A. 冰袋　　B. 冰囊

图 18-1　冰袋、冰囊

护理实施

冰袋（冰囊）使用实施，见表 18-2

表 18-2　冰袋（冰囊）使用实施

护理实施	流程简释	要点说明
准备冰袋（冰囊）	◆将冰块装入帆布袋，用木槌敲成核桃大小，放入盆内，用冷水冲去棱角。用勺将冰块装入冰袋、冰囊 1/2 ~ 2/3 满，驱气后夹紧袋口	避免冰块棱角引起患者不适及损坏冰袋
核对、解释	◆用毛巾擦干冰袋，倒提检查，无漏水后套上布套	避免冰袋与患者皮肤直接接触
放置冰袋	◆备齐用物携至患者床旁，再次核对患者身份，向患者解释冰袋使用的目的，指导患者配合的方法，取得患者合作	确认患者，避免差错，解除患者的紧张情绪
	◆高热降温：冰袋置于前额（图 18-2）、头顶部和体表大血管流经处，如颈部两侧、腹股沟、腋窝等。扁桃体摘除术后，将冰囊置于颈前颌下（图 18-3）	操作规范，部位准确
观察效果	◆注意观察患者全身和局部皮肤反应，关注患者主诉，冰袋及冰囊有无异常	若局部皮肤出现发绀、麻木感等异常，立即停止使用
取下冰袋	◆应用冷疗法 30 分钟后，撤除冰袋，协助患者取舒适卧位，整理床单位	防止产生继发效应

视频：
冰袋使用法

续表

护理实施	流程简释	要点说明
处理用物	◆倒空冰水，倒挂晾干冰袋，吹入少量空气，夹紧袋口备用，布套送洗消毒	吹入少量空气可防止冰袋内面相互粘连
洗手、记录	◆洗手，记录使用冷疗法的时间、部位、效果、患者反应	记录规范、准确

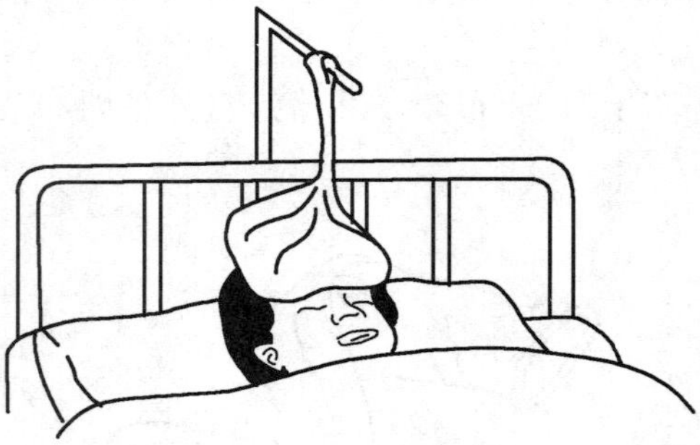

图 18-2　前额冰敷

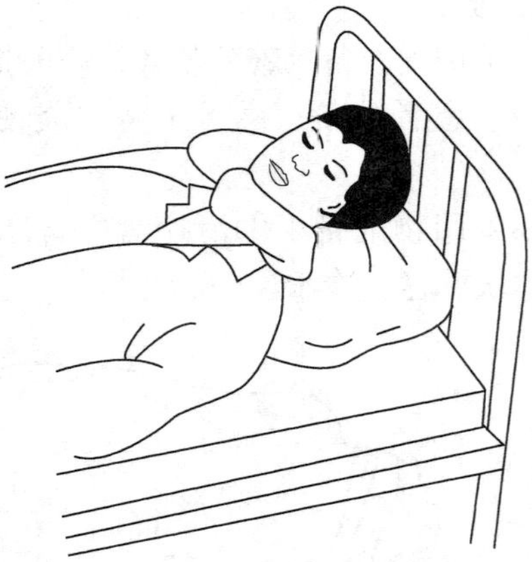

图 18-3　颈部冰敷

注意事项

（1）随时观察应用冷疗法患者局部皮肤的情况，如出现苍白、青紫等情况，应立即停止用冷疗法，防止冻伤。倾听患者主诉，如有皮肤麻木，应立即停止用冷疗法。

（2）为高热患者降温时，在冰袋使用后 30 分钟，应测量体温并记录，当体温降至 39 ℃以下时，应撤去冰袋。

（3）应用冷疗法的时间不超过 30 分钟，以防发生继发效应。如需再用，应间隔 1 小时后再次使用。

（4）随时观察、检查冰袋有无漏水，是否夹紧。冰块融化后应及时更换，保持布套干燥。

音频：
考点解析

➢ **考点：** 某患者，男性，68 岁。因头痛、眩晕、四肢麻木而收入院，确诊为“脑梗死”，此时不妥的护理措施是

A. 卧床休息　　B. 保持环境安静　　C. 严密观察病情变化

D. 血压监护　　E. 头部置冰袋

护理评价

1. 操作正确、规范，患者未发生皮肤或组织的损伤，无不良反应，治疗有效，达到预期效果。应用冷疗法时间准确，未发生继发效应。

2. 护患沟通有效，患者愿意配合。

3. 充分体现以人为本的护理服务理念，关爱患者。

冰帽、冰槽的使用

护理评估

1. 评估与解释

（1）评估患者：①核对患者身份，如床号、住院号、姓名、性别、年龄和诊断。②全身情况，如患者的病情、治疗情况、意识状态、活动能力、对冷的耐受情况、有无感觉障碍及语言表达能力等。③局部情况，如头部状况。④心理状态，患者心理状态及合作程度。⑤健康知识，患者对疾病的认识情况，对冰帽或冰槽使用目的及注意事项的了解状况。

（2）解释：使用冰帽和冰槽的目的、方法及注意事项，取得患者的配合。

2. 评估环境　同冰袋、冰囊的使用。

护理诊断

同冰袋、冰囊的使用。

护理计划

1. 目的　降低头部温度，降低脑细胞代谢率，减轻脑细胞损伤，预防脑水肿发生。

2. 准备

（1）患者准备：患者了解冰帽或冰槽使用目的、操作过程及注意事项等相关知识，能主动配合。

（2）用物准备：①治疗盘内备冰帽或冰槽（图 18-4）。②治疗盘外备冰块、帆布袋、木槌、勺、海绵、脸盆、冷水、水桶、肛表、不脱脂棉球及凡士林纱布。

（3）护士准备：同冰袋的使用。

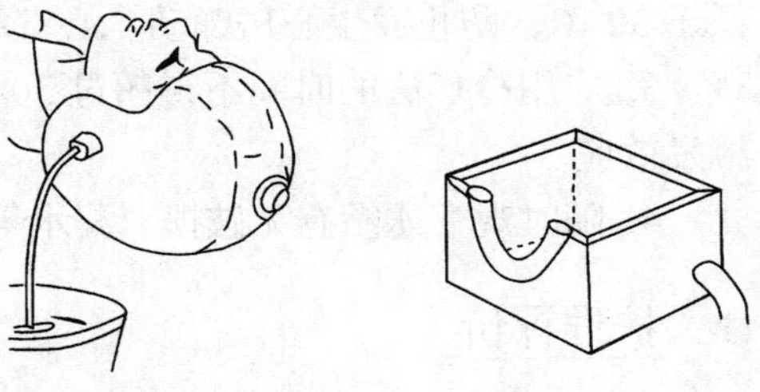

A. 冰帽　　B. 冰槽

图 18-4　冰帽、冰槽

护理实施

冰帽（冰槽）使用实施，见表 18-3。

表 18-3　冰帽（冰槽）使用实施

护理实施	流程简释	要点说明
准备冰帽	◆将冰块装入帆布袋，用木槌砸成小块，冲去棱角（方法同冰袋的使用），装入冰帽约 2/3 满，驱气后旋紧冰帽口，用毛巾擦干冰帽，检查无漏水	避免冰块棱角引起患者不适及损坏冰帽
核对、解释	◆备齐用物携至患者床旁，再次核对患者身份，向患者解释冰帽使用的目的，指导患者配合的方法，取得患者合作 ◆将患者头部置于冰帽中，在后颈部、双耳郭用海绵垫保护 ◆使用冰槽的患者，双耳道塞不脱脂棉球，双眼盖凡士林纱布	确认患者，避免差错，解除患者的紧张情绪 防止冻伤 防冰水流入患者耳内，保护角膜
放置冰帽（冰槽）	◆将冰帽排水管放于水桶内（图 18-4）	

续表

护理实施	流程简释	要点说明
观察效果	◆注意观察患者体温、病情变化、全身和局部皮肤反应以及冰帽有无异常	防止产生继发效应
撤去冰帽（冰槽）	◆应用冷疗法30分钟后，撤去冰帽（冰槽），协助患者取舒适卧位，整理床单位	每30分钟测量体温1次，维持直肠温度在33 ℃左右，不宜低于30 ℃，否则易发生心房、心室纤颤或房室传导阻滞等并发症
处理用物	◆倒空冰水，倒挂晾干，置于阴凉通风处备用	按照消毒隔离制度处理
洗手、记录	◆洗手，记录应用冷疗法的时间、部位、效果及患者反应	记录规范、准确

视频：
冰帽使用法

注意事项

1. 密切观察患者头部皮肤变化，尤其是耳郭，防止发生青紫、麻木及冻伤。倾听患者主诉，如有异常，立即停止用冷疗法。

2. 密切观察心率及体温变化，每30分钟测量生命体征1次，维持直肠温度在33 ℃，不低于30 ℃，防止发生心房颤动、心室纤颤或房室传导阻滞等并发症。

3. 应用冷疗法的时间不得超过30分钟。如需再用，应休息1小时后再次使用，防止发生继发效应。

4. 随时观察冰帽有无破损、漏水等情况，冰帽内的冰块融化后应及时更换。

护理评价

同冰袋、冰囊的使用。

冷湿敷

护理评估

1. 评估与解释

（1）评估患者：①核对患者身份，如床号、住院号、姓名、性别、年龄和诊断。②全身情况，如患者的病情、诊断、治疗情况、意识状态、活动能力、对冷的耐受情况及有无感觉障碍等。③局部皮肤状况，如皮肤的颜色、温度、完整性、有无炎症或硬结等。④心理状态，了解患者心理状态及合作程度。

（2）解释：冷湿敷的目的、方法及注意事项，取得患者的配合。

2. 评估环境 同冰袋、冰囊的使用。

护理诊断

同冰袋、冰囊的使用。

护理计划

1. 目的 降温、止血、消肿、止痛。

2. 准备

（1）护士准备：同冰袋、冰囊的使用。

（2）患者准备：患者了解冷湿敷的目的、注意事项等相关知识，能主动配合。

（3）用物准备：①治疗盘内备长钳 2 把、敷布 2 块、凡士林、棉签、纱布、橡胶单、治疗巾和干毛巾。②治疗盘外备盛有冰水的脸盆，必要时备换药用物。

护理实施

冷湿敷的实施，见表 18-4。

表 18-4 冷湿敷的实施

护理实施	流程简释	要点说明
备物、核对	◆备齐用物携至患者床旁，再次核对患者身份，向患者解释冷湿敷的目的，指导患者配合的方法，取得患者合作	确认患者，避免差错，解除患者的紧张情绪
准备患处	◆协助患者取舒适卧位，暴露患处，下面垫橡胶单和治疗巾。将凡士林涂于患处，并在其上盖一层纱布	凡士林可减慢冷传导，既可防止冻伤，又可保持冷疗法的效果
冷湿敷患处	◆将敷布浸入冰水中，用长钳夹出，拧至不滴水，打开敷布，折叠后完全敷盖患处	若冷敷部位有伤口，应按无菌技术操作原则进行湿敷，湿敷后换药
更换敷布	◆每 3～5 分钟更换敷布 1 次，一次治疗时间持续 15～20 分钟	防止发生继发效应
观察效果	◆注意观察患者局部皮肤情况和全身反应	
冷湿敷结束	◆冷湿敷结束后，用纱布擦去凡士林，用干毛巾擦干皮肤，撤去橡胶单和治疗巾	
安置患者	◆协助患者取舒适卧位，整理床单位	
处理用物	◆按照消毒隔离制度处理，清洁消毒后备用	
洗手、记录	◆洗手，记录应用冷疗法的时间、部位、效果、患者反应	记录规范、准确

视频：
冷湿敷法

注意事项

1. 应用冷疗法的时间不超过 30 分钟，以防产生继发效应。
2. 随时观察局部皮肤情况及患者反应，检查敷布温度，及时更换敷布。
3. 若在开放性伤口部位冷湿敷，需按无菌技术操作原则进行冷湿敷，冷湿敷后按外科换药法处理伤口。
4. 如为高热患者降温时，需冷湿敷后 30 分钟测量体温并记录在体温单上。

护理评价

同冰袋、冰囊的使用。

➢ **考点：** 某患者，男性，18 岁，学生。晨练时不慎扭伤踝关节，1 小时后来到医务室就诊，医务人员对该学生扭伤处的正确处理方法是

A. 热湿敷　　B. 冷湿敷　　C. 局部按摩
D. 放置热水袋　　E. 冷、热敷交替使用

音频：
考点解析

（二）全身冷疗法

温水擦浴或酒精擦浴

护理评估

1. 评估与解释

（1）评估患者：①核对患者身份，如床号、住院号、姓名、性别、年龄和诊断。②全身情况，如患者的病情、诊断、体温、治疗情况、意识状态、有无乙醇过敏史、活动情况、对冷的耐受情况及语言表达能力等。③局部皮肤情况，如皮肤颜色、温度、完整性等，有无影响擦浴的因素。④心理状态，患者心理状态及合作程度。

（2）温水擦浴和酒精擦浴的目的、方法及注意事项，取得患者的配合。

2. 评估环境 同冰袋、冰囊的使用。

护理诊断

同冰袋、冰囊的使用。

护理计划

1. 目的 为高热患者物理降温。

2. 准备

（1）护士准备：同冰袋、冰囊的使用。

（2）患者准备：患者了解温水擦浴或酒精擦浴目的、操作过程及注意事项等相关知识，能主动配合，需要时排尿。

（3）用物准备：①治疗盘内备浴巾 1 条、小毛巾 2 块、热水袋及套、冰袋及套。②治疗盘外备脸盆，内盛 32 ~ 34 ℃的 25% ~ 35%乙醇 200 ~ 300 ml 或 32 ~ 34 ℃温水 2/3 满，酌情备清洁衣裤、大单、被套、便器等。

护理实施

温水擦浴、酒精擦浴实施，见表 18-5。

表 18-5 温水擦浴或酒精擦浴实施

护理实施	流程简释	要点说明
备物、核对	◆备齐用物携至患者床旁，再次核对患者身份，向患者解释温水擦浴或酒精擦浴的目的，指导患者配合的方法，取得患者合作	确认患者，避免差错，解除患者的紧张情绪
安置体位	◆协助患者取舒适卧位，松开床尾盖被，协助患者脱去上衣	必要时用屏风遮挡患者
准备患者	◆置冰袋于头部，置热水袋于足底	若冷敷部位有伤口，应按无菌技术置冰袋于头部，有助降温并可防止头部充血。置热水袋于足底，可促进足底血管扩张，减轻头部充血，并使患者感觉舒适

续表

护理实施	流程简释	要点说明
垫巾、擦浴	◆将浴巾垫于擦浴部位下，小毛巾浸入温水中，拧至半干，缠于手上成手套状（图 18-5），以离心方向拍擦，拍擦后用大毛巾擦干皮肤。每侧肢体或背部拍擦 3 分钟，擦浴全过程不超过 20 分钟。拍擦顺序如下： ▲双上肢：患者取仰卧位，顺序是颈外侧—肩—上臂外侧—前臂外侧—手背；侧胸—腋窝—上臂内侧—肘窝—前臂内侧—掌心 ▲腰背部：患者取侧卧位，顺序是肩部—背部—腰部—臀部 ▲双下肢：患者取仰卧位，脱裤，顺序是髂骨—下肢外侧—足背；腹股沟—下肢内侧—内踝；臀下—下肢后侧—腘窝—足跟 擦浴完毕，协助患者穿裤	擦至腋窝、肘窝、腘窝、手心、腹股沟等处可稍用力拍擦，并适当延长时间，以促进散热
观察效果	◆密切观察患者的反应，若有异常，立刻停止操作	有无出现寒战、面色苍白、生命体征异常等
撤热水袋	◆擦浴完毕，撤去热水袋。协助患者取舒适体位。整理床单位	擦浴后 30 分钟测量体温，并记录在体温单上，若体温低于 39 ℃，撤去冰袋
处理用物	◆按照消毒隔离制度处理，清洁消毒后备用	
洗手、记录	◆洗手，记录擦浴时间、效果、患者反应	

视频：温水擦浴法

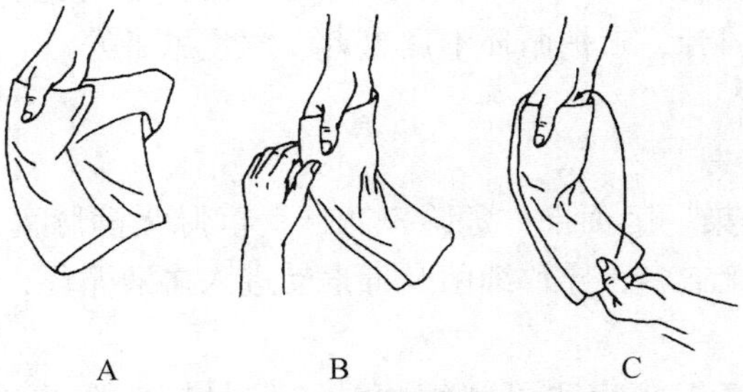

图 18-5　小毛巾缠于手上成手套状

注意事项

1. 擦浴时，在腋窝、肘窝、腘窝、腹股沟等大血管流经处可稍用力拍擦，并适当延长拍擦时间，以促进散热。

2. 心前区、腹部、后颈、足底是禁忌擦浴的部位。

3. 在擦浴过程中，应密切观察患者反应，如出现寒战、面色苍白、生命体征异常等现象，应立即停止操作，及时处理。

4. 擦浴手法应以拍擦的方式进行，避免以摩擦方式进行擦浴，因摩擦易生热。

5. 新生儿、血液病患者及对乙醇过敏者禁用酒精擦浴。

6. 每侧肢体或背部拍擦 3 分钟，擦浴全过程不超过 20 分钟，以防发生继发反应。

7. 擦浴后 30 分钟测量体温，降温后将体温并记录在体温单上，若体温低于 39 ℃，则撤去冰袋。

护理评价

1. 操作正确、规范，患者无寒战、畏冷等不良反应，半小时后体温下降，治疗有效，达到预期效果。

2. 护患沟通有效，患者愿意配合。

3. 充分体现以人为本的护理服务理念，关爱患者。

第三节 热疗法

一、热疗法的作用

1. 减轻深部组织充血 热疗法可使体表血管扩张，血流量增加，从而使全身循环血量重新分布，减轻深部组织的充血。

2. 促进炎症消散或局限 热疗法可使局部血管扩张，促进组织血液循环，促进组织中毒素和废物的排出，增强细胞的代谢和白细胞的吞噬功能。因此，炎症早期用热疗，可促进炎性渗出物的吸收而使炎症消散；炎症后期用热疗，可促进白细胞释放蛋白溶解酶，溶解坏死组织，使炎症局限。

3. 减轻疼痛 热疗可降低痛觉神经的兴奋性，提高疼痛阈值，又可改善血液循环，加速组胺等致痛物质的排出和炎性渗出物的吸收，以减轻对神经末梢的刺激及压迫，达到减轻疼痛的目的。同时，热疗可使肌肉、肌腱和韧带等组织松弛，减轻肌肉痉挛、僵硬和关节强直等引起的疼痛，适用于胃痉挛、腰肌劳损等患者。

4. 保暖 热疗可促进全身血液循环，将热带至全身，使体温升高，并使患者感到温暖、舒适，适用于早产儿、年老体弱者、末梢循环不良患者、危重患者等。

二、热疗法的禁忌

1. 面部“危险三角区”感染 因面部“危险三角区”静脉无静脉窦，并与颅内海绵窦相通。热疗法可使血管扩张，血流增多，导致细菌及毒素易进入血液循环，扩散至颅内，造成严重的颅内感染和败血症。

2. 未明确诊断的急性腹痛 热疗法可缓解疼痛，但易掩盖腹痛的病情，延误诊断和治疗。

3. 各种脏器出血 热疗法可使局部血管扩张，从而增加脏器的血流量和血管的通透性而加重脏器出血。

4. 软组织扭伤或挫伤早期 在软组织扭伤或挫伤早期（48 小时内）使用热疗法，可因局部血管扩张，血液循环加快，通透性增加，而加重软组织出血、肿胀及疼痛。

5. 急性炎症 热疗法可使局部温度升高，有利于细菌繁殖，使病情加重，如牙龈炎、中耳炎、结膜炎等。

6. 恶性病变部位 热疗法可使正常与异常细胞加速新陈代谢而加重病情，同时又可促进血液循环而使肿瘤扩散、转移。

7. 金属移植部位 金属是热的良好导体，应用热疗法易造成烫伤。

8. 意识不清、感觉异常者 用热疗法会增加组织损伤的危险性，应慎用。

▶ 案例分析

某患儿，女性，出生 2 日。患儿食欲差、拒乳、反应差、哭声低、尿少等。体格检查：T < 35 ℃，HR 120 次 / 分，R 20 次 / 分。诊断：新生儿寒冷损伤综合征。

三、热疗法的方法

热疗法可分为干热疗法和湿热疗法。干热疗法包括热水袋的使用、烤灯的使用。湿热疗法包括热湿敷、热水坐浴和温水浸泡。

（一）干热疗法

热水袋的使用

▶ 护理评估

1. 评估与解释

（1）评估患者：①核对患者身份，如床号、住院号、姓名、性别、年龄和诊断。②全身情况，如患者的病情、年龄、体温、治疗情况、意识状态、循环状况、活动情况、对热的耐受情况及有无感觉障碍等。③使用热水袋的局部皮肤情况，如皮肤颜色、温度、完整性等。④心理状态，如患者心理状态及合作程度。

（2）解释：热水袋使用的目的、方法及注意事项，取得患者的配合。

2. 评估环境　病室安静，环境整洁、舒适，室温适宜，无对流风直吹。

▶ 护理诊断

1. 体温过低　与早产、受寒有关。

2. 营养失调（低于机体需要量）　与能量摄入不足有关。

3. 有感染的危险　与免疫力低下有关。

▶ 护理计划

1. 目的　保暖、解痉、镇痛。

2. 准备

（1）护士准备：着装整齐，修剪指甲，洗手，戴口罩。

（2）患者准备：患者了解热水袋使用目的、操作过程及注意事项等相关知识，能主动配合。

（3）用物准备：①治疗盘内备热水袋及布套、水温计、毛巾。②治疗盘外备水盆，水盆内盛热水。

▶ 护理实施

热水袋使用实施，见表 18-6。

表 18-6　热水袋使用实施

护理实施	流程简释	要点说明
备热水袋	◆检查热水袋有无破损、漏气，热水袋及塞子是否合适，测量水温并依据病情进行调节	成人水温 60 ~ 70 ℃。婴幼儿、老年人、末梢循环不良、感觉障碍、昏迷等患者，水温应低于 50 ℃

续表

护理实施	流程简释	要点说明
核对、解释	◆放平热水袋，去塞，一手持袋口边缘，另一手灌水，灌入1/2～2/3满。将热水袋口缓慢放平，驱除袋内空气（图18-6），旋紧塞子。用毛巾擦干热水袋，倒提，检查无漏水后装入布套内 ◆备齐用物携至患者床旁，再次核对患者身份，向患者解释热水袋使用的目的，指导患者配合的方法，取得患者配合	边灌水边提高热水袋，使热水不溢出。灌水过多，会导致热水袋膨胀、变硬，使患者舒适感下降，而且与皮肤接触面积减少，热疗效果下降 确认患者，避免差错，解除患者的紧张情绪
置热水袋	◆协助患者取舒适体位，将热水袋置于所需部位，袋口朝身体外侧。放置时间不超过30分钟	以防发生继发效应
观察效果	◆随时询问患者的感觉，密切观察患者应用热疗法部位皮肤情况和全身反应以及热水袋情况	皮肤情况、患者主诉等出现异常，立刻停止应用热疗法；热水袋内水温降低后应及时更换
撤热水袋	◆应用热疗法30分钟后，撤热水袋，协助患者取舒适卧位，整理床单位	若为保暖，可持续使用
处理用物	◆倒空热水，倒挂，晾干热水袋，吹入少量空气，夹紧袋口备用，布套送洗消毒	吹入少量空气可防止热水袋内面相互粘连
洗手、记录	◆洗手，记录应用热疗法的时间、部位、效果、患者反应	记录规范、准确

视频：
热水袋使用法

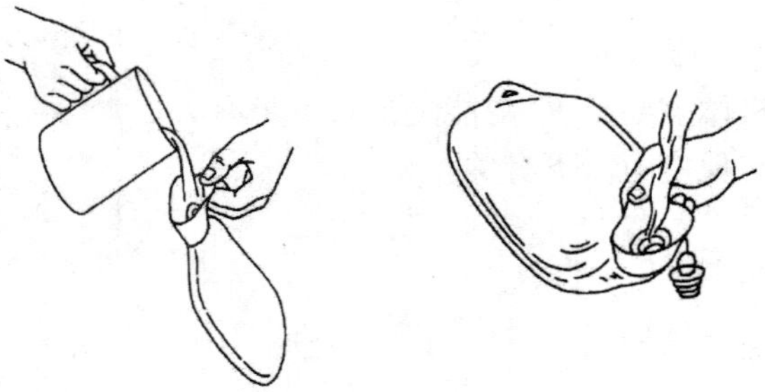

A　　　　B

图18-6　灌热水袋

A. 灌水；B. 驱除袋内空气

注意事项

1. 密切观察患者局部皮肤情况，若局部皮肤出现潮红、疼痛，应立即停止热疗法，并在局部涂抹凡士林，以保护皮肤。

2. 调节水温，成人水温60～70 ℃。婴幼儿、老年人、末梢循环不良、感觉障碍、昏迷等患者，水温应控制在50 ℃以内，以防烫伤。

3. 使用热水袋保暖者，需检查水温情况，及时更换热水。

护理评价

1. 操作正确、规范，患者感到温暖、舒适，未发生皮肤或组织的损伤，无烫伤等不良反应，治疗有效，达到预期效果。

2. 护患沟通有效，患者愿意配合。

3. 充分体现以人为本的护理服务理念，关爱患者。

烤灯的使用

护理评估

1. 评估与解释

（1）评估患者：①核对患者身份，如床号、住院号、姓名、性别、年龄和诊断。②全身情况，如患者的病情、诊断、治疗情况、意识状态、活动能力、对热的耐受情况、有无感觉障碍及语言表达能力等。③局部情况，如皮肤颜色、完整性、有无感染等。④心理状态，患者心理状态及合作程度。⑤健康知识，患者对疾病的认识情况，对烤灯使用的目的及注意事项的了解情况。

（2）解释：使用烤灯的目的、方法及注意事项，取得患者的配合。

2. 评估环境　病室安静，环境整洁、舒适，室温适宜，无对流风直吹。

护理诊断

同热水袋的使用。

护理计划

1. 目的　消炎，镇痛，解痉，促进创面干燥、结痂及肉芽组织生长，利于切口愈合。

2. 准备

（1）护士准备：同热水袋的使用。

（2）患者准备：患者了解烤灯使用目的、操作过程及注意事项等相关知识，能主动配合。

（3）用物准备：红外线灯或鹅颈灯，必要时备有色眼镜、屏风。

护理实施

烤灯使用实施，见表 18-7。

表 18-7　烤灯使用实施

护理实施	流程简释	要点说明
备物、核对	◆备齐用物携至患者床旁，再次核对患者身份，向患者解释烤灯使用的目的，指导患者配合的方法，取得患者合作	确认患者，避免差错，解除患者的紧张情绪
照射患处	◆根据照射部位选择不同功率的灯泡。将烤灯移至患处斜上方或侧方，灯距患者 30 ~ 50 cm（图 18-7）。用手试温，手感温暖为宜，照射时间 20 ~ 30 分钟	
	◆照射面部、颈部、前胸部时，给患者戴有色眼镜或用纱布遮盖双眼	保护眼睛，避免引发白内障
观察效果	◆注意观察患者全身及局部皮肤反应，倾听患者主诉	局部皮肤出现红斑或桃红色为合适
撤去烤灯	◆照射完毕，关闭并移走烤灯。协助患者取舒适卧位，整理床单位	
处理用物	◆用物移回原位备用	
洗手、记录	◆洗手，记录使用时间、部位、效果、患者反应	记录规范、准确

注意事项

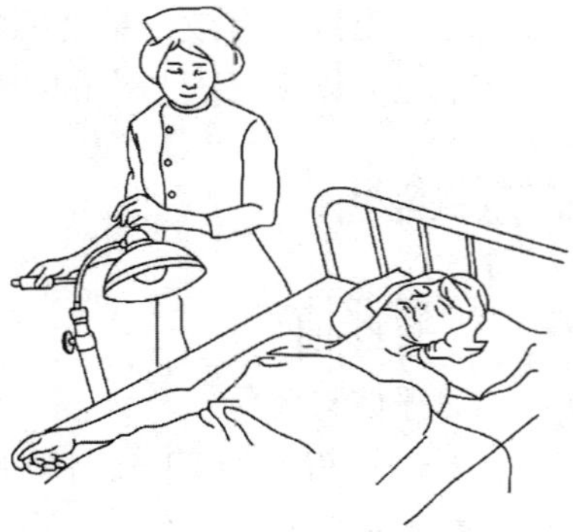
图 18-7　烤灯的使用

1. 根据治疗部位的不同，选择不同功率的灯泡，腰、背、胸、腹部选用 500 ~ 1000 W 的大功率灯泡，手、足等部位选用 250 W 的灯泡。

2. 密切观察患者有无心悸、头晕等不适及局部皮肤有无异常。若有不适或照射部位皮肤出现紫红色，应立即停止照射，并在发红部位涂凡士林，以保护皮肤。

3. 由于眼内含有较多的液体，对红外线吸收较强，一定强度的红外线直接照射可引发白内障，因此照射面部、颈部、前胸部时，应给患者戴有色眼镜或用纱布遮盖双眼。

4. 对意识障碍、血液循环障碍、局部感觉障碍等患者，治疗时应加大灯距，以防止烫伤。

5. 治疗完毕，嘱患者在室内休息 15 分钟后方可外出，防止感冒。

护理评价

同热水袋的使用。

➢ **考点：** 某患者，男性，45 岁。因关节疼痛，需每日用红外线灯照射一次，在照射期间，应注意观察局部皮肤反应，如出现紫红色

A. 为适宜剂量，继续照射

B. 应立即停止照射，局部涂凡士林保护皮肤

C. 应停止照射，改用热敷

D. 应改用小功率灯头照射

E. 应改用鹅颈灯照射

音频：
考点解析

（二）湿热疗法

热湿敷

护理评估

1. 评估与解释

（1）评估患者：①核对患者身份，如床号、住院号、姓名、性别、年龄和诊断。②全身情况，如患者的病情、诊断、治疗情况、意识状态、有无感觉障碍、活动情况、对热的耐受情况及语言表达能力等。③热湿敷局部皮肤情况，如皮肤颜色、完整性、有无感染等。④心理状态，患者心理状态及合作程度。

（2）解释：热湿敷的目的、方法及注意事项，取得患者的配合。

2. 评估环境　同热水袋的使用。

护理诊断

同热水袋的使用。

护理计划

1. 目的　消炎、消肿、止痛、解痉。

2. 准备

（1）护士准备：同热水袋的使用。

（2）患者准备：患者了解热湿敷的目的、操作过程及注意事项等相关知识，能主动配合。

（3）用物准备：①治疗盘内备长钳 2 把、敷布 2 块、凡士林、棉签、棉垫、纱布、橡胶单、治疗巾、体温计。②治疗盘外备脸盆，脸盆内盛热水（50～60 ℃），酌情备热水袋，有开放性伤口者备换药用物。

护理实施

热湿敷实施，见表 18-8。

表 18-8　热湿敷实施

护理实施	流程简释	要点说明
备物、核对	◆备齐用物携至患者床旁，再次核对患者身份，向患者解释热湿敷的目的，指导患者配合的方法，取得患者合作	确认患者，避免差错，解除患者的紧张情绪
准备患处	◆协助患者取舒适卧位，暴露治疗部位。垫橡胶单和治疗巾于治疗部位下方，将凡士林涂于治疗部位，并在其上盖一层纱布	凡士林可减缓热传导，既可防止烫伤，又可保持热疗效果
热湿敷患处	◆将敷布浸入热水中，用长钳将敷布拧至不滴水。打开敷布，用手腕掌侧皮肤试温，无烫感即可使用。折叠敷布，敷于患处，上盖棉垫。若患者感觉过热，可掀起敷布一角散热	若热湿敷部位有伤口，应按无菌技术操作原则进行热湿敷，热湿敷后外科换药
更换敷布	◆每 3～5 分钟更换 1 次敷布，及时更换盆内热水，治疗时间以 15～20 分钟为宜	
观察效果	◆注意观察局部皮肤情况及患者反应，倾听患者主诉	如有异常，立即停止热湿敷
安置患者	◆治疗完毕，撤去用物，用纱布擦去凡士林，协助患者取舒适卧位	
处理用物	◆按照消毒隔离制度处理，清洁消毒后备用	
洗手、记录	◆洗手，记录热湿敷时间、效果、患者反应	记录规范、准确

注意事项

1. 若热湿敷部位有开放性伤口，需按无菌技术操作原则进行热湿敷，并在热湿敷后进行外科换药。

2. 在热湿敷过程中，注意观察局部皮肤的颜色，以防烫伤。

3. 面部热湿敷者，需在室内休息 30 分钟后方可外出，以防感冒。

4. 保持热敷处的温度，注意水温的调节，及时更换热水，以维持水温在 50～60 ℃，若患者热湿敷部位不禁忌压力，可将热水袋放置在敷布上，以维持温度。

护理评价

同热水袋的使用。

热水坐浴

护理评估

1. 评估与解释

（1）评估患者：①核对患者身份，如床号、住院号、姓名、性别、年龄和诊断。②全身情况，如患者的病情、诊断、治疗情况、意识状态、活动能力、对热的耐受情况、有无感觉障碍及语言表达能力等。③局部皮肤状况，如皮肤颜色、伤口情况、有无感染等。④心理状态，患者心理状态及合作程度。

（2）解释：热水坐浴的目的、方法及注意事项，取得患者的配合。

2. 评估环境 同热水袋的使用。

护理诊断

同热水袋的使用。

护理计划

1. 目的 消炎、消肿、止痛，用于会阴部、肛门疾病及手术后。

2. 准备

（1）护士准备：同热水袋的使用。

（2）患者准备：患者了解热水坐浴目的、操作过程及注意事项等相关知识，能主动配合。排空尿、便，并清洗坐浴部位。

（3）用物准备：坐浴椅（图 18-8）、消毒坐浴盆、热水瓶、热水（水温 40～45 ℃），药物（遵医嘱准备）、水温计、无菌纱布、弯盘、毛巾、浴巾，必要时备屏风、换药用物。

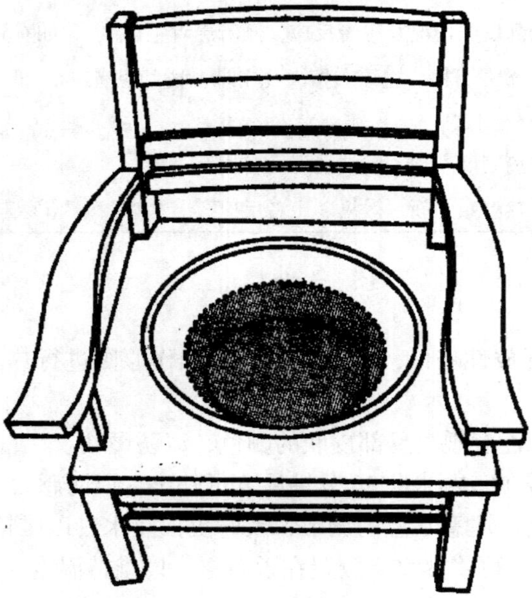

图 18-8 坐浴椅

护理实施

热水坐浴实施，见表 18-9。

表 18-9 热水坐浴实施

护理实施	流程简释	要点说明
备物、核对	◆备齐用物携至患者床旁，再次核对患者身份，向患者解释热水坐浴的目的，指导患者配合的方法，取得患者合作	确认患者，避免差错，解除患者的紧张情绪，必要时用屏风遮挡
配制药液	◆根据医嘱配置药液，将药液倒入坐浴盆内 1/2 满，调节水温	调节水温为 40 ~ 45 ℃
协助坐浴	◆将坐浴盆放于坐浴椅上，协助患者脱裤至膝部，指导患者先用纱布蘸坐浴液清洗外阴部皮肤，试温，待皮肤适应水温后再坐入浴盆中，坐浴时间以 15 ~ 20 分钟为宜	随时调节水温，冬天注意保暖，必要时腿部用浴巾遮盖，防止受凉
观察效果	◆注意观察患者局部皮肤情况、全身反应，倾听患者主诉	若患者出现面色苍白、脉搏及呼吸异常等情况，应立即停止坐浴
安置患者	◆坐浴完毕，撤去用物，用纱布擦干臀部，协助穿裤，协助患者取舒适体位，整理床单位	
处理用物	◆按消毒隔离制度处理用物，清洁消毒后备用	
洗手、记录	◆洗手，记录坐浴时间、药液、效果、患者反应	记录规范、准确

注意事项

1. 热水坐浴前，应嘱患者先排便、排尿，因热水可刺激肛门、会阴部，易引起排泄反射。

2. 在坐浴过程中，应密切观察患者的反应和局部皮肤情况，如患者出现头晕、乏力、心悸等状况，应立即停止坐浴。

3. 会阴、肛门部位有开放性伤口者，坐浴时应执行无菌技术操作原则，使用无菌坐浴盆、无菌溶液，坐浴结束后按外科换药法处理伤口。

4. 女性患者月经期、妊娠后期、产后 2 周内、阴道出血和盆腔急性炎症时不宜坐浴，以免引起感染。

护理评价

同热水袋的使用。

温水浸泡

护理评估

1. 评估与解释

（1）评估患者：①核对患者身份，如床号、住院号、姓名、性别、年龄和诊断。①全身情况，如患者的病情、诊断、治疗情况、意识状态、活动能力、对热的耐受情况、有无感觉障碍及语言表达能力等。②局部皮肤状况，如皮肤颜色、伤口情况、有无感染等。③心理状态，患者心理状态及合作程度。

（2）解释：温水浸泡的目的、方法及注意事项，取得患者的配合。

2. 评估环境 同热水袋的使用。

护理诊断

同热水袋的使用。

护理计划

1. 目的 消炎、消肿、止痛，用于手、足、前臂、小腿部感染早期，促进炎症消散。

2. 准备

（1）护士准备：同热水袋的使用。

（2）患者准备：患者了解温水浸泡目的、操作过程及注意事项等相关知识，能主动配合。

（3）用物准备：①治疗盘内备长镊子 1 把、纱布数块。②治疗盘外备浸泡盆、温水（水温 40～45 ℃）、热水瓶、药物（遵医嘱准备）、水温计、毛巾，如有开放性伤口，备换药用物。

护理实施

温水浸泡实施，见表 18-10。

表 18-10 温水浸泡实施

护理实施	流程简释	要点说明
备物、核对	◆备齐用物携至患者床旁，再次核对患者身份，向患者解释温水浸泡的目的，指导患者配合的方法，取得患者合作	确认患者，避免差错，解除患者的紧张情绪，必要时用屏风遮挡
配制药液	◆根据医嘱配置药液，将药液倒入浸泡盆内 1/2 满，调节水温	调节水温为 40～45 ℃
协助浸泡	◆协助患者取舒适体位，暴露患处。协助将肢体放入浸泡盆中。有伤口者，可用无菌长镊子夹取无菌纱布轻轻擦拭创面，使之清洁（图 18-9），治疗时间以 30 分钟为宜	随时调节水温，冬天注意保暖，防止受凉；及时添加热水及药物，添加时，应将肢体移出浸泡盆
观察效果	◆注意观察患者局部皮肤情况、全身反应，倾听患者主诉	若出现局部皮肤发红、疼痛、头晕、心悸等情况，应立即停止坐浴
安置患者	◆浸泡完毕，撤去用物，用纱布擦干浸泡部位，协助患者取舒适体位，整理床单位	
处理用物	◆按消毒隔离制度处理用物，清洁消毒后备用	
洗手、记录	◆洗手，记录浸泡时间、药液、效果、患者反应	记录规范、准确

注意事项

1. 在浸泡过程中，密切观察患者有无异常表现，局部皮肤有无发红、疼痛，如有异常，及时停止浸泡，随时调节水温，保证安全。

2. 浸泡部位若有开放性伤口者，应执行无菌技术操作原则，浸泡盆、溶液及用物均需无菌，并在浸泡后按外科换药法处理伤口。

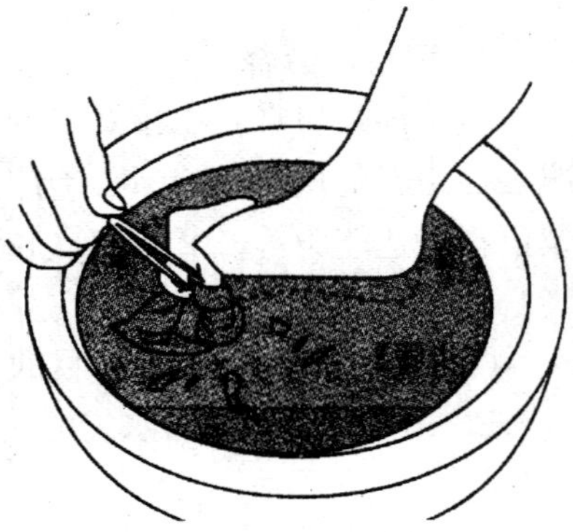

图 18-9 温水浸泡

护理评价

同热水袋的使用。

自测题

一、A1 型题

1. 面部“危险三角区”感染时禁用热疗法的主要原因是
   A. 热疗法可促进血液循环，加重皮下出血、肿胀和疼痛
   B. 热疗法可导致细菌入血，使炎症扩散，造成颅内感染
   C. 受伤范围小，热疗法不方便、效果差
   D. 局部皮肤敏感性差，容易烫伤
   E. 缓解疼痛后，会掩盖病情，贻误诊断和治疗
2. 应用冷疗法的目的是
   A. 降低神经末梢敏感性　B. 减轻深部组织的充血
   C. 增加毛细血管通透性　D. 使毛细血管扩张
   E. 加速血液循环
3. 关于局部组织炎症后期应用热疗法的目的，正确的是
   A. 促进浅表炎症局限　B. 促进炎性渗出物吸收、消散
   C. 使局部血管收缩，炎症局限　D. 传导、发散体内的热量
   E. 提高痛觉神经的兴奋性
4. 足底忌用冷疗法是防止
   A. 一过性冠状动脉收缩　B. 末梢循环障碍
   C. 局部组织坏死　D. 体温骤降
   E. 心律异常
5. 下列影响冷疗法的因素中，错误的是
   A. 冷疗法的方法不同，效果也不同　B. 冷疗法的效果与面积成正比
   C. 冷疗法的时间与效果成正比　D. 不同个体对冷的反应不同
   E. 环境温度影响冷效应
6. 为患者应用冷疗法时，时间最长不得超过
   A. 20 分钟　B. 30 分钟　C. 40 分钟
   D. 50 分钟　E. 60 分钟
7. 禁用热水坐浴的患者是
   A. 阴道出血　B. 外阴部充血　C. 血栓性外痔
   D. 肛门部炎症　E. 痔疮手术后

二、A2 型题

8. 某患者，男性，28 岁。打羽毛球比赛时不小心扭伤脚踝，护士指导其多长时间内不宜热敷
   A. 6 小时　B. 12 小时　C. 24 小时
   D. 48 小时　E. 72 小时
9. 某患者，男性，55 岁，肛门常有瘙痒不适，少量血便，护士指导其热水坐浴温度
   A. 32 ~ 35 ℃　B. 37 ~ 39 ℃　C. 40 ~ 45 ℃
   D. 45 ~ 49 ℃　E. 50 ~ 56 ℃

10. 某患者，女性，30岁。因“急性扁桃体发炎”收入院，T 39.5 ℃，P 125次/分，R 24次/分，护士为患者使用酒精擦浴降温时，正确是
    A. 乙醇的浓度为50%～70%
    B. 乙醇的温度为40～45 ℃
    C. 拍擦顺序为先四肢，再胸背部及腹股沟处
    D. 擦浴1小时后测体温并画在体温单上
    E. 将冰袋置于头部，热水袋置于足部
11. 某患者，女性，66岁。患类风湿关节炎给予红外线照射治疗，呈现均匀桃红色，提示
    A. 照射剂量过小　　B. 应立即停止照射　　C. 照射剂量过大
    D. 照射剂量合适　　E. 应延长照射时间
12. 某患儿，男性，12岁。淋雨后体温高达40 ℃急诊入院，护士给予酒精擦浴降温，30分钟后复测体温，当体温降至何值以下时，应取下冰袋
    A. 39.5 ℃　　B. 39 ℃　　C. 38.5 ℃
    D. 38 ℃　　E. 37.5 ℃
13. 某患者，女性，61岁。经常便后出血，经检查患有痔疮，行痔疮手术。术后医嘱热水坐浴。以下热水坐浴措施错误的是
    A. 浴盆和溶液须无菌　　B. 操作前需排空膀胱
    C. 水温控制在50 ℃左右　　D. 坐浴后勤换敷料
    E. 坐浴时间15～20分钟
14. 某患者，男性，35岁。因颅脑外伤入院，行甘露醇静脉滴注后，左上肢出现静脉炎，护士应用硫酸镁进行局部热湿敷，热湿敷水温应控制在
    A. 32～34 ℃　　B. 38～51 ℃　　C. 43～46 ℃
    D. 50～60 ℃　　E. 60～70 ℃
15. 某患者，女性，50岁。腹痛难忍，面色苍白，大汗淋漓，下列措施错误的是
    A. 询问病史　　B. 使用热水袋减轻疼痛
    C. 测量生命体征　　D. 通知医生
    E. 病情监测

三、A3型题

（16～17题共用题干）

某患者，男性，27岁。长时间在高温车间工作。体温升至40 ℃，面色潮红，皮肤灼热，无汗，呼吸、脉搏增快。

16. 若为患者进行冷疗法，心前区禁忌是为了防止
    A. 心动过速　　B. 体温骤降　　C. 反射性心率减慢
    D. 不规则热　　E. 心搏节律异常
17. 为患者采取的最好降温方法是
    A. 35%酒精擦浴　　B. 降温毯降温
    C. 将冰袋置大动脉处降温　　D. 化学冰袋头部降温
    E. 将冰囊置腋窝降温

（18～20题共用题干）

某患者，男性，60岁。因患老年慢性支气管炎急性发作收入院。主诉怕冷，欲为该患者灌一个热水袋取暖。

18. 热水袋适宜的水温是

A. 40 ℃　　B. 50 ℃　　C. 60 ℃

D. 70 ℃　　E. 75 ℃

19. 使用时，下列哪项操作不妥

A. 灌水约 2/3 满

B. 排尽空气，旋紧塞子

C. 擦干后倒提热水袋，检查有无漏水

D. 水温以 50 ℃以内为宜

E. 套上布套，接触足部皮肤取暖

20. 使用热水袋水温不能过高的原因是

A. 皮肤对热反应敏感　　B. 血管对热反应敏感

C. 皮肤抵抗力差　　D. 可加重病情

E. 局部感觉较迟钝

（21～23 题共用题干）

某患者，女性，32 岁。经阴道分娩后第 2 日，会阴侧切切口红、肿，遵医嘱给予红外线灯照射。

21. 红外线灯距切口的距离应为

A. 5～10 cm　　B. 10～20 cm　　C. 20～30 cm

D. 30～50 cm　　E. 50～70 cm

22. 每次照射的适宜时间应为

A. 3～5 分钟　　B. 5～10 分钟　　C. 10～20 分钟

D. 20～30 分钟　　E. 30～60 分钟

23. 使用红外线灯照射的作用不包括

A. 消炎、镇痛　　B. 利于上皮再生

C. 减轻局部充血　　D. 促进创面干燥、结痂

E. 促进肉芽组织生长

四、A4 型题

（24～27 题共用题干）

某患者，男性，52 岁。发热待查入院。T 39.8 ℃，护士遵医嘱为其酒精擦浴。

24. 酒精擦浴前，先置冰袋于头部，其目的是

A. 防止反射性心率减慢　　B. 降低头部温度

C. 增加局部血流　　D. 防止脑水肿

E. 防止颅内压升高

25. 为观察降温效果，应在酒精擦浴后多久测量体温

A. 10 分钟　　B. 20 分钟　　C. 30 分钟

D. 40 分钟　　E. 60 分钟

26. 常用的乙醇浓度为

A. 10%～20%　　B. 25%～35%　　C. 40%～50%

D. 60%～70%　　E. 70%～80%

27. 下列操作方法错误的是
   A. 头部置冰袋，足部置热水袋
   B. 以拍擦方式进行，不用摩擦方式
   C. 腋窝、腹股沟适当延长擦拭时间
   D. 胸前区、腹部和足底适当延长擦拭时间
   E. 患者发生寒战、面色苍白时应立即停止

（黄南杏）

第十九章 标本采集

思维导图

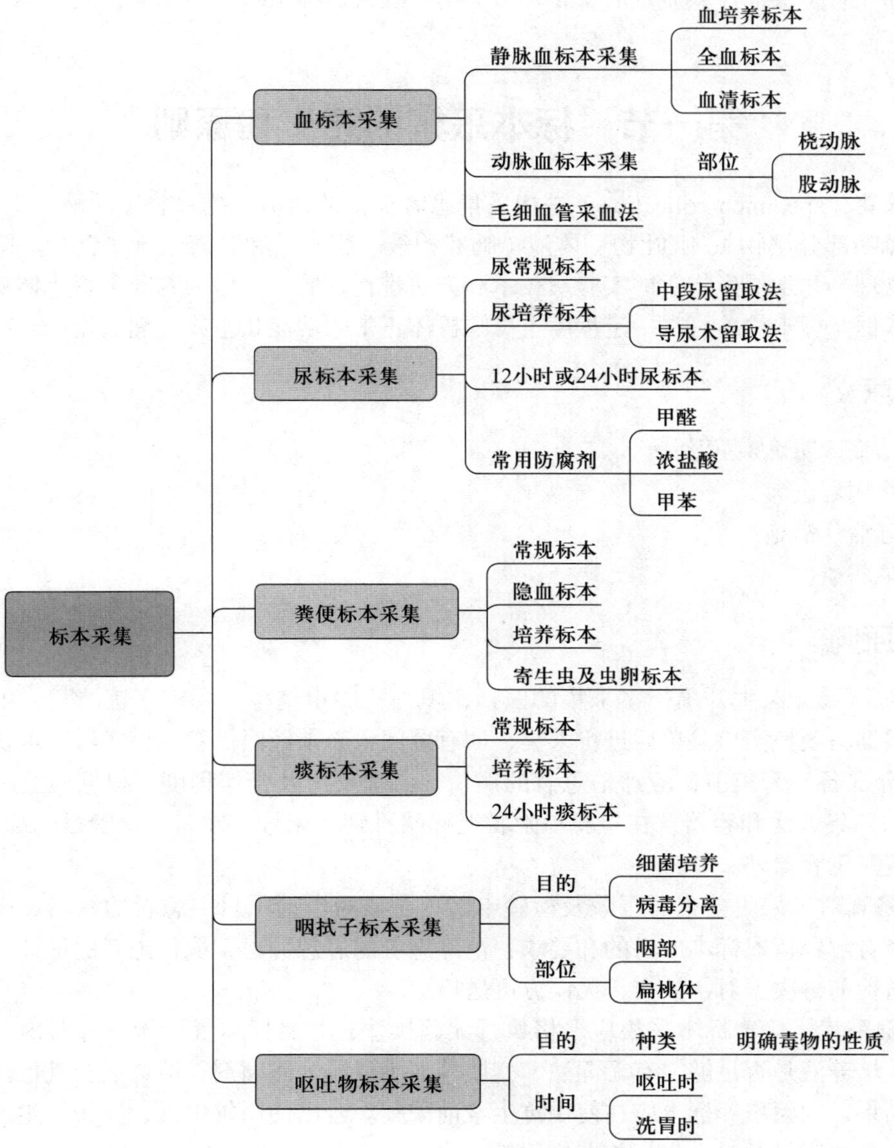

学习目标

1. 知道标本采集的意义，呕吐物标本采集法。
2. 描述痰标本采集法、咽拭子标本采集法。
3. 熟记标本采集的原则，血液标本、尿标本、粪便标本采集法。
4. 正确实施各种标本的采集。
5. 养成良好的职业素养，具有以人为本的护理服务理念、严肃认真的工作态度。严格执行查对制度。

在临床诊断和治疗的过程中，需借助对患者的血液、体液、分泌物、排泄物以及组织细胞等标本进行检验，以获得能够反映机体功能状态、病理变化或病因等客观资料，再结合其他临床资料进行综合分析。因此，标本对协助临床明确疾病的诊断、病情的观察、防治措施的制订和预后的判断等具有重要意义。标本通常由护理人员采集。掌握正确的标本采集方法、及时送检、监测和保管是保证检验质量的重要环节，是护理人员必须掌握的基本技能。

第一节　标本采集的意义和原则

标本采集（specimen collection）是指采集患者少许的血液、排泄物（尿液、粪便）、分泌物（痰、鼻咽部分泌物）、呕吐物、体液（胸腔积液、腹水）和脱落细胞（食管、阴道）等样本，通过物理、化学或生物学的实验室技术和方法进行检验，可作为判断患者机体功能有无异常变化的依据。标本检验可在一定程度上反映机体正常的功能状态或病理变化。

一、意义

1. 协助临床明确疾病诊断。
2. 推测病程进展。
3. 制订治疗措施。
4. 观察病情。

二、原则

1. 遵照医嘱　医生开出标本采集的医嘱，填写检验申请单，要求字迹清楚，申请人签全名。护士根据医嘱核实检验单后进行采集，如有疑问，必须经医护双方核实后方可执行。

2. 充分准备　采集前，应评估患者的病情、心理反应及合作程度，根据检验项目、目的选择适当的采集方法和容器，在检验单附联上标明科别、床号、姓名、检验目的和送检日期，然后将标签贴于容器外。

3. 严格查对　采集前查对医嘱及检验申请单，核对申请项目、患者的姓名、床号、住院号等，向患者解释留取标本的目的和要求，消除患者的思想顾虑，取得患者的信任与合作。采集完毕及送检前再次查对、核实，无误方可送检。

4. 正确采集　培养标本采集应严格执行无菌操作，并将标本置于无菌容器内，检查容器有无裂缝，培养液是否足够，有无浑浊、变质等，不可混入防腐剂、消毒剂及其他药物，以免影响检验结果。细菌培养标本应在使用抗生素前采集。若已使用抗生素，应按抗生素的半衰期计算，在血药浓度最低时采集，并在检验单上注明。

5. 及时送检 为保证检验标本的质量，采集方法、采集量和采集时间要正确。标本采集后要及时送检，不可放置过久，以免发生变质而影响检验结果。特殊标本还需注明采集时间。

第二节 各种标本采集法

案例分析

某患者，男性，70岁。患慢性阻塞性肺疾病、冠状动脉粥样硬化性心脏病10余年，近日因天气变化，病情加重，咳嗽、气短、心悸、口唇发绀。

一、血标本采集法

通过对血液的检验，不仅可反映血液系统病变，还可协助诊断疾病、判断患者病情进展程度以及为治疗疾病提供依据。血标本采集法包括静脉血标本采集法、动脉血标本采集法和毛细血管采血法。

（一）静脉血标本采集法

护理评估

1. 评估与解释

（1）评估患者：①核对患者身份，如床号、住院号、姓名、性别、年龄和诊断。②全身情况，如病情、治疗情况、意识状态、心理反应及合作程度。③患者对血标本采集的目的和操作方法的了解程度等。

（2）解释：标本采集的目的、方法及注意事项。

2. 评估环境 环境整洁、舒适，光线明亮。

护理诊断

1. 活动无耐力 与心肺功能减退有关。

2. 营养失调（低于机体需要量） 与摄入量不足有关。

3. 焦虑 与病程长、家庭负担重有关。

护理计划

1. 目的

（1）全血标本：测定红细胞沉降率（血沉）和血液中某些物质的含量，如尿素氮、尿酸、肌酐、血氨、血糖等。

（2）血清标本：测定血清酶、脂类、电解质和肝功能等。

（3）血培养标本：查找血液中的病原体。

2. 准备

（1）护士准备：衣帽整洁，修剪指甲，洗手，戴口罩。

（2）用物准备：①治疗车上层备治疗盘，治疗盘内置真空采血器或一次性注射器（规格根据采集量而定）、压脉带、2%碘酊、75%乙醇、棉签、试管架、标本容器（抗凝试管、干燥试管、血培养瓶），按需备无菌手套、无菌纱布、酒精灯、火柴等。治疗盘外置手消毒液。②治疗车下层备医用垃圾桶、生活垃圾桶。

（3）患者准备：采血局部皮肤清洁，明确采血目的和注意事项。

护理实施

静脉血标本采集实施，见表 19-1。

表 19-1 静脉血标本采集实施

护理实施	流程简释	要点说明
备物、核对	◆根据检验目的选择适当容器，检查容器是否完好，在瓶签上注明科室、床号、姓名、性别、住院号、检验项目，并贴在容器外	根据不同的检验目的计算所需采血量
	◆携用物至患者床旁，核对患者床号、姓名，解释抽血目的和配合方法	确认患者，操作前查对，取得合作
选择静脉	◆选择合适的静脉，垫上小枕，在静脉穿刺点上方约 6 cm 处扎压脉带，常规消毒皮肤	嘱患者握拳，使静脉充盈
再次核对	◆核对床号、姓名	操作中查对
▲注射器采血		
穿刺抽血	◆持一次性注射器，按静脉注射行静脉穿刺，见回血后抽取所需血量	
	◆抽血完毕，松压脉带，嘱患者松拳，迅速拔出针头，用干棉签按压 1～2 分钟（两松一拔一按压）	凝血功能障碍者应延长按压时间
	◆将血液注入标本容器。①血培养标本：注入密封瓶时，先除去密封瓶铝盖中心部分，常规消毒瓶塞，更换针头后将血液注入瓶内，轻轻摇匀；注入三角烧瓶时，先将瓶口纱布松开，取出塞子，迅速在酒精灯火焰上消毒瓶口，将血液注入瓶内，轻轻摇匀，再将瓶塞经火焰消毒后塞好，扎紧封瓶纱布。②全血标本：取下针头，将血液沿管壁缓慢注入盛有抗凝剂的试管内，轻轻摇动，使血液与抗凝剂充分混匀。③血清标本：取下针头，将血液沿管壁缓慢注入干燥试管内	严格无菌，防止污染 轻轻摇匀，防止凝固、防溶血，勿将泡沫注入，避免震荡，以免红细胞破裂溶血
▲真空采血器采血		
穿刺抽血	◆取下真空采血针护套，手持采血针，按静脉注射行静脉穿刺	如需多管采血，可再接入所需的真空管
	◆见回血后，将采血针另一端护套拔掉，刺入真空管。松压脉带，采血至需要量	
	◆抽血完毕，松压脉带，嘱患者松拳，迅速拔出针头，用干棉签按压 1～2 分钟	采血结束后，先拔去针头，用干棉签按压止血，再拔真空管
再次核对	◆操作后再次核对床号、姓名、检查项目	防止差错
整理消毒	◆协助患者取舒适体位，为患者整理衣物、床单位	
	◆垃圾分类处理，将采血针放入锐器回收盒内销毁。接触过患者的用物放入医用垃圾桶，未接触患者的用物放入生活垃圾桶。将压脉带浸泡于盛有消毒液的容器中	
洗手、记录	◆取适量手消毒液，洗手，脱口罩	防止交叉感染
	◆告知相关注意事项，感谢患者合作	
	◆记录采血时间，签名	
标本送检	◆将标本连同化验单及时送检	

视频：
静脉血标本采集

知识链接

各种血标本试管盖的颜色及采血量

全血标本：紫色——血常规，2 ml
蓝色——凝血，2 ml
黑色——红细胞沉降率，2 ml
血清标本：红色——生化检查，5 ml（肝、肾功能，离子，酶）
金黄色——快速生化检查，5 ml
血浆标本：灰色——血糖检查，2 ml
绿色——快速生化检查，5 ml

注意事项

1. 严格执行查对制度，遵守无菌操作原则。

2. 做生化检查，如肝功能、肾功能、血脂、空腹血糖等，宜在清晨空腹时采集血标本，应提前告知患者禁食。

3. 一般血培养标本取血 5 ml。亚急性细菌性心内膜炎患者，为提高培养阳性率，采血 10 ~ 15 ml。

4. 同时采集不同种类的血标本时，应先将血液注入血培养瓶，再注入抗凝试管，最后注入干燥试管，动作应迅速、准确。

5. 做二氧化碳结合力测定，抽取血液后，应立即注入有液状石蜡的抗凝试管。注入时，针头应插在液状石蜡液面以下，以隔绝空气。或将血液注入抗凝管后，立即盖紧橡胶盖送检，以防血液中二氧化碳逸出，测定值降低。

6. 严禁在输液和输血的针头处抽取血标本，应在对侧肢体采集。若女性患者乳腺切除，应在手术对侧手臂采血。

7. 使用真空管采血时，不可先将真空采血管与采血针头相连，以免试管内负压消失而影响采血。

8. 采集血培养标本时，应防止污染。除严格无菌操作技术外，抽血前应检查培养基是否符合要求，培养液不宜过少。

➤ **考点：** 患者，男性，43 岁。急性肺炎入院，体温 39 ℃以上，持续 5 日，需做血培养以明确诊断，血培养的采集量应是

A. 1 ml　　B. 2 ml　　C. 3 ml
D. 4 ml　　E. 5 ml

音频：
考点解析

护理评价

1. 严格执行查对制度及遵守无菌操作原则，血标本采集方法正确、规范。

2. 采集的血标本符合检查项目要求，患者采血部位无血肿、感染发生。

3. 充分体现以人为本的护理服务理念，护患沟通有效，患者愿意配合。

（二）动脉血标本采集法

护理评估

1. 评估与解释

（1）评估患者：①核对患者身份，如床号、住院号、姓名、性别、年龄和诊断。②全身情

况，如病情、治疗情况、意识状态、心理反应及合作程度。③患者对标本采集的目的和操作方法的了解程度等。

（2）解释：标本采集的目的、方法及注意事项。

2. 评估环境 同静脉血标本采集法。

护理诊断

同静脉血标本采集法。

护理计划

1. 目的 常用于动脉血气分析，判断患者氧合情况，为治疗提供依据。

2. 准备

（1）护士准备：衣帽整洁，修剪指甲，洗手，戴口罩。

（2）用物准备：①治疗车上层备治疗盘，治疗盘内置动脉血气针或一次性注射器（肝素液1∶500）、2%碘酊、75%乙醇、棉签、无菌手套、无菌纱布、无菌软木塞或橡胶塞等。治疗盘外置手消毒液。②治疗车下层备医用垃圾桶、生活垃圾桶。

（3）患者准备：采血局部皮肤清洁，明确采血目的和注意事项。

护理实施

动脉血标本采集实施，见表19-2。

表19-2 动脉血标本采集实施

护理实施	流程简释	要点说明
备物、核对	◆核对检验单，按要求在一次性注射器或动脉血气针外贴上标签，注明科室、床号、姓名、性别、检验目的及送检日期 ◆携用物至患者床旁，核对患者床号、姓名、住院号，做好解释，安置合适体位	严格查对，耐心解释，取得合作
选择血管	◆选择穿刺动脉，充分暴露穿刺部位 ◆常规消毒皮肤，范围为穿刺点周围直径8～10 cm，常规消毒操作者左手示指和中指或戴无菌手套	通常选择桡动脉或股动脉
穿刺采血	◆核对床号、姓名 ◆用左手示指和中指触及动脉搏动最明显处并固定动脉于两指间，右手持注射器在两指间垂直刺入动脉或与动脉走行呈40°刺入，见有鲜红色血液涌进注射器，即以右手固定穿刺针的方向和深度，左手抽取血液至所需量	
拔针、按压	◆采血完毕，迅速拔出针头，局部用无菌纱布加压止血5～10分钟，必要时用沙袋压迫止血	防止血肿
隔绝空气	◆针头拔出后，立即刺入软木塞或橡胶塞，以隔绝空气，并轻轻搓动注射器使血液与肝素混匀	防止标本凝固
再次核对	◆再次核对床号、姓名、检查项目	防止差错
整理用物 垃圾处理	◆协助患者取舒适体位，为患者整理衣物、床单位 ◆垃圾分类处理，接触过患者的用物放入医用垃圾桶，未接触患者的用物放入生活垃圾桶	

续表

护理实施	流程简释	要点说明
洗手、记录	◆取适量手消毒液，洗手，脱口罩 ◆告知相关注意事项，感谢患者合作 ◆记录采血时间，签名	
及时送检	◆将动脉血标本连同检验单及时送检	

视频：
动脉血标本采集

注意事项

1. 严格执行查对制度，遵守无菌操作原则。

2. 桡动脉穿刺点为前臂掌侧腕关节 2 cm、动脉搏动明显处。股动脉穿刺点在腹股沟股动脉搏动明显处。新生儿宜选择桡动脉穿刺，因股动脉穿刺垂直进针时易伤及髋关节。

3. 如选择一般注射器采血，先抽吸肝素 0.5 ml，湿润注射器管腔后弃去余液，以防血液凝固。

4. 血气分析标本必须与空气隔绝，立即送检。

5. 有出血倾向者慎用动脉穿刺法采集动脉血标本。

6. 血气分析采血量一般为 0.5 ~ 1 ml。

护理评价

同静脉血标本采集法。

（三）毛细血管采血法

护理评估

1. 评估与解释

（1）评估患者：①核对患者身份，如床号、住院号、姓名、性别、年龄和诊断。②全身情况，如病情、治疗情况、意识状态、心理反应及合作程度。③患者对毛细血管血标本采集的目的和操作方法的了解程度等。

（2）解释：毛细血管采血法的目的、方法及注意事项。

2. 评估环境 同静脉血标本采集法。

护理诊断

同静脉血标本采集法。

护理计划

1. 目的 常用于血常规检查，为疾病的诊断和治疗提供依据。

2. 准备

（1）护士准备：衣帽整洁，修剪指甲，洗手，戴口罩。

（2）用物准备：①治疗车上层备治疗盘，治疗盘内置三棱针或专用“采血针”、微量定量吸管、标本容器、75%乙醇、棉签、无菌手套等。治疗盘外置手消毒液。②治疗车下层备医用垃圾桶、生活垃圾桶。

（3）患者准备：采血局部皮肤清洁，患者明确采血目的和注意事项。

护理实施

毛细血管采血法实施，见表 19-3。

表 19-3 毛细血管采血法实施

护理实施	流程简释	要点说明
备物、核对	◆核对检验单，按要求在标本容器外贴上标签，注明科室、床号、姓名、性别、检验目的及送检日期 ◆携用物至患者床旁，核对患者床号、姓名、住院号，做好解释，安置合适体位	严格查对，防止差错
选择部位	◆选择采血部位，用手指按摩采血部位，使之自然充血	通常选择中指或无名指指尖
消毒皮肤	◆用蘸取 75% 乙醇的棉签消毒皮肤，待干	
穿刺采血	◆用左手拇指和示指固定采血部位，右手持消毒刺针，自指尖腹侧迅速刺入 2～3 mm，立即出针，让血液自然流出，用无菌棉签拭去第一滴血后，按需要依次采血	
棉签按压	◆采血完毕，用无菌棉签按压至不出血为止	
再次核对	◆再次核对床号、姓名、检查项目	防止差错
整理用物	◆协助患者取舒适体位，为患者整理衣物、床单位	
垃圾处理	◆垃圾分类处理，接触过患者的用物放入医用垃圾桶，未接触患者的用物放入生活垃圾桶	
洗手、记录	◆取适量手消毒液，洗手，脱口罩 ◆告知相关注意事项，感谢患者合作 ◆记录采血时间，签名	
及时送检	◆将标本连同检验单及时送检	

注意事项

1. 选择的采血部位不能有冻疮、发绀、水肿、炎症等。

2. 皮肤消毒后，一定要待乙醇挥发干燥后采血，否则流出的血会四处扩散而不成滴。

3. 为避免交叉感染，采血针在使用前应进行高压灭菌，并严格实行一人一针。

4. 如穿刺后血液不易流出，可在穿刺部位远端稍加压力或重新穿刺。切忌用力挤压，以免混入大量组织液，使血液稀释，影响检验结果，且血液更易凝固。

5. 进行多项检查时，采取标本的顺序为血小板计数、红细胞计数、血红蛋白测定、白细胞计数等。出血时间测定需另外选择穿刺部位，凝血时间另行测定。

护理评价

同静脉血标本采集法。

案例分析

某患者，男性，45 岁。患者近 1 个月感疲乏、腰膝酸软、食欲减退，晨起眼睑水肿。体格检查：尿蛋白（+），内生肌酐清除率 90 ml/min，BP 146/90 mmHg。诊断：慢性肾小球肾炎。

二、尿标本采集法

尿液的组成和性状不仅与泌尿系统疾病直接相关，而且还受机体各系统功能状态的影响，反映了机体的代谢状况。临床上常采集尿标本做物理、化学、细菌学等检查，以了解病情、协助诊断或观察疗效。

尿标本分 3 种：尿常规标本、尿培养标本及 12 小时或 24 小时尿标本。

护理评估

1. 评估与解释

（1）评估患者：①核对患者身份，如床号、住院号、姓名、性别、年龄和诊断。②全身情况，如病情、治疗情况、意识状态、患者的排尿情况、心理反应及合作程度。③患者对尿标本采集的目的和操作方法的了解程度等。

（2）解释：尿标本采集的目的、方法及注意事项。

2. 评估环境 环境整洁、舒适，室温适宜，有屏风或床帘遮挡。

护理诊断

1. 体液过多 与肾小球滤过率降低、水钠潴留及低蛋白血症有关。

2. 活动无耐力 与贫血有关。

3. 营养失调（低于机体需要量） 与摄入量减少、蛋白质丢失有关。

护理计划

1. 目的

（1）尿常规标本：检查尿液的颜色、透明度、尿比重，做尿蛋白及尿糖定性检测，检查有无细胞及管型等。

（2）尿培养标本：取未被污染的尿液做细菌学检查。

（3）12 小时或 24 小时尿标本：用于各种尿生化检查，如钠、钾、氯、17- 羟类固醇、肌酐、肌酸及尿糖定量检查或尿浓缩查结核杆菌等。

2. 准备

（1）护士准备：衣帽整洁，修剪指甲，洗手，戴口罩。

（2）用物准备

1）治疗车上层：①尿常规标本，备容量在 100 ml 以上的清洁玻璃瓶（或一次性尿杯）。②尿培养标本，备有盖无菌培养试管、无菌纱布、无菌棉签、长柄试管夹、便盆、酒精灯、火柴、无菌手套、导尿包（必要时备）、消毒外阴用物。③ 12 小时或 24 小时尿标本，备容量在 3000 ml 以上的清洁带盖的大口容器、防腐剂。

2）治疗车下层：医用垃圾桶、生活垃圾桶。

（3）患者准备：知道尿标本采集的目的、方法及注意事项。

护理实施

尿标本采集实施，见表 19-4。

表 19-4 尿标本采集实施

护理实施	流程简释	要点说明
备物、核对	◆查对医嘱，在检验单附联上注明科别、住院号、床号、姓名。根据检验的目的选择适当容器，将附联贴于容器上 ◆携用物至患者床旁，核对患者床号、姓名、住院号，向患者解释采集尿标本的目的和方法，取得配合	防止发生差错

续表

护理实施	流程简释	要点说明
收集标本		
▲尿常规标本	◆对能自理的患者，给予标本容器，嘱其将晨起第一次尿留于容器内，除测定尿比重需留 100 ml 以外，其余检验留取 30～50 ml 即可 ◆对行动不便的患者，协助患者在床上使用便器或尿壶，然后收集尿液于标本容器中	晨尿浓度较高，不受饮食的影响，所以检验结果较准确
▲尿培养标本	◆中段尿留取法：用屏风遮挡，协助患者取适宜的卧位，放好便器，按导尿术清洁、消毒外阴。嘱患者排尿，弃去前段尿，用试管夹夹住试管于酒精灯上消毒试管口后，接取中段尿 5～10 ml。再次消毒试管口和盖子，快速盖紧试管，熄灭酒精灯。清洁外阴，协助患者穿好裤子 ◆导尿术留取法：导尿后，留取标本 5～10 ml	以屏风遮挡，保护患者隐私 卫生纸勿丢入便器内 防止外阴部细菌污染标本，消毒从上至下，一次一个棉球
▲12 小时或 24 小时尿标本	◆留取 12 小时尿标本：嘱患者于 19：00 排空膀胱后，开始留取尿液，至次晨 7：00 留取最后一次尿液 ◆留取 24 小时尿标本：嘱患者于 7：00 排空膀胱后，开始留取尿液，至次晨 7：00 留取最后一次尿液 ◆请患者将尿液先排在便器或尿壶内，然后再倒入集尿瓶内，留取最后一次尿液后，将 12 小时或 24 小时的全部尿液盛于集尿瓶内，测总量	必须在医嘱规定的时间内留取，不可多于或少于 12 小时或 24 小时，以得到正确的检验结果
再次核对	◆操作后再次核对床号、姓名、检查项目	防止差错
整理用物	◆协助患者取舒适体位，为患者整理衣物、床单位	
垃圾处理	◆垃圾分类处理，接触过患者的用物放入医用垃圾桶，未接触患者的用物放入生活垃圾桶	
洗手、记录	◆取适量手消毒液，洗手，脱口罩 ◆告知相关注意事项，感谢患者合作 ◆记录标本采集时间，签名	
标本送检	◆将标本连同化验单及时送检	

视频：
尿常规标本采集

视频：
尿培养标本采集

视频：
12 小时或 24 小时尿标本采集

常用防腐剂的种类及用法，见表 19-5。

表 19-5　常用防腐剂的种类及用法

防腐剂	作用	用法	临床应用
甲醛	防腐和固定尿中有机成分	每 30 ml 尿液加 40%甲醛 1 滴	艾迪计数（12 小时尿细胞计数）等
浓盐酸	保持尿液在酸性环境中，防止尿中激素被氧化	24 小时尿中共加 5～10 ml	内分泌系统的检查，如 17- 酮类固醇、17- 羟类固醇等
甲苯	保持尿中化学成分不变	第一次尿倒入后，每 100 ml 尿液中加 0.5%～1%甲苯 2 ml，使之形成薄膜，覆盖于尿液表面，防止细菌污染。如果测定尿中钠、钾、氯、肌酐、肌酸等，则需加 10 ml	尿蛋白定量、尿糖定量检查

注意事项

1. 女性患者月经期不宜留取尿标本。
2. 会阴部分泌物过多时，应先清洁或冲洗，再留取尿标本。
3. 留取尿培养标本时，应严格执行无菌操作，防止标本污染，影响检验结果。
4. 留取12小时或24小时尿标本，集尿瓶应放在阴凉处，根据检验项目要求在瓶内加防腐剂，防腐剂应在患者留尿液后加入，不可将便纸等混入。
5. 确诊尿路感染需做尿细菌定量培养。若菌落计数≥ 10^5/ml 为阳性；若菌落计数＜ 10^4/ml 为污染；介于二者之间则为可疑阳性。对于免疫功能相当低下者，菌落计数≤ 10^5/ml 应考虑为感染，应结合病情分析。

护理评价

1. 严格执行查对制度，尿标本采集方法正确、规范。
2. 采集的尿标本符合检查项目要求，患者未发生泌尿系感染。
3. 充分体现以人为本的护理服务理念，护患沟通有效，患者愿意配合。

案例分析

某患者，女性，23岁。因进食不洁食物而上吐下泻。每日排便6~8次，为稀便。

三、粪便标本采集法

粪便由已经消化的和消化不全的食物残渣、消化道分泌物、大量细菌以及水分组成。通过对粪便标本的检验，可以了解消化道有无炎症、出血、寄生虫感染、恶性肿瘤等病变，还可根据粪便的性状和组成评估消化功能。粪便标本分为常规标本、培养标本、寄生虫及虫卵标本、隐血标本4种。

护理评估

1. 评估与解释

（1）评估患者：①核对患者身份，如床号、住院号、姓名、性别、年龄和诊断。②全身情况，如病情、意识状态、治疗情况、排便情况、心理反应及合作程度。③患者对标本采集的目的和操作方法的了解程度等。

（2）解释：粪便标本采集的目的、方法及注意事项。

2. 评估环境 环境整洁、舒适，光线明亮，室温适宜，有屏风或床帘遮挡。

护理诊断

1. 腹泻 与进食不洁食物有关。

2. 有体液不足的危险 与腹泻导致体液丢失有关。

护理计划

1. 目的

（1）常规标本：用于检查粪便的一般性状、代谢物及寄生虫等。
（2）寄生虫及虫卵标本：用于检查粪便中寄生虫、成虫、幼虫及虫卵。
（3）培养标本：用于检查粪便中致病菌。
（4）隐血标本：用于检查粪便中是否存在肉眼不能观察到的微量血液。

2. 准备

（1）护士准备：衣帽整洁，修剪指甲，洗手，戴口罩。

（2）用物准备

1）治疗车上层：备治疗盘。治疗盘内置①常规标本：备标本容器（如蜡纸盒、塑料盒、便盆），竹签。②培养标本：备培养试管或无菌蜡纸盒、无菌长棉签、消毒便盆、无菌生理盐水。③寄生虫或虫卵标本：备带盖容器或便盆、竹签、透明胶带及载玻片（查找蛲虫）。

2）治疗车下层：备医用垃圾桶、生活垃圾桶。

（3）患者准备：知道采集粪便标本的目的、方法及注意事项，能主动配合。

护理实施

粪便标本采集实施，见表 19-6。

表 19-6 粪便标本采集实施

护理实施	流程简释	要点说明
备物、核对	◆查对医嘱，贴检验单附联于标本容器（培养瓶）上，注明科室、床号、姓名、性别、住院号及检查项目 ◆携用物至患者床旁，核对床号、姓名，指导患者配合的方法，取得患者合作	防止差错
采集标本		
▲常规标本	◆用屏风遮挡，嘱患者排空膀胱，然后排便于清洁便盆内，用竹签取中央部分或黏液脓血部分约 5 g，置于标本容器内送检	为保证检验结果准确，尽量多处取标本，以提高检验阳性率
▲隐血标本	◆同常规标本采集	
▲培养标本	◆用无菌棉签取中央部分粪便或黏液脓血部分 2 ~ 5 g，置于培养瓶内，盖紧瓶塞	
▲寄生虫及虫卵标本	◆检查寄生虫：嘱患者排便于便盆内，用竹签取不同部位脓血黏液部分 5 ~ 10 g ◆检查蛲虫：嘱患者睡前或清晨未起床前将透明胶带粘于肛门周围处，取下并将已粘有虫卵的透明胶带面贴在载玻片上或将透明胶带对合，立即送检验室做显微镜检查 ◆检查阿米巴原虫：将便器加温至接近人体的体温，排便后标本连同便盆立即送检（因阿米巴原虫在低温的环境下失去活力而难以查到，应及时送检，防止阿米巴原虫死亡）	蛲虫常在午夜或清晨爬到肛门处产卵 保持阿米巴原虫的活动状态
再次核对	◆操作后再次核对床号、姓名、检查项目	防止差错
整理用物	◆协助患者取舒适体位，为患者整理衣物、床单位	
垃圾处理	◆垃圾分类处理，接触过患者的用物放入医用垃圾桶，未接触患者的用物放入生活垃圾桶	
洗手、记录	◆取适量手消毒液，洗手，脱口罩 ◆告知相关注意事项，感谢患者合作 ◆记录标本采集时间，粪便的形状、颜色、气味等，签名	
标本送检	◆将标本连同化验单及时送检	

视频：
便标本采集

注意事项

1. 采集标本时，如患者无便意，用长棉签蘸 0.9% 氯化钠溶液，由肛门插入 6～7 cm，顺一个方向轻轻旋转后退出，将棉签置于培养瓶内，盖紧瓶盖。

2. 采集隐血标本时，嘱患者检查前 3 日禁食肉类、动物肝、血和含铁丰富的药物及食物，3 日后采集标本，以免造成假阳性。

3. 采集寄生虫标本时，如患者服用驱虫药或做血吸虫孵化检查，应该留取全部粪便。

4. 查阿米巴原虫时，在收集标本前几日不可给患者服用钡剂、油剂、含金属的泻剂等，以免影响阿米巴虫卵或孢囊显露。

5. 患者腹泻时的水样便应盛于容器中送检。

护理评价

1. 严格执行查对制度，粪便标本采集方法正确、规范。

2. 采集的粪便标本符合检查项目要求，患者未发生异常及不适。

3. 充分体现以人为本的护理服务理念，护患沟通有效，患者愿意配合。

➢ **考点：** 患者，男性，30 岁。患慢性结肠炎。体格检查：T 36.5 ℃，P 80 次 / 分，BP 120/80 mmHg。化验血红蛋白 90 mg/dl。患者消瘦，经常腹泻。该患者需要做隐血试验，试验的前 3 日可以摄入的饮食是

A. 牛肉　　B. 猪肝　　C. 土豆

D. 菠菜　　E. 羊血

音频：
考点解析

案例分析

某患者，女性，37 岁。患者诉近日咳嗽、发热、疲乏、消瘦。体格检查：T 37.9 ℃，R 24 次 / 分，痰结核分枝杆菌检查（+）。初步诊断：肺结核。

四、痰标本采集法

痰液是呼吸系统（肺泡、气管、支气管）产生的分泌物。在正常情况下，呼吸道分泌物很少，不引起咳嗽和咳痰。当呼吸系统发生病变时，呼吸道黏膜受刺激，分泌物增多，可有痰液咳出。痰液的性质、气味、量对疾病的诊断具有重要意义，而痰标本质量直接影响检验结果，对疾病的诊断和指导用药有重要意义。因此，护理人员应掌握痰标本的采集方法，从而保证痰标本检验结果的准确性。

痰标本包括常规标本、24 小时痰标本、培养标本。

护理评估

1. 评估与解释

（1）评估患者：①核对患者身份，如床号、住院号、姓名、性别、年龄和诊断。②全身情况，如病情、治疗情况、意识状态、心理反应及合作程度。③局部情况，如口腔黏膜及咽部情况，听诊肺部呼吸音、痰鸣音。④患者对痰标本采集的目的和操作方法的了解程度等。

（2）解释：痰标本采集的目的、方法及注意事项。

2. 评估环境　环境整洁、舒适，光线明亮。

护理诊断

1. 体温过高 与结核分枝杆菌感染有关。

2. 营养失调（低于机体需要量） 与结核菌毒素导致机体消耗增加和营养摄入减少有关。

3. 知识缺乏 缺乏疾病相关知识。

护理计划

1. 目的

（1）常规标本：用于检查细菌、虫卵或癌细胞等（如涂片找革兰氏阳性菌、肺吸虫卵或癌细胞）。

（2）24 小时痰标本：用于检查 1 日的痰量，观察痰液的性状，以协助诊断。

（3）培养标本：用于检查痰液中的致病菌，为用药（尤其是抗生素的应用）提供依据。

2. 准备

（1）护士准备：衣帽整洁，修剪指甲，洗手，戴口罩。

（2）用物准备

1）治疗车上层：备治疗盘。治疗盘内置①常规标本：备清洁痰杯。②培养标本：备无菌集痰器、漱口液 200 ml，必要时备吸痰用物。③ 24 小时痰标本：备容量约 500 ml 的清洁广口集痰器。

2）治疗车下层：医用垃圾桶、生活垃圾桶。

（3）患者准备：了解采集痰标本的目的、方法，协助配合。

护理实施

痰标本采集实施，见表 19-7。

表 19-7 痰标本采集实施

护理实施	流程简释	要点说明
备物、核对	◆查对医嘱，选择容器并检查有无破损，贴检验单附联于痰杯（集痰器）上，注明科室、病室、床号、姓名	防止差错
	◆携用物至患者床旁，核对患者的床号、姓名、住院号、检验项目	确认患者，取得合作
收集标本		
▲常规标本	◆能自行咳痰者：晨起漱口，嘱患者深呼吸数次后用力咳出气管深处的痰液，置于无菌痰盒中	用清水漱口，去除口腔中杂菌
	◆无力咳痰或不合作者：取合适体位，叩击胸背部，如痰液黏稠不易咳出，可配合雾化吸入等方法，然后将集痰器分别连接吸引器和吸痰管吸痰，按吸痰法吸入 2 ~ 5 ml 痰液于集痰器中	集痰器开口高的一端连接吸引器，开口低的一端连接吸痰管
▲培养标本	◆能自行留痰者：晨起漱口（先用漱口液，再用清水漱口），深呼吸数次后用力咳出气管深处的痰液，置于无菌集痰器中 ◆无力咳痰者或不合作者：同常规标本采集，用无菌集痰器收集	无菌操作，防止污染，物品均需无菌
▲ 24 小时痰标本	◆晨起漱口后，嘱患者从当日（7∶00）第一口痰至次晨（7∶00）第一口痰止，将 24 小时痰液全部收集在清洁广口集痰器内	清洁广口集痰器内需加少量清水，贴好标签。由于时间较长，应做好交接班

续表

护理实施	流程简释	要点说明
再次核对	◆操作后再次核对床号、姓名、检查项目	防止差错
整理用物	◆协助患者取舒适体位，为患者整理衣物、床单位	
垃圾处理	◆垃圾分类处理，接触过患者的用物放入医用垃圾桶，未接触患者的用物放入生活垃圾桶	
洗手、记录	◆取适量手消毒液，洗手，脱口罩 ◆告知相关注意事项，感谢患者合作 ◆记录标本采集时间、痰液的外观和性状，24 小时痰标本应记录总量	防止交叉感染
及时送检	◆将化验单标签贴于标本盒上，连同化验单立即送检	

视频：
痰标本采集

注意事项

1. 采集痰液的时间宜选择清晨，因为早晨痰量多，痰内细菌较多，可提高检验阳性率。

2. 采集痰标本的容器宜清洁，如为培养标本，应选择无菌容器并严格无菌操作。如查癌细胞，应用 95% 乙醇或 10% 甲醛固定痰液后立即送检。

3. 如患者切口疼痛无法咳嗽，可适当压迫切口，减轻切口张力，减少咳嗽时的疼痛。如痰液不易咳出，可雾化吸入，以湿化痰液。

4. 不可将唾液、漱口水、鼻涕等混入痰液中。

5. 测定 24 小时痰量和分层检查时，应嘱患者将痰吐在无色广口集痰器内，必要时可加少许苯酚，以防腐。

护理评价

1. 严格执行查对制度，痰标本采集方法正确、规范。

2. 采集的痰标本符合检查项目要求，送检及时。患者未发生异常及不适。

3. 充分体现以人为本的护理服务理念，护患沟通有效，患者愿意配合。

案例分析

某患儿，男性，2 岁。诉口腔疼痛，拒绝进食。检查口腔黏膜充血、水肿，有散在大小不等的溃疡点。初步诊断：溃疡性口炎。

五、咽拭子标本采集法

护理评估

1. 评估与解释

（1）评估患者：①核对患者身份，如床号、住院号、姓名、性别、年龄和诊断。②全身情况，如病情、治疗情况、意识状态、心理反应及合作程度。③局部情况，如口腔、咽喉部有无溃疡、感染。④患者对咽拭子标本采集的目的和操作方法的了解程度等。

（2）解释：咽拭子标本采集的目的、方法及注意事项。

2. 评估环境 环境整洁，温度及湿度适宜，光线明亮。

护理诊断

1. 口腔黏膜受损 与口腔感染有关。

2. 疼痛 与口腔黏膜溃疡有关。

护理计划

1. 目的 从咽部及扁桃体取分泌物做细菌培养或病毒分离，以协助诊断、治疗及护理。

2. 准备

（1）护士准备：衣帽整洁，修剪指甲，洗手，戴口罩。

（2）用物准备：①治疗车上层备治疗盘，治疗盘内置无菌咽拭子试管、酒精灯、火柴、压舌板、无菌生理盐水、无菌手套、手电筒、化验单等。②治疗车下层备医用垃圾桶、生活垃圾桶。

（3）患者准备：了解采集咽拭子标本的目的、方法，愿意配合。

护理实施

咽拭子标本采集实施，见表 19-8。

表 19-8 咽拭子标本采集实施

护理实施	流程简释	要点说明
备物、核对	◆查对医嘱，检查试管有无破损，试管外贴标签，注明科室、床号、姓名、性别、检验目的 ◆携用物至患者床旁，核对患者床号、姓名、住院号，向患者解释操作目的及配合方法	确认患者，取得合作
采集标本	◆点燃酒精灯，嘱患者张口发“啊”音，充分暴露咽喉部，用培养管内长棉签蘸无菌生理盐水擦拭两侧腭弓、咽部以及扁桃体上分泌物，在酒精灯火焰上消毒试管口，将棉签插入试管中，塞紧	必要时用压舌板轻压舌部 动作敏捷而轻柔
再次核对	◆操作后再次核对床号、姓名、检查项目	防止差错
整理用物	◆协助患者取舒适体位，为患者整理衣物、床单位	
垃圾处理	◆垃圾分类处理，接触过患者的用物放入医用垃圾桶，未接触患者的用物放入生活垃圾桶	
洗手、记录	◆取适量手消毒液，洗手，脱口罩 ◆告知相关注意事项，感谢患者合作 ◆记录标本采集时间，痰液的颜色、性质、量，24 小时痰标本应记录总量	防止交叉感染
及时送检	◆将化验单标签贴于标本盒上，连同化验单立即送检	

视频：
咽拭子标本采集

注意事项

1. 避免交叉感染。
2. 做真菌培养时，需在口腔溃疡面上采集分泌物。
3. 注意棉签不要触及其他部位，防止污染标本，影响检验结果。
4. 避免在进食后 2 小时内留取标本，以防呕吐。

护理评价

1. 严格执行查对制度，咽拭子标本采集方法正确、规范。
2. 采集的咽拭子标本符合检查项目要求，患者未发生异常及不适。
3. 充分体现以人为本的护理服务理念，护患沟通有效，患者愿意配合。

六、呕吐物标本采集法

留取呕吐物标本可用于观察呕吐物的性质、颜色、气味，记录呕吐次数及数量，以协助诊断，也可明确中毒患者毒物的性质和种类。

在患者呕吐时（或中毒患者洗胃时），用弯盘或痰杯接取呕吐物后，在容器外贴好标签，立即送检。

自测题

一、A1型题

1. 亚急性细菌性心内膜炎血培养标本应取血
   A. 1 ~ 2 ml B. 5 ~ 10 ml C. 10 ~ 15 ml
   D. 5 ml E. 15 ~ 20 ml
2. 查痰液中是否有虫卵，一般应采集
   A. 培养标本 B. 12 小时痰标本 C. 常规标本
   D. 24 小时痰标本 E. 咽拭子标本
3. 检查寄生虫虫卵时，应采集粪便的哪一部分标本送检
   A. 脓血部分 B. 黏液部分 C. 边缘部分
   D. 不同部分 E. 中间部分
4. 做 17– 羟类固醇检验时，应在尿标本中加入的防腐剂是
   A. 浓盐酸 B. 乙醇 C. 甲醛
   D. 甲苯 E. 苯酚
5. 做尿爱迪细胞计数检查时，在标本中放入甲醛的目的是
   A. 防止尿中激素被氧化 B. 固定尿中有机成分
   C. 保持尿液的化学成分不变 C. 避免尿液被污染变质
   E. 防止尿液改变颜色

二、A2 型题

6. 某患者，女性，29 岁。以尿路感染收入院，在留取中段尿做细菌培养时，应注意的是
   A. 留取尿量 3 ml B. 女性患者应取坐位留取
   C. 尿液中勿混入消毒液 D. 必需留取晨起第一次尿
   E. 需采用导尿术留取
7. 某患者，男性，50 岁。以败血症收入院，遵医嘱采集血培养标本，下列错误的是
   A. 标本放消毒容器内 B. 检查容器有无裂缝
   C. 采集时严格执行无菌操作 D. 检查培养基是否足够
   E. 检查瓶塞是否干燥

8. 某患者，女性，46 岁。遵医嘱进行血培养试验。采血护士应采血的量是
   A. 3 ml　　B. 4 ml　　C. 5 ml
   D. 6 ml　　E. 8 ml
9. 某患者，男性，60 岁，有胃溃疡病史。近日来，患者上腹部疼痛加剧，为协助诊断，需做粪便隐血试验，该患者宜选择的食物是
   A. 卷心菜、五香牛肉　　B. 菠菜、清蒸鱼
   C. 鸡蛋、茭白　　D. 冬瓜、排骨
   E. 羊肉、鸡（鸭）血汤
10. 某患者，男性，60 岁。大便次数增加，每日排便 10 次左右，便中带血及黏液，呈果酱样，疑为阿米巴痢疾。在留取该患者粪便标本时，护士应选择哪种容器为宜
   A. 无菌蜡纸盒　　B. 培养管　　C. 加盖的便盆
   D. 加温的容器　　E. 塑料盒

三、A3 型题

（11～12 题共用题干）

某患者，男性，31 岁。因血尿、蛋白尿、高血压、水肿入院，诊断为急性肾小球肾炎。

11. 遵医嘱做尿常规检查，下列错误的是
   A. 可检查尿液的色泽　　B. 可测定尿比重
   C. 可做尿的生化检查　　D. 可检查尿液的细胞及管型
   E. 可做尿蛋白定性检查
12. 做尿蛋白定量检查，应加入的防腐剂是
   A. 甲苯　　B. 5%碳酸氢钠　　C. 浓盐酸
   D. 10%甲醛　　E. 95%乙醇

（王　卉）

第二十章

危重患者的护理及抢救技术

思政之光

思维导图

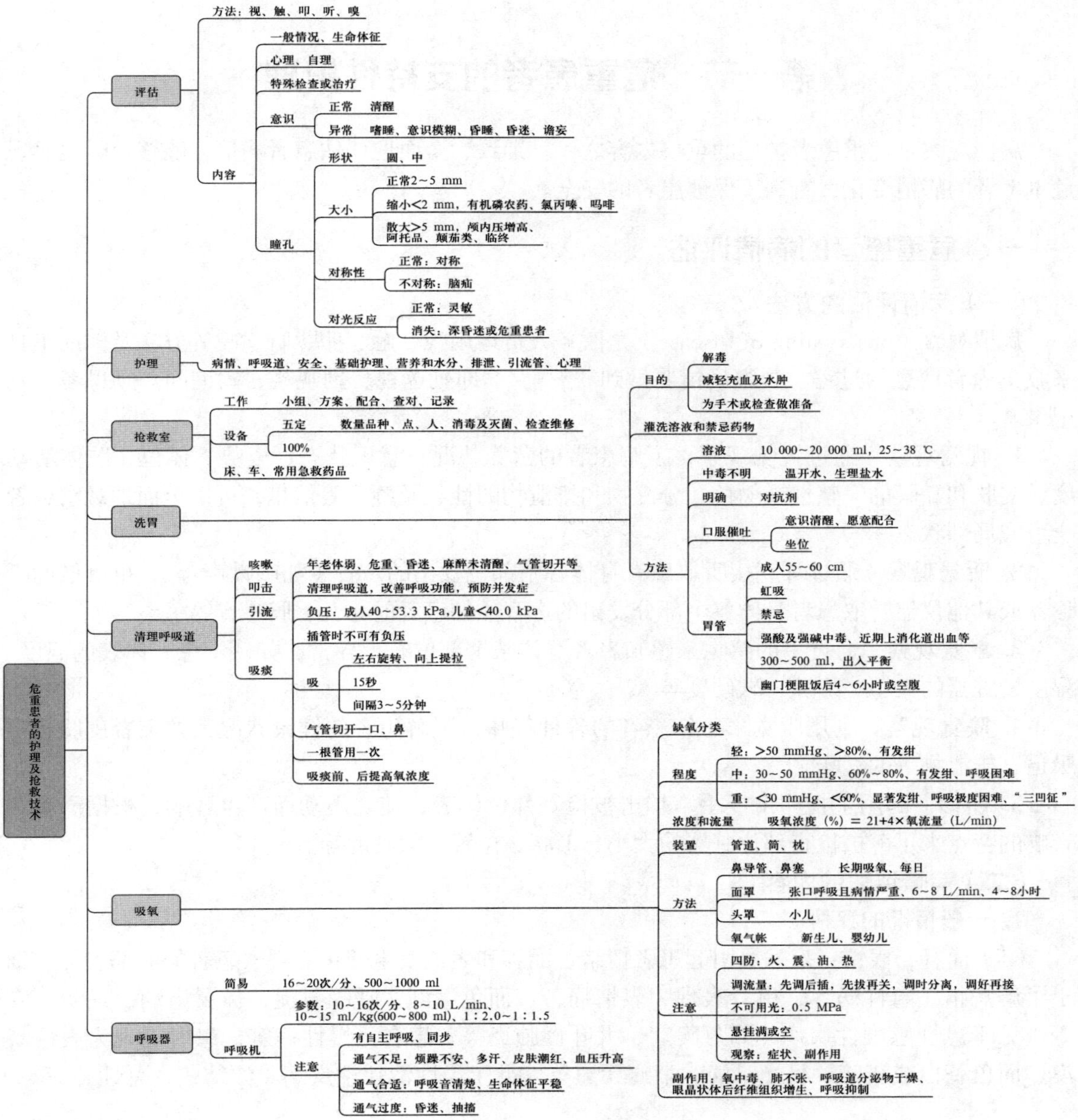

学习目标

1. 解释危重患者、氧气吸入法、洗胃法、吸痰法。

2. 描述吸痰法、人工呼吸机的使用。

3. 熟记危重患者的病情评估、危重患者的支持性护理、氧气吸入法、洗胃法。

4. 正确实施洗胃法、吸痰法、氧气吸入法，使用简易人工呼吸器。

5. 养成良好的职业素养和慎独修养，具有以人为本的护理服务理念及严肃、认真的工作态度。

危重患者是指病情严重、复杂、变化快，随时可能发生生命危险的患者。在护理和抢救危重患者的过程中，要求护士必须及时、准确地观察患者的病情变化并做出有效的判断，熟练地掌握各种抢救技术，熟悉抢救的基本流程和组织管理，注重与医疗团队的配合，保证抢救工作顺利进行。

第一节　危重患者的支持性护理

病情观察是危重患者护理的重要内容之一。细致、全面地评估患者病情，能够及时地发现危重患者的病情变化，有利于保证患者的安全。

一、危重患者的病情评估

（一）病情评估的方法

病情观察（observation of disease）是医务人员运用视、触、叩、听、嗅等方法及辅助工具来收集患者信息的过程。观察病情要做到“五勤”，即勤巡视、勤观察、勤询问、勤思考、勤记录。

1. 视觉观察　通过视觉观察，了解患者的营养状况、意识状态、姿势、体位、肢体活动度、皮肤和黏膜的完整性及颜色、分泌物和排泄物的性状及颜色等信息，可以全面地观察患者全身或局部状态。

2. 听觉观察　通过耳直接听取患者身体各个部位发出的声音（如咳嗽声等），也可借助听诊器或其他仪器听取患者身体各个部分发出的声音（如患者的心音、肠鸣音等）。

3. 触觉观察　通过手的感觉来感知患者身体某个部位有无异常，如感觉患者体表的温度、湿度，脏器的大小、形状、软硬度等。

4. 嗅觉观察　利用嗅觉来感知患者的各种气味，了解患者的健康状况，如患者皮肤、呼吸道、排泄物等的气味。

5. 叩诊　利用手指叩击或手掌拍击被检查部位体表，使之震动而产生音响，根据震动和音响的特点来了解被检查部位脏器的大小、形状、位置及软硬度等。

（二）病情评估的内容

1. 一般情况的评估

（1）面容与表情：疾病可引起患者情绪、面容和表情发生变化。观察患者的面部表情有助于了解病情。急性病容，患者表现为表情痛苦、面色潮红、呼吸急促、鼻翼扇动、烦躁不安等，见于急性感染性疾病（如急腹症、大叶性肺炎等）患者。慢性病容，患者表现为表情淡漠、面色苍白或灰暗、目光暗淡、消瘦无力等，见于慢性消耗性疾病（如结核、恶性肿瘤等）

患者。贫血面容，患者表现为表情疲惫，乏力，面色苍白，唇、舌、甲床及结膜色淡，见于各种类型的贫血患者。甲亢面容，患者表现为面肌消瘦、眼裂增大、眼球突出，见于甲状腺功能亢进症患者。

（2）饮食与营养：合理的膳食是人体维持健康的重要基础，是治疗疾病、促进康复的重要措施，营养状态与食物的摄入、消化、吸收等息息相关，是判断健康状况的重要指标之一。

（3）皮肤与黏膜：某些全身性疾病可以引起皮肤及黏膜的变化，应注意观察皮肤及黏膜的颜色、温度、湿度、弹性，有无出血、水肿、皮疹等情况。如贫血患者口唇、甲床、结膜苍白，心源性水肿患者下肢及身体下垂部位水肿，肾性水肿患者晨起眼睑、颜面水肿。

（4）姿势与步态：姿势与步态受个体的年龄、健康状态、精神状态、骨骼及肌肉的发育情况等影响。患者因为疾病的原因，可以出现特殊的姿势和步态，如胃溃疡、胃肠道痉挛引起腹痛的患者常捧腹而行，破伤风患者出现角弓反张等。

（5）体位：患者的体位受疾病的影响，如极度虚弱或昏迷的患者不能自行调整肢体的位置，呈被动体位。

（6）休息与睡眠：休息是维持人体健康、促进组织修复、促进患者康复的重要条件，良好休息的先决条件是充足的睡眠。患者的休息方式、睡眠型态都受疾病的影响。

（7）呕吐物：呕吐是指胃内容物经口吐出体外的一种保护性的反射动作。呕吐可将胃内有害物质吐出，减轻中毒症状，具有保护性，但剧烈而频繁的呕吐可引起水、电解质代谢紊乱和酸碱平衡失调，不利于患者的健康。呕吐的方式，呕吐物的性状、颜色、量、气味都受疾病的影响。如颅内压增高患者呈喷射状呕吐；急性大出血患者呕吐物呈鲜红色；普通呕吐物呈酸味、胃内出血呕吐物呈碱味；呕吐物含有大量胆汁呈苦味；肠梗阻时，呕吐物呈粪臭味等。

（8）排泄物：详见第十五章排泄护理。

2. 生命体征的评估　详见第十三章生命体征的评估与护理。

3. 意识状态的评估　意识（consciousness）是大脑高级神经中枢功能活动的综合表现，是对环境的知觉状态。意识障碍（disturbance of consciousness）是指个体对外界环境刺激缺乏正常反应的一种精神状态。任何原因引起大脑功能活动异常时，均可引起不同程度的意识障碍。意识障碍由轻到重可分为嗜睡、意识模糊、昏睡、昏迷，也可出现谵妄。

（1）嗜睡（drowciness）：是最轻度的意识障碍，患者处于持续的睡眠状态。轻度刺激或语言刺激可唤醒，醒后能正确、简单而缓慢地回答问题，但反应迟钝，去除刺激后又很快入睡。

（2）意识模糊（confusion of consciousness）：意识障碍程度较嗜睡深。正常的外界刺激不能唤醒，强烈刺激可唤醒。患者表现为思维、语言不连贯，时间、地点、人物的定向力部分或完全发生障碍，可有错觉、幻觉、躁动不安或精神错乱。

（3）昏睡（lethargy）：意识障碍程度进一步加重，患者处于深睡眠状态，不易唤醒。在压迫眶上神经等强烈刺激下患者可被唤醒，醒后答话含糊或答非所问，停止刺激后又进入深睡眠状态。

（4）昏迷（coma）：是最严重的意识障碍，也是病情危重的信号。患者表现为意识持续中断或完全丧失。按程度轻重，昏迷可分为浅昏迷和深昏迷。

1）浅昏迷（shallow coma）：意识大部分丧失，无自主活动，对声、光刺激无反应，对疼痛刺激可有痛苦表情及躲避反应，瞳孔对光反应、角膜反射、吞咽反射、咳嗽反射等可存在，生命体征无明显改变，可有尿、便失禁或尿潴留。

2）深昏迷（deep coma）：意识完全丧失，全身肌肉松弛，对周围的事物及各种刺激均无反应，深、浅反射均消失，偶有深反射亢进及病理反射出现，血压可有下降，呼吸不规则，可有尿、便失禁或尿潴留，机体仅能维持呼吸和循环的最基本功能。

（5）谵妄：又称为急性脑综合征，表现为意识障碍、行为杂乱无章、没有目的、无法集中注意力，患者的认知功能下降，感觉及知觉异常，觉醒度改变，日夜颠倒，常见于老年患者。

4. 瞳孔的评估 瞳孔的变化是许多疾病（尤其是颅脑疾病、药物中毒、昏迷等）病情变化的重要指征。对瞳孔的观察，应注意两侧瞳孔的形状、大小、对称性、边缘及对光反应。

（1）瞳孔的形状及边缘：正常瞳孔为圆形，边缘整齐，位置居中，两侧等大等圆。眼科疾病可引起瞳孔的形状改变，如青光眼患者瞳孔可呈椭圆形，虹膜粘连患者瞳孔呈不规则形。

（2）瞳孔的大小：在自然光线下，正常瞳孔直径为 2～5 mm，瞳孔直径小于 2 mm 为瞳孔缩小，瞳孔直径小于 1 mm 为针尖样瞳孔。双侧瞳孔缩小见于虹膜炎症，有机磷农药、氯丙嗪、吗啡等中毒，单侧瞳孔缩小提示同侧小脑幕裂孔疝早期。瞳孔直径大于 5 mm 为瞳孔散大，双侧瞳孔散大见于颅内压增高、阿托品、颠茄类药物中毒及临终表现，单侧瞳孔散大提示同侧小脑幕裂孔疝的晚期。

知识链接

意识障碍评定量表（GSC）

目前，世界上使用最广泛的意识障碍评定量表是 1974 年由苏格兰格拉斯哥大学神经科学研究所的蒂斯代尔（Teasdale）、詹尼特（Jennett）提出的格拉斯哥昏迷量表（Glasgow coma scale，GSC）。它包括睁眼、言语、运动 3 个子项目。睁眼反应分为 4 级，从不睁眼、疼痛引起睁眼、呼之睁眼到自动睁眼，分别赋予 1～4 分。语言反应，从不语、言语难辨、言语错乱、言语不当到言语正常，分别赋予 1～5 分。运动反应，从无反应、过伸反应、过屈反应、屈曲性反应、定位性反应到按吩咐反应，分别赋予 1～6 分。总分 15 分，14 分以上为正常，7 分以下为昏迷，3 分以下为脑死亡或预后不良。

（3）瞳孔的对称性：正常瞳孔两侧等大等圆。两侧瞳孔大小不等见于颅脑外伤、颅脑肿瘤。

（4）瞳孔对光反应：在正常情况下，光亮处瞳孔收缩，昏暗处瞳孔扩大，称为瞳孔对光反应灵敏。如瞳孔大小不随光线的强弱而变化，称为对光反应消失，见于深昏迷或危重患者。

5. 心理状态的评估 危重患者由于病情危重，随时可发生生命危险，心理压力大，常会产生多种不良的心理反应。护士应注意观察患者是否出现记忆减退、反应迟钝、思维混乱等语言及非语言行为的异常，是否出现紧张、焦虑、抑郁、恐惧、猜疑、绝望等心理反应，给予相应的护理。

6. 自理能力的评估 患者因为患病产生了治疗性的自理需求，护士通过观察患者的活动能力及耐力、日常生活料理的能力（如进食、如厕、清洁等），了解患者的自理程度，分析患者疾病诊断和治疗过程中产生的自理需求。根据患者自理能力和自理需求的关系，采取相应的护理措施。

7. 特殊检查或治疗的评估

（1）特殊检查后的评估：在临床工作中，为了明确诊断，常需给患者进行一些特殊的检查，如胃镜、肠镜、冠状动脉造影等。护士应熟悉各项检查的目的、注意事项、常见的并发症及护理措施。检查后，护士应密切观察，如带有引流管的患者应注意观察引流管是否通畅，有无受压、扭曲、逆流等情况发生，观察引流液的颜色、性状及量。

（2）特殊治疗后的观察：危重患者经常会进行一些特殊的治疗，如吸氧、吸痰、输血、手术等，治疗后均应细致观察。如吸痰前、后，应观察患者痰液情况及缺氧情况。吸氧前观察患者的缺氧程度、呼吸道是否通畅等。吸氧后观察缺氧程度有无改善。手术后观察切口有无渗血，血压的变化，切口的愈合情况等。

（3）特殊用药后的观察：护士不仅要准确地完成给药任务，还应注意观察药物疗效和不良反应。如高热患者在给予药物降温后，应注意观察用药后体温有无下降并做好记录。

二、危重患者的支持性护理

（一）密切观察病情并记录

及时、准确地观察及判断危重患者的病情变化是抢救危重患者的前提。护士需要全面、连续、系统地监测患者的病情变化，发现异常应及时向医生报告并配合处理。

（二）保持呼吸道通畅

保持呼吸道通畅是护理危重患者的关键措施之一。昏迷患者取侧卧位或仰卧位头偏向一侧，及时清理呕吐物及呼吸道分泌物，防止异物吸入气管造成窒息或引起吸入性肺炎。

（三）确保安全

危重患者因意识不清、极度虚弱或伴有谵妄、躁动不安，有坠床、自伤的危险，应合理地使用保护具，保证患者的安全。对牙关紧闭或抽搐的患者，可用牙垫或裹上数层纱布的压舌板放于上、下臼齿之间，以防舌咬伤，同时，减少环境因素对患者的刺激，如光线宜暗、控制噪声，避免引起患者抽搐。

（四）加强基础护理

1. 眼的护理　如眼部出现分泌物，应及时用湿棉球或纱布清理干净。对眼睑不能自行闭合的患者，可涂抗生素眼膏、覆盖生理盐水或凡士林纱布，防止因角膜干燥而导致结膜炎或角膜溃疡的发生。

2. 口腔护理　保持患者口腔清洁、湿润，每日做口腔护理 2～3 次，及时清理口腔分泌物，可预防口臭、口垢、口腔感染等并发症，增进患者的食欲。

3. 皮肤护理　危重患者因病情重，需要长期卧床，并且没有变换卧位的能力，有皮肤完整性受损的危险。对长期卧床的患者，应定时协助患者翻身，避免局部组织长期受压。按需擦洗、按摩，保持皮肤清洁、干燥，促进血液循环，预防压疮的发生。

4. 肢体活动　危重患者因极度衰弱，活动能力下降，活动减少，容易出现肌肉萎缩或静脉血栓。长期卧床的患者，要保持关节处于功能位。如病情许可，应协助患者做肢体的被动运动、按摩，每日 2～3 次，以促进血液循环，增加肌肉张力，预防肌肉萎缩、关节强直、静脉血栓等并发症。

（五）补充营养和水分

应设法保证患者摄入足够的营养及水分，促进患者康复。对能够经口进食伴有自理缺陷的患者，应协助其进食或给予喂食。对胃肠道功能正常伴有不能经口进食的患者，可采用鼻饲法喂食。对不能经胃肠道摄入营养的患者，应给予静脉营养。对体液不足的患者，应补充足够的水分。

（六）维持排泄功能

协助危重患者维持正常的排泄功能。防止尿失禁、大便失禁或尿潴留的发生。

（七）保持引流管通畅

危重患者身上常被安置多种引流管，如胃管、尿管、输液管等。所有的导管都应妥善安置，防止扭曲、受压、堵塞、脱落，保持引流通畅，防止逆流。按时更换引流管及袋，防止并发症的发生。

（八）心理护理

护士应评估患者的心理状态，给予关心、同情、理解、尊重，恰当地利用语言及非语言的交流，满足患者的心理需求，保护患者的自尊，使患者以最佳的心理状态接受治疗和护理，尽快恢复健康。

第二节　危重患者常用的抢救方法

音频：考点解析

➢ **考点：**患者，男性，46 岁。因“急性脑出血”入院，护士在巡视时发现患者出现一侧瞳孔散大，呼吸不规则，此时患者有可能出现的并发症是

A. 动眼神经损害　　B. 消化道出血　　C. 癫痫发作

D. 脑疝　　E. 呼吸衰竭

一、抢救室的组织管理

（一）抢救工作的组织管理

有效的组织管理是抢救工作及时、准确、有效进行的基本保证。

1. 立即指定抢救负责人，组成抢救小组　抢救一般由科主任、护士长负责组织指挥，各级医务人员是抢救小组的成员。小组成员必须听从指挥，既要分工明确，又要密切配合。

2. 立刻制订抢救方案　根据患者的病情，立即制订抢救方案，保证及时、迅速地抢救患者。护士应参与抢救方案的制订，并根据患者的病情和抢救方案，制订有针对性的护理计划。

3. 医护密切配合进行抢救　在抢救过程中，医护密切配合，护士听从抢救小组负责人的统一安排，医护分工明确，护士负责抢救措施的有效实施，保证抢救工作及时、有效进行。

4. 做好查对工作　在抢救过程中，护士必须严格执行查对制度。执行口头医嘱时，必须向医生复述一遍，双方确认无误后方可执行。各种急救药物须经两人核对无误后方可使用。抢救完毕，及时请医生补写医嘱。抢救过程中的各种空安瓿、输液空瓶、输血空袋等应集中放置，以便抢救结束统计查对。

5. 做好抢救记录　抢救后，应及时做好记录，要求字迹清晰、及时、准确、简明扼要、内容完整，并且注明执行时间与执行者，记录应在抢救结束后 6 小时内完成。

（二）抢救设备的管理

急诊室和各科室均应设立抢救室，病房抢救室宜设在靠近护士站的单独房间内。抢救室应安静、整洁、宽敞明亮、设备齐全，一切物品严格执行“五定”制度，即定数量品种、定点安置、定人保管、定期消毒及灭菌、定期检查维修，完好率达到 100%，有严密的科学管理制度，专人负责。

1. 抢救床　放在抢救室的中间，最好为多功能床，必要时另备一块木板，以便在胸外心脏按压时使用。

2. 抢救车　抢救车内应按要求配置各种常用的急救药品、无菌物品等。

（1）常用急救药品，见表 20-1。

表 20-1　常用急救药品

类别	常用药物
中枢兴奋药	尼克刹米（可拉明）、山梗菜碱（洛贝林）等
升压药	盐酸肾上腺素、去甲肾上腺素、异丙肾上腺素、间羟胺、多巴胺等
抗高血压药	利舍平（利血平）、肼屈嗪、硫酸镁注射液等
强心药	毛花苷 C（西地兰）、毒毛花苷 K 等
抗心律失常药	利多卡因、维拉帕米、胺碘酮等
血管扩张药	甲磺酸酚妥拉明、硝酸甘油、硝普钠、氨茶碱等

续表

类别	常用药物
止血药	卡巴克洛（安络血）、酚磺乙胺（止血敏）、维生素 K_1、氨甲苯酸、鱼精蛋白、垂体后叶素等
镇痛镇静药	哌替啶、苯巴比妥钠、氯丙嗪（冬眠灵）、吗啡等
解毒药	阿托品、碘解磷定、氯解磷定、亚甲蓝、二巯丙醇等
抗过敏药	异丙嗪、苯海拉明、氯苯那敏、阿司咪唑等
抗惊厥药	地西泮（安定）、异戊巴比妥钠、苯巴比妥钠、硫喷妥钠、硫酸镁注射液等
脱水利尿药	20%甘露醇、25%山梨醇、呋塞米、依他尼酸等
碱性药	5%碳酸氢钠、11.2%乳酸钠
激素类药	氢化可的松、地塞米松、可的松等
其他	0.9%氯化钠溶液、各种浓度的葡萄糖溶液、右旋糖酐-40、平衡液、10%葡萄糖酸钙、羧甲淀粉、氯化钾、氯化钙等

（2）无菌物品：各种无菌急救包，如静脉切开包、气管插管包、气管切开包、导尿包、开胸包等。无菌敷料、无菌棉签、无菌治疗巾、无菌橡胶手套、无菌刀、剪刀、引流管及引流袋、吸氧管、吸痰管、注射器和输液器、开口器、压舌板及舌钳等。

（3）其他用物：治疗盘、血压计、听诊器、止血带、手电筒、绷带、夹板、火柴、酒精灯及多头电源插座等。

3. 急救器械 给氧系统、负压吸引装置、心电监护仪、电除颤仪、心脏起搏器、简易呼吸器、呼吸机及洗胃机等。

二、洗胃

案例分析

某患者，女性，31 岁。3 小时前自服达螨灵后神志不清，呼叫 120 急救车急诊入院。体格检查：T 36.3 ℃，P 48 次 / 分，R 66 次 / 分，BP 60/30 mmHg，昏迷，双侧瞳孔直径 0.7 mm，对光反应消失。呼吸有刺激性气味，恶心、呕吐，血氧饱和度 88%，呼吸微弱。给予洗胃、补液、强心、升血压、解毒、气管插管及呼吸机辅助呼吸等治疗。

（一）洗胃的概念

洗胃（gastric lavage）是将大量的溶液直接饮入胃内或经胃管灌入胃内，利用负压或虹吸原理将胃内容物吸出，反复操作，以冲洗并排出胃内容物，减轻或避免毒物吸收的胃灌洗方法。

（二）常用灌洗溶液和禁忌药物

洗胃时，应根据中毒物质性质的不同，选用有拮抗效果的洗胃溶液，达到中和解毒的效果。临床常见药物中毒的灌洗溶液和禁忌药物，见表 20-2。

表 20-2 常用灌洗溶液（解毒剂）和禁忌药物

中毒药物	洗胃溶液	禁忌药物
酸性物	镁乳、蛋清水、牛奶	
碱性物	5%醋酸、白醋、蛋清水、牛奶	
氰化物	口服 3%过氧化氢溶液后引吐，1：20 000 ~ 1：15 000 高锰酸钾洗胃	

续表

中毒药物	洗胃溶液	禁忌药物
美曲膦酯（敌百虫）	1%盐水或清水、1∶20 000～1∶15 000高锰酸钾洗胃	碱性药物
敌敌畏	2%～4%碳酸氢钠、1%盐水、1∶20 000～1∶15 000高锰酸钾洗胃	
1605、1059、4049（乐果）	2%～4%碳酸氢钠洗胃	高锰酸钾
DDT（灭害灵）、666	温开水或0.9%氯化钠溶液洗胃，50%硫酸镁导泻	油性泻药
巴比妥类（催眠药）	1∶20 000～1∶15 000高锰酸钾洗胃，硫酸钠导泻	硫酸镁
异烟肼（雷米封）	1∶20 000～1∶15 000高锰酸钾洗胃，硫酸钠导泻	
酚类	50%硫酸镁导泻，温开水或植物油洗胃至无酚味为止，洗胃后多次服用蛋清或牛奶保护胃黏膜	液状石蜡
苯酚（石炭酸）	1∶20 000～1∶15 000高锰酸钾洗胃	
河豚、生物碱、毒蕈	1%～3%鞣酸	
灭鼠药（磷化锌）	1∶20 000～1∶15 000高锰酸钾洗胃、0.5%硫酸铜洗胃，口服0.5%～1%硫酸铜溶液，每次10 ml，每5～10分钟1次，用压舌板等刺激舌根引吐	鸡蛋、牛奶、脂肪及其他油类食物
灭鼠药（敌鼠钠）	催吐、温开水洗胃、硫酸钠导泻	碳酸氢钠溶液
灭鼠药（氟乙酰胺）	0.2%～0.5%氯化钙或淡石灰水洗胃，硫酸钠导泻，饮蛋清水、牛奶、豆浆等	

说明：①蛋清水和牛奶可黏附于黏膜或创面上起保护性作用，从而减轻疼痛。②高锰酸钾为强氧化剂，能将某些毒物氧化，改变其性能，从而减轻或去除其毒性。③高锰酸钾将1605、1059、4049（乐果）氧化成毒性更强的物质，1605、1059、4049（乐果）等中毒禁用高锰酸钾洗胃。④美曲膦酯（敌百虫）禁用碱性药物洗胃，因美曲膦酯遇碱性药物可分解出毒性更强的敌敌畏，且分解过程可随碱性的增强和温度的升高而加速。⑤巴比妥类药物中毒采用硫酸钠导泻，硫酸钠可在肠道内形成高渗透压，从而阻止肠道水分和残留巴比妥类药物的继续吸收，促使其尽早排出体外；硫酸钠对心血管和神经系统没有抑制作用，不会加重巴比妥类药物的中毒症状。⑥磷化锌中毒，口服硫酸铜可使其转化为无毒的磷化铜沉淀，从而阻止其吸收，并促进其排出体外。⑦磷化锌易溶于油类，应忌用鸡蛋、牛奶、油类、脂肪类食物，以免加速磷的溶解吸收，加重中毒

（三）常用的洗胃方法

护理评估

1. 评估与解释

（1）评估患者：①核对患者身份，如床号、姓名、住院号、性别、年龄及诊断。②全身情况，如病情（中毒患者应评估中毒时间、途径，毒物的种类、浓度、剂量等）、医疗诊断、意识状态及生命体征等。③局部情况，口、鼻腔黏膜有无损伤，有无活动性义齿。④心理状态，有无紧张、焦虑、恐惧，是否愿意合作，对洗胃相关知识的了解情况。

（2）解释：洗胃目的、方法、配合要点及注意事项。

2. 评估环境 环境宽敞、整洁，温度及湿度适宜，光线明亮，用屏风遮挡。

护理诊断

1. 急性意识障碍 与农药中毒有关。

2. 有效血容量不足 与催吐，有效循环输出减少有关。

3. 低效性呼吸型态　与农药中毒致肺水肿有关。

4. 清理呼吸道无效　与气管插管致支气管分泌物增多、无法自行咳嗽有关。

护理计划

1. 目的

（1）解毒：清除胃内毒物，减少毒物的吸收。洗胃用于解毒时需在中毒后4~6小时内进行，适用于经胃肠道中毒的患者。

（2）减轻胃黏膜充血及水肿：通过洗胃，减轻胃黏膜水肿和炎症，适用于幽门梗阻患者。

（3）为某些手术或检查做准备：适用于胃、食管下段、十二指肠手术患者。

2. 准备

（1）护士准备：衣帽整洁，修剪指甲，洗手，戴口罩。

（2）患者准备：了解洗胃的目的、方法、配合要点及注意事项。

（3）用物准备

1）口服催吐法：①治疗车上层备治疗盘，治疗盘内备量杯或水杯、压舌板、水温计、弯盘、塑料围裙或其他防水布。②治疗车下层备水桶2只，1只盛洗胃溶液（按医嘱准备，一般用量为10 000~20 000 ml，温度25~38 ℃），1只盛污水。③准备患者洗漱用物。

2）胃管洗胃法：①治疗车上层备治疗盘，治疗盘内备无菌巾，无菌巾内有漏斗胃管/胃管、镊子、纱布，无菌巾外有治疗巾、塑料围裙或其他防水布、量杯或水杯、压舌板、标本瓶、水温计、弯盘、棉签、润滑油、胶布、手套、50 ml注射器、手电筒、听诊器。按需准备张口器、舌钳、牙垫。②治疗车下层备物同口服催吐法。③准备患者洗漱用物。④洗胃设备，如电动吸引器、Y形三通管、调节夹或止血钳、输液架、输液瓶、输液器，全自动洗胃机。

护理实施

洗胃实施，见表20-3。

表20-3　洗胃实施

护理实施	流程简释	要点说明
▲口服催吐法	适用于意识清醒、愿意配合的患者	
备物、核对	◆备齐用物携至患者床旁，再次核对患者身份，指导患者配合的方法，取得合作	确认患者，避免差错
安置体位	◆取坐位	
系裙护衣	◆围一次性围裙，防止衣服被污染	
催吐、留标	◆用压舌板刺激患者咽后壁或舌根诱发呕吐，吐尽胃内容物，按需留取标本送检	
反复灌洗	◆协助患者每次饮入洗胃液300~500 ml，后再刺激呕吐，反复进行，直到吐出液澄清、无味为止	表示毒物已基本清洗干净
▲胃管洗胃法	适用于意识不清或意识清醒但不愿意配合的患者	
备物、核对	◆备齐用物携至患者床旁，再次核对患者身份，指导患者配合的方法，取得合作	
安置体位	◆病情较轻者取坐位或半坐位，中毒较重者取左侧卧位，昏迷患者取去枕平卧位，头偏向一侧	左侧卧位可减慢胃排空，延缓毒物进入十二指肠的速度。防止洗胃液进入呼吸道

续表

护理实施	流程简释	要点说明
铺巾、置盘	◆铺橡胶单及治疗巾，置弯盘于嘴角旁，置污物桶于患者座位前或床旁，如有活动性义齿，应先取下	防止衣物及床单被污染
▲漏斗胃管洗胃	◆检查漏斗胃管是否完好，润滑胃管前段	
查管、润管	◆测量插入长度（前额发际至剑突的距离加 10 cm，成人为 55 ~ 60 cm），经口腔插入胃管，方法同鼻饲法	不配合者从鼻腔插管。小儿胃呈水平位，插管不宜过深
量管、插管	◆证实胃管在胃内，固定胃管	
证实、固定	◆将漏斗放置低于胃部的位置，挤压橡胶球，吸尽胃内容物，按需留取标本送检	
吸取标本	◆将漏斗举高，超过头部 30 ~ 50 cm，缓慢倒入洗胃液 300 ~ 500 ml，最多不超过 500 ml。当漏斗内尚余少量溶液时，迅速将漏斗倒置低于胃部的位置，引流胃内液体于污水桶内	利用虹吸原理
灌液、引流	◆胃液引流完毕后，再举起漏斗注入溶液，如此反复灌洗，直至洗出液澄清、无味为止。如引流不畅，可挤压橡胶球加压吸引	
反复灌洗		
▲电动吸引器		
检查、调压	◆接通电源，检查电动吸引器的功能，调节负压在 13.3 kPa 左右	
接管、检查	◆将输液瓶连接输液管，下接 Y 形三通管的主管，Y 形三通管的另两端分别与洗胃管、吸引器上储液瓶的橡胶管相连，夹闭输液管，检查各连接处有无漏气，将洗胃液倒入输液瓶，挂在输液架上	利用负压吸引的原理
查管、润管 ~ 证实、固定同漏斗胃管洗胃		
注液灌洗	◆打开吸引器，吸净胃内容物后，关闭吸引器，开放输液管，使溶液流入胃内，流入溶液 300 ~ 500 ml，关闭输液管储液瓶上的引流管，开放吸引器，如此反复灌洗，直至洗出液澄清、无味为止 ◆打开引流管、吸引器，吸出灌入的溶液。如此反复，直到吸出的液体澄清、无味为止	负压不可过大，以免造成食管及胃黏膜的损伤 吸引器的储液瓶容量应在 5000 ml 以上
▲全自动洗胃机		
查管、润管 ~ 证实、固定同漏斗胃管洗胃		
检查、连接	◆接通电源，检查机器功能是否完好，连接各种管道，胃管另一端连接洗胃机进出胃接口，药管的另一端放入装有洗胃液的桶内，污水管另一端放入空水桶内，调节药量、流速	利用负压吸引的原理 药管进水端必须浸没在洗胃液液面以下
吸取标本	◆按“手吸”键吸出胃内容物，必要时留标本送检	
反复冲洗	◆按“自动”键，机器对胃进行自动反复冲洗，直至洗出液澄清、无味为止，按“停止”键，停止洗胃	冲洗时“冲”灯亮 如发现管道堵塞，水流停止或减慢，可交替按“手冲”和“手吸”两键，重复冲吸，直到管路通畅

续表

护理实施	流程简释	要点说明
观察病情	◆随时观察洗出液的性质、颜色、气味及量，患者面色、生命体征的变化情况	
拔管、洁面	◆洗胃完毕，反折胃管拔出，协助患者漱口、洁面、取舒适卧位	
整理、交代	◆整理床单位，与患者沟通与交流，交代注意事项	
清洁、停机	◆将洗胃机药管、胃管、污水管同时放入清水中，按“清洗”键洗净各管腔后，将三管同时取出，待机器内水完全排净后按“停机”键关机	避免导管被污物堵塞或腐蚀
清理、记录	◆清理用物，记录灌洗液的名称、量，洗出液的颜色、气味、性质及量，患者的反应	

视频：
洗胃

注意事项

1. 首先应了解患者中毒的情况，如中毒的时间、途径，毒物的种类、性质及量。当中毒物质不明时，应先抽出胃内容物送检，以明确毒物的种类、性质，用温开水或生理盐水洗胃，待毒物性质明确后，再采用对抗剂洗胃。

2. 强酸及强碱等强腐蚀性毒物中毒、近期内有上消化道出血、肝硬化伴食管－胃底静脉曲张、胸主动脉瘤、胃穿孔及胃癌等患者禁忌洗胃。吞服强酸、强碱等腐蚀性毒物，洗胃容易造成穿孔，可按医嘱给予药物解毒或给予物理性对抗剂，如口服蛋清、牛奶、豆浆、米汤等保护胃黏膜。昏迷患者洗胃应谨慎，如需洗胃，可采取去枕仰卧位，头偏向一侧，以防窒息。

3. 急性中毒的患者应立即采用口服催吐法，必要时进行洗胃，以减少毒物的吸收。插管前应充分润滑胃管，插胃管时动作要轻、稳、快、准，切勿损伤食管黏膜或误入气管。

4. 洗胃液每次灌入量以 300 ~ 500 ml 为宜，为小儿洗胃灌入量不宜过多，婴幼儿每次以 100 ~ 200 ml 为宜，并保持灌入量与吸出量的平衡。如灌入量过多，液体可从口、鼻腔涌出，容易引起窒息，还可导致急性胃扩张，使胃内压升高，促进中毒物质进入肠道，增加毒物的吸收，突然的胃扩张还可兴奋迷走神经，反射性地引起心搏骤停。

5. 在洗胃过程中，应密切观察患者的病情，如面色、生命体征、意识、瞳孔的变化，口、鼻腔黏膜情况及口中的气味。如有血性液体流出或出现休克、腹痛等异常现象，应立即停止洗胃，及时采取措施，并通知医生进行处理。

6. 为幽门梗阻患者洗胃时，宜在饭后 4 ~ 6 小时或者空腹进行。记录胃内潴留量，便于了解梗阻情况，胃内潴留量为洗出量减去灌入量，为静脉输液提供参考。

7. 做好心理护理。观察患者的心理状态、合作程度及对疾病康复的信心。对自行服毒者，进行有针对性的心理护理，并做好保密工作，保护其隐私。

8. 洗胃后，应注意观察患者胃内毒物的清除状况，中毒症状有无缓解。

护理评价

1. 严格执行查对制度，根据病情正确选择洗胃液，洗胃方法正确、规范，能正确处理洗胃过程中的故障及患者的反应。

2. 洗胃彻底、有效，患者身心痛苦减轻，安全，无并发症。

3. 充分体现以人为本的护理服务理念，关心、体贴患者，注重保护患者的隐私。护患沟通有效，患者愿意配合。

音频：
考点解析

➤ **考点：**患者，女性，36岁，口服美曲膦酯（敌百虫）中毒，洗胃时禁用的洗胃液是
A. 温开水　B. 生理盐水　C. 蛋清水
D. 高锰酸钾溶液　E. 碳酸氢钠溶液

三、清除呼吸道分泌物

案例分析

某患者，男性，37岁。因“咽痛1个月，发热伴畏寒7日”急诊入院，患者一般情况差，呼吸急促，双肺闻及较多湿啰音，有大量粉红色泡沫样痰从口鼻涌出。入院诊断：“1. 肺炎，2. 感染性休克。”体格检查：T 38 ℃，P 130次/分，R 36次/分，BP 105/52 mmHg，入院后鼻导管持续吸氧，给予呼吸机辅助呼吸，密闭式吸痰管吸痰，抗感染治疗。

（一）有效咳嗽

有效咳嗽是一种防御性的呼吸反射。咳嗽可以有效地排出呼吸道内的分泌物、异物，具有维持呼吸道清洁、通畅的作用，适用于清醒且能够配合的患者。

1. 有效咳嗽的方法　患者取坐位或仰卧位，双腿屈膝，上身前倾，双手抱膝或在膝盖上置一软枕并用两肋夹紧，嘱患者双手抓紧支持物，利用双手或支托物支托患者的胸腹部，患者深吸气后屏气3～5秒，用力做爆破性咳嗽，将痰液咳出。

2. 注意事项　有切口的患者，护士应将双手压在切口两侧，降低切口张力而减轻疼痛。

（二）有效叩击

用手叩击（percussion）胸背部，借助震动的力量，使分泌物松脱而排出体外，适用于长期卧床、身体虚弱无力排痰的患者。

1. 叩击的方法　患者取坐位或侧卧位，护士将手固定成背隆掌空状，手背隆起、手掌中空、手指弯曲、五指并拢，利用手腕的力量，有节奏地自肺底由下向上、由外向内，叩击胸背部，边叩击边鼓励患者咳嗽。

2. 注意事项　不可在裸露的皮肤上直接叩击，可用单层薄布保护皮肤。叩击力度适中，以患者不感到疼痛为宜。叩击时应避开心脏、乳房、胸骨、肋骨、脊柱等骨隆凸部位。叩击最好在雾化吸入后或进餐前进行，时间以15～20分钟为宜。

（三）体位引流

体位引流（postural drainage）是将患者安置于特殊的体位，借助重力的作用，将肺及支气管的痰液引流至气管并咳出体外的方法。体位引流适用于支气管扩张、肺脓肿等痰液较多，呼吸功能尚好的患者，高血压、心力衰竭、极度衰弱者、高龄等患者禁忌使用。

1. 体位引流的方法　根据病变部位，采取相应的体位，使患肺处于高处，引流的支气管开口朝下，便于分泌物顺体位引流而排出。引流时，嘱患者间歇深呼吸，并尽力咳嗽，护士轻叩相应部位，以提高引流效果。如痰液黏稠不易引流时，可给予雾化吸入、祛痰药，稀释痰液，以利于痰液排出。

2. 注意事项　体位引流宜在空腹时进行，每日2～4次，每次15～30分钟。引流时，密切监测患者的病情变化，如出现头晕、面色苍白、出冷汗、血压下降等，应立即停止引流并处理。注意观察引流液的性质、颜色、量，并做好记录。如引流液大量涌出，应防止患者窒息。如引流液少于30 ml/d，可停止引流。

有效叩击与体位引流后，进行深呼吸和有效咳嗽有利于分泌物排出。

（四）吸痰法

吸痰法（aspiration of sputum）是利用负压吸引的原理，经口、鼻、人工气道将呼吸道分

泌物吸出，以保持呼吸道通畅，预防吸入性肺炎、肺不张、窒息等并发症的一种治疗方法。临床常用于年老体弱、病情危重、昏迷、麻醉未清醒、气管切开等各种原因引起的不能有效咳嗽、排痰的患者。

护理评估

1. 评估与解释

（1）评估患者：①核对患者身份，如床号、姓名、住院号、性别、年龄和诊断。②全身情况，如病情、年龄、意识状况、治疗及用药情况。③局部情况，有无痰鸣音，双肺呼吸音情况，口腔、鼻腔黏膜情况。④心理状态，患者有无紧张、焦虑、恐惧，是否愿意合作，对吸痰相关知识的了解情况。

（2）解释：吸痰法目的、方法、配合要点及注意事项。

2. 评估环境　环境宽敞、整洁，温度及湿度适宜，光线明亮。

护理诊断

1. 清理呼吸道无效　与呼吸道大量泡沫痰有关。

2. 气体交换受损　与肺间质、肺泡内液体异常增多有关。

3. 体温过高　与疾病本身及感染有关。

4. 恐惧　与严重窒息感有关。

护理计划

1. 目的

（1）清理呼吸道分泌物，保持呼吸道通畅。

（2）改善呼吸功能，改善肺通气。

（3）预防吸入性肺炎、肺不张、窒息等并发症的发生。

2. 准备

（1）护士准备：衣帽整洁，修剪指甲，洗手，戴口罩。

（2）患者准备：患者了解吸痰法目的、方法、配合要点和注意事项。患者如有吸氧，可调高氧流量数分钟，减轻吸痰导致的低氧血症和肺不张。

（3）用物准备

1）吸痰设备：①中心负压吸引装置（图 20-1A）由负压表、储液瓶构成。②电动吸引器（图 20-1B）由马达、偏心轮、气体过滤器、负压表、安全瓶、储液瓶等组成。

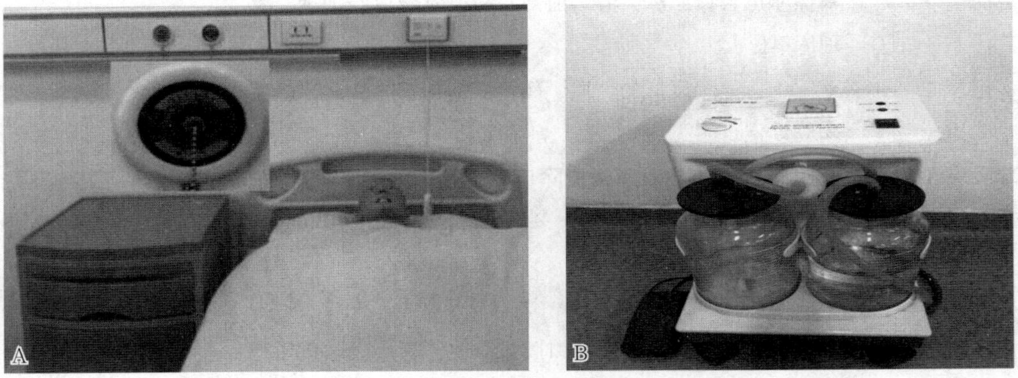

图 20-1　吸痰设备

A. 中心负压吸引装置；B. 电动吸引器

2）治疗车上层：治疗盘内备试吸无菌生理盐水罐、冲洗无菌生理盐水罐、无菌吸痰管包若干、装有消毒液的玻璃瓶、弯盘、无菌治疗碗（内盛无菌纱布数块），必要时备开口器、压舌板。

3）治疗车下层：医用垃圾桶、生活垃圾桶，按需备插线板。

护理实施

吸痰法实施，见表 20-4。

表 20-4　吸痰法实施

护理实施	流程简析	要点说明
▲负压吸痰法		
核对、解释	◆备齐用物携至患者床旁，再次核对患者身份，指导患者配合的方法，取得合作	确认患者，避免差错
调节负压	◆将装有消毒液的玻璃瓶系于吸引器一侧床旁，接通电源，打开开关，检查吸引器。调节负压：成人 40 ~ 53.3 kPa，儿童＜ 40.0 kPa。关闭开关，将玻璃接管浸泡在消毒溶液玻璃瓶中备用	负压不可过大，以免造成呼吸道黏膜损伤
评估患者	◆检查口、鼻腔，如有活动义齿，应取下。将患者头偏向一侧，面向操作者。昏迷患者可用压舌板或开口器帮助张口	如有吸氧，应先取下吸氧导管，关闭氧流量
检查吸管	◆打开生理盐水罐，戴手套，取出吸痰管并连接，打开吸引器开关，在试吸生理盐水罐中试吸少量生理盐水	检查吸痰管是否通畅，并滑润吸痰管
抽吸痰液	◆一手反折吸痰管末端，另一手持吸痰管前端，将导管插入吸痰部位。放松吸痰管末端反折处，自深部左右旋转、向上提拉吸痰管，吸尽痰液，时间不超过 15 秒。气管切开者，先吸气管切开处，再吸口、鼻处	插管时不可有负压，以免损伤呼吸道黏膜
冲洗管腔	◆吸痰管退出后，用冲洗罐内的生理盐水冲洗吸痰管，分离吸痰管，放入医疗垃圾桶，脱手套	防痰液堵塞吸痰管
按需吸痰	◆按以上步骤吸尽各处呼吸道分泌物，将玻璃接管浸泡在装有消毒溶液玻璃瓶中备用	一根吸痰管只使用一次，吸痰用物应每班更换或每日更换 1 ~ 2 次
整理、交代	◆擦净患者口、鼻，清洁面部，必要时做口腔护理，整理床单位	
洗手、记录	◆洗手，记录痰液的性质、颜色、气味、黏稠度，患者反应等	
▲吸球吸痰法	适用于新生儿娩出时，清除口腔、鼻腔的羊水及黏液；新生儿窒息时的紧急抢救；婴幼儿鼻塞时吸出鼻腔黏液；咽喉炎时吸出咽喉部痰液	
核对、解释	◆同负压吸痰法	
抽吸痰液	◆将吸球的尖端插进婴儿口腔或鼻腔，利用吸球负压将呼吸道分泌物吸出	

续表

护理实施	流程简析	要点说明
整理、交代~洗手、记录	同负压吸痰法	
▲注射器吸痰		
核对、解释	同负压吸痰法	
抽吸痰液	用 50~100 ml 的注射器连接吸痰管进行抽吸	
整理、交代~洗手、记录	同负压吸痰法	
▲口对口人工吸痰		
核对、解释	同负压吸痰法	
抽吸痰液	口对口吸痰时，操作者托起患者下颌，使患者头向后仰，捏住患者鼻孔，操作者张口包住患者的嘴，口对口吸出呼吸道分泌物	
整理、交代~洗手、记录	同负压吸痰法	

视频：
经鼻/口腔吸痰法

知识链接

呼吸功能训练

1. 深呼吸　是胸、腹式呼吸联合进行，以排出更多的肺内残气及其他代谢产物，吸入更多的空气，供给各脏器所需的氧分，提高或改善脏器功能的一种方法。方法：深吸气时，先使腹部膨胀，然后使胸部膨胀，达到极限后屏气几秒钟，逐渐呼出气体。呼气时，先收缩胸部，再收缩腹部，尽量排出肺内气体，反复进行，每次 3~5 分钟，每日进行 2~3 次。

2. 腹式呼吸　是以膈肌运动为主的一种呼吸方法。方法：患者两手分别放于前胸部和上腹部。用鼻缓慢吸气时，膈肌最大限度下降，腹肌松弛，腹部凸出，手感到腹部向上抬起。呼气时，膈肌推动肺部气体排出，手感到腹部下降。反复进行，以增强膈肌、腹肌肌力和耐力。

3. 缩唇呼吸　是通过缩唇形成的微弱阻力来延长呼气时间，增加气道压力，延缓气道塌陷的呼吸方法。方法：患者闭嘴经鼻吸气，然后通过缩唇（吹口哨）缓慢呼气，同时收缩腹部，吸气与呼气时间比为 1∶2 或 1∶3，呼气流量以能使距口唇 15~20 cm 处，与口唇等高点水平的蜡烛火焰随气流倾斜，又不致熄灭为宜。

注意事项

1. 吸痰前，先检查吸痰设备及性能是否良好，连接是否正确。根据患者年龄调节负压、选择适宜的吸痰管，一般成人 40~53.3 kPa，儿童＜40.0 kPa。成人和儿童的吸痰管直径要小于气管插管直径的 50%，婴儿则要小于 70%，小儿吸痰管宜软、细。

2. 有明显的血氧饱和度下降的患者，吸痰前、后可提高吸氧浓度，增加氧气的吸入，减少吸痰引起的低氧血症和肺不张。在吸痰过程中，观察患者的面色、呼吸、吸出物性状、黏膜有无损伤，如面色发绀，停止吸痰，休息后再吸。

3. 痰液黏稠不易吸出时，可配合叩击、有效咳嗽、雾化吸入，提高吸痰效果。

4. 电动吸引器连续使用不能超过 2 小时。储液瓶内应该放少量消毒液，防止吸出的痰液黏附于瓶底，便于储液瓶的清洗及消毒。储液瓶内液体不超过 2/3 满，应及时倾倒，以免液体过多，吸入马达内，损坏仪器。

5. 每次吸痰不超过 15 秒，一根吸痰管只能用一次，不可反复上下提插。观察患者呼吸道通畅情况，必要时多次吸引，两次吸痰间隔时间 3 ~ 5 分钟。

6. 口咽吸引法：让患者张口将舌前伸，必要时用纱布包裹协助，昏迷患者可用压舌板、开口器协助开口。从口腔一侧将导管插入 10 ~ 15 cm 进入咽部，同时鼓励患者咳嗽，插管时如遇到阻力或患者咳嗽，可向外提出 1 cm。

7. 鼻咽和鼻气管吸引，先浅部再深部。

（1）鼻咽吸引法：患者吸气时，将导管轻快地插入鼻腔，距离为鼻尖至耳垂的距离，成人约 16 cm，儿童 8 ~ 12 cm，婴幼儿 4 ~ 8 cm。

（2）鼻气管吸引法：患者吸气时，将导管轻快地经鼻插入气管，成人约 20 cm，儿童 14 ~ 20 cm，婴幼儿 8 ~ 14 cm。

护理评价

1. 严格执行查对制度，吸痰方法正确、规范，能正确处理吸痰过程中的故障及患者的反应。

2. 患者呼吸道通畅，缺氧症状缓解或解除，无呼吸道黏膜损伤、不适反应及并发症。

3. 充分体现以人为本的护理服务理念，关心、体贴患者。护患沟通有效，患者愿意配合。

➢ **考点：** 某患者，男性，60 岁。脑出血昏迷，咳嗽反射迟钝，导致痰液沉积较深，需要给患者气管内吸痰。下列方法正确的是

A. 吸净口腔痰液后再吸气管内痰液

B. 插管时打开吸引负压

C. 一次吸痰不超过 30 秒

D. 吸痰时从深部反复提拉，左右旋转

E. 吸痰后应马上将管内痰液吸水冲净

音频：
考点解析

四、氧气吸入法

氧气吸入法（oxygen inhalation therapy）是通过给氧提高患者的动脉血氧分压（PaO_2）和动脉血氧饱和度（SaO_2），预防和纠正各种原因引起的缺氧状态，促进组织的新陈代谢，维持机体生命活动的一种治疗方法，是临床上常用的抢救及治疗措施之一。

案例分析

患者，男性，75 岁。慢性阻塞性肺疾病急性发作期。入院检查：患者痰多、黏稠，面色发绀，烦躁不安。体格检查：T 36.5 ℃，P 92 次 / 分，R 18 次 / 分，BP 170/104 mmHg。

（一）缺氧分类

1. 低张性缺氧 由于吸入气体中氧分压过低，肺泡通气不足，气体弥散障碍，静脉血分流入动脉而引起缺氧。动脉血氧分压（PaO_2）降低，动脉血氧饱和度（SaO_2）降低，组织供氧不足，常见于慢性阻塞性肺疾病、先天性心脏病等。

2. 血液性缺氧 由于血红蛋白数量减少或性质改变，造成血氧含量降低或血红蛋白结合的氧不易释放而引起缺氧。动脉血氧分压（PaO_2）正常，动脉血氧饱和度（SaO_2）正常，常见于一氧化碳中毒、贫血、高铁血红蛋白血症等。

3. 循环性缺氧 由于组织血流量减少使组织供氧量减少引起缺氧。动脉血氧分压（PaO_2）

正常，动脉血氧饱和度（SaO_2）正常，常见于心力衰竭、心肌梗死、休克等。

4. 组织性缺氧　由于组织细胞利用氧异常导致缺氧。动脉血氧分压（PaO_2）正常，动脉血氧饱和度（SaO_2）正常，常见于氰化物、砷化物等引起的中毒、大剂量放射线照射等。

（二）缺氧程度

患者的临床表现、动脉血氧分压（PaO_2）和动脉血氧饱和度（SaO_2）是判断缺氧程度的依据。缺氧程度的判断，见表 20-5。

表 20-5　缺氧程度判断

缺氧程度	动脉血氧分压（PaO_2）	动脉血氧饱和度（SaO_2）	临床表现
轻度	＞ 6.67 kPa（50mmHg）	＞ 80%	如无发绀，一般不需氧疗；如有呼吸困难，可给予低流量低浓度的氧气；有发绀、呼吸困难，需氧疗
中度	4 ~ 6.67 kPa（30 ~ 50 mmHg）	60% ~ 80%	
重度	＜ 4 kPa（30 mmHg）	＜ 60%	有显著发绀、呼吸极度困难、出现“三凹征”，是氧疗的绝对适应证

（三）氧浓度和氧流量

1. 氧疗种类　血气分析检查是监测用氧效果的客观指标，当患者 PaO_2 低于 6.67 kPa（50 mmHg）时，应给予吸氧。根据患者的病情及缺氧程度，决定给氧的浓度。根据给氧浓度的高低，氧疗分为低浓度氧疗，给氧浓度＜ 35%；中浓度氧疗，给氧浓度 35% ~ 60%；高浓度氧疗，给氧浓度＞ 60%。

2. 氧浓度和氧流量的换算

氧流量是指流量表内调节的供患者使用的氧气的流量，单位为 L/min。

氧浓度和氧流量的换算公式为：吸氧浓度（%）=21+4 × 氧流量（L/min）。

（四）供氧装置

1. 中心管道供氧装置（图 20-2A）　医院的氧气由供氧中心站负责供给，设管道至各病区、门诊和急诊。供氧中心站设有总开关控制，各用氧单位的装置连接流量表即可使用，此法方便、快捷。

装表法：①取下氧气接头上的活塞，用湿棉签擦拭气源接头内的灰尘。②将流量表安装在中心供氧管道氧气流出口处，接上湿化瓶。③打开流量开关调节流量，检查全套设备完好无漏气后备用。

2. 氧气筒供养装置（图 20-2B）

（1）氧气筒：为圆柱形无缝钢筒，筒内可耐高压达 14.7 MPa（150 kg/cm^2），容纳氧气约 6000 L。在筒的顶部有一总开关，可控制氧气的出入。使用时，将总开关逆时针方向旋转 1/4 周，即可放出氧气。不使用时，按顺时针方向将总开关旋紧。在氧气筒颈部的侧面有一气门，气门可与氧气表相连，是氧气自筒中输出的途径。

氧气筒内氧气可供应时数，可按下列公式计算：

$$\text{氧气筒内氧气可供应时数} = \frac{[\text{压力表压力} - 5\ kg/cm^2] \times \text{氧气筒容积（L）}}{1\ kg/cm^2 \times \text{氧流量（L/min）} \times 60min}$$

（2）氧气表：由压力表、减压器、流量表、湿化瓶及安全阀组成。①压力表：可测知氧气筒内的压力，单位 MPa（kg/cm^2），氧气表的压力越大，表明氧气筒内的氧气越多。②减压器：是一种弹簧自动减压装置，将来自氧气筒内氧气的压力减至 0.2 ~ 0.3 MPa，使流量平稳，保证患者的安全。③流量表：用于测量每分钟的氧气流出量，单位 L/min。流量表内有浮标，氧气流出时浮标被吹起，浮标所指刻度为每分钟氧气的流出量。④湿化瓶：具有湿化氧气及观察氧气流量的作用，湿化瓶内装有 1/3 ~ 1/2 满的蒸馏水或冷开水，氧气流出时通过通气管进入水中，湿化后从出口流出，出口和鼻导管相连。⑤安全阀：是保证用氧安全、防止意外发生的装备，当氧气流量过大、压力过高时，安全阀内部活塞自行上推，使过多的氧气由安全阀四周的小孔流出，确保安全。

（3）装表法：氧气筒应置于氧气架上，并挂有“满”或“空”的标志，装表应在准备室进行。方法：①选择有“满”的标志的氧气筒，取下氧气筒帽，吹尘（打开氧气筒的总开关1/4，放出少量的氧气，随即迅速关上）。②接氧气表并旋紧，使之直立于氧气筒旁。③关闭流量开关，打开总开关，检查吸氧装置有无漏气。④连接湿化管，湿化瓶。⑤再打开流量开关，检查吸氧装置流出是否通畅。⑥关紧流量开关，推至病房备用。

3. 氧气枕供养装置（图20-2C） 氧气枕为一长方形橡胶枕，枕的一角有橡胶管，橡胶管上有调节器，以调节氧流量。未使用过的氧气枕内有粉尘，初次使用之前，应用清水彻底冲洗，防止粉尘进入呼吸道引起吸入性肺炎或导致窒息。氧气枕供养装置适用于家庭氧疗、危重患者的抢救或转运。

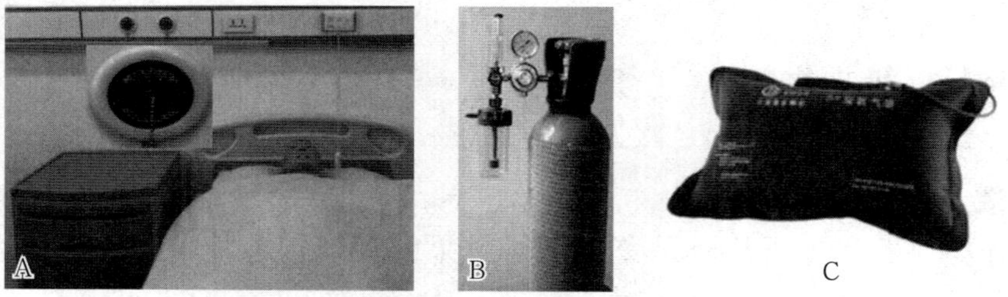

C

图20-2 吸氧装置的种类

A. 中心管道供氧装置；B. 氧气筒供养装置；C. 氧气枕供养装置

（五）常见的氧疗方法

护理评估

1. 评估与解释

（1）评估患者：①核对患者身份，如床号、姓名、住院号、性别、年龄及诊断。②全身情况，如病情、年龄、缺氧程度、血气分析结果、意识状况及治疗情况。③局部情况，鼻腔黏膜情况、肢端皮肤颜色。④心理状态，患者有无紧张、焦虑、恐惧，是否愿意合作，对吸氧相关知识的了解情况。

（2）解释：吸氧目的、方法、配合要点及注意事项。

2. 评估环境 环境宽敞、整洁、舒适、安全，符合用氧要求。

护理诊断

1. 清理呼吸道无效 与痰液黏稠、无力咳嗽有关。

2. 低效性呼吸型态 与呼吸道不通畅有关。

3. 恐惧 与感觉生命受到威胁有关。

护理计划

1. 目的

（1）通过吸氧，提高动脉血氧分压、动脉血氧饱和度，纠正各种原因造成的缺氧状态。

（2）促进组织的新陈代谢，维持机体生命活动。

2. 准备

（1）护士准备：衣帽整洁，修剪指甲，洗手，戴口罩，明确吸氧相关知识。

（2）患者准备：患者了解吸氧目的、方法、配合要点及注意事项，情绪稳定并愿意配合。

（3）用物准备：①治疗车上层备吸氧设备，有中心管道供氧装置或氧气筒供养装置。②治疗盘内备鼻导管、棉签、纱布、小药杯（内盛冷开水）、弯盘、扳手、用氧记录单、笔及标签。③治疗车下备医用垃圾桶、生活垃圾桶。

护理实施

吸氧法实施，见表 20-6。

表 20-6　吸氧法实施

护理实施	流程简析	要点说明
▲双侧鼻导管法	以双侧鼻导管为例	
核对、解释	◆备齐用物携至患者床旁，核对患者，指导患者配合的方法，取得合作	确认患者，避免差错
清洁鼻腔	◆用湿棉签清洁鼻腔，并检查鼻腔黏膜	检查鼻腔是否通畅
检查、连接	◆检查鼻导管，将鼻导管与湿化瓶的出气口相连	
调节流量	◆根据患者病情、缺氧程度调节氧流量	遵医嘱调节
湿润导管	◆将鼻导管前端放入小药杯冷开水中湿润，并检查鼻导管是否通畅	
插入导管	◆将双侧鼻导管插入鼻腔内 1 cm（图 20-3A）	动作轻柔，避免损伤黏膜
固定导管	◆将导管环绕患者耳部向下（或环绕耳部至枕后）放置，调节松紧	松紧适宜，避免损伤皮肤
认真记录	◆记录给氧时间、氧流量、患者反应	便于对比吸氧效果
整理、交代	◆协助患者取舒适体位，指导用氧的注意事项	告知“四防”
观察疗效	◆经常巡视病房，观察患者缺氧症状有无改善，有无氧疗的不良反应，吸氧装置有无漏气，环境是否安全	发现异常及时处理
▲停止给氧	◆患者缺氧改善，遵医嘱停止给氧	
拔管、停氧	◆取下鼻导管，擦净鼻部，关闭流量开关，分离鼻导管	先拔管，后停氧
整理、交代	◆协助患者取舒适体位，健康指导	注重人文关怀
卸表	◆氧气筒：关总开关，开流量开关，放出余氧，关流量开关，再卸表 ◆中心供氧：关流量开关，取下流量表	
垃圾处理	◆垃圾分类处理，氧气筒挂“满”或“空”的标志	
洗手、记录	◆洗手，记录停止用氧时间及氧疗效果	
▲鼻塞法	◆基本同双侧鼻导管法。用鼻塞代替鼻导管（图 20-3B）。此法刺激性小，患者较为舒适，且两侧鼻孔可交替使用，适用于张口呼吸且病情较为严重的患者	鼻塞大小以塞住鼻孔为宜
▲面罩法	◆基本同双侧鼻导管法。将面罩置于患者的口鼻部给氧，气自下端输入，呼出的气体从面罩侧孔排出。面罩给氧时必须有足够的氧流量，一般需调节为 6 ~ 8 L/min（图 20-3C）	优点：刺激性小，给氧效果好，患者感到舒适。缺点：饮食、咳嗽时需去掉面罩而中断给氧
▲头罩法	◆主要适用于小儿供氧。基本同双侧鼻导管法。将患者的头部置于头罩内，罩面上有多个孔，将氧气导管接于头罩的进气孔上。根据患者的病情调节氧流量，保持罩内一定的氧浓度、温度和湿度。头罩与颈部之间要保持适当的空隙，防止二氧化碳重复吸入（图 20-3D）	此法设备复杂、造价高、浪费氧气，仅用于烧伤患者和新生儿

续表

护理实施	流程简析	要点说明
▲氧气帐法	◆适用于新生儿、婴幼儿供氧。基本同双侧鼻导管法。将患者的头、胸部置于氧气帐内，将氧气连接于氧气帐进气孔上。氧气帐可自行调节适宜的温度，且侧壁上有开口，以便实施护理（图 20-3E）	
▲氧气枕	◆适用于急救和转运患者，也可用于家庭氧疗。基本同双侧鼻导管法。用氧气枕代替供氧装置，氧气枕为一长方形橡胶枕，一角有导管与枕内相通，上有调节器，可调节流量。将氧气枕充满氧气，连接湿化瓶后即可使用。患者头部枕于氧气枕上，借重力使氧气流出（图 20-3F）	新购的氧气枕内有粉尘，使用前须反复冲洗，直至洗净为止，以免引起吸入性肺炎，甚至窒息

视频：
氧疗法

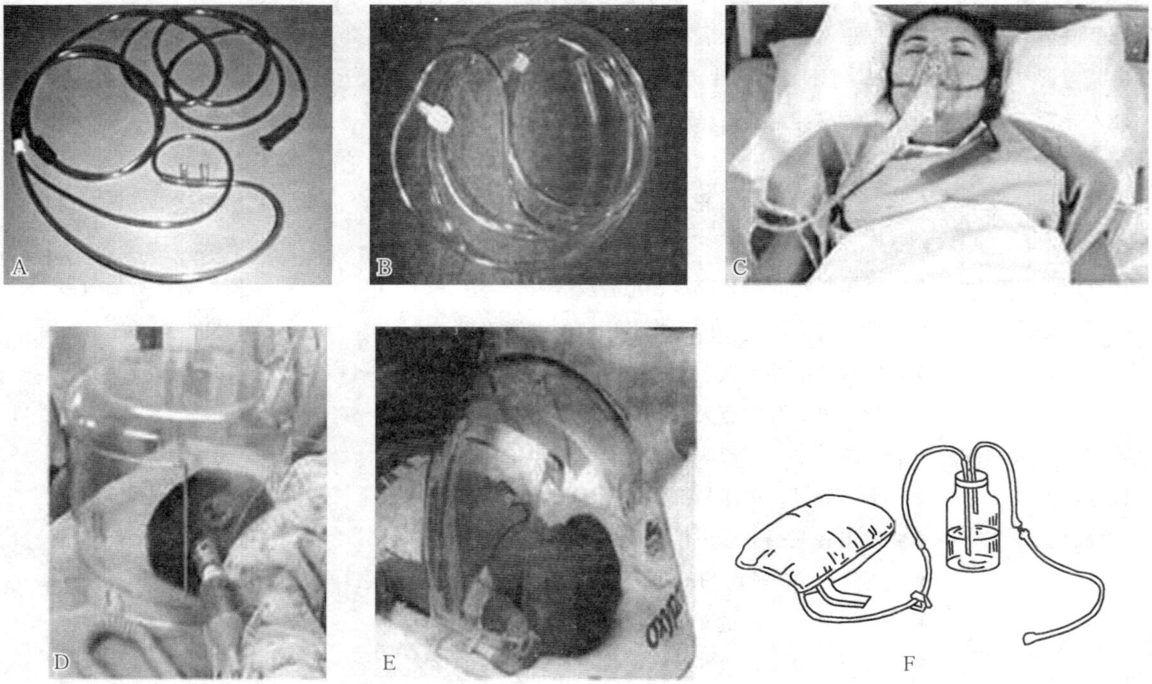

图 20-3　常见的吸氧法

A. 双侧鼻导管法；B. 鼻塞法；C. 面罩法；D. 头罩法；E. 氧气帐法；F. 氧气枕

知识链接

高压氧治疗

高压氧治疗是在高气压（超过常压）的环境下，呼吸纯氧或高浓度氧（吸氧浓度为 85%～99%）以治疗缺氧性疾病和相关疾患的方法。高压氧治疗血氧含量是常压下吸氧的数倍至数十倍，能有效地提高血氧分压，增加血氧含量，增加组织内氧有效弥散距离，对于治疗某些急、慢性缺氧性疾病有特殊疗效。临床已普遍采用并证明疗效显著的疾病有：急性一氧化碳中毒、急性减压病、急性气栓症、窒息、气性坏疽、颅脑外伤及伤后脑功能障碍、有害气体及氰化物中毒、急性眼底供血障碍、手术或其他原因诱发的急性脑水肿所致颅压升高等。

注意事项

1. 严格遵守操作规程，注意安全用氧。切实做到“四防”，即防火、防震、防油、防热，氧气筒应放在阴凉通风处，周围严禁烟火及易燃品，距离明火 5 m 以上，距离热源 1 m 以上，以防引起燃烧。氧气筒上挂有四防的标志。氧气表及螺旋口上勿涂油，也不可用带油的手或工具装卸氧气表，以免燃烧。搬运氧气筒时，避免倾倒及撞击。

2. 使用氧气时，应先调节氧流量，后插管。停用氧气时，应先拔管，再关闭氧气开关。中途调节氧流量时，应先分离鼻导管与湿化瓶连接处，调节好流量后再接上，以免因开关使用错误，大量氧气进入呼吸道而损伤肺组织。

3. 氧气筒内氧气勿用尽，压力表指针降至 0.5 MPa（$5\ kg/cm^2$）时即不可使用，以免灰尘进入筒内，再次充气时引起爆炸。对未用或已用空的氧气筒，应分别悬挂满或空的标志，以免使用时搬错。

4. 持续用氧者，单侧鼻导管每日更换 2 次以上，双侧鼻孔交替插管，及时清除鼻腔分泌物，防止导管阻塞。双侧鼻导管每日更换 1 次。面罩每 4 ~ 8 小时更换 1 次。湿化液应每日更换，湿化瓶及通气管应定期消毒。

5. 用氧过程中应密切观察缺氧症状有无改善，有无氧疗的副作用，实验室检查指标。

氧疗的副作用

1. 氧中毒　特点是肺实质的改变，表现为胸骨下不适、灼热感、干咳、恶心、呕吐、烦躁不安、进行性呼吸困难。预防措施是避免长时间、高浓度吸氧，定期监测血气分析，动态观察氧疗的治疗效果。

2. 肺不张　患者吸入高浓度的氧后，肺泡内氮气被大量置换，一旦支气管阻塞，其所属肺泡内的氧气被肺循环血液迅速吸收，导致吸入性肺不张。主要表现为烦躁、呼吸频率和心率加快、血压升高，继而出现血压升高、发绀、昏迷。预防措施是控制吸氧浓度，鼓励患者做深呼吸，多咳嗽，经常更换体位，防止分泌物阻塞。

3. 呼吸道分泌物干燥　氧气为干燥的气体，持续吸入未经湿化的氧气可导致呼吸道黏膜干燥，分泌物黏稠、结痂，不易咳出。预防措施是加强吸入氧气的湿化，并定期做雾化吸入。

4. 眼晶状体后纤维组织增生　仅见于新生儿，尤其是早产儿。由于视网膜血管收缩，引起晶状体后纤维组织增生，导致不可逆的视力损害，甚至失明。预防措施是氧疗时控制吸氧浓度和持续时间。

5. 呼吸抑制　多发生于Ⅱ型呼吸衰竭（PaO_2 减低、$PaCO_2$ 升高）的患者。此类患者 $PaCO_2$ 长期处于高水平，呼吸中枢对二氧化碳的敏感性差，其呼吸主要靠缺氧刺激颈动脉窦和主动脉体化学感受器来维持。如果高浓度给氧，则缺氧反射性刺激呼吸的作用消失，导致呼吸抑制，甚至呼吸停止。预防措施是低流量、低浓度给氧，维持动脉血氧分压 60 mmHg 即可。

护理评价

1. 严格执行查对制度，根据缺氧程度选择吸氧浓度，吸氧方法正确、规范，环境符合用氧安全。

2. 缺氧症状缓解，无呼吸道黏膜损伤等并发症，患者及家属了解吸氧的相关知识。

3. 充分体现以人为本的护理服务理念，关心、体贴患者，注重保护患者的隐私。护患沟通有效，患者愿意配合。

音频：
考点解析

➤ **考点：** 某患儿，女性，1岁。因细菌性肺炎入院，目前患儿烦躁不安、呼吸困难。医嘱：吸氧。适宜该患儿的吸氧方式为

A. 单侧鼻导管法　　B. 面罩法　　C. 鼻塞法

D. 漏斗法　　E. 头罩法

五、人工呼吸器的使用

人工呼吸器（artificial respirator）是采用人工或机械装置产生通气，对无呼吸患者进行强迫通气，对通气障碍患者进行辅助呼吸，改善换气功能，达到维持和增加机体通气量，纠正低氧血症的目的。人工呼吸器常用于各种病因所致的呼吸停止、呼吸衰竭的抢救及麻醉期间呼吸管理。

人工呼吸器包括简易呼吸器和人工呼吸机。简易呼吸器又称复苏球、气囊等，由呼吸囊、呼吸活瓣、面罩及衔接管构成，是最简单的借助器械加压的人工呼吸装置，适用于心肺复苏（CPR）及需人工呼吸急救的场合。人工呼吸机按吸、呼气相互切换方式分类，分为定容型、定压型、多功能型，用于各种原因所致的呼吸衰竭、呼吸支持治疗、麻醉期间的呼吸管理和急救复苏。

▶ 护理评估

1. 评估与解释

（1）评估患者：①核对患者身份，如床号、姓名、住院号、性别、年龄及诊断。②全身情况，如病情、体重、意识状态、生命体征、循环状态及血气分析结果。③局部情况，有无自主呼吸、呼吸型态、呼吸道是否通畅、有无活动性义齿。④心理状态，患者有无紧张、焦虑、恐惧，是否愿意合作，对人工呼吸器相关知识的了解情况。

（2）解释：人工呼吸器使用的目的、方法、配合要点及注意事项。

2. 评估环境　环境宽敞、整洁、舒适，空气清新。

▶ 护理诊断

同吸氧法。

▶ 护理计划

1. 目的

（1）维持和增加机体通气量，纠正威胁生命的低氧血症。

（2）麻醉期间的呼吸管理。

2. 准备

（1）护士准备：衣帽整洁，修剪指甲，洗手，戴口罩，明确人工呼吸器使用的相关知识。

（2）患者准备：患者了解人工呼吸器使用的目的、配合要点及注意事项。

（3）用物准备：简易呼吸器或人工呼吸机。

▶ 护理实施

人工呼吸器实施，见表20-7。

表 20-7　人工呼吸器实施

护理实施	流程简析	要点说明
核对、解释	◆备齐用物携至患者床旁，核对患者，解释操作目的、方法、配合要点及注意事项	确认患者，避免差错，取得配合
安置体位	◆去枕仰卧、头后仰，如有活动性义齿，应取下	
开放气道	◆解开领口、领带、腰带，清除呼吸道分泌物	保持呼吸道通畅
使用人工呼吸器	◆根据病情需要，选择合适的人工呼吸器	
▲简易呼吸器		
扣紧面罩	◆操作者站在患者头侧，托起患者下颌使患者头后仰，将面罩扣紧于患者口、鼻部	贴合紧密，避免漏气
挤压通气	◆挤压呼吸囊，使空气或氧气自气囊进入肺部，放松气囊时肺内气体随呼气活瓣排出，频率 16 ~ 20 次 / 分，一次挤压可有 500 ~ 1000 ml 空气进入肺内	反复有规律地挤压与放松
观察呼吸	◆患者若有自主呼吸，挤压气囊应与自主呼吸同步，即患者吸气初顺势挤压呼吸囊，达一定潮气量后完全放松，让患者自行完成呼气	细心观察，步调统一
▲人工呼吸机		
开机准备	◆连接呼吸机各导管，氧气装置与呼吸机相连接	确保运转正常
开机检查	◆接通电源，打开开关，开氧气阀门，检查机器有无漏气和运转情况	
调节参数	◆根据患者的病情调节各预置参数，见表 20-8	参数与病情适宜
连接气道	◆呼吸机与患者气道紧密相连 面罩法：面罩盖住患者口、鼻后与呼吸机连接 气管插管法：气管内插管与呼吸机连接 气管切开法：气管切开放置套管后与呼吸机连接	连接紧密，避免漏气
观察、记录	◆观察患者病情及呼吸机运转情况，记录患者反应、呼吸机参数、时间、效果及特殊处理	细心观察，及时清理
撤机护理	◆根据医嘱撤机。撤机前核对，进行心理护理。分离导管或面罩，拔管，吸氧。关电源开关	先适当减少呼吸机通气量，减少患者对呼吸机的依赖，循序渐进地进行撤机
暂留备用	◆撤离呼吸机后，呼吸机和急救物品应暂留置床边，以备急用	
用物处理	◆做好人工呼吸机的保养，用物的消毒	
洗手、记录	◆记录撤机时间，患者反应	规范，及时，准确

表 20-8　呼吸机主要参数的设置

项目	数值
呼吸频率（R）	10 ~ 16 次 / 分
通气量（VE）	8 ~ 10 L/min
潮气量（Vr）	10 ~ 15 ml/kg（600 ~ 800 ml）
吸呼时间比（I/E）	1：2.0 ~ 1：1.5

续表

项目	数值
呼气压力（EPAP）	0.147 ~ 1.96 kPa（一般< 2.94 kPa）
呼气末正压（PEEP）	0.49 ~ 0.98 kPa（渐增）
供氧浓度	30% ~ 40%（一般< 60%）

注意事项

1. 监测呼吸机工作情况，注意呼吸机运转情况、有无漏气、管路连接处有无脱落、各参数是否符合患者病情需要。

2. 密切观察病情变化，监测患者生命体征和神志变化，定期进行血气分析和电解质测定。观察患者有无自主呼吸，并调整呼吸机与之保持同步。

3. 观察通气量是否符合病情需要。若通气量不足，出现二氧化碳滞留时，患者可出现烦躁不安、多汗、皮肤潮红、血压升高、脉搏加速等。若通气量合适，吸气时能看到胸廓起伏，双肺呼吸音清，生命体征平稳。若通气过度，患者可出现昏迷、抽搐等碱中毒症状。

4. 充分湿化呼吸道，防止患者气道干燥，分泌物堵塞，诱发肺部感染。湿化罐内放蒸馏水，减少杂质，采用加湿湿化器将水加温后产生蒸气，混进吸入气体，起到加湿、加温作用。鼓励患者咳嗽、翻身、深呼吸，必要时叩击、吸痰、及时清理呼吸道分泌物，保持呼吸道通畅。

5. 预防感染发生，严格执行无菌吸痰技术，保持面部清洁，做好口腔护理。做好呼吸机接口、螺纹管、面罩等的消毒工作，定期进行空气消毒，保持病室清洁。

护理评价

1. 严格执行查对制度，根据病情调节参数，使用人工呼吸器的方法正确、规范。

2. 患者呼吸道通畅，能维持有效的呼吸，循环得以支持。患者了解人工呼吸器的相关知识。

3. 充分体现以人为本的护理服务理念，关心、体贴患者。护患沟通有效，患者愿意配合。

音频：
考点解析

➤ **考点：** 患者，男性，70岁。因呼吸衰竭行呼吸机治疗，提示患者出现过度通气的体征是

A. 烦躁不安
B. 抽搐、昏迷
C. 皮肤潮红、多汗
D. 表浅静脉充盈消失
E. 血压升高，脉搏加快

自测题

一、A1型题

1. 颅脑外伤患者临终状态的瞳孔表现是

A. 一侧瞳孔缩小，对光反应迟钝
B. 一侧瞳孔散大，对光反应迟钝
C. 一侧瞳孔散大，对光反应消失

D. 双侧瞳孔大小多变，对光反应迟钝
E. 双侧瞳孔散大，对光反应消失

2. 使用简易呼吸器前，首要的步骤是
A. 清除呼吸道分泌物　B. 松开领口、腰带
C. 俯卧，人工呼吸　D. 氧气吸入
E. 使用呼吸中枢兴奋药

3. 成人使用人工呼吸机，潮气量的标准是每千克体重
A. 5 ml　B. 6 ml　C. 8 ml
D. 17 ml　E. 12 ml

4. 瞳孔缩小指瞳孔直径小于
A. 1 mm　B. 2 mm　C. 3 mm
D. 4 mm　E. 5 mm

5. 洗胃时，一次灌入洗胃液量过多，不可能引起的危险是
A. 疼痛　B. 急性胃扩张　C. 胃内压升高
D. 增加毒物吸收　E. 反射性心搏骤停

二、A2 型题

6. 某患者，男性，59 岁。突然心悸，气短，咳粉红色泡沫痰，BP 195/90 mmHg，HR 136 次 / 分，护士协助医生抢救时，应准备的药品是
A. 毛花苷 C（西地兰）、硝酸甘油、异丙肾上腺素
B. 硝普钠、毛花苷 C、呋塞米（速尿）
C. 胍乙啶、酚妥拉明、多巴胺
D. 毒毛花苷 K、硝普钠、普萘洛尔（心得安）
E. 硝酸甘油、毛花苷 C、多巴胺

7. 某患者因误食灭鼠药（磷化锌）被送入急诊室，此时为该患者洗胃最好选用
A. 温开水　B. 1：20 000 ~ 1：15 000 的高锰酸钾溶液
C. 生理盐水　D. 2%碳酸氢钠溶液
E. 4%碳酸氢钠溶液

8. 慢性呼吸衰竭患者处于熟睡状态，但可唤醒，并可做简单而正确的交谈，但停止谈话后立即入睡，称为
A. 嗜睡　B. 意识模糊　C. 谵妄
D. 昏睡　E. 浅昏迷

9. 某患者，男性，76 岁。肺源性心脏病，呼吸困难、咳嗽、咳痰，给予鼻导管氧气吸入，因需进食，此时应采取的最佳措施是
A. 先关流量开关，后拔管　B. 先关总开关，后拔管
C. 分离氧气管道，保留鼻导管　D. 先拔管，再关流量开关
E. 边进食，边吸氧

10. 某患者，男性，67 岁。患者处于慢性阻塞性肺疾病急性发作期，长期卧床，咳痰无力，为促进排痰，护士给予胸部叩击，错误的叩击方法是
A. 患者取侧卧位　B. 叩击顺序由外向内
C. 叩击顺序由下而上　D. 叩击者的手呈扇形张开
E. 叩击者手指向掌心微弯曲

三、A3 型题

（11～13 题共用题干）

某患者，女性，70 岁。既往有慢性支气管炎病史 10 年。近日因咳嗽、咳黄色脓痰且不易咳出就诊，体温 36.7 ℃，胸部听诊可闻及湿啰音，胸部 X 线片示右侧肺有絮状阴影。

11. 该患者目前最主要的护理诊断是

A. 气体交换受损　　B. 有感染的危险　　C. 清理呼吸道无效

D. 体温过高　　E. 体液过多

12. 护士对该患者应采取的护理措施不包括

A. 指导患者有效咳嗽

B. 咳嗽时可配合进行胸部叩击

C. 用超声雾化吸入湿化气道

D. 进行体位引流

E. 督促患者每日饮水 1500 ml 以上

13. 患者咳嗽时，护士应予以纠正的动作是

A. 患者取坐位，两腿上置一枕顶住腹部

B. 咳嗽前先深呼吸数次

C. 连续咳嗽数次使痰到咽部附近，再用力咳出

D. 患者为省力，每次连续轻咳数次

E. 排痰后用清水充分漱口

（14～15 题共用题干）

某患者，男性，57 岁。因十二指肠溃疡致幽门梗阻，恶心、呕吐，手术前 3 日用高渗盐水洗胃，以减轻胃黏膜水肿和炎症，利于术后恢复。

14. 为幽门梗阻患者洗胃的适宜时间是

A. 饭后 0.5 小时　　B. 饭后 1 小时　　C. 饭后 2 小时

D. 饭后 3 小时　　E. 空腹

15. 适用于幽门梗阻患者的洗胃法是

A. 口服催吐法　　B. 漏斗胃管洗胃法

C. 电动吸引器洗胃法　　D. 注洗器洗胃法

E. 自动洗胃机洗胃法

（16～17 题共用题干）

某患儿，5 岁。因急性肺炎入院。呼吸急促，肺部听诊有痰鸣音，给予氧气吸入。

16. 最适合患儿的用氧方法是

A. 鼻塞法　　B. 单侧鼻导管法　　C. 面罩法

D. 头罩法　　E. 氧气罩法

17. 如果给氧流量为 5 L/min，氧浓度为

A. 25%　　B. 30%　　C. 35%

D. 41%　　E. 50%

四、A4 型题

（18～20 题共用题干）

某患者，男性，68 岁，高血压心脏病 10 余年。4 日前患者受凉后出现咳嗽，咳黄色黏痰，伴发热，T 39.3 ℃，上二层楼后感心悸、气短。急诊以“高血压心脏病、心力衰竭、肺部感染”收入院。

18. 护士应给予该患者的吸氧方式是
    A. 持续低流量吸氧　　B. 持续高流量吸氧
    C. 高压氧舱　　D. 低流量 20%乙醇湿化给氧
    E. 高流量 20%乙醇湿化给氧

19. 在吸氧过程中，患者口唇发绀，痰鸣音明显，无力咳嗽，应立即给予
    A. 指导咳嗽　　B. 雾化吸入　　C. 有效叩击
    D. 体位引流　　E. 吸痰

20. 吸痰时，如痰液黏稠，不易咳出，应
    A. 滴少量生理盐水湿化痰液　　B. 增大负压吸引力
    C. 增加吸痰次数　　D. 反复上下提拉吸痰管
    E. 用力拍背

（汪美华）

思政之光

第二十一章
临 终 护 理

思维导图

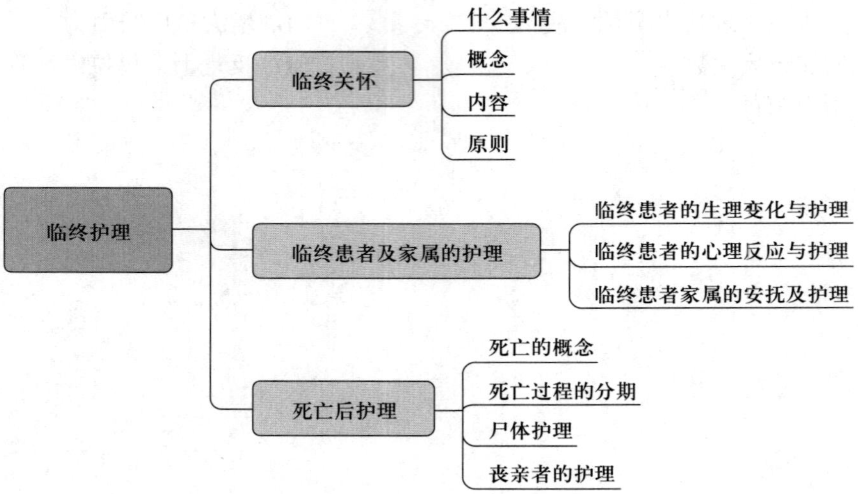

学习目标

1. 解释临终关怀、濒死、死亡。
2. 知道临终患者家属的安抚与护理、丧亲者的护理。
3. 描述临终关怀的内容、临终关怀的原则。
4. 熟记临终患者的生理变化与护理，临终患者的心理反应与护理，死亡过程的分期，尸体护理。
5. 正确实施尸体护理。
6. 养成良好的职业素养，充分体现以人为本的护理服务理念，尊重患者及家属的意愿。

生老病死是人类自然发展的客观规律，临终和死亡是人生必经的发展阶段。让患者宁静、坦荡地面对死亡，并尽可能减轻患者临终前生理上的痛苦，使之有尊严、安详地度过人生旅程的最后阶段，提高临终前的生活质量，是护理人员应尽的职责。作为护士，首先必须建立正确的死亡观，掌握相关的理论知识和技术，了解患者身心两方面的护理需要，以便给患者及家属在精神上提供心理支持及进行最佳的躯体护理。

第一节 临终关怀

一、概念

关于临终，世界各国提出的概念各不相同。临终关怀学者普遍认为临终是临近死亡的阶段，无论何种原因所造成的人体重要器官的生理功能趋于衰竭，生命活动将要走向终点的状态，即为临终。

关于临终的时限，目前世界上仍没有统一的标准，不同的国家有不同的标准。中国目前对临终时限的标准概念为当患者处于疾病末期，在2~3个月内不可避免死亡时，为临终阶段。

临终关怀（hospice care）是指由社会各层次人员组成的团队向临终患者及家属提供包括生理、心理和社会等方面的全面性支持和照料，又称善终服务、安息护理等。

临终关怀的对象是濒临死亡、目前医学救治无望的患者。临终关怀的目的既不是治疗疾病，也不是延长生命，其主要护理目标是尊重患者的尊严，为临终患者及家属提供全方位的身心、社会等方面的支持和照料，通过疼痛控制、症状处理、心理疏导来减轻其身心痛苦，使临终患者的生存质量得以提高，能够安详、舒适、有尊严地告别人世，并使其家属的身心健康得到维护，平稳、顺利地度过哀伤期。

目前，国内外临终关怀机构的类型主要有独立的临终关怀院、附设的临终关怀病房和家庭临终关怀照护等。

二、内容

临终关怀不仅是一种服务，也是一门探讨临终患者生理、心理特征和为临终患者及其家属提供全面照料的新兴学科。其研究内容包括以下几个方面。

1. 临终患者及家属的需求 临终患者的需求包括生理、心理及社会方面的需求。临终患者家属的需求包括对临终患者治疗和护理的要求、心理需求及为其提供殡丧服务等。

2. 临终患者的全面照护 控制疼痛和不适，提供医疗护理、生活护理、心理护理。

3. 临终患者家属的照护 进行心理疏导和提供情感支持。为临终患者提供优质护理照护，减少家属的疑虑。

4. 死亡教育 帮助临终患者树立正确的生死观，正确对待和接受死亡，消除对死亡的恐惧心理。

5. 临终关怀的模式 由于东方与西方文化背景的不同，导致患者对死亡的态度有很大的差异，探讨适合我国国情的临终关怀模式和特点是临终关怀的重要内容之一。

6. 其他 包括临终关怀机构所采用的医疗体系，临终医疗护理原则，临终关怀机构的管理、实施的研究与实践，临终关怀工作人员的构成与培训，临终关怀与其他学科的关系，临终关怀与社会发展的关系等。

知识链接

安乐死

安乐死（euthanasia）一词源于希腊文，意思是“幸福”的死亡。它包括两层含义，一是安乐的无痛苦死亡；二是无痛致死术。我国对安乐死的定义是患不治之症的患者在垂危状态下，由于精神和躯体的极端痛苦，在患者和其亲友的要求下，经医生认可，用人道方法使患者在无痛苦状态中结束生命的过程。安乐死的形式可分为主动与被动两种。主动安乐死指由医务人员或其他人采取措施，以结束患者的痛苦或加速死亡过程。被动安乐死指停止对患者采用一切医疗措施，任其自然死亡。

三、原则

（一）以照料为中心

对临终患者来讲，治愈的希望已变得十分渺茫，而最需要的是身体舒适、控制疼痛、生活护理和心理支持。护理目标从以治疗为主转为以对症处理和护理照顾为主。

（二）维护人的尊严

患者尽管处于临终阶段，但个人尊严不应该因生命活力降低而递减，个人权利也不可因身体衰竭而被剥夺，只要未进入昏迷阶段，仍具有思想和感情，医护人员应维护和支持其个人权利，如保护个人隐私和自己的生活方式，参与医疗护理方案的制订，选择死亡方式等。

（三）提高临终生活质量

有些人片面地认为临终就是等待死亡，生活已没有价值，患者变得消沉，对周围的一切失去兴趣。甚至个别医护人员也这样认为，表现出面孔冷漠、语言及态度生硬、操作粗鲁、不知该如何面对患者。

临终关怀则认为临终也是生活，是一种特殊类型的生活。所以正确认识和尊重患者最后生活的价值，提高其生活质量是对临终患者最有效的服务。

（四）共同面对死亡

死亡和出生一样是客观世界的自然规律，是不可违背的，是每个人都要经历的事实，正视死亡才能使生显得有意义。而临终患者只是比我们早一些面对死亡的人，他们现在的状况也是我们以后要面临的。死赋予生以意义，死是一个人的最终决断，所以，我们要珍惜生命、珍惜时间，要迎接挑战、勇敢面对。

因此，护理人员应首先建立正确的生死观，才能坦然地指导患者面对死亡、接受死亡，珍惜即将结束的生命。同时应和临终患者一起共同面对死亡，将他们的经历视为自己的体验，要有恰当的移情，站在他们的角度去想和处理事情。

➢ **考点**：关于临终关怀，下列说法不妥的是

A. 要有坦率、诚实的态度

B. 要认真听取患者的主诉，加强躯体支持性护理

C. 要充分体谅患者的痛苦

D. 要制止患者的痛苦

E. 要尽量尊重患者的选择，鼓励家属陪伴，提供对家属的生活关怀

音频：
考点解析

第二节 临终患者及家属的护理

一、临终患者的生理变化与护理

（一）循环与呼吸

1. 生理变化 临终患者多有循环和呼吸功能减退或衰竭。患者常表现为心音低弱，脉搏快而微弱、不规则，血压下降等，呼吸困难，鼾声呼吸、痰鸣音或有潮式呼吸、间停呼吸等。

2. 护理措施 护士应改善患者的循环和呼吸功能，密切观察生命体征的变化以及皮肤颜色、温度及湿度等。如患者四肢冰冷，应注意保暖，提高室温，必要时使用热水袋。如患者呼吸困难，应给予吸氧，必要时吸痰，以保持呼吸道通畅。如病情允许，可给予半坐卧位或抬

高头、肩，改善呼吸困难。昏迷的患者可取侧卧位或使头偏向一侧，防止窒息或发生肺部并发症。

（二）饮食与排泄

1. 生理变化 患者常表现出恶心、呕吐、食欲缺乏、腹胀、便秘和口干，还可出现尿失禁、大便失禁、尿潴留、粪便嵌塞等症状。

2. 护理措施 护士应促进患者食欲，增进营养。了解患者的饮食习惯，注意食物的色、香、味，给予患者少量多餐，以减轻恶心，增进食欲。给予流质或半流质饮食，便于患者吞咽。协助患者进食、饮水，必要时采用鼻饲法或完全胃肠外营养（TPN），保证患者营养供给。

（三）皮肤与骨骼

1. 生理变化 患者常表现为皮肤苍白、湿冷，口唇发绀，四肢冰凉，肌张力降低，肌肉软瘫，不能进行自主活动。

2. 护理措施 护士应促进患者舒适，预防压疮。帮助患者维持舒适的姿势与体位，定时翻身和按摩受压骨凸处，注意保持患者皮肤、衣服、床单位的整洁。

（四）面容、感知觉及意识

1. 生理变化 临终患者常见希氏面容，表现为面肌消瘦、面色呈铅灰色，口微张，眼眶凹陷，双眼半睁、呆滞，瞳孔固定。患者语言逐渐混乱、发声困难，视觉逐渐减退，视力减退至丧失。但听觉一般最后消失。

若疾病未侵犯神经系统，患者可以始终保持神志清醒。病变侵及或影响中枢神经系统则可出现意识模糊、昏睡或昏迷。

2. 护理措施 护士应减轻患者感知觉改变的影响，环境安静、空气新鲜、通风良好、适当照明，增加安全感。注意眼部的清洁，对于双眼半睁的患者，护士应用手轻轻将患者眼睑闭合，定时涂抹药膏，并用生理盐水纱布覆盖。由于听力常为最后消失的感觉，护理中应注意语言亲切、柔和、清晰，避免在患者周围窃窃私语，讨论病情，以减少不良刺激。患者视力减退时，护士应多用语言或使用触摸等方式与患者保持联系，使其感到即使是在生命最后一刻，仍不孤独。

护士应注意患者安全，必要时用牙垫、床档加以保护。患者神志清醒时，护士应尊重和尽可能满足患者的特殊需要，观察疼痛的部位、性质、程度、持续的时间等，协助患者选择最有效的方法减轻疼痛。

（五）临近死亡的体征

1. 生理变化 患者各种反射（如瞳孔对光反应、吞咽反射等）逐渐消失，肌张力减退或丧失，脉搏快且弱并逐渐消失，血压下降到测不出，呼吸困难，出现潮式呼吸、间停呼吸和点头样呼吸，皮肤湿冷，瞳孔散大。通常患者的呼吸先停止，随后心搏停止。

2. 护理措施 掌握熟练的护理技术帮助患者减轻痛苦。满足患者及家属的心理需要，允许家属陪伴。

二、临终患者的心理反应与护理

临终患者接近死亡时会产生十分复杂的心理和行为反应。美国学者伊丽莎白·库勒·罗斯（Kuble-Ross E）在观察了几百位临终患者的基础上，将临终患者的心理反应过程分为5个阶段，即否认期、愤怒期、协议期、忧郁期和接受期。

（一）否认期

1. 心理表现 患者得知自己病重将面临死亡，其心理反应是“不，这不会是我，这不是真的”，并极力否认，拒绝接受事实，他们怀着侥幸的心理四处求医，希望是误诊。否认是患者应对突然降临的不幸的一种正常的心理防御机制。

2. 护理措施 此期护士与患者之间应坦诚沟通，耐心倾听，既要维护患者的知情权，不能欺骗患者，也不要轻易揭穿患者的心理防御机制，维持其适当的希望，应允许其逐步适应。注意医护人员对患者的言语的一致性，经常陪伴在患者身旁，让患者感受到护理人员的关怀。

（二）愤怒期

1. 心理表现 当否认无法再持续下去时，患者常表现为生气与激怒，产生“为什么是我，太不公平”的心理，往往将愤怒的情绪向医护人员、朋友、家属等接近他的人发泄，或对医院的制度、治疗等方面表示不满，以弥补内心的不平。

2. 护理措施 护士应充分理解患者的痛苦，正确对待患者的发怒、抱怨、不合作行为，认真倾听患者的心理感受，给患者以关爱和宽容。同时应注意预防意外事件的发生，并取得家属的配合。

（三）协议期

1. 心理表现 患者愤怒的心理消失，承认和接受临终的事实。为了延长生命，做出许多承诺作为交换条件，出现“请帮助我好起来，我一定……”的心理。此期患者变得和善、宽容，对自己的病情抱有希望，表现合作，能配合治疗。

2. 护理措施 护士应主动关心患者，鼓励其说出内心的感受，加强护理，尽量满足患者的要求，使其更好地配合治疗，以控制症状，减轻痛苦。创造良好的环境，指导、协助患者完成角色义务，实现患者的愿望，充实生命的最后历程，提高临终生命质量。

（四）忧郁期

1. 心理表现 当患者发现身体状况日益恶化，认识到协商无法阻止死亡来临，会产生很强烈的失落感，表现出悲伤、退缩、情绪低落、沉默、哭泣等反应，甚至有轻生念头。患者常要求会见亲朋好友，希望有喜爱的人陪伴，并开始交代后事。

2. 护理措施 护士应经常陪伴患者，给予同情和照顾，尽可能满足患者的各种需求，允许其用不同方式宣泄情感。鼓励家属陪伴，并加强安全保护。

（五）接受期

1. 心理表现 在一切的努力、挣扎之后，患者变得平静，喜欢独处，接受即将面临死亡的事实。由于精神和肉体的极度疲劳和衰弱，患者睡眠时间增加，情感减退，平静地等待死亡的到来。

2. 护理措施 护士应尊重患者的选择，不强迫患者交谈。提供安静、舒适的环境，减少外界干扰，继续陪伴患者，帮助患者了却未完成的心愿，给予适当的支持，加强生活护理，使其安详地告别人世。

音频：考点解析

➤ **考点：** 某患者，女性，34岁。体检时发现乳腺包块，进一步检查，诊断为乳腺癌。该患者不相信，遂到其他医院检查。该患者的心理反应属于

A. 否认期　　B. 愤怒期　　C. 接受期

D. 忧郁期　　E. 协议期

三、临终患者家属的安抚及护理

1. 满足家属照顾患者的需要 护理人员要关心、理解家属的心情，尽量安排家属对临终患者的陪伴与照顾。

2. 鼓励家属表达感情 护理人员要与家属积极沟通，取得家属的信任。鼓励家属表达内心的感受和遇到的困难，积极解释临终患者生理及心理变化的原因，减轻家属顾虑。

3. 指导家属对患者的生活照料 鼓励家属参与护理计划的制订和对患者照料，使家属在此过程中获得心理慰藉，让患者感到亲情的温暖。

4. 协助维持家庭的完整性 协助家属在医院环境中营造家庭生活氛围，如共进晚餐等，维持家庭的完整性。

5. 提供对家属的生活关怀 对家属多关心、体贴，帮助其安排陪伴期间的生活，尽量减轻其实际困难。

第三节 死亡后护理

一、死亡的概念

死亡（death）是指个体生命活动和新陈代谢的永久停止。呼吸、心搏停止是传统的判断死亡的标准。

随着医学的发展，传统的死亡标准受到了强烈的冲击。心肺功能停止的患者仍可依靠药物或机器来维持生命，通过脏器移植技术来替换衰竭的脏器。现代医学已经证明：当人的心搏、呼吸停止时，大脑、肾、肝并不一定死亡，只要大脑功能保持完整，生命活动就有恢复的可能性。因此，目前医学界开始提出以脑死亡作为判断死亡的标准，认为脑死亡后，生命活动将无法逆转。目前医学界基本上沿用 1968 年美国哈佛大学提出的脑死亡诊断标准：①不可逆的深度昏迷；②自发呼吸停止；③脑干反射消失；④脑电波消失（平坦）。凡符合以上标准，并在 24 小时或 72 小时内反复测试检查，结果无变化，排除体温过低（< 32.2 ℃）及中枢神经系统抑制剂的影响，即可宣告死亡。

二、死亡过程的分期

死亡不是生命过程的骤然结束，而是一个逐步进展的过程。

（一）濒死期

濒死期（near death period）又称临终状态，是生命活动的最后阶段。这时人体主要器官或系统的功能严重紊乱，趋于衰竭，脑干以上的中枢神经系统功能处于抑制或丧失状态。表现为意识模糊或丧失，各种反射减弱或迟钝，肌张力减退或消失，心搏减弱，血压下降，呼吸微弱或出现潮式呼吸及间停呼吸。此期若得到及时、有效的治疗和抢救，生命仍可复苏。

（二）临床死亡期

临床死亡期（clinical stage of death）即躯体死亡期或个体死亡期，此期中枢神经系统的抑制过程已经由大脑皮质扩散至皮质下部位，延髓也处于深度抑制状态。临床表现为心搏、呼吸停止，各种反射消失，瞳孔散大，但各组织细胞仍有微弱的代谢活动，但持续时间只有 5 ~ 6 分钟，超过时间，大脑将发生不可逆的变化。此期患者仍有复苏的可能。

（三）生物学死亡期

生物学死亡期（biological period of death）是死亡过程的最后阶段。整个神经系统以及各器官的新陈代谢相继停止，并出现不可逆的变化，机体已经不可能复活。机体相继会出现尸冷（死亡后开始出现）、尸斑（死亡后 2 ~ 4 小时出现）、尸僵（死亡后 6 ~ 8 小时出现）、尸体腐败（死亡后 24 小时出现）等现象。

三、尸体护理

尸体护理是临终关怀的重要内容，是整体护理的最后步骤。确认患者死亡，医生开具死亡诊断书后，护士应尽快进行尸体护理。做好尸体护理不仅是对死者人格的尊重，对死者家属也是极大的安慰，体现了人道主义精神和护士崇高的职业道德。

护理评估

1. 评估患者 ①患者的死亡时间、原因、死亡诊断书，是否有传染病。②死者面容，尸体清洁程度，有无伤口及引流管等。③死者的民族、宗教信仰。④死者家属对死亡的态度。

2. 评估环境 环境安静、肃穆，安排单独房间或用屏风遮挡。

护理计划

1. 目的

（1）使尸体整洁，姿势良好，易于辨认。

（2）给家属以安慰，减轻其哀痛。

2. 准备

（1）护士准备：衣帽整洁，洗手，戴口罩和手套。

（2）用物准备

1）治疗车上层：①治疗盘内备衣裤、尸单或尸袍、尸体识别卡 3 张（表 20-1）、剪刀、血管钳、不脱脂棉球适量、绷带和松节油。②治疗盘外备擦洗用具，有伤口或引流管者备换药敷料，手消毒液，必要时备隔离衣及手套等。

2）治疗车下层：医用垃圾桶、生活垃圾桶。

表 20-1 尸体识别卡

姓名 ________ 住院号 ______ 年龄 ______ 性别 ______

病室 ________ 床 号 ______ 籍贯 ______ 死亡诊断 ________________

住址 ____

死亡时间 ______ 年 _____ 月 _____ 日 ____ 时 _____ 分

护士签名 ________

________ 医院

护理实施

尸体护理实施，见表 20-2。

表 20-2 尸体护理实施

护理实施	流程简释	要点说明
家属离房	◆劝慰家属暂离病房，大病房用屏风遮挡	家属不在时，应尽快通知
撤去用物	◆撤去一切治疗用物	便于进行尸体护理
安置体位	◆将床放平，使尸体仰卧，头下垫一枕，双臂放于身体两侧，脱去衣、裤，留一大单遮盖尸体	防止面部淤血变色
整理遗容	◆洗脸，闭合口、眼。有义齿者，代为装上。眼睑不能闭合者，应用毛巾湿敷或按摩，协助闭合眼睑。不能闭口者，可轻揉下颌关节处或用绷带托起	装上义齿，可避免面型改变，使脸部稍显丰满。将口、眼闭合，以维持尸体的良好外观，符合习俗
清洁躯体	◆脱去衣、裤，依次擦洗上肢、胸、腹、背、臀及下肢，有伤口者更换敷料，有引流管者需拔除，缝合伤口或用蝶形胶布封住后包扎，如有胶布痕迹，用松节油擦净	维持尸体良好的外观
填塞孔道	◆用棉球填塞口、鼻、耳、阴道、肛门等孔道	防止体液外溢，棉球勿外露

续表

护理实施	流程简释	要点说明
包裹尸体	◆穿上衣、裤，梳理头发，系一尸体识别卡于死者手腕部，撤去大单 ◆移尸体于平车的尸单上，先用尸单遮盖住头和脚，再用左右两角将尸体整齐包好，在颈、腰、踝部用绷带固定（或将尸体放入尸袍，拉上拉链），系第二张尸体识别卡于尸体腰部绷带上	便于尸体的运送与识别
运送尸体	◆盖上大单。由专人送至太平间，置尸体于停尸屉内，系第三张尸体识别卡于停尸屉外	便于识别
洗手、记录	◆洗手，脱口罩。填写、整理各医疗文件，如填写死亡通知书、体温单上填写死亡时间、正确排列出院病历等。按出院手续办理结账	
终末消毒	◆按出院患者处理床单位、各类用物及病房，传染病按终末消毒处理原则进行处理	
清点遗物	◆清点遗物，交给家属	若家属不在，应由两人共同清点后，列出清单，交护士长保存

➢ **考点：**某护士在进行尸体护理，下列做法不妥的是

A. 置尸体去枕平卧　　B. 装上活动义齿

C. 必要时用绷带托扶下颌　　D. 有伤口者要更换敷料

E. 各孔道用棉球填塞

音频：

考点解析

注意事项

1. 患者死亡，医生开具死亡诊断书后，护士应尽快进行尸体护理，以防尸体僵硬。

2. 应正确放置尸体识别卡，以便识别尸体。

3. 如为传染病患者，应用消毒液清洁尸体，孔道应用浸有1%氯胺溶液的棉球进行填塞，包裹尸体使用一次性的尸单或尸袍，并放入不透水的袋子中，外面放置传染性标记。

4. 护士做尸体护理时，态度应严肃、认真，尊重死者，满足家属的合理要求，使其满意。

护理评价

1. 尸体整洁，外观良好，便于辨认。

2. 与家属沟通有效，家属对尸体护理结果满意。

3. 具有以人为本的护理服务理念，具备严肃认真、一丝不苟的工作态度。

四、丧亲者的护理

丧亲者主要是指失去父母、配偶、子女者。失去亲人是一个重大的负性生活事件，直接影响丧亲者的身心健康，因此对丧亲者做好护理工作是十分重要的。

1. 做好尸体护理　体现对死者的尊重，对生者的抚慰。

2. 心理护理　死亡是患者痛苦的结束，而丧亲者的悲哀却达到高峰，这就必将影响其身

心健康和生存质量，护理人员应予以陪伴，耐心倾听其诉说，针对不同心理反应，制订不同的护理措施。

3. 尽力提供生活指导、建议 如经济问题、家庭组合、社会支持系统等，使丧亲者感受到人世间的温暖。

4. 随访 临终关怀机构可通过信件、电话、访视对死者家属进行追踪随访。

自测题

一、A1型题

1. 死亡的诊断依据不包括
   A. 反射消失　B. 呼吸、心搏停止　C. 四肢冰冷
   D. 瞳孔散大而固定　E. 心电图呈直线
2. 大脑出现不可逆变化的阶段是
   A. 濒死期　B. 临床死亡期　C. 生物学死亡期
   D. 临终状态　E. 以上都不是
3. 死亡的3个阶段是
   A. 心搏停止、呼吸停止、对光反应消失
   B. 昏迷、呼吸停止、心搏停止
   C. 肌力消退、肌张力减退、反射消失
   D. 濒死、临床死亡、生物学死亡
   E. 尸斑、尸冷、尸僵
4. 下列不是尸体护理目的的是
   A. 尸体整洁　B. 尸体五官端详　C. 尸体易于辨认
   D. 尸体姿势良好　E. 给家属以安慰

二、A2型题

5. 某护士在临床上进行尸体护理的依据是
   A. 医生做出死亡诊断后　B. 呼吸停止　C. 各种反射消失
   D. 心搏停止　E. 意识丧失
6. 某患者，男性，66岁。因车祸撞伤脑部，出血后出现深昏迷，脑干反射消失，脑电波消失，无自主呼吸，患者以上表现应属于
   A. 濒死期　B. 临床死亡期　C. 生物学死亡期
   D. 疾病晚期　E. 脑死亡期

三、A3型题

（7～9题共用题干）

某患者，男性，72岁。肝癌晚期、肝硬化腹水伴肝性脑病，处于临终期。

7. 患者的临终状态又称为
   A. 临床死亡期　B. 脑死亡期　C. 生物学死亡期
   D. 濒死期　E. 代谢衰退期

8. 临终关怀的宗旨是
A. 延长生命
B. 减少死亡率
C. 提供姑息疗法，让患者舒适、安详
D. 放弃特殊治疗
E. 停止无望的救治

9. 该患者内心已有死亡准备，护士应
A. 让患者宁静并给予适当支持
B. 多与患者交谈
C. 鼓励患者与疾病做斗争
D. 安慰患者不要过度悲伤
E. 与家属讨论后事安排

（10～11 题共用题干）

某患者，女性，60 岁。乳腺癌晚期，处于临终状态，患者感到恐惧和绝望，经常对护士的治疗抱怨和不满

10. 该患者的心理反应属于
A. 否认期
B. 愤怒期
C. 接受期
D. 忧郁期
E. 协议期

11. 当患者发怒时，护士应
A. 理解、忍让，陪伴与保护患者
B. 指导用药，减轻患者痛苦
C. 同情、照顾，满足患者的要求
D. 热情鼓励，帮助患者树立信心
E. 说服教育，使患者理智地面对病情

（杨潇二）

第二十二章

护理相关文件记录

思政之光

思维导图

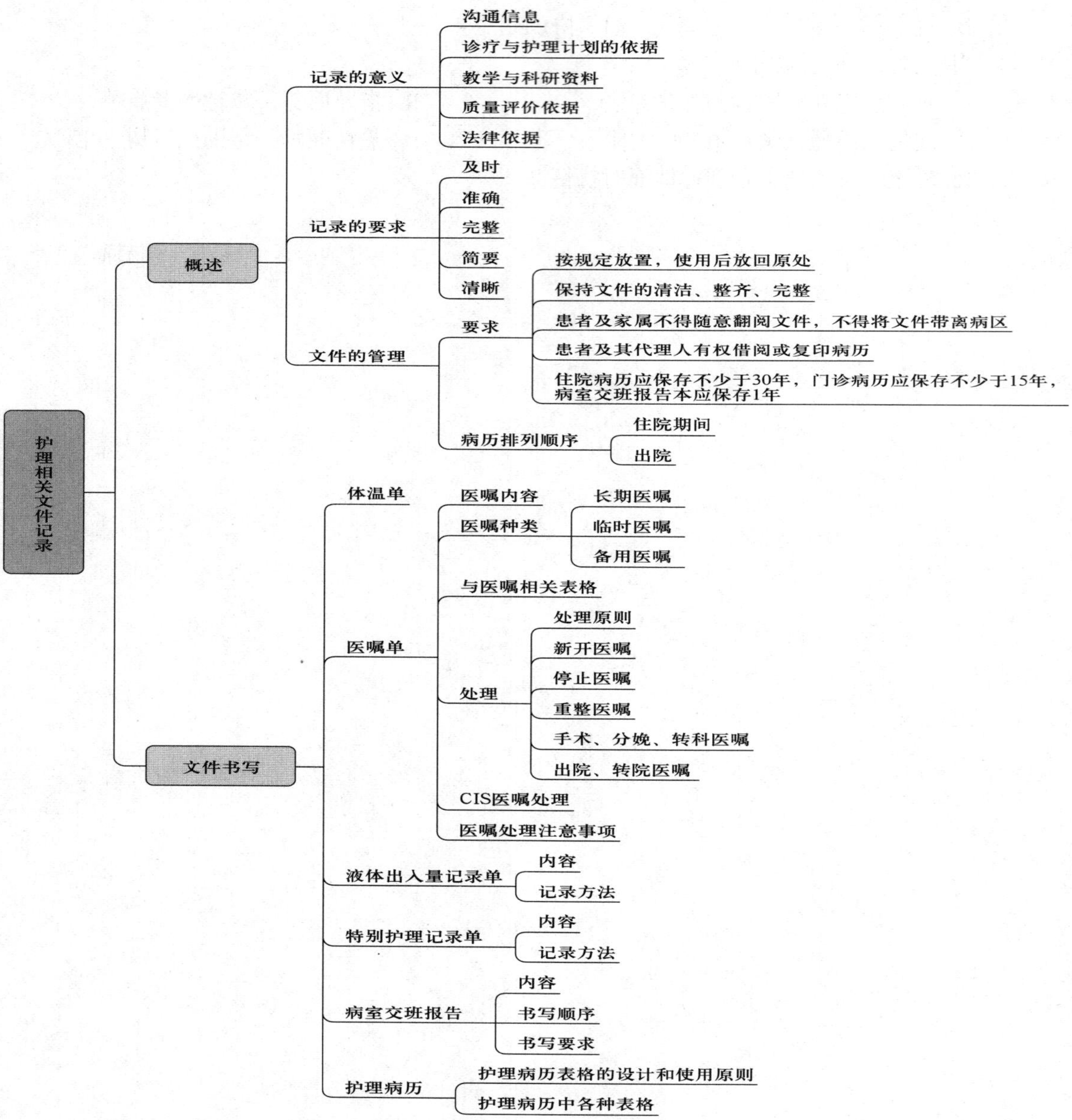

学习目标

1. 知道医疗和护理文件记录的意义、要求和保管要求。
2. 描述特别护理记录单、病室交班报告、护理病历。
3. 熟记医嘱的分类、处理原则及注意事项。
4. 能正确处理各种医嘱、学会 CIS 医嘱处理、液体出入量记录单、特别护理记录单、病室交班报告、护理病历的书写，能正确排列住院病历与出院病历的顺序。
5. 养成良好的职业素养，具有以人为本的护理服务理念，具备认真、严谨、一丝不苟的工作态度。

医疗和护理文件包括医疗文件（medical documents）和护理文件（nursing documents）两部分，是医院和患者的重要档案资料，也是教学、科研、管理及法律上的重要资料。医疗文件记录患者疾病发生、诊断、治疗、发展及转归的全过程，主要由医生书写。护理文件记录是护士对患者进行病情观察和实施护理措施的原始文字记载，是临床护理工作的重要组成部分。因此，医疗和护理文件必须规范书写并妥善保管。

第一节　医疗和护理文件概述

医疗和护理文件包括病历、医嘱单、体温单、护理记录单、病室交班报告、特别护理记录单等。护士在医疗和护理文件的记录和管理中必须明确准确记录的重要意义，做到认真、负责、客观，并遵守专业技术规范。

一、记录的意义

（一）沟通信息的工具

医疗和护理文件是有关患者病情变化、诊疗及护理以及疾病转归过程的客观、全面、及时、动态的记录，是有关患者信息的资源库，同时也是加强各级医护人员之间交流与合作的纽带。医护人员通过这些信息，能够有效沟通、及时调整治疗及护理方案，促进患者早日康复。

（二）实施诊疗及护理计划的依据

医疗和护理文件中记录的治疗和护理信息有助于医护人员明确患者的病情和护理需求，以便制订诊疗和护理计划，实施有针对性的治疗和护理措施。根据记录亦可评价护理计划的有效性和护理的效果。

（三）提供教学与科研资料

完整的医疗和护理文件是教学、科研的重要资料，一些特殊病例可作为教学的良好素材，医疗和护理文件也是临床科研的重要原始资料，对回顾性研究有重要的参考价值。同时，医疗和护理文件也为流行病学研究、传染病管理等提供了统计学方面的资料。

（四）提供质量评价依据

护理文件的记录情况反映出科室或医院的整体服务质量、学术及技术水平和管理水平，因此，它是医院护理管理的重要资料，也是医院等级评定、护理人员考核的参考资料。

（五）提供法律依据

完整的病历资料是具有法律效应的文件，是法律认可的依据，在法律上可作为医疗纠纷、人身伤害、保险索赔、犯罪刑事案件及遗嘱查验的证明，也是保护医患双方合法权利的举证依据。因此，医务人员对患者住院期间的病情、治疗、护理，应按国家医疗机构病历管理规定进行客观记录，减少和防止医疗纠纷的发生。

二、记录的要求

（一）及时

医疗和护理文件记录必须及时，不得拖延或提早记录，更不能漏记，以保证记录的时效性。因抢救危重患者未能及时书写记录时，当班护士应在抢救后 6 小时内据实补记，并注明抢救完成时间和补记时间。

（二）准确

准确是指医疗和护理文件记录的时间和内容真实、无误。尤其对患者的主诉和行为应进行详细、真实、客观的描述，记录者不应带有偏见和主观解释。记录者必须是执行者。记录的时间应为实际给药、治疗、护理的时间，而不是事先安排的时间。有书写错误时，应在错误处用所书写的钢笔在错误字、词上划双横线，并签全名。

（三）完整

医疗和护理文件的眉栏、页码、各项记录必须逐项填写完整，避免遗漏，记录应连续，每项记录后记录者应签全名。医疗和护理文件不得随意拆散、损坏或外借，以免丢失。上级医务人员有审查、修改下级医务人员书写的医疗和护理文件的责任，修改时应注明修改日期并签全名。如果患者出现病情恶化、拒绝接受治疗及护理或有自杀倾向、意外、请假外出、并发症先兆等特殊情况，应详细记录并及时汇报、交接班。

（四）简要

医疗和护理文件的内容应尽量简明扼要，语句通顺，重点突出，正确使用医学术语，用公认的缩写，以方便医务人员快速获取所需信息。

（五）清晰

医疗和护理文件应按要求分别使用红色、蓝色、黑色钢笔或签字笔书写。字迹清楚、端正，不得随意涂改、剪贴或滥用简化字，保证格式规范。

三、医疗和护理文件的管理

医疗和护理文件是医院重要的档案资料，是医护人员临床实践的原始文件记录，对医疗、护理、教学、科研、法律等方面至关重要，因此，医疗和护理文件无论是在患者住院期间还是出院后均应妥善管理。

（一）管理要求

1. 各种医疗和护理文件按规定放置，记录和使用后必须放回原处。

2. 必须保持医疗和护理文件的清洁、整齐、完整，防止污染、破损、拆散、丢失。

3. 患者及家属不得随意翻阅医疗和护理文件，不得擅自将医疗和护理文件带离病区。因医疗活动需要将住院病历或复印件带离病区时，应由病区指定专人负责携带和保管。

4. 患者及其代理人有权要求借阅或复印病历，但必须按规定履行申请手续，批准后按医疗和护理文件复印规程办理。

5. 医疗和护理文件应妥善保存。体温单、医嘱单、特别护理记录单作为病历的一部分随病历放置，患者出院后送病案室长期保存。住院病历应保存不少于 30 年，门诊病历应保存不少于 15 年，病室交班报告本应保存 1 年，以备查阅。

（二）病历的排列顺序

1. 住院期间病历排列顺序 体温单（按时间先后倒排）、医嘱单（包括长期医嘱单和临时医嘱单，按时间先后倒排）、入院记录、病程记录、手术记录（包括手术同意书、手术风险评估单、麻醉记录单、手术记录单、手术清点记录单、麻醉术后访视记录等）、会诊记录（按时间顺序排列）、各种检验及检查报告单（归类按时间先后顺排）、知情同意书（输血治疗知情同意书、特殊检查治疗同意书、病危通知书等）、护理病历、住院病历首页、住院证、门诊或急诊病历。

2. 出院（转院、死亡）病历排列顺序　住院病历首页、入院证（死亡者加死亡报告单）、出院记录或死亡记录、入院记录、病程记录、手术记录、会诊记录（按时间顺序排列）、各种检验及检查报告单（归类按时间先后顺排）、知情同意书、护理病历、医嘱单、体温单、死亡患者门诊或急诊病历（出院患者交患者家属保管）。

第二节　护理相关文件的书写

医疗和护理文件的书写包括纸质和计算机的电子版本。

一、体温单

详见第十三章生命体征的评估与护理，见附录一。

二、医嘱单

医嘱（physician's order）是医生根据患者病情的需要，为其拟订的具体诊疗措施的书面嘱咐。医生开写医嘱，护士负责执行。

（一）医嘱的内容

医嘱的内容包括日期、时间、护理常规、护理级别、饮食、体位、药物（名称、剂量、浓度、用法等）、各种检查、治疗、术前准备以及医生和护士的签名等。

（二）医嘱的种类

1. 长期医嘱　长期医嘱（standing order）指有效时间在 24 小时以上，医生注明停止时间后才失效的医嘱。主要包括护理常规、护理级别、病危或病重、隔离种类、饮食种类、体位、给药医嘱（药物名称、剂量和用法），如一级护理、流质饮食、0.9% 氯化钠 100 ml+ 头孢他啶 2.0 g ivgtt bid。

2. 临时医嘱　临时医嘱（temporary medical order）指有效时间在 24 小时以内，应在短期内执行，一般只执行一次的医嘱。有的需要立即执行，如 0.1% 盐酸肾上腺素 0.5 ml H st；有的需要在限定时间内执行，如手术、药物过敏试验、各种辅助检查、会诊、出院、转科等；有需要 1 日内连续执行数次的医嘱，如测血压、脉搏 q2h × 4。

3. 备用医嘱　备用医嘱（standby order）指根据患者病情需要执行的医嘱，又可分为长期备用医嘱和临时备用医嘱。

（1）长期备用医嘱（prn order）：指有效时间在 24 小时以上，医生开具停止医嘱时间后方失效的医嘱，如哌替啶 50 mg im q6h prn。

（2）临时备用医嘱（sos order）：指有效时间在 12 小时以内，病情需要时才执行，只执行一次，过期尚未执行则自动失效的医嘱，如哌替啶 50 mg im sos。

（三）与医嘱相关的表格

1. 医嘱单　用于医生开具医嘱，包括长期医嘱单（表 22-1）和临时医嘱单（表 22-2），是护士执行治疗措施的重要依据，也是护士执行医嘱前、后的查核依据。

2. 执行单　护士将医嘱转抄或打印到各种执行单上，以方便治疗和护理的实施，主要包括护理单、口服药单、注射单、输液单、治疗单和饮食单等。

表 22-1 长期医嘱单

姓名 王一 科别 内科 病室 2 床号 10 住院号 2016072

开始					停止			
日期	日间	医嘱	医生签名	护士签名	日期	时间	医生签名	护士签名
2016-7-2	11:10	内科护理常规	陈梅	李红				
7-2	11:10	二级护理	陈梅	李红				
7-2	11:10	普通饮食	陈梅	李红				
7-2	11:10	青霉素 80 万 U im bid	陈梅	李红	7-12	9:00	陈梅	李红
7-2	11:10	10% 葡萄糖 500 ml } ivgtt qd	陈梅	李红				
7-2	11:10	10% 氯化钾 10 ml }	陈梅	李红				
7-2	11:10	维生素 E 0.1 g tid	陈梅	李红				
7-2	11:10	维生素 C 0.1 g tid	陈梅	李红				

第 1 页

表 22-2 临时医嘱单

姓名 王一 科别 内科 病室 2 床号 10 住院号 2016072

日期	时间	医嘱	医生签名	执行护士签名	执行时间
2016-7-2	9:00	心电图	陈梅	李红	9:10
7-2	9:00	胸部 X 线片	陈梅	李红	9:10
7-2	9:00	血常规	陈梅	李红	9:10
7-2	9:00	青霉素皮试（–）	陈梅	王晶	9:10
7-2	16:00	氧气吸入 3 L/min	陈梅	王思璇	16:10

第 1 页

（四）医嘱的处理

1. 医嘱处理原则

（1）先急后缓：应首先判断需执行医嘱的轻重缓急，合理、及时地安排执行顺序。

（2）先处理临时医嘱，再处理长期医嘱。

（3）医嘱执行者必须在医嘱单上签全名。

2. 新开医嘱的处理

（1）长期医嘱：由医生写在长期医嘱单上，注明日期和时间，在医生栏内签全名。护士先将长期医嘱分别转抄至各种执行单上，如口服给药单、注射单、饮食单、治疗单、护理单，并注明具体执行时间，然后在医嘱单护士签名栏签全名。9：00-17：00-1：00。

（2）临时医嘱：医生将医嘱写在临时医嘱单上，护士将临时医嘱转抄在临时医嘱执行单上，与执行护士（责任护士）一起核对后交给其执行，护士执行后在医嘱单执行护士栏内签名，并注明执行时间。

（3）备用医嘱

1）长期备用医嘱：医生将医嘱写在长期医嘱单上，按长期医嘱处理，但在执行单上须注明“prn”字样，须注明执行的间隔时间。执行后在临时医嘱单上记录执行时间并签全名。

2）临时备用医嘱：医生将医嘱写在临时医嘱单上，患者需要时再执行。护士执行后在临时医嘱单上记录执行时间和签全名。12 小时内未用则自动失效，护士在该项医嘱栏内用红墨水笔写“未用”二字。凡需下一班执行的临时医嘱，应交班。

3. 停止医嘱的处理　当医生在长期医嘱“停止”栏下注明日期、时间及签名后，护士执行医嘱时应先在相应的执行卡上将此医嘱注销，并在长期医嘱单“停止”栏下“护士”栏签名。

4. 重整医嘱　医嘱调整项目较多时，应重整医嘱。重整医嘱时，在原医嘱最后一行下面画一红色横线（红线上下均不得有空行），在红线下正中用红笔写“重整医嘱”，再将红线以上有效的长期医嘱，按原日期、时间顺序排列，抄于红线下栏内。抄录完毕，核对无误后签全名。

5. 手术、分娩、转科医嘱的处理　医生将相关医嘱写在临时医嘱栏内，护士在医嘱（包括长期和临时医嘱）最后一项下面，用红墨水笔画一横线，表示此前的医嘱全部自动停止，并在红线下栏内用红笔写“术后医嘱”“分娩后医嘱”“转入医嘱”等，同时按停止医嘱处理相应执行单。医生在医嘱单上开具手术后医嘱或转入医嘱后，护士按新开医嘱处理方法处理。

6. 出院、转院医嘱处理　医生在临时医嘱单上开具医嘱，护士按停止医嘱方法处理相应执行单，通知膳食科停止供膳。

（五）CIS 医嘱处理

医生凭个人账号和密码登录医生工作站系统，将医嘱按照长期医嘱、临时医嘱、辅助检查、化验等分类录入系统，由护士登录护士工作站系统做进一步处理。主要包括：

1. 审核医嘱　审核医嘱是医嘱处理全过程中至关重要的环节。只有经过授权的护士才能登录护士站工作系统审核医嘱，重点审核医嘱录入的正确性、规范性，包括医嘱内容及分类。医嘱审核无误、经确认后，方可进入执行医嘱环节。

2. 执行医嘱　护士凭个人账号和密码登录 CIS 中医嘱处理系统，浏览审核通过的医嘱，点击“医嘱执行”按钮，完成医嘱的生成执行，并向各相应科室（如中心药房、医技科室等）发送有关请求。医嘱执行后，可以生成各种相关的汇总表单和执行表单。常用的表单包括：①长期或临时用药单（又细分为输液药单、口服药单、中药单、毒麻药单）；②服药卡；③输液卡；④输血卡；⑤治疗卡；⑥床头卡等。

3. 打印表单和医嘱单

（1）护士可根据需要选择单个患者或按病区打印各种执行表单（同上），以指导护士执行。护士执行后，在相应的表单上签署姓名和时间。

（2）在需要时，打印患者的长期医嘱单和临时医嘱单，如患者手术前、转科前、出院前等。

使用 CIS 进行医嘱处理，不仅避免了传统纸质医嘱处理时存在的手工转抄各种执行单、查对转抄的准确性及填写各种医嘱报表等繁琐工作，更重要的是，通过规范化的录入界面、格式化的数据形式以及系统内部的质量控制、设置错误提示警告，保证了医嘱录入与处理的正确性、完整性、及时性，有利于提高医疗护理质量，防止医疗及护理差错事故的发生。

音频：
考点解析

➢ **考点：**下列属于长期备用医嘱的是

A. 维生素 C 2.0 g po tid　　B. 阿托品 0.5 mg im st

C. 氧气吸入 2 L/min prn q1h　　D. 庆大霉素 8 万 U im bid

E. 安眠酮 0.2 mg po sos

（六）医嘱处理注意事项

1. 医嘱必须经医生签名后生效。一般情况下，护士不执行医生的口头医嘱。在抢救、手术过程中，医生需要向护士下达口头医嘱时，护士应将医嘱复述一遍，双方确认无误后方可执行。抢救或手术结束后，应据实补记。

2. 在执行医嘱的过程中，护士如果有疑问，应及时与有关医生沟通，确认医嘱无误后方可执行。

3. 凡需要下一班执行的临时医嘱和临时备用医嘱要交班，并在交班记录上注明。

4. 医嘱及执行治疗时间记录以 24 小时计。

5. 医嘱执行者须在医嘱单上签全名。

6. 严格执行查对制度，如能打印，直接从计算机医院信息系统打印。必须转抄时，一定要仔细核对转抄的正确性。医嘱经转抄、整理后，须经两人核对无误后方可执行。

7. 医嘱应每班查对、每日核对、每周总查对一次，并签上查对时间和查对者姓名。

知识链接

基于个人掌上电脑的移动护士工作站

移动护士工作站以计算机医院信息系统为支撑平台，借助个人掌上电脑（personal digital assistance，PDA）硬件及无线区域网络技术，实现了 CIS 由办公室向患者床旁的延伸。护士可随身携带 PDA，通过 PDA 扫描患者腕带，识别其身份后，对该患者进行信息查询、生命体征录入、护理记录以及执行医嘱。录入的信息保存后，可直接呈现于医生及护士工作站，促进了医护之间信息的及时沟通。医生下达医嘱信息会自动转移至 PDA，并显示提示信息，提醒护士按时执行。医嘱执行后，点击 PDA 相关项目即可自动记录执行时间和操作者，避免了医嘱执行过程中责任不明、执行时间记录随意等不良现象。随着医学信息技术的发展，这必将成为临床护理信息方向发展的趋势。

资料来源：肖光．移动护士工作站的应用与进展．国际护理学杂志，2009，28（7）：868-870.

三、液体出入量记录单

正常人液体摄入量与排出量应保持动态平衡。当患者有心脏病、肾病、大面积烧伤、出血及大手术后，可能发生体液调节失衡。记录 24 小时摄入和排出的液体量对于动态掌握患者病情变化、确定治疗方案非常重要。因此，护士要正确掌握液体出入量记录（recording fluid intake and output）方法。

（一）记录内容

1. 摄入量 包括每日的饮水量、食物含水量、输入的液体量以及针剂药液量等。患者饮水或进食时，应使用量杯或固定使用已测定过容量的容器，以便准确记录。凡是固体的食物，除必须记录固体单位量外，还需要换算出食物的含水量，如馒头 100 g 含水 50 ml。

2. 排出量 主要为尿量，其次包括大便量、呕吐量、咯血量、痰量、胃肠减压吸出液量、胸腔及腹腔吸出液量、各种引流液量及伤口渗出量等。除大便记录次数外，液体以毫升为单位记录。为准确记录尿量，对昏迷患者或需要密切观察尿量的患者，最好留置导尿。为婴幼儿记录尿量，可先测定干尿布重量，然后称湿尿布的重量，两者的差值为尿量。对难以收集的排出量，可根据规定量液体浸湿棉织物的状况进行估计。

（二）记录方法

1. 记录数量均以毫升为单位，但免记计量单位。

2. 记录同一时间的摄入量和排出量，应自同一横线上开始，记录不同时间的摄入量或排出量应各自另起一行。

3. 当日上午 7∶00 至次日上午 7∶00 为 24 小时，24 小时出入总量由护士在 7∶00 时结算，填入所画两道蓝黑线之间，未满 24 小时总结写明具体时数，如“15 小时出入量总结”，并将结果用蓝黑墨水笔、碳素墨水笔记录在体温单相应的栏目内。

四、特别护理记录单

特别护理记录（special nursing record）是指护士根据医嘱和患者病情对危重、大手术后或接受特殊治疗须严密观察病情的患者所做的客观记录，目的是及时了解患者病情变化，观察治疗或抢救后的效果（表 22-3）。

（一）记录内容

记录内容包括患者姓名、年龄、病室、床号、住院号等一般情况及患者生命体征、意识状态、液体出入量、病情动态变化、护理措施、用药情况、治疗及护理效果等。危重患者的记录内容应根据相应专科的特点进行书写。

（二）记录方法

1. 用蓝（黑）墨水笔填写眉栏各项及页码。

2. 应及时并准确地记录患者的体温、脉搏、呼吸、血压、液体出入量等。计量单位写在标题栏内，记录栏内只填数字。记录液体出入量时，除填写量外，还应将颜色、性状记录于病情栏内，并将 24 小时液体出入总量填写在体温单的相应栏内。

3. 常规护理不做记录内容，如换床单、晨间护理等。

4. 患者出院或死亡后，特别护理记录单应随病历留档保存。

此外，除了特别护理记录单外，护理观察记录单还包括一般护理记录单和手术护理记录单。一般护理记录单是护士遵照医嘱和患者的病情，对一般患者住院期间护理过程的客观记录。手术护理记录单是巡回护士对手术患者手术中护理情况及所用器械、敷料的记录。

五、病室交班报告

病室交班报告（change-of-shift report）是由值班护士针对值班期间病室情况及患者病情动态变化等书写的报告（表 22-4）。

表 22-3 特别护理记录单

科别 消化内科 姓名 张花 年龄 53 性别 女 床号 1 住院病历号 65379 入院日期 2016-7-10 诊断 消化道出血

日期	时间	意识	体温	脉搏	呼吸	血压	血氧饱和度	吸氧	入量		出量		皮肤情况	管理护理	病情观察及措施	护士签名
			℃	次 / 分	次 / 分	mmHg	%	L/min	名称	ml	名称	ml				
2016-7-10	10:00		36.5	108	24	80/50		鼻导管	10% 葡萄糖	500	呕血	400	完整		患者诉心悸，头晕，呕吐一次，呕吐物为暗红色，通知医生，抽血，做血型鉴定	
								4	维生素 K_1	2						唐妮
									低分子右旋糖酐	250				胃管通畅	给予止血药物、胃肠减压，密切观察	唐妮
	10:45			110	23	90/55			0.9% 生理盐水	10				胃管通畅	血压略有回升，洛塞克 40 mg IV	唐妮
									洛塞克 40 mg	4	胃液	100		胃管通畅	抽出血性液体 100 ml	唐妮
	11:30			108	23	90/60			新鲜血	200					输血	唐妮
	12:30			100	20	100/60			新鲜血	200	尿				继续输血	唐妮
	14:00		36.8	90	20	110/64			平衡液	500					血压恢复正常，继续观察	唐妮
									酚磺乙胺 2 g	4						
	16:00			88	20	112/64			0.9% 生理盐水	10						
									洛塞克 40 mg	4	尿	300				
	18:00								10% 葡萄糖	500	胃液	200		胃管通畅	患者今呕血 400 ml，血压下降，给予	
															胃肠减压，静脉应用止血剂、输液处	
															理，目前血压恢复正常，胃管内有少	
															许咖啡样液体引出，维持输液，继续	
															观察	唐妮
12 小时小结									输入	2184	排出	1000			尿 300 ml，胃液 200 ml，呕血 400 ml	唐妮
	19:00		36.6	82	18	110/76			0.9% 生理盐水	10			完整	胃管通畅	胃管内引流液转为黄色	陆爽
	22:00			80	18	112/70			洛塞克 40 mg	4					输液完毕	陆爽
	00:00			82	16	100/64								胃管通畅	患者无出血情况，安静入睡	陆爽

第 1 页

表 22-4　病室交班报告

病区　心内科　　　　2017 年 11 月 17 日

病情 / 患者总报告 / 床号姓名诊断	上午 8:00 至下午 17:00 患者总数 36 人	下午 17:00 至午夜 0:00 患者总数 36 人	午夜 0:00 至上午 8:00 患者总数 36 人
	入院 1 出院 2 转出 1	入院 0 出院 0 转出 0	入院 0 出院 0 转出 0
	转入 1 手术 0 分娩 0	转入 0 手术 0 分娩 0	转入 0 手术 0 分娩 0
	出生 0 病危 1 死亡 0	出生 0 病危 1 死亡 0	出生 0 病危 1 死亡 0
3 床　王小兰	今日 10:00 出院		
7 床　李红	今日 15:30 出院		
6 床　陈芳	今日 15:00 转外科，继续治疗		
12 床 王红 风湿性心脏病、心房颤动 心功能三级 “新”	女性，45 岁，“因反复咳喘伴胸闷 3 年，加重 6 日”于 14:30 收治入院。入院时轮椅推入，神志清醒，精神委靡，呼吸 26 次 / 分，口唇微发绀，不能平卧。体温 37.2 ℃，听诊心率 96 次 / 分，血压 106/70 mmHg。遵医嘱给予吸氧，强心、利尿及青霉素抗感染等治疗。现患者半卧位休息，持续低流量吸氧：2 L/min，呼吸 22 次 / 分，主诉胸闷、气喘好转。输液通畅，请夜班加强病情观察	患者晚间病情平稳，持续给氧 2 L/min，呼吸：20 次 / 分，未诉不适，半卧位，入睡好，18:00 体温 36.8 ℃，心率 88 次 / 分，请夜班加强观察	患者夜间取半卧位休息，仍予持续低流量氧气吸入，呼吸平稳，20 次 / 分，睡眠佳，晨起无不适。6:00 体温：36.3 ℃，心率 90 次 / 分，血压 112/74 mmHg，呼吸 18 次 / 分
21 床 张力 急性前壁心肌梗死 “转入、危”	患者因“急性前壁心肌梗死”住监护室治疗，今日心梗后第 9 日，病情平稳，予以转出监护室。现患者精神好，无特殊不适主诉。血压 112/76 mmHg，心率 80 次 / 分。现输液未完，无反应。患者目前仍需卧床休息，请夜班加强病情观察	患者晚间呼吸平稳，无不适主诉，无心前区压痛及胸闷现象。血压 120/76 mmHg，心率 80 次 / 分，律齐。21:30 主诉入睡困难，给予地西泮 5 mg 口服，效果好，现安静入睡。23:15 输液完毕，无异常。请夜班再观察	患者夜间睡眠较好，呼吸平稳，晨起未主诉不适。6:00 体温：36.2 ℃，心率：80 次 / 分，律齐，血压 112/74 mmHg

护士签名：刘珊　　　　护士签名：周元　　　　护士签名：罗丽

（一）病室交班报告内容

1. 出院、转出、死亡患者 出院患者写明离开时间。转出患者注明转往的医院、科室及转出时间。死亡患者注明抢救过程及死亡时间。

2. 新入院或转入的患者 应报告入院或转入原因、时间、患者主诉、主要症状、体征、既往史、过敏史、存在的护理问题、给予的治疗、护理措施及效果等。

3. 危重患者、有异常情况及做特殊检查和治疗的患者 应报告患者的生命体征、意识状态、病情动态、特殊的抢救、治疗及护理，下一班需要重点观察和注意的事项。

4. 手术后患者 应报告实施何种麻醉、何种手术、手术经过、麻醉清醒时间及回病室后的生命体征、切口敷料有无渗血、是否已排尿和排气、各种引流管是否通畅及引流液情况（包括颜色、量、性质等）、输液、输血及镇痛药的应用等有关情况。

5. 产妇 应报告胎次、产程、分娩时间、分娩方式、会阴切口和恶露情况、何时自行排尿、新生儿性别及评分等。

6. 预手术、预检查和待行特殊治疗的患者 应报告须注意的事项、术前用药和准备情况等。

病室交班报告中还应报告上述各类患者的心理状态和需要接班者重点观察的项目及完成的工作事项。夜间记录应注明患者睡眠情况。

（二）病室交班报告书写顺序

1. 眉栏填写 用蓝（黑）墨水笔填写眉栏各项，包括病室、日期及页码。

2. 基本情况 包括患者总数、入院、出院、转出、转入、手术、分娩、病危及死亡人数。

3. 按顺序书写报告 先写离开病室的患者（出院、转出、死亡），再写进入病室的患者（入院、转入），最后写本班重点患者（手术、分娩、危重及有异常情况的患者）。

（三）病室交班报告书写要求

1. 对新入院、转入、手术、分娩患者，在诊断的下方分别用红笔注明“新”“转入”“手术”“分娩”，危重患者做红色标记“*”或用红笔注明“危”。

2. 书写内容应全面、准确、简明扼要、重点突出、无遗漏。

3. 字迹清楚，不随意涂改，日间用蓝墨水笔书写，夜间用红墨水笔书写（也有的医疗机构采取全部使用蓝墨水笔记录的方式）。

4. 应在经常巡视和了解患者病情的基础上于交班前 1 小时书写，写完后签署全名。

➢ **考点：** 护士在书写日间病室交班报告时，首先应写的内容是

A. 5 床，某某，于 10:00 入院

B. 7 床，某某，于 15:00 转科

C. 8 床，某某，于 9:00 手术

D. 13 床，某某，于 15:00 出院

E. 25 床，某某，告病危

音频：
考点解析

六、护理病历

在临床实施整体护理的过程中，有关患者的健康资料、护理诊断、预期目标、护理措施、护理记录和效果评价均应有书面记录，这些记录构成护理病历。

（一）护理病历表格的设计和使用原则

1. 能及时、准确地反映患者病情及心理状态，避免重复医疗记录。

2. 能体现护理评估、护理诊断、护理计划、护理实施、效果评价的内容，能反映护理质量。

3. 操作简便、全面、准确，符合护理发展的需要，具有实用性和可操作性。

4. 有法律依据，有保存和研究价值。

（二）护理病历中的各种表格

各医院护理病历的组成和设计有所不同，一般包括以下几种。

1. 患者入院护理评估表 患者入院护理评估表用于对新入院患者进行初步的护理评估，为形成护理诊断和护理问题建立资料库。目前，国内常以戈登（Gordon）的功能性健康型态理论和马斯洛的人的基本需要理论为框架设计患者入院护理评估表。

2. 住院患者护理评估表 为及时、全面掌握患者的情况，护士应对其分管的患者进行评估。评估内容可根据病种、病情不同而有所不同。

3. 护理诊断项目表 通过对患者的评估，将确定的护理诊断按主次顺序列于项目表上，出现新问题应及时记入。

4. 护理计划单 护理计划单是护士对患者实施护理的具体方案，内容包括护理诊断、预期目标、护理措施及效果评价等。

5. 护理记录单 护理记录单是护士运用护理程序的方法为患者解决问题的记录。护理记录单的内容包括患者的护理诊断、护士所采取的护理措施和执行措施后的效果。

6. 健康教育计划和出院指导

（1）健康教育计划：内容可涉及与恢复和促进患者健康有关的各方面知识与技术。主要包括：①疾病的诱发因素、发生与发展过程。②可采取的治疗及护理方案。③有关检查的目的及注意事项。④饮食与活动的注意事项。⑤疾病的预防及康复措施。

（2）出院指导：内容为对患者出院后活动、饮食、服药、切口、随访等方面进行指导，可采用讲解、示范、模拟、提供书面或视听材料等方式。

自测题

一、A1型题

1. 特别护理记录单一般**不用于**
   A. 大手术后的患者　B. 需要严密观察病情的患者
   C. 一般瘫痪患者　D. 行特殊治疗的患者
   E. 抢救的患者
2. 关于医疗文件的书写，下列**错误**的是
   A. 描写生动、形象　B. 记录及时、准确　C. 医学术语确切
   D. 记录者签全名　E. 内容简明扼要
3. 长期医嘱的有效时间为
   A. 24 小时以上　B. 24 小时以内　C. 20 小时以内
   D. 18 小时以内　E. 1 周以上
4. **不属于**长期医嘱的是
   A. 内科护理常规　B. 地高辛 0.25 mg po qd　C. 二级护理
   D. 庆大霉素 8 U im bid　E. 阿托品 0.5 mg H st
5. 处理医嘱时，应先执行
   A. 新开出的长期医嘱　B. 临时医嘱　C. 定期执行的医嘱
   D. 备用医嘱　E. 停止医嘱

二、A2 型题

6. 某患者，男性。胃大部切除术后，主诉切口疼痛，医嘱给予“哌替啶 50 mg im q6h prn”。此属

A. 临时医嘱　B. 长期医嘱　C. 临时备用医嘱
D. 长期备用医嘱　E. 指定时间的医嘱

7. 某患者，女性，35 岁。患子宫肌瘤拟行手术治疗。术前 1 日 8：00 医生开医嘱地西泮 5 mg po sos，此项医嘱的失效时间是

A. 当日 18：00　B. 当日 20：00　C. 次日 20：00
D. 次日 10：00　E. 至医生停止医嘱为止

8. 某患者，术后需药物止痛，护士对医嘱“哌替啶 5mg im st”有疑问，护士应

A. 凭经验执行　B. 与另一名护士核对后执行
C. 征询护士长意见后执行　D. 询问医生，核实医嘱内容
E. 自行执行，及时询问患者药效

9. 某患者，女性，34 岁。今晨主诉昨晚夜间多梦易醒，下午医生开出医嘱：地西泮 5 mg po sos。当晚患者睡眠良好，该医嘱未执行。值班护士应在次日上午在该项医嘱栏内

A. 用红笔写上“失效”　B. 用蓝笔写上“失效”
C. 用红笔写上“未用”　D. 用蓝笔写上“未用”
E. 用红笔写上“作废”

10. 在下列患者中，护士在书写交班报告时首先应写

A. 4 床，患者甲，10：00 转呼吸科
B. 18 床，患者乙，9：00 入院
C. 21 床，患者丙，8：00 手术
D. 25 床，患者丁，下午行胸腔穿刺术
E. 41 床，患者戊，医嘱特级护理

11. 属于长期医嘱的是

A. 地塞米松 5 mg iv qd　B. 奎尼丁 0.2 g po q2h × 5
C. B 超　D. 地西泮 5 mg po sos
E. 呋塞米 5 mg im st

三、A3 型题

（12～14 题共用题干）

某患者，女性，50 岁。行乳腺癌根治手术，患者于 14：00 回病房，一般情况尚好。医嘱：哌替啶 50 mg im q6h prn。

12. 此医嘱属于

A. 临时医嘱　B. 长期医嘱　C. 临时备用医嘱
D. 长期备用医嘱　E. 立即执行医嘱

13. 关于此种医嘱的特点，不正确的论述是

A. 有效时间在 24 小时以上
B. 医生注明停止时间后方失效
C. 必要时使用
D. 过时尚未执行则失效
E. 两次执行之间有间隔时间

14. 护士在处理此项医嘱时，不正确的做法是

A. 密切观察病情

B. 值班护士将此项医嘱抄写在临时医嘱单上

C. 抄写时要求字迹清楚，不得任意涂改

D. 执行医嘱后，在临时医嘱单上记录，签全名

E. 每次用药的间隔时间是 6 小时

（刘良燚）

附录一

体温单

姓名　王明　性别　男　年龄　36岁　科别　普外科　床号　8　入院日期　2017-06-1入院病历号　36521

日期	2017-06-10	11	12	13	14	15	16
住院日数	1	2	3	4	5	6	7
手术后日数			1	2	3	4	5
时间	2 6 18 14 18 22	2 6 18 14 18 22	2 6 18 14 18 22	2 6 18 14 18 22	2 6 18 14 18 22	2 6 18 14 18 22	2 6 18 14 18 22

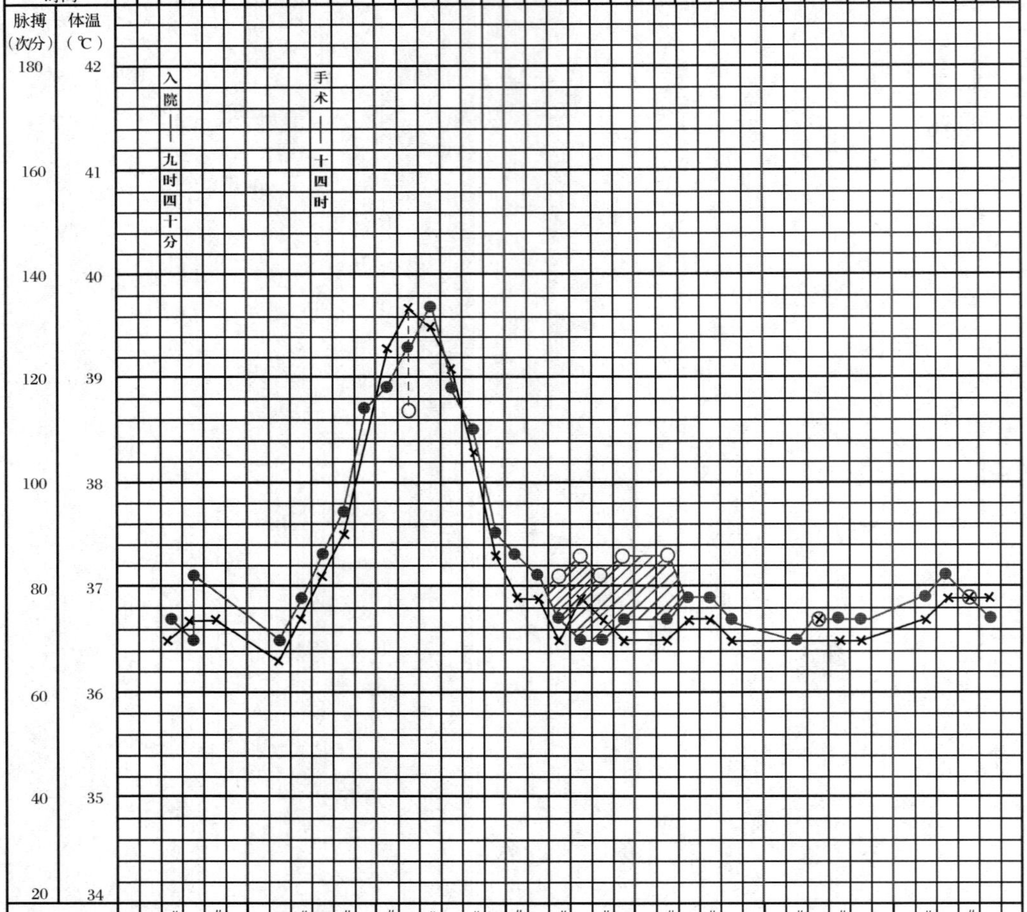

呼吸（次/分）	# # #	# # # # #	# # # # #	# # # # #	# # # #	# # # #	# # # #
血压（mmHg）	128/78	135/85	130/75	125/75	140/90	130/85	125/50
入量（ml）	2000	1900	2200	2600	2200	2200	2000
出量（ml）	1800	100	1500	1800	1700	1900	1800
大便（次/日）	1	0	0	1	0	1	1
体重（kg）	68	卧床					
身高（cm）	175						
皮试	青霉素（+）						
	普鲁卡因（-）						

附录二

自测题参考答案

第一章 绪 论

1. D 2. C 3. E 4. A 5. D 6. B 7. B 8. A
9. C 10. D 11. E 12. E

第二章 护士素质与护患角色

1. C
2. D

解析：护士专业素质有规范、娴熟的操作技能，敏锐的观察能力，较强的分析问题和解决问题的能力，机智、灵活的应变能力，评判性思维能力，终身学习和科研创新能力，较强的沟通交流能力。

3. B
4. A
5. C
6. A

第三章 护理相关理论与护理

1. D

解析：同一时期个体内可存在多种基本需要，但不同的人在不同条件下各种需要会出现层次超越、层次颠倒现象。

2. B

解析：马斯洛人类基本需要层次理论优先顺序为：生理的需要、安全的需要、爱与归属的需要、自尊的需要、自我实现的需要。制订护理计划时应按照该顺序进行排列。

3. A

解析：压力反应是指机体面对压力源时所产生的一系列非特异性反应，主要表现为生理反应、心理反应、认知反应和行为反应 4 个方面。

4. C

解析：压力对健康可以有害也可以有利。不同的人对同样的应激源，反应有差异。

5. D

解析：自理缺陷理论是奥瑞姆自理理论的核心部分，主要阐述了人什么时候需要护理。

6. C

解析：护理对象有能力执行或学习一些必需的处理方法，但必须在护士的帮助下才能完成。帮助的方法有支持、指导、教育护理对象或提供促进发展的环境，以提高自理能力。

7. B

解析：自理是个体为了维持生命、健康和功能完好而采取的一系列自发性调节行为和自我照顾活动。自理能力是个体所具有的从事自我照顾的能力。人们通过学习，可不断地提高和发展自理能力。同一个体在不同时期、不同情况下，其自理能力可能不同。

8. A

解析：智力因素是指在评判性思维过程中所涉及的专业知识和经验，是评判性思维的基础。

9. B

解析：认知技能因素是评判性思维的核心。

10. E

解析：扎实的医学护理学专业知识、广博的跨学科知识和人文社会科学知识以及一定的临床实践经验。

11. C

解析：护理评判性思维包括基础层次、复杂层次和尽职层次，其中最高层次是尽职层次。

12. E

解析：循证护理的基本要素包括最佳临床证据、患者的需求和实际条件、护士的专业技能和经验。

13. A

解析：完整的循证护理程序由 5 个基本步骤组成：①确定临床护理实践中的问题；②检索有关文献；③分析与评价研究证据；④应用最佳证据指导临床护理实践；⑤评价效果。确定临床护理实践中存在的问题是循证护理实践的第一步。

14. B

解析：爱与归属的需要应用于临床指个体生病时，特别是在住院时，更需要得到亲人、朋友和周围人的关怀与理解和支持，满足其爱与归属的需要。

15. D

解析：退化指个体的行为回到以前的发展阶段，而不适合目前的发展阶段。

16. D

解析：文化性压力源指因文化环境的改变而产生的刺激，如个体从一个熟悉的文化环境到另一个陌生的文化环境中常出现的紧张、焦虑等不适应反应。

17. C

解析：适应是所有生物体的特征，是应对的最终目的。适应与时间密切相关。

18. D

解析：推论指根据临床现象运用专业知识、临床经验等做出的判断。

19. A

解析：评判性思维的基础层次建立在一系列规则之上，是一种具体思维，处于此层次的护士相信专家对每个问题有正确答案。护士会参照操作规范手册，严格按照操作步骤，不能调整步骤以满足患者的需求。

20. A

解析：生理的需要是人类与生俱来的最基本的维持人的生命与生存的需要，包括食物、空气、睡眠、排泄、休息、避免疼痛等。生理需要得不到满足，会导致患者死亡。

21. C

解析：鼓励患者与家属、朋友沟通，在不影响治疗的前提下，允许其家属和朋友探视，满足患者爱与归属的需要。

22. C

解析：患者住院期间，对所患疾病的诊断、治疗及即将采取的护理措施不清楚，自己提出的问题不能得到医护人员耐心的解答等压力源，为患者缺乏相关信息。

23. A

解析：护士向患者详细讲解乳腺癌的诊断、治疗、护理及预后等方面的信息，会加重患者的心理负担。

24. E

解析：健康不佳时的自理需要指在疾病、损伤和特殊病理变化等情况下或在诊疗过程中产生的自理需要。

25. B

解析：护理对象完全没有能力自理，需要护士进行全面帮助，适用于病情危重需绝对卧床休息、昏迷、智能低下及高位截瘫等护理对象。

26. A

解析：护理人员通过收集资料判断患者是否存在自理缺陷以及引起自理缺陷的原因，然后确定患者需要哪些护理帮助。

第四章　护理程序

1. C　2. C　3. D　4. B　5. E　6. D　7. D　8. C
9. C　10. C　11. B

12. A

解析：支气管哮喘患者呼吸型态改变，呼气延长、张口呼吸，伴随脉搏的变化，这属于低效性呼吸型态。

13. A

14. E

解析：“记录液体出入量”“沐舒坦雾化吸入”“抽血做血气分析”都属于依赖性护理措施，“与营养师合作制订营养饮食方案”属于合作性护理措施。

15. D

解析：I 为措施，只有“使用 β 受体激动剂雾化吸入”属于护理措施。

第五章　护理安全

1. B　2. B

3. E

解析：约束带衬垫松紧适宜可防止约束肢体发生血液循环障碍，也能对约束肢体起到很好的固定作用。

4. B

解析：神经官能症患者不属于使用约束带的范围。

5. A

解析：分娩后产妇意识清醒，能够进行正常活动。不需要使用保护具。

6. A　　7. B

8. E

解析：向患者及家属讲解用药的有关知识能够防止用药错误，减少药物不良反应。

9. D

解析：使用约束带必须每 2 小时松解 1 次，防止约束肢体发生血液循环障碍。

10. C

解析：肥皂刺激性较强，经常擦洗容易导致皮肤干燥，加重放射部位皮肤损伤。

11. D

解析：若约束带固定不牢固时，患者容易发生意外。

12. E　　13. D

14. E

解析：A、B、C、D4 项内容均属于标准预防的范围。

15. C

解析：对散落在地缝内的汞滴，应取适量硫磺粉覆盖，应该保留 3 小时。

16. E

解析：A、B、C、D4 项内容均属于预防职业暴露的防护措施。

17. E

解析：光线充足易导致破伤风患者惊醒，促使发生抽搐而加重病情。

18. E

解析：使用约束带的患者需要每 15 ~ 30 分钟观察 1 次约束部位皮肤颜色和温度。

19. D

解析：对精神病患者，须向其家人解释使用保护具的必要性，躁狂型精神病者不可伸直肢体，以防骨折，约束带应每 2 小时松解 1 次。

20. C

解析：首先须先从近心端向远心端尽可能挤压出受伤部位的血液，然后再进行流动水或肥皂液冲洗、消毒伤口等处理。

21. C

解析：HBsAg 阴性且未注射过乙肝疫苗者发生职业暴露后，须同时注射乙肝免疫球蛋白和乙肝疫苗。

22. D

解析：抬高床头 70° ~ 80°（端坐卧位）可使膈肌下降，缓解呼吸困难；同时膝下支架抬起 15° ~ 20° 利于下肢静脉血液回流到心脏。

23. C

解析：躁动患者使用双侧床档可防止发生坠床。

24. D

解析：使用约束带时，须重点观察末梢血液循环状况，防止肢体受约束后缺血及缺氧导致功能障碍或缺血性坏死。

25. A

解析：抽取瓶装药物时，所抽药液应不超 3/4 注射器为宜。

26. E

解析：化疗药物溅到眼睛内，用清水或等渗盐水冲洗是最佳选择。

第六章　疼痛与舒适

1. D

解析：疼痛不是疾病，是主观感觉。

2. D

解析：痛觉感受器在角膜、牙髓的分布最为密集，皮肤次之，肌层及内脏最为稀疏。

3. B

解析：常用的非阿片类镇痛药物有阿司匹林、对乙酰氨基酚、布洛芬等。

4. E

解析：疼痛是最严重的一种不舒适。

5. A

解析：期末考试，连续 4 天挑灯夜战是题干的关键点，不存在肌肉牵拉。

6. A

解析：面部表情疼痛量表法特别适用于急性疼痛者、老年人、小儿、文化程度较低者、表达能力丧失者及认知功能障碍者。

7. D

解析：患者处于肝癌疾病晚期，是病理改变。

8. C

解析：数字分级评分法适合用于疼痛治疗效果前后对比。

第七章　医院与住院环境

1. C

解析：预检分诊的护士应具有丰富的实践经验和良好的职业素质。接诊时应热情主动，先简要询问病史，经观察病情后，做出初步判断，再给予合理的分诊，做到先预检分诊，再指导患者挂号就诊。

2. E

3. C

解析：对传染病或疑似传染病患者，应分诊到隔离门诊并做好疫情报告。

4. A	5. E	6. A	7. C	8. E	9. B	10. C	11. D
12. C	13. C	14. E	15. B	16. D	17. C	18. C	19. E

第八章　入院和出院的护理

1. B

解析：传染病患者就诊按传染病处理，送隔离门诊就诊，隔离传染源，以防止疾病的传播。

2. B

解析：上平车的顺序是上身、臀部、下肢。

3. A

解析：根据分级护理对象分类，大面积烧伤患者按特级护理标准进行护理。

4. E

解析：休克、昏迷、高热、瘫痪患者均是生活完全不能自理，且病情不稳定的一级护理患者，而E选项是病情稳定，生活能部分自理的二级护理患者。

5. C

解析：平车运送患者上坡和下坡时，应始终使患者头部保持在高位，以防引起患者不适和坠车事故发生。

6. D

解析：患者住院时，为消除患者紧张、焦虑情绪，护士可在病情允许的条件下，满足患者的合理要求，但并不是患者的任何要求都满足。

7. E

解析：患者明日出院，根据患者出院前的护理内容，首先应提前通知患者及家属做好出院准备。

8. E

解析：该患者脾破裂，病情危急，需立即急诊手术。故应按急诊患者入院处理，应先护送患者入院进行紧急处理，再办理住院手续及其他。

9. D

解析：该患者为从急诊经急诊手术后入病区的患者，按急诊患者入病区处理，应先准备床单位，术后患者铺麻醉床。

10. A

解析：四人搬运法适用于颈、腰椎骨折患者。

11. B

解析：腰椎骨折为避免二次损伤，需垫木板。

12. D

解析：四人搬运法的方法是护士甲托患者的头、颈、肩，护士乙托两腿，护士丙、丁分别站于病床及平车两侧，紧握中单四角。

13. C

解析：推平车上坡和下坡时，患者头部应保持在高处一端。

第九章　患者卧位的护理

1. A

解析：全身麻醉未清醒的患者采用去枕仰卧位，头偏向一侧，可防止呕吐物误吸入气管而引起窒息或肺部并发症。

2. C

解析：协助患者翻身时，应注意节力原则，尽量让患者靠近护士，可使重力线通过支撑面来保持平衡，缩短阻力臂而省力。

3. D

解析：颅脑手术后患者，在翻身时要注意头部不可剧烈翻动，以避免引起患者脑疝，压迫脑干导致突然死亡。

4. C

解析：床档的作用主要是预防患者坠床。

5. B

解析：支被架可用于烧伤患者采用暴露疗法时需保暖。用支被架撑起被子既可保暖，又可避免被子与烧伤面接触。

6. C

解析：被动卧位是指患者自身无力变换卧位，躺卧于他人为其安置的卧位，常用于昏迷、极度衰弱的患者。

7. A

解析：中凹卧位时应抬高患者头部及胸部 10º ~ 20º，抬高下肢 20º ~ 30º。

8. E

解析：谵妄患者、躁动患者、高热患者、昏迷患者易坠床，均需要使用保护具，体温过低患者可不用保护具。

9. E

解析：肩部约束带用于固定肩部，固定后患者无法坐起。

10. D

解析：该患者呼吸困难，采取端坐位可缓解呼吸困难。

11. B

解析：妊娠胎膜早破采取头低足高位可预防脐带脱垂。

12. D

解析：甲状腺肿瘤手术属于颈部手术，术后患者采取半坐卧位可减少手术切口渗血、出血。

13. D

解析：膀胱镜检查采取截石位可充分暴露会阴部，便于操作。

14. B

解析：为患者翻身侧卧，应先将患者的肩部、臀部抬起移向近侧，再将患者的双下肢移向近侧并屈曲，然后轻轻地将患者翻向对侧，背向护士。

15. C

解析：膝胸卧位可用于矫正胎位不正。

16. C

解析：被迫卧位是指患者意识清晰，有变换卧位的能力，但为了减轻疾病所致的痛苦或因治疗需要而被迫采取的卧位。

17. E

解析：为患者翻身侧卧，先将患者的肩部、臀部抬起移向近侧，再将患者的双下肢移向近侧并屈曲，然后一手患者扶肩，一手扶膝，轻推患者，使患者背对护士，而非面向护士。

18. B

解析：灌肠时采取侧卧位，可充分暴露操作部位，便于操作。

19. B

解析：导尿时让患者取屈膝仰卧位，两腿略分开，可暴露操作部位，便于操作。

20. C

解析：为预防压疮的发生，应至少每 2 小时变换 1 次卧位，以防局部受压过久而出现血液循环障碍。

21. B

解析：硬膜外麻醉术后采用去枕仰卧位 6 ~ 8 小时，可预防颅内压减低而引起的头痛。

22. D

解析：阑尾切除手术属腹部手术，腹部手术后患者可采取半坐卧位。

23. E

解析：腹腔、盆腔手术后或有炎症的患者采取半坐卧位，可使腹腔渗出液流入盆腔，防止感染向上蔓延引起膈下脓肿，可促使感染局限，因为盆腔腹膜抗感染性较强，而吸收较弱，所以可以防止炎症扩散和毒素吸收。此外，腹部手术后患者采取半坐卧位可以减轻腹部切口缝合处的张力，缓解疼痛，有利于切口愈合。

第十章　休息与活动

1. B

解析：生理上的舒适是获得休息的前提条件。

2. A

解析：久坐的脑力劳动者血流速度减慢，适宜进行散步以增加血液循环。

3. C

解析：在休息的各种形式中，睡眠是最常见、最重要的，通常睡眠质量会直接影响休息的质量。通过睡眠，人的精力、体力得到恢复。

4. E

解析：快速眼动睡眠（REM）这一期的梦境是生动的，充满感情色彩。

5. D

解析：NREM 第四期全身松弛，无任何活动，脉搏、体温继续下降，呼吸缓慢、均匀，脑垂体分泌大量生长激素。

6. B

解析：睡眠时全身松弛，无任何活动，脉搏、体温继续下降，呼吸缓慢、均匀，尿量减少，瞳孔散大不是睡眠时出现的症状。

7. C

解析：慢波睡眠分为 4 个周期，NREM 第一期是过渡期，是睡眠中最浅的一期，是从清醒到入睡的过渡阶段，持续时间为 0.5 ~ 7 分钟。

8. D

解析：等长运动（静力运动）指肌肉收缩时长度不变，关节不活动，但可增加肌肉张力，可在肢体被固定时早期应用。

9. E

解析：患者入睡困难，难以持续睡眠，睡眠质量差，是因半年前丈夫因病去世后心理影响造成失眠。

10. C

解析：减轻患者心理压力是解决失眠的主要方法。

11. C

解析：昼夜节律性形成一个人的生物钟，24 小时周期规律运作。如时差改变、日夜班交替等节律的破坏会影响睡眠，通常需要 3 ~ 5 天才能恢复正常。

12. E

解析：对于睡眠状况不好的人，应限制其摄入咖啡和浓茶，避免在睡前 4 ~ 5 小时饮用，以免引起失眠。

13. B

解析：患者失眠严重时，才应用药物治疗，如地西泮等。

第十一章　医院内感染的预防与控制

1. D	2. D	3. E	4. B	5. D	6. E	7. C	8. E
9. C	10. A	11. B	12. C	13. C	14. B	15. A	16. B
17. B	18. D	19. B	20. C	21. E			

第十二章　清洁护理

1. E

解析：床上擦浴不能预防过敏性皮炎。

2. D

解析：压疮好发于耳郭、面颊、肩部、女性乳房、男性生殖器、髂前上棘、膝部、脚尖等处。

3. C

解析：昏迷患者禁忌漱口。

4. C

解析：应由内眦向外眦擦拭眼部。脱衣时先健侧再患侧，穿衣时先患侧再健侧。

5. A

解析：动作轻柔，防止出血。

6. C

解析：脱衣时先健侧再患侧，穿衣时先患侧再健侧。

7. D

解析：半坐卧位时剪切力为主要力学因素。

8. E

解析：卧于健侧。

9. D

解析：降低局部皮肤所受压强，防止压疮的发生。

10. D

解析：皮肤破溃，有脓性分泌物。

11. C

解析：不能剪去表皮。

12. A

解析：由患者卧床 3 周可知。

13. D

解析：有关擦洗顺序，最后为会阴部。

14. E

解析：由节力原则可知。

15. D

16. E

解析：对口腔真菌感染患者施行口腔护理，应选择 1%～4%碳酸氢钠溶液。

17. C

18. B

解析：应将义齿浸泡于清水中备用，不可浸泡于热水、乙醇中，防止变形、老化。

19. E

解析：昏迷患者存在咳嗽反射，为防止液体误入气管导致窒息，故昏迷患者口腔护理禁忌漱口。

第十三章　生命体征的评估与护理

1. C

解析：高热持续期的表现是颜面潮红、皮肤灼热、口唇干燥、呼吸和脉搏加快、尿量减少等，而大量出汗是退热期（体温下降期）的表现。

2. C

3. D

4. E

解析：在寒冷环境中，由于末梢血管收缩，外周阻力增高，血压可上升，高温环境下由于皮肤血管扩张，外周阻力降低，血压可略下降。

5. C

解析：低热 37.5～37.9 ℃；中等热 38.0～38.9 ℃；高热 39.0～40.9 ℃；超高热：41 ℃以上。

6. B

7. E

解析：如患者不慎咬碎体温计，首先应立即清除玻璃碎屑以免损伤唇、舌、口腔、食管和胃肠道黏膜，再口服蛋清水或牛奶，以延缓汞的吸收。若病情允许，可服用粗纤维食物，如韭菜、芹菜等，可促进汞的排出。

8. D

解析：发现血压异常或听不清时，应重新测量。重测时，应先将袖带内空气放尽，汞柱降至“0”点，稍待片刻后再测量，一般连续测量 2～3 次，取其最低值。

9. E

解析：在安静状态下成人脉率少于 60 次 / 分，又称心动过缓。

10. D

11. B

解析：体温骤升至 39.0 ℃以上，持续数小时或更长，然后下降至正常或正常以下，经过一段间歇时间，体温又升高，即高热期和无热期交替出现是间歇热的表现。

12. A

解析：高热的降温取额头、大血管通过的部位，首选额头。

13. B

解析：在同一单位时间内脉率少于心率。

14. C

解析：脉搏短绌由两名护士同时测量，一人听心率，另一人测脉率，由听心率者发出“开始”与“停止”的口令，计数 1 分钟。

15. A

16. D

17. A

18. D

解析：为偏瘫、肢体外伤或手术的患者测血压时，应选择健侧肢体测量，因该患者左侧肢体循环不良，易致血压不准确。

19. E

解析：下肢血压比上肢高 20 ~ 40 mmHg。

20. E

解析：发现血压异常或听不清时，应重新测量。重测时，应先将袖带内空气放尽，汞柱降至“0”点，稍待片刻后再测量，一般连续测量 2 ~ 3 次，取其最低值。

21. A

第十四章　饮 食 护 理

1. B

解析：人体所需的热量是由食物中的蛋白质、脂肪、糖类在体内经过酶的催化作用进行生物氧化而释放出来的。蛋白质、脂肪、糖类被称为“产热营养素”，它们的产热量分别为蛋白质 16.7 kJ/g（4 kcal/g），脂肪 37.6 kJ/g（9 kcal/g），糖类 16.7 kJ/g（4 kcal/g）。

2. A

3. E

解析：鼻饲常用于昏迷、口腔疾患、口腔手术后的患者，早产婴儿和病情危重的患者，拒绝进食的患者。

4. A

解析：患者午餐进高脂肪饮食，以刺激胆囊收缩和排空，有助于显影剂进入胆囊。

5. E

解析：患者的营养可通过饮食评估、身体评估、生化评估方法进行。

6. D

7. D

解析：少渣饮食适用于伤寒、痢疾、腹泻、肠炎、食管 – 胃底静脉曲张、咽喉部及消化道手术的患者。

8. B

解析：影响饮食的因素主要有生理因素、心理因素、病理因素及社会文化因素。

9. D

解析：为患者鼻饲灌食后，再注少量温开水的目的是温开水可润滑胃管腔，防止喂食溶液黏附于管壁。

10. E

解析：肠内营养通常选用要素饮食。要素饮食是一种人工精制食物，含有全部人体所需、易于吸收的营养成分，其特点是营养价值高，营养成分全面、平衡，不含纤维素，不需消化即可直接被肠道吸收。

11. C

解析：半流质饮食用于中等热、体弱、消化道和口腔疾患、咀嚼不便及手术后的患者。

12. C

解析：低盐饮食用于心脏病、肾病（急性、慢性肾炎）、肝硬化（有腹水）、重度高血压但水肿较轻等患者。

13. E

解析：隐血试验饮食用于检查大便有无隐血，以协助诊断有无消化道出血，试验期为3日。试验期间禁食易造成隐血试验假阳性的食物，如绿色蔬菜、肉类、动物血、含铁丰富的药物和食物。

14. A

解析：每次灌食前确定胃管在胃内，用注射器连接胃管末端，先回抽，见胃液抽出，再注入少量温开水。

15. D

解析：在进行鼻饲的操作过程中，如果患者出现呛咳、呼吸困难、发绀等情况，表明胃管误入气管，应立即拔管，休息片刻后再重新插入。

16. D

解析：碘试验期间应禁食含碘食物及其他一切影响甲状腺功能的食物和药物，如鱼、虾、海参、虾皮、海带、海米、紫菜、虾仁、加碘食盐等。

17. A

解析：高热量饮食用于热量消耗较高的患者，如甲状腺功能亢进症、结核病、大面积烧伤、肝炎、胆道疾患、高热及产妇。

18. B

解析：无盐低钠饮食用于心脏病、肾病（急性、慢性肾炎）、肝硬化（有腹水）、重度高血压但水肿较重患者。

19. B

解析：低脂肪饮食用于肝、胆、胰疾患，高脂血症，动脉硬化，冠心病，肥胖症及腹泻等患者。

20. B

解析：胆囊造影试验饮食检查前1日，患者午餐进高脂肪饮食，以刺激胆囊收缩和排空，有助于显影剂进入胆囊；晚餐进无脂肪、低蛋白、高糖类的清淡饮食。

第十五章　排泄护理

1. D

解析：正常尿液的气味来自尿内的挥发性酸。尿液久置后，因尿素分解产生氨，故有氨臭味。若新鲜尿液就有氨臭味，疑有泌尿系感染。

2. A

解析：急性肾小球肾炎患者因尿液中含有大量红细胞，呈洗肉水色。

3. E

解析：24 小时尿量少于 100 ml 或 12 小时内无尿，称为无尿。

4. B

解析：尿失禁患者如病情允许，指导患者每日白天摄入液体 2000 ~ 3000 ml。多饮水可增加对膀胱的刺激，促进排尿反射的恢复，还可预防泌尿系感染。

5. A

解析：为女性患者导尿，初次消毒的顺序是由上至下，由外向内。

6. E

解析：对非尿路梗阻的尿潴留患者，可采取心理护理、提供隐蔽的排尿环境、调整体位和姿势、诱导排尿、热敷、按摩、针灸等方法，经上述处理无效时，根据医嘱采用导尿术。

7. D

解析：影响排尿活动的因素有心理因素、年龄与性别、饮食与气候、排尿习惯的改变、疾病因素、治疗因素，不包括职业。

8. C

解析：便秘患者适当活动，如散步、打太极拳，卧床患者可进行床上活动。

9. C

解析：胆道完全梗阻患者因胆汁无法排入肠道内，粪便呈白陶土色。

10. B

解析：大量不保留灌肠的目的有以下几个。①排便排气：软化和清除粪便，驱除肠内积气。②清洁肠道：为肠道手术、检查或分娩做准备。③减轻中毒：稀释并清除肠道内的有害物质。④高热降温：灌入低温溶液，为高热患者降温。

11. A

解析：慢性细菌性痢疾病变部位多在直肠或乙状结肠，灌肠时应取左侧卧位。

12. B

解析：为伤寒患者灌肠时，灌肠筒内液面不得高于肛门 30 cm，液体量不得超过 500 ml，以免造成肠道损伤。

13. C

解析：保留肛管应不超过 20 分钟，必要时 2 ~ 3 小时后再行排气一次。长时间留置肛管会降低肛门括约肌的反应，甚至导致肛门括约肌永久性松弛。

14. E

解析：肝性脑病患者禁用肥皂液灌肠，以减少氨的产生和吸收。

15. B

解析：充血性心力衰竭或水钠潴留患者禁用 0.9%氯化钠溶液灌肠，以减少钠的吸收。

16. A

解析：便秘指正常的排便性状改变，排便次数减少，排出过于干硬的粪便，且排便不畅、困难。可出现腹痛、腹胀、消化不良、乏力、食欲减退等。

17. D

解析：腹泻患者应给予清淡的流质或半流质食物，避免油腻、辛辣、高纤维食物。

18. C

解析：耻骨前弯会随着阴茎位置的不同而发生变化。将阴茎向上提起，使之与腹壁呈 60°，耻骨前弯即可消失。

19. C

解析：膀胱高度膨胀且又极度虚弱的患者，第一次放尿不得超过 1000 ml。

20. A

解析：因大量放尿，使腹腔内压急剧下降，血液大量滞留在腹腔血管内，可致血压下降而虚脱。又因膀胱内压突然降低，致膀胱黏膜急剧充血，发生血尿。

21. A

解析：留置导尿可持续引流尿液，为盆腔手术患者排空膀胱，使膀胱持续保持空虚状态，避免术中误伤。

22. D

解析：根据无菌操作原则，无菌手套有破损应立即更换。

23. C

解析：导尿时，第二次消毒的顺序是尿道口—两侧小阴唇（先对侧后近侧）—尿道口。

第十六章　药 物 疗 法

1. A

2. C

3. C

解析：2 岁以下的婴幼儿不宜选用臀大肌注射，应选择臀中肌、臀小肌注射。

4. C

解析：链霉素与钙离子结合，可使中毒症状减轻。

5. B

解析：接种乙肝疫苗正确的注射部位是上臂三角肌肌内注射，而不是皮下注射。

6. C

解析：当标签模糊不清时，不能继续使用。

7. D

解析：应立即注射 0.1%盐酸肾上腺素 0.5 ~ 1 ml。

8. E

解析：治疗时间为 15 ~ 20 分钟。

9. E

解析：青霉素过敏性休克发生后正确的处理方法是：置平卧位，注射盐酸肾上腺素，吸氧。

10. B

解析：在注射过程中，发现患者局部肿胀、疼痛，回抽有回血，其原因可能是针头斜面一半在血管外。

11. B

解析：患者出现全身麻木、抽搐、肌肉无力、眩晕、耳鸣症状，分别属于链霉素的耳毒性、肾毒性、神经阻滞等毒性反应。

12. B

解析：先锋霉素过敏试验时，如果出现红晕或硬结直径大于 1 cm，周围有伪足、痒感，说明发生了过敏反应。

13. C

解析：过敏试验后不可用棉签按压。

14. A

解析：过敏性休克包括呼吸道阻塞症状，如胸闷、气急、哮喘、呼吸困难，伴有濒死感；循环衰竭症状，如面色苍白、出冷汗、发绀、脉搏细弱、血压下降；中枢神经系统症状，如头晕、眼花、面部及四肢麻木、意识丧失、抽搐、二便失禁。

15. B

解析：服用止咳糖浆后暂时不能饮水，止咳糖浆类应最后服用。

16. B

解析：注射皮试液 0.1 ml。

17. A

解析：肌内注射采用俯卧位时足尖相对，足跟分开。

18. B

解析：最佳的血管选肘正中静脉。

19. B

解析：扎止血带的位置应在穿刺点上方 6 ~ 8 cm。

20. B

解析：用生理盐水，确保针头在血管内。

21. A

解析：st 代表立即。

22. A

解析：青霉素过敏，不能再做试验。

23. B

解析：药液应现用现配。

24. D

解析：出现喉头水肿影响呼吸时，应立即配合医生准备气管插管或施行气管切开术。

25. D

解析：破伤风抗毒素试验液浓度为 150 IU/ml。

26. C

解析：破伤风抗毒素试验的观察时间为 20 分钟。

27. E

解析：破伤风抗毒素过敏应采用破伤风脱敏注射法（采用多次剂量递增的方法，将破伤风抗毒素注入试验阳性者体内）。

第十七章 静脉输液与输血

1. C

解析：输液中发热反应的原因主要是输入致热物质，多由于用物清洁及灭菌不彻底，输入的溶液或药品不纯，消毒及保存不良，输液器灭菌不严或已被污染，输液过程中未能严格执行无菌操作所致。

2. E

解析：补钾应遵循“四不宜”原则，即不宜过浓（浓度不超过 0.3%）、不宜过快（成人每分钟 30 ~ 40 滴）、不宜过多（成人每日总量不超过 5 g，小儿每日总量不超过 0.1 ~ 0.3 g/kg）、不宜过早（见尿补钾）。

3. C

解析：用 50%硫酸镁溶液或 95%乙醇，每日 2 次湿热敷，每次 20 分钟。

4. C

解析：低分子右旋糖酐有降低血液黏稠度、改善微循环和抗血栓形成的作用。

5. A

解析：等渗电解质溶液主要用于补充水分和电解质。常用溶液有 0.9%氯化钠溶液、5%葡萄糖氯化钠溶液和复方氯化钠溶液等。

6. C

解析：静脉留置针一般保留 3 ~ 5 日，最长可保留 7 日，或严格按照产品说明执行。

7. C

解析：在输液过程中，患者突然出现胸闷、气短、呼吸困难、咳嗽、出冷汗、面色苍白，咳粉红色泡沫样痰，严重时痰液从口、鼻涌出，听诊双肺可闻及湿啰音，心率快且节律不齐。

8. D

解析：针头阻塞表现为回抽无回血，溶液不滴，可轻轻挤压滴管下端靠近针头处的输液管，感觉有阻力，松手又无回血。处理方法：拔出针头，更换针头后重新穿刺。切忌强行挤压导管或用溶液冲注针头，以免凝血块进入静脉内造成栓塞。

9. E

解析：补钾应遵循"四不宜"原则，即不宜过浓（浓度不超过 0.3%）；不宜过快（成人每分钟 30 ~ 40 滴）；不宜过多（成人每日总量不超过 5 g，小儿每日不超过 0.1 ~ 0.3 g/kg）；不宜过早（见尿补钾）。

10. C

解析：进入静脉的空气形成空气栓子，气体随血液经右心房到达右心室，如空气量大，则空气在右心室内阻塞肺动脉入口，使血液不能进入肺内，气体交换发生障碍，引起机体严重缺氧而死亡。

11. B

解析：静脉痉挛表现为回抽有回血，但滴液不畅，因患者穿刺肢体在寒冷环境中暴露时间过长或输入液体温度较低所致。处理方法：在穿刺局部热敷，缓解静脉痉挛。

12. D

解析：颈外静脉是颈部最大的浅静脉，位于颈外侧皮下，位置表浅且较易固定，因此在特殊情况下可以输液，但不可多次穿刺。其穿刺点为下颌角和锁骨上缘中点连线上 1/3 处，颈外静脉外缘。

13. A

解析：白细胞浓缩悬液常用于粒细胞缺乏伴严重感染者。白血病患者体内为异常白细胞。

14. D

解析：静脉注射碳酸氢钠以碱化尿液，增加血红蛋白在尿中的溶解度，减少沉淀，避免阻塞肾小管。

15. D

解析：中分子右旋糖酐能提高血浆胶体渗透压，扩充血容量。

16. A

解析：血浆主要成分为血浆蛋白质，不含血细胞，无凝集原。

17. A

解析：反应轻者减慢输液速度；反应重者立即停止输液，通知医生。

18. E

解析：出现溶血反应症状，应立即停止输血，并通知医生紧急处理，同时保留余血，采集患者血液标本重做血型鉴定和交叉配血试验。

19. A

解析：（1）轻度过敏反应：输血后出现皮肤瘙痒，局部或全身出现荨麻疹。

（2）中度过敏反应：出现血管神经性水肿，表现为眼睑、口唇高度水肿。如喉头水肿，可发生呼吸困难。两肺可闻及哮鸣音。尿、便失禁。

（3）重度过敏反应：发生过敏性休克。

20. D

解析：空气栓塞患者感到胸部异常不适或胸骨后疼痛，出现呼吸困难和严重发绀，有濒死感。听诊心前区可以闻及持续响亮的水泡声，心电图呈心肌缺血和急性肺心病的改变。

21. C

解析：输液时间 = 液体总量（ml）× 点滴系数 ÷（每分钟滴数 ×60 分）

输液时间＝ 1000× 15 ÷（50×60）=5

22. E

解析：在病情允许的情况下，安置患者于端坐位，双腿下垂，以减少下肢静脉血液的回流，减轻心脏负担。

23. B

解析：胃癌晚期，不能进食。

24. D

解析：

（1）化学性静脉炎：主要由于长期输注高浓度、刺激性较强的药液，或静脉内放置刺激性大的留置导管或留置导管放置时间过长，导致局部血管壁化学性炎症。

（2）感染性静脉炎：可因输液过程中未严格执行无菌操作，导致局部静脉感染。

25. E

解析：停止在发生静脉炎的血管处输液，抬高患肢并制动。

26. E

解析：需连续输液者，每日更换一次输液器。

27. B

解析：在输液过程中，患者突然出现胸闷、气短、呼吸困难、咳嗽、出冷汗、面色苍白，咳粉红色泡沫样痰，严重时痰液从口、鼻涌出，听诊双肺可闻及湿啰音，心率快且节律不齐。

28. C

解析：在病情允许的情况下，安置患者端坐位，双腿下垂，以减少下肢静脉血液的回流，减轻心脏负担。

29. A

解析：患者异位妊娠破裂致大出血，输血的目的是补充血容量。

30. B

解析：进针部位在三角肌下缘。

第十八章　冷疗法与热疗法

1. B

解析：面部“危险三角区”静脉无静脉窦，并与颅内海绵窦相通。使用热疗法可使血管扩张，血流增多，导致细菌及毒素易进入血液循环，扩散至颅内，造成严重的颅内感染和败血症。

2. A

解析：冷疗法可抑制细胞的活动，减慢神经冲动的传导，降低神经末梢的敏感性而减轻疼痛。

3. B

解析：炎症后期应用热疗法，可促进白细胞释放蛋白溶解酶，溶解坏死组织，使炎症局限。

4. A

解析：足底用冷疗法可导致反射性末梢血管收缩，影响散热或引起一过性冠状动脉收缩。

5. C

解析：冷疗法在一定的治疗时间内，随时间的增加而增强，但若超过一定时间，则会产生继发效应而抵消治疗效应，甚至还可能导致不良反应。

6. B

解析：防止出现继发效应。

7. A

解析：女性患者月经期、妊娠后期、产后2周内、阴道出血和盆腔急性炎症时不宜坐浴，以免引起感染。

8. D

解析：在软组织扭伤或挫伤早期（48小时内）使用热疗，可加重软组织出血、肿胀及疼痛。

9. C

解析：热水坐浴温度40～45 ℃。

10. E

解析：用25%～35%的乙醇32～34 ℃进行酒精擦浴，顺序：双上肢－腰背部－双下肢，擦浴后30分钟测量体温，降温后将体温记录在体温单上。

11. D

解析：若皮肤出现红斑或桃红色，说明照射合适。若有不适或照射部位皮肤出现紫红色，应立即停止照射。

12. B

解析：擦浴后30分钟测量体温，降温后将体温记录在体温单上。若体温低于39 ℃，则撤去冰袋。

13. C

解析：热水坐浴的水温40～45 ℃。

14. D

解析：维持水温在50～60 ℃。

15. B

解析：未明确诊断的急性腹痛是热疗的禁忌。热疗可缓解疼痛，但易掩盖腹痛的病情，贻误诊断和治疗。

16. C

解析：心前区用冷疗法可导致反射性心率减慢、心房颤动、心室纤颤及房室传导阻滞。

17. A

解析：患者高热，体温 40 ℃，酒精擦浴的目的是为高热患者物理降温。

18. B

解析：婴幼儿、老年人、末梢循环不良、感觉障碍、昏迷等患者，热水袋水温应控制在 50 ℃以内，以防烫伤。

19. E

解析：热水袋不可直接接触患者皮肤，防止烫伤。

20. E

解析：老年人皮肤感觉功能在慢慢减退，感觉变迟钝，因此热水袋温度不可过高，防止烫伤。

21. D

解析：红外线灯距切口的距离 30 ~ 50 cm。

22. D

解析：每次照射的适宜时间应为 20 ~ 30 分钟。

23. C

解析：烤灯的作用：消炎，镇痛，解痉，促进创面干燥、结痂及肉芽组织生长，利于切口愈合。

24. B

解析：置冰袋于头部，有助降温并可防止头部充血。置热水袋于足底，可促进足底血管扩张，减轻头部充血，并使患者感觉舒适。

25. C

解析：酒精擦浴 30 分钟后复测体温。

26. B

解析：酒精擦浴的浓度为 25% ~ 35%。

27. D

解析：胸前区、腹部、后颈、足底为禁忌擦浴部位。

第十九章　标本采集

1. C

解析：一般血培养采血 5 ml。亚急性细菌性心内膜炎患者，为提高细菌培养阳性率，采血量可增至 10 ~ 15 ml。

2. C

解析：常规标本用于检查细菌、虫卵或癌细胞等。

3. A

解析：可提高阳性率。

4. A

解析：保持尿液在酸性环境中，防止尿中激素被氧化。

5. B

6. C

7. A

解析：培养标本应盛在无菌标本容器内。

8. C

解析：一般血培养采血 5 ml。

9. C

解析：采集粪便隐血标本前 3 日禁食肉类、动物肝、血和含铁丰富的食物及药物，以免造成假阳性。

10. D

解析：加温的容器可保持阿米巴原虫的活动状态。

11. C

解析：尿生化检查需采集 12 小时或 24 小时尿标本。

12. A

解析：尿蛋白定量、尿糖定量检查均需用甲苯固定，保持尿中化学成分不变。

第二十章　危重患者的护理及抢救技术

1. E

解析：双侧瞳孔散大见于颅内压增高、颅脑损伤、阿托品药物反应、颠茄类药物中毒及临终表现。瞳孔大小不随光线的强弱而变化，称为对光反应消失，见于深昏迷或危重患者。

2. B

解析：使用简易呼吸器前取体位（去枕仰卧、头后仰，有活动性义齿取下）→开放气道（解开领口、领带、腰带，清除呼吸道分泌物）。

3. E

解析：成人使用人工呼吸机，潮气量的标准 10 ~ 15 ml/kg（600 ~ 800 ml）。故本题应选择 E。

4. B

解析：在自然光线下，正常瞳孔直径为 2 ~ 5 mm。在病理情况下，瞳孔大小可以改变。瞳孔直径小于 2 mm 为瞳孔缩小，瞳孔直径小于 1 mm 为针尖样瞳孔。

5. A

解析：洗胃液每次灌入量以 300 ~ 500 ml 为宜，并保持灌入量与吸出量的平衡。如灌入量过多，液体可从口、鼻腔涌出，容易引起窒息。还可导致急性胃扩张，使胃内压升高，促进中毒物质进入肠道，增加毒物的吸收。突然的胃扩张还可兴奋迷走神经，反射性地引起心搏骤停。

6. B

解析：患者出现急性肺水肿症状，应给予镇静、平喘、强心、利尿、扩血管药物。镇痛镇静药：哌替啶、苯巴比妥钠、氯丙嗪（冬眠灵）、吗啡等；强心药：毛花苷 C（西地兰）、毒毛花苷 K 等；血管扩张药：甲磺酸酚妥拉明、硝酸甘油、硝普钠、氨茶碱；脱水利尿药：20%甘露醇、25%山梨醇、呋塞米、依他尼酸等；激素类药：氢化可的松、地塞米松、可的松等。

7. B

解析：灭鼠药（敌鼠钠）：催吐、温开水洗胃、硫酸钠导泻；灭鼠药（磷化锌）：1∶20 000 ~ 1∶15 000 高锰酸钾溶液洗胃、0.5%硫酸铜洗胃、引吐；灭鼠药（氟乙酰胺）：0.2% ~ 0.5%氯化钙或淡石灰水洗胃，硫酸钠导泻。

8. A

解析：嗜睡是最轻度的意识障碍，患者处于持续的睡眠状态。轻度刺激或语言刺激可唤醒，醒后能正确、简单而缓慢地回答问题，但反应迟钝，去除刺激后又很快入睡。

9. D

解析：使用氧气时，应先调节氧流量，后插管。停用氧气时，应先拔管，再关闭氧气开关。中途调节氧流量时，应先分离鼻导管与湿化瓶连接处，调节好流量后再接上，以免因开关使用错误，大量氧气进入呼吸道而损伤肺组织。

10. D

解析：叩击的方法为患者取坐位或侧卧位，护士将手固定成背隆掌空状，手背隆起、手掌中空、手指弯曲、五指并拢，利用手腕的力量，有节奏地自肺底由下向上、由外向内，叩击胸背部，边叩击边鼓励患者咳嗽。

11. C

解析：患者近日因咳嗽、咳黄色脓痰且不易咳出就诊，胸部听诊可闻及湿啰音，胸部X线片示右侧肺有絮状阴影。

12. D

解析：清除呼吸道分泌物的护理技术有：有效咳嗽、有效叩击、体位引流（适用于支气管扩张、肺脓肿等痰液较多，呼吸功能尚好的患者）、蒸汽吸入、雾化吸入、吸痰。故本题应选择D。

13. D

解析：有效咳嗽的方法为患者取坐位或仰卧位，双腿屈膝，上身前倾，双手抱膝或在膝盖上置一软枕并用两肋夹紧，嘱患者双手抓紧支持物，利用双手或支托物支托患者的胸腹部，患者深吸气后屏气3~5秒，用力做爆破性咳嗽，将痰液咳出。

14. E

解析：为幽门梗阻患者洗胃，宜在饭后4~6小时或者空腹时进行。

15. D

解析：注洗器洗胃法用于幽门梗阻和胃手术前洗胃。

16. D

解析：氧气头罩法是将患者的头部置于头罩内，罩面上有多个孔，将氧气导管接于头罩的进气孔上。根据患者的病情调节氧流量，保持罩内一定的氧浓度、温度和湿度，头罩与颈部之间要保持适当的空隙，防止二氧化碳重复吸入，此法主要用于小儿供氧。

17. D

解析：氧浓度和氧流量的换算公式为：吸氧浓度（%）=21+4× 氧流量（L/min）。

18. A

解析：Ⅱ型呼吸衰竭（PaO_2减低、$PaCO_2$升高）的患者$PaCO_2$长期处于高水平，呼吸中枢对二氧化碳的敏感性差，其呼吸主要靠缺氧刺激颈动脉窦和主动脉体化学感受器来维持。如果高浓度给氧，则缺氧反射性刺激呼吸的作用消失，导致呼吸抑制，甚至呼吸停止。预防措施是低流量、低浓度给氧，维持动脉血氧分压60 mmHg即可。

19. E

解析：吸痰常用于年老体弱、病情危重、昏迷、麻醉未清醒、气管切开等各种原因引起不能有效咳嗽、排痰的患者。患者口唇发绀，痰鸣音明显，无力咳嗽。

20. A

解析：痰液黏稠不易吸出时，可配合滴入稀释痰液的药物、叩击、有效咳嗽、蒸汽吸入、雾化吸入，以提高吸痰效果。

第二十一章　临 终 关 怀

1. C

解析：死亡的诊断依据有：①不可逆的深度昏迷；②自发呼吸停止；③脑干反射消失；④脑电波消失。

2. C

解析：此期整个中枢神经系统及机体各器官的新陈代谢相继停止，并出现不可逆的变化，机体已不可能复活。

3. D

解析：判断死亡的标志是心搏、呼吸的永久性停止。死亡包括 3 个阶段。①濒死期：又称临终状态，是指死亡的垂危阶段。②临床死亡期：是死亡的可逆阶段，主要表现为心搏、呼吸停止，各种反射消失。③生物学死亡期：是死亡的不可逆阶段。机体各器官、组织代谢功能相继停止，并开始出现死亡后尸体现象，如尸冷、尸斑、尸僵、尸体腐败。

4. B

解析：尸体护理的目的是尸体清洁，无渗液，姿势良好，尊重死者，让死者安详去世。

5. A

解析：尸体护理需在患者被判断为脑死亡，医生开具死亡证明后才可进行。

6. E

解析：患者出现①不可逆的深度昏迷；②自发呼吸停止；③脑干反射消失；④脑电波消失（平坦）的脑死亡期临床表现，从而判断为脑死亡期。

7. D

解析：死亡过程可分为濒死期、临床死亡期和生物学死亡期。患者的临终状态即濒死期，是死亡的开始阶段，机体各系统的功能严重紊乱，中枢神经系统脑干以上功能处于抑制状态，肌张力消失，呼吸困难，出现陈—施呼吸，脉搏不规则且快而弱，血压降低甚至测不到。

8. C

解析：临终关怀的宗旨是为生命垂危的患者及家属提供缓和性、支持性的照护，给死者安宁，让其生命最后阶段安详地、满意地到达生命的终点，这不仅是对临终患者尊严的维护，也是对活着的人的安慰。

9. A

解析：护士应尊重患者的选择，不强迫患者交谈，提供安静、舒适的环境，减少外界干扰，继续陪伴患者，帮助患者了却未完成的心愿，给予适当的支持，加强生活护理。

10. B

解析：当否认无法再继续下去时，患者表现为生气与激怒，产生“为什么是我？太不公平”的心理，往往将愤怒的情绪发向医护人员、朋友、家属、接近他的人或对医院的制度及治疗等方面表示不满，以弥补内心的不平。

11. A

解析：癌症晚期患者，处于临终状态，患者感到恐惧和绝望。当患者发怒时，护士应该理解、忍让，陪伴与保护患者，等患者平静后，进行说服教育，使患者理智地面对病情，热情鼓励，帮助患者树立信心，同时指导用药，减轻患者痛苦。面对临终患者发怒时，护士要给予更多的理解。

第二十二章　护理相关文件记录

1. C

2. A

3. A

4. E

解析：E 属于临时医嘱。

5. B

解析：处理医嘱的原则是先处理临时医嘱，再处理长期医嘱。

6. D

7. B

解析：临时备用医嘱有效时间在 12 小时以内。

8. D

9. C

10. A

解析：病室交班报告书写顺序：先写离开病室的患者（出院、转出、死亡），再写进入病室的患者（入院、转入），最后写本班重点患者（手术、分娩、危重及有异常情况的患者）。

11. A

解析：B、C、E 均为临时医嘱，D 为临时备用医嘱。

12. D

13. D

解析：长期备用医嘱指有效时间在 24 小时以上，在病情需要时执行，医生开具停止医嘱后失效的医嘱。过期尚未执行不会失效。

14. B

解析：哌替啶 50 mg im q6h prn 为长期备用医嘱。长期备用医嘱的处理：医生将医嘱写在长期医嘱单上，按长期医嘱处理，但在执行单上须注明“prn”字样，无须注明执行的具体时间。每当必要时，护士执行后，在临时医嘱单上记录执行时间并签全名。

中英文专业词汇索引

K

L

M

N

P

Q

R

S

T

W

X

Y

Z

主要参考文献

［1］黄丽，李宇，许娟．基础护理学．武汉：华中科技大学出版社，2018.

［2］张少羽．基础护理技术．3 版．北京：人民卫生出版社，2018.

［3］尚少梅．护理学基础．4 版．北京：北京大学医学出版社，2017.

［4］陶莉，刘美萍，唐布敏．护理学基础．2 版．北京：北京大学医学出版社，2016.

［5］秦亚辉，冯雁．新编医院护理质量管理．昆明：云南科技出版社，2016.

［6］左月燃．护理安全．北京：人民卫生出版社，2015.

［7］杨潇二．护理学基础．2 版．西安：第四军医大学出版社，2014.

［8］周春美，张连辉．基础护理学．北京：人民卫生出版社，2014.

［9］李小寒，尚少梅．基础护理学．北京：人民卫生出版社，2014.